D1664689

Paul Henry Mussen · John Janeway Conger
Jerome Kagan · Aletha Carol Huston

Lehrbuch
der Kinderpsychologie

Band 1

Aus dem Amerikanischen übersetzt
von Irmgard Hölscher

Klett-Cotta

Wissenschaftliche Beratung durch Prof. Dr. Hannelore Grimm,
Prof. Dr. Heidi Keller, Prof. Dr. Detlef Rost, Prof. Dr. Gisela Szagun,
Prof. Dr. Bernhard Seiler, Dr. Achim Thomas

Klett-Cotta
Die Originalausgabe erschien unter dem Titel
„Child Development and Personality".
© 1990 by HarperCollinsPublishers, New York
Für die deutsche Ausgabe
© J.G. Cotta'sche Buchhandlung Nachfolger GmbH, gegr.1659,
Stuttgart 1993
Fotomechanische Wiedergabe nur mit Genehmigung des Verlages
Printed in Germany
Umschlag: heffedesign, Rodgau
Gesetzt aus der 10 Punkt Italia Book
von Peter & Partner, Höchberg bei Würzburg
Auf säure- und holzfreiem Werkdruckpapier gedruckt
und gebunden von Gutmann, Talheim
Erste Auflage der kartonierten Sonderausgabe, 1999

Die Deutsche Bibliothek – CIP-Einheitsaufnahme
Lehrbuch der Kinderpsychologie / Paul Henry Mussen ...
Aus dem Amerikan. übers. von Irmgard Hölscher.
- Kart. Sonderausg. - Stuttgart: Klett-Cotta
Einheitssacht.: Child development and personality <dt.>
Bd. 1. –1. Aufl. –1999
ISBN 3-608-94218-1

Inhaltsübersicht

Teil 1
Die Zeit vor der Geburt

Kapitel 5
Der Übergang zur Kindheit: Das zweite und das dritte Lebensjahr   197

Teil 3
Kindheit:
Sprache und kognitive Entwicklung

Kapitel 6
Sprache und Kommunikation 241

Kapitel 7
Die kognitive Entwicklung: Piaget und danach

Kapitel 8
Kognitive Entwicklung: Lernen und Informationsverarbeitung

Kapitel 9
Intelligenz und Leistung

Einführung

In diesem Buch geht es um die Entwicklung des Kindes; es beschäftigt sich mit den bereits gesicherten Erkenntnissen und den noch offenen Fragen. Entwicklungspsychologie ist gleichzeitig eine reine und eine angewandte Wissenschaft. Sie untersucht, wie und warum sich Wahrnehmung, Denkprozesse, psychische Reaktionen und soziale Verhaltensmuster beim Kind entwickeln. Sie liefert auch wichtige Grundlagen für die Elternberatung, Erarbeitung pädagogischer Konzepte, Entwicklung und Durchsetzung von politischen Programmen, Gesetzgebung und Behandlung von Problemverhalten bei Kindern.

Entwicklungspsychologen sind mit sehr konkreten Fragen der allgemeinen Information und der Beratung konfrontiert. Wir haben eine beispielhafte Liste solcher Fragen zusammengestellt. Nähere Informationen zu den jeweiligen Themen finden sich in den Kapiteln, die in Klammern angegeben sind; Kapitel 1 bis 9 sind im vorliegenden Band zu finden, Kapitel 10 bis 16 im zweiten Band.

„Meine beiden Kinder sind völlig verschieden. Das eine ist sehr ruhig und interessiert sich für Mathematik, das andere ist redselig und schreibt gerne Gedichte. Wie ist es möglich, daß dieselben Eltern so verschiedene Verhaltensmerkmale vererben?" (2. Kapitel)

„Ich möchte nächstes Jahr ein Kind bekommen. Soll ich jetzt mit dem Rauchen aufhören? Ist Alkohol während der Schwangerschaft gefährlich? Ist es wirklich wichtig, bei der Geburt auf Schmerzmittel zu verzichten?" (2. Kapitel)

„Stimmt es eigentlich, daß Neugeborene nicht gut sehen und hören können?" (3. Kapitel)

„Soll ich meinen Säugling in eine Tagesstätte geben? Entwickelt er dann eine stärkere Bindung an die Erzieher als an mich? Worauf muß ich bei der Auswahl einer Tagesstätte achten?" (4. und 13. Kapitel)

„Ich will meiner Tochter den Unterschied zwischen Wahrheit und Lüge beibringen. Kann sie das mit zwei Jahren schon begreifen?" (5. und 11. Kapitel)

„Meine Tochter konnte schon korrekt sprechen, hat aber jetzt plötzlich damit aufgehört. Mit zwei Jahren hat sie zum Beispiel gesagt: ‚Ich bin einkaufen gegangen.' Jetzt sagt sie: ‚Ich bin einkaufen gegeht.' Wie kommt das? (6. Kapitel)

„Stimmt es, daß Kinder die Gefühle anderer Menschen erst mit sieben Jahren begreifen können?" (7. und 10. Kapitel)

„Ich bin Rechtsanwalt und vertrete einen Fall von sexuellem Mißbrauch an einem Kind. Wie zuverlässig sind gerichtliche Zeugenaussagen kleiner Kinder? Wie kann man feststellen, wann sie die Wahrheit sagen?" (8. Kapitel)

„Der Kongreß behandelt im Augenblick die Frage, ob schulische Förderprogramme weiter finanziert werden sollen. Wie effektiv sind sie? Lohnt es sich, öffentliche Gelder dafür auszugeben?" (9. Kapitel)

„Wie kann ich meine Tochter so erziehen, daß sie auf die traditionellen Geschlechtsrollen nicht hereinfällt?" (10. Kapitel)

„Die Erzieherinnen in der Kindertagesstätte sagen, daß meine vierjährige Tochter oft andere Kinder schlägt und auch sonst sehr aggressiv ist. Ich glaube, daß sich das von selber wieder gibt, wenn sie älter wird, aber die Erzieherin sagt, wir müßten jetzt etwas tun, damit sie später keine Verhaltensprobleme bekommt. Wer hat recht?" (11. Kapitel)

„Meine Frau und ich lassen uns scheiden. Welche Auswirkungen kann das für unsere Kinder haben? Was können wir tun, um den Schaden möglichst gering zu halten?" (12. Kapitel)

„Meine Nachbarn haben gerade ihren Fernseher abgegeben und sagen, das hätte ihren Kindern sehr gut getan. Ist es besser für Kinder, wenn sie nicht fernsehen?" (13. Kapitel)

„Der Staat verlangt, daß jede Schule Sexualkundeunterricht anbietet. Was wissen Schulkinder der verschiedenen Altersstufen über Sex? Was sollten wir ihnen beibringen?" (14. Kapitel)

„Meine sechzehnjährige Tochter stellt ihre Religion, die Moralvorstellungen, die wir ihr beigebracht haben, und so gut wie alles andere in Frage. Was haben wir falsch gemacht?" (15. Kapitel)

„Was kann man tun, damit junge Leute nicht drogenabhängig werden? Hat der Slogan ‚Sag einfach nein' überhaupt eine Wirkung?" (16. Kapitel)

Was ist Entwicklung?

Solche Fragen lassen sich durch die wissenschaftliche Untersuchung der kindlichen Entwicklung beantworten. Entwicklungspsychologie beschäftigt sich damit, wie und warum der menschliche Organismus im Laufe des Lebens wächst und sich verändert. **Entwicklung** ist definiert durch geordnete und relativ anhaltende zeitliche Veränderungen der physischen und neurologischen Strukturen, Denkprozesse und Verhaltensweisen. In den ersten zwanzig Lebensjahren führen diese Veränderungen normalerweise zu neuen, verbesserten Reaktionen, das heißt, zu gesünderem, besser strukturiertem, komplexerem, stabilerem, kompetenterem und effektiverem Verhalten. Als Beispiele der Entwicklung gelten die Fortschritte vom Krabbeln zum Laufen, vom Lallen zum Sprechen, vom konkreten zum abstrakten Denken. Wir sind in all diesen Fällen der Auffassung, daß die spätere Stufe ihrer Funktion nach angemessener ist als die vorangegangene.

Ein Ziel der Entwicklungspsychologie ist die Erforschung **universeller** Veränderungen, das heißt Veränderungen, die bei allen Kindern, unabhängig von der Kultur, in der sie aufwachsen, und von ihren Erfahrungen gleich sind. Kinder in aller Welt lachen zum Beispiel menschliche Gesichter während des zweiten und dritten Lebensmonats an, sprechen ihr erstes Wort mit ungefähr 12 Monaten und können mit ungefähr 13 Monaten allein laufen. Die Entwicklungspsychologie beschreibt solche Veränderungen zunächst und versucht dann, sie zu erklären, das heißt, sie will begreifen, welche biologischen Faktoren und welche Erfahrungen sie beeinflussen. Mit Hilfe des so gewonnenen Wissens kann man dann zum Beispiel sagen, welches Verhalten in einem bestimmten Alter normal oder natürlich ist und ob elterliche Erziehungsmethoden in verschiedenen Altersstufen unterschiedliche Auswirkungen haben.

Ein zweites Ziel der Entwicklungsforschung besteht darin, **individuelle Unterschiede** zu erklären. Manche Säuglinge reagieren mit lautem Gebrüll, wenn die Mutter den Raum verläßt, andere spielen zufrieden weiter. Manche Kinder begreifen mathematische Regeln sehr schnell, andere haben damit Schwierigkeiten. Das Wissen über individuelle Unterschiede kann zum Beispiel klären helfen, welche möglichen Auswirkungen staatliche Förderprogramme im Bereich schulischer Erziehung haben und welche Eigenschaften von Kindern bei der Entscheidung über Schulbesuch, Sorgerecht oder Heimeinweisungen berücksichtigt werden müssen.

Drittens will die Entwicklungsforschung begreifen, wie der **Kontext** oder die Bedingungen in der Umwelt das Verhalten von Kindern beeinflussen. Ein Mädchen, das zu Hause freundlich und offen auf Erwachsene zugeht, kann sich in der Schule Erwachsenen gegenüber ausgesprochen schüchtern verhalten. In Schulen, in denen Marihuana unter den Schülern sehr verbreitet ist, greifen Jugendliche eher dazu als in Schulen, in denen der Gebrauch dieser Droge in der Gleichaltrigen-Gruppe nicht üblich ist.

Der Kontext umfaßt nicht nur die unmittelbare Situation, sondern auch Merkmale des größeren Umfelds: Familie, Nachbarschaft, kulturelle und sozioökonomische Gruppe. Dieses Umfeld wird auch als **Ökologie** des kindlichen Verhaltens bezeichnet und wirkt sich auf die Entwicklung aus, weil es die Voraussetzungen für bestimmte Verhaltensweisen schafft und das Verhalten der Eltern beeinflußt. Kinder, die ihre Schule zu Fuß erreichen können, haben zum Beispiel mehr Gelegenheiten, mit Klassenkameraden zu spielen oder an Aktivitäten nach der Schule teilzunehmen, als Kinder, die sofort nach Ende des Unterrichts ihren Bus erreichen müssen. Gewissenhafte Eltern, die in einem gefährlichen Stadtviertel wohnen, lassen ihre Kinder nach der Schule oft nicht auf der Straße spielen und halten sie statt dessen zum Fernsehen an. Dieselben Eltern würden ihre Kinder in einer ungefährlichen Gegend nachmittags zum Spielen in den Park oder zu anderen Kindern schicken.

In den unterschiedlichen Kulturen und Schichten gibt es auch unterschiedliche Verhaltensregeln. Wenn ein Mädchen aus der Mittelschicht seinen Eltern widerspricht, gilt es vielleicht als wortgewandt und selbstbewußt, während dasselbe Verhalten in einer Arbeiterfamilie als ungehorsam und frech bezeichnet wird.

Alle drei Aspekte der kindlichen Entwicklung (universelle Muster, individuelle Unterschiede und Kontexteinfluß) sind für ein wirkliches Verständnis der Entwicklung gleichermaßen notwendig. Welches Gewicht ihnen jeweils zugemessen wird, hängt von der theoretischen Orientierung der Psychologen und der Art der untersuchten Fragestellungen ab.

Theoretische Fragen

Wer Kinder untersucht, ob als Wissenschaftler oder als Praktiker, ist zwangsläufig mit grundlegenden theoretischen Fragen konfrontiert. Diese Fragen werden teilweise bereits seit Jahrhunderten von Philosophen, Theologen und Pädagogen diskutiert (vgl. Kasten 1.1). Und auf die meisten gibt es keine „richtigen" Antworten. Die verschiedenen Standpunkte sind vielmehr Ausdruck unterschiedlicher Annahmen über das Wesen des Menschen, über die Interpretation der vorhandenen Informationen und über die vielversprechendsten Ansätze für neue Erkenntnisse.

Biologische kontra Umweltbedingungen zur Erklärung des Verhaltens

Eine der grundlegendsten Fragen der Entwicklungspsychologie ist die nach der jeweiligen Bedeutung von durch die Umwelt bzw. biologisch bedingten Determinanten des Verhaltens. Diese Frage spiegelt sich in der bekannten Anlage/Umwelt-Kontroverse. Auf der einen Seite geht man davon aus, daß menschliches Verhalten überwiegend von der genetischen Ausstattung, der physiologischen Reife und den neurologischen Funktionen bestimmt wird. Dementsprechend gelten die universellen Bestandteile der Entwicklung, wie Laufen- und Sprechenlernen und das Reagieren auf andere, als Folge angeborener biologischer Anlagen, während die individuellen Unterschiede auf genetische und physiologische Unterschiede zurückgeführt werden. Für Vertreter dieser Auffassung sind die individuell unterschiedlichen Ergebnisse bei Intelligenztests zum Beispiel überwiegend Folge von genetischen Faktoren und pränatalem Gesundheitszustand. Entsprechend würden sie eine staatliche Förderung der vorgeburtlichen Versorgung empfehlen, aber auch ein Schulsystem unterstützen, in dem Kinder je nach ihrem IQ getrennt unterrichtet werden.

Einige gegensätzliche ältere Ansichten zur Erziehung

Fast alle großen Philosophen des siebzehnten und achtzehnten Jahrhunderts haben Theorien über die Kindheit, die Psyche und Entwicklung des Kindes bzw. die Erziehung entwickelt sowie Ratschläge für Eltern und Erzieher zusammengestellt. John Locke, der am Ende des siebzehnten Jahrhunderts lebte, war der Auffassung, Kinder sollten von den ersten Monaten an durch Belohnung und Strafe erzogen werden; damit hat er sich als früher Vertreter der Lerntheorie erwiesen. Im Gegensatz dazu hielt Jean-Jacques Rousseau in der Mitte des achtzehnten Jahrhunderts das Kind von Natur aus für aktiv forschend, mit einem enormen Potential, das genutzt werden kann, wenn Erwachsene sich nicht einmischen.

Die gegensätzlichen Perspektiven der beiden Philosophen werden in den folgenden Zitaten aus ihren wichtigsten Werken deutlich. Locke glaubte:

„Lohn und Strafe … müssen Kindern in Aussicht gestellt werden, wenn wir auf sie einwirken wollen. Der Fehler liegt … darin, daß die gewöhnlich angewandten Arten schlecht gewählt sind… *Achtung* und *Schande* sind vor allem anderen die mächtigsten Antriebe für den Geist… Wenn man die Kinder nur einmal so weit gebracht hat, daß sie gutes Ansehen schätzen und Schande und Entehrung fürchten, dann hat man den wahren Grundsatz in sie gelegt, der beständig wirken und sie in die rechte Richtung weisen wird. … Wenn daher der Vater sie liebkost und lobt, wenn sie artig sind, dagegen eine kalte und abweisende Miene aufsetzt, wenn sie unartig gewesen sind, und wenn die Mutter und alle anderen, die mit ihnen zu tun haben, dem Vater durch gleiches Verhalten beipflichten, so wird sie das in kurzer Zeit den Unterschied spüren lassen; und wenn das beständig befolgt wird, wird es zweifellos von selbst mehr als Drohungen oder Schläge wirken…" (John Locke: Gedanken über Erziehung. Julius Klinkhardt Verlag, Bad Heilbrunn, 1962, Abschnitt 56 f, S. 35 f. Die Erstausgabe erschien 1693).

Rousseau dagegen war der Meinung:

„Laßt die Kindheit im Kinde reifen… Ein weiterer Punkt, der den Wert dieser Methode bestätigt, ist die Berücksichtigung der jedem einzelnen Kinde eigentümlichen Geistesanlage, die man richtig erkennen muß, um zu wissen, welche geistigen Verhaltungsmaßregeln ihm anstehen. Jeder Geist hat seine eigene Form, nach der er erzogen werden muß, und für den Erfolg dieser Bemühungen ist es wichtig, daß er auf diese und keine andere Weise erzogen wird. Verfolgt die Spuren der Natur, ihr Verständigen, beobachtet euren Zögling gut, bevor ihr das erste Wort zu ihm sprecht, gebt zunächst dem Ansatz seines Charakters völlige Freiheit, sich zu enthüllen, zwingt ihn in keiner Weise, damit ihr ihn besser erkennt, wenn er sich ganz enthüllt." (J.-J. Rousseau, Emile oder: Über die Erziehung; übersetzt von Martin Rang. Stuttgart: Reclam, 1963, S. 214. Die erste französische Ausgabe erschien 1762.)

Am anderen Ende dieses Kontinuums stehen die Wissenschaftler, für die in der Entwicklung der Einfluß der physischen und sozialen Umwelt ausschlaggebend ist. Sie nehmen an, daß Kinder auf Menschen und Objekte in ihrer Umwelt reagieren und daß die entwicklungsbedingten Veränderungen überwiegend Ergebnis von Erfahrung sind. Individuelle Leistungsunterschiede bei Intelligenztests gelten dementsprechend in erster Linie als Folge unterschiedlicher kognitiver Stimulierung und der Lernmöglichkeiten. Schulen, die gute Lernerfahrungen ermöglichen, müßten demnach unabhängig vom IQ bei allen Kindern zu guten Leistungen führen.

Diese beiden extremen Positionen der Anlage-Umwelt-Kontroverse haben offensichtliche Schwächen. Die meisten Psychologen sind der Ansicht, daß sowohl die Anlage als auch die Umwelt bei der Entwicklung eine Rolle spielen. Für einige Aspekte (zum Beispiel Laufenlernen) sind die biologischen Faktoren wichtiger, für andere (zum Beispiel Lesenlernen) die Umweltfaktoren. Die Sprachentwicklung hängt sehr stark von der biologischen Reife ab (obwohl sie in Abwesenheit relevanter Erfahrung nicht entsteht); individuelle Unterschiede wie Nächstenliebe oder Großzügigkeit dagegen werden hauptsächlich von den Erfahrungen des Kindes bestimmt.

Viele Wissenschaftler behaupten, man könne die biologischen und Umweltfaktoren nicht trennen oder ihre jeweilige Bedeutung genau umreißen, weil beide von Geburt an (und wahrscheinlich schon vorher) miteinander interagieren. Man spricht dann von *Transaktionen* zwischen Organismus und Umwelt. Ein sehr aggressives Kind besitzt dann vielleicht von Geburt an eine anlagebedingte Tendenz zu Aktivität oder Selbstbehauptung; seine Eltern reagieren auf diese Aggressivität mit Inkonsequenz oder Schlägen, und das wiederum verstärkt seine Neigung zu aggressivem Verhalten. Ein Kind mit einer anderen biologischen Veranlagung wird nicht in dem Maße versuchen, sich mit Schlagen und Schubsen durchzusetzen; ein Kind, dessen Eltern konsequente Erziehungsmethoden anwenden und nicht zu körperlichen Strafen greifen, kann lernen, seine angeborenen aggressiven Neigungen zu unterdrücken. Das Verhalten ist ein Produkt wiederholter Transaktionen zwischen biologischen und Umweltbedingungen.

Sind Kinder von Natur aus aktiv oder passiv?

Manche Entwicklungspsychologen glauben, daß Kinder ihre Welt aktiv organisieren und strukturieren und sie in gewissem Sinne sogar selbst schaffen, andere sind der Auffassung, daß sie Erfahrungen passiv aufnehmen. Mit Passivität ist hier nicht Teilnahmslosigkeit gemeint, sondern die angeborene Bereitschaft, alles aufzunehmen, was die Umwelt bietet. Kinder werden demnach von den Reizen der Außenwelt geformt und von inneren Bedürfnissen angetrieben, die sich ihrer Kontrolle entziehen. Psychologen und Pädagogen, die diese Auffassung vertreten, bevorzugen meist direkte und sorgfältig strukturierte Lehrmethoden. Die von ihnen entwickelten Methoden im Klavierunterricht für Kinder zum Beispiel basieren auf genau festgelegten Schritten, Akkorden und Melodien, die in einer vorgeschriebenen Reihenfolge gelernt werden müssen. Das Kind muß erst den einen Schritt beherrschen, bevor es den nächsten machen kann.

Im Gegensatz dazu glauben die Pädagogen, die davon überzeugt sind, Kinder seien von Natur aus aktiv, daß sie am besten dann lernen, wenn sie Lehrmaterial und Aufgaben selbst erkunden und auswählen können. Sie würden beim Klavierunterricht das Kind anhalten, sich selbst Melodien auszudenken oder Übungen auszusuchen. Sie nehmen an, daß der Mensch von Geburt an neugierig ist, seine Umwelt erforscht und die dabei gewonnenen Erfahrungen psychisch strukturiert. Bemühungen um allzu ausgefeilte Lernprogramme sind demnach zum Scheitern verurteilt, weil sie nicht unbedingt mit den Interessen der Kinder übereinstimmen. Als optimal gilt eine relativ unstrukturierte Situation, die unterschiedliche Stimulationen und Erkundungsmöglichkeiten bietet. Was das Kind tut und lernt, ist also größtenteils von seinen eigenen Interessen und seinem jeweiligen Begriffsvermögen abhängig.

Kontinuität und Diskontinuität in der Entwicklung

Vollzieht sich die Veränderung in der Entwicklung in kleinen Schritten, die sich allmählich summieren (kontinuierlich), oder gibt es Sprünge, bei denen qualitativ neue und andere Fähigkeiten und Verhaltensmuster entstehen (diskontinuierlich)? Dazu ein Beispiel aus der motorischen Entwicklung: Säuglinge beginnen normalerweise zwischen dem sechsten und zwölften Lebensmonat zu krabbeln. Zuerst rutschen sie auf dem Bauch, dann schaukeln sie auf Händen und Knien, und schließlich taumeln sie nach vorne und fangen an zu kriechen. Diese Veränderungen verlaufen *kontinuierlich*, das heißt, die Geschicklichkeit nimmt schrittweise zu. Aber selbständiges Stehen und Gehen erfordern einen ganz anderen Bewegungsablauf. Der Schritt

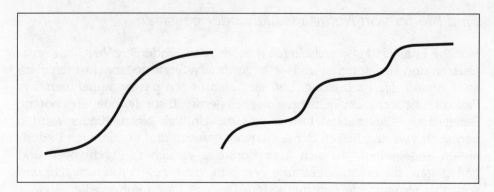

Abb. 1.1: Beispiel für zwei Typen von Wachstumskurven. Die linke Kurve zeigt ein kontinuierliches Muster allmählicher Veränderung, die flacher wird, wenn das höchste Niveau erreicht ist. Ein Beispiel dafür wäre die Krabbelgeschwindigkeit. Die rechte Kurve zeigt diskontinuierliches Wachstum, bei dem relativ plötzliche Veränderungen sich mit allmählicher Veränderung abwechseln. Ein Beispiel wäre die Geschwindigkeit der Fortbewegung, bei der plötzliche Veränderungen auftreten, wenn ein Kind Laufen und Rennen beherrscht.

vom Kriechen zum Gehen ist nicht einfach Folge verbesserter Krabbelfähigkeiten, sondern steht für ein qualitativ anderes Verhaltensmuster. Das heißt, hier handelt es sich um eine *diskontinuierliche* Veränderung.

Abbildung 1.1 zeigt Beispiele für kontinuierliche und diskontinuierliche Entwicklungskurven. Diskontinuierliche Veränderungen werden auch als Entwicklungs*stufen* bezeichnet. Der Begriff *Stufe* bezeichnet in der Alltagssprache alle altersbedingten Verhaltensweisen (z. B. die „Nein"-Stufe), ist aber in der Entwicklungspsychologie spezifischer definiert. Bei den einzelnen Stufen gibt es *qualitative Unterschiede*. Beim Schritt von einer Stufe zur anderen verändert sich die grundlegende Verhaltens- oder Denkstruktur. Krabbeln und Laufen gehören zu den Stufen des motorischen Verhaltens; unterschiedliche Arten, die Welt zu begreifen, gehören zu den Stufen der kognitiven Entwicklung. Piaget zum Beispiel ist der Auffassung, daß im Alter von ca. 18 Monaten eine neue kognitive Stufe beginnt, weil die Kinder dann zur gedanklichen Repräsentation von Objekten fähig sind (vgl. 3. Kapitel).

Die Reihenfolge der Stufen ist *unveränderlich* (invariant). Alle Kinder krabbeln, bevor sie laufen. Das Alter, in dem die Kinder diese Stufen erreichen, ist variabel, nicht aber die Reihenfolge der Stufen.

In der Entwicklungspsychologie ist unbestritten, daß es kontinuierliche, allmähliche Veränderungen gibt. Kontroversen gibt es in der Frage, ob einzelne Veränderungen diskontinuierlich verlaufen. Für manche Entwicklungspsychologen sind alle Veränderungen kumulativ und bauen auf dem auf, was vorher war. Entsprechend sehen sie selbst das Laufenlernen als Ergebnis all dessen, was die Kinder beim Krabbeln über Bewegung im

Raum und Koordination der verschiedenen Körperteile gelernt haben. Andere dagegen vertreten die Auffassung, es sei sinnvoller, bestimmte Aspekte der Entwicklung als diskontinuierlich zu werten. Kinder fangen zum Beispiel zwischen dem 15. und 20. Monat an, ängstlich zu reagieren, wenn sie einem Befehl der Eltern nicht gehorcht oder eine Regel verletzt haben. Entwicklungspsychologen, die von einer diskontinuierlichen Entwicklung ausgehen, sehen in der Fähigkeit, elterliche Verbote zu begreifen und darüber nachzudenken, eine qualitative Veränderung.

Zeitliche Stabilität

Werden aus aggressiven Zweijährigen aggressive Erwachsene? Entsteht aus einer frühen Trennung von der Familie langfristige Trennungsangst? Lassen sich durch frühe Erziehungsbemühungen langfristig Veränderungen in der Intelligenz erreichen? Positive Antworten auf diese und ähnliche Fragen würden bedeuten, daß das Verhalten von Kindern zeitlich relativ stabil ist, das heißt, daß sich späteres Verhalten aus früh entstandenen Verhaltensweisen und persönlichen Merkmalen vorhersagen ließe. Es gibt zahlreiche Untersuchungen über die Stabilität des kindlichen Verhaltens, aber ihre Ergebnisse lassen sehr unterschiedliche Interpretationen zu, die davon abhängig sind, welche Bedeutung den einzelnen Aspekten zugemessen wird. Für die einen stehen Veränderbarkeit und Formbarkeit des Menschen im Vordergrund, für die anderen zeitliche Stabilität und Identität. Das erinnert ein wenig an den alten Streit darüber, ob ein Glas halbleer oder halbvoll ist.

Diese verschiedenen Sichtweisen sind unter anderem deshalb möglich, weil manche Verhaltensweisen und Entwicklungsphasen stabiler sind als andere. Generell läßt sich sagen, daß das Verhalten der Kinder mit zunehmendem Alter stabiler wird. Die IQ-Werte der ersten Lebensjahre ermöglichen zum Beispiel keine zuverlässigen Vorhersagen über spätere IQ-Werte, während aus dem IQ bei Siebenjährigen vernünftige Prognosen über den IQ in der Adoleszenz und im Erwachsenenalter möglich sind. Manche Verhaltensmuster sind vergleichsweise stabil, andere relativ instabil. Aggressivität zum Beispiel zählt eher zu den stabilen Verhaltensmustern: Aggressivität in der frühen und mittleren Kindheit erhöht die Wahrscheinlichkeit aggressiven Verhaltens in der Adoleszenz und im Erwachsenenalter. Altruismus und Hilfsbereitschaft dagegen sind zeitlich nicht sehr stabil (Mischel, 1968).

Das Problem der zeitlichen Stabilität ist auch deshalb so kompliziert, weil sich die gleichen Merkmale in verschiedenen Altersstufen unterschiedlich äußern können. In solchen Fällen spricht man von einer *funktionellen Äquivalenz* der verschiedenen Verhaltensweisen. Ein aggressives Kindergartenkind schlägt andere Kinder; aber mit zwölf Jahren wird dasselbe Kind seine

Aggressivität subtiler ausdrücken, etwa durch Beleidigungen. Freundliche und gesellige Vierjährige bieten anderen Kindern ihr Spielzeug an und fordern sie zum gemeinsamen Spiel auf; wenn sie zwölf sind, äußern sich diese Persönlichkeitseigenschaften unter Umständen in stundenlangen Telefongesprächen. Da sich das Verhalten aller Kinder mit zunehmendem Alter verändert, wird die Stabilität durch den Vergleich der Rangordnung untersucht, in der sich dieselben Kinder in verschiedenen Altersgruppen befinden. Wenn ein Kind im Kindergarten im Vergleich zu Gleichaltrigen hohe Werte dafür erzielt, gemeinsames Spiel zu initiieren, und mit 12 Jahren hohe Werte für die am Telefon verbrachte Zeit erreicht, geht man davon aus, daß das Merkmal Geselligkeit zeitlich stabil ist.

Situationsübergreifende Konsistenz

Ist ein Kind, das sich zu Hause sehr aggressiv verhält, auch in der Schule aggressiv? Ist ein Kind, das im Umgang mit Gleichaltrigen schüchtern ist, auch im Umgang mit Erwachsenen schüchtern? Anders ausgedrückt: Gibt es ein situationsspezifisches Verhalten von Kindern, oder gibt es „Eigenschaften", die sich in sehr verschiedenen Situationen zeigen? Bestimmt die Persönlichkeit, also individuelle Merkmale und Persönlichkeitseigenschaften, oder die Situation das individuelle Verhalten? Auch hier zeigen die Untersuchungsergebnisse, daß Verhalten von individuellen Merkmalen und von situationsbedingten Faktoren bestimmt wird. Manche Psychologen betonen die Konsistenz des Verhaltens über verschiedene Situationen hinweg, andere den Einfluß von Situationen auf das Verhalten. Überzeugte Verfechter des Umwelteinflusses legen gemäß ihrer generellen Gewichtung äußerer Einflüsse den Schwerpunkt auf die situationsabhängigen Bedingungen des Verhaltens. Sie erwarten deshalb bei Kindern geringe Situationskonsistenz und zeitliche Stabilität, es sei denn, die Umwelt bliebe relativ konstant. Im Gegensatz dazu erwarten Wissenschaftler, für die Entwicklung und individuelle Persönlichkeitseigenschaften im wesentlichen biologisch bestimmt sind, sowohl Situationskonsistenz als auch zeitliche Stabilität.

Diese fünf zentralen Fragestellungen und Kontroversen um Anlage- und Umwelteinflüsse, aktives oder passives Wesen des Kindes, kontinuierlichen oder diskontinuierlichen Entwicklungsverlauf, zeitliche Stabilität und situationsübergreifende Konsistenz des Verhaltens haben Forschung und Theorie der Entwicklungspsychologie seit Jahren stark beeinflußt, wie der folgende kurze Überblick über die Geschichte der Entwicklungspsychologie im zwanzigsten Jahrhundert zeigt.

Entwicklungspsychologie: Ein historischer Überblick ▪▪▪

Die systematische Untersuchung der kindlichen Entwicklung begann, wenn man von einigen frühen europäischen Ansätzen absieht, in den ersten Jahren des zwanzigsten Jahrhunderts. Um die Jahrhundertwende beschäftigten sich zahlreiche Sozialreformer mit dem Wohlergehen des Kindes. Gesetze zur Kinderarbeit, Schulpflicht, Jugendgerichte und Wohlfahrtsdienste für Kinder wurden eingeführt. Mit der Institutionalisierung von Hilfseinrichtungen für Kinder wurde aber auch deutlich, daß man mehr über Kinder wissen mußte, um Entwicklungsmuster und normales Verhalten beurteilen zu können. In den Vereinigten Staaten bekam die wissenschaftliche Erforschung der Entwicklung durch die Einrichtung von speziellen Forschungsinstituten an verschiedenen Universitäten großen Auftrieb; diese Institute wurden durch eine der ersten privaten Stiftungen finanziert (Sears, 1957). Die Arbeit in der Anfangszeit eines dieser Institute, der Iowa Child Welfare Research Station, ist in Kasten 1.2 beschrieben.

Kasten 1.2 ▪▪▪

Pioniere der Entwicklungspsychologie

In den dreißiger Jahren haben Marie Skodak Crissey und Ronald Lippitt an bahnbrechenden Untersuchungen mit Kindern an der Universität von Iowa mitgearbeitet. Sie beschreiben ihre Arbeitsbedingungen:

Skodak: Das erste große Zentrum zur wissenschaftlichen Erforschung der Entwicklung des Kindes war die 1917 gegründete Iowa Child Welfare Research Station an der State University of Iowa. Ein langer, harter Kampf war nötig, um den Gesetzgeber dieses Staates davon zu überzeugen, daß die wissenschaftliche Untersuchung von Kindern genauso wichtig ist wie die Untersuchung von Mais oder Hausschweinen. In der Mitte der zwanziger Jahre ermöglichten Gelder des Laura Spelman Rockefeller Memorial Funds, die Forschung auszuweiten...

In Iowa lag der Schwerpunkt von Anfang an auf praktischen Problemen von Kindern und dem Einfluß der Umwelt auf die Entwicklung...

Die Station war in einem Flügel der alten Klinik an der medizinischen Fakultät untergebracht. Es war alles sehr beengt, eigene Büros hatten nur die Professoren. (Die mechanischen, von Hand bedienten Marchand-Rechner waren in einer ehemaligen Vorratskammer untergebracht.) Die Forschungsassistenten bekamen

60 Dollar im Monat für eine Halbtagsstelle; während der großen Wirtschaftskrise mußten aber wegen der angespannten finanziellen Lage immer wieder Kürzungen auf allen Ebenen vorgenommen werden.

Es gab sehr gute Ausbildungsbedingungen; unter anderem konnten wir anthropometrische Messungen mit Säuglingen und Vorschulkindern und psychologische Tests mit Säuglingen und Kindern aller Altersgruppen durchführen, in Kindergärten hospitieren und mit den Fakultätsmitgliedern an Publikationen arbeiten. Mittlerweile ist die Station hauptsächlich für ihre Forschung zur psychischen Entwicklung bekannt, aber es gab kontinuierliche Untersuchungen praktisch aller Aspekte der Kindheit: körperliches Wachstum, Vorschulerziehung, Zahn- und Ernährungsprobleme, soziale und emotionale Entwicklung usw.

In den dreißiger Jahren bekamen wir Zugang zu neuen Versuchsgruppen. Harold Skeels bahnte den Weg für eine Untersuchung in einem staatlichen Waisenhaus… Viele Forschungsprojekte wurden in Einrichtungen für geistig Behinderte, straffällig Gewordene und Waisen durchgeführt. Den wohl wichtigsten Beitrag leistete die Untersuchung der psychischen Entwicklung von Kindern, die im Säuglingsalter adoptiert worden waren. Zusammen mit Untersuchungen über die Entwicklung von Heimkindern und Kindern aus unterprivilegierten Elternhäusern stellte diese Studie die damals herrschende Einstellung in Frage, daß Intelligenz von Umweltfaktoren nicht beeinflußt wird. Es gab lebhafte Debatten, bei denen Stoddard und die Mitglieder der Forschungsgruppe aus Iowa gegen die Wissenschaftler von Stanford und Minnesota die Umweltperspektive vertraten.

Lippitt: Stellen Sie sich Kurt Lewin vor, wie er auf einer Stehleiter steht und mit der Kamera in der Hand über die Vorhänge aus Sackleinen schielt, die als „Wände" für die experimentellen Clubräume auf dem Dachboden der alten Osthalle in der University of Iowa dienten. Das war im Winter 1939.

Die Kamera war auf zwei „Clubs" eingestellt, die aus jeweils fünf Zehnjährigen und einem erwachsenen Leiter bestanden… Die Leiter nahmen abwechselnd drei Rollen ein: direktiv-strukturierend („autokratisch"), anleitend-unterstützend („demokratisch") und permissiv-nichtstrukturierend („Laissez-faire"). Sechs Beobachter notierten den Inhalt aller Interaktionen, analysierten Interaktion und Gruppenstruktur in Einheiten von jeweils zwei Minuten und stuften die Beziehungen zwischen Leiter und Clubmitgliedern auf einer Skala ein…

Es wurde nicht versucht, die Kamera oder die Beobachter, die im Schatten hinter Schreibtischen saßen, zu verstecken. Auf die anfänglichen neugierigen Fragen wurde gesagt, Beobachter und Kamera sollten „aufzeichnen, wie Clubs laufen, damit Clubleiter in Zukunft bessere Clubs planen können, die mehr Spaß machen". …

Der Film regte eine Anzahl interessanter Aktivitäten an:

1. Nachdem Kinder den Film gesehen hatten, beschlossen sie in einem Sommerlager, sie wollten die drei Formen der Leitung selbst erleben. Ihre Leiterin bot ihnen wichtige gegensätzliche Erfahrungen. Die Reaktionen bestätigten die Ergebnisse, die im Film gezeigt wurden. In ihren Briefen berichtete die Leiterin

unter anderem, die Kinder hätten anschließend das normale demokratische Klima sehr viel mehr geschätzt, mehr Verantwortung für Entscheidungen übernommen und sensibler auf autokratisches Verhalten reagiert.

2. Ein japanischer Kollege war sehr daran interessiert, das Experiment zu wiederholen. ...

3. Ed Murrow erfuhr von dem Film sowie der Untersuchung und brachte eine fiktive Version der Untersuchung in seiner CBS-Radiosendung. ...

Nach heutigem, ja selbst nach damaligem Standard war der Film von schlechter technischer Qualität. Die Lichtverhältnisse auf dem Dachboden waren schlecht und wechselten oft; Kurt Lewin hatte nicht immer eine ruhige Hand auf seiner Leiter, vor allem wenn ihn die Ereignisse fesselten, die er aufzeichnete. Das war seine erste Untersuchung von Gruppenphänomenen... Man kann diese Untersuchung durchaus als die Geburtsstunde der Gruppendynamik bezeichnen.[1]

[1] Aus „Historical Selections from the 50th Anniversary Meeting". *Society for Research in Child Development*, 1983.

Forschung im frühen zwanzigsten Jahrhundert

Der Forschungsansatz, der für diese Frühphase charakteristisch ist, ging von G. Stanley Hall aus, einem der Pioniere auf dem Gebiet der wissenschaftlichen Beschäftigung mit Kindern. Hall wollte „die Inhalte kindlichen Denkens" erforschen und entwickelte dazu eine neue Forschungsmethode: den Fragebogen (Hall, 1891). Er befragte Kinder über ihre Aktivitäten und Interessen. Sein Ziel war die Beschreibung der Abfolge und zeitlichen Reihenfolge der Entwicklung; er war einer der ersten Wissenschaftler, die mit objektiven Meßmethoden eine große Zahl von Kindern untersuchten.

In diesen Jahren hielten viele Psychologen entwicklungsbedingte Veränderungen überwiegend für das Ergebnis des Reifungsprozesses. Sie nahmen an, daß es sich bei den von ihnen beobachteten altersbedingten Unterschieden um angeborene, universelle Entwicklungsmuster handelte, die für alle Kinder galten. Dieser Ansatz führte zu Beschreibungen des „normalen" Verhaltens für die einzelnen Alterstufen, wie die folgende Diskussion zweier Psychologen am Gesell Institute of Child Development zeigt:

„Zunächst haben wir beobachtet, daß das zweite, das fünfte und das zehnte Lebensjahr Schwerpunkte darstellen, in denen das Verhalten gut ausgeglichen scheint und das Kind relativ wenig Schwierigkeiten mit sich oder mit seiner Umwelt hat. Auf jede dieser relativ ruhigen und friedlichen Phasen folgt eine kurze Periode, in der es zu Einbrüchen, Störungen und Problemen im Verhalten kommt und das Kind deutlich unausgeglichen ist. So nimmt das ruhige Verhalten von Zweijährigen bei Zweieinhalbjährigen ein abruptes Ende, beim Fünfjährigen kommt der Bruch mit fünfeinhalb oder sechs Jahren und beim Zehnjährigen mit dem Erreichen des elften Lebensjahres; typische Elfjährige machen deutlich, daß sie mit ihrer Umwelt und sich selbst nicht in Einklang sind...

Auf alle drei Altersstufen folgt eine Periode extremer Aufgeschlossenheit. Mit vier, acht und vierzehn Jahren richtet sich das Verhalten des Kindes in fast jeder Hinsicht sehr deutlich nach außen. Es besteht sogar die Gefahr, daß die Aufgeschlossenheit zu groß wird: Mit vier Jahren läuft das Kind von zu Hause weg und verirrt sich, im Alter von acht Jahren will es mit dem Fahrrad auf der Straße fahren, obwohl es dort leicht in einen Unfall verwickelt werden kann, und mit vierzehn verstrickt es sich in seine vielfältigen und widersprüchlichen sozialen Pläne" (Ilg & Ames, 1955, S. 10–11).

Ein wesentliches Ziel der Forschung in der ersten Hälfte des Jahrhunderts war die Sammlung beschreibender Informationen über die normale Entwicklung. Auf der Basis umfangreicher Beobachtungen der kindlichen Sprache wurden zum Beispiel Aufstellungen über die durchschnittliche Anzahl der Worte veröffentlicht, die einjährige Kinder sprechen können, über das Durchschnittsalter, in dem Zwei-Wort-Kombinationen benutzt werden, und viele ähnliche „Statistiken" (McCarthy, 1946). Man beschrieb altersbedingte Veränderungen vom parallelen Spiel (bei dem z. B. ein Kleinkind einen Turm aus Bauklötzen baut, während ein anderes seine Puppe spazierenfährt) hin zum kooperativen Spiel (z. B. zwei Kinder, die „Vater und Mutter" spielen oder zusammen eine Straße aus Bauklötzen bauen) in den Interaktionen von Kindern mit Gleichaltrigen (Parten, 1932). Außerdem wurden Intelligenztests entwickelt, die auf der durchschnittlichen Intelligenzleistung in den jeweiligen Altersstufen basierten. Ziel dieser beschreibenden Forschung war es, eigene Normen für das Verhalten zu entwickeln, die den Normen für Körpergröße und -gewicht entsprachen, mit denen Ärzte feststellen können, ob die körperliche Entwicklung von Kindern normal verläuft.

Auch die Praxis der Sozialbehörden, die sich mit Kindern befaßten, beruhte auf der Annahme, daß entwicklungsbedingte Veränderungen überwiegend von Reife und Vererbung abhängig sind. Es war zum Beispiel üblich, zur Adoption vorgesehene Säuglinge bis zum Alter von sechs Monaten in Waisenhäusern unterzubringen, um festzustellen, ob sie normal intelligent sind. In den meisten Waisenhäusern gab es aber für die Säuglinge nur sehr wenig intellektuelle Stimulation. Traten unter diesen Umständen Anzeichen für eine verzögerte Entwicklung der Kinder auf, wurden sie als geistig zurückgeblieben eingestuft und in entsprechende Anstalten eingewiesen. Die Personen, die diese Entscheidungen trafen, wußten nicht, daß die Waisenhausumgebung die intellektuelle Entwicklung von Säuglingen stark beeinflussen kann.

Zwei andere Bewegungen in der amerikanischen und europäischen Psychologie dieser Zeit hatten starke Auswirkungen auf die Entwicklungspsychologie. Die eine war die psychoanalytische Bewegung Sigmund Freuds, die damals sehr bekannt wurde. Freud nahm an, daß Kinder eine Reihe „psychosexueller" Phasen durchlaufen, in denen sie mit bestimmten emotionalen Konflikten konfrontiert sind. Diese Konflikte müssen sie lösen, damit sie reife, psychisch gesunde Erwachsene werden können. Seine These, nach der die frühe Kindheit ausschlaggebend für die Persönlichkeitsentwicklung ist und der frühen Interaktion zwischen Eltern und Kindern große Bedeutung zukommt, war für seine Zeit revolutionär und hat viele Menschen beeinflußt. Auch wenn die meisten Entwicklungspsychologen heute viele Elemente der Freudschen Theorie nicht mehr vertreten, gehen immer noch viele Erkenntnisse in zahlreichen Bereichen auf seine Gedanken zurück.

Die zweite Bewegung war der von John B. Watson begründete Behaviorismus mit seinen bahnbrechenden Experimenten. Watson hat das Verhalten in den Kategorien von *Reiz* und *Reaktion* analysiert und Lernen als Konditionierungsprozeß (d. h. als Assoziation von Reizen mit Reaktionen) untersucht (vgl. 3. und 8. Kapitel). Seine Arbeit lieferte die Grundlage für die vorherrschende Richtung der Entwicklungspsychologie in den Jahren nach dem Zweiten Weltkrieg: die Überzeugung, daß die Entwicklung des Kindes durch Prozesse des Reiz-Reaktions-Lernens erklärt werden kann und daß Umwelteinflüsse ausschlaggebend sind. In Watsons Worten:

„Gebt mir ein Dutzend gesunder, wohlgestalteter Kinder und meine eigene Welt, in der ich sie aufziehen kann, dann garantiere ich, daß ich jedes Kind zu dem machen kann, was man will: Arzt, Rechtsanwalt, Kaufmann, Unternehmer, ja, auch Bettler und Dieb, unabhängig von seinen Talenten, Neigungen, Fähigkeiten, Berufungen und der Rasse seiner Ahnen." (Watson, 1930, S. 104; nachgedruckt 1967)

Die Zeit nach dem Zweiten Weltkrieg

Psychoanalyse und Behaviorismus bildeten nach dem Zweiten Weltkrieg das Rückgrat der amerikanischen Kinderpsychologie. Eine neue Psychologengeneration war herangewachsen, die die Untersuchung von Kindern als einen Zweig der experimentellen Psychologie ansah. Sie wollten die entwicklungsbedingten Veränderungen nicht länger nur beschreiben, sondern theoretische Erklärungen für das Verhalten von Kindern formulieren und sie überprüfen. Auf der Grundlage der Psychoanalyse oder der behavioristischen Lerntheorie, die gelegentlich sogar miteinander verbunden wurden, versuchten sie, Hypothesen über Prozesse und Faktoren zu entwickeln, die das Verhalten von Kindern beeinflussen. Sie beschäftigten sich mit Fragen wie der nach den Auswirkungen früher Erfahrungen bei der Nahrungsaufnahme auf das Bindungsverhalten, mit dem Einfluß verschiedener Arten von Belohnung und Strafe auf das Lernen oder mit den Erziehungsmethoden, die im Zusammenhang mit der moralischen Entwicklung stehen. Diese Forschergeneration wollte das Verhalten der Kinder nicht einfach beschreiben, sondern auch das Handeln von Kindern vorhersagen und erklären. Der Schwerpunkt ihrer Untersuchungen lag auf dem beobachtbaren Verhalten und nicht auf psychischen Ereignissen. In dieser Phase war die Sichtweise überwiegend an der Umwelt orientiert; die Annahme, Verhalten könnte auch biologisch bedingt sein, stieß weitgehend auf Skepsis. Anders als ihre Vorgänger interessierte sich diese Forschergeneration weniger für altersspezifische Veränderungen und Entwicklungsstufen und entsprechend stärker für situations- und umweltbedingte Einflüsse.

Die bevorzugten Untersuchungsmethoden in dieser Zeit waren Laborexperimente, bei denen alle Aspekte einer Situation kontrolliert werden konnten. In Alltagssituationen, so wurde argumentiert, seien so viele unkontrollierbare Einflüsse vorhanden, daß sich kaum feststellen ließe, welcher Einfluß der entscheidende sei. Albert Bandura (1969) zum Beispiel führte eine mittlerweile klassische Untersuchungsreihe zum Imitationsverhalten von Kindern durch. Dabei wurde unter anderem die Hypothese überprüft, nach der Kinder warmherzige, freundliche Erwachsene stärker imitieren als kühle, distanzierte. Er schuf experimentelle Situationen, in denen eine Gruppe von Kindern mit warmherzigen und freundlichen und eine andere mit kühlen und distanzierten Erwachsenen interagierten. Danach beobachteten die Kinder ihr erwachsenes Rollenmodell bei einer Reihe von Handlungen, unter anderem beim Schlagen einer Gummipuppe, und konnten anschließend unter denselben Rahmenbedingungen spielen. Da sie den warmherzigen, freundlichen Erwachsenen stärker imitierten als den kühlen, hielt Bandura die Hypothese für bestätigt (Bandura & Huston, 1961).

Die letzten 25 Jahre

In den frühen sechziger Jahren erlebte die kognitive Theorie Piagets eine Renaissance in der amerikanischen Psychologie, in deren Gefolge die bislang vorherrschenden Auffassungen einer entscheidenden Revision unterzogen wurden. Piaget interessierte sich weniger für individuelle Unterschiede als für die allgemeinen Merkmale der kindlichen Entwicklung; für ihn war Entwicklung Ergebnis der Interaktion zwischen reifebedingten Veränderungen und Erfahrung. Durch die intensive Beobachtung seiner eigenen drei Kinder war er zu der Überzeugung gekommen, daß Kinder aktive Lebewesen sind, die Stimulation suchen und ihre Erfahrung ohne direkte Anleitung oder Programmierung durch Menschen der Umwelt strukturieren. Er schlug vier grundlegende Phasen der kognitiven Entwicklung vor. Sie werden im 3. und 7. Kapitel des ersten Bandes sowie im 14. Kapitel des zweiten Bandes näher beschrieben.

Der Einfluß Piagets in den letzten 25 Jahren war mitverantwortlich dafür, daß die Forschung sich wieder mit den biologischen, genetischen und reifebedingten Einflüssen auf das Verhalten beschäftigt hat. Dabei handelt es sich aber nicht einfach um die Rückkehr zu den Annahmen aus den Anfängen des Jahrhunderts. Die gegenwärtige Forschung untersucht in der Regel die Transaktionen zwischen den biologischen Merkmalen des Kindes und seinen Umwelterfahrungen. Säuglinge sind zum Beispiel biologisch so ausgestattet, daß sie mit ungefähr einem Jahr emotionale Bindungen an ihre Versorger entwickeln, wobei die Qualität dieser Bindung nicht immer die gleiche ist. Bei der Untersuchung dieses Prozesses hat sich gezeigt, daß beides, die individuellen Temperamentsunterschiede der Säuglinge und die unterschiedliche Reaktionsbereitschaft der für sie sorgenden Person, zur Qualität der Bindung des Kindes beiträgt (Crockenberg, 1981).

In den letzten Jahren wurde auch untersucht, ob sich eine Beziehung zwischen dem sozialen Verhalten von Kindern und ihrer kognitiven Entwicklung herstellen läßt. Kognitive Veränderungen wurden früher meist daraufhin untersucht, ob und wieweit sie Lernen und schulische Leistungen usw. beeinflussen. Soziales und emotionales Verhalten wie zum Beispiel Aggression, Festlegung der Geschlechtsrollen und Moral wurden als eigene Themen behandelt. Heute wissen wir, daß die *sozialen Kognitionen* eines Kindes, das heißt seine Einschätzung von sozialen Situationen und moralischen Fragen, auch ein Faktor bei der Festlegung ihres sozialen Verhaltens sind (vgl. 11. Kapitel im zweiten Band dieses Buches). Ob ein Kind zum Beispiel zurückschlägt, wenn es von einem anderen Kind verletzt wird, hängt auch davon ab, ob das Opfer den Angriff für beabsichtigt oder unbeabsichtigt hält, mit anderen Worten: von der sozialen Kognition.

Mittlerweile beschäftigt sich die Entwicklungspsychologie auch wieder mit der Frage, wie ihre Erkenntnisse in der Gesellschaft praktisch angewandt werden können. In den fünfziger und frühen sechziger Jahren wurden Anwendungsfragen meist vermieden; man glaubte, es gebe noch zu wenig gesicherte Erkenntnisse, um Eltern und andere Gruppen, die sich mit Kindern beschäftigen, beraten zu können. Auch heute sind noch viele Fragen offen, aber die Kinder, die jetzt heranwachsen, können nicht auf die Fortschritte in der Wissenschaft warten. Entscheidungen müssen getroffen werden, auch wenn die vorhandenen Informationen nicht vollständig sind. Und Entwicklungspsychologen können besser als viele andere sagen, was getan werden muß, damit es Kindern besser geht.

Die Forschung

Allein aufgrund überlieferter Volksweisheiten und informeller Erfahrungen mit Kindern lassen sich Fragen zur kindlichen Entwicklung nicht beantworten. Dazu ist oft systematische Forschung und eine akribisch genaue Sammlung, Analyse und Auswertung des Materials nötig. Gerade weil so viele Fragen noch offen sind, ist die Forschung so schwierig und spannend. Es geht darum, neue Ideen zu entwickeln, Rätsel zu lösen und die aussagekräftigsten und logischsten Argumente für die Diskussion zu finden. Und da die Forschung in der Entwicklungspsychologie so wichtig ist, stellen wir im folgenden die wichtigsten Forschungsmethoden und Arbeitsweisen vor.

Angewandte und Grundlagenforschung

Es kommt häufig vor, daß drängende soziale und praktische Probleme, die Kinder betreffen, den Anstoß für die Forschung liefern. Steigende Scheidungszahlen zum Beispiel waren Anlaß für Psychologen und andere Sozialwissenschaftler, zu untersuchen, welche Auswirkungen eine Scheidung auf Kinder hat, was Kindern bei der Bewältigung der Scheidung hilft und wie die unterschiedlichen Sorgerechtsregelungen die Anpassung der Kinder beeinflussen (vgl. 12. Kapitel des zweiten Bandes). Die Forschung, die Eltern, Schulen und anderen mit Kindern befaßten Institutionen und Personen hilft, wird **angewandte Forschung** genannt.

Aber auch die Sammlung grundlegender Fakten über die Entwicklung ist wichtig. Ein großer Teil der Entwicklungspsychologie ist durch den Wunsch motiviert, den komplexesten Organismus zu begreifen, den es gibt: den Menschen. Hier geht es darum, im Dienste der reinen Wissenschaft Entwicklungsprozesse zu erklären und sie vorherzusagen, selbst wenn kein unmittelbares gesellschaftliches Bedürfnis nach den dadurch gewonnenen Erkenntnissen besteht. Die Forschung, die Fakten über Prozesse und Sequenzen der Entwicklung sammelt, heißt **Grundlagenforschung**.

Natürlich wird das Wissen aus der Grundlagenforschung später oft auch angewandt (häufig anders als ursprünglich vorgesehen). Vor ein paar Jahren hat zum Beispiel eine Forschergruppe untersucht, wie sich die Saugmuster von Säuglingen unter dem Einfluß verschiedener Geräusche verändern, weil man feststellen wollte, ob Säuglinge zwischen verschiedenen Sprechgeräuschen unterscheiden können. Danach wurde diese Methode von Ärzten für die Untersuchung von Säuglingen auf eventuelle Hörschäden übernommen. Diese klinische Anwendung hatten die ursprünglichen Forscher gar nicht beabsichtigt.

Kinder erfordern einen anderen Zugang zur Forschung als Erwachsene
(Foto: Sibylle Rauch)

Der Forschungsprozeß

Es gibt ein Poster mit dem Spruch: „Jetzt, wo ich die Antwort auf alle Fragen des Lebens kenne, werden die Fragen geändert." In der Wissenschaft wie in vielen anderen Lebensbereichen sind die Antworten, die man findet, immer nur so gut wie die Fragen, die man stellt. Der erste Schritt in der Forschung besteht in der Formulierung einer geeigneten Frage. Wie entscheidet man sich in der Entwicklungspsychologie für ein Forschungsthema? Wie wählt man die richtige Fragestellung aus?

Entwicklungspsychologen in der angewandten Forschung sind in der Regel sensibel für drängende gesellschaftliche Probleme; sie wählen oft Fragen, die sich mit „brennenden" Themen aus dem öffentlichen Bereich befassen. Außerdem gibt es für die Untersuchung aktueller sozialer Themen meist staatliche Mittel zur Finanzierung der Forschung. In den späten sechziger Jahren zum Beispiel führten die Unruhen in städtischen Ghettos und an Universitäten in der amerikanischen Gesellschaft zu einer breiten Diskussion über Gewalt. Schließlich stellte die Regierung Gelder für eine koordinierte Untersuchungsreihe zur Verfügung, die den Zusammenhang zwischen Gewaltdarstellungen im Fernsehen und Aggression klären sollte. Und als in den späten Achtzigern immer mehr Mütter von Kindern im Säuglingsalter berufstätig waren, finanzierte die Regierung koordinierte Untersuchungen über die Auswirkungen der Betreuung in Kinderkrippen.

In der Grundlagenforschung ergeben sich die Fragestellungen gelegentlich aus dem Bedürfnis nach beschreibenden Informationen über die Fähigkeiten von Kindern in bestimmten Altersstufen (z. B. die Anzahl der normalerweise mit zwei oder drei Jahren beherrschten Wörter usw.). Häufiger aber ergeben sich die Fragestellungen aus Theorien, aus denen nachprüfbare Hypothesen abgeleitet werden. Die Theorie liefert sozusagen die zentralen Fragestellungen für bestimmte Entwicklungsaspekte, während andere zunächst unberücksichtigt bleiben. In den fünfziger und sechziger Jahren zum Beispiel beruhte ein Großteil der Untersuchungen über verschiedene Erziehungsmethoden direkt oder indirekt auf der psychoanalytischen Theorie, die behauptet, daß frühe Erfahrungen bei der Nahrungsaufnahme und Sauberkeitserziehung eine wichtige Rolle für die Persönlichkeitsentwicklung spielen; also wurden die Fütterungsmethoden und die Sauberkeitserziehung untersucht. Man hätte natürlich genausogut Spielmuster oder Interessen von Kindern untersuchen können, aber der Schwerpunkt von Freuds Theorie lag nun einmal nicht in diesen Bereichen des kindlichen Verhaltens.

Unabhängig vom ursprünglichen Ausgangspunkt einer Fragestellung handelt es sich bei der Forschung immer um einen kontinuierlichen und dynamischen Prozeß. Das Diagramm in Abbildung 1.2 zeigt, auf welche Weise Probleme, die aus einer Theorie oder sozialen Frage entstehen, zum Auslö-

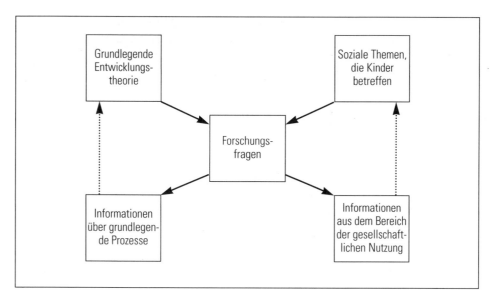

Abb. 1.2: Entstehung wissenschaftlicher Fragestellungen. Fragen entwickeln sich aus der grundlegenden Theorie und aus sozialen Fragen. Die Antworten auf jeden Fragetyp bringen neue Probleme und damit neue Fragestellungen mit sich.

ser für eine Fragestellung der Forschung werden. Die Antworten, die sich schließlich ergeben, werfen dann wieder neue Fragen auf. Es kommt sehr häufig vor, daß ein Thema aus der angewandten Forschung zu neuen Theorien und Fragen für die Grundlagenforschung führt und ein Ergebnis der Grundlagenforschung neue Wege für die praktische Förderung kindlicher Entwicklung aufzeigt. So hat in den vierziger Jahren ein Psychiater namens René Spitz schwere intellektuelle und psychische Störungen bei Heimkindern beschrieben. Diese Beobachtungen lieferten den Anstoß für die grundlegende Untersuchung der Bedingungen, die die Entwicklung der visuellen Wahrnehmung, der Kognition und der psychischen Gesundheit bei Säuglingen beeinflussen. Ihre Ergebnisse wurden dann in Säuglingsheimen und -kliniken umgesetzt, indem man den Kindern Mobiles und verschiedene visuelle Anreize, Gelegenheit zum Spiel mit Spielzeug und die Möglichkeit zur Interaktion mit Erwachsenen verschaffte.

Die Auswahl der Fragestellung wird in der Grundlagen- wie in der angewandten Forschung zwangsläufig von zeitgenössischen sozialen und kulturellen Werten bestimmt. In den USA zum Beispiel sind die meisten Menschen davon überzeugt, daß Säuglinge überwiegend von der Mutter versorgt werden sollten. Entsprechend ist die Ausgangsfrage bei Untersuchungen von Kinderkrippen fast immer die nach den möglichen negativen

Auswirkungen für die Kinder. Kaum ein Wissenschaftler hat von Anfang an gezielt die möglichen positiven Auswirkungen einer Ganztagsbetreuung untersucht. In China dagegen ist Berufstätigkeit für Männer und Frauen gleich selbstverständlich, und sehr viele Kinder werden sechs Tage in der Woche 12 Stunden täglich in einer Ganztagseinrichtung erzogen. Wissenschaftler aus dieser Kultur untersuchen wahrscheinlich überwiegend die potentiell positiven Konsequenzen der Ganztagsbetreuung für die kooperativen Werte der Kinder.

Mit der Veränderung gesellschaftlicher Werte tauchen oft auch neue Forschungsfragen auf. Bei Untersuchungen zur Entwicklung der Geschlechtsrollen in den sechziger Jahren ging man davon aus, daß ein psychisch gesunder Junge „maskulin" und ein psychisch gesundes Mädchen „feminin" sein sollte. In den siebziger Jahren, als die neue Frauenbewegung Zweifel am Wert traditioneller Geschlechtsrollen anmeldete, wurde häufig die gegenteilige Auffassung vertreten: Traditionell definierte Weiblichkeit und Männlichkeit galten als psychisch ungesund. Also beschäftigte sich die Forschung mit den Erfahrungen, die zur Übernahme nichttraditioneller Geschlechtsrollen bei Kindern führten (vgl. 10. Kapitel im zweiten Band).

Forschungsmethoden zur Untersuchung von Kindern

Es gibt viele Menschen, die Tag für Tag Kinder beobachten. Eltern und Lehrer wissen aus diesen häufigen Kontakten viel über Kinder. Worin unterscheidet sich ihre Beobachtung von der der Wissenschaftler? Was ist für die wissenschaftliche Beobachtung des kindlichen Verhaltens nötig?

Den hier beschriebenen Methoden ist eins gemeinsam: die Notwendigkeit einer *kontrollierten, systematischen* Beobachtung des Verhaltens. Bei manchen Untersuchungen wird das Verhalten in realen Umgebungen beobachtet, zum Beispiel im Elternhaus oder in der Schule. Bei anderen werden spezifische Aufgaben entwickelt oder Situationen geschaffen, oft in Laboratorien, damit die Reaktionen verschiedener Kinder in vergleichbaren Umständen untersucht werden können. Bei manchen Untersuchungen werden Kinder interviewt, bei anderen getestet, wieder andere arbeiten mit speziell entwickelten Einstufungen und registrieren, wie oft jedes Kind ein entsprechendes Verhalten zeigt. Immer aber wird versucht, bei allen an der Untersuchung beteiligten Kindern dieselben Methoden zu verwenden und situationsabhängige Faktoren, die die Reaktionen der Kinder beeinflussen können, zu kontrollieren oder zu bewerten.

Objektivität ist ein weiteres grundlegendes Merkmal der wissenschaftlichen Forschung. Die Bewertungsmethoden aller Untersuchungen, unabhängig vom jeweiligen Zuschnitt, müssen so weit wie möglich frei von subjektiven Vorurteilen sein. Bei einer Untersuchung über aggressives Verhalten zum Beispiel muß vorher präzise und objektiv festgelegt werden, welches Verhalten als aggressiv gilt. Mit solchen genauen Definitionen können verschiedene Beobachter das Verhalten derselben Kinder kodieren. Ordnen die unabhängigen Beobachter das Verhalten eines Kindes der gleichen Kategorie zu, gilt das Meßsystem als objektiv. Objektive Messungen sind in der Regel quantifizierbar, das heißt, sie führen nicht zu verbalen Beschreibungen des Verhaltens, sondern zu Zahlen. So wird zum Beispiel festgehalten, wie oft ein Kind andere Kinder schlägt, und das Ergebnis mit der Häufigkeit verglichen, mit der die anderen Kinder das beobachtete Kind schlagen.

Im folgenden werden verschiedene Forschungsmethoden im Kontext zweier verwandter Forschungsprobleme untersucht: 1. Bleibt Aggression stabil, oder ändert sie sich mit dem Alter? 2. Welchen Einfluß hat Gewalt im Fernsehen auf aggressives Verhalten? Dabei wird deutlich, daß verschiedene Methoden wichtige Informationen über eine Frage liefern, aber nicht eine Methode allein eine eindeutige Antwort geben kann. Die unterschiedlichen Methoden zur Messung derselben Eigenschaft können verschiedene Resultate haben. Auf die Frage, wie aggressiv eine Gruppe von Kindern ist, kann es drei verschiedene Antworten geben, je nachdem, ob man die Lehrer um eine Bewertung bittet, Gleichaltrige fragt, welche Kinder am aggressivsten sind, oder das Verhalten der Kinder direkt beobachtet. Generell lassen sich am besten dann Schlüsse ziehen, wenn die Ergebnisse aus verschiedenen Methoden *konvergieren,* d. h. übereinstimmen.

Querschnitt- und Korrelationsuntersuchungen

Fragen nach zeitlicher Stabilität bzw. Veränderung und nach den Auswirkungen früher Erfahrungen oder Persönlichkeitseigenschaften auf späteres Verhalten nehmen in der Entwicklungspsychologie breiten Raum ein. Das erfordert Methoden, mit denen man Kinder in verschiedenen Altersstufen untersuchen kann. Veränderungen in der Entwicklung werden meist zuerst durch **Querschnittuntersuchungen** festgestellt, bei denen Kinder aus verschiedenen Altersgruppen zu einem vorher bestimmten Zeitpunkt verglichen werden. Ein Vergleich der Gruppen von Kindern im Alter von 4, 8, 12 und 16 Jahren würde zum Beispiel ergeben, daß bei jüngeren Kindern Schlagen und körperliche Aggression verbreitet sind, während ältere Kinder Aggression häufiger verbal und durch Beleidigungen ausdrücken.

Querschnittuntersuchungen geben Aufschluß über altersbedingte Unterschiede, aber es läßt sich damit nicht bestimmen, ob es bei einem einzelnen Kind einen Übergang von körperlicher zu verbaler Aggression gibt.

Unterschiede zwischen bestimmten Altersgruppen zu einem bestimmten Zeitpunkt können altersgemäße Veränderungen wiedergeben, aber genausogut das Ergebnis von Erfahrungen sein, die mit bestimmten historischen Zeiträumen zusammenhängen. Wenn man zum Beispiel annimmt, daß in den zwei Jahren vor der Untersuchung die Gewaltdarstellungen im Fernsehen stark angestiegen sind, dann ist es möglich, daß Vierjährige auf diese Form der Gewalt reagieren; das heißt, daß sich ihr Verhalten stark von dem Verhalten vierjähriger Kinder vor 10 Jahren unterscheidet.

Korrelationsmethoden werden angewandt, um Hypothesen darüber zu überprüfen, wieviel die einzelnen Faktoren zu individuellen Unterschieden in der Entwicklung beitragen. Bei der einfachsten Version einer solchen Untersuchung mißt ein Wissenschaftler zwei Variablen in einer bestimmten Personengruppe und berechnet dann, ob es zwischen ihnen eine Korrelation gibt. Um herauszufinden, wie viele Gewaltdarstellungen eine große Stichprobe von Grundschulkindern zu Hause im Fernsehen gesehen hat, wurden die Kinder gefragt, welche Programme sie regelmäßig sehen. Ihre Aggression in der Schule wurde durch Einschätzung der Gleichaltrigen gemessen: Jedes Kind sollte die Kinder in der Klasse nennen, die am häufigsten schubsten, rangelten und stritten. Die Forscher stellten fest, daß Gewalt im Fernsehen positiv mit Aggression korrelierte, d. h., daß Kinder, die häufiger gewalttätige Fernsehsendungen sahen, aggressiver waren (Huesmann, Lagerspetz & Eron, 1984).

Korrelation ist ein Maß der Beziehung zwischen zwei Merkmalen. *Positive Korrelation* bedeutet, daß hohe Werte einer Variablen mit hohen Werten einer anderen zusammen vorkommen, wie in dem obigen Beispiel. *Negative Korrelation* bedeutet, daß hohe Werte der einen Variablen mit niedrigen Werten der anderen verbunden sind. So gibt es zum Beispiel eine negative Korrelation zwischen dem Bildungsstand und der Häufigkeit, mit der ferngesehen wird. Hochgebildete Menschen sehen selter fern als ungebildete. *Keine Korrelation* bedeutet, daß es keine Beziehung zwischen den beiden Variablen gibt. So besteht zum Beispiel keinerlei Zusammenhang zwischen Körpergröße und Häufigkeit des Fernsehens.

Korrelationen können Werte von +1,0 bis –1,0 annehmen. Das Zeichen + oder – zeigt die Richtung der Korrelation (positiv oder negativ) an, und die Zahl beschreibt das Ausmaß der Beziehung. Je größer die Zahl, ob positiv oder negativ, desto stärker die Beziehung. Die Korrelation zwischen dem IQ von Drei- und Zehnjährigen beträgt +0,36, von Acht- und Zehnjährigen +0,88. Der IQ von Zehnjährigen läßt sich also aus dem IQ von Achtjährigen sehr viel genauer und sicherer vorhersagen als aus dem von Dreijährigen.

Sowohl Querschnitt- als auch Korrelationsuntersuchungen werden bisweilen als *Feldforschung* bezeichnet, weil sie natürlich auftretende Bedingungen messen. Ein Vorteil dieser Methoden besteht darin, daß die

Forscher die relevanten Variablen so messen, wie sie in der Realität vorkommen, ohne sie zu beeinflussen oder einzugreifen. Bei der beschriebenen Untersuchung wurde die Aggression gemessen, die in der Schule ganz natürlich auftaucht, und das Fernsehverhalten, wie es zu Hause ohne äußere Eingriffe vorkommt.

Mit Hilfe von Korrelationsdaten läßt sich bestimmen, ob eine Beziehung zwischen Variablen wie Gewaltdarstellungen im Fernsehen und aggressivem Verhalten besteht, aber man kann aus ihnen keine Schlüsse über die *Ursachen* ziehen. Für eine positive Korrelation gibt es drei mögliche Erklärungen: Erstens kann die Beobachtung von Gewaltdarstellungen im Fernsehen zur Aggression führen. Zweitens können sehr aggressive Kinder gezielt sehr gewalttätige Programme aussuchen (d. h., die Aggression des Kindes kann „Ursache" für die Auswahl der Fernsehprogramme sein). Drittens können sich die Aggressionen der Kinder und ihre Vorliebe für gewalttätige Fernsehprogramme aus einer dritten Variablen entwickeln, die mit beidem in Zusammenhang steht, zum Beispiel aus der Tatsache, daß sie aggressive Eltern haben, die häufig gewalttätige Fernsehsendungen einschalten und deren Aggression von den Kindern imitiert wird.

Längsschnittuntersuchungen

Bei einer **Längsschnittuntersuchung** werden dieselben Kinder in regelmäßigen Abständen über einen längeren Zeitraum, zum Beispiel zehn Jahre oder mehr, beobachtet und getestet. Dieser Ansatz überwindet einige der Schwächen der Querschnitt- und Korrelationsuntersuchungen. Längsschnittuntersuchungen geben Aufschluß über zeitliche Stabilität im Verhalten. Mit ihrer Hilfe läßt sich auch feststellen, ob die in Querschnittuntersuchungen festgestellten Entwicklungsübergänge (z. B. von physischer zu verbaler Aggression) auch bei einzelnen Kindern vorhanden sind.

Längsschnittuntersuchungen geben auch Aufschluß über Fragen der Verursachungsrichtung, die durch Korrelationsuntersuchungen aufgeworfen werden. In der beschriebenen Untersuchung über Gewalt im Fernsehen und Aggression zum Beispiel wurden zunächst Messungen mit Erst- und Drittkläßlern durchgeführt. Zwei Jahre später, in der dritten und fünften Klasse, wurden dieselben Kinder wieder beobachtet. Kinder, die schon sehr früh häufig drastische Gewaltdarstellungen im Fernsehen gesehen hatten, waren zwei Jahre später aggressiver als die Gleichaltrigen. Aber auch die Umkehrung stimmte: Kinder, die in einem frühen Alter aggressiver waren, sahen zwei Jahre später mehr gewalttätige Fernsehsendungen. Dies heißt, daß es einen Zusammenhang gibt zwischen Gewalt im Fernsehen und Aggression, aber *auch,* daß aggressive Persönlichkeitsmerkmale bei der Vorliebe für

Gewalt im Fernsehen eine Rolle spielen (Huesmann, Lagerspetz & Eron, 1984).

Experimente

Feldforschung und Längsschnittuntersuchungen machen die Erhebung realer Ereignisse in ihrer ganzen Fülle möglich, aber gerade diese Fülle kann zum Nachteil werden. Bei natürlich auftretenden Ereignissen spielen so viele Faktoren eine Rolle, daß sich schwer sagen läßt, welches die entscheidenden sind. Deshalb wird Feldforschung häufig durch experimentelle Untersuchungen ergänzt.

Das Prinzip der experimentellen Methode besteht im wesentlichen aus der systematischen Veränderung einer Variablen (**unabhängige Variable**) und der objektiven Messung einer anderen Variablen (**abhängige Variable**). Dabei werden alle anderen Faktoren, die die abhängige Variable beeinflussen könnten, konstant gehalten. Um die Auswirkungen von Gewalt im Fernsehen auf aggressives Verhalten zu testen, wurden zum Beispiel einzelne Kinder in ein Labor gebracht, wo sie entweder eine gewalttätige Sendung oder einen nicht gewalttätigen Reisebericht im Fernsehen sahen. Die Konfrontation mit der Gewalt im Fernsehen war die unabhängige Variable. Nach der Fernsehsendung kamen die Kinder in ein Spielzimmer mit aggressivem Spielzeug wie aufgeblasenen Puppen, auf die man schlagen konnte, und Spielzeuggewehren. Aggressives Verhalten in dieser Spielumgebung war die abhängige Variable (Liebert & Baron, 1972).

Die Kinder wurden den Gruppen „Gewalt im Fernsehen" und „Reisebericht" zufällig zugeteilt; das heißt, der Zufall (Werfen einer Münze) entschied, welches Kind in die Experimental- und welches in die Kontrollgruppe kam. Die zufällige Zuordnung ist ein entscheidendes Merkmal bei Experimenten, weil sich dadurch die individuellen Unterschiede zwischen den Kindern kontrollieren lassen. Ist die Anzahl der Kinder in beiden Gruppen groß genug, kann man davon ausgehen, daß Kinder mit unterschiedlichen Aggressionsniveaus in beiden Gruppen gleichmäßig verteilt sind. Nach der Fernsehsendung lassen sich Unterschiede in den Gruppen deshalb nicht auf Veranlagung oder Persönlichkeitsunterschiede zwischen den einzelnen Kindern zurückführen.

Die experimentelle Methode erlaubt Rückschlüsse auf kausale Wirkungen. Weil die Art und Weise, wie Gewalt im Fernsehen auftrat, systematisch variiert wurde und die anderen Variablen durch die Zufallsauswahl kontrolliert waren, kann man folgern, daß das aggressive Verhalten vom Fernsehen beeinflußt war. Weil die Kontrollgruppe ebenfalls ferngesehen hat, kann man schließen, daß die Aggression spezifisch durch den gewalttätigen Inhalt stimuliert wurde und nicht durch Fernsehen über einen bestimmten Zeitraum an sich. Mit Hilfe der experimentellen Methode lassen sich also potentiell wichtige Variablen herauslösen und Hypothesen über die Prozesse prüfen, die für das relevante Verhalten, hier die Aggression, verantwortlich sind.

Aber auch das Experiment kann nicht alle Fragen beantworten. Die meisten Experimente können notwendigerweise nicht über einen längeren Zeitraum angelegt sein. In dem beschriebenen Experiment zum Beispiel sahen die Kinder im Labor insgesamt zehn Minuten fern. Man kann deshalb nicht sicher sagen, ob die vielen Stunden, die Kinder zu Hause vor dem Fernseher sitzen, dieselben Auswirkungen haben. Eine andere Schwierigkeit bei Laborexperimenten besteht darin, daß niemand sicher sagen kann, wie gut sich Laborergebnisse auf natürliche Rahmenbedingungen übertragen lassen. Das aggressive Verhalten in der oben erwähnten Untersuchung zum Beispiel war aus ethischen Gründen nicht sehr gewalttätig. Man darf Kindern im Labor nicht erlauben, sich gegenseitig zu schlagen, zu treten oder zu beißen. Natürlich auftretende Aggression wie bei Interaktionen zwischen Geschwistern zu Hause kann sehr viel verletzender sein. Außerdem haben sich die Kinder nicht ausgesucht, welches Programm sie sehen wollten, und auch das kann das Ergebnis beeinflussen. Laborexperimente führen zu genauen und spezifischen Informationen über die menschliche Entwicklung, aber sie müssen in Verbindung mit der Beobachtung natürlich auftretender Ereignisse gesehen werden, wie sie die Feldforschung leistet.

Feldexperimente

Beim Feldexperiment wird versucht, die Vorteile der korrelativen und der experimentellen Methoden zu verbinden. Beim Feldexperiment werden die Kinder wie beim Laborexperiment nach dem Zufallsprinzip Gruppen zugeordnet, die verschiedene Erfahrungen machen. Aber wie bei der Feldforschung werden die Gruppen in natürlich auftretenden Situationen und über einen relativ langen Zeitraum beobachtet. So wurde zum Beispiel zufällig ausgesuchten männlichen Jugendlichen, die in stationärer Behandlung waren, eine Woche lang jeden Abend ein gewalttätiger bzw. nicht gewalttätiger Film vorgeführt. Geschulte Beobachter stuften ihr aggressives Verhalten auf der Station vor, während und nach der Woche ein, in der die Filme gezeigt wurden. Die Jungen, die gewalttätige Filme gesehen hatten, verhielten sich aggressiver als die, denen keine gewalttätigen Filme gezeigt wurden (Parke, Berkowitz, Leyens, West & Sebastian, 1977).

Das Feldexperiment gibt Aufschluß über die Richtung der kausalen Beziehung, hier den Einfluß gewalttätiger Filme auf aggressives Verhalten, bewahrt aber gleichzeitig die „lebensnahe" Qualität von Messungen in der

Feldumgebung. Aber es bleibt immer das Problem, daß die Forscher die Teilnahme *verordnet* haben. Ein Film, den man sehen mußte, kann durchaus andere Wirkungen haben als ein Film, den man sehen wollte.

Kulturvergleichende Untersuchungen

Es ist sehr verlockend, Entwicklungslinien zu verallgemeinern, die sich aus der Untersuchung von Kindern mit einem gemeinsamen kulturellen Hintergrund, zum Beispiel aus der amerikanischen Mittelschicht, ergeben haben. Ein wirksames Gegenmittel für solche vorschnellen Verallgemeinerungen sind vergleichende Untersuchungen aus anderen Kulturkreisen. Die Pubertät zum Beispiel ist in westlichen Gesellschaften, besonders in den Vereinigten Staaten, immer wieder als eine Phase des „Sturm und Drangs" beschrieben worden, die sich durch Stimmungsumschwünge, Rebellion und Konflikte mit der Autorität der Eltern charakterisieren läßt. Aber in vielen anderen Kulturen sind Jugendliche voll integrierte, erwachsene Mitglieder ihrer Gesellschaft, die die Arbeit von Erwachsenen tun und eigene Familien gründen.

Gelegentlich erweitern Informationen aus verschiedenen Kulturen das Spektrum beobachtbarer Variablen. In den USA zum Beispiel ist praktisch jedes Kind von Geburt an mit dem Fernsehen konfrontiert, und in den Fernsehprogrammen im ganzen Land gibt es häufig Gewaltdarstellungen. Bei der Konfrontation mit gewalttätigen Fernsehsendungen sind die Vergleichsmöglichkeiten in den USA also stark eingegrenzt, weil praktisch kein Kind ohne solche Sendungen aufgewachsen ist. In anderen Ländern dagegen sind Gewaltdarstellungen im Fernsehen seltener. Eine Forschergruppe aus Polen, Israel, Finnland und Australien hat Längsschnittuntersuchungen durchgeführt, die der hier vorgestellten amerikanischen Untersuchung über die Beziehung zwischen Gewalt im Fernsehen und Aggression entsprachen. Obwohl sich das Ausmaß der Gewalt im Fernsehen in den verschiedenen Ländern beträchtlich unterschied, waren viele Ergebnisse die gleichen (Huesmann & Eron, 1986).

Auch „universelle" Faktoren der Entwicklung lassen sich in kulturvergleichenden Untersuchungen evaluieren. So enthalten die ersten primitiven Sätze englisch sprechender Kinder die Namen konkreter Gegenstände (z. B. kitty, also Kätzchen) und Verben (z. B. hit, „schlagen"). Hier stellte sich die Frage, ob das an bestimmten Merkmalen der englischen Sprache und der Sprachumgebung durch die ebenfalls englisch sprechenden Eltern liegt oder ob auch Kinder aus einem anderen Sprachraum zuerst konkrete Gegenstände benennen. Kulturvergleichende Untersuchungen über die Anfänge der Sprachentwicklung in vielen Sprachen haben gezeigt, daß es bei Kindern aus unterschiedlichen Kulturen viele gemeinsame Muster gibt (vgl. 6. Kapitel).

Artenübergreifende Studien

Manche Fragen aus der Entwicklungspsychologie werden nicht an Menschen, sondern an Tieren untersucht, weil Tiere in sehr stark kontrollierten Umwelten aufgezogen werden können. So hat Harry Harlow in seiner klassischen Untersuchungsreihe mit Affen den frühen Entzug mütterlicher Versorgung untersucht. Er hat neugeborene Affen isoliert oder mit künstlichen Müttern verschiedenster Art aufgezogen und dann die Auswirkungen auf das spätere Verhalten gemessen (Harlow & Suomi, 1970). Kindern kann man die Mütter nicht entziehen, man kann sie auch nicht wie Affen zur lebenslangen Beobachtung im Labor halten.

Auch wenn bei der Übertragung von Erkenntnissen aus der Tierforschung auf den Menschen sehr viel Vorsicht angebracht ist, liefern artenübergreifende Untersuchungen wertvolle Informationen über Entwicklungsprozesse, die denen beim Menschen vergleichbar sind. Die neugeborenen Affen in Harlows Untersuchung zum Beispiel zogen eine weiche „Mutter" aus Frotteestoff, die keine Nahrung gab, einer „Mutter" aus Maschendraht vor, die Nahrung spendete. Harlow hat daraus den Schluß gezogen, daß die psychische Bindung menschlicher Säuglinge an die Mutter nicht primär wegen der Nahrung entsteht. Das ist ein wichtiges Entwicklungsthema, das im vierten Kapitel ausführlich behandelt wird.

Zusammenfassung der Forschungsmethoden

Jede der zahlreichen Methoden zur Untersuchung der menschlichen Entwicklung hat ihre Stärken und Schwächen. Zusammen ergänzen und unterstützen sie sich. Die Resultate von Untersuchungen, bei denen mit verschiedenen Methoden gearbeitet wurde, sind zuverlässiger als die von Untersuchungen, die sich auf nur eine Methode stützen. Beim Thema Gewalt im Fernsehen stützt die Tatsache, daß Korrelationsuntersuchungen, Laborexperimente, Feldexperimente und Längsschnittuntersuchungen zum gleichen Ergebnis kamen, die Schlußfolgerung, daß Gewalt im Fernsehen zu aggressivem Verhalten beiträgt. Und wenn Längsschnittuntersuchungen in den Vereinigten Staaten, kulturvergleichende und artenübergreifende Untersuchungen gleichermaßen zeigen, daß Säuglinge bestimmte Ängste in einer bestimmten Reihenfolge entwickeln, kann man entsprechend davon ausgehen, daß es sich dabei um einen universellen Entwicklungsablauf handelt (vgl. 4. Kapitel).

Ethische Fragen in der Forschung

Die Entwicklungsforschung wirft komplexe ethische Fragen auf. Horrorgeschichten aus der medizinischen Forschung wie die Infizierung von Häftlingen mit krebserregenden Stoffen ohne deren Wissen haben das Bewußtsein der Forscher dafür geschärft, daß strenge ethische Richtlinien erforderlich sind und Forschungsprojekte überwacht werden müssen. Grobe Verletzungen der Rechte der Kinder, zum Beispiel sie bewußt in einer frühen Phase von der äußeren Stimulation fernzuhalten, gelten allgemein als unmoralisch.

Aber auch subtilere ethische Fragen müssen sorgfältig erwogen werden. Verletzt man zum Beispiel die Privatsphäre von Kindern oder Eltern, wenn man Kinder über die Erziehungsmethoden ihrer Eltern befragt? Können solche Fragen an sich schon zu Problemen in der Eltern-Kind-Beziehung führen? Muß man Eltern über das informieren, was ihre Kinder im vertraulichen Gespräch sagen? Läßt es sich moralisch rechtfertigen, Kinder zu betrügen (indem man ihnen zum Beispiel falsche Informationen über einen Test gibt oder ihnen sagt, sie seien allein im Zimmer, obwohl sie durch einen Einwegspiegel beobachtet werden)? Läßt es sich ethisch vertreten, wenn man Kinder zu Versuchszwecken leichten Frustrationen oder Belastungen aussetzt? Darf man Menschen in der Öffentlichkeit ohne ihre Einwilligung beobachten? Solche Fragen lassen sich nicht ein für allemal beantworten.

Die American Psychological Association (1972) und die Society for Research in Child Development (1973) haben schriftliche Richtlinien und Prinzipien für die Forschung entwickelt, ganz besonders im Hinblick auf die Forschung mit Kindern. Auszüge aus dem Bericht des Committee on Ethics in Research with Children (Society for Research in Child Development) finden sich im Kasten 1.3 (Vergleichbares findet sich auch in Deutschland).

Natürlich lassen sich die ethischen Probleme in der Forschung mit Kindern nicht einfach durch eine Sammlung von Vorschriften lösen. Die Wissenschaftler müssen bei jeder Untersuchung die Vorteile und Nachteile abwägen. Aber kann man das Urteil über den möglichen Schaden für die Kinder und den möglichen Nutzen für die Forschung wirklich den Wissenschaftlern überlassen, die für die Untersuchung verantwortlich sind? Auch wenn die meisten Wissenschaftler in dieser Beziehung vertrauenswürdig sind, glauben viele, daß individuelle Entscheidungen über ethische Probleme von einer Kommission geprüft und überwacht werden sollten. In vielen Universitäten, Forschungseinrichtungen und im öffentlichen Gesundheitsdienst der USA, der einen großen Teil der Entwicklungsforschung fördert, wird deshalb jedes Forschungsprojekt, an dem Versuchspersonen beteiligt sind, von einer Ethikkommission geprüft, die sich aus Wissenschaftlern unterschiedlicher Disziplinen zusammensetzt. Diese Kommission hat eine Art

Ethische Fragen in der Forschung

Die Forschung an Menschen wirft zahlreiche ethische Fragen auf und bringt große Verantwortung mit sich. Die wesentliche Verpflichtung des Forschers besteht darin, das Wohlbefinden, die Würde und die Rechte aller an der Forschung beteiligten Personen sicherzustellen, seien es Kinder oder Erwachsene. Einige ethische Probleme in der Entwicklungsforschung sind leicht zu lösen, andere sind schwieriger.

Standesorganisationen wie die American Psychological Association und die Society for Research in Child Development haben umfassende Prinzipien für die Forschung mit Kindern formuliert, die eine Hilfestellung für die ethischen Entscheidungen der Psychologen bieten. Aber man kann ethische Probleme nicht einfach dadurch lösen, daß man bestimmte Regeln einhält. Deshalb müssen die Wissenschaftler ständig die Vorteile und potentiellen Fortschritte für die Forschung gegen die Nachteile abwägen, die bei der Durchführung entstehen können.

Einige Prinzipien, die ein Komitee der Society for Research in Child Development formuliert hat, lauten:

1. Jedes Kind, unabhängig von seinem Alter, hat Rechte, die die Rechte der Forscher aufheben. Die Forscher müssen jede Maßnahme, die sie durchführen wollen, mit den Rechten des Kindes in Einklang bringen und vor Beginn die Zustimmung eines Komitees von Kollegen einholen. …

5. Die Forscher müssen die freie Entscheidung des Kindes über Teilnahme, Nichtteilnahme oder Beendigung der Teilnahme jederzeit respektieren. …

6. Entsprechend muß auch die qualifizierte Zustimmung der Eltern oder der Personen, die für sie handeln (zum Beispiel Lehrer oder Leiter von Institutionen), eingeholt werden, nach Möglichkeit schriftlich. Zur qualifizierten Zustimmung gehört, daß die Eltern oder andere verantwortliche Erwachsene über alle Bestandteile der Untersuchung informiert werden, die ihre Bereitschaft zur Teilnahme der Kinder beeinflussen könnten. … Das Recht des verantwortlichen Erwachsenen, die Teilnahme des Kindes zu verweigern, muß nicht nur respektiert, sondern auch ohne Nachteile ausgeübt werden können. …

9. Die Forscher arbeiten nicht mit Maßnahmen, die dem Kind physisch oder psychisch schaden können. Auch wenn psychischer Schaden nur schwer zu definieren ist, bleibt es die Pflicht der Forscher, sie zu definieren. Sobald Zweifel über mögliche schädliche Wirkungen der Untersuchungsmethoden entstehen, müssen die Forscher sich von anderen beraten lassen. Liegt eine schädliche Wirkung im Bereich des Möglichen, sind sie verpflichtet, entweder andere Mittel zur Beschaffung der gewünschten Information zu finden oder das Forschungsvorhaben aufzugeben.

Richterfunktion und prüft Ziele und potentiellen Nutzen des Projekts, wägt sie gegen die möglichen negativen Auswirkungen für die beteiligten Kinder ab und sorgt vor allem dafür, daß alle Möglichkeiten ausgeschöpft werden, die das Wohlergehen und die Integrität der Teilnehmer garantieren.

Aber letztlich können weder Regeln noch Kommissionen die moralische Integrität des Forschers, seine Reife, Ehrlichkeit, Sensibilität und seinen Respekt vor den Rechten anderer ersetzen. Letzten Endes sind es immer die Wissenschaftler selbst, die dafür verantwortlich sind, daß die höchsten ethischen Maßstäbe eingehalten werden, wenn sie ihre Untersuchungen durchführen.

Der Aufbau des Buches

Die beiden Bände des Buches bestehen aus vier Teilen. Jeder Teil beschäftigt sich mit der Entwicklung in einer Altersgruppe: 1. Die pränatale oder vorgeburtliche Entwicklung, 2. Säuglings- und Kleinkindentwicklung (von der Geburt bis zum dritten Lebensjahr), 3. frühe und mittlere Kindheit (ca. drittes bis zwölftes Lebensjahr) und 4. Adoleszenz (ca. zwölftes bis zwanzigstes Lebensjahr). Dabei kommt es natürlich zu Überschneidungen, weil die meisten Entwicklungsmerkmale nicht vollständig mit dem Alter korreliert sind.

Jeder Teil beschäftigt sich mit den physischen und biologischen, kognitiven und sozial-emotionalen Aspekten der Entwicklung. Berücksichtigt werden die übergreifenden Entwicklungslinien; auf die Familie, die Schule, die Gruppe der Gleichaltrigen und die Massenmedien wird je nach ihrer Relevanz für die jeweilige Altersgruppe eingegangen, ebenso wie auf wichtige Theorien und soziale Fragen.

Es empfiehlt sich, nach Durcharbeitung einiger oder auch aller Kapitel noch einmal zur Einführung zurückzukehren. Viele der hier vorgestellten Aspekte bekommen im Lichte der spezielleren Informationen der folgenden Kapitel eine neue Bedeutung.

Zusammenfassung

Entwicklung wird definiert als geordnete und zeitlich relativ stabile Veränderung der physischen und neurologischen Strukturen, der Denkprozesse und des Verhaltens. Die Entwicklungsforschung versucht zum einen, universell gültige Veränderungen zu begreifen, zum anderen, individuelle Unterschiede in der Entwicklung zu erklären, und zum dritten, den Einfluß von Kontext oder Situation auf das Verhalten von Kindern zu verstehen.

Bei der Untersuchung der Entwicklung des Kindes müssen zahlreiche theoretische Fragen berücksichtigt werden. Die wichtigste ist die jeweilige Bedeutung der umwelt- bzw. biologisch bedingten Determinanten des Verhaltens („Anlage" gegenüber „Umwelt"). Nur wenige Wissenschaftler vertreten einen der beiden extremen Standpunkte in der Anlage-Umwelt-Kontroverse; für die meisten ist Verhalten das Produkt wiederholter Interaktionen zwischen biologischen und Umweltgegebenheiten.

Eine andere grundlegende Frage ist die nach dem aktiven bzw. passiven Wesen des Kindes. Manche Wissenschaftler sehen Kinder als passive Empfänger von Erfahrungen, andere glauben, daß Kinder ihre Welt aktiv organisieren, strukturieren und in gewissem Sinne auch erst schaffen. Divergierende Meinungen gibt es auch in der Frage, ob die entwicklungsbedingten Veränderungen kontinuierlich oder diskontinuierlich verlaufen. Zwar sind sich die Entwicklungspsychologen generell darin einig, daß es kontinuierliche Veränderungen gibt, aber nicht alle sind davon überzeugt, daß es auch qualitative Veränderungen gibt, das heißt solche, die nicht einfach Ergebnis einer Kumulation bereits vorhandener Entwicklung sind.

Eine weitere Kontroverse kreist um die Frage der zeitlichen Stabilität des Verhaltens. Hier gibt es unterschiedliche Interpretationen, weil einerseits manche Verhaltensweisen und Entwicklungsperioden stabiler sind als andere und andererseits dieselben Merkmale sich in verschiedenen Altersgruppen unterschiedlich äußern können. Die Forschung beschäftigt sich nicht nur mit der zeitlichen Stabilität, sondern auch mit der Konsistenz des Verhaltens in unterschiedlichen Situationen. Es gibt Anzeichen dafür, daß Verhalten sowohl von individuellen Merkmalen als auch situationsabhängigen Faktoren beeinflußt wird.

Die systematische Untersuchung der kindlichen Entwicklung begann –

wenn man von den europäischen Ansätzen absieht – zu Anfang unseres Jahrhunderts. Damals galten entwicklungsbedingte Veränderungen überwiegend als Ergebnis der Reife; die Wissenschaftler sahen ihre Aufgabe darin, angeborene, übergreifende Entwicklungsmuster aufzudecken. Nach dem Zweiten Weltkrieg beherrschten zwei Strömungen die Forschung: die Psychoanalyse, die von Sigmund Freud um die Jahrhundertwende entwickelt wurde, und der von John B. Watson begründete Behaviorismus. Watsons Arbeit führte zu der Auffassung, die Entwicklung des Kindes könne durch Lernprozesse erklärt werden und sei in erster Linie von der Umwelt bestimmt.

In den frühen sechziger Jahren nahm die amerikanische Psychologie Piagets Theorie der kognitiven Entwicklung wieder auf und wandte sich erneut der Untersuchung biologischer, genetischer und reifebedingter Einflüsse auf das Verhalten zu. Heute untersucht die Forschung in der Regel die Interaktionen zwischen den biologischen Merkmalen des Kindes und den Erfahrungen, die seine Umwelt bietet. Eine weitere neue Entwicklung der Forschung versucht, eine Beziehung zwischen dem sozialen Verhalten von Kindern und ihrer kognitiven Entwicklung herzustellen.

In der Entwicklungspsychologie gibt es angewandte Forschung und Grundlagenforschung. Angewandte Forschung bietet konkrete Hilfen für Eltern, Schulen und andere Menschen und Institutionen, die sich mit Kindern beschäftigen. Grundlagenforschung ermöglicht Erkenntnisse über Prozesse und Sequenzen der Entwicklung, auch wenn es für diese Erkenntnisse kein unmittelbares gesellschaftliches Bedürfnis gibt. Fragen der Grundlagenforschung ergeben sich meist aus Theorien, aus denen sich überprüfbare Hypothesen ableiten lassen. In beiden Forschungsbereichen wird die Wahl der Forschungsthemen zwangsläufig von den jeweiligen gesellschaftlichen und kulturellen Werten bestimmt.

Die Entwicklungsforschung arbeitet mit unterschiedlichen Forschungsmethoden. Bei Querschnittuntersuchungen werden Kinder aus verschiedenen Altersgruppen zu einem festen Zeitpunkt miteinander verglichen. Korrelative Methoden dienen zur Überprüfung von Hypothesen über die Variablen, die zu individuellen Entwicklungsunterschieden beitragen. In Längsschnittuntersuchungen werden dieselben Kinder in regelmäßigen Abständen über einen längeren Zeitraum hinweg beobachtet oder getestet. Bei experimentellen Untersuchungen verändern die Forscher systematisch eine Variable und sammeln objektive Meßergebnisse über eine andere. Im Unterschied zu Laborexperimenten werden bei Feldexperimenten die Gruppen, die verschiedenen Erfahrungen ausgesetzt werden, in Alltagssituationen über einen relativ langen Zeitraum hinweg beobachtet.

Kulturvergleichende Untersuchungen schützen vor einer vorschnellen Verallgemeinerung von Ergebnissen, die aus Untersuchungen von Kindern mit einem gemeinsamen kulturellen Hintergrund gewonnen wurden. Manche Bereiche der menschlichen Entwicklung werden auch durch Tierexperimente untersucht.

Jede dieser Methoden hat ihre Stärken und Schwächen, aber gemeinsam ergänzen sie einander und können ihre jeweiligen Mängel kompensieren. Deshalb sind Ergebnisse aus Untersuchungen, bei denen verschiedene Methoden angewandt wurden, zuverlässiger als solche, die mit nur einer Methode gewonnen wurden.

Die Forschung zur Entwicklungspsychologie bringt komplexe ethische Probleme mit sich. Die American Psychological Association und die Society for Research in Child Development haben schriftliche Richtlinien und Prinzipien für die Forschung formuliert. Trotzdem reicht es nicht aus, einfach nur die Regeln einzuhalten; Vor- und Nachteile bei der Durchführung einer Untersuchung müssen von den Wissenschaftlern jedesmal sorgfältig abgewogen werden. An vielen Universitäten und anderen Forschungseinrichtungen gibt es Ethikkommissionen, die jedes Forschungsprojekt prüfen, an dem Versuchspersonen beteiligt sind.

Fragen

1. Was heißt Entwicklung? Welche Ziele verfolgt die Entwicklungspsychologie?
2. Erklären Sie in kurzen Worten die Anlage-Umwelt-Kontroverse.
3. Nennen Sie vier andere theoretische Bereiche, die für die Entwicklungsforschung unabdingbar sind.
4. Wie hat sich die systematische Entwicklungspsychologie im zwanzigsten Jahrhundert entwickelt?
5. Womit beschäftigt sich die Entwicklungspsychologie heute?
6. Was sind die Unterschiede zwischen der angewandten und der Grundlagenforschung?
7. Wie werden die Fragen ausgewählt, die zentral für die jeweilige Untersuchung sind?
8. Beschreiben Sie kurz verschiedene Methoden der Entwicklungsforschung.
9. Was ist eine Korrelation? In welchem Verhältnis stehen Korrelation und Kausalität?
10. Nennen Sie einige der ethischen Probleme, die Entwicklungspsychologen in der Forschung lösen müssen.

Glossar

Entwicklung: Die geordneten und relativ anhaltenden zeitlichen Veränderungen der physischen und neurologischen Strukturen, Denkprozesse und Verhaltensweisen.

Angewandte Forschung: Forschung, die Eltern, Schulen und anderen mit Kindern befaßten Personen und Institutionen Hilfestellungen gibt.

Grundlagenforschung: Untersuchungen, die zu Erkenntnissen über Prozesse und Sequenzen von Entwicklung führen, auch wenn es für diese Erkenntnisse kein unmittelbares gesellschaftliches Bedürfnis gibt.

Querschnittuntersuchung: Untersuchung, bei denen Kinder aus bestimmten Altersgruppen zu einem bestimmten Zeitpunkt verglichen werden.

Korrelation: Messung der Beziehung zwischen zwei Merkmalen.

Längsschnittuntersuchung: Untersuchung, bei der Kinder über einen längeren Zeitraum in regelmäßigen Abständen beobachtet oder getestet werden.

Unabhängige Variable: Die Variable in einem Experiment, die von den Forschern systematisch geändert wird.

Abhängige Variable: Die Variable in einem Experiment, die von den Forschern objektiv gemessen und als abhängig von Veränderungen in der unabhängigen Variable betrachtet wird.

Literaturempfehlungen

Cairns, R.B. (1983). The emergence of developmental psychology. In W. Kessen (Hrsg.) & P.H. Mussen (Reihenhrsg.): *Handbook of child psychology*, Bd. 1. *History, theory, and methods* (S. 44–102). New York: Wiley. Ein umfassender Überblick über die Geschichte der Entwicklungspsychologie von den Anfängen im neunzehnten bis zu den wichtigsten Fortschritten im zwanzigsten Jahrhundert.

Review of child development research (Bde. 1–7) (1964–1984). Chicago: University of Chicago Press. Die sieben Bände enthalten einen Überblick über die Literatur zu ausgewählten Forschungsgebieten. Die Besprechungen sind darauf angelegt, das heute vorhandene Wissen für breite Anwendungsbereiche in der praktischen Arbeit mit Kindern nutzbar zu machen.

Salkind, N.J. (1985). *Theories of human development* (2. Aufl.). New York: Van Nostrand. Eine sinnvolle Ergänzung für jeden, der sich für Theorie interessiert. Das Buch behandelt ausführlich die in diesem Kapitel besprochenen Themen, zum Beispiel die Frage, ob das Wesen des Kindes aktiv oder passiv ist.

Sears, R.R. (1975). Your ancients revisited. A history of child development. In E.M. Hetherington (Hrsg.): *Review of child development research: Bd. 5.* Chicago: University of Chicago Press. Stellt die Geschichte der Entwicklungspsychologie vor und stellt sie in den Kontext der sozialen Lage des Kindes, wie sie im frühen 20. Jahrhundert vorherrschend war.

Stevenson, H. W. & Siegel, A. (1984). *Child development research and social policy: Bd. 1.* Chicago: University of Chicago Press. In einzelnen Kapiteln dieses Bandes werden mögliche Folgen der Ergebnisse aus der Entwicklungsforschung für die Politik dargestellt, zum Beispiel in den Bereichen Scheidungsregelungen, Gesundheit, Umgang mit geistig oder körperlich behinderten Kindern, geschlechtsrollenspezifischer Sozialisation und Ernährung.

Deutschsprachige Bücher zu diesem Kapitel

Keller, H. (1989). *Handbuch der Kleinkindforschung.* Berlin, Heidelberg: Springer.

Kohnstamm, R. (1988). *Praktische Psychologie des Schulkindes.* Bern: Huber.

Kohnstamm, R. (1989). *Praktische Kinderpsychologie. Die ersten sieben Jahre. Eine Einführung.* Bern: Huber.

Markefka, M. & Nauck, B. (1993). *Handbuch der Kindheitsforschung.* Neuwied: Luchterhand.

Mietzel, G. (1989). *Wege in die Entwicklungspsychologie.* München: Psychologie Verlags Union.

Nickel, H. J. (1982). *Entwicklungspsychologie des Kindes- und Jugendalters.* Bd. 1: Allgemeine Grundlagen. Die Entwickung bis zum Schuleintritt. Bd. 2. Schulkind und Jugendlicher. Bern: Huber.

Oerter, R. & Montada, L. (1987). *Entwicklungspsychologie* (2. Auflage). München: Psychologie Verlags Union.

Preyer, W. Th. (1989). *Die Seele des Kindes.* Berlin, Heidelberg: Springer.

Silbereisen, R. & Montada, L. (1983). *Entwicklungspsychologie.* Ein Handbuch in Schlüsselbegriffen. München: Psychologie Verlags Union.

Trautner, H. M. (1978). *Lehrbuch der Entwicklungspsychologie.* Bd. 1 (2. Aufl. 1991). Göttingen: Hogrefe.

Trautner, H. M. (1991). *Lehrbuch der Entwicklungspsychologie.* Bd. 2: Theorien und Befunde. Göttingen: Hogrefe.

Teil 1

Die Zeit vor der Geburt

Kapitel 2

Genetische und vorgeburtliche Entwicklungsfaktoren

Bei dem Versuch, Verhalten und Entwicklung des Kindes zu begreifen, müssen viele Faktoren berücksichtigt werden. Selbst das einfachste Verhalten kann oft von vielen verschiedenen Faktoren beeinflußt sein. Diese Faktoren lassen sich in fünf verschiedene Kategorien unterteilen: 1. genetisch festgelegte biologische Faktoren, 2. biologische Faktoren, die nicht genetisch festgelegt sind (z. B. Unterernährung oder Sauerstoffmangel während der Geburt), 3. bisherige Lernerfahrungen des Kindes, 4. das unmittelbare psychosoziale Umfeld (Eltern, Geschwister, Gleichaltrige, Lehrer) und 5. das allgemeine soziale und kulturelle Milieu, in dem das Kind aufwächst. Wie zu Anfang des Buches bereits beschrieben, sind Verhalten und Persönlichkeit des Kindes zu jedem Zeitpunkt Ergebnis einer beständigen Interaktion von Anlage und Umwelt.

Obwohl wir den jeweiligen Einfluß von Anlage und Umwelt einzeln behandeln, darf doch nie außer acht gelassen werden, daß sie immer gemeinsam ihre Wirkung entfalten. Das gilt für die einzelne Zelle genauso wie für den ganzen Menschen. So kann z. B. das chemische Verhalten des genetischen Materials einer bestimmten Zelle von Material beeinflußt werden, das außerhalb des Zellkerns liegt. Und die Wirkung eines einzelnen Gens hängt von der Konstellation anderer Gene in der Zelle ab. Die Forschung bemüht sich, die spezifischen genetischen und Umweltfaktoren zu bestimmen, die ein bestimmtes Verhalten prägen. Die Frage, welcher der beiden Faktoren die Ursache des Verhaltens ist, wäre dabei genauso sinnlos wie z. B. die Frage, ob Schnee ausschließlich durch Feuchtigkeit oder durch Kälte verursacht wird, denn auch hier müssen beide Bedingungen zusammenkommen.

Das Wissen um die durchgängige Interaktion von Anlage und Umwelt ist relativ neu. Im ersten Kapitel wurde bereits darauf hingewiesen, daß selbst im zwanzigsten Jahrhundert noch viele Wissenschaftler dogmatische, einseitige Auffassungen zum Anlage-Umwelt-Problem vertraten und das gesamte menschliche Verhalten entweder auf Vererbung oder auf Umwelteinflüsse zurückführten. So sagte z. B. J. B. Watson, der Begründer des frühen Behaviorismus: „Es gibt nicht so etwas wie eine Vererbung der Leistungsfähigkeit, des Talents, des Temperaments, der geistigen Konstitution und der Charaktereigenschaften" (Allport, 1937/1949, S. 103), während ein anderer Wissenschaftler davon überzeugt ist: „Die Unterschiede zwischen den Menschen sind durch Unterschiede der Keimzellen verursacht, mit denen sie geboren wurden." (a. a. O.)

Angesichts der jüngsten Fortschritte in Biologie und Psychologie wirken diese extremen Positionen eines Umwelt- bzw. Anlagedeterminismus gleichermaßen naiv. Die Forschung muß sich vielmehr damit beschäftigen, wie die Kombination von ererbtem Potential und individuellen Erfahrungen den einzelnen Menschen zu der Person gemacht hat, die er geworden ist. In den letzten 25 Jahren hat es dramatische Fortschritte in Genetik und Embryologie gegeben. Dieses Kapitel stellt den gegenwärtigen Wissensstand der Humangenetik (insbesondere in ihren Auswirkungen auf das Verhalten) und verschiedene vorgeburtliche Faktoren dar, die den Entwicklungsverlauf beeinflussen.

Die Anfänge des Lebens: Vererbung

Die Entwicklung eines Menschen beginnt, wenn eine Samenzelle des Vaters die Wand des Ovums oder der Eizelle der Mutter durchstößt. Die Befruchtung einer Eizelle durch eine Samenzelle setzt einen komplizierten Prozeß in Gang, die **Mitose**. Die ursprünglich befruchtete Eizelle teilt und unterteilt sich immer weiter, bis Tausende von Zellen entstanden sind. Im Verlauf dieses Prozesses übernehmen allmählich Gruppen von Zellen spezielle Funktionen als Teil des Nerven-, Skelett-, Muskel- und Kreislaufsystems. Der Embryo, der zunächst einer sich allmählich ausdehnenden Kugel gleicht, nimmt Gestalt an; rudimentäre Ansätze von Kopf, Augen, Rumpf, Armen und Beinen treten hervor. Ungefähr neun Monate nach der Befruchtung ist der Fötus reif für die Geburt.

Chromosomen und Gene

Die Entwicklung beginnt bei der Empfängnis. Welche Faktoren beeinflussen nun diesen lebenslangen Prozeß, und wann beginnt dieser Einfluß? Auch hier lautet die Antwort wieder: bei der Empfängnis. In dem Augenblick, wenn die winzige, kaulquappenförmige Samenzelle die Wand der Eizelle durchdringt, setzt es 23 kleinste Teilchen frei, die **Chromosomen**. Ungefähr zur selben Zeit bricht auch der Kern der Eizelle auf und setzt 23 eigene Chromosomen frei, so daß das neue Individuum sein Leben mit 46 Chromosomen beginnt.

Dieser Prozeß ist deshalb so interessant, weil die Chromosomen, die wiederum in noch kleinere Teilchen, die **Gene**, unterteilt sind, Träger des Erbguts für das Kind sind. (Eine menschliche Zelle enthält ungefähr eine Million Gene, durchschnittlich 20 000 Gene pro Chromosom.) Das gesamte biologische Erbe des Kindes ist in diesen 23 Chromosomenpaaren enthalten.

22 dieser Paare sind Autosomen und bei Frauen wie Männern gleichermaßen vorhanden; das 23. Paar, die **Geschlechtschromosomen**, unterscheidet sich bei Männern und Frauen. Normalerweise haben Frauen zwei X-Chromosomen (XX), Männer haben ein X- und ein Y-Chromosom (XY) (vgl. Abbildung 2.1).

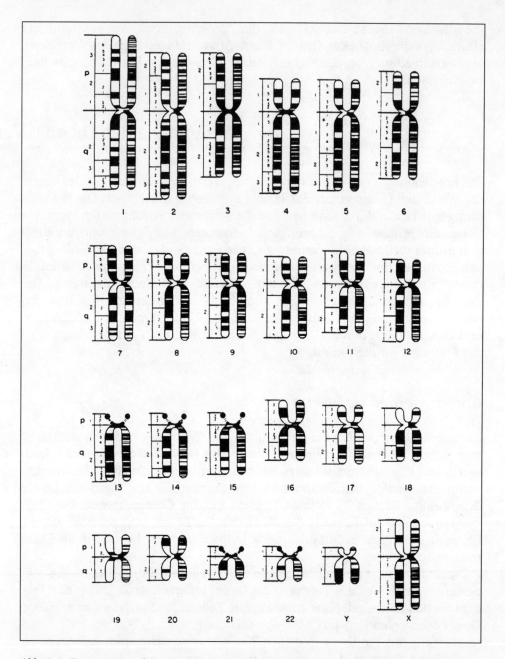

Abb. 2.1: Karyogramm des männlichen Chromosomensatzes mit hell und dunkel eingefärbten Bändern zur leichteren Identifikation der Chromosomen. (p) steht für die zwei oberen Arme jedes Chromosoms, (q) für die zwei unteren Arme. (Aus J. J. Yunis: High resolution of human chromosomes, Science März 1976, 191. © 1976 by the American Association for the Advancement of Science. Mit freundlicher Genehmigung.)

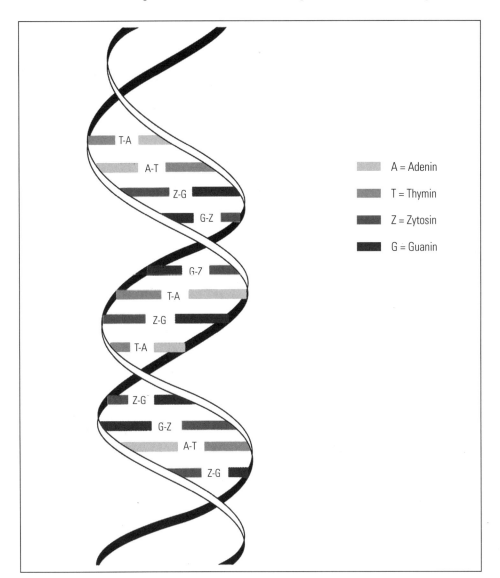

Abb. 2.2: *Die DNS-Doppelstrang-Helix.*

Die Gene und die DNS

Die Genetiker sind sich seit langem darüber einig, daß die Gene die Grundeinheiten der Vererbung sind. Unklar blieb aber lange, welche Substanzen für ihre Tätigkeit verantwortlich sind. Nur wenige Wissenschaftler haben der entscheidenden Komponente der Gene Bedeutung beigemessen: Desoxy-ribonukleinsäure (DNS). Ein Grund für die mangelnde Beachtung der DNS lag darin, daß ihre chemische Struktur zu simpel schien für die vielfältigen Aufgaben, die sie zu erfüllen hätte. Aber schon in den vierziger Jahren konn-te Oswald Avery, Mediziner am Rockefeller Institute, Beweise (deren Bedeu-tung damals allerdings nicht erkannt wurde) dafür erbringen, daß die DNS bei der Vererbung eine entscheidende Rolle spielt (Borek, 1973). Wie aber sieht diese Rolle aus?

1953 (acht Jahre nach der Entdeckung der DNS als grundlegendes gene-tisches Material) entdeckten die Nobelpreisträger für Medizin James Watson und Francis Crick, daß sich die DNS nicht aus einer, sondern aus zwei Molekülketten zusammensetzt, die sich umeinander schlingen und so die Doppelhelix bilden. Das kann man sich am einfachsten verdeutlichen, wenn man sich eine Art biegsamer Leiter vorstellt, die sich wie eine Wendeltreppe um ihre eigene Achse windet (vgl. Abb. 2.2). Die Längsstreben der Leiter bestehen abwechselnd aus Zucker- und Phosphatmolekülen; die Querstre-ben setzen sich aus den nitrogenen Basen Adenin, Thymin, Cytosin und Guanin zusammen. Die nitrogenen Basen werden durch Wasserstoff-brücken zusammengehalten und bilden spezifische Paare, die wiederum unterscheidbare Stränge bilden. Kennt man die Reihenfolge der nitrogenen Basen in einem Strang der Helix, kann man die Reihenfolge der anderen bestimmen (Fraser & Nora, 1986; Moore, 1982).

Bei der Replikation der DNS teilen sich die ursprünglichen Stränge, unge-fähr so wie ein Reißverschluß. Die Basen aus dem Reservoir von Nukleo-tiden im Zellkern verbinden sich mit den entsprechenden Basen der Stränge und bilden eine komplementäre Kette. Dadurch entstehen entlang der ursprünglichen Ketten zwei neue Ketten. Sie bilden jeweils eine neue Helix, die wiederum chemisch identisch mit der Helix sind, aus denen sie entstan-den sind (vgl. Abb. 2.3). Durch diese Art der Zellteilung bleibt die genetische Information bewahrt und wird unverändert auf die Tochterzellen übertragen (Fraser & Nora, 1986; Whaley, 1974).

Die Mechanismen der Vererbung

In vorwissenschaftlicher Zeit mögen sich viele Eltern vergeblich gefragt haben, warum Kinder aus ein und derselben Familie so verschieden aus-sehen können. Die Lösung dieses Rätsels liegt in den Mechanismen der Ver-erbung.

Genetische Unterschiede zwischen Geschwistern wären nur dann nicht zu erklären, wenn jedes Kind alle Gene beider Eltern erhielte, denn dann hät-ten alle ein identisches Erbgut mitbekommen. Aber jedes Kind erbt nur die

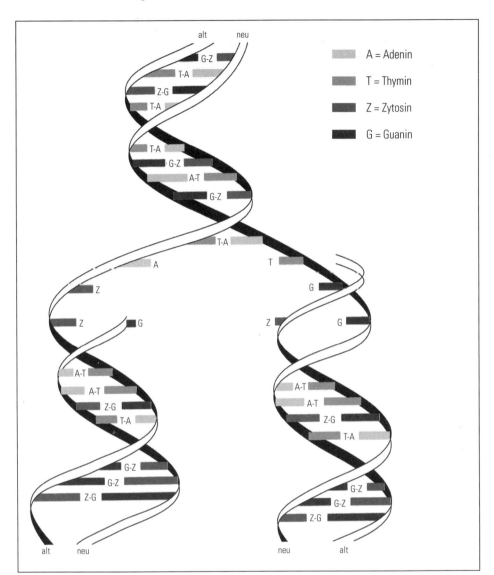

Abb. 2.3: DNS-Replikation.

Hälfte der Gene jedes Elternteils, und dazu noch in verschiedenen Kombinationen. Von daher sind Unterschiede zwischen Geschwistern nicht nur möglich, sondern unvermeidlich.

Bevor sich die befruchtete Eizelle teilt und (durch Mitose) zwei neue Zellen bildet, teilen sich zunächst alle 46 Chromosomen, so daß jede der bei-

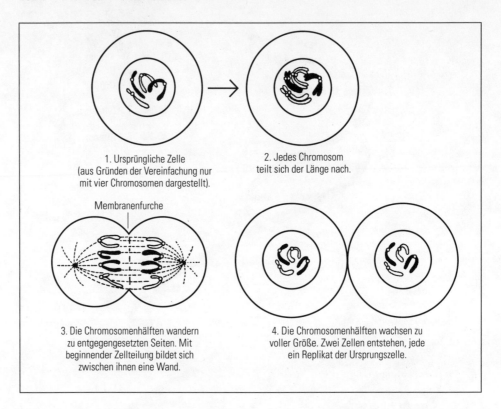

1. Ursprüngliche Zelle
(aus Gründen der Vereinfachung nur
mit vier Chromosomen dargestellt).

2. Jedes Chromosom
teilt sich der Länge nach.

Membranenfurche

3. Die Chromosomenhälften wandern
zu entgegengesetzten Seiten. Mit
beginnender Zellteilung bildet sich
zwischen ihnen eine Wand.

4. Die Chromosomenhälften wachsen zu
voller Größe. Zwei Zellen entstehen, jede
ein Replikat der Ursprungszelle.

Abb. 2.4: Mitose: Die Teilung einer befruchteten Eizelle (Nach R. Rugh und L. B. Shettles:
From conception to birth: The drama of life's beginnings. New York: Harper & Row, 1971.
Mit freundlicher Genehmigung.).

den neuen Zellen die gleiche Anzahl von Chromosomen besitzt wie die
Ursprungszelle (vgl. Abb. 2.4). Aber warum enthalten Samenzelle und Eizelle,
deren Verbindung einen neuen Menschen ergibt, dann nicht 46 statt 23
Chromosomen?

Die Antwort ist einfach: Im Organismus des Erwachsenen gibt es nicht
eine, sondern zwei Arten von Zellen: Körperzellen, die sich zu Knochen,
Nerven, Muskeln und Organen entwickeln, und Keimzellen, aus denen
Samen- und Eizelle werden. Die Keimzellen entwickeln sich zunächst genauso
wie die Körperzellen. Aber bevor sie sich teilen und als Samen-oder
Eizelle erkennbar werden, ändert sich das Muster. An diesem Punkt beginnt
ein Prozeß, die **Meiose** (griechisch für „Verringerung"), mit dem Resultat,
daß die Zellkerne nur die Hälfte der Chromosomen der Elternzelle enthalten
(vgl. Abb. 2.5). Deshalb müssen sich Kinder derselben Eltern nicht unbedingt
gleichen. Wie Abb. 2.6 zeigt, bekommt das Kind bei der Vereinigung

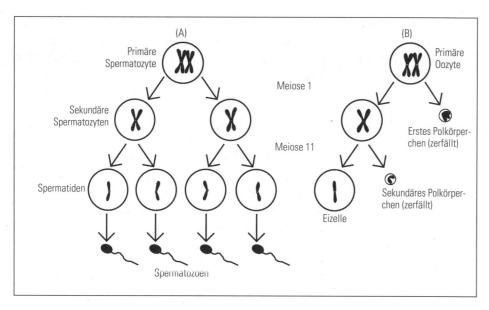

Abb. 2.5: Die Entstehung der männlichen und weiblichen Keimzellen. (a) Ergebnis der Spermatogenese sind vier Spermatozoen (Samenzellen). (b) Ergebnis der Oogenese ist eine Eizelle. (Aus L. F. Whaley: Understanding inherited disorders. St. Louis: C. V. Mosby Company, 1974. Mit freundlicher Genehmigung.)

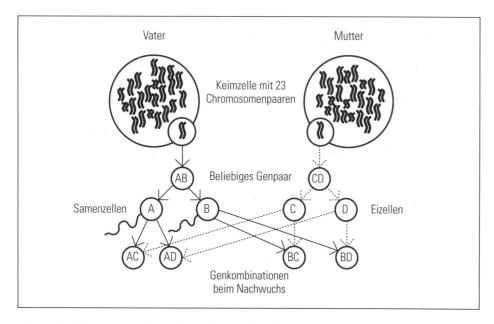

Abb. 2.6: Schematische Darstellung der Genkombinationen, die durch die Genpaare der Eltern beim Nachwuchs möglich sind.

von Eizelle D und Samenzelle A einen anderen Chromosomensatz als bei der Vereinigung derselben Eizelle mit Samenzelle B (Eizelle C ist mit gepunkteten Linien gezeichnet, weil in der Regel bei der Empfängnis nur eine Eizelle der Mutter zur Befruchtung bereit ist).

Gibt es Geschwister mit identischem Erbgut?

Damit ist geklärt, warum sich die Mitglieder einer Familie in ihrer genetischen Ausstattung unterscheiden. Aber gibt es auch identische Geschwister? Mit Ausnahme von eineiigen Zwillingen, die sich aus einer einzigen befruchteten Eizelle entwickeln, gibt es keine Geschwister mit identischem Erbgut. Eine solche Identität wäre nur dann möglich, ja sogar häufig, wenn sich die 46 Chromosomen in den Keimzellen auf die gleiche Weise teilen würden und die eine Kombination in eine Samen- oder Eizelle und die übrigen in die anderen einginge. Aber die Teilung der Chromosomen verläuft anders. Abgesehen von der Tatsache, daß die Hälfte der 23 Paare in die eine Samen- bzw. Eizelle und die andere Hälfte in die andere eingeht, ist das Muster der Teilung zufällig. Die Art, in der sich ein Chromosomenpaar teilt, hat keinen Einfluß darauf, wie sich die anderen Paare teilen.

Darüber hinaus erhöht ein Prozeß bei der Bildung der Keimzellen, der sogenannte Faktorenaustausch oder *Crossing-over*, die Wahrscheinlichkeit, daß jede Samen- oder Eizelle und damit jedes Individuum einmalig ist (Scarr & Kidd, 1983). Wenn sich die 23 Chromosomenpaare während der Meiose aufreihen, können sie Blöcke einander entsprechenden genetischen Materials austauschen, ungefähr so, als würden zwei Menschen, die sich gegenüberstehen, Teile ihrer Finger austauschen. Die Wahrscheinlichkeit, daß zwei Gene gemeinsam ausgetauscht werden, hängt davon ab, wie nahe die Genorte entlang des Chromosoms beieinander liegen. Eng beieinanderliegende Gene werden in der Regel zusammen vererbt, während Gene, die an entgegengesetzten Enden eines der größeren Chromosomen angesiedelt sind, wahrscheinlich unabhängig voneinander vererbt werden (Scarr & Kidd, 1983).

Läßt man die Möglichkeit des Crossing-over beiseite, läge die Gesamtzahl der unterschiedlichen Kombinationen von Samen- und Eizelle eines Elternpaares bei ungefähr 64 Milliarden. Damit ist die Zahl der ganz unterschiedlichen Kinder, die ein einziges Elternpaar theoretisch zur Welt bringen könnte, viel größer als die gesamte Weltbevölkerung. Nimmt man den Crossing-over-Prozeß dazu, erhöht sich die Anzahl der Kombinationsmöglichkeiten noch einmal um ein Vielfaches, so daß man davon ausgehen kann, daß mit Ausnahme von eineiigen Zwillingen jeder Mensch genetisch einzigartig ist und sich biologisch von allen anderen Menschen der Erde unterscheidet.

Die Geschlechtschromosomen

Wie in Abb. 2.1 gezeigt, enthält eins der 23 Chromosomenpaare die Geschlechtschromosomen, die das Geschlecht des Kindes bestimmen. Bei gesunden Frauen sind beide Teile des Paares relativ groß; sie werden X-Chromosomen genannt. Bei gesunden Männern ist der eine Teil ebenfalls ein X-Chromosom, während der andere, kleinere, Y-Chromosom genannt wird. Die Körperzellen des Mannes enthalten ein X- und ein Y-Chromosom. Die Hälfte der Samenzellen enthält ein X-, die andere Hälfte ein Y-Chromosom. Wenn die weibliche Eizelle (die ein X-Chromosom enthält), sich mit einer Samenzelle vereinigt, die ein Y-Chromosom enthält, wird das Kind männlich.

Vor kurzem hat die Forschung (Page et al., 1987) ein einzelnes Gen auf dem Y-Chromosom gefunden, das anscheinend das Geschlecht festlegt. Verbindet sich eine Eizelle mit einer Samenzelle, die ein X-Chromosom enthält, wird das Kind weiblich. Da die eine Hälfte der Samenzellen X- und die andere Hälfte Y-Chromosomen enthält, ist die Chance, einen Jungen oder ein Mädchen zu empfangen, theoretisch 50 zu 50. In Wirklichkeit gibt es aber eine leicht erhöhte Zahl männlicher Geburten (106 Jungen auf 100 Mädchen bei der weißen Bevölkerung der USA). Dies könnte bedeuten, daß Y-Spermien die Wand der Eizelle leichter durchstoßen können als X-Spermien (Falkner & Tanner, 1978a; Moore, 1982).

Wie weit reicht der genetische Einfluß?

Der Einfluß der Erbanlagen auf die Entwicklung läßt sich in manchen Fällen, auch solchen mit schwerwiegenden Folgen, relativ leicht nachvollziehen. So ist z. B. mindestens die Hälfte der Kinder eines dunkeläugigen Mannes und einer blauäugigen Frau dunkeläugig, denn die Gene für dunkle Augen sind stärker als die Gene für blaue. In einem solchen Genpaar ist ersteres **dominant** und letzteres **rezessiv**, d. h., seine Wirkungen sind verborgen. Hat der Vater zufällig zwei Gene für dunkle Augen anstatt eins für dunkle und eins für blaue, besitzen alle Kinder des Paares dieses Gen und werden sämtlich dunkeläugig. Hat aber der Vater ein Gen für blaue Augen, wird wahrscheinlich die Hälfte der Kinder blauäugig.*

---

* Die Genetik der Augenfarbe ist in Wirklichkeit allerdings komplexer, als diese Beschreibung vermuten läßt. Erstens kann mehr als nur ein Genpaar bei der Festlegung der Augenfarbe beteiligt sein, und außerdem sind nicht alle Gene untereinander dominant oder rezessiv. Manchmal kommt es zu einer *Vermischung*, wie bei grauen, grünen oder hellbraunen Augen; auch verschiedene Blau- und Brauntöne sind möglich. In der Regel sind aber die Gene für dunklere Augenfarben dominanter als die für die helleren (Fraser & Nora, 1986).

Die Beziehung zwischen genetischem Erbe und Verhaltensmerkmalen läßt sich anhand der Phenylketonurie (PKU) zeigen, einer Störung, die von einem bestimmten rezessiven Genpaar verursacht wird. In vielen Lebensmitteln ist die chemische Substanz Phenylalanin enthalten. Die meisten Menschen besitzen ein Enzym, das Phenylalanin in ein harmloses Ausscheidungsprodukt umwandelt. Aber in seltenen Fällen werden Kinder ohne dieses Enzym geboren, weil das entsprechende Gen fehlt. Dadurch steigt die Phenylalanin-Konzentration überdurchschnittlich an und verwandelt sich in Phenylbrenztraubensäure, die die Zellen des zentralen Nervensystems schädigt und so zu Schwachsinn führt. Nachdem die Art der spezifischen Stoffwechselstörung bei PKU erkannt wurde, konnte eine Diät entwickelt werden, die nur sehr geringe Mengen an Phenylalanin enthielt, aber trotzdem nahrhaft war. Wenn die an PKU erkrankten Kinder diese Diät einhielten, konnte sich die giftige Säure nicht mehr anreichern, und ihre geistige Entwicklung verlief fast normal.

Solche relativ einfachen genetischen Modelle wie im Fall der PKU sind aber eher die Ausnahme als die Regel. Die meisten Verhaltensmerkmale sind **multifaktoriell**, d. h. von mehr als einem genetischen oder Umweltfaktor abhängig (Scarr & Kidd, 1983; Vandenberg, Singer & Pauls, 1986). Auf der genetischen Ebene ist ein bestimmtes Merkmal oft von mehreren Genen abhängig; diese Situation wird als **polygene Erbschaft** bezeichnet. Auch wenn die Identifizierung der Gene, die polygene, multifaktorielle Merkmale beeinflussen, weit vorangeschritten ist, muß man sich heute noch überwiegend auf die Untersuchung der Häufigkeitsverteilung bei Individuen verlassen, die genetisch in unterschiedlichem Grad miteinander verwandt sind und ähnlichen oder unterschiedlichen Umwelteinflüssen ausgesetzt waren. Wie in den folgenden Abschnitten noch gezeigt wird, werden dazu verschiedene Untersuchungsmethoden angewandt, unter anderem Häufigkeitsuntersuchungen am „Stammbaum" einzelner Familien, Untersuchungen bei Adoptivkindern sowie Vergleiche zwischen **eineiigen** und **zweieiigen** Zwillingen.

Körperliche Merkmale: Körperliche Merkmale sind weitgehend ererbt. Augenfarbe, Hauttönung sowie Farbe und Beschaffenheit der Haare werden von den ererbten Genen bestimmt. Die Unterschiede bei den körperlichen Merkmalen der US-amerikanischen Bevölkerung haben in der Regel kaum etwas mit einer biologischen Anpassung des einzelnen an die Lebensnotwendigkeiten zu tun. Ein braunäugiger Mensch z. B. sieht genausogut wie ein blauäugiger. Diese Unterschiede wirken sich eher im sozialen und psychischen Bereich aus. So werden Jugendliche, deren Aussehen den jeweiligen gesellschaftlichen Schönheitsidealen entspricht, von Gleichaltrigen in der Regel vorgezogen.

Intelligenz: In der Frage, ob und inwieweit Vererbung bei den Fähigkeiten, die mit Intelligenztests gemessen werden, eine Rolle spielt, sind die

Auffassungen geteilt: Während die einen behaupten, daß genetische Faktoren die intellektuellen Fähigkeiten entscheidend prägen, sehen andere für diese Behauptung noch viel zu wenig Beweise. Wie läßt sich diese Kontroverse lösen?

Wenn es zutrifft, daß genetische Faktoren bei der Festlegung intellektueller Fähigkeiten eine entscheidende Rolle spielen, dann muß die Korrelation des IQ eines Kindes bzw. Jugendlichen mit dem IQ der Eltern oder anderer direkter Verwandter höher sein als mit dem IQ zufällig ausgewählter Personen, mit denen das Kind nicht blutsverwandt ist. Und das ist tatsächlich auch der Fall, was aber die Sache für die Forschung nicht einfacher macht. Eltern, die ihren Kindern eine überdurchschnittliche genetische Ausstattung mitgegeben haben, können ihren Kindern mit hoher Wahrscheinlichkeit noch andere für die Intelligenz relevante Vorteile bieten: Gesundheit, eine anregende häusliche Umwelt und überdurchschnittlich gute Ausbildungsbedingungen. Wenn man also die potentiellen genetischen Einflüsse isolieren will, muß man einen Weg finden, um die möglichen Auswirkungen anderer Faktoren zu kontrollieren.

Zweieiige Zwillinge können leichte Unterschiede aufweisen
(Foto: Sibylle Rauch)

Vergleichende Untersuchungen von *eineiigen Zwillingen* mit normalen Geschwistern und *zweieiigen Zwillingen* spielen bei der Forschung über die Zusammenhänge von Vererbung und Intelligenz eine große Rolle. *Zweieiige Zwillinge* sind genetisch nicht enger miteinander verwandt als normale Geschwister. Wenn genetische Einflüsse bei der Festlegung der intellektuellen Fähigkeiten eine wichtige Rolle spielen, dann müßte die Korrelation beim IQ eineiiger Zwillinge höher sein als bei zweieiigen Zwillingen oder normalen Geschwistern.

Diese Annahme hat sich als richtig erwiesen. Die Durchsicht von 30 vergleichenden Untersuchungen zu Intelligenz und Fähigkeiten von eineiigen und zweieiigen Zwillingen des gleichen Geschlechts hat eine durchschnittliche Korrelation* von 0,85 bei eineiigen und 0,58 bei zweieiigen Zwillingen ergeben (Bouchard & McGee, 1981). Die Korrelation für zweieiige Zwillinge entspricht ungefähr der von normalen Geschwistern, die in einer Familie aufgewachsen sind. Und die wiederum ist höher als die Korrelation bei nicht verwandten Personen, die in derselben Familie aufgewachsen sind (Nichols, 1978; Scarr & Kidd, 1983; Segal, 1985; Wilson, R.S., 1977, 1983).

Daß sogar die frühen Entwicklungsmuster eine genetische Komponente besitzen, hat eine faszinierende Untersuchung (Wilson, R.S., 1972, 1975, 1983; Wilson & Harpring 1972) belegt, bei der die psychische und motorische Entwicklung in den ersten beiden Lebensjahren wiederholt erfaßt wurde (die dabei verwendeten Methoden werden im dritten Kapitel ausführlicher erläutert). Der Vergleich der Werte von 261 eineiigen und zweieiigen Zwillingen hat vor allem bei den eineiigen Zwillingen sehr ähnliche Profile in den Entwicklungssprüngen und -verzögerungen ergeben (vgl. Abb. 2.7). Anscheinend „ist der Entwicklungsverlauf Ausdruck zeitlich festgelegten genetischen Handelns, das Sprünge oder Verzögerungen in einzelnen Zeitabschnitten hervorrufen kann" (Wilson & Harpring, 1972, S. 280).

Die Zwillingsforschung mit ihren Vergleichen von ein- und zweieiigen Zwillingspaaren ist bei der Suche nach genetischen Einflüssen sehr wichtig, aber auch sie unterliegt gewissen Einschränkungen. Die häufig anzutreffende Annahme, daß eineiige Zwillinge aufgrund ihrer identischen genetischen Ausstattung bei der Geburt auch biologisch identisch seien, trifft nicht unbedingt zu. Zum Beispiel wiegt ein Zwilling bei der Geburt in der Regel ein bißchen weniger als der andere, was daran liegen kann, daß die beiden Föten nicht gleichmäßig am intrauterinen Blutkreislauf partizipiert haben. Durch die Interaktion mit der Umwelt können aber selbst sehr geringe

---

* Mathematisch bedeutet ein Korrelationskoeffizient von Null, daß es keine Beziehung zwischen zwei Messungen gibt. Ein Koeffizient von 1,0 deutet auf eine Eins-zu-Eins-, oder perfekte Beziehung hin. Dazwischenliegende Zusammenhänge werden durch Koeffizienten zwischen 0 und 1,0 angezeigt.

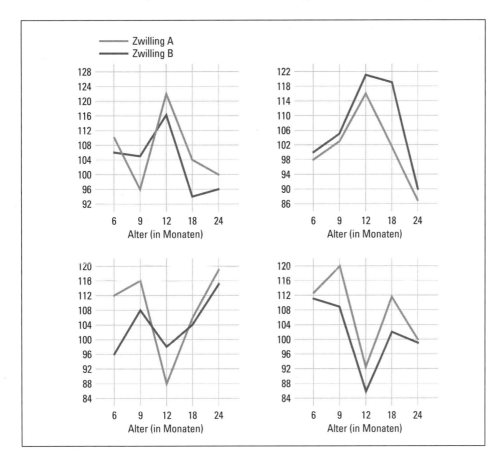

Abb. 2.7: Bayley-Auswertungsprofile bei vier Zwillingspaaren, die die Konkordanz des Entwicklungsstands im jeweiligen Alter und die altersübergreifende Kongruenz der Entwicklungsmuster zeigen. (Aus R. S. Wilson & E. B. Harpring: Mental and motor development in infant twins. Developmental Psychology, 1972, 7, 277–287. Mit freundlicher Genehmigung der American Psychological Association).

Unterschiede bei der Geburt später zu größeren Verhaltensunterschieden führen (Smith, N. W., 1976).

Die Annahme, zweieiige Zwillinge seien in demselben Maße mit ähnlichen Umwelteinflüssen konfrontiert wie eineiige, ist ebenfalls ungenau (Plomin, 1986). Richtig ist, daß beide in derselben Familie aufwachsen und viele gemeinsame Erfahrungen machen. Aber zahlreiche Untersuchungen haben gezeigt, daß eineiige Zwillinge verglichen mit zweieiigen mehr Zeit miteinander verbringen, von der Umwelt als ähnlicher wahrgenommen werden, häufiger in derselben Schulklasse sind, mehr Ähnlichkeiten beim

Gesundheitszustand aufweisen und auch in bezug auf zahlreiche andere Aspekte in einer fast identischen physischen und sozialen Umwelt leben (Jones, H. E., 1946). Man kann außerdem davon ausgehen, daß eineiige Zwillinge von Eltern, Geschwistern, Gleichaltrigen und anderen ähnlicher behandelt werden als zweieiige, zum Teil wegen ihrer äußeren Ähnlichkeit und zum Teil wegen ihres von Anfang an ähnlichen Verhaltens (Loehlin & Nichols, 1976; Lytton, 1977; Plomin, Willerman & Loehlin, 1976; Scarr & Carter-Saltzman, 1979; Willerman, 1979). Selbst in der Zwillingsforschung lassen sich Umwelteinflüsse also nicht völlig kontrollieren.

Eine weitere sinnvolle Methode zur Erforschung genetischer Einflüsse auf die Intelligenz ist der IQ-Vergleich zwischen Kindern und Jugendlichen, die sehr früh adoptiert wurden, ihren biologischen Eltern und ihren Adoptiveltern (Plomin, 1986; Plomin & DeFries, 1985). Da diese Kinder wenig oder keinen Kontakt zu ihren biologischen Eltern hatten, wird angenommen, daß jede Ähnlichkeit mit den Eltern genetisch bedingt ist. Die Korrelation mit dem IQ der Adoptiveltern gilt als Indikator für Umwelteinflüsse. Eine umfassende Analyse der am besten kontrollierten Untersuchungen, die 1975 verfügbar waren, hat beim Vergleich der IQ-Werte der Adoptiveltern (errechnet aus dem Durchschnitt der Werte von Vätern und Müttern) und der Adoptivkinder auf der Grundlage sämtlicher Testpersonen eine Korrelation von 0,19 ergeben (Munsinger, 1975). Bei den biologischen Eltern und den adoptierten Kindern betrug die Korrelation dagegen 0,48. Aber wo Kinder bei ihren biologischen Eltern aufwuchsen, lag die Korrelation bei 0,58, und dies zeigt, daß Anlage **und** Umwelt wichtige Faktoren sind (Munsinger, 1975).

Neuere Untersuchungen haben diese Schlußfolgerung bestätigt: Auch hier ergab sich eine signifikante Korrelation zwischen dem IQ der biologischen Eltern und ihrer zur Adoption freigegebenen Kinder (Horn, 1983; Plomin, 1986; Plomin & DeFries, im Druck). Darüber hinaus war diese Korrelation höher als die bei Adoptiveltern und adoptierten Kindern, was den Einfluß genetischer Faktoren bestätigt. Aber wie viele andere deuteten auch die Ergebnisse dieser Untersuchung gleichzeitig darauf hin, wie groß der Einfluß der Umwelt auf die Entwicklung der Intelligenz ist (Horn, 1985; Huston, A. C., 1984; Schiff, Duyme, Dumaret & Tomkiewicz, 1982; Skodak & Skeels, 1949; Walker & Emory, 1985).

Bei einer weiteren wichtigen Untersuchung an Adoptivkindern wurden Intelligenztests mit den Kindern, den biologischen und den Adoptivmüttern durchgeführt (Horn, 1983). Obwohl der IQ der Kinder stärker mit dem ihrer biologischen Mütter (0,24) korrelierte als mit dem der Adoptivmütter (0,15), hat die Einzelanalyse ergeben, daß der durchschnittliche IQ der adoptierten Kinder näher bei dem der Adoptivmütter als bei dem der biologischen Mütter lag (Huston, A. C., 1984; Walker & Emory, 1985), und zwar besonders dann, wenn der IQ der biologischen Mutter unter dem Durchschnitt lag (Huston, A.C., 1984).

In Frankreich wurden Kinder von Eltern aus der Unterschicht untersucht, die von Akademikern der oberen Einkommensklassen adoptiert worden waren (Schiff, Duyme, Dumaret & Tomkiewicz, 1982). Dabei hat sich gezeigt, daß der IQ der Adoptivkinder dem der biologischen Kinder dieser sozioökonomisch privilegierten Gruppe entsprach und um 14 Punkte höher lag als bei Kindern von Hilfsarbeitern generell. Eine Untersuchung schwarzer und gemischtrassiger Kinder, die als Säuglinge von weißen Mittelschichtsfamilien adoptiert wurden, kam zu demselben Ergebnis (Scarr & Weinberg, 1976).

Bei IQ-Vergleichen sind die Ähnlichkeiten bei genetisch sehr eng verwandten Personen (d.h. eineiigen Zwillingen) am größten und am geringsten bei nicht verwandten. Damit scheint klar, daß die genetische Vererbung eine wichtige Einflußgröße für den IQ ist. Gleichzeitig gibt es aber auch Ähnlichkeiten zwischen Adoptiveltern und -kindern. Auch wenn diese Ähnlichkeiten zum Teil auf die Auswahlpolitik der Adoptionsbehörden zurückzuführen sein mögen, spiegelt sich darin doch die Bedeutung der häuslichen Umwelt (Scarr & Kidd, 1983; Munsinger, 1975; Willerman, 1979). Anlage- und umweltbedingte Faktoren spielen bei der Steigerung oder Beeinträchtigung der intellektuellen Leistung von Kindern eine große Rolle (vgl. auch Kap. 9). Aber selbstverständlich können Umwelteinflüsse immer nur im Rahmen der von der Vererbung vorgegebenen Grenzen wirksam sein.

Entwicklungsstörungen: Es gibt über 150 bekannte genetische Defekte, die zu geistiger Behinderung und anderen Entwicklungsstörungen führen können. Die meisten davon kommen glücklicherweise nur selten vor (Scarr & Kidd, 1983; Vandenberg, Singer & Pauls, 1986). In manchen Fällen geben die Gene den Zellen falsche oder, zum Beispiel bei PKU, gar keine Anleitung zur Produktion von Enzymen, die für die normale Entwicklung benötigt werden. In anderen Fällen verursachen Chromosomen-Aberrationen geistige Behinderung. Solche Aberrationen können entweder bei den Autosomen oder den Geschlechtschromosomen auftreten. Ein Beispiel für eine Autosomenaberration ist das *Down-Syndrom* (Mongolismus), eine Form der geistigen Behinderung, die durch ein zusätzliches Chromosom beim 21. Autosomenpaar verursacht wird (Abbildung 2.1 zeigt ein normales Paar). Kinder mit dieser Störung werden mit asiatischem Augenschnitt geboren; Seh- und Herzfehler und andere Entwicklungsdefekte kommen häufig vor. Der IQ liegt meist im Bereich von 25–45; gelegentlich werden auch Werte um die 70 erreicht. Ungefähr vier Prozent der Kinder mit Down-Syndrom können lesen lernen. Sie sind im allgemeinen fröhlich, haben ein ausgeprägtes mimisches Talent und lieben Musik (Kopp & Parmelee, 1979; Reed, 1975; Scarr & Kidd, 1983).

Kasten 2.1

Entwicklungsrisiken bei Kindern mit Geschlechtschromosomen-Aberration (GCA)

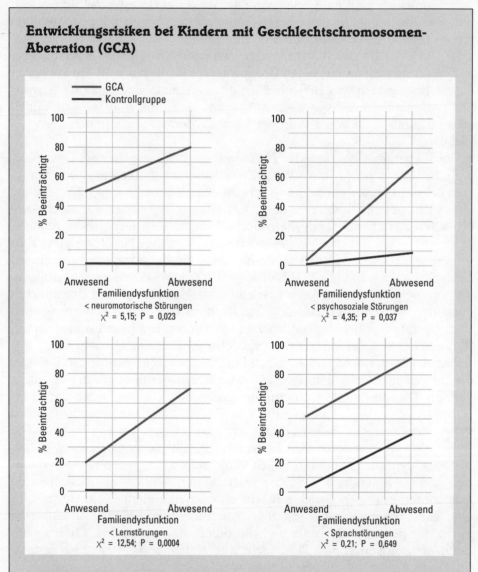

Signifikante Schädigungen bei Kindern mit GCA und Kindern der Kontrollgruppe aus funktionalen und dysfunktionalen Familien (Prozent). (Mit freundlicher Genehmigung entnommen aus: B. G. Bender, M. G. Linden & A. Robinson. Environmental and developmental risk in children with sex chromosome abnormalities. Journal of the American Academy of Child and Adolescent Psychiatry, 1987, 26, 499–503. © 1987 by the American Academy of Child and Adolescent Psychiatry.)

46 GCA-Säuglinge, das heißt, Säuglinge mit Geschlechtschromoso-men-Aberration (z. B. XXY, XYY, XXX) wurden durch Reihenuntersuchungen von 40 000 nacheinander geborenen Kindern aus Denver herausgefunden. Diese Säuglinge wurden zusammen mit einer Kontrollgruppe von Kindern ohne GCA einmal jährlich bis zur Adoleszenz untersucht (Bender, Linden & Robinson, 1987). Bei den Kindern mit GCA (nicht bei der Kontrollgruppe) aus „dysfunktionalen Familien" oder Familien mit schlechter Eltern-Kind-Beziehung und zahlreichen belastenden Lebensumständen wurde ein relativ hoher Prozentsatz von signifikanten neuromotorischen, Lern- und psychosozialen Problemen festgestellt. GCA-Kinder aus fördernden, relativ belastungsarmen Elternhäusern dagegen unterschieden sich in ihren schulischen und psychosozialen Leistungen nicht signifikant von den Kindern der Kontrollgruppe, schnitten aber bei Messungen der Neuromotorik und Sprachfähigkeit schlechter ab.

Dieses Ergebnis verweist darauf, daß GCA-Kinder nicht so flexibel und reaktionsbereit sind wie normale und daß „die schädigende Wirkung einer nicht unterstützenden Umwelt praktisch unvermeidbar ist" (Bender et al., 1987, S. 502). Positiv betrachtet, können gute Eltern und eine fördernde, relativ streßfreie häusliche Umwelt als „Schutzfaktoren" die schädlichen Effekte der GCA verringern (Garmezy, 1985, 1987; Rutter, 1977, 1979).

Manchmal gibt es einen Zusammenhang zwischen Aberrationen bei der Anzahl der Geschlechtschromosomen und Verhaltensproblemen oder verzögerter intellektueller Entwicklung (Fraser & Nora, 1986; Vandenberg, Singer & Pauls, 1986). Beim *Klinefelter-Syndrom* zum Beispiel, das durch zwei X-Chromosomen bei Männern (d. h. XXY statt XY) verursacht wird, entwickeln sich in der Pubertät die sekundären männlichen Geschlechtsmerkmale nicht, es kann auch zu Brustvergrößerungen kommen. Die Verordnung des männlichen Sexualhormons Androgen fördert die Entwicklung der sekundären Geschlechtsmerkmale, aber die Jungen bleiben steril. Bei Jungen mit Klinefelter-Syndrom gibt es eine höhere Wahrscheinlichkeit für Verhaltensprobleme und verzögerte intellektuelle Entwicklung als bei gesunden Jungen (Reed, 1975; Scarr & Kidd, 1983).

Normalerweise sind Kinder mit Geschlechtschromosomen-Aberrationen geistig nur leicht behindert, außer in den relativ seltenen Fällen, in denen mehr als zwei X-Chromosomen vorhanden sind (z. B. XXX oder XXXXY). Der Grad der Behinderung ist ungefähr proportional zur Anzahl der überschüssigen X-Chromosomen. Überzählige Y-Chromosomen können sich ebenfalls negativ auf die Entwicklung auswirken, aber meist in geringerem Ausmaß als überzählige X-Chromosomen (Fraser & Nora, 1986; Vandenberg, Singer & Pauls, 1986).

Die Untersuchung von Kindern mit Geschlechtschromosomen-Aberrationen bietet die Möglichkeit, das Zusammenspiel von genetischen und Umwelteinflüssen zu untersuchen. Neuere Untersuchungen haben gezeigt, daß eine fördernde häusliche Umwelt die Auswirkungen der häufigeren, weniger extremen Formen solcher Anomalien reduzieren kann, während eine belastende, nicht unterstützende Umwelt sie – gelegentlich dramatisch – verstärkt (vgl. Kasten 2.1).

Fragile-X-Syndrom: Bei diesem *Fragile-X-Syndrom* handelt es sich um eine andere Geschlechtschromosomen-Aberration (Bregman, Dykens, Watson, Ort & Leckman, 1987; Vandenberg, Singer & Pauls, 1986). Sie ist nach dem Down-Syndrom der zweithäufigste Chromosomendefekt und kann besonders bei Jungen zu geistiger Behinderung führen (Webb, Bundey, Thake & Todd, 1986). Bei dieser Störung gibt es eine brüchige Stelle am unteren Ende des X-Chromosoms. Bei ungefähr 80 Prozent aller von diesem Defekt betroffenen Jungen kommt es zu geistiger Behinderung; dies reicht von unterdurchschnittlicher Intelligenzleistung bis zu sehr schweren Formen (Bishop, 1986; Bregman, Dykens, Watson, Ort & Leckman, 1987; de la Cruz, 1985). Häufig treten auch Verhaltensprobleme auf wie Hyperaktivität und emotionale Ausbrüche, gelegentlich auch frühkindlicher Autismus, eine schwere Störung, gekennzeichnet von starrem, ritualistischem Verhalten, schweren Lernstörungen und einer Unfähigkeit zur Kommunikation und zur Herstellung sozialer und emotionaler Beziehungen (Brown, Jenkins, Friedman et al., 1982; Chudley, 1984; Largo & Schinzel, 1985). Mädchen sind sehr viel weniger von dieser Störung betroffen, aber bei ungefähr einem Drittel aller Mädchen mit dem Fragile-X-Syndrom gibt es Anzeichen von geistiger oder Lernbehinderung. Möglicherweise kann das zweite X-Chromosom, das Mädchen im Gegensatz zu Jungen besitzen, die negativen Auswirkungen des beschädigten X-Chromosoms abschwächen oder aufheben.

Psychische Störungen: Bei der Frage nach der Rolle, die genetische Faktoren bei psychischen Störungen spielen, waren die Meinungen lange sehr geteilt. Bestimmte Störungen werden nachgewiesenermaßen durch Infektion oder die Einnahme verschiedener Drogen und Gifte verursacht, andere, eher seltene Formen wie die Huntingtonsche Chorea sind auf spezifische, klar identifizierbare genetische Defekte zurückzuführen.

Der Einfluß genetischer Faktoren bei der Schizophrenie und den affektiven (depressiven) Störungen wurde bis vor kurzem sehr kontrovers diskutiert. Mittlerweile ist aber auf dem Chromosom 11 für mindestens eine Form bipolarer (manisch-depressiver) Störungen eine spezifische genetische Markierung identifiziert worden (Egeland, 1987). Es gibt Anzeichen dafür, daß genetische Markierungen an den Spitzen des X-Chromosoms auch bei anderen Formen dieser Störung eine Rolle spielen können (Detera-Wadeigh et al., 1987; Hodgkinson et al., 1987). Aber die meisten breit angelegten Studien zur möglichen Bedeutung genetischer Faktoren für schwere psychische Störungen sind immer noch darauf angewiesen zu untersuchen, wie häufig diese Krankheiten in einer Familie vorkommen (Cloringer, 1987).

Schizophrenie: Kennzeichen der Schizophrenie, die zu den am meisten verbreiteten schweren psychischen Störungen gehört, sind schwerwiegende Ausfälle beim logischen Denken und bei emotionalen Reaktionen. Vor einigen Jahrzehnten galten noch traumatische Kindheitserlebnisse als die wesentlichen Auslöser der Schizophrenie, aber neuere Untersuchungen haben die signifikante Bedeutung von biologischen und Erbfaktoren nachgewiesen (Gottesman & Shields, 1982; Plomin, 1986; Vandenberg, Singer & Pauls, 1986). Zahlreiche Untersuchungsergebnisse deuten darauf hin, daß die Häufigkeit der Störung (oder besser einer Gruppe von Störungen mit gleichartigen Symptomen) bei den Verwandten von Schizophrenen mit dem biologischen Verwandtschaftsgrad zusammenhängt (Gottesman & Shields, 1982; Plomin, 1986; Rosenthal, Wender, Schulsinger & Jacobsen, 1975). Verschiedenen gut kontrollierten Untersuchungen zufolge besteht zum Beispiel für einen eineiigen Zwilling, dessen Bruder bzw. Schwester schizophren ist, eine Chance von ungefähr eins zu zwei, ebenfalls an Schizophrenie zu erkranken. Bei zweieiigen Zwillingen dagegen liegt das Verhältnis unter 1 zu 10 (Kessler, 1975, 1980; O'Rourke et al., 1982; Rosenthal, 1970).

Eine breite Untersuchung in Dänemark hat ergeben, daß bei den biologischen Verwandten von schizophrenen Adoptivkindern Schizophrenie weit häufiger auftrat als bei den Verwandten nichtschizophrener Adoptivkinder, während es bei den Adoptiveltern in beiden Gruppen keine Häufigkeitsunterschiede gab (Kendler, Gruenberg & Strauss, 1981; Kety, Rosenthal, Wender, Schulsinger & Jacobsen, 1975, 1978).

Man sollte besser von der Vererbung einer erhöhten *Anfälligkeit* für Schizophrenie sprechen als von der Vererbung der Schizophrenie selbst (Freedman, Adler, Baker, Waldo & Mizner, 1987). Damit würde deutlich, daß das tatsächliche Auftreten der Störung von zwei Faktoren abhängt: erstens von der Anfälligkeit eines bestimmten Menschen und zweitens von Ausmaß und Art der Belastung, der er ausgesetzt ist. Bestimmte Lebenserfahrungen, zum Beispiel eine schwer gestörte Familienumgebung, können die Chance vergrößern, daß bei einem Menschen mit einer genetischen Anfälligkeit für Schizophrenie die Störung tatsächlich zum Ausbruch kommt (Goldstein, M.J., 1987; Mednik, Parnas & Schulsinger, 1987; Tienari et al., 1987).

Depression: Bei vielen Formen der Depression, vor allem den relativ geringfügigen und vorübergehenden, sind psychische und soziale Faktoren die Hauptauslöser. In diesen Fällen lassen die depressiven Gefühle meist wieder nach, sobald die Probleme, durch die sie entstanden sind, zum Beispiel Verlust des Arbeitsplatzes, Enttäuschung in der Liebe oder der Tod eines Freundes, gelöst oder durchgearbeitet wurden. Bei schweren depressiven Störungen hingegen spielen anscheinend genetische Faktoren, vermittelt durch biochemische Prozesse, eine wichtige Rolle (Puig-Antich, 1986; Klerman, 1988; Rutter, Izard & Read, 1986; Weissman et al., 1984; Winokur, 1975).

Die genetische Komponente ist allem Anschein nach bei den bipolaren oder manisch-depressiven Störungen am stärksten ausgeprägt. Bei dieser Krankheit gibt es Phasen von exzessiver Euphorie, Größenwahn, Hyperaktivität und schlechtem Urteilsvermögen, die mit normalen Phasen und Phasen schwerer Depression, Verlust der Antriebskraft und Minderwertigkeitsgefühlen abwechseln (American Psychiatric Association, 1987). Wenn ein eineiiger Zwilling unter einer bipolaren Störung leidet, steht die Wahrscheinlichkeit 2 zu 3 (65 Prozent), daß sie auch beim anderen Zwilling auftritt (Klerman, 1988; Nurnberger & Gershon, 1981; Plomin, 1986). Bei zweieiigen Zwillingen liegen die Chancen dagegen bei 1 zu 6 (14 Prozent). Vor kurzem sind genetische Markierungen für zumindest einige Formen bipolarer Störung identifiziert worden (vgl. S. 62/63).

Persönlichkeitsmerkmale: Die Untersuchung der Rolle genetischer Faktoren bei der Entwicklung der Persönlichkeit bringt ganz spezielle Probleme mit sich. Bei körperlichen Merkmalen, psychischen Störungen oder Behinderungen sind die zu untersuchenden Charakteristika spezifisch und klar definiert. Aber Aspekte der Persönlichkeit lassen sich nur schwer definieren und messen. Persönlichkeitsmerkmale sind nur selten eindeutig, sondern individuell in unterschiedlichem Ausmaß und in immer wieder anderen Kombinationen vorhanden. Trotzdem gibt es auch in diesem Bereich Fortschritte, überwiegend dank der Zwillingsforschung (Plomin, 1986; Scarr & Kidd, 1983). Sehr stark genetisch geprägt sind demnach anscheinend die grundlegenden Temperamentsunterschiede (zum Beispiel ruhig/erregbar, passiv/aktiv, nachdenklich/impulsiv, schüchtern/gesellig), die im Entwicklungsverlauf relativ stabil bleiben. Bei anderen Merkmalen wie ethischen und sozialen Werten, die überwiegend von Lernen und sozialer Erfahrung abhängig sind, spielen genetische Faktoren dagegen kaum eine Rolle (Buss & Plomin; 1984; Goldsmith & Campos, 1982; Kagan, Reznick & Snidman, 1988; Matheny, 1983).

Untersuchungen mit Kleinkindern haben ergeben, daß die Reaktionen auf Fremde, zum Beispiel Lachen, Spielen, Schmusen und Angst, bei eineiigen Zwillingen ähnlicher sind als bei zweieiigen (Goldsmith & Campos, 1982;

Matheny, Wilson, Dolan & Krantz, 1981; Plomin, 1986; Scarr & Kidd, 1983). Eineiige Zwillinge weisen auch mehr Ähnlichkeiten in der Häufigkeit von Temperamentsausbrüchen, Forderung nach Aufmerksamkeit und Dauer und Häufigkeit des Schreiens auf (Plomin, 1986; Wilson, R. S. & Harpring, 1972). Eineiige Zwillinge reagieren vom Säuglingsalter bis in die Adoleszenz in vielen Bereichen, zum Beispiel Aktivität, Aufmerksamkeit, Beharrungsvermögen bei Aufgaben, Reizbarkeit, Emotionalität, Geselligkeit und Impulsivität, signifikant ähnlicher als zweieiige (Buss & Plomin, 1984; Cohen, Dibble & Grawe, 1977; Goldsmith, H. H., 1983, 1984; Matheny, 1983; Torgeson & Kringlen, 1978). Auch in späteren Lebensabschnitten gab es bei bestimmten Merkmalen, zum Beispiel Intro-/Extraversion oder Neurotizismen signifikante Unterschiede zwischen ein- und zweieiigen Zwillingen (Flodereus-Myrhed, Pedersen & Rasmuson, 1980; Matheny, 1983; Plomin, 1986; Scarr & Kidd, 1983).

Auch wenn solche Untersuchungen den Schluß nahelegen, daß genetische Faktoren signifikante Auswirkungen auf das Temperament haben, darf nicht vergessen werden, daß buchstäblich alle Persönlichkeitsmerkmale sowohl von den Genen als auch von der Umwelt beeinflußt werden. Darüber hinaus können genetische Prädispositionen durch Umwelteinflüsse „aufgehoben" werden. Hilfe von außen macht ursprünglich schüchterne Menschen selbstbewußter; umgekehrt können Strafen ausgesprochen extravertierte in zaudernde oder zurückgezogene Menschen verwandeln.

Die pränatale Entwicklung

Obwohl wir wissen, daß Entwicklung mit der Empfängnis beginnt, wird das Alter eines Menschen erst von seiner Geburt an berechnet. Anscheinend halten wir vorgeburtliche Ereignisse immer noch für irrelevant. Aber die Umwelt, in der das ungeborene Kind heranwächst, ist ungeheuer wichtig für die spätere körperliche und psychische Entwicklung.

Empfängnis und früheste Entwicklung

Zur Empfängnis kommt es, wenn eine männliche Samenzelle die Zellwand einer weiblichen Eizelle durchdringt. Die Möglichkeiten zur Befruchtung sind stark eingeschränkt und ziemlich unabhängig von den Launen des menschlichen Triebs. Alle 28 Tage (normalerweise in der Mitte des Menstruationszyklus) reift ein Ei in einem der beiden Eierstöcke, wird in den entsprechenden Eileiter ausgestoßen und beginnt, vorwärtsgetrieben von den Flimmerhär-

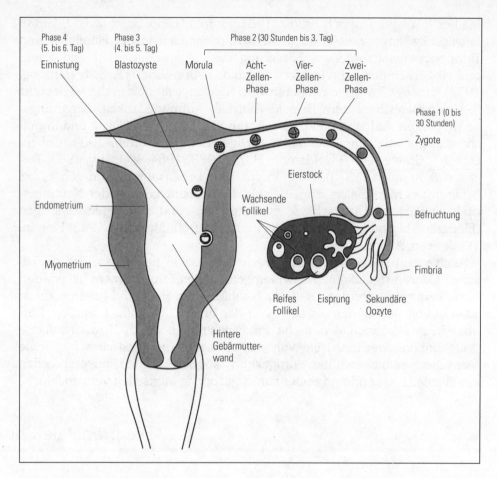

Abb. 2.8 *Schematische Zusammenfassung des Ovarialzyklus, der Befruchtung und der Ent-*
wicklung des Fötus in der ersten Woche. Entwicklungsphase 1 beginnt mit der Bildung der
Zygote. Zu Phase 2 (2. bis 3. Tag) gehören die frühen Furchungsstufen (von zwei bis unge-
fähr 16 Zellen, auch Morula genannt). Phase 3 (4. bis 5. Tag) besteht aus der freien, nicht
gebundenen Blastozyste. In der vierten Phase (5. bis 6. Tag) bindet sich die Blastozyste an
die Mitte der hinteren Gebärmutterwand an, dem normalen Ort der Einnistung. (Aus K.L.
Moore: The developing human: Clinically oriented embryology. 3. Aufl. Philadelphia: W.B.
Saunders, 1982. Mit freundlicher Genehmigung.)

chen in der Eileiterwand, seine langsame Reise zur Gebärmutter (vgl. Abbildung 2.8). Meistens dauert es zwischen drei und sieben Tagen, bis die Eizelle die Gebärmutter erreicht hat. Wenn es auf diesem Weg nicht befruchtet
wurde, löst es sich nach ein paar Tagen in der Gebärmutter auf.

Wenn aber in diesen Tagen ein Koitus stattgefunden hat, dann besteht die

Möglichkeit, daß eins der Millionen Spermatozoen des Mannes seinen Weg in den Eileiter gefunden hat, in dem die Eizelle abwärts wandert. Und falls sich diese Samenzelle mit der Eizelle vereint, dann entsteht ein neuer Mensch.

Wie bereits gesagt, ist jede Samenzelle eine einzelne Zelle, die einer Kaulquappe ähnelt. Der ovale Kopf der Samenzelle enthält die 23 Chromosomen. Hinter dem Kopf finden sich besondere Strukturen, die die erforderliche Energie zur Verfügung stellen, um die Eizelle erreichen zu können. Die Samenzelle bewegt sich mit einer geschätzten Geschwindigkeit von 25 mm pro Minute vorwärts.

Im Augenblick der Empfängnis hat die Eizelle, die größte Zelle des menschlichen Körpers, einen ungefähren Durchmesser von nur 0,15 mm. Wenn die Samenzelle in die Eizelle eindringt, verschmilzt sie mit dem Kern der Eizelle. Das befruchtete Ei, die **Zygote**, beginnt sofort zu wachsen und sich zu teilen. Der Zeitraum vom Eindringen der Samenzelle in die Eizelle bis zur ersten Zellteilung beträgt zwischen 24 und 36 Stunden.

Die Zeit zwischen Empfängnis und Geburt ist in drei Phasen eingeteilt. Die erste Phase, die **Blastogenese**, reicht von der Befruchtung bis zur Einnistung, d. h. bis zur festen Einbindung der vielzelligen Zygote, die jetzt *Blastozyste* genannt wird, in die Gebärmutterwand. Diese Phase dauert in der Regel zwischen 10 und 14 Tagen. Die zweite Phase, die **Embryonalzeit**, reicht von der zweiten bis zur achten Woche. In dieser Phase differenzieren sich die Zellen und bilden die wesentlichen Organe. Die letzte Phase von der achten Woche bis zur Entbindung (die normalerweise nach ungefähr 40 Wochen erfolgt), heißt **Fötalzeit** und ist im wesentlichen durch Wachstum charakterisiert.

Die Blastogenese

Auf der Reise vom Eileiter zur Gebärmutter teilt sich das befruchtete Ei weiter. Wenn es die Gebärmutter erreicht, ist es ungefähr stecknadelkopfgroß und enthält mehrere Dutzend Zellen. In dieser Zellmasse entsteht eine kleine Höhlung (Keimblase), durch die sich eine äußere und eine innere Zellschicht bildet (vgl. Abbildung 2.9). Aus der äußeren Zellschicht, dem sogenannten *Trophoblast*, wird allmählich ein zusätzliches Schutz- und Ernährungsgewebe für den Embryo, der sich aus der inneren Zellschicht entwickelt.

Gleichzeitig entwickeln sich auf der Außenseite des Trophoblasten kleine, bohrerähnliche Ranken, die ein paar Tage später das Ei fest mit der Gebärmutterwand verbinden. Auch die Gebärmutter selbst beginnt sich zu verändern, um das befruchtete Ei aufnehmen zu können. Zum Zeitpunkt der Ein-

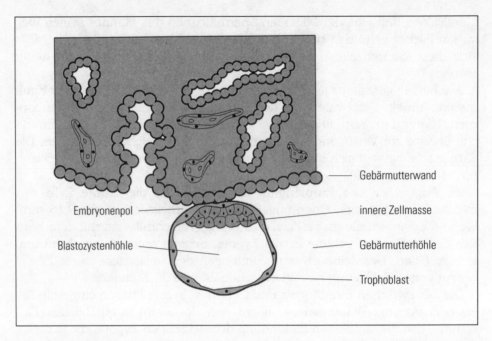

Abb. 2.9: Schematische Darstellung der Eizelle während der frühen Einnistungsphase in die Gebärmutterwand.

nistung dringen Verlängerungen der Trophoblasten-Ranken in blutgefüllte Kavernen vor, die sich im Gewebe der Mutter gebildet haben. Jetzt ist die Blastogenese beendet; die zweite Phase der vorgeburtlichen Entwicklung, die Embryonalzeit, beginnt.

Die Embryonalzeit

Mit dem Beginn der Embryonalzeit ist der neue Mensch kein unabhängiger, sich frei bewegender Organismus mehr, sondern hat eine abhängige Beziehung zur Mutter aufgenommen. Sobald das heranwachsende Ei sich erfolgreich in seiner neuen Umgebung eingenistet hat, geht die Entwicklung schnell voran. Die innere Zellmasse, die zum erkennbaren Embryo wird, bildet drei Schichten aus: 1. das *Ektoderm* oder äußere Keimblatt, aus dem sich die Epidermis (die äußere Hautschicht), Haare, Nägel, Teile der Zähne, Hautdrüsen, Sinnesorgane und Nervensystem entwickeln, 2. das *Mesoderm* oder mittlere Keimblatt, aus dem sich die Dermis (innere Hautschicht), Muskeln, Skelett und die Kreislauf- und Ausscheidungsorgane entwickeln, und 3. das *Entoderm* oder innere Keimblatt, aus dem sich die Auskleidung des

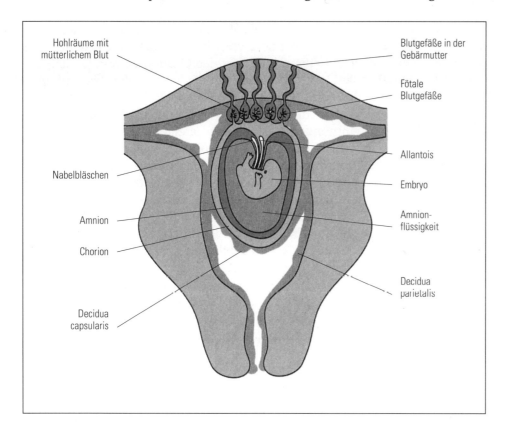

Abb. 2.10: Schematische Darstellung der Position von Gebärmutter, Membran und Embryo in der frühen Schwangerschaft. (Mit freundlicher Genehmigung aus L. Carmichael: Origins and prenatal growth of behaviour. In C. Murchinson [Hrsg.]: A handbook of child psychology. 2. Aufl. Worcester, Mass.: Clark University Press, 1983, S. 50.)

gesamten Magen- und Darmtrakts und der Eustachischen Röhre, Luftröhre, Bronchien, Lungen, Leber, Bauchspeicheldrüse, Speicheldrüsen, Schild- und Thymusdrüse entwickeln (Nilsson, Furuhjelm, Ingelman-Sundberg & Wirsen, 1981; Moore, K.L., 1982; Rugh & Shettles, 1971).

Während sich die innere Zellschicht zu einem erkennbaren Embryo ausdifferenziert, entstehen aus den äußeren Zellschichten die Eihüllen: *Chorion* und *Amnion*. Chorion und Amnion umschließen gemeinsam mit einer dritten Schleimhaut, die ebenfalls eine Erweiterung der Gebärmutterwand ist, den sich entwickelnden Embryo (vgl. Abbildung 2.10). Sie bilden eine Blase, die mit einer wäßrigen Flüssigkeit (Amnionflüssigkeit) gefüllt ist und den Embryo wie ein Polster vor Erschütterungen des mütterlichen Körpers schützt und für eine gleichmäßige Temperatur sorgt.

Gleichzeitig bilden sich weitere fötale Verbindungsstränge aus; der wichtigste wird zur Nabelschnur. Sie reicht vom Embryo bis zur **Plazenta**; dies ist die Stelle der Gebärmutterwand, mit der das Chorion verbunden ist.

Die Plazentaschranke: Die Nabelschnur ist die Lebensader des Embryos. Durch zwei Arterien fließt das Blut des Embryos in die Plazenta, durch eine Vene Blut von der Plazenta zum Embryo. Obwohl der Blutkreislauf bei beiden in die Plazenta einmündet, besteht kein direkter Austausch zwischen dem Blutkreislauf der Mutter und dem des Embryos, weil die beiden Systeme durch Zellwände voneinander getrennt sind. Sie bilden eine halbdurchlässige Barriere, die wie ein extrem feinmaschiges Netz Gase, Salze und andere Substanzen durchlassen, aber keine Blutzellen.

Die Plazenta ist für verschiedene Nährstoffe aus dem Blut der Mutter, wie Zucker, Fette und bestimmte Eiweißelemente, durchlässig. Umgekehrt passieren Abfallstoffe des Embryos, im wesentlichen Kohlendioxyd und andere Stoffwechselprodukte, ebenfalls die Plazenta. Auch manche Vitamine, Narkotika (auch Nikotin und Alkohol), Impfstoffe und Krankheitserreger (z. B. von Diphtherie, Typhus, Grippe und Röteln) erreichen den Embryo über die Plazenta und können seine Entwicklung beeinträchtigen. Dadurch beeinflußt der gesundheitliche Zustand der Mutter direkt die Gesundheit des Fötus.

Zwischen dem mütterlichen und dem embryonalen Nervensystem besteht keine direkte neuronale Verbindung, weil die Plazentaschranke nur chemische Stoffe durchläßt. Aber der emotionale Zustand der Mutter beeinflußt indirekt die physiologischen Funktionen des Fötus. Emotionale Erregung hat eine Reihe physiologischer Reaktionen und die Ausschüttung bestimmter Hormone in den Blutkreislauf, zum Beispiel Adrenalin, zur Folge. Manche dieser Substanzen passieren die Plazenta und beeinflussen die physiologischen Prozesse des Ungeborenen (Apgar & Beck, 1974; Korones, 1986; Lubchenco, 1976).

Die Entwicklung des Embryos: In der Embryonalzeit entwickelt sich der Embryo ungeheuer schnell (vgl. Tabelle 2.1). Am 18. Tag fängt er bereits an, Gestalt anzunehmen: Er besitzt eine Längsachse; vordere, hintere, linke und rechte Seite, Kopf- und Körperende sind erkennbar. Am Ende der dritten Woche hat sich ein primitives Herz entwickelt und beginnt zu schlagen.

Nach der vierten Woche ist der Embryo etwa 6 bis 8 mm lang. Mundregion, Magen- und Darmtrakt und Leber entstehen. Das Herz entwickelt sich; Kopf- und Gehirnbereiche differenzieren sich klarer aus. Aber der Embryo ist auf dieser Stufe immer noch ein sehr primitiver Organismus. Er besitzt keine Arme und Beine und nur die elementarsten Körpersysteme.

In der achten und neunten Woche hat sich das Bild erheblich verändert. Jetzt mißt der Embryo ungefähr 2 bis 3 Zentimeter. Gesicht, Mund, Augen und Ohren sind ziemlich gut auszumachen. Arme und Beine, Hände und

Tabelle 2.1

Pränatale Entwicklungsschritte

1 Woche: Das befruchtete Ei wandert durch den Eileiter in Richtung Gebärmutter.

2 Wochen: Der Embryo hat sich in die Gebärmutterwand eingenistet und entwickelt sich schnell.

3 Wochen: Der Embryo nimmt Gestalt an; Kopf- und Fußregionen sind unterscheidbar. Das rudimentär ausgebildete Herz beginnt zu schlagen.

4 Wochen: Ansätze der Mundregion, des Magen-Darm-Trakts und der Leber. Das Herz entwickelt sich schnell, Kopf- und Hirnregionen differenzieren sich stärker.

6 Wochen: Hände und Füße entwickeln sich, aber die Arme sind noch zu kurz und dick, als daß sie sich zusammenbringen ließen. Die Leber produziert Blutzellen.

8 Wochen: Der Embryo ist ungefähr 2 cm lang. Gesicht, Mund, Augen und Ohren nehmen relativ klare Gestalt an. Die Entwicklung von Muskeln und Knorpeln hat begonnen.

12 Wochen: Der Fötus ist ungefähr 9 cm lang. Allmählich ähnelt er einem menschlichen Wesen, auch wenn der Kopf noch unverhältnismäßig groß ist. Das Gesicht hat das Profil eines Säuglings. Die Entwicklung der Lider und Nägel hat begonnen. Das Geschlecht ist deutlich erkennbar. Das Nervensystem ist noch sehr primitiv.

16 Wochen: Der Fötus ist ca. 16 cm lang. Jetzt kann die Mutter eventuell schon erste Bewegungen spüren. Extremitäten, Kopf und innere Organe entwickeln sich schnell. Die Körperproportionen ähneln denen eines Säuglings.

5 Monate: Die Hälfte der Schwangerschaft ist vorüber. Der Fötus ist ca. 15 cm lang, kann hören und sich frei bewegen. Hände und Füße sind völlig ausgebildet.

6 Monate: Der Fötus ist ca. 25 cm lang. Die Augen sind ganz ausgebildet, Geschmacksknospen entstehen auf der Zunge. Der Fötus kann im Falle einer Frühgeburt ein- und ausatmen und leise schreien.

7 Monate: Ein wichtiges Alter. Der Fötus hat die „Überlebenszone" erreicht (d. h. er hat eine Überlebenschance, wenn er jetzt geboren wird). Er kann wesentliche Geschmacksmerkmale und Gerüche unterscheiden. Die Schmerzempfindlichkeit ist verhältnismäßig gering. Die Atmung ist flach und unregelmäßig, Saug- und Schluckbewegungen sind schwach.

Vom 8. Monat bis zur Geburt: Der Fötus ist immer stärker darauf vorbereitet, ein eigenes Leben außerhalb der Gebärmutter zu führen. Der Muskeltonus wird stärker, es gibt anhaltende Bewegungen; Atmung, Schlucken, Saugen und Hungerschrei werden kräftig. Visuelle und auditive Reaktionen sind deutlich ausgeprägt.

Füße, ja, selbst Ansätze von Fingern und Zehen sind erkennbar; die Geschlechtsorgane differenzieren sich. Auch die Bildung von Muskeln und Knorpeln beginnt jetzt; aber klar definierte neuromotorische Aktivitäten (d. h. Aktivierung der Muskeln durch Nervenreize) fehlen noch (Nilsson et al., 1981; Rugh & Shettles, 1971). Die inneren Organe: Darm, Leber, Bauchspeicheldrüse, Lunge und Nieren nehmen Gestalt an und beginnen in Ansätzen zu arbeiten. Die Leber zum Beispiel beginnt mit der Produktion der roten Blutkörperchen.

Kennzeichnend für die Embryonalzeit ist die extrem schnelle Entwicklung des Nervensystems (vgl. Abbildung 2.11). Der Kopf ist in dieser Phase, verglichen mit den anderen Körperteilen, sehr groß. Dies deutet darauf hin, daß die ersten acht Wochen in bezug auf die Integrität des Nervensystems eine sensible Phase sind. Mechanische oder chemische Störungen der Entwicklung (zum Beispiel ein Treppensturz der Mutter oder die Einnahme einer Überdosis von Medikamenten) führen in dieser Zeit weit häufiger zu Schäden im Nervensystem als zu einem späteren Zeitpunkt der Schwangerschaft. Bei einer Rötelnerkrankung der Mutter zum Beispiel ist die Gefahr einer geistigen Behinderung des Kindes in dieser Phase sehr viel größer als bei einer Rötelnerkrankung in den letzten acht Schwangerschaftswochen (Lubchenco, 1976).

Die Fötalzeit

Die dritte Phase der pränatalen Entwicklung, die Fötalzeit, reicht vom Ende des zweiten Schwangerschaftsmonats bis zur Geburt. In dieser Zeit entwickeln sich die verschiedenen Körpersysteme, die in der Embryonalzeit rudimentär angelegt worden sind, und nehmen ihre Arbeit auf. Bis zur achten oder neunten Schwangerschaftswoche ist das Leben des Fötus relativ passiv; er schwimmt bewegungslos im Fruchtwasser. Aber jetzt reagiert er bereits auf taktile Reize. Von diesem Zeitpunkt an differenzieren sich die motorischen Funktionen immer stärker und werden komplexer.

Gegen Ende der achten Woche beginnt die Entwicklung der Genitalsysteme. Die Gonaden (Eierstöcke und Hoden) erscheinen anfänglich bei beiden Geschlechtern als ein Paar doppelter Gewebsklumpen. Offensichtlich sind die Hormone, die die männlichen Hoden produzieren, notwendig, um die Entwicklung des männlichen Genitalsystems zu stimulieren. Wenn die Hoden entfernt werden oder nicht richtig funktionieren, erhält das Baby ein überwiegend weibliches Genitalsystem. Bei Versuchen an Kaninchen wurde nachgewiesen, daß sich der weibliche Fötus normal weiterentwickelt, wenn die Eierstöcke unmittelbar nach ihrer Entstehung entfernt werden. Das läßt darauf schließen, daß die Anatomie des weiblichen Reproduktionssystems

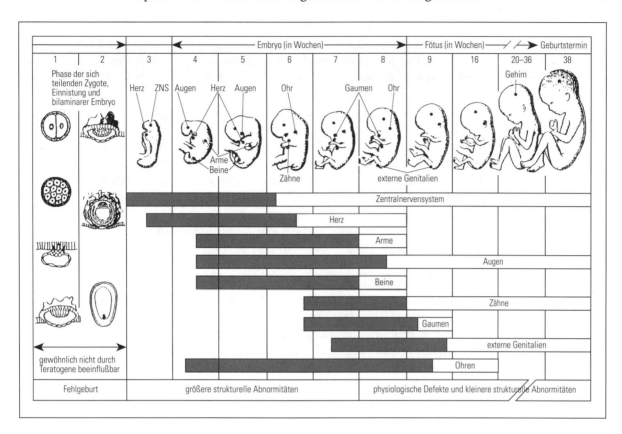

Abb. 2.11: Kritische Phasen der pränatalen Entwicklung. Das Risiko von Mißbildungen (in der Abbildung dunkel) ist in der Embryonalzeit, in der sich die Organe bilden und die wesentlichen strukturellen (morphologischen) Veränderungen ablaufen, am größten. (Mit freundlicher Genehmigung entnommen aus K. L. Moore: The developing human: Clinically oriented embryology. 4. Aufl. Philadelphia: W. B. Saunders, 1988.)

die Grundform ist, die sich entwickelt, wenn Hoden oder Eierstöcke entfernt werden oder nicht arbeiten.

Am Ende der zwölften Woche mißt der Fötus ca. 9 Zentimeter und wiegt ca. 20 g. Er ähnelt jetzt einem menschlichen Wesen, auch wenn der Kopf immer noch unverhältnismäßig groß ist. Die Muskelentwicklung macht Fortschritte; spontane Bewegungen der Arme und Beine lassen sich beobachten. Lider und Nägel entstehen, das Geschlecht kann klar bestimmt werden. Das Nervensystem ist noch sehr unvollständig.

In den nächsten vier Wochen wird das motorische Verhalten des Fötus komplexer (in dieser Zeit spürt die Mutter auch die ersten Bewegungen). Jetzt ist er ungefähr 12 Zentimeter lang. Zwischen der 16. und 20. Woche wächst er auf ca. 25 cm und wiegt schließlich ungefähr 250 g. Sein Aussehen nimmt immer deutlicher menschliche Züge an. Kopf- und Körperhaare wachsen. Der Mund kann sich vorwölben, öffnen und schließen, die Augen beginnen zu blinzeln, auch wenn die Lider immer noch fest verschmolzen sind. Die Hände können sich jetzt nicht nur schließen, sondern auch greifen.

Nach 20 Wochen erhält die Hautstruktur ihre endgültige Form, Haare und Nägel haben sich gebildet, die Schweißdrüsen entwickeln sich. Mit 24 Wochen haben sich die Augen entwickelt; auf der Zunge entstehen die Geschmacksknospen. Bei einer vorzeitigen Geburt zu diesem Zeitpunkt kann der Fötus „wirklich ein- und ausatmen und ist zu einem schwachen Schreigeräusch imstande" (Gesell, 1945, S. 71).

Das Alter von 28 Wochen ist deswegen für den Fötus besonders wichtig, weil er jetzt im Falle der Geburt die Grenze zwischen Überlebensfähigkeit und -unfähigkeit erreicht hat. Ab 28 Wochen sind das Nerven- und Kreislaufsystem und die anderen Körpersysteme so weit entwickelt, daß das Kind bei entsprechender Versorgung auch außerhalb der Gebärmutter eine Überlebenschance hat. Zu diesem Zeitpunkt reagiert der Fötus auf Temperaturveränderungen fast wie ein vollentwickeltes Neugeborenes. Experimente mit Frühgeborenen haben gezeigt, daß der Fötus jetzt grundlegende Geruchsmerkmale und auch Geschmacksmerkmale wie süß, salzig, sauer und bitter unterscheiden kann. Visuelle und auditive Reaktionen sind ebenfalls vorhanden, wenn auch nicht so deutlich wie bei voll entwickelten Neugeborenen. Die Schmerzempfindlichkeit dagegen scheint bei Frühgeborenen nur schwach oder gar nicht vorhanden.

Die letzten drei Monate: Die Weiterentwicklung der grundlegenden Körperstrukturen und -funktionen kennzeichnet die Zeit von der 28. Woche bis zum errechneten Geburtstermin (38.–42. Woche). Der Fötus gewinnt rasch an Größe und Gewicht. Mit sieben Monaten mißt er durchschnittlich 40 cm und wiegt ca. 1800 g. Während des achten Monats kommen noch einmal 5 cm und 600 g dazu. Die Fettschicht unter der Haut, die das Neugeborene vor Temperaturveränderungen schützt, ist für den Großteil des Gewichts verantwortlich, das der Fötus in den letzten drei Monaten zulegt (Apgar & Beck, 1974).

Mit jeder Woche, die der Fötus in der Gebärmutter bleibt, erhöht sich seine Chance, zu überleben und sich normal zu entwickeln. Durch die Verbesserung des Muskeltonus können sich ein kräftiger Hungerschrei und ein starker Saugreflex entwickeln. Geistige Wachheit, Wahrnehmungsfähigkeit und motorische Entwicklung nehmen zu. Bei einem Geburtsgewicht ab 1300 g erhöhen sich die Chancen auf eine gute postnatale Entwicklung deutlich; ein Baby, das bei der Geburt mindestens 2250 g wiegt, muß nicht mehr unbedingt in den Brutkasten (Apgar & Beck, 1974; Korones, 1986; Lubchenco, 1976).

Zu Anfang des neunten Monats ist der einst schwerelos im Fruchtwasser schwimmende Fötus so groß geworden, daß seine Bewegungsfreiheit in der Gebärmutter stark eingeschränkt ist. Normalerweise nimmt er jetzt eine Lage ein, bei der der Kopf unten liegt, weil ihm das in der Gebärmutter, die wie eine umgedrehte Birne geformt ist, den meisten Raum läßt. Deshalb werden die meisten Kinder auch mit dem Kopf voraus geboren, also auf die sicherste und unproblematischste Weise. Ungefähr 10 Prozent der Kinder liegen bei der Geburt mit den Füßen nach unten; hier kommt es zu Steißgeburten. In einigen Fällen liegen die Kinder auch quer, was meist einen Kaiserschnitt erforderlich macht. Voll ausgetragene Kinder wiegen im Durchschnitt bei der Geburt 3375 g und sind 51 cm lang. Aber selbst starke Abweichungen von diesem Durchschnitt gelten noch als normal.

Pränatale Umwelteinflüsse

Es gibt recht deutliche individuelle Unterschiede in der pränatalen Umwelt und bei den Belastungen, denen Kinder vor der Geburt ausgesetzt sind. Neuere Untersuchungen haben gezeigt, daß der physische und psychische Zustand der Mutter, der für die pränatale Umwelt ausschlaggebend ist, die Entwicklung des Fötus und die spätere Gesundheit und Anpassungsfähigkeit des Kindes stark beeinflußt. Einige der bisher bekannten wichtigen pränatalen Umweltfaktoren werden in den folgenden Abschnitten erörtert.

Alter der Mutter

Die Zunahme der Schwangerschaften bei Jugendlichen und der Erstgebärenden über dreißig hat zu einer wachsenden Beschäftigung mit den Auswirkungen des Alters der Mutter auf die Fruchtbarkeit und auf die Gesundheit von Mutter und Kind geführt. Um die Altersproblematik zu begreifen, muß man sich klarmachen, daß das Morbiditäts- (d. h. Krankheits-) und Mortalitätsrisiko in den letzten Jahren in allen Altersgruppen deutlich gesunken ist. In den Vereinigten Staaten zum Beispiel lag die Säuglingssterblichkeit auf 1000 Lebendgeburten zu Beginn dieses Jahrhunderts bei 140 und heute bei 11 (US Bureau of Census, 1987). Obwohl die USA ein so reiches Land sind, liegt die Säuglingssterblichkeit in 14 anderen Ländern, die eine bessere Gesundheitsversorgung und bessere Nahrungsmittelbeihilfen für Säuglinge und Mütter bieten, noch niedriger (Conger, 1988; Schorr, 1988).

Bei guter medizinischer Versorgung, entsprechenden Gesundheitsmaßnahmen und angemessener Ernährung können fast alle Frauen in jeder

Wie Kinder aufwachsen, kann von Kultur zu Kultur sehr unterschiedlich sein
(Foto: Sibylle Rauch)

Altersgruppe ohne Nachteile für die eigene Gesundheit gesunde Kinder bekommen, aber die Jahre zwischen 20 und 35 sind nach wie vor am günstigsten für eine Schwangerschaft. Das Risiko einer Gesundheitsgefährdung von Mutter und Kind ist bei Jugendlichen, vor allem sehr jungen Mädchen, immer noch höher als bei Frauen in den Zwanzigern, auch wenn eine angemessene prä- und postnatale Versorgung und gute Ernährung die Gefahren deutlich verringern (Hayes, 1987; Menken, 1980). Kinder von Müttern im Teenageralter haben häufiger ein zu geringes Geburtsgewicht (eine Hauptursache der Säuglingssterblichkeit) und neigen in der Kindheit stärker zu neurologischen Störungen und Krankheiten. Bei den Müttern kommt es häufiger zu Schwangerschaftskomplikationen wie Schwangerschaftsvergiftung und Anämie. Eine Schwangerschaft bei Mädchen unter fünfzehn Jahren führt oft zu Wachstumshemmungen bei Müttern und Kindern (Gunter & LaBarba, 1980; Alan Guttmacher Institute, 1981; Hayes, 1987).

Frauen über dreißig haben eine geringere Fruchtbarkeitsrate als Frauen unter dreißig; die Fruchtbarkeit nimmt mit zunehmendem Alter ab (Guttmacher & Kaiser, 1986). Frauen dieser Altersgruppe erkranken häufiger während der Schwangerschaft, die Geburt ist meist länger und schwieriger. Bei über vierzigjährigen Frauen steigt das Risiko chromosomengeschädigter Kinder, vor allem mit Down-Syndrom, steil an: Bei Frauen bis 29 Jahre liegt es bei weniger als 1 zu 1000, bei Frauen zwischen 30 und 34 Jahren bei 1,5 zu 1000, zwischen 35 und 39 Jahren bei 6 zu 1000, zwischen 40 und 44 Jahren bei 20 zu 1000 und bei über 45 Jahre alten Frauen bei 30 zu 1000 (Guttmacher & Kaiser, 1986). Frauen über 35 Jahre haben häufiger Fehl- und Totgeburten und untergewichtige Kinder (Kopp & Parmelee, 1979; Korones, 1986; Lubchenco, 1976). Die Wahrscheinlichkeit solcher Probleme steigt proportional zum Alter der Frau. Insgesamt gesehen sind schwere Komplikationen trotzdem selten, besonders bei gesunden Frauen und entsprechender medizinischer Versorgung. In den Fällen, in denen der begründete Verdacht auf eine Chromosomen-Aberration oder andere Störungen besteht, empfiehlt sich die *Amniozentese* (vgl. Kasten 2.2).

Ernährung der Mutter

Eine adäquate Ernährung ist notwendig, damit Schwangere gesund bleiben und ein gesundes Kind zur Welt bringen. Denn wie wir gesehen haben, erhält der Fötus seine Nahrung durch die Plazenta und die Nabelschnur aus dem mütterlichen Blutkreislauf. Bei Kindern von unzureichend ernährten Müttern sind Untergewicht und Entwicklungsmängel des Gehirns häufiger, sie sind weniger widerstandsfähig gegen Krankheiten wie Lungenentzündung und Bronchitis und haben ein erhöhtes Mortalitätsrisiko im ersten

■■■ Kasten 2.2

Was ist eine Amniozentese?

Bei der Amniozentese wird eine dünne Hohlnadel durch den unteren Teil der Bauchdecke in die Fruchtblase eingeführt, die den Fötus schützend umgibt. Eine kleine Menge Fruchtwasser (ca. 18 g) wird entnommen (vgl. die Abbildung). Der Eingriff wird meist in der 16. oder 18. Schwangerschaftswoche vorgenommen. Das Fruchtwasser enthält fötale Zellen, die beim Wachstumsprozeß abgestoßen wurden, so wie Erwachsene Zellen abstoßen, wenn sie sich nach einem Sonnenbrand schälen. Aus diesen Zellen wird in einem zytogenetischen Labor eine Kultur angelegt und eine Chromosomenanalyse erstellt. Weil jede Zelle des Körpers ein Replikat sämtlicher Chromosomen enthält, die das genetische Erbe ausmachen, kann man diese Zellen auf viele verschiedene Chromosomen- und Stoffwechselstörungen untersuchen.

Heute lassen sich mit Hilfe der Amniozentense über 75 genetisch bedingte Krankheiten, von denen viele sehr selten sind, feststellen, und ihre Zahl wächst ständig. Dazu gehören *autosomale Chromosomen-Aberrationen* wie beim Down-Syndrom und *Geschlechtschromosomen-Aberrationen* mit überzähligen X- oder Y-Chromosomen. Bei der Amniozentese lassen sich anhand von Ausscheidungen im Fruchtwasser auch verschiedene Stoffwechselstörungen (angeborene Fehler in der Körperchemie, die zu fehlerhafter Enzymproduktion führen) feststellen. Manche dieser Stoffwechselerkrankungen, z.B. das Tay-Sachs-Syndrom (das zu geistiger Behinderung und frühem Tod führt, meist im Alter von zwei oder drei Jahren), konzentrieren sich bei Angehörigen bestimmter ethnischer Gruppen, Religionen oder geographischer Regionen durch Inzucht über viele Generationen hinweg.

Es gibt genetische Störungen, die an die Geschlechtszugehörigkeit gebunden sind, das heißt, diese Gene liegen auf einem Geschlechtschromosom. So wird zum Beispiel die Hämophilie, bei der die Blutgerinnung gestört ist, auf dem X-Chromosom übertragen. Die Tochter einer Mutter mit dieser Krankheit bekommt sie so gut wie nie, weil das normale Gen ihres zweiten X-Chromosoms das kranke Gen maskiert. Bei Söhnen gibt es dagegen eine Wahrscheinlichkeit von 50 Prozent, die Krankheit zu entwickeln, weil sie kein zweites X-Chromosom mit einem gesunden Gen besitzen, das sie schützen kann. Da bei der Amniozentese auch das Geschlecht des Fötus festgestellt wird, kann eine Mutter, die Trägerin von Hämophilie oder anderen X-gebundenen Störungen ist, beruhigt sein, wenn das Kind ein Mädchen wird.

Das Risiko für Mutter und Fötus ist bei der Amniozentese sehr gering. Mit harmlosen Ultraschall-Aufnahmen läßt sich die Position des Fötus und der Plazenta in der Gebärmutter feststellen. Trotzdem ist der Test *nicht* bei jeder schwangeren Frau indiziert. Er sollte nur durchgeführt werden, wenn es stichhaltige medizinische Gründe für diese pränatale Diagnose gibt, und nicht einfach aus Neugierde, um das Geschlecht des Kindes festzustellen.

Im allgemeinen wird die Amniozentese dann empfohlen, wenn die Familiengeschichte der Mutter oder des Vaters Hinweise auf eine mögliche genetische Erkrankung des Fötus gibt, die durch diese Methode bestätigt oder widerlegt werden können. Amniozentese ist auch bei älteren Schwangeren, vor allem bei über vierzigjährigen, sinnvoll, weil das Risiko des Down-Syndrom in dieser Gruppe stark erhöht ist (aus Moore, K.L., 1982; Rubin, S., 1980; Rugh & Shettles, 1971).

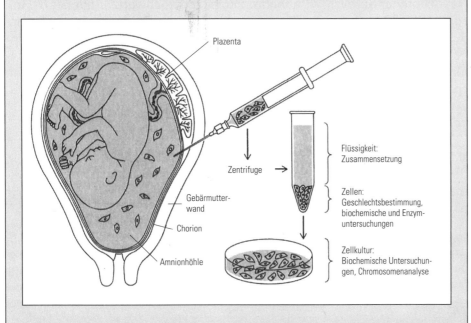

Amniozentese. Fruchtwasser wird aus der Fruchtblase entnommen und auf Chromosomen- und Stoffwechselstörungen untersucht. (Mit freundlicher Genehmigung aus T. Friedman: Prenatal diagnosis of genetic disease. Scientific American, November 1971, 225, 34–42. © 1971 by Scientific American, Inc. Alle Rechte vorbehalten.)

Lebensjahr (Dobbing, 1976; Katz, Keusch & Mata, 1975; Knoblock & Pasamanick, 1966; Kopp & Parmelee, 1979; Metcoff, 1978).

In einer gut kontrollierten Untersuchung in Guatemala bekamen die
Bewohner von zwei Dörfern über mehrere Jahre nahrhafte Zusatzlebens-
mittel, während die Bewohner zweier Dörfer mit ähnlicher Struktur mit
Limonade beliefert wurden. In den ersten beiden Dörfern sanken Morta-
litäts- und Morbiditätsraten, während das Geburtsgewicht anstieg. Darüber
hinaus erzielten die Kinder auch etwas bessere Ergebnisse bei Intelligenztests. Aus diesen Ergebnissen läßt sich schließen, daß schwere Mangelernährung der Mutter sich nicht nur negativ auf die körperliche Entwicklung
auswirkt, sondern auch die intellektuelle Entwicklung der Kinder beeinträchtigen kann (Bhatia, Katiyar & Apaswol, 1979; Cravioto & DeLicardie, 1978;
Katz et al., 1975; Metcoff, 1978).

Eine kontrollierte Untersuchung über die Wirkung staatlich geförderter
Nahrungsmittelprogramme für bedürftige Frauen mit Risikoschwanger-
schaften, Mütter und Säuglinge in Massachusetts hat gezeigt, daß eine mindestens viermonatige Teilnahme an dem Programm das Geburtsgewicht
der Kinder signifikant erhöhte, während die Zahl der Frühgeburten und die
Neugeborenensterblichkeit abnahm (Kotelchuk, Schwartz, Anderka & Finison, 1983). Je länger die Testpersonen an dem Programm teilnahmen,
desto besser wurden die Ergebnisse (vgl. Abbildung 2.12). Die relativ geringen Kosten adäquater Gesundheitsversorgung und Ernährungsprogramme
für Mütter und Säuglinge sind eindeutig eine gute Investition; sie ersparen
spätere medizinische und pädagogische Kosten für Kinder mit angeborenen
Defekten, geistiger Behinderung oder anderen Problemen, die auf schlechte
vorgeburtliche Ernährung zurückzuführen sind.

Trotz aller Ausgaben für prä- und postnatale medizinische Versorgung hat
sich die Gesundheitsvorsorge, Beratung und Ernährung armer Familien in
den USA in den achtziger Jahren ständig verschlechtert (Conger, 1988; Edelman, 1987; Schorr, im Druck). Die Fortschritte, die bei der Senkung der
Säuglingssterblichkeit erzielt worden waren, kamen 1985 zum Stillstand;
bei schwarzen Säuglingen stieg die neonatale Sterblichkeit (Tod in den
ersten 28 Lebenstagen) sogar zum erstenmal seit zwanzig Jahren wieder an
(CDF Reports, 1988).

Drogen

In den letzten zwanzig Jahren sind die Bedenken hinsichtlich möglicher
schädlicher Auswirkungen von Medikamenten auf Embryonen und Föten
bei Ärzten und Eltern ständig gestiegen. Zu den dramatischsten Gründen für
diese Bedenken zählt der Fall Contergan aus den sechziger Jahren. Damals

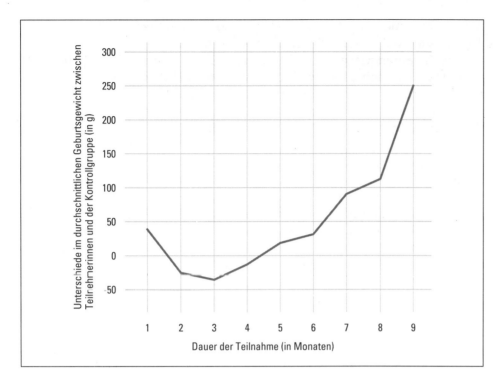

Abb. 2.12: Durchschnittliche Unterschiede im Geburtsgewicht zwischen den Teilnehmerinnen an einem staatlichen Ernährungsprogramm und der Kontrollgruppe nach Dauer der Teilnahme. (Mit freundlicher Genehmigung übernommen aus M. Kotelchuck, J. Schwartz, M. Anderka & K. Finison: 1980 Massachusetts special supplemental food program for women, infants, and children evaluation project. Department of Public Health, Boston, 1983.)

hatte man festgestellt, daß die Einnahme des Medikaments Contergan (Thalidomid) während der Schwangerschaft zu schweren anatomischen Mißbildungen von Säuglingen führte. Viele weitere Medikamente stehen ebenfalls im Verdacht, angeborene Störungen und Mißbildungen zu verursachen, wenn sie während der Schwangerschaft eingenommen werden. Dazu gehören einige Antibiotika, Hormonpräparate, Steroide, Mittel zur Hemmung der Blutgerinnung, Narkotika, Beruhigungsmittel und auch manche Halluzinogene (Apgar & Beck, 1974; Catz & Yaffe, 1978; Moore, K. L., 1982). Kokaingenuß in der zweiten Hälfte der Schwangerschaft kann zu Plazentaablösung und in deren Folge zu einer fötalen Notsituation, vorzeitigen Wehen und Kindstod führen (Behrman & Vaughn, 1987; Madden, Payne & Miller, 1986).

Töchter von Schwangeren, die das Medikament Stilböstrol (eine Östrogen-Zusammensetzung zur Verhinderung einer Fehlgeburt) eingenommen hatten, bekamen in der Adoleszenz häufig Vaginalkrebs (Moore, K.L., 1982). Auch die industrielle Umweltverschmutzung stellt eine ernstzunehmende Gefahrenquelle dar (Illingworth, 1987). Selbst alltäglich benutzte Substanzen können die Entwicklung des Fötus behindern, vor allem in den ersten Schwangerschaftsmonaten. So gibt es zum Beispiel Anzeichen dafür, daß hohe Dosen Aspirin dem Embryo oder Fötus schaden können (Catz & Yaffe, 1978; Corby, 1978; Moore, K.L., 1982).

Alkoholembryopathie: Wenn schwangere Frauen Alkohol trinken, kann es zur *Alkoholembryopathie* kommen (Abel 1980; Behrman & Vaughn, 1987; Jones, K.L., Smith, Ulleland & Streissguth, 1973). Zu den Symptomen zählen prä- und postnatale Wachstumsverzögerungen, Frühgeburt, geistige Behinderung, körperliche Deformationen, Schlafstörungen und angeborene Herzfehler. Je stärker die Schwangere trinkt, desto größer ist das Risiko einer Alkoholembryopathie. Über ein Drittel aller Kinder von schweren Trinkerinnen kommen mit diesen Symptomen zur Welt; bei mäßigem Trinken sinkt das Risiko zwar, ist aber immer noch signifikant höher als bei Kindern von Abstinenten. Bei einer Untersuchung wiesen 12 Prozent der Säuglinge von mäßigen Trinkerinnen (das heißt Frauen, die zwischen 50 und 60 g reinen Alkohol täglich zu sich nehmen) ein oder mehr Anzeichen der Alkoholembryopathie auf (Hanson, 1977). Geringes Geburtsgewicht, Entwicklungsverzögerungen, körperliche Probleme (z.B. bei der Atmung und dem Saugen) und spontane Fehlgeburt sind in dieser Gruppe ebenfalls häufiger (Moore, K.L., 1982; Streissguth, Barr & Martin, 1983, Streissguth et al., 1984). In den USA werden jährlich schätzungsweise mindestens 6000 Säuglinge mit Alkoholembryopathie geboren.

Nikotin: Rauchen in der Schwangerschaft verlangsamt das Wachstum des Fötus, verringert sein Geburtsgewicht und setzt seine Widerstandsfähigkeit gegen Infektionen herab (Korones, 1986; Moore, K.L., 1982; Page, Villee & Villee, 1981). Es vergrößert auch die Gefahr von spontanem Abort und Fehlgeburten; der reduzierte Sauerstofftransport im Blut der Mutter kann langfristig die körperliche und intellektuelle Entwicklung beeinträchtigen (Behrman & Vaughn, 1987; Moore, K.L., 1982; Page, Villee & Villee, 1981; Smoking and Health, 1979).

Medikamente während der Wehen und der Entbindung: Pentobarbital und andere Mittel (Meperidine/Demerol), die unmittelbar vor der Entbindung gegeben werden, um Nervosität und Schmerzen der Schwangeren zu lindern, können zumindest vorübergehend die Aufmerksamkeit der Säuglinge vermindern. Bei einer Untersuchung über die Auswirkungen von Schmerzmitteln auf die sensumotorischen Funktionen der Neugeborenen wurden Schwächen der Muskel-, visuellen und neuronalen Funktionen festgestellt (Brackbill, 1979; Conway & Brackbill, 1970). Diese Schwächen waren am ausgeprägtesten in den ersten Lebenstagen, aber besonders bei hoher Dosierung der entsprechenden Medikamente wurden längerfristige Konsequenzen für kognitive Funktionen und grobmotorische Fähigkeiten noch im Alter von einem Jahr festgestellt (Brackbill, 1979; Goldstein, K. M., Caputo & Taub, 1976; Standley, 1979).

Andere Drogen: Schwangere Frauen, die von Heroin, Methadon oder Phenobarbital abhängig sind, übertragen die Sucht auf ihre ungeborenen Kinder. Kinder von crack-abhängigen Müttern entwickeln schwere und anhaltende neurologische und Verhaltensprobleme (Behrman & Vaughn, 1987; Madden, Payne & Miller, 1986). Entzugssymptome können bei Neugeborenen schon 18 Stunden oder erst eine Woche nach der Geburt auftauchen. Süchtige Säuglinge sind reizbar, angespannt, überaktiv und quengelig; sie wollen nicht schmusen, schlafen nur unregelmäßig und schreien meistens mit sehr hoher Stimme (Adamsons, 1987; Householder, Hatcher, Burns & Chasnoff, 1982; Kopp & Parmelee, 1979; Korones, 1986). Wenn man um die Sucht des Säuglings weiß, kann man eine adäquate Therapie einleiten, bei der die suchterzeugende Droge durch eine weniger schädliche ersetzt wird und der Entzug allmählich verläuft.

Bestrahlung

Eine andere mögliche Quelle für Geburtsschäden ist die Bestrahlung (Röntgenstrahlen) der Mutter während der Schwangerschaft, zum Beispiel bei der Behandlung von bösartigen Tumoren oder einer diagnostischen Überprüfung im Beckenraum, aber auch wenn die Mutter aus beruflichen Gründen oder durch einen radioaktiven Fall-out Strahlungen ausgesetzt ist (Brent & Harris, 1976; Illingworth, 1987; Kliegman & King, 1983). Die Risiken der Strahlung sind bis heute noch nicht völlig geklärt, fest steht aber, daß sie bei ungeborenen Kindern zu Tod, Mißbildungen, Hirnschäden, erhöhter Anfälligkeit für bestimmte Formen von Krebs, verkürzter Lebenserwartung und „genetischen Veränderungen, deren Auswirkungen erst nach Generationen erkennbar werden können", führt (Apgar & Beck, 1974, S. 107). Man nimmt an, daß Strahlung in der Zeit zwischen der Befruchtung und der Einnistung das befruchtete Ei in fast allen Fällen zerstört. Die kritischste Zeit mit dem größten Risiko für Mißbildungen liegt zwischen der zweiten und der sechsten Woche nach der Befruchtung. Bei fortgeschrittener Schwangerschaft ist das Risiko zwar nicht mehr ganz so groß, es kann aber immer noch zu Schäden kommen, vor allem bei der Entwicklung des Gehirns und anderer Systeme des Körpers.

Krankheiten und Störungen der Mutter in der Schwangerschaft

In der frühen Schwangerschaft verhindert die Plazentaschranke die Übertragung einiger schädlicher Erreger (z. B. größerer Organismen wie syphilitische Spirochäten und manche Bakterien), läßt aber selbst in dieser frühen Phase schon viele Substanzen durch, und später werden es noch mehr. Manche Substanzen wirken sich ausgesprochen positiv aus: Mütterliche Antikörper gegen Infektionskrankheiten werden auf den Fötus übertragen und machen ihn bei der Geburt und noch einige Monate länger immun. Andere Substanzen wie Viren, Mikroorganismen und verschiedene chemische Stoffe können extrem negative Auswirkungen haben.

Virusinfektionen wie die druch den Zytomegalie-Virus (von denen fünf bis sechs Prozent der Schwangeren betroffen sind), Röteln, Windpocken und Hepatitis sind besonders in der Embryonal- und der frühen Fötalzeit gefährlich (Behrman & Vaughn, 1987; Little, G. A., 1987). In den ersten drei Schwangerschaftsmonaten sind die Röteln eine der gefährlichsten Virusinfektionen, weil die Gefahr von Mißbildungen des Herzens, Taubheit, Blindheit und geistiger Behinderung besteht. Etwa 50 Prozent aller Kinder, deren Mütter im ersten Schwangerschaftsmonat Röteln hatten, haben angeborene Schäden; bei einer Rötelnerkrankung im zweiten Monat sinkt das Risiko auf 22 Prozent, im dritten auf sechs und wird ab dem vierten Schwangerschaftsmonat sehr gering (Babson, Pernoll & Benda, 1980; Lubchenco, 1976; Moore, K. L., 1982). Es gibt Tests, mit denen sich feststellen läßt, ob eine schwangere Frau die Röteln früher schon hatte. Impfungen in der Schwangerschaft sind aber nicht möglich, weil der Impfstoff Rötelnviren enthält.

Die zunehmende Verbreitung des Herpes-genitalis-Virus bei jungen Erwachsenen stellt eine weitere Gefahr dar. Zur Infektion des Fötus mit diesem Virus, die zu schweren neurologischen Schäden führen kann, kommt es in der Regel gegen Ende der Schwangerschaft, vermutlich bei der Entbindung. Wenn der Fötus einige Wochen vor der Geburt infiziert wird, kann es zu verschiedenen angeborenen Mißbildungen kommen. Bei jedem Anzeichen von Herpes während der Schwangerschaft ist sofortige ärztliche Behandlung nötig (Dudgeon, 1976; Moore, K. L., 1982).

AIDS (Acquired Immune Deficiency Syndrome) bedroht gegenwärtig eine wachsende Anzahl von ungeborenen und neugeborenen Kindern. AIDS-infizierte Mütter können während der Schwangerschaft über die Plazenta oder nach der Geburt durch das Stillen das Virus auf ihre Kinder übertragen (Curran et al., 1988; Koop, 1986). In der Regel verläuft AIDS bei Säuglingen sehr viel schneller als bei Erwachsenen; im Durchschnitt vergehen nur vier Monate von der Ansteckung bis zum Tod. Der Anteil von AIDS- oder ARC- (AIDS-related Complex) infizierten Schwangeren (meist durch intravenöses Spritzen von Drogen oder durch bisexuelle bzw. Drogen spritzende Partner) ist immer noch relativ gering, aber die Tendenz ist deutlich steigend, in den USA vor allem bei armen Schwarzen und Lateinamerikanern in den Städten. Bei einer neueren Untersuchung in New York City wurde festgestellt, daß von sechzig innerhalb von dreißig Tagen geborenen Kindern ein Kind AIDS-positiv ist (Lambert, 1988). Dies muß nicht zwangsläufig bedeuten, daß all diese Kinder auch an AIDS erkranken (man geht von ca. 40 Prozent aus), aber das Ergebnis zeigt die Verbreitung des AIDS-Virus bei den Müttern.

Auch eine Syphilisinfektion des Fötus ist keineswegs selten. Da die Spirochäten die Plazentaschranke glücklicherweise erst ab dem vierten oder fünften Schwangerschaftsmonat überschreiten können, läßt sich eine Übertragung (für die es andernfalls eine Chance von 24 Prozent gäbe) verhindern, wenn die Mutter zu Beginn der Schwangerschaft behandelt wird. Bei einer Syphilisinfektion des Fötus besteht die Gefahr einer Fehlgeburt oder eines schwachen, deformierten und geistig behinderten Kindes. In einigen Fällen zeigen sich die Symptome der Syphilis erst nach Jahren.

Auch allgemeinere Störungen bei der Mutter während der Schwangerschaft können sich auf den Fötus auswirken. Zu den häufigsten dieser Störungen zählt die *Schwangerschaftsvergiftung,* deren Ursachen nicht bekannt sind, an der aber in den USA ungefähr 5 Prozent der Schwangeren leiden. Bluthochdruck, schnelle und starke Gewichtszunahme und Wasseransammlungen im Gewebe sind die Symptome der leichtesten Form der Krankheit, und eine rasche Behandlung führt fast immer zur Heilung. Aber wenn die Störung anhält, führt sie zu Krämpfen und Koma; dabei sterben etwa 13 Prozent der Mütter und 50 Prozent der Föten. Bei Kindern von Müttern, die während der Schwangerschaft an schwerer Toxikose litten, besteht die Gefahr geistiger Behinderung (Lubchenco, 1976).

Der Rhesus-Faktor

Der Begriff *Rhesus-Faktor* bezieht sich auf einen chemischen Faktor, der bei ca. 85 Prozent der amerikanischen Bevölkerung im Blut vorhanden ist. Es gibt allerdings je nach Nationalität und Rasse Unterschiede. An sich hat das Vorhandensein oder Fehlen des Rhesus-Faktors keine Auswirkungen auf die Gesundheit, aber bei den Kindern eines Rh-positiven Vaters und einer Rh-negativen Mutter kann es zu Problemen kommen. Wenn das erste Kind Rh-positives Blut hat, bildet der Körper der Mutter unter Umständen Antikörper gegen den „fremden" positiven Rhesus-Faktor. Diese Antikörper im Blut der Mutter können dann bei der nächsten Schwangerschaft das Rh-positive Blut des Ungeborenen angreifen. Die Auswirkungen reichen von leichter Anämie bis zu Gehirnlähmung, Taubheit, geistiger Behinderung oder sogar zum Tod.

Man kann diesen Auswirkungen mittlerweile vorbeugen. Heute wird das Blut des Neugeborenen unmittelbar nach der Geburt anhand einer Blutprobe aus der Nabelschnur untersucht. Wenn eine Rh-negative Mutter ein Rh-positives Kind geboren hat, bekommt sie ein Serum, das die Rh-positiven Blutzellen des Kindes zerstört, bevor sie viele Antikörper dagegen entwickeln konnte. Deshalb werden die roten Blutzellen weiterer Kinder nicht angegriffen (Apgar & Beck, 1974; Lubchenco, 1976).

Psychische Belastungen der Mutter

Selbst wenn es keine direkten Verbindungen zwischen dem Nervensystem der Mutter und dem des Fötus gibt, beeinflußt der psychische Zustand der Mutter doch die Reaktionen und die Entwicklung des Fötus. Gefühle wie Wut, Furcht und Angst aktivieren das autonome Nervensystem und setzen gewisse chemische Stoffe im Blut frei (z. B. Acetylcholin und Epinephrin). Außerdem schütten die endokrinen Drüsen, vor allem die Nebennieren, verschiedene Arten und Mengen von Hormonen aus. Die veränderte Zusammensetzung des Blutes erreicht über die Plazenta den Fötus und beeinflußt seinen Kreislauf.

Solche Veränderungen wirken sich störend auf den Fötus aus. Bei einer Untersuchung wurde festgestellt, daß die Körperbewegungen der Föten um 100 Prozent anstiegen, wenn die Mütter psychisch belastet waren (Sontag, 1944). Wenn diese Belastung über mehrere Wochen anhielt, steigerte sich die fötale Aktivität im selben Zeitraum; bei kurzer Belastung blieb der Fötus normalerweise einige Stunden gereizt. Lang anhaltende psychische Belastung während der Schwangerschaft kann anhaltende Folgen für das Kind haben. Kinder von beunruhigten, unglücklichen Müttern kommen häufiger zu früh zur Welt, sind mit größerer Wahrscheinlichkeit untergewichtig, hyperaktiv und reizbar, neigen stärker zu unregelmäßiger Nahrungsaufnahme, übermäßigen Darmbewegungen und Blähungen, schreien häufiger und haben überdurchschnittlich stark das Bedürfnis, gehalten zu werden (David, DeVault & Talmadge, 1961; Joffe, 1969; Sameroff & Zax, 1973; Sontag, 1944).

Aber über all dem sollte nicht vergessen werden, daß die überwiegende Mehrheit aller Säuglinge gesund zur Welt kommt, auch wenn ihre Mütter geraucht, mäßig Alkohol getrunken, sich nicht optimal ernährt oder während der Entbindung Medikamente genommen haben. Säuglinge und Kleinkinder besitzen außerdem in hohem Maße die Fähigkeit, sich von prä- und perinatalen Belastungen zu erholen, es sei denn, es handelt sich um sehr schwerwiegende Umstände (vgl. Kasten 2.3). Aber zweifellos sind zukünftige Mütter und Väter gut beraten, alles in ihren Kräften Liegende zu tun, um die optimale Entwicklung ihres Kindes zu fördern.

Die Kinder von Kauai

Eine große Längsschnittuntersuchung sämtlicher Schwangerschaften und Geburten der Hawaii-Insel Kauai über mehr als zehn Jahre beschäftigte sich mit den Folgen *perinataler Belastung* (Probleme, die um die Zeit der Geburt auftreten). Mit zunehmender Schwere solcher Belastungen gab es einen entsprechenden prozentualen Zuwachs von Kindern, deren körperlicher Zustand und deren Intelligenz mit zwei Jahren unterdurchschnittlich war. Mit zehn Jahren waren die Unterschiede zwischen den Kindern, bei denen es perinatale Komplikationen in unterschiedlichem Ausmaß gegeben hatte, geringer als mit zwei Jahren. Die meisten negativen Ergebnisse zeigten sich bei einer kleinen Gruppe, die schwere perinatale Belastungen erlebt hatte. Die eindeutigsten Hinweise gab es bei Fällen körperlicher Behinderungen, die mit Schädigungen des Zentralnervensystems verbunden waren, und geistiger Behinderung oder Lernstörungen.

Mit 18 Jahren fand sich die größte Anzahl körperlicher, psychischer, sozialer und emotionaler Probleme immer noch bei den Überlebenden schwerer perinataler Belastungen. Bei den Überlebenden mäßiger perinataler Belastung war die Rate schwerer Probleme im Bereich der psychischen Gesundheit, geistiger Behinderung und Teenager-Schwangerschaften beträchtlich höher als bei den 18jährigen ohne Belastung, wobei aber in beiden Gruppen nur eine kleine Minderheit betroffen war. Kurz: Die langfristigen Konsequenzen leichter oder mäßiger perinataler Belastungen sind anscheinend gering. Selbst bei der Gruppe mit schwerer Belastung gab es bei einer klaren Mehrheit keine Funktionsstörungen.

Mit zehn und achtzehn Jahren hatten außerdem zehnmal mehr Kinder und Jugendliche Probleme, die auf die schlechte häusliche Situation und nicht auf die Auswirkungen schwerer perinataler Belastung zurückzuführen waren (Werner, Bierman & French, 1971; Werner & Smith, 1982). Insgesamt stellten die Forscher fest, daß

„perinatale Komplikationen *nur* dann konsistent mit späteren Behinderungen in der physischen und psychischen Entwicklung verbunden waren, wenn sie mit durchgängig schlechten Umweltbedingungen kombiniert waren (z. B. chronische Armut, instabile Familien, Gesundheitsprobleme der Mütter). Kinder, die in wohlhabenderen Elternhäusern mit intakten Familien aufwuchsen und deren Mütter eine gute Schulbildung hatten, zeigten, wenn überhaupt, nur wenig negative Folgen der Belastungen, außer in Fällen schwerer Schädigungen im Zentralnervensystem" (Werner & Smith, 1982, S. 31).

Der Geburtsprozeß

Anoxie und andere Komplikationen

Das Wohlbefinden des Neugeborenen hängt wesentlich davon ab, wie leicht oder schwer die Geburt verläuft und wie schnell es zu atmen beginnt. Es gibt zwei große Gefahren bei der Geburt: die eine ist die *Hämorrhagie*, zu der es kommt, wenn Blutgefäße im Gehirn durch sehr starken Druck auf den Kopf des Kindes platzen. Die andere Gefahr ist eine zu langsam einsetzende Atmung des Kindes nach der Trennung von der mütterlichen Sauerstoffversorgung. In beiden Fällen ist die Sauerstoffversorgung der Nervenzellen des Gehirns gefährdet: es kommt zur *Anoxie*. Die Neuronen des zentralen Nervensystems brauchen Sauerstoff; bekommen sie ihn nicht, können Zellen absterben und körperliche und psychische Schäden hervorrufen. Wenn zu viele Neuronen absterben, erleidet das Kind schwere Hirnschädigungen, im Extremfall kann es auch sterben.

Bei Neugeborenen schädigt Anoxie eher die Zellen des Hirnstamms als die der Hirnrinde. Das führt zu motorischen Defekten, zum Beispiel Lähmungen der Arme oder Beine, Tremor im Gesicht oder an den Fingern oder einer Unfähigkeit zur Bewegung der Muskeln des Sprechapparats, was zu Problemen beim Sprechenlernen führt. Mit dem Begriff *Zerebrallähmung* werden verschiedene motorische Defekte im Zusammenhang mit Schädigungen der Hirnzellen bezeichnet, die möglicherweise Ergebnis eines Sauerstoffmangels während der Geburt sind. Schätzungsweise 30 Prozent aller Fälle von Zerebrallähmung gehen auf Schwierigkeiten bei oder unmittelbar nach der Geburt zurück (Apgar & Beck, 1974; Kopp & Parmelee, 1979; Lubchenco, 1976).

Anoxische Säuglinge sind reizbarer; Muskelspannung und -starre ist während der ersten Woche stärker ausgeprägt als bei gesunden Kindern (Graham, F. K., Matarazzo & Caldwell, 1956; Korones, 1986; Voorhies & Vanucci, 1984). Säuglinge mit leichter Anoxie haben im ersten Lebensjahr geringere Werte bei Tests zur motorischen Entwicklung und Aufmerksamkeit und sind leichter ablenkbar (Corah, Anthony, Painter, Stern & Thurston, 1965; Ernhart, Graham & Thurston, 1960; Lubchenco, 1976). Mit drei Jahren schneiden sie bei Tests des begrifflichen Denkens schlechter ab. Mit sieben und acht Jahren sind die Unterschiede zwischen normalen und leicht anoxischen Kindern gering, die IQ-Werte sind gleich. Die Unterschiede zwischen leicht anoxischen und normalen Kindern werden also mit zunehmendem Alter immer geringer, und es gibt gegenwärtig keine Anzeichen für ernsthafte und dauerhafte Intelligenzschäden. Dasselbe gilt für Kinder, die bei der Geburt anderen Belastungen ausgesetzt waren (vgl. Kasten 2.3).

Frühgeburten

Kinder, die vor der 38. Schwangerschaftswoche und mit einem Gewicht von weniger als 2250 g geboren werden, gelten als **Frühgeburten**. Sie sind bei unterprivilegierten Müttern häufiger als bei Müttern aus wohlhabenderen Schichten. Wir haben bereits darauf hingewiesen, daß Rauchen, Alkohol und manche Drogen die Wahrscheinlichkeit einer Frühgeburt erhöhen. Auch bei Mehrlingsgeburten (Zwillinge, Drillinge usw.) gibt es eine erhöhte Tendenz zu Frühgeburten.

Es gibt eine signifikante Korrelation zwischen dem Geburtsgewicht der Kinder und dem der Mütter; ethnische Unterschiede sind ebenfalls nachgewiesen, selbst bei Berücksichtigung von Faktoren wie Ernährung, Rauchen, Alkohol- und Drogengebrauch. Man kann also davon ausgehen, daß genetische Faktoren bei der Bestimmung des Geburtsgewichts eine Rolle spielen (Klebanoff, Gronbard, Kessel & Berendes, 1984; Shiono, Klebanoff, Gronbard, Berendes & Rhoads, 1986).

Die Langzeitfolgen der vorzeitigen Geburt für die Entwicklung sind abhängig von Geburtszeitpunkt (Gestationsalter), Geburtsgewicht, postnataler Versorgung und Umweltqualität in der frühen und mittleren Kindheit. Säuglinge mit einem Gestationsalter von weniger als 28 Wochen („extreme Frühgeburt") oder mit einem Gewicht von weniger als 1500 g haben eine geringe Überlebenschance. Im Gegensatz dazu ähneln Kinder, die nur wenig vor dem errechneten Zeitpunkt (34. bis 38. Woche) geboren wurden und deren Gewicht ihrem Gestationsalter entspricht, in vieler Hinsicht voll ausgetragenen Kindern. Sie sind in der Regel gesund, wenn auch unreifer, und sind anfälliger für Krankheiten, nehmen nicht so stark zu und müssen sorgfältig überwacht werden (Hack, 1983; Kopp & Parmelee, 1979; Korones, 1986; Lubchenco, 1976; Lubchenco, Searls & Brazie, 1972).

Das Mortalitäts- oder Behinderungsrisiko bei Neugeborenen hängt von Gestationsalter und Geburtsgewicht ab. Ein Kind, das extrem früh geboren und **gleichzeitig** ein für sein Alter zu geringes Gewicht hat, ist stärker gefährdet als ein Kind im gleichen Gestationsalter, aber mit einem Gewicht, das seinem Alter entsprechend ist. Generell sind die wenigen Kinder mit einem Geburtsgewicht unter 1500 g am stärksten gefährdet (Allen, 1984; Battaglia & Simmons, 1978; Lubchenco, 1976). In den letzten Jahren hat es allerdings beträchtliche Fortschritte bei der Versorgung extremer und „mittlerer" (intermediate-term) Frühgeburten gegeben. „Mittlere" Frühgeburten sind Kinder im Gestationsalter zwischen 30 und 33 Wochen mit einem mindestens durchschnittlichen Gewicht für ihr Alter, das heißt ungefähr 1500 g mit 30 Wochen und 2000 g mit 33 Wochen. Frühgeborene Babys, die in Universitätskliniken und großen städtischen Krankenhäusern eine intensive Spezialbehandlung bekommen haben, haben nicht nur überlebt, sondern sich auch normal entwickelt (Allen, 1984; Battaglia & Simmons, 1978; Brandt, 1978).

Viele Behandlungsprogramme für Frühgeborene betonen die sensorische und taktile Stimulation und ermutigen die Eltern, die Kinderpflege im Krankenhaus zu übernehmen. Manche Wissenschaftler gehen davon aus, daß die Frühgeborenen vom Schaukeln und einer sanften taktilen Stimulation, die den Bedingungen in der Gebärmutter entsprechen, profitieren können, andere arbeiten mit visuellen, taktilen und auditiven Reizen (z. B. Mobiles und Geräusche), um die Entwicklung der Kinder zu fördern. Solche Programme bringen anscheinend kurzfristig Vorteile für die Frühgeborenen, aber die Unterschiede, die ihnen zugeschrieben werden, werden mit zunehmendem Alter geringer.

Wie bei Kindern mit Anoxie oder anderen Geburtskomplikationen hängt auch die Entwicklung der Frühgeborenen stark von ihrer Umwelt ab. Bei schlechter Versorgung durch die Eltern und in einem Zuhause mit schlechten Lebensbedingungen ist die Wahrscheinlichkeit von körperlichen und psychischen Problemen verglichen mit voll ausgetragenen Neugeborenen bei Frühgeborenen deutlich erhöht. Frühgeburten und perinatale Komplikationen sind in unterprivilegierten Familien häufiger als in der Mittelschicht. Damit leben arme Kinder nicht nur mit dem erhöhten Risiko, Geburtsschäden zu erleiden, sondern tragen das zusätzliche Risiko der Konfrontation mit einer ungünstigen Umwelt (Lubchenco, 1976; Richmond, 1982; Wilson, R. S., 1985). Bei frühgeborenen Kindern, die von ihren Eltern liebevoll und physisch wie psychisch kompetent versorgt werden, sind langfristige Schäden in der Regel selten. Ausnahmen sind extreme Frühgeburten oder Mängel in der neo- oder postnatalen Versorgung (Apgar & Beck, 1974; Battaglia & Simmons, 1978; Werner & Smith, 1982; Wilson, R. S., 1985).

Zusammenfassung

Die Entwicklung des Menschen beginnt, wenn eine Samenzelle des Vaters die Wand der Eizelle der Mutter durchdringt. Samen- und Eizelle setzen dann 23 *Chromosomen* frei, auf denen sich wiederum viele tausend *Gene* befinden. Die Gene enthalten das biologische Erbe des Kindes.

Der grundlegende Mechanismus der Vererbung besteht in der Replikation der Desoxyribonucleinsäure (DNS). Die DNS besteht aus zwei umeinander verschlungenen Molekülketten, die die Doppelhelix bilden. Wenn sich die DNS repliziert, teilen sich die Ketten und bilden zwei neue Helices, die chemisch mit der Ursprungshelix identisch sind. Der Prozeß, in dem sich das ursprüngliche befruchtete Ei vervielfältigt und neue Zellen bildet, heißt *Mitose*.

Kinder derselben Eltern sind nicht identisch, weil sich die Keimzellen, aus denen Samenzelle und Eizelle entstehen, anders teilen als die Körperzellen. Bei ihrem Teilungsprozeß, der *Meiose*, entstehen Zellen, deren Kerne nur die Hälfte der in den Elternzellen vorhandenen Chromosomen enthält. Dies bedeutet, daß die verschiedenen Spermien und Eizellen unterschiedliche Chromosomengruppen enthalten. Außerdem erhöht der Faktorenaustausch oder *Crossing-over*, bei dem Chromosomenpaare genetisches Material austauschen, zusätzlich die Wahrscheinlichkeit, daß jede Eizelle und jede Samenzelle einzigartig ist.

Eins der 23 Chromosomenpaare enthält die *Geschlechtschromosomen* und bestimmt das Geschlecht des Kindes. Weibliche Körperzellen enthalten zwei X-Chromosomen, männliche Körperzellen ein X- und ein Y-Chromosom. Aber als Ergebnis der Meiose enthalten die Samenzellen entweder ein X- oder ein Y-Chromosom. Vereinigt sich eine Samenzelle, die ein Y-Chromosom enthält, mit einer Eizelle, die ja ein X-Chromosom enthält, entsteht ein männliches Kind.

Gene können *dominant* oder *rezessiv* sein. Ist ein dominantes Gen vorhanden, werden die Wirkungen eines rezessiven Gens für dasselbe Merkmal (z. B. die Augenfarbe) maskiert. Die meisten Verhaltensmerkmale sind *multifaktoriell*, das heißt, sie sind von mehr als einem genetischen oder Umweltfaktor abhängig. Bestimmte Merkmale können von der Anwesenheit einer Anzahl von Genen abhängig sein; das bezeichnet man als *polygene Vererbung*.

Körperliche Merkmale sind sehr stark von der Vererbung bestimmt, aber in der Frage, inwieweit Intelligenz (wie sie mit Intelligenztests gemessen wird) von Vererbung geprägt ist, gehen die Meinungen auseinander. Die möglichen Auswirkungen der Vererbung lassen sich nur schwer von anderen Faktoren wie Gesundheit und guten Ausbildungsmöglichkeiten trennen. Zwillingsuntersuchungen haben ergeben, daß die IQs von eineiigen Zwillingen stärker korrelieren als die von zweieiigen und normalen Geschwistern. Aber selbst Zwillingsstudien sind nicht völlig zuverlässig, weil einerseits auch eineiige Zwillinge nicht biologisch identisch sein müssen und andererseits die Umwelteinflüsse von zweieiigen Zwillingen sich nicht so ähneln wie die von eineiigen. Es kommt hinzu, daß man Ähnlichkeiten zwischen Adoptiveltern und -kindern festgestellt hat, was darauf verweist, daß bei der intellektuellen Leistung eines Kindes nicht nur genetische, sondern auch Umwelteinflüsse eine wichtige Rolle spielen.

Es gibt zahlreiche bekannte genetische Defekte, die zu geistiger Behinderung und anderen Entwicklungsstörungen führen können. In manchen Fällen, zum Beispiel bei der Phenylketonurie, geben die Gene den Zellen nicht die notwendigen Informationen zur Produktion von Enzymen, die für eine normale Entwicklung nötig sind, in anderen Fällen können Aberrationen in der Struktur der Chromosomen zur geistigen Behinderung führen. Untersuchungen von Kindern mit Geschlechtschromosomen-Aberrationen zeigen, daß eine fördernde häusliche Umwelt die Auswirkungen leichterer Anomalien verringern kann.

Manche psychischen Störungen werden durch Infektionen hervorgerufen, andere, wie Schizophrenie und Affektstörungen, werden zumindest zum Teil von genetischen Faktoren verursacht. In diesen Fällen sollte man nicht von einer Vererbung der Störungen, sondern der Anfälligkeit für diese Störungen sprechen. Auch manche Persönlichkeitsmerkmale werden von genetischen Faktoren beeinflußt; in der Regel ist der genetische Einfluß am stärksten bei grundlegenden Temperamentsmerkmalen wie Aktivität oder Passivität. Aber genetische Veranlagungen können durch Umwelteinflüsse aufgehoben werden.

Die Zeit von der Empfängnis bis zur Geburt teilt sich in drei Phasen: die *Blastogenese* von der Befruchtung bis zur Einnistung; die *Embryonalphase*, in der sich die wichtigsten Organe entwickeln, und die *fötale Phase*, deren Hauptmerkmal das Wachstum ist. Während der pränatalen Entwicklung ist der Blutkreislauf des Fötus von dem der Mutter durch die Plazentaschranke getrennt, die aber für bestimmte Substanzen, zu denen die Nährstoffe der Mutter und die Ausscheidungsstoffe des Kindes gehören, durchlässig ist. Auch manche Vitamine, Drogen, Impfstoffe und Krankheitskeime können die Barriere überwinden und die Entwicklung des Embryos beeinflussen. Nach 28 Wochen ist der Fötus auch außerhalb der Gebärmutter überlebensfähig.

Pränatale Umwelteinflüsse beeinflussen die Entwicklung des Menschen in signifikantem Maße. Wichtige Auswirkungen haben das Alter (die Zeit zwischen dem 20. und 35. Lebensjahr ist allem Anschein nach die günstigste für eine Schwangerschaft) und die Ernährung der Mutter; die Einnahme von Drogen, unter anderem Alkohol und Nikotin, bestimmten Antibiotika, von Hormonen, Steroiden und Narkotika, kann sich negativ auf die fötale Entwicklung auswirken, ebenso wie Röntgenuntersuchungen und Bestrahlung, Krankheiten und Störungen wie Röteln und AIDS, Windpocken, Herpes genitalis und Schwangerschaftsvergiftung. Auch der emotionale Zustand der Mutter wirkt sich auf den Fötus aus.

Der Verlauf der Geburt und der Zeitpunkt, zu dem das Kind zu atmen beginnt, hat Auswirkungen auf sein Wohlbefinden. Unterbrechungen der Sauerstoffzufuhr zu den Nervenzellen des Gehirns führen zu Anoxie, die schwere Hirnschäden und Tod hervorrufen kann. Problematisch sind auch Frühgeburten; diese Babys haben aufgrund ihres geringen Geburtsgewichts ein erhöhtes Mortalitätsrisiko. In der Versorgung extremer und „mittlerer" frühgeborener Kinder gibt es mittlerweile große Fortschritte. Frühgeborene, die in einer günstigen Umwelt aufwachsen, zeigen in der Regel kaum langfristige Schädigungen.

Glücklicherweise werden die meisten Kinder gesund geboren und leiden nicht unter den in diesem Kapitel beschriebenen Problemen. Die meisten Säuglinge kommen zur errechneten Zeit zur Welt. Säuglinge sind zudem sehr anpassungsfähig; viele Kinder erholen sich von frühen Schäden wie Frühgeburten, Anoxie oder andere leichte bis mäßig schwere Entwicklungsschwierigkeiten.

Fragen

1. Was ist die Grundeinheit der Vererbung? Welche Mechanismen sind an der Vererbung beteiligt?
2. Warum ist jeder Mensch genetisch einzigartig?
3. Was bedeuten die Begriffe „*dominant*" und „*rezessiv*"? Was ist polygene Vererbung?
4. Beschreiben Sie kurz den gegenwärtigen Forschungsstand zur Vererbung der Intelligenz.
5. Welche Rolle spielen genetische Faktoren bei psychischen Störungen wie Schizophrenie und bipolaren (manisch-depressiven) Störungen?
6. Beschreiben Sie die Schwierigkeiten bei der Untersuchung der Bedeutung genetischer Faktoren für die Persönlichkeitsentwicklung. Gibt es Anzeichen dafür, daß sie überhaupt eine Rolle dabei spielen?
7. Beschreiben Sie kurz die drei wesentlichen Entwicklungsphasen von der Empfängnis bis zur Geburt.
8. Welche Aspekte der pränatalen Umwelt beeinflussen die Entwicklung des Fötus und die Gesundheit und Anpassungsfähigkeit des Kindes?
9. Welche Ereignisse während der Geburt können das Wohlbefinden des Säuglings beeinträchtigen?
10. Was versteht man unter einer Frühgeburt? Welche Konsequenzen hat sie?

Glossar

Mitose: Prozeß, bei der sich die befruchtete Eizelle teilt und erneut wieder teilt.
Chromosomen: Bestandteile der Zelle, die die genetische Erbinformation des Individuums enthalten. Jede Zelle enthält 23 Chromosomenpaare.
Gene: Chromosomenteilchen, die die Informationen enthalten, durch die ein Individuum bestimmte ererbte Merkmale entwickelt.

Autosomen: Chromosomen, die Männer und Frauen in gleicher Weise besitzen.

Geschlechtschromosomen: Chromosomen, die bei Männern und Frauen verschieden kombiniert sind. Frauen haben normalerweise zwei X-Chromosomen, Männer ein X- und ein Y-Chromosom.

Meiose: Zellteilungsprozeß der Keimzellen (aus denen sich Samenzelle und Eizelle entwickeln), bei dem Zellen gebildet werden, deren Kerne die Hälfte der Chromosomen enthalten, die die Elternzellen besitzen.

Crossing-over: Prozeß, bei dem Chromosomen Blöcke einander entsprechenden genetischen Materials während der Meiose austauschen.

Dominant: Dominant ist ein Gen, dessen Effekte immer wirksam werden, wenn es vorhanden ist.

Rezessiv: Rezessiv ist ein Gen, dessen Wirkungen maskiert bleiben, wenn ein dominantes Gen vorhanden ist.

Multifaktoriell: Multifaktoriell sind Merkmale, die von mehr als einem genetischen oder Umweltfaktor abhängig sind.

Polygene Vererbung: Abhängigkeit eines Merkmals von der Anwesenheit mehrerer Gene.

Eineiige Zwillinge: Zwillinge, die aus derselben Eizelle entstehen.

Zweieiige Zwillinge: Zwillinge, die aus zwei Eizellen entstehen, die zur gleichen Zeit befruchtet werden.

Zygote: Befruchtete Eizelle.

Keimphase: Erste Phase der pränatalen Entwicklung; sie reicht von der Befruchtung bis zur Einnistung der Zygote in die Gebärmutterwand.

Embryonalphase: Zweite Phase der pränatalen Entwicklung; sie reicht von der zweiten bis zur achten Woche. Charakteristisches Merkmal der Embryonalphase ist das Wachstum und die Differenzierung der Zellen, aus denen sich die wichtigsten Organe entwickeln.

Fötale Phase: Dritte Phase der pränatale Entwicklung; sie reicht von der 8. Woche bis zur Entbindung und ist durch Wachstum des gesamten Organismus gekennzeichnet.

Plazenta: Der Teil der Gebärmutterwand, in dem sich der Embryo einnistet.

Frühgeburt: Eine Geburt vor der 38. Gestationswoche mit einem Geburtsgewicht von unter 2250 g.

Literaturempfehlungen

Apgar, Virginia & Joan Beck (1974). *Is my baby all right?* New York: Pocket Books. Eine kenntnisreiche, gut geschriebene Darstellung der Faktoren, die sich negativ auf die vorgeburtliche Entwicklung auswirken können, und der Möglichkeiten zu ihrer Vermeidung.

Guttmacher, Alan F., überarbeitet von I. H. Kaiser (1986). *Pregnancy, birth, and family planning.* New York: New American Library (Paperback).

Nilsson, Lennart (1986). *A child is born.* New York: Dell. Ein spannender Bericht über die Entwicklung von der Empfängnis bis zur Geburt, illustriert mit zahlreichen Farbfotos (von dem berühmten Fotografen Nilsson).

Watson, James D. (1986). *The double helix.* New York: New American Library. Die aufregende Geschichte des Wettlaufs um die Entdeckung der DNS, erzählt von einem der beteiligten Forscher.

Whaley, Lucille F. (1974). *Understanding inherited disorders.* St. Louis: Mosby. Eine verständliche, illustrierte Einführung in die Humangenetik und ihre Bedeutung für Gesundheit und Krankheit.

Deutschsprachige Bücher zu diesem Kapitel

Gauda, G. (1989). Der Übergang zur Elternschaft: Die Entwicklung der Mutter- und Vateridentität. In *H. Keller, Handbuch der Kleinkindforschung* (S. 349–369). Heidelberg: Springer.

Lewontin, R. C. (1988). *Die Gene sind es nicht... Biologie, Ideologie und menschliche Natur.* München: Psychologie Verlags Union.

Nilsson, L. (1983). *Ein Kind entsteht. Bilddokumentation über die Entwicklung des Lebens im Mutterleib.* München: Mosaik.

Teil 2

Die ersten beiden Jahre

Kapitel 3

Entwicklung von Wahrnehmung und Kognition beim Säugling

Die Säuglingszeit wird in allen Kulturen als ganz besondere Lebensphase angesehen, und jede Sprache hat eine spezielle Bezeichnung dafür, die kenntlich macht, daß sie sich von anderen Lebensabschnitten unterscheidet. Weil Säuglinge ein völlig anderes Verhalten und ganz andere Fähigkeiten als ältere Kinder besitzen, wird die Säuglingszeit meist *negativ*, das heißt als *Fehlen* der Eigenschaften definiert, durch die sich Kinder im Schulalter auszeichnen: die Fähigkeit zu sprechen, zu argumentieren und Gefühle wie Schuld, Empathie und Stolz zu empfinden. Die *positive* Beschreibung der Eigenschaften eines Säuglings stellt dagegen die Wissenschaft vor ein großes Auswahlproblem. Säuglinge besitzen ein breites Verhaltensrepertoire: Sie essen, weinen, zappeln, lallen, spielen, strampeln, lächeln usw. Unglücklicherweise kann man nicht auf den ersten Blick sehen, welche dieser Reaktionen bei der Beschreibung der kognitiven Fähigkeiten von Säuglingen die meiste Beachtung verdient und die wichtigsten Rückschlüsse ermöglicht.

Theorien und Annahmen

Das psychologische Vokabular zur Beschreibung von Säuglingen ist von tiefen, oft unbewußten Überzeugungen beeinflußt, die in der jeweiligen Gesellschaft verankert sind und sich mit der Zeit verändern. Im neunzehnten Jahrhundert zum Beispiel wurden Säuglinge mit neugeborenen Kälbchen und Fohlen verglichen, die reifer geboren werden und sofort nach der Geburt laufen können. Da menschliche Säuglinge im Vergleich zu anderen neugeborenen Säugetieren ausgesprochen hilflos sind, bezeichneten die zeitgenössischen Wissenschaftler sie als zu nichts fähig. Heute hat die Forschung die beeindruckenden, wenn auch nicht unbedingt augenfälligen psychischen Fähigkeiten von Säuglingen nachgewiesen; folglich gelten sie jetzt in vielerlei Hinsicht als fähig.

Bei der Frage, welche Eigenschaften wichtig sind, spielen immer auch persönliche Vorurteile der Wissenschaftler eine Rolle, und die entscheiden letztlich über die Forschungsperspektive, so wie die Herkunft eines Menschen festlegen kann, welche Eindrücke er von einer Reise mitbringt. Nehmen wir zum Beispiel einen indonesischen Bauern und eine Frau aus London, die beide zum erstenmal nach Los Angeles kommen. Für den indonesischen Bauern bilden die Menschenmenge, der Verkehr und die Wolkenkratzer die ungewöhnlichsten Aspekte der Stadt; er wird nach seiner Rückkehr Los Angeles als einen Ort mit vielen Menschen, Autos und Häusern beschreiben. Aber für die Besucherin aus London sind diese Eigenschaften nicht ungewöhnlich; sie konzentriert sich deshalb auf das Fehlen eines öffentlichen Nahverkehrssystems und die hohe Straßenkriminalität, also zwei Aspekte, die Los Angeles von London unterscheiden. Diese Unterschiede in der begrifflichen Beschreibung der Stadt haben ihren Grund darin, daß die beiden Reisenden bei ihrer Ankunft in Los Angeles ganz verschiedene Vorstellungen von einer Stadt hatten.

Ein Vergleich der Arbeiten der drei wichtigsten Theoretiker, Sigmund Freud, Erik Erikson und Jean Piaget, zeigt, welchen Einfluß die Vorannahmen eines Wissenschaftlers auf die Wahl der Begriffe haben, die er zur Beschreibung benutzt. Jeder hat einen anderen Aspekt der Säuglingszeit in den Mittelpunkt gerückt, weil jeder den je aktuellen gesellschaftlichen Überzeugungen treu geblieben ist.

Als Freud kurz nach der Jahrhundertwende seine Theorie über die Entwicklung des Säuglings aufstellte, prägten Darwins Evolutionstheorie und das physikalische Konzept der Energie die Metaphern, mit denen die menschliche Entwicklung beschrieben wurden. Für die Darwinisten war der Säugling ein Glied in der Evolutionskette, die sich vom Affen bis zum erwachsenen Menschen erstreckte; und dementsprechend ging man davon aus, daß Säuglinge dieselben biologischen Grundtriebe besitzen wie Tiere. Da bei Tieren Hunger und Sexualität als die beiden wichtigsten Triebe galten, nahm Freud an, daß sie auch in der psychischen Entwicklung des Menschen zentral sein müßten. In einer brillanten Aufsatzreihe stellte er die These auf, jedes Kind werde mit einer festgelegten Energiemenge – der Libido – geboren, die später die Grundlage für die sexuellen Motive des Erwachsenen bilden. In der Säuglingszeit ist die Libido an die Bereiche Mund, Zunge, Lippen und die Aktivitäten gebunden, die zur Nahrungsaufnahme gehören. Aus diesem Grund bezeichnete Freud den ersten Abschnitt der Entwicklung als *orale Phase*. Heute mag diese kühne Hypothese (die im vierten Kapitel gründlicher untersucht wird) etwas seltsam anmuten; aber durch ihre enge Verwandtschaft zu den um die Jahrhundertwende vorherrschenden Vorstellungen in der Evolutionsbiologie, -physiologie und -physik wirkte sie in ihrer Entstehungszeit durchaus glaubwürdig.

Fünfzig Jahre später waren viele amerikanische Sozialwissenschaftler fest davon überzeugt, daß für die Entstehung wesentlicher menschlicher Charakteristika und die offensichtlichen Begabungs-, Erfolgs- und Charakterunterschiede bei Erwachsenen nicht die individuelle biologische Ausstattung, sondern soziale Erfahrungen verantwortlich sind. Zwischen den Weltkriegen konzentrierte sich deshalb die Psychologie auf die soziale Interaktion zwischen Mutter und Säugling. Aus dieser Perspektive wurde Freuds hungriges, saugendes Baby jetzt als soziales Wesen betrachtet, das von einem Erwachsenen versorgt wird. Darauf baute Erik Erikson (1963) seine These auf, nach welcher der Säugling in der ersten Entwicklungsstufe lernt, ob er sich auf die Versorgung, Liebe und emotionale Sicherheit verlassen kann, die die Erwachsenen ihm bieten. Erikson hat diese erste Phase die Phase des *Urvertrauens* genannt. In den fünfziger Jahren besaß dieser Gedanke dieselbe Augenschein-Validität wie fünfzig Jahre zuvor Freuds Begriff der oralen Phase.

Auch Piaget war von der Evolutionstheorie beeinflußt, aber anders als Freud konzentrierte er sich auf Veränderungen im Denken, die erfolgreiche Anpassung ermöglichen, und nicht auf neurotische Symptome der Fehlanpassung. Piaget ging davon aus, daß die ersten psychischen Strukturen des Säuglings durch aktive Manipulation von Objekten entstehen und nicht durch wiederholte Zyklen von Frustration und Befriedigung des Nahrungstriebs. Mit anderen Worten: Wenn Piaget einen Säugling betrachtete, sah er ein Wesen, das mit Gesicht, Haaren und Fingern der Mutter spielt.

Alle drei Merkmale: Gestilltwerden, Liebe und Nahrung aufnehmen sowie Hände und Gesicht der Mutter erkunden sind für das Säuglingsalter charakteristisch. Es ist nicht erwiesen, daß eins dieser Merkmale wichtiger wäre als die anderen; nur in der Theorie kann man einzelnen Merkmalen eine größere Bedeutung zuschreiben. Heute gilt die kognitive Entwicklung des Kindes als der umfassendste Rahmen für die in dieser Phase beobachteten Veränderungen, und deshalb legt unser Untersuchungsansatz den Schwerpunkt auf kognitive Funktionen wie Gedächtnis, Kategorienbildung und Zuordnung neuer Ereignisse. Dieses Konzept ist Ausdruck einer gegenwärtig weitverbreiteten Auffassung in der modernen Psychologie, aber man darf nicht vergessen, daß die Wortwahl zur Beschreibung der Säuglingszeit in der Vergangenheit eine andere war und im nächsten Jahrhundert wahrscheinlich wieder eine andere sein wird.

Das Neugeborene

Das Durchschnittsgewicht bei der Geburt liegt bei 3,4 kg, die durchschnittliche Größe bei 50,8 cm. Jungen sind etwas größer und schwerer als Mädchen. In den ersten Wochen nach der Geburt lassen sich sechs verschiedene psychische und körperliche Zustände des Säuglings unterscheiden: 1. regelmäßiger Schlaf mit geschlossenen Augen und regelmäßiger Atmung; 2. unregelmäßiger Schlaf mit Bewegung der Glieder und des Gesichts; 3. Schläfrigkeit: Die Augen sind offen, aber sonst gibt es keine Aktivität; 4. wache Inaktivität: Die Augen glänzen und verfolgen Objekte, die sich bewegen; 5. wache Aktivität mit diffusen motorischen Bewegungen des ganzen Körpers; 6. Unbehagen, das sich durch Schreien ausdrückt. Der vierte Zustand eignet sich optimal zum Lernen und zur Interaktion mit anderen.

Ärzte und Krankenschwestern beurteilen den Zustand des Neugeborenen meist mit einer Testreihe, die der Kinderarzt T. B. Brazelton entwickelt hat. Unter anderem bewegt man dabei einen kleinen, auffallenden Gegenstand vor dem Gesicht des Kindes hin und her, um festzustellen, ob das Kind darauf aufmerksam wird und den Bewegungen folgt. Gesunde Neugeborene verfolgen die Bewegungen des Gegenstandes.

Die Schlafdauer reduziert sich in den ersten zwei Lebensjahren drastisch: von ca. 18 Stunden täglich im ersten Monat auf etwa 12 Stunden. Diese frühen Veränderungen der Schlafdauer und anderer grundlegender Funktionen haben ihren Grund darin, daß das Gehirn bei der Geburt noch unreif ist und in den ersten Lebensjahren stark wächst. Die Konsequenzen des Gehirnwachstums lassen sich an den Veränderungen der Schlafzustände beobachten. Einer dieser Schlafzustände wird REM-Schlaf (Rapid Eye Movement – schnelle Augenbewegungen) genannt, weil dabei Augenbewegungen unter den Augenlidern beobachtet werden können (vgl. Abb. 3.1). Mit zunehmender Reife nimmt die Dauer des REM-Schlafes deutlich ab: von 50 Prozent einer Schlafphase bei Neugeborenen auf etwa 20 Prozent beim Erwachsenen (vgl. Abb. 3.2). Mit sechs Monaten entspricht das Muster der meisten Säuglinge dem der Erwachsenen, bei denen auf den Nicht-REM-Schlaf mit zunehmender Schlaftiefe der REM-Schlaf folgt (Roffwarg, Muzio & Dement, 1966; Kligman, Smyrl & Emde, 1975).

Plötzlicher Kindstod

Normalerweise sind die Teile des Gehirns, die grundlegende Lebensfunktionen wie Herzschlag und Atmung kontrollieren, bei der Geburt reifer als die Großhirnrinde (Kortex; vgl. Abb. 3.3). Aber es kommt gelegentlich vor, daß diese Hirnzentren (die ihren Sitz in der Medulla haben) nicht ausreichend entwickelt sind, um das Funktionieren von Herzfrequenz und Atmung garantieren zu können. Dann besteht die Gefahr des plötzlichen Kindstods, bei dem der Säugling – meist im Schlaf – erstickt. In den USA sterben auf diese Weise schätzungsweise 10 000 Säuglinge jährlich, meist in den Wintermonaten nach einer Erkältung. Da sich die Bereiche des Gehirns, welche die Atmung überwachen, im ersten halben Jahr vollständig entwickeln, ist die Wahrscheinlichkeit des plötzlichen Kindstods in den ersten vier Lebensmonaten am größten; nach sechs Monaten ist das Risiko sehr gering (Strat-

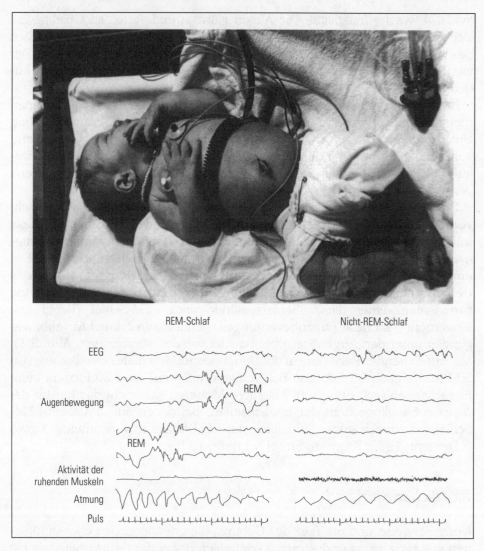

Abb. 3.1: (oben:) Dieser Säugling liegt in einem speziellen Kinderbett, in dem die Muskel-aktivität gemessen wird. Der Leibgürtel mißt die Atmung, über die Elektroden auf der Brust werden die EKG-Werte gemessen. Bei EEG-Aufzeichnung werden die Elektroden an den äußeren Augenwinkeln plaziert. Obwohl aufwendig, ist der Apparat für das Baby nicht un-angenehm. (Unten:) Aufzeichnungen über die Unterschiede zwischen 30 Sekunden REM-Schlaf und Nicht-REM-Schlaf beim Neugeborenen. Neben der erhöhten Augenaktivität beim REM-Schlaf fallen besonders das Fehlen von Muskelaktivität, die schnelle Atmung und Ver-änderungen in der Atmungsfrequenz auf. (Foto: Jason Lauré; Woodfin Camp & Assoc. Dia-gramm nach H. P. Roffwarg, W. C. Dement und C. Fisher: Preliminary observations of the sleep-dream pattern in neonates, infants, children, and adults. In: E. Harms [Hrsg.], Mono-graphs on child psychiatry, No. 2. New York: Pergamon Press, 1964.)

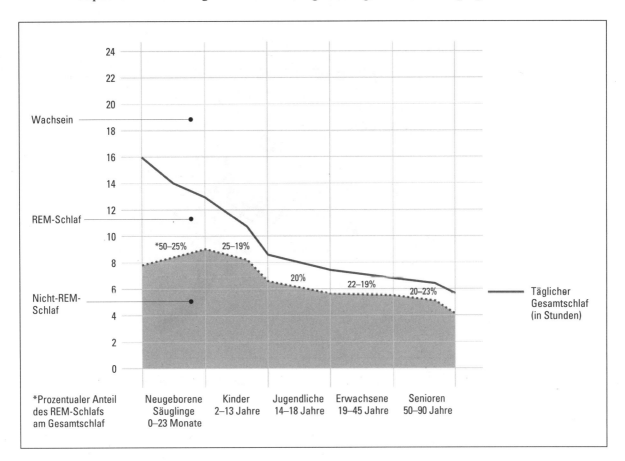

Abb. 3.2: Altersabhängige Veränderungen in Gesamtschlaf und REM-Schlaf und als prozentualer Anteil des täglichen REM-Schlafs. Die weißen Felder der Graphik entsprechen dem Anteil des REM-Schlafs (in Prozent), der von 50 Prozent bei Säuglingen und Kleinkindern auf nur 25 Prozent bei Zwei- bis Dreijährigen sinkt. (Roffwarg, Muzio & Dement, 1966; die Graphik wurde seit der Veröffentlichung in Science von Dr. Roffwarg überarbeitet. Mit freundlicher Genehmigung des zuletzt genannten Autors.)

ton, 1982; Steinschneider, 1975). Obwohl die meisten Kinder nach der Geburt ärztlich untersucht werden, läßt sich nicht immer erkennen, ob das Risiko des plötzlichen Kindstods gegeben ist.

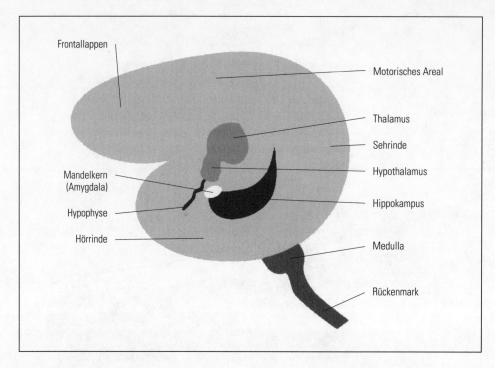

Abb. 3.3: Schematische Darstellung der hier besprochenen Hirnbereiche.

Reflexe beim Neugeborenen

Gesunde Säuglinge kommen mit einer Reihe angeborener Reflexe zur Welt, die zum großen Teil auch bei anderen Primaten wie Affen und Schimpansen vorhanden sind. Tabelle 3.1 listet die wesentlichen Reflexe auf, die in den ersten Lebenstagen vorhanden sind.

Von den in der Tabelle aufgeführten Reflexen sind manche, zum Beispiel der Saug- und der Greifreflex, für die Anpassung des Säuglings an die neue Umgebung sinnvoll. Andere dagegen haben keine erkennbare Bedeutung für die Anpassung; sie sind noch vorhanden, weil die Hirnrinde nicht reif genug ist, diese Reaktionen zu steuern oder zu überwachen. Der Moro-Reflex (vgl. Kasten 3.1) zum Beispiel hat beim menschlichen Säugling (der nicht wie bei den Affen den größten Teil des Tages kopfüber auf dem Bauch der Mutter getragen wird) keinen sichtbaren Vorteil. Im Alter von drei Monaten verhindert denn auch die reifer gewordene Hirnrinde die Moro-Reaktion auf ein plötzliches lautes Geräusch.

Tabelle 3.1

Reflexe des Neugeborenen

Reflex	Reizmethode	Beschreibung
Babinski-Reflex	Leichtes Streicheln der Fußseite von der Ferse zu den Zehen.	Der Säugling beugt den großen Zeh und streckt die anderen Zehen aus.
Moro-Reflex	Man macht ein plötzliches, lautes Geräusch (läßt z. B. einen Luftballon platzen) oder läßt den Kopf des Kindes ein paar Zentimeter fallen. Wenn das Kind in der Wiege liegt, schlägt man mit beiden Händen in Kopfhöhe an die Seiten der Wiege.	Der Säugling breitet die Arme aus und führt sie anschließend wieder über der Brust zusammen.
Lidschlußreflex	Ein heller Lichtblitz.	Der Säugling schließt beide Augen.
Greifreflex	Ein Finger oder ein Bleistift wird in die Handfläche des Kindes gedrückt.	Der Säugling umklammert den Gegenstand.
Schreitreflex	Das Kind wird aufrecht gehalten, nach vorne bewegt und leicht nach einer Seite gekippt.	Der Säugling macht Gehbewegungen.
Suchreflex	Reizung von Mundwinkel oder Wange des Kindes.	Der Säugling dreht seinen Kopf zum Finger hin, öffnet den Mund und versucht zu saugen.
Saugreflex	Man steckt dem Kind den Zeigefinger in den Mund.	Der Säugling beginnt zu saugen.
Fluchtreflex	Leichtes Kratzen der Fußsohle des Kindes mit einer Nadel.	Der Säugling beugt das Bein und zieht den Fuß zurück.
Leckreflex	Zuckerwasser wird auf die Zunge des Kindes geträufelt.	Der Säugling leckt die Lippen und versucht gelegentlich auch zu saugen.
Lippenreflex	Man träufelt eine saure Flüssigkeit auf die Zunge des Kindes.	Der Säugling verzieht die Lippen; eventuell kneift er die Augen zusammen.

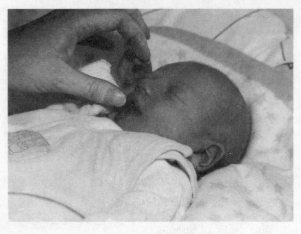

Saugreflex: Steckt man dem Neugeborenen den Finger in den Mund, so beginnt es zu saugen (Foto: Sibylle Rauch)

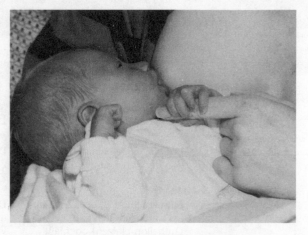

Greifreflex: Wird ein Finger in die Handfläche des Säuglings gedrückt, wird er umklammert (Foto: Sibylle Rauch)

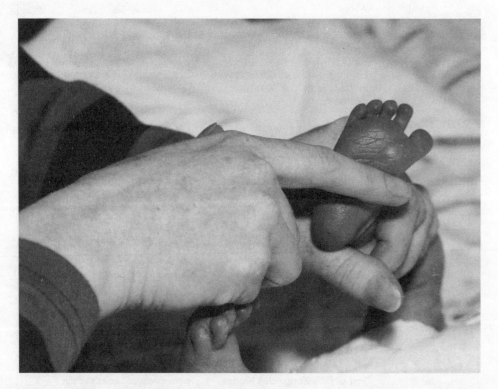

Babinski-Reflex: Leichtes Streicheln der Fußsohle führt zur Beugung des großen Zehs und zum Strecken der anderen Zehen (Foto: Sibylle Rauch)

Welche Informationen erhält man durch Untersuchungen an Neugeborenen?

Die meisten Kinder kommen ohne angeborene Schäden zur Welt, aber bei einem relativ kleinen Anteil, weniger als 10 Prozent, besteht die Gefahr leichter Hirnschäden durch Frühgeburten oder Geburtskomplikationen. Viele Eltern wollen deshalb, daß ein Kinderarzt, Neurologe oder Psychologe das Neugeborene untersucht, um festzustellen, ob es gesund ist. Dazu sind zahlreiche Untersuchungsmethoden entwickelt worden, unter anderem ein neurologischer Test, mit dem die Reflexe des Säuglings geprüft werden (vgl. Abb. 3.4).

Über den Zustand des zentralen Nervensystems gibt der Moro-Reflex Auskunft. Dabei handelt es sich um eine Schreckreaktion, bei der der Säugling seine Arme ausbreitet, langsam wieder zur Brust zurückführt und die Beine auf ähnliche Weise hebt. Der Moro-Reflex wird meist dadurch ausgelöst, daß man ein lautes Geräusch macht, den Kopf des Kindes ein paar Zentimeter fallen läßt oder gegen die Seiten des Bettchens schlägt, wenn das Kind auf dem Rücken liegt. Wenn sich bei einem 1 Monat alten Kind der Moro-Reflex nicht zeigt, sind weitere Untersuchungen erforderlich.

Eine weitere Art von Untersuchungen beschäftigt sich mit ganzen Verhaltensgruppen. Der Graham-Rosenblith-Verhaltenstest zum Beispiel beurteilt Muskelstärke und Koordination, Abwehrreaktionen auf Stimulation von Mund und Nase und Reaktionen auf Rasseln, Glocken und visuelle Reize. Das Kind wird zum Beispiel mit dem Gesicht nach unten hingelegt, damit man beobachten kann, ob es seinen Kopf dreht, um Nase und Mund vom Laken zu befreien.

In einer dritten Gruppe von Untersuchungen, die von Joseph Fagan, Case Western Reserve University, entwickelt wurde, wird untersucht, ob Kinder im Alter von vier, fünf und sechs Monaten nach der Konfrontation mit einem vertrauten Reiz einen neuen Reiz längere Zeit betrachten. Verschiedene Untersuchungen haben ergeben, daß Kinder, die relativ lange auf den neuen Reiz fixiert bleiben, einige Jahre später höhere IQ-Werte haben. Dieses provozierende Ergebnis hat viele Wissenschaftler in Staunen versetzt, und man benutzt diesen Test immer häufiger, um Voraussagen über den zukünftigen IQ der Kinder machen zu können.

Das Wahrnehmungsvermögen des Neugeborenen

Das Neugeborene ist mit einer kleinen Anzahl ererbter Wahrnehmungsanlagen ausgestattet, die dazu führen, daß es bestimmte Objekte in der Umwelt beachtet und andere ignoriert. Am wichtigsten ist die Tendenz, solche Reize besonders zu beachten, die sich stark verändern oder variieren. Gegenstände, die sich bewegen oder Schwarzweiß-Kontraste besitzen, und Geräusche, bei denen sich Lautstärke, Rhythmus und Klangfarbe ändern, erregen und fesseln deshalb die Aufmerksamkeit des Säuglings am meisten.

Filmaufnahmen haben gezeigt, daß Neugeborene in einem dunklen Raum die Augen öffnen und nach Schatten oder Ecken suchen. Wenn einem wachen Säugling ein dicker schwarzer Streifen auf einem weißen Hintergrund gezeigt wird (vgl. Abb. 3.4), richten sich seine Augen sofort auf den schwarzen Umriß und dessen unmittelbare Umgebung, anstatt willkürlich über das Blickfeld zu schweifen. Daraus hat ein Psychologe eine Liste von Regeln abgeleitet, an denen Neugeborene ihr Verhalten zu orientieren scheinen:

Regel 1: Wenn du wach und aufmerksam bist, mach die Augen auf.

Regel 2: Wenn du dann Dunkelheit vorfindest, suche mit den Augen die Umgebung ab.

Regel 3: Wenn du Licht vorfindest, aber keine Begrenzungen, suche mit den Augen unkontrolliert das gesamte Blickfeld ab.

Regel 4: Wenn du auf eine Begrenzung stößt, blicke in ihre Nähe und versuche, sie mit dem Blick zu überqueren.

Regel 5: Richte deine Blicke in die Nähe von Bereichen, die viele Konturen haben; überfliege Bereiche mit wenig Konturen und konzentriere dich auf Bereiche mit starken Konturen (Haith, 1980).

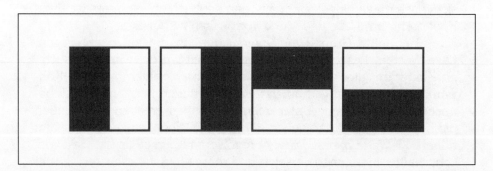

Abb. 3.4: Reize, die Neugeborenen dargeboten wurden, die den Blick tendenziell auf die Grenze von Schwarz und Weiß konzentrieren. (Aus M. M. Haith: Rules that Babies look by. Hillsdale, N.J.: Erlbaum, 1980; S. 59. Mit freundlicher Genehmigung.)

Die Vorliebe des Säuglings für Kontraste wird dazu benutzt, seine Sehschärfe zu testen. Man hält dem Kind zum Beispiel nebeneinander zwei Bilder hin: eine Reihe vertikaler schwarzer Linien im Abstand von ein paar Zentimetern und ein leeres Feld von gleichmäßiger Helligkeit. Wenn die Kinder das Bild der eng nebeneinander liegenden Linien von dem Bild ohne Linien unterscheiden können, betrachten sie das erste Bild länger, weil sie die durch die dunklen Linien geschaffenen Kontraste vorziehen. Kinder, die die Linien nicht erkennen können, betrachten beide Bilder gleich lange. Mit dieser Methode wurde festgestellt, daß Säuglinge sehr früh zwischen einem Streifenmuster mit nur 0,3 Zentimeter Abstand und einer völlig grauen Fläche unterscheiden können.

Säuglinge interessieren sich vor allem für Veränderungen in der Größe und räumlichen Anordnung von Elementen, die zu einem größeren Muster gehören. Bei einem Experiment wurde Säuglingen zunächst ein Paar identischer Bilder gezeigt, die dem ersten Muster in Abb. 3.5 (oben) entsprachen. Dann zeigte man ihnen eines der zwölf verschiedenen Bilder in den beiden Reihen von Abb. 3.5 gemeinsam mit einem der ersten Reize. Nur die größeren (Muster 2) und die vertikal angeordneten Kreise riefen eine im Verhältnis zum ersten Reiz längere Aufmerksamkeit hervor. Es leuchtet ein, daß die Reaktion von Säuglingen auf einen Größenzuwachs von Objekten nützlich für die Adaption ist, weil zunehmende Größe anzeigt, daß sich ein Objekt nähert. Warum aber die Veränderung von der horizontalen zur vertikalen Anordnung so attraktiv ist und warum es so wenig Reaktion auf einige der anderen Muster gab, ist schwerer zu verstehen (Linn, Reznick, Kagan & Hans, 1982).

Genau wie Erwachsene können auch Säuglinge Farbgruppen unterscheiden. Wir nehmen Farben als eigene Kategorien wahr, obwohl das sichtbare Farbspektrum (von Rot bis Purpur) Ergebnis ständiger Unterschiede in den Wellenlängen des Lichts ist. Deshalb reagieren Säuglinge aufmerksamer auf einen Wechsel von Blau zu Grün als auf einen Wechsel von zwei verschiedenen Blautönen, obwohl die Unterschiede in den Wellenlängen zwischen zwei Blautönen einerseits und einem Blau- und einem Grünton andererseits dieselben sind (Bornstein, Kessen & Weisskopf, 1976).

Zusammenfassend läßt sich feststellen, daß Säuglinge darauf vorbereitet sind, sich an bestimmten Aspekten der Außenwelt zu orientieren. Die Aufmerksamkeit des Säuglings wird von Kontrast, Bewegung, Krümmung, Farbe, Symmetrie und vielen anderen Eigenschaften erregt und gefesselt, vor allem dann, wenn sie eine Veränderung des unmittelbaren Wahrnehmungsfeldes anzeigen. Diese Tendenzen, die allem Anschein nach angeboren sind, können auch die Grundlage dafür bilden, daß wir generell von als schön (im Gegensatz zu häßlich oder unattraktiv) geltenden weiblichen Gesichtern angezogen werden. Schöne Frauengesichter sind eher rund als eckig und außerdem symmetrischer. Im Alter von sechs Monaten betrach-

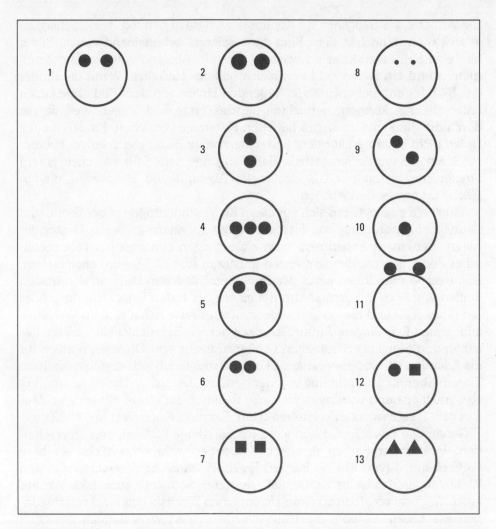

Abb. 3.5: Fünf und zehn Monate alten Säuglingen wurde ein Reizpaar gezeigt, das mit Reiz 1 identisch war. Dann wurde das Paar entfernt, und das Kind sah Reiz 1 zusammen mit einem der Reize 2 bis 13. Die Aufmerksamkeit der Säuglinge wuchs bei den veränderten Reizen 2 und 3; auf die anderen reagierten sie nicht mit erhöhter Aufmerksamkeit: (Aus S. Linn, J. S. Reznick, J. Kagan & S. Hans: Salience of visual patterns in the human infant. Developmental Psychology, 1982, 18, 651–637. © 1982 by the American Psychological Association. Mit freundlicher Genehmigung.)

ten Säuglinge länger solche Frauengesichter, die von Männern und Frauen als attraktiv bezeichnet werden, als Gesichter, die generell als häßlich gelten. Daraus kann man schließen, daß manche Kriterien für die Beurteilung der Attraktivität eines Gesichts angeboren sind.

Auch im Bereich des Hörens gibt es angeborene Wahrnehmungstendenzen. Neugeborene reagieren stärker auf Geräusche mit niedriger Frequenz (z. B. kehliger) als mit hoher (z. B. Pfiffe) und sind bei vielfältig variierten Geräuschen aufmerksamer als bei einfachen Tönen. Es sieht demnach so aus, als wären die Geräusche, die Erwachsene beim Gespräch mit Babys von sich geben, genau die, die ihre Aufmerksamkeit am stärksten fesseln (Colombo, 1986).

Körperliches Wachstum und Reifung im ersten Lebensjahr

Kennzeichnend für das erste Lebensjahr ist das schnelle Wachstum von Körper und Gehirn. Von der Geburt bis zum Ende des ersten Lebensjahres werden gesunde, gut ernährte Kinder um 50 Prozent größer sowie um 200 Prozent schwerer. Allerdings wachsen nicht alle Körperteile gleichmäßig, und es gibt keinen zwingenden Zusammenhang zwischen dem Wachstum eines Teils (z. B. des Kopfes) und eines anderen (zum Beispiel der Muskeln; Johnston, F. E., 1978).

Säuglinge aus finanziell gutgestellten Familien wachsen vom sechsten Monat an dank besserer Ernährung, geringerer Krankheitsrate und höheren

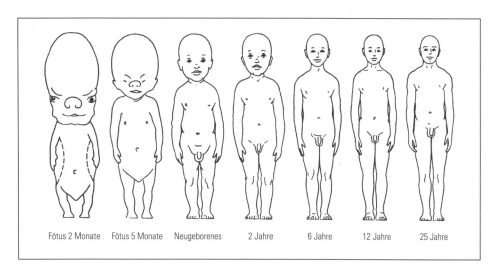

Fötus 2 Monate   Fötus 5 Monate   Neugeborenes   2 Jahre   6 Jahre   12 Jahre   25 Jahre

Abb. 3.6: Gestalt- und Proportionsveränderungen des männlichen Körpers in der fötalen und postnatalen Lebensperiode. (Aus C. M. Jackson: Some aspects of form and growth. In W. J. Robbins, S. Brody, A. F. Hogan, C. M. Jackson & C. W. Green, Hrsg.: Growth. New Haven, Connecticut: Yale University Press, 1929, S. 118. Mit freundlicher Genehmigung.)

gesundheitlichen Standards schneller als Säuglinge aus armen Familien. Nach dem ersten Geburtstag nimmt die Wachstumsgeschwindigkeit allmählich ab; jetzt kommt es bis ins Jugendalter zu einer ständigen, fast linearen Zunahme von Körpergröße und -gewicht (vgl. Abb. 3.6). Erst mit drei Jahren läßt sich von der Größe eines Kindes relativ zuverlässig auf die spätere Größe des Erwachsenen schließen.

Viele Veränderungen in den ersten beiden Lebensjahren werden erst verständlich, wenn man das Konzept der Reifung berücksichtigt. **Reifung** bezieht sich auf die universell geltende Abfolge biologischer Ereignisse im Körper und im Gehirn, die das Entstehen psychischer Funktionen ermöglichen, vorausgesetzt, das Kind ist gesund und lebt in einer Umwelt, in der es Menschen und Gegenstände gibt. Das beste Beispiel dafür ist das Entstehen der Sprache zwischen dem ersten und dem dritten Lebensjahr bei so gut wie allen Kindern, in deren Umwelt eine erwachsene Sprache gesprochen wird. Das Gehirn eines drei Monate alten Säuglings ist noch nicht so weit entwickelt, daß das Kind eine Sprache verstehen oder sprechen könnte. Das Gehirn von Zweijährigen dagegen besitzt die dazu notwendige Reife, aber trotzdem wird das Kind nur dann sprechen, wenn es Kontakt zur Sprache anderer Menschen hatte. Reifung allein entscheidet also nicht ursächlich darüber, ob eine psychische Funktion sich manifestiert. Sie legt nur den frühestmöglichen Zeitpunkt fest, ab dem eine solche Funktion auftreten kann.

Die Reifung des Gehirns

In den ersten zehn Lebensmonaten nimmt die Dichte der Synapsen im Gehirn (d. h. die Anzahl der Synapsen pro Einheit des Hirngewebes) schnell zu und setzt damit einen Prozeß fort, der bereits vor der Geburt begonnen hat. Danach nimmt die Zuwachsrate ab; vom ersten Geburtstag an geht sie bis zum Lebensende langsam und stetig zurück (Rakic, Bourgeois, Eckennoff, Zecevic & Goldman-Rakic, 1986). Dies bedeutet, daß der Erwerb von Fähigkeiten und Wissen bei Kleinkindern meist nicht so sehr von der Bildung neuer, sondern von der Entwicklung und Stärkung (und der Ausschaltung) bereits existierender Synapsen begleitet wird. Das trifft zu, obwohl im Verlauf der Kindheit auch neue Synapsen gebildet werden. Es ist auch nicht ganz auszuschließen, daß in der späteren Kindheit und im Jugendalter noch neue Synapsen beim Erwerb neuen Wissens entstehen (Greenough, Black & Wallace, 1987).

Kennzeichnend für das erste Lebensjahr ist es auch, daß festere Verbindungen zwischen verschiedenen Teilen des Gehirns etabliert werden. Säuglinge fangen zum Beispiel um den sechsten Monat an, nach Gegenständen

Kasten 3.2 ▬

Intelligenzdiagnostik beim Säugling

Früher wurde häufig angenommen, Intelligenz im Säuglingsalter sei meßbar. Also wurden entsprechende Meßmethoden entwickelt, in der Hoffnung, zuverlässige Vorhersagen über die Intelligenz im Schulalter treffen zu können. Tatsächlich wurde mit diesen Tests aber nichts weiter gemessen als die relativen Fortschritte von Säuglingen in verschiedenen Verhaltensbereichen, die hauptsächlich von der Reifung abhängig sind, zum Beispiel lautliche Artikulation, Aufeinandertürmen von Blöcken und Imitation von Erwachsenen. Heute wird kaum noch behauptet, daß solche Tests tatsächlich die Intelligenz messen, vor allem weil sich daraus kaum zuverlässige Voraussagen über den IQ bei der Einschulung, Schulnoten oder anderen populären Anzeichen für Intelligenz in der mittleren und späten Kindheit ableiten lassen.

Manche Wissenschaftler bedienen sich dieser Meßmethoden immer noch, vor allem bei Risikokindern, um mögliche Entwicklungsverzögerungen nachzuweisen. Bei einer Gruppe von Frühgeborenen und voll ausgetragenen Kindern zum Beispiel ergab sich eine gewisse Beziehung zwischen den Werten beim Bailey-Test und der späteren Leistung im Vorschulalter bei Intelligenz- und Sprachtests (Siegel, 1979). Natürlich lassen sich schwere geistige Behinderungen und deutliche Verzögerungen in der motorischen Entwicklung von Kindern auch ohne diesen Test feststellen, aber er hilft bei der Feststellung weniger auffallender Störungen, oft noch bevor Ärzte oder Eltern sie bemerken. In diesen Fällen sind frühe Interventionen meist wirksamer als die Hilfe, die erst einsetzt, wenn das Problem schwerwiegender geworden ist.

Wenn heute Psychologen mit diesen Meßmethoden arbeiten, dann meist, um den momentanen Entwicklungsstand des Kindes zu beurteilen, nicht seine zukünftige Intelligenz. Die Bailey-Skala der Säuglingsentwicklung ist für diesen Zweck das am besten standardisierte und meistbenutzte Instrument. Sie enthält eigene Skalen zur Messung der psychischen und psychomotorischen Entwicklung. Die psychischen Tests beurteilen unter anderem Artikulation und Imitation der Handlungen eines Erwachsenen, die motorischen Tests die Fähigkeit, Gegenstände zu greifen und Bälle zu rollen. Aber viele Kinder machen nicht in beiden Bereichen dieselben Fortschritte. Es ist durchaus möglich, daß ein motorisch überdurchschnittlich entwickeltes Kind bei der Messung der Sprachentwicklung nur durchschnittliche Ergebnisse erzielt.

Im Alter von 11 Monaten können Kinder in der Regel stehen, mit ungefähr 13 Monaten laufen (Foto: Sibylle Rauch)

zu greifen, die sie vor sich sehen. Wahrscheinlich verlangt dieses koordinierte Greifen, daß die Verbindungen zwischen dem visuellen Zentrum, Scheitel- und Stirnlappen und speziellen motorischen Zentren des Gehirns heranreifen (vgl. Abb. 3.3).

Mit dem Beginn koordinierten Greifens plappert das Kind auch deutlich mehr, wenn es im Laufstall liegt oder mit einem Spielzeug beschäftigt ist. Zwar sind koordiniertes Greifen und Plappern oder Lallen sehr unterschiedliche Reaktionen, aber ihr gleichzeitiges Einsetzen weist darauf hin, daß beides über einen gemeinsamen Prozeß vermittelt wird (vgl. Kasten 3.2).

Körperhaltung und selbständige Fortbewegung (Lokomotion)

Durch die Reifung des Gehirns und die Entstehung der Verbindungen zu den motorischen Nervenbahnen im Rückenmark wird in bestimmten Entwicklungsstadien Sitzen, Krabbeln und Laufen möglich.

Sitzen: Neugeborene können nicht ohne Unterstützung sitzen, aber diese Fähigkeit entwickelt sich früh (Gesell & Amatruda, 1941). Mit 4 Monaten können Babys mit Unterstützung eine Minute sitzen, mit 9 Monaten ohne Unterstützung 10 Minuten und länger.

Krabbeln und Kriechen: Das Alter, in dem Säuglinge anfangen zu krabbeln und zu kriechen, ist nicht einheitlich, aber alle Kinder, denen man die Fortbewegung auf dem Boden erlaubt, halten dieselbe Reihenfolge ein. Krabbeln (d. h. bäuchlings auf dem Boden vorwärts robben) setzt im Durchschnitt im Alter von 9 Monaten ein; Kriechen auf Händen und Knien mit 10 Monaten. Es kommt vor, daß Kinder ein oder zwei Entwicklungsstadien überspringen, aber die meisten durchlaufen alle Stadien (Ames, 1937).

Stehen und Gehen: Die Fähigkeit zum selbständigen Gehen baut auf einer Reihe früherer Leistungen auf. Wie bei anderen Aspekten der Entwicklung gibt es beträchtliche Unterschiede im Alter, in dem Kinder diese Leistungen bewältigen. Der Mittelwert für das Stehen mit Festhalten an Möbelstücken liegt zwischen dem neunten und zehnten Monat. Im Durchschnitt können Kinder mit ungefähr 11 Monaten allein stehen, mit einem Jahr an der Hand eines Erwachsenen gehen und mit ungefähr 13 Monaten allein laufen, wenn auch noch nicht sehr sicher. Mit 18 Monaten können sie ohne Hilfe (und in der Regel ohne zu fallen) Treppen herauf- und heruntergehen und ein Spielzeug hinter sich herziehen, nach dem zweiten Geburtstag Gegenstände vom Boden aufheben, ohne zu fallen, rennen und rückwärts gehen (Gesell & Amatruda, 1941; Gesell et al., 1940). Die Fortschritte der motorischen Entwicklung im ersten Lebensjahr sind in Abb. 3.7 zusammengefaßt.

Wann genau ein Kind sitzen, stehen und gehen kann, ist nicht nur von der Reifung des Nerven- und Muskelsystems abhängig, sondern auch von den

Abb. 3.7: Entwicklung von Haltung und Bewegung beim Säugling.

Möglichkeiten des Kindes, seine sich entwickelnden motorischen Fähigkeiten zu üben. Spezielle Übungen können die Entstehung der motorischen Fähigkeiten beschleunigen (Super, C. M., 1976; Zelazo, Zelazo & Kolb, 1972). Afrikanische Kinder sitzen, laufen und gehen häufig früher als europäische oder US-amerikanische; das heißt, sie haben einen Vorsprung in genau den motorischen Bereichen, die afrikanische Eltern bei ihren Kindern fördern. Bei motorischen Aktivitäten, die nicht gefördert werden (zum Beispiel Krabbeln oder sich Herumdrehen), gibt es keine zeitlichen Unterschiede zwischen afrikanischen und europäischen bzw. US-amerikanischen Kindern (Super, C.M., 1976). Umgekehrt können bei den Ache in Paraguay Kinder später laufen, weil sie von den Erwachsenen von der aktiven Erkundung ihrer Umwelt abgehalten werden (Kaplan & Dove, 1987). Die Gelegenheit, die motorischen Fähigkeiten bei ihrer Entstehung auch einzusetzen, bzw. ihr Fehlen, kann also die Entwicklung universeller Fähigkeiten in der motorischen Koordination beschleunigen oder verlangsamen.

Kognitive Entwicklung im ersten Lebensjahr

Die wesentlichen kognitiven Funktionen wie Gedächtnis, Sprache und Ich-Identität, die in der frühen Kindheit auftauchen, sind nicht in bestimmten Orten des Gehirns lokalisiert, sondern entstehen aus komplexen Beziehungen zwischen den verschiedenen Hirnteilen. Man kann sich das Auftauchen psychischer Prozesse in den ersten Lebensjahren am sinnvollsten als Ergebnis wachsender Verbindungen innerhalb des Gehirns vorstellen. Dieses Wachstum entsteht sowohl durch Reifung als auch durch Erfahrung. Die Reifung des Zentralnervensystems, angeborene Wahrnehmungstendenzen und postnatale Erfahrung ermöglichen dem Säugling, zwei psychische Strukturen zu erwerben: Wahrnehmungsschemata und konditionierte Reaktionen.

Das Erkennen der Information: das Schema

Von den ersten Lebenstagen an schaffen sich Säuglinge Darstellungsweisen ihrer Erfahrung. In der Psychologie werden diese Darstellungsweisen **Schemata** (im Singular: Schema) genannt. Ein **Schema** ist die Repräsentation der herausragenden Elemente eines Ereignisses und ihrer Beziehungen zueinander. Schemata gibt es in allen Sinnesmodalitäten: visuell, auditiv, olfaktorisch (durch Riechen) und taktil. Immer bewahren sie Aspekte des Ursprungsereignisses, zum Beispiel das Aussehen der Mutter, die Klangfarbe ihrer Stimme, den Geruch ihrer Haut. Das Schema eines Säuglings für ein menschliches Gesicht scheint ein ovaler Rahmen mit zwei horizontal angeordneten, kreisförmigen Gebilden zu sein.

Ein Schema ist keine exakte Kopie eines bestimmten Objekts oder Ereignisses, denn der Verstand kann nicht jedes Merkmal registrieren, selbst dann nicht, wenn es sich um etwas so Wichtiges wie das Gesicht der Mutter handelt. Wenn ein Säugling darüber hinaus wiederholt mit demselben Ereignis konfrontiert ist, ist es für ihn nie wirklich identisch. Der Säugling setzt die zweite Erfahrung in eine Beziehung zur ersten, erkennt aber gleichzeitig auch die Unterschiede zwischen den beiden. Deshalb nimmt man an, daß das Kind ein Gemisch aus ähnlichen Erfahrungen bildet: den **schematischen Prototyp**.

Diese Prototypen können nicht nur statische Objekte, wie eine Rassel oder eine Tasse, repräsentieren, sondern auch bewegliche Bilder. Es mag überraschend klingen, aber Säuglinge sind imstande, ein Schema für ein so komplexes Muster zu schaffen, wie es der Gang eines Menschen darstellt (Bertenthal, Proffitt & Cutting, 1984). 3 und 5 Monate alte Kinder sahen ein bewegtes Muster aus elf verschiedenen Lämpchen auf einem Bildschirm (vgl. Abb. 3.8). Die Säuglinge konnten den Unterschied zwischen Lichtmustern, die dem Gang eines Menschen entsprachen (Reiz A), und einem Zufallsmuster (Reiz C) erkennen, ja sogar die Unterschiede zwischen dem Lichtmuster A und der Umkehrversion B. Außerdem betrachteten sie Reiz C doppelt so lange wie Reiz A, das heißt, sie hatten Schwierigkeiten, diesen Reiz einem vorhandenen Schema zuzuordnen. Daß die Kinder Reiz A leichter als vertraut erkannten als Reiz C, zeigt, daß sie ein Schema für eine gehende Person erarbeitet hatten und Reiz A dazu in Beziehung setzen konnten (Bertenthal, Proffitt, Kramer & Spetner, 1987).

Das Diskrepanzprinzip. Wenn ein Säugling einen schematischen Prototyp für ein Gesicht, ein Geräusch, einen sich bewegenden Menschen oder eine Hauskatze schafft, dann wirft das die Frage auf, welche *Veränderungen* bei diesen Ereignissen die Aufmerksamkeit des Kindes erregen und für längere Zeit fesseln können. Die Antwort lautet: Die Aufmerksamkeit von Säuglingen wird am längsten von solchen Ereignissen gefesselt, die sich „einigermaßen" von denen der Vergangenheit unterscheiden. Auf vertraute oder ganz neue Ereignisse reagieren sie nicht so aufmerksam. Diese „einigermaßen" verschiedenen Reize werden **diskrepante Ereignisse** genannt.

Der Anstieg der Aufmerksamkeit bei diskrepanten Ereignissen steht in Beziehung zu allgemeinen Veränderungen im zweiten oder dritten Lebensmonat. In diesem Zeitraum nimmt spontanes Schreien ab und stimmliche Artikulation zu; das EEG zeigt neue Wellenformen. Das gleichzeitige Auftreten dieser und anderer Veränderungen erlaubt die These, wenn auch nicht den Beweis, daß eine neue Phase psychischer Strukturierung als Ergebnis reifebedingter Veränderungen im Gehirn einsetzt, durch welche die Kinder Ereignisse im Wahrnehmungsfeld in Beziehung zu ihrem vorhandenen Wissen setzen können.

Um die Beziehung zwischen den Schemata, die der Säugling gebildet hat, und dem Aufmerksamkeitsgrad, die er einem diskrepanten Ereignis wid-

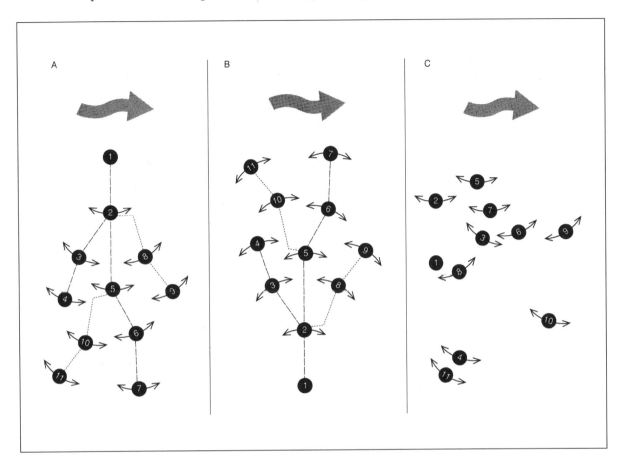

Abb. 3.8: Erkennen der Gestalt aus der Bewegung. (Aus B.I. Bertenthal, D.R. Proffitt & J.E. Cutting: Infant sensitivity to figural coherence and biomechanical motions. Journal of Experimental Child Psychology, 1984, 37, 213–230. © by Academic Press. Mit freundlicher Genehmigung.)

met, zu verstehen, muß man wissen, daß die verschiedenen Dimensionen eines Schemas nicht die gleiche Bedeutung haben, sondern sich in dem unterscheiden, was Psychologen *Sättigung* nennen. Für die meisten einjährigen Kinder ist der Kopf eines Menschen aufgrund der häufigen direkten Interaktionen mit Erwachsenen psychisch auffälliger als Arme und Beine; Hunde dagegen werden von den meisten Kindern in diesem Alter in der Regel aus einer gewissen Entfernung erkannt, und da sie außerdem vier Beine haben, sind hier die Glieder und nicht der Kopf das Auffällige.

Bei einer Untersuchung über die Auswirkungen von diskrepanten Reizen wurden einjährigen Kindern Bilder mit verschiedenen erwachsenen Frauen und verschiedenen Hunden gezeigt, immer ein Bild nach dem anderen. Sobald die Kinder sich bei diesen Bildern langweilten (bzw. in bezug auf den Reiz *habituiert* hatten, wie es in der Fachsprache heißt), zeigte man ihnen drei abgewandelte Bilder: eine Frau oder einen Hund ohne Kopf, eine Frau oder einen Hund ohne Glieder, und eine Frau oder einen Hund ohne Körper. Säuglinge, die vorher die Frauenbilder gesehen hatten, zeigten das stärkste Interesse, wenn sie das Bild einer Frau ohne Kopf sahen. Hatten sie vorher Hundebilder gesehen, interessierten sie sich dagegen am meisten für das Bild eines Hundes ohne Beine. Diese Aufmerksamkeitsmuster zeigen, daß beim Schema einer Person der Kopf und beim Schema eines Hundes die Beine die auffallenden Faktoren sind (vgl. Kasten 3.3).

Daraus läßt sich ein hypothetisches Prinzip ableiten: das *Diskrepanzprinzip*, das eine Beziehung zwischen dem Interesse eines Säuglings an einem Ereignis und dem Grad seiner Abweichung von den Schemata des Kindes annimmt. Für Kinder unter 18 Monaten gilt demnach: Ereignisse mit geringen Änderungen der zentralen Elemente (bei einem menschlichen Gesicht z. B. die Ohren, bei einer Katze z. B. der Schnurrbart) oder aber mit völliger Änderung sämtlicher Hauptmerkmale erregen weniger Aufmerksamkeit als Ereignisse mit ein oder zwei Änderungen der auffälligen Dimensionen eines Schemas (z. B. der Kopf eines Menschen). Kurz: Sehr geringe oder sehr extreme Abwandlungen eines Schemas fesseln die Aufmerksamkeit nicht so stark und so anhaltend wie mäßige Abwandlungen.

Illustrieren läßt sich das Diskrepanzprinzip anhand der Veränderungen der Aufmerksamkeit beim Betrachten menschlicher Gesichter. 3 Monate alte Kinder betrachten lächelnde Gesichter länger als neutrale (Kuchuk, Vibbert & Bornstein, 1986); aber 7 Monate alte Säuglinge betrachten ängstliche Gesichter länger als glücklich lächelnde (Nelson, C. A., & Dolgin, 1985). Eine Erklärungsmöglichkeit dafür wäre, daß ein unbekanntes, lächelndes weibliches Gesicht für ein 3 Monate altes Kind eine optimale Diskrepanz zum Gesicht der Mutter darstellt, während ein nicht vertrautes Gesicht mit einem ängstlichem Ausdruck die optimale Diskrepanz für das reifere Schema bildet, das ein 7 Monate altes Kind von den Gesichtern seiner Eltern gebildet hat.

Bei Ereignissen mit mäßiger Diskrepanz zu einem schematischen Prototyp lassen sich auch deutliche Veränderungen der elektrischen Hirnströme feststellen (Nelson & Salapatek, 1986). Ein spezifisches Erregungspotential, das sogenannte **ereignisbezogene Potential**, wird bei der Konfrontation mit einem diskrepanten oder unerwarteten Ereignis häufig aktiviert. Man hat Säuglingen eine Reihe von Bildern mit männlichen und weiblichen Gesichtern vorgelegt, jeweils etwa eine Sekunde lang. Bei einem Verhältnis von 80 Prozent männlichen und 20 Prozent weiblichen Gesichtern war bei 6 Monate alten Kindern die ereignisbezogene Spannung bei den weiblichen Gesichtern höher.

Wie kann man feststellen, was Säuglinge wahrnehmen?

Wissenschaftler, die feststellen wollen, was Säuglinge hören, sehen, riechen und fühlen, benutzen meist die Methode der *Habituierung*, die von der folgenden logischen Annahme ausgeht: Wenn Säuglinge sich bei einem bestimmten Ereignis langweilen, das ihnen immer wieder dargeboten wurde oder mit dem sie längere Zeit konfrontiert waren, betrachten sie es von Mal zu Mal weniger lang. Taucht aber ein veränderter Reiz auf, steigt die Aufmerksamkeit (d. h. die Fixierdauer), wenn sie die Veränderung bemerken. Nachlassendes Interesse oder Langeweile bei wiederholter Darbietung wird *Habituierung*, neu entstandenes Interesse bei der Reaktion auf das neue Ereignis wird *Orientierungsreaktion* genannt.

Die Zunahme der Aufmerksamkeit hat für kognitiv orientierte Psychologen deshalb so große Relevanz, weil sie bedeutet, daß das Kind Unterschiede zwischen dem neuen und dem ursprünglichen Ereignis erkennt. Wenn man Säuglingen zum Beispiel ein Bild mit zwei identischen roten Bällen so lange zeigt, bis sie sich langweilen und den Blick abwenden, und ihnen dann ein Bild mit einem roten Ball und einem roten Würfel darbietet, betrachten die meisten den Würfel länger. Daraus kann man folgern, daß sie den Unterschied in der Form der beiden Gegenstände erkennen.

Allerdings läßt sich daraus keineswegs schließen, daß Säuglinge, die den neuen Reiz nicht länger betrachten, die Unterschiede **nicht** erkennen können. Säuglinge zum Beispiel, die ein Bild mit zwei Punkten in einem Kreis gesehen und sich an diesen Reiz gewöhnt hatten, fixierten Bilder mit zwei Punkten außerhalb eines Kreises nicht länger, obwohl sie eigentlich den Unterschied hätten erkennen müssen (Linn et al., 1982). Darin zeigt sich ein gängiges Problem beim Versuch, die psychischen Zustände anderer Menschen zu erschließen. Die Tatsache, daß ein Kind einen neuen Reiz länger betrachtet, erlaubt die Schlußfolgerung, daß es zwischen dem alten und dem neuen Reiz unterscheiden kann. Betrachtet ein Kind den neuen Reiz aber nicht länger als den alten, bedeutet dies nicht, daß es zu dieser Unterscheidung nicht fähig wäre.

Da Kinder nicht immer durch längeres Fixieren anzeigen, daß sie zwischen zwei Reizen unterscheiden können, hat es sich als sinnvoll erwiesen, neben der Fixierzeit noch andere Verhaltensweisen aufzuzeichnen, wenn ein Orientierungsreiz dargeboten wird. Veränderungen im Gesichtsausdruck, Anstieg oder Abfall in der lautlichen Artikulation oder motorische Bewegungen kommen häufig vor. Bei manchen Säuglingen nimmt die Herzfrequenz ab, wenn sie einen neuen Reiz untersuchen, was auf Überraschung schließen läßt.

Für Wissenschaftler, die sich mit der Unterscheidung auditiver Reize beschäftigen, kann die Fixierzeit natürlich kein sinnvoller Anhaltspunkt sein. Sie registrieren bei sehr jungen Säuglingen Saugen von hoher Intensität. Das Kind bekommt einen Schnuller. Wenn der Druck beim Saugen eine bestimmte Stärke erreicht hat, hört es eine Silbe, zum Beispiel „pa". Sobald sich das Kind langweilt, was sich in abfallendem Saugdruck äußert, wird der Reiz verändert, zum Beispiel zu „ba". Aus steigendem Saugdruck läßt sich schließen, daß das Kind den Unterschied zwischen den Silben „pa" und „ba" entdeckt hat. Jede dieser Veränderungen im Verhalten: Fixierzeit, Artikulation, Saugen und Herzschlag, ist ein valider Indikator dafür, daß das Kind einen neuen Reiz entdeckt hat.

Das Diskrepanzprinzip hat wichtige Konsequenzen. Wie wir gesehen haben, widmen Säuglinge Ereignissen mit mäßigen Abweichungen vom bisherigen Wissensstand mehr Aufmerksamkeit. Aber die Gesamtheit der Schemata ist individuell verschieden, und deshalb werden nicht alle Kinder auf dieselben Ereignisse aufmerksam. Dazu kommt, daß die Bandbreite der Ereignisse, auf die Säuglinge mit maximaler Aufmerksamkeit reagieren, zu jedem Zeitpunkt sehr klein ist. Wenn sie diese Gruppe von Ereignissen begriffen und neue Schemata gebildet oder alte modifiziert haben, werden die Kinder für ein neues „Paket" von Ereignissen empfänglich. Durch dieses sukzessive Verständnis diskrepanter Erfahrung wachsen die kognitiven Fähigkeiten des Kindes.

Wenn die Variation des bereits Bekannten Säuglinge tatsächlich am stärksten motiviert, sie zu begreifen, und damit die kognitive Entwicklung fördert, dann müßten sich Kinder in abwechslungsarmen Umwelten intellektuell etwas langsamer entwickeln als Kinder in abwechslungsreichen. Diese These wird durch kulturvergleichende Statistiken über Kinder aus isolierten ländlichen Gegenden, aber auch durch Daten über Kinder aus Heimen bestätigt, in denen das Personal sehr viele Kinder zu betreuen hat. Da der Alltag dieser Kinder nicht sehr abwechslungsreich ist, erreichen sie die markanten Punkte der kognitiven Entwicklung im ersten Lebensjahr etwas später (Kagan, Kearsley & Zelazo, 1978).

Schemata, die eine Beziehung zwischen verschiedenen Sinnesmodalitäten herstellen: Es gibt Anzeichen dafür, daß Säuglinge eine Ähnlichkeit zwischen zwei Ereignissen feststellen können, die ihren Ursprung in verschiedenen Sinnesmodalitäten haben, zum Beispiel Sehen und Hören oder Sehen und Berührung. Sechs Monate alte Säuglinge, denen ein glatter bzw. genoppter Schnuller in den Mund gesteckt wurde, den sie nicht sehen konnten (vgl. Abb. 3.9), und denen man anschließend beide Schnuller gezeigt hatte, betrachteten den Schnuller länger, den sie vorher mit der Zunge erkundet hatten. Dieses überraschende Ergebnis weist darauf hin, daß die Kinder beim Saugen ein Schema für „Noppen" entwickelt und dieses Schema bei der visuellen Betrachtung benutzt hatten (Meltzoff & Borton, 1979).

Bei einer ähnlichen Untersuchung hörten die Kinder zunächst ein pulsierendes bzw. ein anhaltendes Geräusch und bekamen anschließend Bilder mit kurzen, unterbrochenen Linien und mit einer durchgehenden Linie gezeigt. Hatten die Säuglinge das unterbrochene Geräusch gehört, betrachteten sie auch die unterbrochene Linie länger; nach dem Dauerton dagegen sahen sie die ununterbrochene Linie länger an (Wagner, Winner, Cicchetti & Gardner, 1981). Man kann also annehmen, daß die Kinder die Dimension „Unterbrechung" im auditiven wie im visuellen Modus erkennen konnten; mit anderen Worten: sie hatten ein *modalitätsübergreifendes Schema* gebildet.

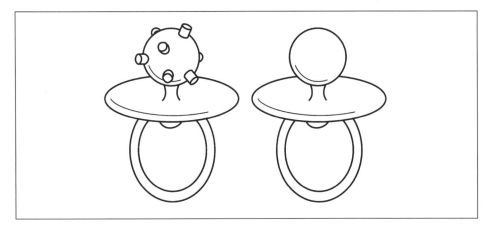

Abb. 3.9: Reize, mit denen demonstriert wurde, daß Säuglinge Ähnlichkeiten zwischen Objekten in verschiedenen Sinnesmodalitäten erkennen können. Wenn die Kinder an einem noppigen Schnuller gesaugt hatten, betrachteten sie die noppige Form länger als die glatte; wenn sie den glatten Schnuller bekommen hatten, betrachteten sie die glatte Form länger. Dies bedeutet, daß sie die Entsprechung zwischen dem Gegenstand, den sie sahen, und dem, an dem sie gesaugt hatten (ohne ihn zu sehen), erkannt hatten. (Aus A. M. Meltzoff & R. W. Borton: Intermodal matching by human neonates. Nature, 1979, 282, 403–404. © 1979 Macmillan Journal Limited. Mit freundlicher Genehmigung.)

Schon fünf Monate alte Kinder können die Beziehung zwischen Mundform und Laut erkennen (Kuhl & Meltzoff, 1982). In einem Experiment hat man Säuglingen zwei Stummfilme von jeweils 10 Sekunden Länge direkt hintereinander gezeigt. Ein Film zeigte einen weiblichen Mund in der Lautstellung „A", der andere in der Lautstellung „E". Danach sahen sie die Filme gleichzeitig und hörten gleichzeitig den zu einem der Filme gehörenden Laut (also entweder „A" oder „E"). Die Kinder betrachteten den Mund, der zu dem entsprechenden Laut gehörte, länger als den anderen. Die nur 5 Monate alten Säuglinge hatten also eine Verbindung zwischen der Form eines Mundes und dem dazugehörigen Laut hergestellt.

In diesem Fall war die Verbindung zwischen der Form des Mundes und dem entsprechenden Laut – ein modalitätsübergreifendes Schema – *erlernt*. Aber manche Psychologen sind davon überzeugt, daß Kinder modalitätsübergreifende Schemata bilden können, ohne die Verbindung zwischen Ereignissen in zwei verschiedenen Sinnesmodalitäten zu erlernen. Es ist noch nicht geklärt, ob die Ähnlichkeit in den beiden Modalitäten auf einer eventuellen Gemeinsamkeit von verschiedenen Sinnesmodalitäten beruht oder auf dem Erregungsgrad, den die Ereignisse hervorrufen. Ein unterbrochener Ton zum Beispiel enthält viele Variationen und kann deshalb physiologisch unter Umständen größere Erregung auslösen als ein ununterbrochener. Entsprechend produziert dann auch eine unterbrochene Linie mit mehr Konturen stärkere Erregung als eine durchgehende. Die Verbindung des unterbrochenen Tons mit der unterbrochenen Linie wäre dann Ergebnis der gleich starken inneren Erregung und nicht eines abstrakten Schemas „Unterbrechung".

Kategorien: Die Fähigkeit, ein Schema für die Dimensionen zu bilden, die verschiedenen Erfahrungen gemeinsam sind, zum Beispiel die Dimension Kontinuität oder Diskontinuität, setzt voraus, daß Säuglinge Kategorien bilden können. Eine **Kategorie** wird in der Regel als psychische Repräsentation der Gemeinsamkeiten einer Gruppe ähnlicher, aber nicht identischer Reize oder Ereignisse definiert. Solche Gemeinsamkeiten können äußerliche Merkmale wie Größe und Farbe oder Tätigkeiten wie Essen und Werfen sein. Im weiteren Verlauf der Entwicklung kommen dann noch abstrakte Gemeinsamkeiten wie Gut und Böse, Gerechtigkeit und Schönheit dazu.

Um eine Kategorie zu bilden, muß der Säugling die wenigen entscheidenden Aspekte zuordnen können, die eine Gruppe von Objekten oder Ereignissen charakterisieren, zum Beispiel Flügel, Schnabel und die charakteristischen Krallen eines Vogels. 4 Monate alte Säuglinge, denen Zeichnungen von Tieren gezeigt wurden, konnten die entscheidenden Merkmale sehr viel schlechter zuordnen als 7 Monate alte Kinder (Younger & Cohen, 1986). Mit einem Jahr können Kinder regelmäßig und kontinuierlich Kategorien bilden.

Die Grundlagen der Kategorienbildung bei einjährigen Kindern sind allerdings noch nicht eindeutig geklärt. Wenn ein einjähriges Kind, das mit zwanzig Spielzeugen aus verschiedenen Kategorien spielt, zielstrebig eine längliche gelbe Banane und dann eine dunkelrote Traube aufhebt, muß man sich fragen, warum gerade diese beiden Gegenstände ausgewählt wurden. Eine mögliche Hypothese ginge dahin, daß beide Gegenstände zur Gruppe der eßbaren Lebensmittel gehören. Viele Einjährige besitzen Kategorien für Einrichtungsgegenstände und Tiere, aber auch für eßbare Lebensmittel. Selbst Bilder von Objekten werden von Einjährigen in Kategorien eingeteilt. Nach einer Dia-Serie mit Bildern verschiedener Frauen reagierten Säuglinge deutlich aufmerksamer und mit aufgeregtem Gesichtsausdruck auf das Bild eines Hundes (Reznick, 1982), was darauf verweist, daß sie die Frauen und den Hund in verschiedene Kategorien eingeordnet hatten.

Es läßt sich nur schwer beurteilen, ob die Kategorien kleiner Kinder konkret oder abstrakt sind. Erkennt das Kind zum Beispiel, daß Enten und Pferde in die Kategorie „Tier" gehören, oder beruht die Kategorisierung nur auf perzeptiven Ähnlichkeiten? Eine Untersuchung hat ergeben, daß die Kinder Enten und fliegende Vögel einer Kategorie zuordnen konnten, weil sie ähnliche körperliche Merkmale besitzen. Bären und Pferde dagegen wurden nicht in dieselbe Kategorie eingeordnet, weil sie sich auf der Wahrnehmungsebene unterscheiden. Das ändert sich zwischen dem zweiten und dritten Lebensjahr, wie das folgende Experiment zeigt: Man hat mit Zwei- und Dreijährigen geübt, ein dreidimensionales Spielzeug auf eins von vier Bildern zu stellen, das der Kategorie des Spielzeugs entsprach. Sobald die Kinder begriffen hatten, daß sie das Spielzeug auf das richtige Bild setzen sollten, wurden sie getestet (vgl. Abb. 3.10). Die Zweijährigen konnten zwar das richtige Spielzeug auf das entsprechende Bild setzen, aber ausschließlich auf der Basis perzeptiver Ähnlichkeiten. Das heißt, sie setzten die Ente auf das Bild eines fliegenden Vogels (vgl. Abb. 3.10, 2. Reihe), konnten sie aber nicht dem Bild eines Bären oder eines Pferdes zuordnen (vgl. 3. und 4. Reihe). Dreijährige dagegen waren besser in der Lage, das abstrakte Konzept „Tier" zu begreifen und die Ente auf das Bild des Bären oder Pferdes zu setzen (Fenson, Cameron & Kennedy, 1987).

Allem Anschein nach gibt es bei Säuglingen eine angeborene Veranlagung, Eigenschaften zu erkennen, die verschiedenen Ereignissen gemeinsam sind. Einjährige Kinder ordnen von sich aus Gegenstände nach Gruppen, ohne daß sie als Mittel zur Kommunikation benutzt werden und ohne daß Erwachsene einen äußeren Anreiz geben oder sie loben. Das Ordnen von Gegenständen nach Gruppen ist bei Säuglingen ein natürliches, spontan auftretendes Verhalten; es läßt sich zum Beispiel mit dem spontanen Verhalten von Möwen vergleichen, die automatisch über einem Sandabhang segeln.

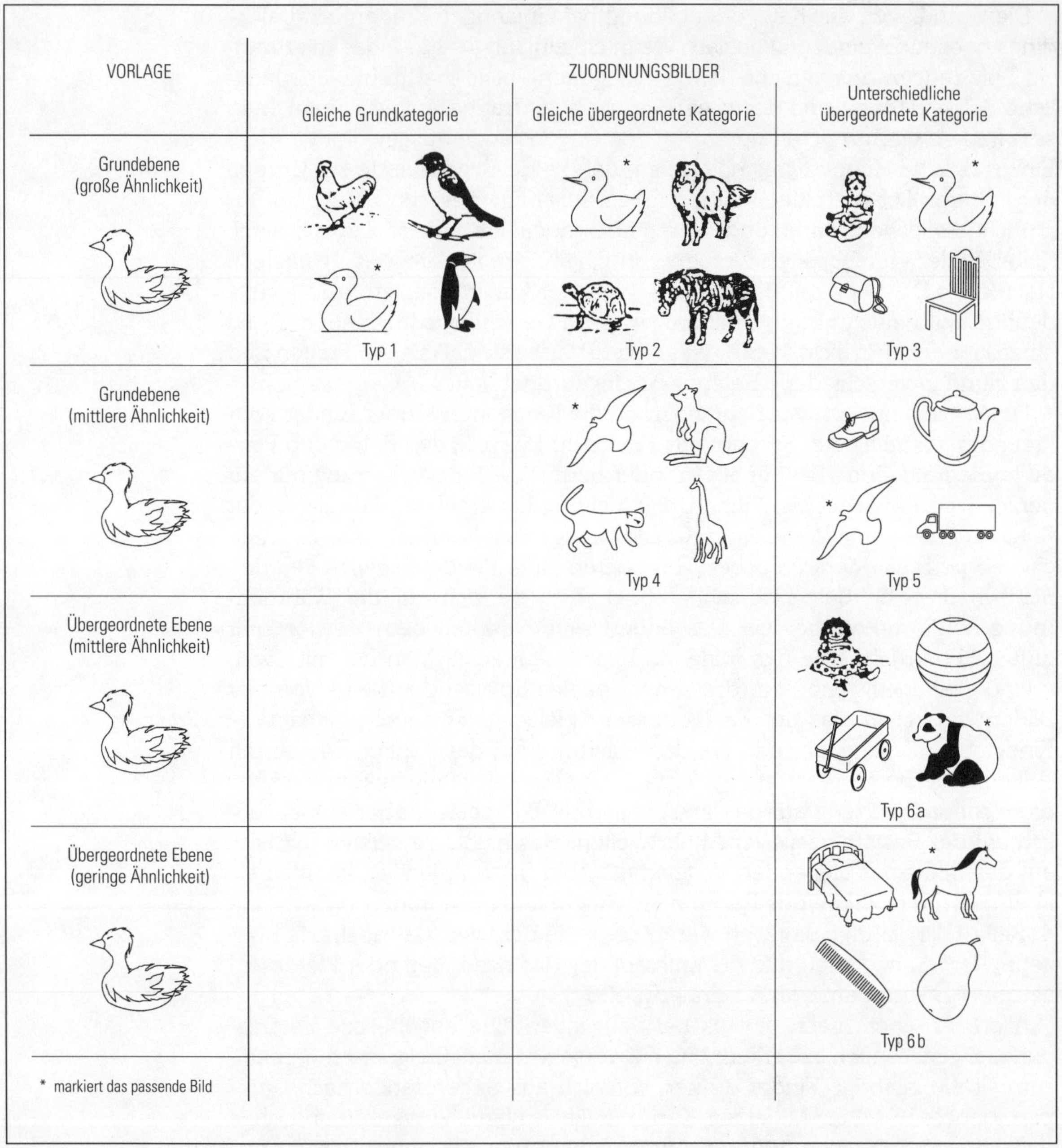

VORLAGE	ZUORDNUNGSBILDER		
	Gleiche Grundkategorie	Gleiche übergeordnete Kategorie	Unterschiedliche übergeordnete Kategorie
Grundebene (große Ähnlichkeit)	Typ 1	Typ 2	Typ 3
Grundebene (mittlere Ähnlichkeit)		Typ 4	Typ 5
Übergeordnete Ebene (mittlere Ähnlichkeit)			Typ 6a
Übergeordnete Ebene (geringe Ähnlichkeit)			Typ 6b
* markiert das passende Bild			

Abb. 3.10: Die sieben Reizanordnungen. Das Kind soll aus den Gruppen von je vier Bildern das Bild aussuchen, das in dieselbe Kategorie gehört wie das Zielspielzeug. Das Sternchen markiert die richtige Antwort. (Aus L. Fenson, M. Z. Cameron, M. Kennedy: Role of perceptual and conceptual similarity in category matching at age two years. Child Development, 1988, 59, 900. Mit freundlicher Genehmigung.)

Die Rolle des Gedächtnisses: Erinnerungsprozesse helfen dem Kind, schematische Prototypen zu bilden und sie für zielgerichtete Handlungen zu benutzen. Dieser kognitive Prozeß ist außerordentlich wichtig; wenn er fehlte, würde alle paar Sekunden der Kopf völlig leer, und alle Gedankengänge, mit denen man beschäftigt war, wären verschwunden, und man müßte wieder von vorn anfangen. Den Prozeß, bei dem gegenwärtige Erfahrung 20 bis 30 Sekunden lang in Beziehung zu vorhandenen Schemata gesetzt wird, bezeichnet man als **Arbeitsgedächtnis**. Es ist erforderlich, um komplexe Schemata neu bilden und angesichts überraschender oder diskrepanter Ereignisse alte verändern zu können.

Wenn ein 4 Monate alter Säugling ein neues Spielzeug nur einmal ungefähr 15 Sekunden lang sieht, vergißt er diese Erfahrung nach nur einer Minute (Albarran, 1987). Säuglinge wurden vom dritten bis zum siebten Monat in zweiwöchigem Abstand zu Hause besucht. Jedes Kind bekam zuerst ein deutlich erkennbares Spielzeug, mit dem es ungefähr 15 Sekunden spielen konnte, bevor es ihm sanft wieder weggenommen wurde. Nach einer Pause von unterschiedlicher Länge (10 Sekunden, 1 Minute, 3 Minuten, 15 Minuten oder 1 Stunde) zeigte man ihm zwei Spielzeuge: das, mit dem es gespielt hatte, und ein anderes. Da ja Säuglinge die Neigung haben, unvertraute Gegenstände länger zu betrachten als vertraute, hätten die Kinder das unbekannte Spielzeug länger betrachten müssen als das bekannte. Kinder unter 4 Monaten betrachteten das neue Spielzeug länger, wenn die Pause nur 10 Sekunden betrug. Bei einer einminütigen Pause ließ ihr Verhalten darauf schließen, daß sie das Spielzeug vergessen hatten. Erst ab 6 Monaten erinnerten sich die Kinder noch nach einer viertelstündigen Pause an das Spielzeug.

Diese Ergebnisse zeigen, daß bei Kindern unter 3 Monaten eine einzelne, kurze Konfrontation mit einem Ereignis nicht länger als 10 oder 20 Sekunden im Arbeitsgedächtnis gespeichert werden kann. Für ein längeres Arbeitsgedächtnis ist wahrscheinlich die Einbeziehung des limbischen Systems erforderlich, das bei gerade geborenen Säuglingen noch nicht genügend entwickelt ist (vgl. Abb. 3.3).

Das Arbeitsgedächtnis funktioniert länger, wenn eine motorische Reaktion beteiligt ist und das Kind mehrere Gelegenheiten bekommt, die Verbindung zwischen einem Reiz und einer motorischen Aktivität zu erlernen. Bei einem Experiment wurden 3 Monate alten Kindern zwei verschiedene Mobiles gezeigt. Eins der Mobiles war mit einem weichen Band am Fuß der Kinder befestigt und bewegte sich, wenn sie strampelten. Strampelten die Kinder aber, wenn sie das zweite Mobile sahen, passierte nichts. Allmählich lernten die Kinder, nur dann zu strampeln, wenn sie das erste Mobile sahen.

Drei Wochen später wurden die Kinder erneut aufgesucht, um zu sehen, ob sie sich an die Unterschiede zwischen den Mobiles erinnerten. Kinder,

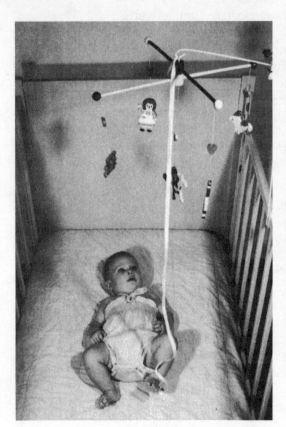 

Abb. 3.11: a) Säugling in einer Verstärkungsphase; das Fersenband ist an der Aufhängung des Mobiles befestigt. Der leere Mobile-Ständer, der links am Gitter des Bettchens befestigt ist, hält das Mobile in den Phasen ohne Verstärkung. b) Dasselbe Baby bei einer Reaktivierungsbehandlung. Mobile und Band sind an demselben Haken befestigt, aber das Band wird vom Versuchsleiter (nicht im Bild) außer Sichtweite des Kindes an der Seite des Bettes bewegt. Nicht im Bild ist ebenfalls der leere Mobile-Ständer (in derselben Position wie vorher). Das Kind wird mit dem Verstärker (dem sich bewegenden Mobile) 24 Stunden vor dem Erinnerungstest nur drei Minuten lang konfrontiert. (Aus C. K. Rovee-Collier, M. Sullivan, M. Enright, D. Lucas & J. Fagen: Reactivation of infant memory. Science, 1980, 208, 1159–1161. © by the American Association for the Advancement of Science. Foto: Breck P. Kent. Mit freundlicher Genehmigung.)

die die Mobiles während der dreiwöchigen Pause nicht gesehen hatten, hatten vergessen, daß Strampeln Mobile eins bewegte, aber nicht Mobile zwei. Aber wenn sie einen Tag früher (d. h. 20 Tage nach der letzten Konfrontation mit den Mobiles) die Bewegung von Mobile eins beobachtet hatten, erinnerten sie sich am nächsten Tag daran, daß sie bei Mobile eins strampeln mußten (Fagen, Yengo, Rovee-Collier & Enright et al., 1981).

Eine Reihe ähnlicher Experimente läßt darauf schließen, daß die Verbindung zwischen dem Reiz eines Mobiles und der Aktivität des Strampelns nach ein oder zwei Wochen vergessen wird. Sieht aber der Säugling das Mobile vor dem Test, wird die Verbindung reaktiviert; die Erinnerung funktioniert besser (vgl. Rovee-Collier, Sullivan, Enright, Lucas & Fagen, 1980; Davis & Rovee-Collier, 1983).

Ausbau des Erinnerungsgedächtnisses (recall memory): Vier Monate alte Kinder können die Ähnlichkeiten erkennen zwischen einem Gesicht, das sie vor sich sehen, und einem Gesicht, das sie bereits gesehen haben. Aber ihre Fähigkeit, das Schema zum Beispiel für ihren Vater abzurufen, wenn der Vater nicht im Raum ist, um ihrer Erinnerung nachzuhelfen, ist sehr viel geringer. Der Unterschied zwischen dem Erkennen des anwesenden Vaters und dem Abrufen des Schemas für den abwesenden Vater entspricht dem Unterschied zwischen Wiedererkennen und **Erinnern** bei älteren Kindern und Erwachsenen (vgl. 8. Kapitel). Wenn man jemanden oder etwas wiedererkennt, erinnert man sich daran, daß ein gegenwärtiger Reiz in der Vergangenheit wahrgenommen wurde. Beim Erinnern dagegen ist kein relevanter Reiz vorhanden, und man muß das Schema abrufen. Deshalb kommt es bei Multiple-Choice-Prüfungen auf das Wiedererkennen an, während bei Aufsätzen das Erinnerungsgedächtnis ausschlaggebend ist.

Die Fähigkeit zur Erinnerung wächst anscheinend nach dem achten Monat. Acht Monate alte Kinder beobachteten zunächst, wie ein Spielzeug unter einem von zwei Tüchern (Tuch A) versteckt wurde, und holten es sich mit Erfolg zurück. Nach mehreren erfolgreichen Versuchen sahen sie zu, wie das Spielzeug unter dem zweiten Tuch (Tuch B) versteckt wurde. Wenn mehr als 5 Sekunden zwischen Beobachtung und Greifen verstrichen, griffen die Kinder nach Tuch A und fanden natürlich nichts. Betrug die Pause aber nur 1 oder 2 Sekunden, griffen sie nach Tuch B und fanden das Spielzeug.

Dann wurde exakt gemessen, bis zu welchem Zeitpunkt die Kinder unter dem richtigen Tuch (B) suchten, und die Pause so lange gesteigert, bis sie sich irrten und nach Tuch A griffen. Als der erste Geburtstag der Kinder näherrückte, mußte die Verzögerung zwischen dem Verstecken des Gegenstandes unter Tuch B und der Erlaubnis, danach zu suchen, ständig verlängert werden, um den Irrtum hervorzurufen. Aus diesem Ergebnis läßt sich schließen, daß Langzeit- und Kurzzeitgedächtnis sich in der zweiten Hälfte des ersten Lebensjahres ständig verbessern (vgl. Diamond, 1985).

Beziehung zwischen Vergangenheit und Gegenwart: Mit der Verbesserung des Kurzzeitgedächtnisses entwickelt sich auch die Fähigkeit, ein gegenwärtiges Ereignis auf ein Ereignis der Vergangenheit zu beziehen. Diese Kompetenz zeigt sich, wenn ein Spielzeug unter einem von zwei Tüchern versteckt wird und das Kind das Schema des Spielzeugs auf das Schema der Lokalisierung beziehen muß, d. h. auf das Tuch, unter dem es versteckt wurde. Andere Untersuchungen haben ebenfalls ergeben, daß sich nach dem achten Lebensmonat die Fähigkeit verbessert, vergangene und gegenwärtige Ereignisse in Beziehung zu setzen. Bei einem Experiment wurde Kindern ein bestimmtes Objekt (eine pelzige Rolle) an einem bestimmten Ort gezeigt. Mit Hilfe von Trickspiegeln wurde die Rolle dann unbemerkt mit einem ganz anderen Gegenstand (ein weicher Plastikgegenstand mit hervortretenden Noppen) vertauscht, so daß die Kinder, wenn sie danach griffen, entweder den beobachteten Gegenstand in der Hand hatten oder einen völlig anderen. Die Wissenschaftler beobachteten Gesicht und Körper des Kindes, um einschätzen zu können, wie groß die Überraschung war, wenn die Kinder nicht auf das sichtbare, sondern das andere Objekt stießen. Acht Monate alte Kinder wirkten nicht besonders überrascht, aber Kinder, die nur zwei oder drei Monate älter waren (also 9½ und 11 Monate alt) waren sehr überrascht, wenn sie statt des pelzigen Zylinders, den sie sahen, den weichen Plastikgegenstand in der Hand hielten. Die älteren Kinder konnten also allem Anschein nach eine Beziehung herstellen zwischen dem, was sie sahen, und dem, was sie fühlten, und diese Beziehung zwischen den beiden Schemata beurteilen.

Acht bis neun Monate alte Kinder können auch einen Orientierungspunkt (z. B. ein Bild an der Wand) mit einem interessanten Ereignis verbinden, das dort aufgetreten ist. Sie ließen erkennen, daß sie das erneute Auftreten des Ereignisses antizipierten (Keating, McKenzie & Day, 1986). In diesem Alter beginnen Kinder auch, bei Interaktionen mit Blickkontakt eine positive Reaktion der Mutter zu antizipieren und durch ihr Agieren die Mutter zur Reaktion aufzufordern (Cohn & Tronick, 1987).

Lerntheorie und Konditionieren

Wie bereits gesagt, erarbeiten sich Kinder zwei verschiedene Gruppen von Strukturen: zum einen die bisher behandelten Schemata, zum anderen konditionierte Reaktionen. **Konditionierung** bedeutet das Lernen der Beziehungen zwischen Ereignissen (Rescorla, 1988). Ein solche Gruppe von Beziehungen besteht zum Beispiel zwischen einem bestimmten Reiz, etwa einem Geräusch, und einem anderen Ereignis, das automatisch einen Reflex auslöst, zum Beispiel Saugbewegungen als Reaktion auf eine süße

Flüssigkeit. Wenn man ein Geräusch von sich gibt und eine Sekunde später dem Säugling Zuckerwasser in den Mund träufelt, reagiert der Säugling mit Saugbewegungen auf den süßen Geschmack. Wenn man diese Abfolge ein dutzendmal wiederholt, lernt das Kind, daß der Ton das Zuckerwasser *ankündigt*, und macht Saugbewegungen, auch wenn es gar kein Zuckerwasser bekommt.

Eine zweite Gruppe von Beziehungen besteht zwischen einer Reaktion und einem Ereignis, das die Aufmerksamkeit des Kindes erregt, es überrascht und befriedigt. Arrangiert man das oben beschriebene Experiment so, daß das Kind nach dem Geräusch seinen Kopf nach rechts wenden muß, um das Zuckerwasser zu bekommen, lernt es, daß es die angenehme Erfahrung des süßen Geschmacks beim Hören des Geräuschs dann macht, *wenn* es seinen Kopf nach rechts dreht. Es hat gelernt, daß zwischen dem Drehen des Kopfes in eine bestimmte Richtung und dem süßen Geschmack eine Beziehung besteht. Die erste Art der Konditionierung wird *klassische Konditionierung* genannt, die zweite *instrumentelle Konditionierung*.

Warum die Unterscheidung zwischen Wahrnehmungsschemata und konditionierten Reaktionen wichtig ist, haben Tierversuche gezeigt. Affen, denen der zum limbischen System gehörende Mandelkern und der Hippocampus entfernt wurde und die deshalb keine Schemata für vergangene Ereignisse abrufen können, lernten nach vielen Versuchen trotzdem, nach einem bestimmten Gegenstand zu greifen, wenn das immer zu einer Belohnung führte (Mishkin & Appenzeller, 1987). Auch Neugeborene lernen, einem bestimmten Stimulus wiederholt den Kopf zuzuwenden, obwohl ihr Kurzzeitgedächtnis nur ein recht flüchtiges Schema für einen bestimmten Reiz zuläßt.

Im Alter von 14 Wochen können Säuglinge lernen, daß ein interessanter Reiz an einem bestimmten Ort auftaucht, und, wenn sie das Auftauchen dieses Reizes vorwegnehmen, ihren Blick dorthin lenken. Die Kinder wurden in einen Apparat gelegt, wie er in Abb. 3.12 dargestellt ist. Auf dem Bildschirm über sich sahen sie den folgenden Ablauf: Ein Bild (z.B. ein Schachbrett) erschien zunächst entweder auf der rechten oder der linken Seite des Schirms und bewegte sich ungefähr 0,7 Sekunden lang nach oben und unten. Dann erlosch das Bild, und nach einer Sekunde, in der nichts zu sehen war, erschien ein anderes auf der anderen Seite des Schirms. Einige Kinder antizipierten bereits nach nur einer Minute dieses Ablaufs das Auftauchen des neuen Bildes und richteten die Augen auf den Ort, wo das Bild auftauchen mußte (Haith, 1987). Sie hatten gelernt, eine Beziehung zwischen dem Auftauchen des Bildes auf der einen und dem späteren Auftauchen des Bildes auf der anderen Seite herzustellen.

Klassisches Konditionieren: Ein nur 2 Stunden altes Neugeborenes kann einen klassisch konditionierten Reflex erlernen. Der konditionierte Reiz be-

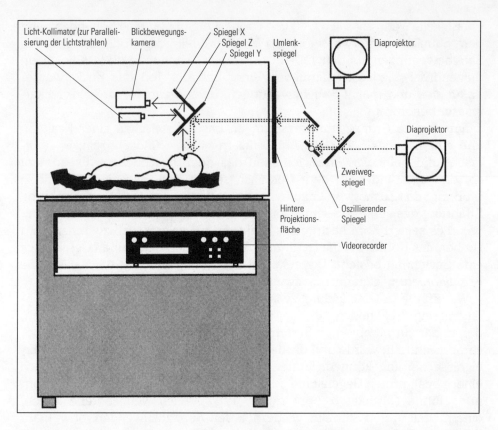

Abb. 3.12: Die Reize werden mit computergesteuerten Diaprojektoren dargeboten. Der Licht-kegel des einen Projektors wirft die Bilder auf die rechte Seite der Projektionsfläche, der des anderen zeigt Bilder auf der anderen Seite. Die Blickbewegungskamera zeichnet auf, wohin das Kind blickt. (Aus M. M. Haith, C. Hazan & G. S. Goodman: Expectation and anticipation of dynamic visual events by 3 to 5-month-old babies. Child Development, 1988, 59, 470. © 1988 by the American Psychological Association. Mit freundlicher Genehmigung.)

stand aus dem Streicheln seiner Stirn, der unkonditionierte Reiz aus einer Zuckerlösung, die mit einer Pipette in den Mund des Säuglings geträufelt wurde, und die unkonditionierte Reaktion aus einer entsprechenden Kopf-bewegung, einem Zusammenziehen der Lippen und Saugbewegungen, wenn die Zuckerlösung verabreicht wurde (vgl. Blass, Ganchrow & Steiner, 1984). Eine Gruppe von Neugeborenen bekam die Zuckerlösung unmittel-bar nach dem Streicheln der Stirn, bei einer zweiten lag eine sehr viel länge-re und variable Pause zwischen Streicheln und Verabreichen der Zuckerlö-sung, eine dritte Gruppe bekam nur den Zucker und wurde nicht gestreichelt. Nach vielen Wiederholungen wurden die Kinder gestreichelt, *ohne* daß sie eine Zuckerlösung bekamen. Nur die erste Gruppe spitzte die Lippen und machte Saugbewegungen, als ihre Stirn gestreichelt wurde, das heißt, die Mundreaktionen waren klassisch auf den taktilen Reiz konditioniert.

Obwohl seit fast 75 Jahren in diesem Bereich geforscht wird, wissen wir immer noch nicht, wie die klassisch konditionierten Verbindungen etabliert werden. Die Psychologie geht davon aus, daß Säuglinge (genau wie ältere Menschen) eine biologische Ausstattung besitzen, um bestimmte Ereignisse mit bestimmten inneren Reaktionen oder offenem Verhalten zu verbinden. Nicht jeder Reiz kann so konditioniert werden, daß er eine bestimmte Reaktion hervorruft, und nicht bei jedem Ereignis, das ein anderes ankündigt, läßt sich eine konditionierte Verbindung herstellen. Ein saugendes Kind besitzt die notwendige Ausstattung, um den Geruch des Parfüms der Mutter mit dem Gefühlszustand assoziieren zu können, der das Stillen begleitet, ist aber in sehr viel geringerem Maße darauf vorbereitet, Raumtemperatur oder Farbe der Wände mit diesem Gefühlszustand in Verbindung zu bringen.

Instrumentelles Konditionieren: **Instrumentelles** oder **operantes Konditionieren** unterscheidet sich vom klassischen in verschiedener Hinsicht. Ein einjähriges Kind zum Beispiel schreit, wenn seine Mutter es ins Bett legt, das Licht ausschaltet und den Raum verläßt. Das Geschrei des Kindes bringt die Mutter dazu, den Raum wieder zu betreten, das Licht wieder anzumachen und zum Kind zurückzukehren. Dieser Ablauf erhöht die Wahrscheinlichkeit, daß das Kind am nächsten Tag wieder schreit, wenn es ins Bett gebracht wird, weil die Rückkehr der Mutter ein verstärkendes Ereignis darstellt. Eine andere Einjährige greift ihr Milchglas von oben; die Milch schwappt heraus. Wenn sie ein zweites Glas aufnimmt und an den Seiten festhält, schwappt keine Milch aus dem Glas, und sie kann den Inhalt trinken. Das erfolgreiche Ergebnis wird als verstärkendes Ereignis bezeichnet. Weil die Verstärkung, also die Rückkehr der Mutter oder das Trinken der Milch, durch Schreien bzw. das seitliche Festhalten des Glases erreicht wurde, ist die Wahrscheinlichkeit höher, daß diese Reaktionen unter diesen spezifischen Bedingungen wieder auftauchen.

Die spezifische Form der Saugreaktionen des Säuglings läßt sich verändern, indem man Milch gibt oder zurückhält; man kann Babys auch instrumentell konditionieren, bei manchen Geräuschen den Kopf zu drehen. Sie lernen, Hinweise aus ihrer Umwelt zu *unterscheiden*, die anzeigen, wann eine Verstärkung erfolgt oder welche von verschiedenen Verhaltensweisen verstärkt wird. Bei einem Experiment wurde mit einer Glocke und einem Summer gearbeitet (Papousek, 1967). Sechs Wochen alte Säuglinge bekamen beim Glockenton Milch aus einer Flasche auf ihrer linken, beim Summton dagegen aus der Flasche auf ihrer rechten Seite. Nach ungefähr 30 Tagen hatten die Kinder gelernt, ihren Kopf nach links zu drehen, wenn sie die Glocke hörten, und nach rechts, wenn der Summer ertönte. Papousek konnte vier Monate alte Säuglinge so konditionieren, daß sie sich zweimal nach einer Seite oder abwechselnd nach rechts und nach links drehten. Ein anderes Beispiel für eine instrumentell konditionierte Reaktion ist das weiter oben beschriebene Strampeln beim Anblick eines Mobiles.

Verstärkung steigert die Wahrscheinlichkeit, daß die instrumentell konditionierte Reaktion in einem bestimmten Kontext wiederholt wird. Wenn das verstärkende Ereignis biologische Bedürfnisse wie Hunger oder Durst befriedigt, wird es als *Primärverstärker* bezeichnet. Alle Gegenstände oder Menschen, die bei dieser Reduzierung anwesend sind, können ebenfalls verstärkenden Wert bekommen; sie werden *Sekundärverstärker* genannt.

Früher schien es, als sei das entscheidende Element bei der Verstärkung die dadurch hervorgerufene Befriedigung, aber diese Definition hat sich als zu einfach erwiesen. Man freut sich nicht jedesmal, wenn man ein instrumentelles Verhalten benutzt, d. h. wenn man handelt, um ein Ziel zu erreichen. Ins Auto steigen, um zur Schule oder zur Arbeit zu fahren, ist zum Beispiel ein instrumentelles Verhalten, das Tag für Tag vorkommen kann, obwohl es wenig oder gar keine Freude macht. Deshalb sehen manche Psychologen in allen Veränderungen der Erfahrung, die die Wahrscheinlichkeit einer wiederholten Reaktion erhöhen, einen möglichen Verstärker. Aber nicht immer erhöhen Veränderungen in der Erfahrung die Wahrscheinlichkeit einer Reaktion, und zunächst verstärkende Ereignisse verlieren unter Umständen durch die Wiederholung ihre verstärkenden Eigenschaften. Wenn ein Säugling zum Beispiel einen Ball voller Plastikperlen anstößt, so daß er in Bewegung gerät und ein interessantes Geräusch erzeugt, lacht er und wiederholt die Handlung. Offenbar wirken Bewegung und Geräusch verstärkend, und demnach könnte man erwarten, daß das Kind die Handlung dauernd wiederholt. Aber nach ein paar Minuten hört das Baby gelangweilt auf. Dieses verbreitete Phänomen der Langeweile nach dem Erreichen eines gewünschten Ziels läßt darauf schließen, daß sich der Zustand des Kindes nach der Erfahrung der Verstärkung verändert, was dann wiederum auch die Motivation für das verstärkende Ereignis verändert.

Wie beim klassischen Konditionieren sind auch die Mechanismen des instrumentellen Konditionierens noch nicht geklärt. Trotzdem läßt sich instrumentelles Konditionieren sehr sinnvoll zur Verhaltensänderung einsetzen. Geistig behinderte Kinder zum Beispiel können dadurch grundlegende soziale Fertigkeiten lernen wie Schuhe zubinden oder mit Messer und Gabel essen. Instrumentelles Konditionieren hilft Kindern auch, bestimmte Ängste zu überwinden, zum Beispiel die Angst vor großen Hunden.

Piagets Theorie der Säuglingszeit ▪▪▪▪

Keine Darstellung der kognitiven Entwicklung in der Säuglingszeit kommt ohne Erwähnung der Arbeiten des Schweizer Psychologen Jean Piaget aus, der die wohl wichtigste Theorie der kognitiven Entwicklung unseres Jahrhunderts aufgestellt hat. Als er 1980 im Alter von 84 Jahren starb, hinterließ er über vierzig Bücher und mehr als 200 Aufsätze. Wir werden auf diese Theorie im Zusammenhang mit den verschiedenen Entwicklungsstadien immer wieder zurückkommen (vgl. besonders im 7. Kapitel dieses und im 14. Kapitel des zweiten Bandes). Im folgenden geht es um Piagets Konzept der kognitiven Entwicklung in der Säuglingszeit.

Wie bereits erwähnt, erwerben Säuglinge durch Erfahrung zwei verschiedene Formen des Wissens: perzeptive Schemata für Reizereignisse und konditionierte Verbindungen zwischen zwei Ereignissen bzw. zwischen einer Handlung und einem darauf folgenden Ereignis. Mit Hilfe der Schemata erkennen Säuglinge Erfahrungen wieder, die sie in der Vergangenheit gemacht haben; mit Hilfe der konditionierten Reaktionen können sie neue Verhaltensweisen anwenden, um die angestrebten Ziele zu erreichen. Piaget nimmt aber noch eine dritte Struktur an, die Schemata und Handlungen miteinander verbindet: die **sensumotorische Koordination**.

Sensumotorische Schemata

Für Piaget ist in der Säuglingszeit die zentrale Kategorie des Wissens das *sensumotorische Schema*, das sich am besten als Repräsentation einer Gruppe motorischer Handlungen definieren läßt, mit deren Hilfe ein Ziel erreicht werden soll. Piagets Begriff des sensumotorischen Schemas bezieht sich wie der bisher behandelte Schemabegriff ebenfalls auf die Repräsentationen der Elemente, die mehreren Ereignissen gemeinsam sind, rückt aber die *Handlungen* des Kindes in den Mittelpunkt, nicht den Inhalt dieser frühen Schemata. Das sensumotorische Schema für Bälle oder andere runde Gegenstände umfaßt demnach die Handlungen Halten, Berühren und Werfen. Wichtige sensumotorische Schemata sind Greifen, Werfen, Saugen, Klopfen und Treten. Werden diese Schemata mit den entsprechenden Handlungen kombiniert, spricht man von *sensumotorischer Koordination*.

Piaget hat die These aufgestellt, daß Säuglinge ihr Wissen über Gegenstände durch Handlungen erwerben. Sie lernen die Funktion ihrer Finger kennen, indem sie sie bewegen und an ihnen saugen, und die von Mobiles, indem sie sie mit den Augen verfolgen und dagegentreten. Dieses Wissen entsteht in einer Abfolge von einzelnen Entwicklungsphasen, die zusammen die sogenannte *sensumotorische Phase* bilden.

Die sensumotorische Phase

In der ersten wichtigen Phase der intellektuellen Entwicklung, der **sensumotorischen Phase**, die die ersten 18 bis 24 Lebensmonate umfaßt, manifestiert sich Intelligenz laut Piaget durch Handlung. In der sensumotorischen Phase lassen sich sechs Stufen unterscheiden. Auf eine detaillierte Beschreibung dieser Stufen soll hier verzichtet werden; statt dessen konzentrieren wir uns auf die Intelligenzentwicklung bei Säuglingen, die in diesen Stufen vor sich geht.

In den ersten beiden Lebensjahren entwickeln sich Säuglinge fort von automatischen Reflexen und hin zur Erfindung neuer Möglichkeiten der Problemlösung. Zu Beginn des Lebens ist ein Säugling mit Reflexen wie Schreien, Saugen und Orientierung auf Geräusche ausgestattet. Aber bald entwickelt er *primäre Zirkulärreaktionen*, das heißt, ursprünglich zufällige Handlungen werden wiederholt. Wenn ein hungriger Säugling zum Beispiel zufällig mit seinen Fingern über die Lippen streicht und diese Aktion dann wiederholt, ist ein Muster entstanden, das kein angeborener Reflex mehr ist. Mit ungefähr sechs Monaten entwickeln Säuglinge *sekundäre Zirkulärreaktionen*, bei denen sie Handlungen wiederholen, die zu interessanten Bildern oder Geräuschen führen, und setzen zum Beispiel ein Glöckchen am Kinderbett in Bewegung. Jetzt interessieren sie sich mehr für die Auswirkungen ihrer Handlungen auf ihre Umwelt, nicht mehr ausschließlich für die eigenen Körperreaktionen.

Gegen Ende des ersten Lebensjahres zeigt sich die wachsende Fähigkeit, sensumotorische Schemata zu koordinieren, um ein Ziel zu erreichen. Um zum Beispiel einen bestimmten Gegenstand zu erreichen, räumen Kinder jetzt Hindernisse beiseite und greifen nicht mehr einfach nur nach dem, was ihnen als erstes in den Weg kommt. Vom ersten Lebensjahr an entwickeln sich *tertiäre Zirkulärreaktionen*: Die Kinder wiederholen nicht mehr einfach bestimmte Handlungen, sondern wandeln sie ab und beobachten die Wirkungen auf die Umwelt, fast so, als ob sie systematisch die Eigenschaften von Objekten erkunden wollten. 15 Monate alte Kinder, die mit einem Ball spielen, werfen ihn, drücken darauf, schlagen ihn gegen eine Oberfläche und achten dabei immer darauf, welche Geräusche dabei entstehen, wie weich er ist, usw.

Im letzten Stadium erfinden die Kinder neue sensumotorische Schemata durch eine Art geistiger Erkundung, bei der sie sich bestimmte Ereignisse und Ergebnisse bildlich vorstellen. Anderthalbjährige Kinder, die einen zu hoch angebrachten Lichtschalter erreichen möchten, blicken zwischen dem Schalter und dem Stuhl hin und her, ziehen dann plötzlich den Stuhl zum Lichtschalter, klettern darauf und schalten das Licht an. Dieses Verhalten gegen Ende des zweiten Lebensjahres bildet die letzte Stufe der sensumotorischen Entwicklung. Für Piaget ist das wichtigste Merkmal dieser Entwicklungsstufe die Entwicklung einer Vorstellungsfähigkeit, mit deren Hilfe Probleme gelöst oder Ziele erreicht werden können, für die ein Kind kein habituelles Verhaltensrepertoire besitzt. In diesem Stadium werden Probleme nicht durch Versuch und Irrtum, sondern durch „inneres Experimentieren, eine innere Erkundung der Mittel und Wege" gelöst (zit. nach Flavell, 1963). Piaget hat ein eindrückliches Beispiel dafür gegeben:

„Mit einem Jahr und sechs Monaten spielt Lucienne zum erstenmal mit einem Puppenwagen, dessen Griffe sich für sie in Kopfhöhe befinden. Sie schiebt ihn über den Teppich. Als sie an die Wand stößt, zieht sie ihn. Dazu muß sie aber rückwärts gehen. Das ist unbequem, und deshalb hält sie an und geht dann ohne Zögern auf die andere Seite, um den Wagen wieder schieben zu können. Sie hat also beim ersten Versuch die richtige Methode gefunden, offensichtlich analog zu anderen Situationen, aber ohne Anleitung oder Übung und auch nicht durch Zufall" (zit. nach Flavell, 1963).

Das Konzept der Objektpermanenz

Piaget hat sich auch mit der Entwicklung der von ihm sogenannten **Objektpermanenz** beschäftigt. Bei der Objektpermanenz geht es um die Überzeugung, daß ein Gegenstand auch dann existiert, wenn man ihn nicht sieht. In den ersten zwei oder drei Monaten folgen Säuglinge einem Gegenstand mit den Blicken, bis er aus ihrem Gesichtsfeld verschwindet, und geben dann sofort jede weitere Suche danach auf. Zwischen drei und sechs Monaten beginnt die Koordination des Sehens mit den Arm- und Handbewegungen. In diesem Alter greifen Säuglinge nach Objekten, die sie sehen, aber nicht nach Gegenständen, die außerhalb ihres unmittelbaren Gesichtsfeldes liegen. Diese Unfähigkeit, nach verborgenen Objekten zu suchen, deutet für Piaget darauf hin, daß die Kinder noch nicht begreifen, daß das Objekt weiterhin existiert.

In den letzten drei Monaten des ersten Lebensjahres gibt es einen weiteren Fortschritt. Jetzt greifen die Kinder nach einem versteckten Gegenstand, wenn sie beobachten konnten, wie er versteckt wurde. Ein Kind, das beobachtet, wie ein Erwachsener ein Spielzeug unter der Decke versteckt, sucht dort danach. Zehn Monate alte Kinder sind sichtlich überrascht, einen Gegenstand, der vor ihren Augen unter einer Hand versteckt wurde, nicht mehr vorzufinden, wenn die Hand weggezogen wird. Diese Überraschung verweist darauf, daß sie das Objekt dort erwartet haben, mit anderen Worten, daß sie von der Objektpermanenz überzeugt sind (Charlesworth, 1966).

Für Piaget war diese Entwicklung des Konzepts der Objektpermanenz Ergebnis der vorangegangenen Interaktionen des Kindes mit Objekten. Er glaubte, daß das Wissen eines neun Monate alten Kindes über den Ort eines Gegenstandes in den Handlungen enthalten ist, die erforderlich sind, um ihn wiederzubekommen. Bei dem erwähnten Beispiel des Kindes, das einen Gegenstand unter der Decke sucht, würde Piaget sagen, das Wissen des Kindes über den Ort des Gegenstandes sei in den sensumotorischen Schemata enthalten, die es vorher beim Greifen eingesetzt hat.

Piagets Annahmen zur Entwicklung

Die Frage nach den Grundlagen des Wissens ist in der Geschichte der Philosophie immer kontrovers diskutiert worden. Manche Philosophen wie John Locke haben angenommen, daß nur mentale Ideen (also das, was wir Schemata und Kategorien genannt haben) die Grundlage des Wissens darstellen. Für Piaget dagegen ist Wissen funktional; er sieht den Zweck des Wissens darin, die Anpassung an die reale Welt zu fördern. Das wichtigste Wissen wäre dann also ein Wissen, das zielgerichtetem Verhalten dient. Seine Theorie geht davon aus, daß die Erfahrung des Handelns die grundlegenden Reflexe des Säuglings (vgl. Tabelle 3.1) in eine Reihe komplexer, regelmäßiger Verhaltensweisen verwandelt, die der Anpassung förderlich sind. Gestützt wird dieses Konzept durch die Tatsache, daß selbständige Bewegung im Raum (Lokomotion) das Erinnerungsgedächtnis fördert. In diesem Fall ist Handlung tatsächlich die Bedingung für das Entstehen dieser wichtigen Stufe im Reifeprozeß. Andererseits zeigt die Tatsache, daß Contergan-Kinder, die ohne Arme geboren wurden, ein sehr hohes sprachliches Niveau erreicht haben und auch viele andere normale kognitive Fähigkeiten beherrschen, wie korrekturbedürftig Piagets Beharren auf der Notwendigkeit sensumotorischer Handlungen ist. Aus diesen und anderen Gründen ist die Entwicklungstheorie von Piaget in bestimmten Aspekten kritisch hinterfragt worden. Das gilt vor allem für seine grundlegenden Thesen zur Entwicklung in den ersten beiden Lebensjahren.

Piagets Konzept der sensumotorischen Stufe der intellektuellen Entwicklung enthält vier wichtige Annahmen: Erstens die (relativ unumstrittene) Annahme, daß Interaktion mit der Umwelt die Entwicklung wesentlich fördert, auch wenn reifebedingte Veränderungen einen Einfluß darauf haben, *wie* das Kind diese Erfahrung zur Konstruktion neuen Wissens nutzt. Piaget sieht hier den zentralen Entwicklungsfaktor in der Aktion der Kinder mit und an Objekten. Werfen, Schieben, Ziehen und Saugen von Bällen, Fingern und

Tassen verändern die sensumotorischen Schemata und schaffen neue, komplexere Möglichkeiten, damit umzugehen.

Die zweite Annahme besagt, daß die psychische Entwicklung in der Säuglingszeit graduell oder kontinuierlich verläuft und nicht diskontinuierlich (vgl. 1. Kapitel). Die Fähigkeit des Kindes zur Objektpermanenz zum Beispiel nimmt von den ersten Lebenstagen an allmählich zu. In den späteren wichtigen Lebensphasen gibt es nach Piaget eher qualitative oder diskontinuierliche Veränderungen. Diese These ist umstritten, weil viele Wissenschaftler auch in der Säuglingszeit qualitative Veränderungen feststellen, zum Beispiel bei der Entwicklung des Kurzzeitgedächtnisses.

Die dritte Annahme nimmt eine Verbindung zwischen einzelnen Entwicklungsstufen an. Verbindung bedeutet, daß jeder Fortschritt in den kognitiven Funktionen auf der vorangegangenen Stufe aufbaut und einige der früheren Fähigkeiten mit einschließt. Das Klavierspiel ist ein gutes Beispiel, weil sich hier die Fähigkeiten graduell und kumulativ verbessern und jede Verbesserung auf der früheren Leistung aufbaut. Die meisten Entwicklungspsychologen sehen die Entwicklung der psychischen Strukturen in den ersten Lebensjahren analog dazu, und diese Analogie trifft wohl auch für viele, wenn auch nicht zwangsläufig für alle Aspekte zu.

Piagets vierte Annahme besagt, daß wachsende Intentionalität eine der wichtigsten Fähigkeiten ist, die in den ersten beiden Lebensjahren entwickelt werden müssen. Zweijährige Kinder können einen Plan machen, die dazu notwendigen Objekte auswählen und ihren Plan so unbehelligt von Ablenkungen durchführen, wie es in den ersten Lebenswochen unmöglich gewesen wäre. Intentionalität entsteht für Piaget schrittweise aus der Wiederholung von Handlungen, welche die Welt des Säuglings verändern. Diese Auffassung ist nicht unumstritten, weil manche Wissenschaftler der Meinung sind, die Reifung von Teilen des Gehirns gegen Ende des ersten Lebensjahres sei zumindest zum Teil die Ursache dafür, daß Intentionalität im Verhaltensrepertoire auftaucht.

Zusammenfassung

Die Säuglingszeit wird in allen Kulturen als besondere Zeit anerkannt, die sich von allen anderen Lebensabschnitten unterscheidet. Aber parallel zur Veränderung grundlegender gesellschaftlicher Überzeugungen verändern sich auch die wissenschaftlichen Konzepte zur Beschreibung der Säuglingszeit. Heute ist für viele Psychologen die kognitive Entwicklung des Säuglings ein sinnvoller theoretischer Rahmen für die Beschreibung der Veränderungen, die in dieser Phase beobachtet werden.

Weil das Gehirn des Säuglings bei der Geburt noch unreif ist, sind viele Veränderungen im Verhalten des Säuglings Ergebnis des Hirnwachstums. Zu diesen Veränderungen zählt die Verringerung der Dauer des REM-Schlafes (REM = rapid eye movement; schnelle Augenbewegungen). Auch das Risiko des plötzlichen Kindstods nimmt mit zunehmender Reife des Gehirns ab.

Gesunde Säuglinge besitzen eine Gruppe angeborener Reflexe, die zum Teil nützlich für die Anpassung an die neue Umgebung, zum Teil aber nur deshalb vorhanden sind, weil die Hirnrinde noch nicht reif genug ist, um sie zu kontrollieren. Das Neugeborene hat auch bestimmte Wahrnehmungsanlagen ererbt, wobei die wohl wichtigste die Neigung ist, auf Reize zu reagieren, die sich verändern oder viel Abwechslung bieten. Säuglinge interessieren sich besonders für visuelle Ereignisse mit starken Kontrasten, Bewegungen, gekrümmten Linien, Farbe und Symmetrie.

Unter *Reifung* versteht man eine universelle Abfolge biologischer Ereignisse im Körper oder im Gehirn, die die Entstehung einer psychischen Funktion ermöglichen. Im größten Teil des ersten Lebensjahres verläuft die Reifung des Gehirns sehr schnell. Kennzeichnend für das erste Lebensjahr ist auch das Entstehen festerer Verbindungen zwischen verschiedenen Bereichen des Gehirns. Zusammengenommen ermöglichen diese Veränderungen dem Kind, in bestimmten Entwicklungsphasen zu sitzen, zu krabbeln und zu laufen.

Die Reifung des zentralen Nervensystems, angeborene perzeptive Neigungen und postnatale Erfahrung führen zur Bildung zweier verschiedener psychischer Strukturen: perzeptiver Schemata und konditionierter Reaktionen. Ein *Schema* ist die Repräsentation der ursprünglichen Merkmale eines Ereignisses und ihrer gegenseitigen Beziehung. Schemata gibt es in allen Sinnesmodalitäten; sie können dynamische und statische Objekte repräsentieren. Ereignisse mit mäßigen Unterschieden zu bisher erworbenen Schemata fesseln die Aufmerksamkeit von Säuglingen in der Regel am stärksten. Solche aufmerksamkeitserregenden Reize werden *diskrepante Ereignisse* genannt.

Einiges spricht dafür, daß Säuglinge Ähnlichkeiten zwischen zwei Ereignissen entdecken können, die in verschiedenen Sinnesmodalitäten ablaufen, das heißt, sie können modalitätsübergreifende Schemata konstruieren. Dies schließt die Fähigkeit zur Bildung von *Kategorien* oder inneren Repräsentationen der gemeinsamen Bereiche ähnlicher, aber nicht identischer Ereignisse ein. Allerdings wissen wir noch nicht viel über die Grundlage für die Kategorienbildung von Säuglingen; und es läßt sich auch nur schwer bestimmen, wie abstrakt diese Kategorien sind.

Erinnerungsprozesse helfen dem Säugling, schematische Prototypen zu bilden und sie für zielgerichtete Aktionen einzusetzen. Der 20 bis 30 Sekunden dauernde Prozeß, bei dem eine Beziehung zwischen gegenwärtiger Erfahrung und vorhandenen Schemata hergestellt wird, wird *Kurzzeitgedächtnis* genannt. Säuglinge unter drei Monaten können eine kurze Konfrontation mit einem Ereignis meist nicht länger als 10 bis 20 Sekunden im Kurzzeitgedächtnis speichern. Die Erinnerung an eine motorische Reaktion dauert in der Regel länger, vorausgesetzt, daß das Kind oft Gelegenheit bekommen hat, die Verbindung zwischen einem Reiz und einer motorischen Handlung zu erlernen.

Der Begriff *Erinnerungsgedächtnis* bezeichnet einen Prozeß, bei dem ein vorhandenes Schema in Abwesenheit eines relevanten Reizes ins Gedächtnis zurückgerufen wird. Die Erinnerungsfähigkeit nimmt allem Anschein nach vom achten Monat an zu. Ab diesem Alter kann der Säugling auch ein Ereignis in seiner Umwelt besser auf ein vergangenes Ereignis beziehen.

Konditionierung bedeutet das Lernen einer Beziehung zwischen zwei Ereignissen oder zwischen einer Handlung und einem äußeren Reizereignis. Beim *klassischen Konditionieren* lernt das Kind, daß ein neutraler Reiz ein biologisch hervorstechendes Ereignis ankündigt, das automatisch eine Reaktion hervorruft. Wird der neutrale Reiz wiederholt vor dem biologisch hervorstechenden Ereignis präsentiert, kann der Reiz allein die biologische Reaktion hervorrufen.

Beim *instrumentellen* oder *operanten Konditionieren* wird die Reaktion modifiziert, indem man *Verstärker* (Belohnungen und Strafen) anbietet oder zurückhält. Ein verstärkendes Ereignis, das ein biologisches Bedürfnis befriedigt, wird *Primärverstärker* genannt; Objekte oder Menschen, die bei der Befriedigung des biologischen Bedürfnisses anwesend waren, können zu *Sekundärverstärkern* werden. Ein ursprünglich verstärkendes Ereignis kann durch Wiederholung seine verstärkenden Eigenschaften verlieren.

Jean Piaget geht von der Existenz einer psychischen Struktur aus, der *sensumotorischen Koordination*, bei der ein Schema mit einer Handlung kombiniert wird. Ein *sensumotorisches Schema* ist die Repräsentation einer Gruppe von zielgerichteten, motorischen Aktivitäten. Piaget nimmt an, daß Säuglinge ihr Wissen über Objekte durch Aktionen mit und an ihnen erwerben. Die einzelnen Schritte dieses Wissenserwerbs bilden zusammen die *sensumotorische Stufe*.

Der erste Fortschritt von automatischen Reflexen zu *primären Zirkulärreaktionen*, bei denen die Säuglinge ursprünglich zufällige Handlungen wiederholen, beginnt schon sehr früh im ersten Lebensjahr. Später folgen die *sekundären Zirkulärreaktionen*: Jetzt werden Handlungen wiederholt, die interessante Bilder und Geräusche nach sich ziehen. Nach ungefähr zwölf Monaten entstehen die *tertiären Zirkulärreaktionen*, bei denen die Kinder ihre Handlungen nicht mehr nur wiederholen, sondern sie abwandeln und ihre Auswirkungen auf die Umwelt beobachten. In der letzten Stufe der sensumotorischen Phase erfinden die Kinder neue Handlungsschemata, indem sie sich Ereignisse und Ergebnisse vorstellen.

Piaget hat auch beobachtet, wie sich das Konzept der *Objektpermanenz* entwickelt. Objektpermanenz bezieht sich auf die Überzeugung, daß Objekte auch dann existieren, wenn man sie nicht sieht. Dieses Konzept entwickelt sich in seinen Augen durch die vorangegangene Interaktion des Kindes mit Objekten.

Piaget hat vier grundlegende Thesen über die Entwicklung in den ersten beiden Lebensjahren aufgestellt: 1. Interaktion mit der Umwelt fördert die Entwicklung entscheidend. 2. Das psychische Wachstum in der Säuglingszeit verläuft kontinuierlich. 3. Aufeinanderfolgende Entwicklungsstufen sind miteinander verbunden. 4. Eine der wichtigsten Kompetenzen, die sich in den ersten beiden Lebensjahren entwickeln, ist die wachsende Intentionalität. Bei anderen Wissenschaftlern sind diese Thesen allerdings nicht unumstritten, und auch Piagets Festhalten an der Notwendigkeit sensumotorischer Handlungen für die kognitive Entwicklung wird kontrovers diskutiert.

Fragen

1. Beschreiben Sie die psychischen und körperlichen Zustände des Neugeborenen.
2. Welche angeborenen Wahrnehmungstendenzen des Neugeborenen sind die Ursache dafür, daß es manchen Objekten und Ereignissen in seiner Umwelt Aufmerksamkeit widmet und andere ignoriert?
3. Definieren Sie den Begriff Reifung. Welche Rolle spielt die Reifung bei der Entstehung spezieller psychischer Funktionen?
4. Was ist ein Schema?
5. Definieren sie das Diskrepanzprinzip, und geben Sie Beispiele dafür.
6. Es gibt Anzeichen dafür, daß Säuglinge Schemata bilden, bei denen verschiedene Sinnesmodalitäten eine Rolle spielen. Beschreiben Sie einige der Implikationen, die sich daraus ergeben.
7. Beschreiben Sie die Gedächtnisentwicklung beim Säugling. Worin bestehen die Unterschiede zwischen dem Wiedererkennungs- und dem Erinnerungsgedächtnis?
8. Definieren Sie den Begriff der Konditionierung. Wodurch unterscheiden sich klassische und instrumentelle Konditionierung?
9. Vergleichen Sie Piagets Konzept des sensumotorischen Schemas mit dem Konzept der schematischen Prototypen.
10. Was heißt Objektpermanenz?

Glossar ▬▬

Reifung: Eine universelle Abfolge biologischer Ereignisse in Körper und Gehirn, die die Entstehung einer psychischen Funktion ermöglicht, wenn das Kind gesund ist und in einer Umwelt mit Menschen und Objekten aufwächst.

Schema: Die Repräsentation der auffälligen Elemente eines Ereignisses und ihrer Beziehung zueinander.

Schematischer Prototyp: Ein Schema, das auf der Grundlage einer Mischung ähnlicher Erfahrungen gebildet wird.

Diskrepante Ereignisse: Ereignisse, die sich mäßig von bereits erfahrenen Ereignissen unterscheiden (aber nicht ganz neu sind).

Ereignisbezogenes Spannungspotential: Elektrische Entladung im Gehirn bei diskrepanten oder unerwarteten Ereignissen.

Kategorie: Die innere Repräsentation der Gemeinsamkeiten bei einer Gruppe ähnlicher, aber nicht identischer Ereignisse.

Kurzzeitgedächtnis: Prozeß, bei dem über einen Zeitraum von 20 bis 30 Sekunden eine gegenwärtige Erfahrung auf vorhandene Schemata bezogen wird.

Erinnerungsgedächtnis: Fähigkeit, ein Schema abzurufen, wenn ein relevanter Reiz fehlt.

Konditionieren: Lernen einer Beziehung zwischen zwei Ereignissen oder zwischen einer Handlung und dem darauffolgenden Ereignis.

Klassisches Konditionieren: Aufbau einer Beziehung zwischen einem neutralen und einem biologisch auffallenden Ereignis durch wiederholte Darbietung des neutralen Reizes vor dem Ereignis.

Instrumentelles (operantes) Konditionieren: Aufbau einer Beziehung zwischen einer Reaktion und einem darauffolgenden Ereignis (Verstärkung), das die Wahrscheinlichkeit einer Wiederholung der Reaktion erhöht.

Sensumotorische Koordination: Eine psychische Struktur, bei der ein sensumotorisches Schema mit einer Handlung kombiniert wird.

Sensumotorisches Schema: Repräsentation einer Gruppe zielgerichteter motorischer Handlungen.

Sensumotorische Phase: Nach Piagets Theorie die erste Stufe der intellektuellen Entwicklung von der Geburt bis zum Alter von 18 oder 24 Monaten.

Objektpermanenz: Die Überzeugung, daß Objekte weiter existieren, auch wenn man sie nicht mehr sieht.

▬ Literaturempfehlungen

Maurer, D. & Maurer, C. (1988). *The world of the newborn.* New York: Basic books. Stellt die psychologischen Erkenntnisse über die vorgeburtliche und frühe nachgeburtliche Entwicklung gut lesbar vor und bietet eine außergewöhnlich gute Zusammenfassung der visuellen und auditiven Fähigkeiten des Säuglings.

Rosenblith, J. F., & Sims-Knight, J. E. (1985). *In the beginning. Development in the first two years.* Monterey, Kalif.: Brooks Cole. Faßt die wichtigsten Forschungsarbeiten über die Säuglingszeit zusammen und enthält ausgezeichnete Darstellungen über Konditionierung und Gedächtnis, Sinneswahrnehmung, Piagets Theorie und frühes Kommunikationsverhalten.

Osofsky, J. D. (Hrsg.) (1987). *Handbook of infant development* (2. Aufl.). New York: Wiley. Das Kapitel von C. Rovee-Collier beschäftigt sich mit der Konditionierung in der Säuglingszeit, das Kapitel von S. A. Rose und H. A. Huff liefert einen außergewöhnlichen Beitrag zum Konzept der modalitätsübergreifenden Schemata. Das Kapitel von T. B. Brazelton, J. K. Nugent und B. M. Lester beschäftigt sich damit, wie aussagekräftig die häufigste Methode für die Beurteilung der relativen Reife des Säuglings (Neo-natal Behavioral Assessment Scale) ist.

Wellman, H. L., Cross, D. & Bartsch, K. (1986). Infant research and object permanence. *Monographs of the Society for Research in Child Development*, 51 (Reihennr. 214). Analysiert das gesamte Material über Piagets Objektbegriff und kommt zu dem Schluß, daß die Verzögerung zwischen dem Verstecken des Objekts und der Erlaubnis, danach zu suchen, ein entscheidender Faktor für den Erfolg des Kindes ist. Stellt eine neue Theorie über die Leistung des Kindes beim Objektbegriff vor.

Deutschsprachige Bücher zu diesem Kapitel

Grossmann, K. E., August, P., Fremmer-Brombik, E., Friedl, A., Grossmann, K. Scheuerer-Englisch, H., Spangler, G., Stephan, C. & Suess, G. (1989). Die Bindungstheorie. Modell und entwicklungspsychologische Forschung. In H. Keller, *Handbuch der Kleinkindforschung* (S. 31–55). Heidelberg: Springer.

Keller, H. & Meyer, H. J. (1982). *Psychologie der frühesten Kindheit.* Stuttgart: Kohlhammer.

Papousek, M. & Papousek, H. (1989). Stimmliche Kommunikation im frühen Säuglingsalter als Wegbereiter der Sprachentwicklung. In H. Keller, *Handbuch der Kleinkindforschung* (S. 349–369). Heidelberg: Springer.

Kapitel 4

Emotionale und soziale Entwicklung in der Säuglingszeit

Im dritten Kapitel haben wir zwei wichtige psychische Systeme betrachtet, die sich in der Säuglingszeit entwickeln: Wahrnehmungsschemata und konditionierte Reaktionen. Ein drittes System bilden die emotionalen Reaktionen mit dem dazugehörigen Verhalten. Gefühle sind wichtig, weil sie Erfahrungen auf der Ebene der Wahrnehmung Bedeutung verleihen, und dies führt dazu, daß sich konditionierte Reaktionen und Schemata, die mit Gefühlen verbunden sind, leichter abrufen lassen. Gefühle können außerdem aktuelles Verhalten unterbrechen oder beeinflussen. Es kommt häufig vor, daß ein Säugling sein zufriedenes Spiel mit einer Rassel sofort unterbricht, wenn ein Fremder den Raum betritt. Die Gegenwart eines Fremden schafft einen anderen Gefühlszustand.

Neurologen haben festgestellt, daß diese drei Systeme Parallelen im Aufbau und in den Funktionen des zentralen Nervensystems besitzen. Der motorische Bereich der Hirnrinde, das Kleinhirn und die Stammganglien spielen eine große Rolle bei der Initiierung und Steuerung von Handlungen; die sensorischen Gebiete der Hirnrinde, Hippocampus und Frontallappen, sind für Speicherung, Abruf und Transformation von Schemata und Kategorien wichtig, während Mandelkern, Hypothalamus, Septum und autonomes Nervensystem vor allem über die Gefühle entscheiden.

Handlungen, Wissen und Emotionen beeinflussen die frühen sozialen Interaktionen von Kindern, vor allem mit Eltern und anderen wichtigen Erwachsenen. In diesem Kapitel werden zunächst die wissenschaftlichen Erkenntnisse über die Gefühle von Säuglingen behandelt; anschließend geht es um individuell unterschiedliche Empfänglichkeit für emotionale Zustände und zuletzt um die emotional begründeten sozialen Bindungen von Säuglingen an ihre Bezugspersonen.

Die Bedeutung von Emotionen

In der Umgangssprache bezeichnet *Emotion* die bewußte Wahrnehmung einer bestimmten Veränderung des inneren Gleichgewichts, meist in Verbindung mit Vorstellungen über die Qualität der Emotion und die auslösenden Ereignisse. Bei dem emotionalen Zustand, der im allgemeinen *Furcht* genannt wird, verändert sich das innere Gleichgewicht durch die Wahrnehmung eines beschleunigten Herzschlags; das auslösende Ereignis ist zum Beispiel ein Hund, der auf einen zukommt, und der begleitende Gedanke die Erwartung einer möglichen Verletzung. Dieser emotionale Zustand wird meist als *Furcht* bezeichnet. Eine ähnliche Veränderung des inneren Gleichgewichts entsteht durch einen Anstieg der Muskelspannung, ausgelöst zum Beispiel durch das Stirnrunzeln eines Freundes und begleitet von dem Gedanken, er sei böse, weil man ihm einen Gefallen versagt hat. Diese Emotion wird in der Regel *Scham* genannt.

Säuglinge, vor allem vor der Vollendung des ersten Lebensjahres, können ihre Emotionen aber nur begrenzt bewußt verarbeiten und noch nicht über äußere Ereignisse und körperliche Veränderungen nachdenken. Deshalb bezieht sich der Begriff „Emotion" in der Wissenschaft auf Veränderungen im Körper und im Gehirn, speziell im limbischen und im autonomen Nervensystem, die durch Schmerz, Deprivation, Neuheit, Gefahr, sinnliche Befriedigung, Herausforderung, Spiel, soziale Interaktion oder Trennung von einer vertrauten Person entstehen. Wenn sich eine fremde Person einem acht Monate alten Kind nähert, verändern sich Gesichtsausdruck und Herzfrequenz. Läßt man einen Springteufel vor ihm aus der Schachtel hüpfen, verändern sich Gesichtsausdruck und Herzfrequenz ebenfalls, aber auf andere Weise. Obwohl die Kinder Gesichtsausdruck und Herzfrequenz wohl kaum bewußt wahrnehmen, gehen Wissenschaftler davon aus, daß sie den emotionalen Zustand Angst erleben, wenn der Fremde naht, und den emotionalen Zustand Überraschung, wenn der Springteufel hochschnellt.

Es ist deshalb sinnvoll, zwischen den Emotionen eines Säuglings und denen älterer Kinder und Erwachsener zu unterscheiden, so wie man etwa zwischen dem biologischen Zustand der Krankheit und dem psychischen Zustand des Krankseins unterscheiden kann. Bestimmte körperliche Zustände wie Krebs oder Tuberkulose werden als Krankheit verstanden, unabhängig davon, ob der Patient sich der dabei ablaufenden körperlichen Veränderungen bewußt ist. Sobald Patienten diese biologischen Veränderungen aber bewußt wahrnehmen und sie auf einen pathologischen Prozeß zurückführen, begreifen sie sich als krank. Die bewußte Erkenntnis des Krankseins schafft einen neuen psychischen Zustand, der die Symptome der Krankheit deutlicher oder geringfügiger werden lassen kann. Manche Menschen werden depressiv, reizbar oder traurig, wenn sie sich einer ernsthaften Erkrankung bewußt werden. Entsprechend führt die bewußte Wahrnehmung emotionaler Zustände und ihrer möglichen Ursachen bei älteren Kindern und Erwachsenen zu einer Bewertung dieser Information und in der Folge zu komplexen emotionalen Zuständen, die beim Säugling noch nicht möglich sind. Man kann also annehmen, daß sich der emotionale Zustand eines Zehnjährigen, dem ein Schulkamerad einen wertvollen Besitz abzunehmen droht, vom emotionalen Zustand eines Säuglings unterscheidet, dem man die Flasche wegnimmt.

Emotionen in der Säuglingszeit

In den ersten drei bis vier Lebensmonaten zeigen Säuglinge zahlreiche Reaktionen, die auf emotionale Zustände schließen lassen. Bei unerwarteten Ereignissen zum Beispiel wird die motorische Aktivität verringert, und die Herzfrequenz wird niedriger. Dieser Zustand läßt sich als „Überraschung als Reaktion auf das Unerwartete" bezeichnen. Zunehmende Bewegung, Schließen der Augen, erhöhte Herzfrequenz und Schreien bilden zusammen die Reaktion auf Schmerz, Kälte und Hunger. Diese Kombination könnte man „Leid als Reaktion auf Entbehrung" nennen. „Entspannung als Reaktion auf Befriedigung" ist von nachlassender Muskelspannung und Schließen der Augen nach dem Füttern gekennzeichnet, während zunehmendes Zappeln, Lächeln und aufgeregtes Plappern angesichts eines mäßig vertrauten Ereignisses oder einer sozialen Interaktion ein Muster bildet, das sich als „Aufregung als Reaktion auf die Assimilierung eines Ereignisses" bezeichnen läßt, selbst wenn Eltern es wahrscheinlich „Freude" oder „Glück" nennen würden. Bei diesen Beispielen sind in der Bezeichnung der Emotion Hinweise auf seine Quelle oder Ursache enthalten.

Säuglinge reagieren auf Anzeichen von Ärger oder Zufriedenheit bei anderen (Kreutzer & Charlesworth, 1973). Aus den Aufzeichnungen von Müttern über die Reaktionen ihrer Kinder auf andere Menschen geht hervor, daß Kinder mit einem Jahr aus der Fassung geraten und sich abwenden, wenn jemand in der Umgebung böse wird, aber Anzeichen von Zuneigung oder Eifersucht zeigen, wenn sie Zärtlichkeiten anderer beobachten (Zahn-Waxler, Radke-Yarrow & King, 1979). Man muß dabei allerdings berücksichtigen, daß Mütter oder Väter das Verhalten ihrer Kinder nicht immer gleich interpretieren (Adamson, Bakeman, Smith & Walters, 1987).

Ableitung der Emotionen aus dem Verhalten

Im Alter von sieben bis zwölf Monaten entwickeln Säuglinge neue Ängste. Dies liegt wahrscheinlich daran, daß sich in diesem Zeitraum das Langzeit- und das Kurzzeitgedächtnis verbessert. Normalerweise erregt ein mäßig vertrautes Ereignis wachsendes Interesse und gelegentlich auch aufgeregtes Plappern und Lächeln, aber es kann auch einen Zustand der Unsicherheit hervorrufen, wenn das Kind es nicht auf bereits vorhandene Schemata beziehen kann. Oft genug fangen Säuglinge an zu weinen, wenn die Mutter einen Hut trägt, der sie verändert, oder wenn sie zum erstenmal eine menschliche Stimme aus dem Lautsprecher eines Tonbands hören. Wenn ihnen dann kein Verhalten zur Verfügung steht, um die Aufmerksamkeit von diesem Zustand abzulenken (z. B. mit einem Spielzeug spielen oder nach der Mutter greifen), verschlimmert sich der Zustand und wird dann als *Furcht* oder *Angst* bezeichnet.

Unberechenbare Ereignisse lösen mit größerer Wahrscheinlichkeit Furcht aus als solche, die sich vorwegnehmen lassen. Bei einem Experiment wurde die Berechenbarkeit von zwei verschiedenen mechanischen Spielzeugen verändert (ein Affe, der mit lautem Krach zwei Becken aneinander schlug, und ein Roboter mit einem Gewehr, der blinkte und Geräusche machte): Die berechenbaren Spielzeuge waren in regelmäßigem Wechsel 4 Sekunden aktiv und 4 Sekunden inaktiv, die unberechenbaren Spielzeuge waren von 1 bis zu 7 Sekunden aktiv oder inaktiv. Die Mütter hielten ihre einjährigen Kinder mit dem Gesicht zum Spielzeug auf dem Schoß, bis die Spielzeuge einen Zyklus durchlaufen hatten. Danach konnten sich die Kinder frei im Raum bewegen. Kinder, die die berechenbaren Spielzeuge gesehen hatten, waren sehr viel weniger furchtsam als andere, die mit den unberechenbaren konfrontiert wurden (vgl. Abb. 4.1).

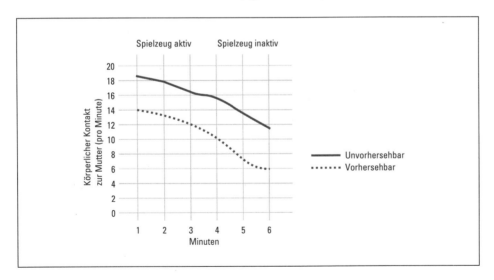

Abb. 4.1: *Säuglinge, die mit einem Spielzeug spielten, das unvorhersehbare Geräusche und Bewegungen machte, blieben näher bei ihren Müttern als andere, die mit berechenbaren Spielzeugen spielten. Das Spiel dauerte jeweils sechs Minuten. (Aus M. R. Gunnar, K. Leighton & R. Peleaux: The effects of temporal predictability on the reactions of one-year-olds to potentially frightening toys. Developmental Psychology, 1984, 20, 452. © 1984 by American Psychological Association. Mit freundlicher Genehmigung.)*

Fremdeln: Zu den verbreitetsten Ängsten im letzten Teil des ersten Lebensjahres gehört das *Fremdeln*: Acht Monate alte Kinder verziehen beim Näherkommen eines fremden Menschen das Gesicht, blicken zwischen ihm und der Mutter hin und her und fangen ein paar Sekunden später an zu weinen. Kinder reagieren aber nicht immer mit Furcht auf Fremde: Wenn eine fremde Person sich ihnen langsam nähert, leise und freundlich mit ihnen spricht und anfängt, mit ihnen zu spielen, ist die Wahrscheinlichkeit am geringsten, daß Kinder fremdeln, und sie ist am höchsten, wenn ein Fremder schnell näherkommt, gar nichts sagt oder sehr laut spricht und sie hochzuheben versucht. Trotz individueller Unterschiede tritt die Fremdenangst bei fast allen Kindern zwischen dem siebten und dem zwölften Lebensmonat auf.

Man hat diese Furcht unter anderem damit erklärt, daß Kinder ihre Schemata für Gesichter vertrauter Personen mit ihrer Wahrnehmung einer fremden Person vergleichen. Können sie die Diskrepanz nicht verstehen, entsteht Beunruhigung, ähnlich der Beunruhigung von drei Monate alten Säuglingen bei der Konfrontation mit diskrepanten Ereignissen. Ein acht Monate altes Kind besitzt aber zwei Fähigkeiten, die es mit drei Monaten noch nicht besessen hat: Erstens erkennt es die Diskrepanz sehr viel schneller; mit acht Monaten fängt es innerhalb von 20 Sekunden nach dem ersten Anblick des fremden Erwachsenen an zu weinen. Zweitens, und das ist wichtiger, muß ein acht Monate altes Kind nicht mehr die vertraute Person betrachten, um unsicher zu werden; es kann jetzt den Fremden mit seinem Erinnerungsschema des vertrauten Menschen vergleichen. Kann es den Fremden nicht mit seinem Schema in Deckung bringen, entsteht Unsicherheit, das Kind fängt an zu weinen.

Trennungsangst: Die Furcht vor zeitweiliger Trennung von einer vertrauten Bezugsperson zeigt sich am deutlichsten, wenn der Säugling in einem fremden Raum oder in Anwesenheit einer nicht vertrauten Person zurückgelassen wird. Zu Hause oder mit einem vertrauten Verwandten oder Babysitter tritt sie seltener auf. Eine Mutter sagt zum Beispiel ihrer zufrieden spielenden einjährigen Tochter, sie ginge jetzt, käme aber bald wieder. Das Mädchen starrt die Tür an, wo es die Mutter zum letztenmal gesehen hat, und fängt ein paar Sekunden später an zu weinen. Auch Blindheit bewahrt Kinder nicht vor diesem Schmerz; blinde einjährige Kinder weinen, wenn sie die Mutter den Raum verlassen *hören* (Fraiberg, 1975). Trennungsangst taucht in der Regel zwischen dem 7. und 12. Lebensmonat auf, hat ihren Höhepunkt zwischen dem 15. und 18. Monat und nimmt dann allmählich ab.

Es liegt nahe, die Trennungsangst ähnlich zu erklären wie das Fremdeln: Das Kind vergleicht nach dem Weggang der Mutter das Schema ihrer vorherigen Anwesenheit mit der gegenwärtigen Situation. Kann es die Diskre-

panz zwischen erinnertem Schema und gegenwärtiger Situation nicht auflösen, wird es unsicher und beginnt zu weinen. Aber wie kommt es dann,
daß manche Kinder schon zu weinen beginnen, wenn die Mutter nur auf
die Tür zugeht?

Eine mögliche Erklärung dafür wäre, daß mit den erweiterten Möglichkeiten des Langzeit- und das Kurzzeitgedächtnisses beim reifer werdenden
Säugling auch die Fähigkeit entsteht, die Zukunft vorwegzunehmen, das
heißt, innere Repräsentationen möglicher Ereignisse zu schaffen. Das Kind
denkt zum Beispiel etwa: Was passiert jetzt? Kommt die Mutter zurück?
Was kann ich tun? Kann es diese Fragen nicht beantworten (und dadurch
die Rückkehr der Mutter vorwegnehmen) und seine Unsicherheit auch nicht
durch instrumentelle Reaktionen auflösen, gerät es in Not und weint. Wenn
es aber dazu zukünftige Ereignisse (z.B. die baldige Rückkehr der Mutter
mit einer Süßigkeit) vorwegnehmen kann, dann lacht es. Nach dem achten
Lebensmonat läßt sich bei Kindern Lachen aus Vorfreude auf ein vorwegge-
nommenes neues Ereignis zunehmend häufiger beobachten.

Diese Interpretation der Trennungsangst unterscheidet sich von tradi-
tionelleren Auffassungen, nach denen Kinder beim Weggang der Mutter
deshalb weinen, weil sie Schmerz oder Gefahr als Konsequenz ihrer Abwesenheit erwarten, mit anderen Worten, aufgrund einer konditionierten
Furchtreaktion. Diese Auffassung scheint zwar zunächst einleuchtend, erklärt aber nicht, wieso es bei Säuglingen auf der ganzen Welt zwischen dem
achten und zwölften Lebensmonat plötzlich zu der Erwartung kommt, daß
die Abwesenheit der Mutter ein unangenehmes Ereignis nach sich ziehen
wird (vgl. Abb. 4.2). Darüber hinaus setzt die Trennungsangst bei Kindern,
die von ihren Müttern jeden Morgen in einer Krippe abgegeben werden,
nicht früher und auch nicht weniger intensiv ein als bei Kindern, die kontinuierlich von ihren Müttern versorgt werden (Kagan et al., 1978). Ob nun
Kinder in bürgerlichen Kleinfamilien, in israelischen Kibbuzim, in guatemal-
tekischen Slums, in indianischen Dörfern Zentralamerikas oder in US-amerikanischen Tagesstätten aufwachsen, sie zeigen alle in demselben Zeitraum
Trennungsängste, obwohl sich Ausmaß und Art des Kontakts mit der Mutter
in diesen sehr verschiedenen Umwelten deutlich unterscheiden.

Die Intensität der Trennungsangst mag zum Teil von der Qualität der
emotionalen Beziehung zur Bezugsperson abhängen, aber der Zeitpunkt, zu
dem sie entsteht, hängt damit zusammen, daß sich die Fähigkeit entwickelt,
die Vergangenheit abzurufen, Vergangenheit und Gegenwart zu vergleichen
und Ereignisse vorwegzunehmen, die in der unmittelbaren Zukunft geschehen können.

Es bleibt aber noch ein letztes Rätsel: Die Anwesenheit einer vertrauten
Person, zum Beispiel Großvater oder Großmutter, oder eine vertraute Umwelt verringert die Wahrscheinlichkeit, daß Kinder zu weinen beginnen,

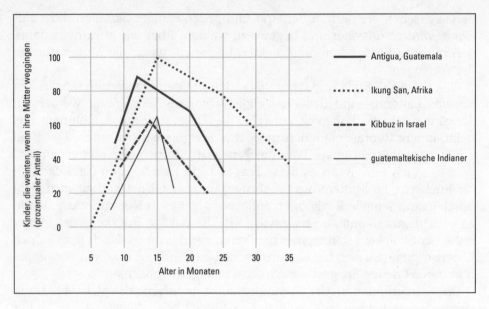

Abb. 4.2: Trennungsangst in verschiedenen kulturellen Umwelten. Kinder mit sehr unterschiedlichem kulturellen Hintergrund zeigten bis Ende des ersten Lebensjahres Furchtreaktionen, wenn ihre Mütter sie verließen. (Aus J. Kagan, R. Kearsley & P. Zelazo: Infancy: Its place in human development. Cambridge, Mass.: Harvard University Press, 1978. Mit freundlicher Genehmigung.)

wenn die Mutter weggeht oder wenn sie mit fremden Menschen oder neuem Spielzeug konfrontiert werden. Woran liegt das? Eine Erklärungsmöglichkeit ist die, daß die Gegenwart einer vertrauten Person oder Umgebung dem Kind die Möglichkeit bietet, anders als mit Tränen zu reagieren. Angst läßt sich bei Säuglingen wie bei Erwachsenen durch Handlung auflösen. Die Großmutter, die im Raum bleibt, nachdem die Mutter gegangen ist, ist ein potentielles Ziel für bestimmte Verhaltensweisen: Das Kind kann sich ihr nähern, sich stimmlich artikulieren oder sich ihr einfach zuwenden.

Trennungsangst verschwindet nach dem zweiten Lebensjahr, denn ältere Kinder können begreifen, was geschieht, und die Rückkehr der Mutter vorwegnehmen. Durch die Erfahrungen des zweiten Lebensjahres haben die Kinder das nötige Wissen zur Lösung der Probleme erworben, die zur Entstehung der Angst geführt haben.

Andere Ängste: Kognitive Veränderungen sind wahrscheinlich auch für andere Ängste in der Säuglingszeit verantwortlich, zum Beispiel für die Angst vor Tiefe, die sich im Experiment mit der „visuellen Klippe" nachweisen läßt. Dabei wird ein Säugling auf eine Glasplatte gesetzt (vgl. Abb. 4.3), die mit einem Schachbrettmuster unterlegt ist; dieses Muster liegt auf einer

Abb. 4.3: Die visuelle Klippe. Der Säugling befindet sich auf der flachen Seite und nähert sich der tiefen (Foto: Enrico Ferorelli).

Seite unmittelbar unter der Platte, auf der anderen fünfzig Zentimeter tiefer und erzeugt so den Eindruck von Tiefe: eine *visuelle Klippe*. Säuglinge unter sieben Monaten, vor dem Beginn der Angst, vermeiden die tiefe Seite der Glasplatte in der Regel nicht. Sie krabbeln auf die Mutter zu, wenn diese sie von der tiefen Seite aus ruft. Aber ab dem achten Lebensmonat vermeiden sie die scheinbare Klippe und weinen, wenn sie auf diese Seite gesetzt werden. Die Frage ist nun, warum Kinder in diesem Alter Anzeichen von Furcht zeigen. An einer etwa neu entstandenen Fähigkeit, Tiefe wahrzunehmen, kann es nicht liegen, weil die kardiologischen Reaktionen von jüngeren Kindern, die man mit dem Gesicht nach unten auf die tiefe Seite der Glasplatte gelegt hat, zeigen, daß auch sie die Unterschiede zwischen der tiefen und der flachen Seite erkennen (Campos, Langer & Krawitz, 1970).

Ein Hinweis zur Beantwortung dieser Frage ergibt sich aus der Tatsache, daß Kinder die tiefe Seite der visuellen Klippe erst dann vermeiden, wenn sie zu krabbeln oder zu kriechen beginnen, also normalerweise um den achten Monat (Campos, Hiatt, Ramsey, Henderson & Svedja, 1978). Wichtig ist dabei die selbsterzeugte Bewegung (Lokomotion), denn Kinder, die nicht selbst kriechen, sich aber selbständig mit einer Laufhilfe bewegen können, vermeiden die tiefe Seite der Klippe ebenfalls. Säuglinge müssen spezifische selbsterzeugte Bewegungserfahrungen gemacht haben, bevor sie die tiefe Seite vermeiden, möglicherweise weil sich durch Lokomotion wichtige kognitive Fähigkeiten herauskristallisieren. Mit anderen Worten: Krabbeln konfrontiert Säuglinge mit einer Vielzahl neuer visueller Erfahrungen und kontinuierlichen Veränderungen ihrer visuellen Perspektive. Diese Erfahrungen führen dazu, daß das Kind seiner Umwelt stärkere Aufmerksamkeit widmet. Die dazu nötige kognitive Anstrengung fördert die kognitiven Fähigkeiten, die zur Vermeidung der tiefen Seite der visuellen Klippe anscheinend erforderlich sind.

Die Angst, die bei Säuglingen im letzten Teil des ersten Lebensjahres auftaucht, wurde auch bei Affen als Reaktion auf eine fremde Umgebung nachgewiesen. Sechs Rhesus-Affen, die einzeln mit einem leblosen Spielzeug (einem Pferdchen) in einer engen, einschränkenden Umwelt aufwuchsen, wurden in regelmäßigen Abständen in eine neue Umwelt versetzt. Es gab zwei Indikatoren für Furcht: erhöhte Herzfrequenz und stimmliche Artikulation von Alarmsignalen. Beide stiegen vom zweiten bis zum vierten Lebensmonat dramatisch an und erreichten ihren Höhepunkt, als die Affen ungefähr vier Monate alt waren. Berücksichtigt man, daß das Gehirn- und Körperwachstum bei Affen etwa drei- bis viermal schneller verläuft als beim Menschen, ergibt sich als Vergleichszeitraum für menschliche Säuglinge ungefähr die Zeit zwischen dem siebten und fünfzehnten Lebensmonat, also exakt die Phase, in der Furchtreaktionen auf Fremde, zeitweilige Trennung und das Vermeiden der visuellen Klippe bei Säuglingen auftauchen. Die Affen, die mit einem leblosen Spielzeug aufgewachsen waren, hatten keine Gelegenheit gehabt, die Furchtreaktionen durch Interaktion mit anderen Lebewesen zu erlernen. Deshalb kann man annehmen, daß zumindest zum Teil reifebedingte Veränderungen des zentralen Nervensystems im Alter von zwei bis vier Monaten die Ursache für die wachsenden Befürchtungen angesichts diskrepanter Ereignisse sind (Mason, 1978).

Ableitung der Emotionen aus der Mimik

Es ist unmöglich, eine große Anzahl einzelner physiologischer und physischer Veränderungen bei Säuglingen zu messen; dazu kommt, daß verschiedene Typen biologischer Veränderung nicht unbedingt zusammen auftreten müssen. Wenn ein Fremder den Raum betritt, verändert sich beim einen Kind die Herzfrequenz, beim anderen die Muskelspannung. Als Ausweg aus dieser frustrierenden Situation hat die Forschung nach einer Gruppe von Reaktionen gesucht, die sich als Indikator für Emotionen bei allen Kindern eignen. Da mimische Veränderungen als Reaktion auf emotional besetzte Ereignisse universell sind und von Veränderungen im Gehirn und im autonomen Nervensystem begleitet werden, sehen viele Psychologen in der Mimik von Säuglingen einen Indikator für die Existenz bestimmter Emotionen. Drei Monate alte Säuglinge zum Beispiel lächeln in aller Regel, wenn ein Erwachsener sie ansieht und mit ihnen spricht; acht Monate alte Kinder machen ein wütendes Gesicht, wenn man ihnen einen Keks wegnimmt, den sie gerade essen wollten (Stenberg & Campos, 1983).

Die Bandbreite der Mimik in den ersten Lebenswochen wird von Eltern oft als Anzeichen dafür gesehen, daß ihr Kind schon mit einem Monat Freude, Wut, Überraschung, Furcht, Traurigkeit oder Interesse erlebt (Johnson, W. F., Emde, Pannabecker, Stenberg & Davis, 1982). Der Psychologe Izard (1982) hat ein Kodiersystem zur Messung kurzer mimischer Veränderungen bei Säuglingen entwickelt. Mit Hilfe dieses Systems hat er festgestellt, daß ein Gesichtsausdruck, der mit Überraschung und mit Traurigkeit korrespondiert, schon mit vier Monaten vorhanden ist, während der Ausdruck für Furcht oder Wut nicht vor dem fünften bis siebten und der für Scham und Schüchternheit nicht vor dem sechsten bis achten Monat auftaucht. Erst im zweiten Lebensjahr gibt es einen Gesichtsausdruck für Verachtung oder Schuld.

Videoaufnahmen von Säuglingen im Alter von zwei bis 19 Monaten während einer schmerzhaften Impfung, bei der die Kinder häufig weinten (Izard, Hembree, Dougherty & Spizzirri, 1983), haben ergeben, daß zwei bis acht Monate alte Kinder mit rundem Mund und geschlossenen Augen weinen. Dieser Gesichtsausdruck wird *Leid* (distress) genannt. Acht Monate alte Kinder machten einen viereckigen Mund beim Weinen und hielten die Augen offen; dieser Ausdruck wird *Wut* genannt. Viele Eltern und wohl auch manche Psychologen würden aber einen Säugling, der mit viereckigem Mund und offenen Augen schreit, nachdem ihn die Mutter in einem fremden Raum allein gelassen hat, nicht als wütend, sondern als erschreckt oder ängstlich bezeichnen. Deshalb läßt sich der emotionale Zustand eines Säuglings nicht eindeutig allein aus der Mimik ableiten.

Das Lächeln: Beim Säugling ist es der mimische Ausdruck, der von seiner Umwelt am liebsten gesehen wird. Lächeln ist bei Neugeborenen ein Re-

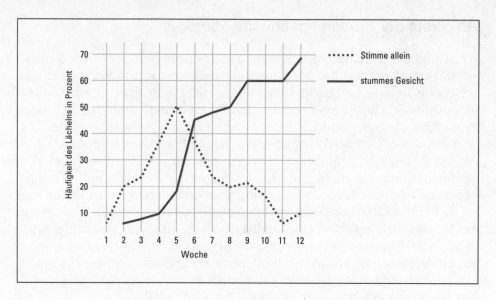

Abb. 4.4: Säuglinge im Alter von ein bis zwölf Wochen, die mit einer menschlichen Stimme ohne Gesicht oder einem Gesicht ohne Stimme konfrontiert wurden, lächelten in den ersten vier Wochen häufiger, wenn sie die Stimme hörten, danach lächelten sie häufiger, wenn sie das Gesicht sahen. (Aus P. H. Wolff: The development of behavioral states and the expression of emotions in early infancy. Chicago: University of Chicago Press, 1987, S. 119. Mit freundlicher Genehmigung.)

flex, der häufig durch Streicheln von Lippen oder Wangen ausgelöst werden kann, aber in den ersten vier Wochen auch als Reaktion auf bestimmte Geräusche auftritt (Wolff, 1987). Mit zwei Monaten reagieren Kinder auf eine Vielzahl von Reizen mit Lächeln, besonders auf menschliche Gesichter und Stimmen. Ein Gesicht, das sich bewegt und spricht, ist die sicherste Methode, um sechs Wochen alte Kinder zum Lächeln zu bringen; in den ersten zwei Monaten führt die Stimme der Mutter deutlich häufiger zum Lächeln als eine hohe Männerstimme (Wolff, 1987), und nach sechs Wochen löst der Anblick eines Gesichts eher ein Lächeln aus als das Hören einer Stimme (vgl. Abb. 4.4 und 4.5).

Kinder reagieren mit Lächeln, wenn sie eine Ähnlichkeit zwischen einem Ereignis und einem vorher erarbeiteten Schema erkennen. Drei Monate alte Kinder lächeln beim Anblick menschlicher Gesichter, weil sie feststellen, daß sie einem vertrauten Gesicht ähneln, zum Beispiel dem von Mutter oder Vater. Dieses Phänomen wird *Assimiliations-* oder *Verständnislächeln* genannt. Ungefähr einen Monat später, mit vier bis fünf Monaten, fangen Säuglinge an zu lachen (Sroufe & Wunsch, 1972), vor allem als Reaktion auf soziale Interaktionen, visuelle Überraschungen und Kitzeln. Im ersten Jahr

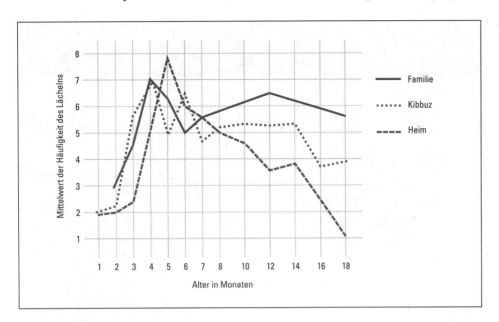

Abb. 4.5: Häufigkeit des Lächelns bei israelischen Säuglingen, die in drei verschiedenen Umwelten aufgewachsen sind: Familie, Kibbuz und Säuglingsheim. Alle Kinder fingen ungefähr im selben Alter an zu lächeln, aber bei den Heimkindern nahm die Häufigkeit mit der Zeit ab, vermutlich weil positive Reaktionen von Erwachsenen seltener waren. (Aus J. L. Gewirtz: The cause of infant smiling in four child-rearing environments in Israel. In B. M. Foss (Hrsg.), Determinants of infant behavior (Bd. 3). London: Methuen, 1965. Mit freundlicher Genehmigung des Verlags und des Tavistock Institute of Human Relations.)

lachen Säuglinge meist bei Ereignissen, die von außen kommen, zum Beispiel wenn die Mutter mit ihnen „Guck-Guck" spielt oder sie kitzelt. Nach dem ersten Geburtstag lächeln und lachen die Kinder über Ereignisse, die sie selbst ausgelöst haben. Ein anderthalbjähriges Kind zum Beispiel zieht ein Tierkostüm an und lacht, oder es verhält sich schelmisch und lächelt. Diese Reaktionen entstehen anscheinend aus dem Gefühl, etwas meistern zu können. Obwohl Kinder mit Lächeln und Lachen auf die Assimilation eines Schemas bzw. die Beherrschung einer motorischen Fähigkeit und auf Kitzeln reagieren, muß man zwischen den dabei beteiligten emotionalen Zuständen unterscheiden: Der erste könnte zum Beispiel Stolz, der zweite Freude genannt werden.

Kognitive Veränderungen entscheiden, von welchem Zeitpunkt an Lächeln und Lachen auftreten; die Häufigkeit des Lächelns dagegen wird von Umweltbedingungen und -verstärkern beeinflußt. Gewirtz (1965) hat die Häufigkeit des Lächelns bei israelischen Säuglingen untersucht, die in

Die Mimik weist schon sehr früh auf Emotionen hin
(Foto: Sibylle Rauch)

drei verschiedenen Umwelten lebten: Kinder aus Kinderheimen mit Standardversorgung und seltenem Besuch der Eltern, Kinder aus großen Kinderhäusern in Kibbuzim, die überwiegend von ausgebildeten Betreuern versorgt, aber im ersten Lebensjahr häufig von der Mutter gefüttert und betreut wurden, und Kinder aus Kleinfamilien, die von ihren Müttern in der eigenen Wohnung versorgt wurden. Die Graphik in Abb. 4.5 zeigt, wie häufig Kinder aus den drei Gruppen ein fremdes Frauengesicht anlächelten. Obwohl die Häufigkeit des Lächelns bei den im Kibbuz und zu Hause erzogenen Kindern ihren Höhepunkt ein paar Wochen früher als bei den Heimkindern erreichte, lächelten alle Kinder mit ungefähr vier Monaten am häufigsten. Während des folgenden Jahres dagegen erzielten Heimkinder deutlich geringere und Kinder aus der Kleinfamilie die höchsten Werte. Dies liegt wahrscheinlich daran, daß Kinder, die in Familien aufwachsen, häufiger soziale Rückmeldung bekommen als Heimkinder.

Daß Säuglinge, die in verschiedenen Umwelten aufwachsen, dieselben Emotionen entwickeln, zeigt, daß dabei Reifungsfaktoren eine Rolle spielen. Emotionaler Ausdruck wird aber auch durch Lernen beeinflußt. Mit zunehmender Reife beginnen die Kinder, ihre emotionalen Zustände zu deuten und zu benennen, wobei sie häufig Konzepte benutzen, die ihnen beigebracht worden sind. Das wird an einem alltäglichen Beispiel deutlich: Zwei Kinder streiten sich um ein Spielzeug, die Mutter nimmt es ihnen weg, und beide fangen laut an zu schreien. Die Mutter kann das Schreien der Kinder unterschiedlich begründen: Wut, Angst vor drohender Strafe oder Scham, weil sie etwas falsch gemacht haben. Entsprechend lernen die Kinder, die Assoziation zwischen ihren Emotionen und der Situation mit dem Etikett „Wut", „Furcht" oder „Scham" zu versehen und dieses Etikett wieder zu verwenden, wenn sie dieselben oder ähnliche Emotionen in einer vergleichbaren Situation wieder erleben.

Temperamentsunterschiede bei Säuglingen

Eltern und Säuglingsschwestern wissen, daß sich Säuglinge vom ersten Lebenstag an individuell unterscheiden. Manche Kinder schreien viel, andere sind ruhig; manche schlafen relativ regelmäßig, andere wachen in unregelmäßigen Abständen auf, manche zappeln andauernd, andere liegen lange ruhig in ihren Bettchen. Natürlich fördern bestimmte Erziehungspraktiken Reizbarkeit oder Aktivität von Säuglingen, aber dennoch spricht vieles dafür, daß Kinder mit einer Veranlagung für bestimmte Stimmungen und Reaktionsstile zur Welt kommen. Diese angeborenen Anlagen werden **Temperament** genannt.

Die Wissenschaft interessiert sich vor allem aus zwei Gründen für Temperamentseigenschaften: 1. Wenn bestimmte Eigenschaften auf ererbten oder vor der Geburt erworbenen Dispositionen basieren, dann sind sie möglicherweise in der weiteren Entwicklung des Kindes resistent gegen Veränderungen. 2. Da Kinder nicht nur von ihren Eltern beeinflußt werden, sondern sie umgekehrt auch selber beeinflussen, provozieren die unterschiedlichen Temperamente der Säuglinge auch unterschiedliche Elternreaktionen bzw. reagieren umgekehrt entsprechend individuell auf dieselben Erfahrungen oder Erziehungsmethoden.

Versuche mit drei Affenarten haben gezeigt, daß sich dieselben traumatischen Erfahrungen bei Affenkindern mit unterschiedlichen Temperamentsanlagen deutlich anders auswirken; und es ist durchaus möglich, daß dasselbe für Menschen gilt. Rhesusaffen zum Beispiel, die in den ersten sechs Lebensmonaten total isoliert wurden, zeigten nach dem Ende der Isolation schwere Störungen im Sozialverhalten; Javaner-Affen zeigten dagegen nur geringe und Schweinsaffen mittlere Störungen im Sozialverhalten (Sackett, Ruppenthal, Fahrenbruch, Holm & Greenough, 1981). Untersuchungen mit

Hunden haben ähnliche Ergebnisse erbracht: Das soziale Verhalten von Beagles ist nach zwölfwöchiger Isolation schwer beeinträchtigt, während Terrier auf dieselbe Erfahrung kaum reagieren (Fuller & Clark, 1968). Die genetischen Unterschiede zwischen den Hunderassen schaffen Dispositionen, welche die Tiere unterschiedlich auf Isolation reagieren lassen. Diese Dispositionen sind temperamentsbedingt.

Säuglinge unterscheiden sich in zahlreichen physiologischen und psychischen Merkmalen. Um beurteilen zu können, welche Temperamentsbereiche die wichtigsten sind, wurden zwei Kriterien entwickelt: zeitliche Stabilität und Abhängigkeit von ererbten oder vorgeburtlichen physiologischen Faktoren. Bislang ist allerdings nur ein Bruchteil aller Temperamentsbereiche wissenschaftlich erforscht worden, zum Beispiel Aktivität, Erregbarkeit, Ängstlichkeit, Sensibilität für Reize, Aufmerksamkeit, Reaktionsstärke und Fähigkeit zur Regulierung des eigenen emotionalen Zustands. Daß gerade diese Bereiche ausgewählt wurden, liegt zum einen daran, daß sie sich relativ leicht beobachten lassen, und zum anderen möglicherweise an ihrer Beziehung zur zukünftigen Anpassungsfähigkeit des Kindes.

Alexander Thomas und Stella Chess (1977) waren die ersten, die Untersuchungen zum Temperament durchgeführt haben, und ihre Arbeit ist bis heute sehr einflußreich geblieben. Sie haben eine Stichprobe von Müttern in den ersten beiden Lebensjahren der Kinder alle drei Monate und vom zweiten bis siebten Lebensjahr in größeren Abständen ausführlich interviewt. Die Temperamentsbereiche, die sich aus diesen Interviews ergaben, waren die Eigenschaften, die für die Eltern besonders auffällig waren: Aktivitätsebene, Rhythmus (Regelmäßigkeit von Schlafen und Essen), Erregbarkeit, Ablenkbarkeit, Aufmerksamkeitsspanne, Intensität, Reaktionsschwelle und Anpassungsbereitschaft an neue Nahrung und Menschen und Veränderungen im Tagesablauf (Thomas & Chess, 1977).

Die Säuglinge wurden anhand dieser Temperamentseigenschaften in drei Gruppen eingeteilt: *unproblematisch, schwierig* und *schwer zu motivieren.* Ungefähr 75 Prozent der Kinder aus dieser Stichprobe fielen unter die Kategorie „unproblematisch": zufriedene, anpassungsfähige Säuglinge, die nicht leicht aus der Ruhe zu bringen waren. Die schwierigen Kinder (ungefähr 10 Prozent) waren oft mäkelig, hatten Angst vor neuen Menschen und Situationen und reagierten sehr intensiv. Die schwer zu motivierenden Babys waren relativ inaktiv und empfindlich und neigten zu Rückzug oder negativen Reaktionen auf alles Neue; mit zunehmender Erfahrung allerdings wurden ihre Reaktionen auf neue Situationen positiver. Mit sieben Jahren hatten mehr Kinder aus der Gruppe der „schwierigen" Säuglinge schwere emotionale Probleme entwickelt als die Kinder der anderen beiden Gruppen. Man kann annehmen, daß die Eltern dieser schwer zu behandelnden Kinder gelegentlich frustriert und feindselig auf ihr Verhalten reagiert und damit die Reizbarkeit verstärkt haben, die zum Temperament des Säuglings gehörte.

Es leuchtet ein, daß Eltern mit der Zeit auf Kinder mit schwierigem Temperament in besonderer Weise reagieren. Eine Gruppe von Müttern hat die Schwierigkeiten bei der Säuglingspflege zunächst beschrieben, anschließend wurde die Interaktion zwischen Müttern und Kindern beobachtet, als die Kinder 12 und 18 Monate alt waren. Dabei bekam jede Mutter mehrere Aufgaben. Sie sollte zum Beispiel ihr Kind dazu bringen, ihr einen Gegenstand (einen Schlüsselbund oder einen Löffel) zu holen, den sie ihm genannt hatte, und in einer bestimmten Weise mit einem Spielzeug zu spielen (auf einen einzelnen Block schlagen, ohne ihn anzufassen). Bei der zweiten Beobachtung, als die Kinder anderthalb Jahre alt waren, bekamen die Mütter andere Aufgaben. Jetzt sollten sie dem Kind zum Beispiel helfen, Puzzle-Teile korrekt zusammenzusetzen oder eine Gruppe von Ringen in der richtigen Reihenfolge auf einen Stab zu stecken.

Bei den einjährigen Kindern gab es kaum Unterschiede im Verhalten der Mütter von schwierigen und von unproblematischen Kindern. Sechs Monate später aber gaben sich die Mutter von schwierigen Söhnen bei den Aufgaben deutlich weniger Mühe, fast als würden sie kaum noch Erfolge erwarten. Offensichtlich hatten die Kinder mit schwierigem Temperament die Einstellung der Mütter zu ihren Fähigkeiten beeinflußt (Maccoby, Snow & Jacklin, 1984). Wenn solche schwierigen Kinder die Anforderungen ihrer Eltern weiterhin nicht erfüllen und die Eltern ihrerseits ihre Erwartungen immer weiter herunterschrauben, entsteht unter Umständen ein lähmender Teufelskreis (vgl. Kasten 4.1).

Aktivitätsniveau

Zappelige Babys müssen später nicht zwangsläufig zum Schrecken des Schulhofs werden und alles umwerfen, was ihnen in den Weg kommt. Sehr aktive Neugeborene bleiben im ersten Lebensjahr tendenziell aktiver als andere Kinder, aber die Aktivität kann sich in der späteren Kindheit zum großen Teil verlieren (Moss & Susman, 1980; Rothbart & Derryberry, 1981).

Genetische Einflüsse auf das Temperament lassen sich am besten an Zwillingen untersuchen. Der Grundgedanke bei diesen Untersuchungen ist derselbe wie der bei der Untersuchung genetischer Einflüsse auf die Intelligenz, die im zweiten Kapitel beschrieben wurde. Eine der am breitesten angelegten Untersuchungen fand im Rahmen des sogenannten Perinatalen Gemeinschaftsprojekts (Collaborative Perinatal Project) statt. Dabei wurden 350 Zwillingspaare, je zur Hälfte eineiige und zweieiige, bei der Geburt, mit acht Monaten, vier und sieben Jahren beobachtet. Die Säuglinge wurden zu

▬ Kasten 4.1

Leben mit einem schwierigen Baby

Eltern, die erkennen, daß das Verhalten eines Säuglings nicht voll und ganz von ihrem eigenen Verhalten, sondern zum Teil auch vom Temperament des Babys abhängig ist, können sich effektiver um eine positive Entwicklung des Kindes bemühen. Eins der schwierigsten Kinder in der Studie von Thomas und Chess (1977) reagierte auf jede neue Situation mit intensiver Reizbarkeit und Rückzug und konnte sich nur langsam an alles Fremde gewöhnen. Diese Neigung zeigte sich bereits beim ersten Bad und beim ersten Löffel fester Nahrung. Negative Reaktionen zeigte der Junge dann ebenfalls bei seinem Eintritt in den Kindergarten und in die Grundschule und beim ersten Einkaufsbummel mit seinen Eltern. Jede dieser Erfahrungen provozierte stürmische Reaktionen, Geschrei und Kämpfe. Die Eltern lernten allmählich, solche Reaktionen vorwegzunehmen. Sie lernten, daß ihr Sohn sich neuen Situationen nach und nach anpassen konnte, wenn sie Geduld hatten und ihn langsam damit vertraut machten. Da sie die Probleme ihres Sohnes nicht als Folge ihrer mangelnden Kompetenz als Eltern interpretierten, entwickelte das Kind keine Verhaltensstörungen, obwohl bei Kindern mit diesem Temperament das Risiko hoch ist, daß sich psychische Probleme ergeben.

In der späteren Kindheit und Jugend hatte der Junge das Glück, nicht häufig radikal neuen Situationen ausgesetzt zu sein. Er blieb in demselben Stadtviertel und wechselte zusammen mit seinen alten Freunden zur High-School über. Erst als er aufs College und vom Elternhaus wegging, mußte er wieder mit ganz neuen Situationen fertig werden; er hatte neue Freunde und dazu eine komplizierte Beziehung zu einer Studentin, mit der er zusammenlebte. Unter diesen Umständen kamen die früheren temperamentsbedingten Tendenzen zu Rückzug und intensiv negativen Reaktionen wieder zum Vorschein. Aber nach einem Gespräch mit Dr. Thomas, der ihm seine Temperamentsprobleme erklärte und Methoden zur Anpassung an die College-Umgebung vorschlug, traten seine Probleme nicht mehr auf, und am Ende des Jahres hatte er sich angepaßt. Als man ihm sagte, daß ähnlich negative Reaktionen auch in der Zukunft auftauchen könnten, sagte er: „Das ist in Ordnung. Ich weiß jetzt, wie ich damit umgehen muß." (Thomas & Chess, 1977, S. 165–167) den Tests in die Klinik gebracht, und ausgebildete Beobachter bewerteten Aktivitätsniveau, Sozialverhalten, Reizbarkeit und andere Temperaments-bereiche. Bei der Analyse der Ergebnisse zeigte sich, daß im Alter von acht Monaten genetische Einflüsse bei der Aktivitätsebene noch eine gewisse Rolle spielen. Mit vier und mit sieben Jahren aber gab es keine Unterschiede mehr zwischen ein- und zweieiigen Zwillingen; das heißt, im Alter von acht Monaten hatten eineiige Zwillinge mehr Ähnlichkeiten im Bereich Aktivität als zweieiige (Goldsmith, H. H. & Gottesman, 1981). Andere Untersuchun-gen konnten ebenfalls nur sehr wenige Beweise für die These einer geneti-schen Basis der Aktivitätsebene finden (Plomin & Foch, 1980).

Reizbarkeit

Die individuellen Unterschiede in der Häufigkeit des Schreiens, in der Emp-findlichkeit und allgemeinen Reizbarkeit von Säuglingen sind keine zuver-lässige Grundlage, um ihre zeitliche Stabilität bis in die spätere Kindheit vor-herzusagen, auch wenn extreme Reizbarkeit im Alter von sieben Monaten in den folgenden ein oder zwei Jahren zeitlich relativ stabil bleibt (Rothbart & Derryberry, 1981; Thomas & Chess, 1977). Es gibt aber Anhaltspunkte dafür, daß bei extrem reizbaren Neugeborenen die Wahrscheinlichkeit, sich zu geselligen Zweijährigen zu entwickeln, etwas geringer ist, weil sie selte-ner als andere Säuglinge lachen und lächeln (Riese, 1987).

Reaktion auf unvertraute Ereignisse

Die Tendenz zu schüchternem, ängstlichem und ruhigem Verhalten in un-vertrauten Situationen und die umgekehrte Tendenz zu Freundlichkeit, Un-erschrockenheit und Spontaneität sind die beiden stabilsten Temperaments-eigenschaften. Sie sind auch für die Eltern deutlich erkennbar: Bei einer Fragebogenaktion mit mehreren tausend Müttern über das Verhalten ihrer vier bis acht Monate alten Säuglinge wurde die Tendenz, unvertraute Men-schen und Spielzeuge zu vermeiden bzw. auf sie zuzugehen, als die auffal-lendste Eigenschaft genannt (Sanson, Prior, Garino, Oberkaid & Sewell, 1987).

Ungefähr 10 Prozent der Zweijährigen sind extrem still und schüchtern und bleiben 10 bis 15 Minuten sehr nahe bei der Bezugsperson, wenn sie in einer fremden Umgebung mit einem Fremden konfrontiert werden. Sol-che Kinder werden als *gehemmt* bezeichnet. *Nicht gehemmte* Kinder, die in der Mehrzahl sind, fangen in derselben Situation sofort an zu spielen und lassen keine anfängliche Schüchternheit erkennen. Die Kinder der ersten

Ein Kind beobachtet Hunde mit einer Mischung aus Neugier und Angst
(Foto: Hans-Peter Heppel)

Gruppe entsprechen dem Prototyp des Introvertierten bei Erwachsenen, während die der zweiten Gruppe alle Merkmale des zukünftigen Extravertierten aufweisen. Diese beiden Profile geben eine allgemeinere Eigenschaft wieder, nämlich die Neigung von Kindern, sich in Sprache und Spiel zurückzuhalten und den Rückzug zu einer vertrauten Person anzutreten, sobald sie mit unvertrauten Menschen und Umwelten oder Herausforderungen konfrontiert sind. *Zurückhaltung, Wachsamkeit* und *Behutsamkeit* sind charakteristische Merkmale des gehemmten Kindes, während nicht gehemmte Kinder sich als *frei, energisch* und *spontan* charakterisieren lassen.

Diese Eigenschaften blieben in einer Längsschnittstudie, bei der Kinder von der Geburt bis zum 25. Lebensjahr untersucht wurden, die stabilsten (Kagan & Moss, 1962). Kinder, die in den ersten drei Lebensjahren extrem schüchtern, ängstlich und furchtsam waren, bildeten in den frühen Schuljahren ein konsistentes Verhaltensmuster. Sie hielten sich von gefährlichen Aktivitäten fern, waren kaum aggressiv, befolgten elterliche Anweisungen und vermieden ihnen unbekannte Gruppen von Gleichaltrigen. Als Jugendliche vermieden sie Sportarten, bei denen sie Kontakt mit anderen hatten.

Die vier gehemmtesten Jungen wählten als Erwachsene Berufe mit relativ
wenig sozialen Kontakten (einer wurde Musiklehrer, die anderen drei Wissenschaftler an der Universität). Die vier Jungen, die in den ersten sechs Lebensjahren am wenigsten gehemmt waren, wählten maskuline Berufe mit
stärkerer sozialer Interaktion mit anderen (einer wurde Sportlehrer, einer
Vertreter und zwei Ingenieure). Bei einer anderen Längsschnittuntersuchung
wurden zwei Gruppen von Kindern, bei denen diese Eigenschaften besonders extrem ausgeprägt waren, vom zweiten bzw. dritten bis zum achten
Lebensjahr regelmäßig beobachtet. Ungefähr die Hälfte der zu Beginn als
sehr schüchtern und ängstlich eingestuften Kinder behielt diese Eigenschaft
bei: Mit siebeneinhalb Jahren konnten sie nur schwer ein Spiel mit fremden
Kindern initiieren und waren beim Test mit Erwachsenen oder beim Spiel
mit einer Gruppe von neun bis zehn fremden Kindern still und scheu. Bei
anhaltend gehemmten Kindern ist außerdem die Erregbarkeit des limbischen Systems höher: sie haben eine höhere und gleichmäßigere Herzfrequenz (vgl. Abb. 4.6), einen höheren Kortisonspiegel und eine höhere Mus-

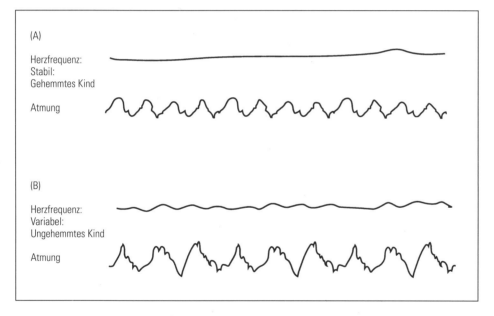

*Abb. 4.6: Herzfrequenz- und Atemmuster eines gehemmten und eines ungehemmten Kindes
beim Betrachten von Bildern. Beide Kinder haben ähnliche Atemmuster. Die Herzfrequenz
des gehemmten Kindes (oben) ist stabil, die des ungehemmten (unten) variiert. Beim ungehemmten Kind fallen die Spitzen für die Herzfrequenz mit den Spitzen des Atemzyklus zusammen. (Aus C. Garcia Coll, J. Kagan & J.S. Reznick: Behavioral inhibition in young
children. Child Development, 1984, 55, 1005–1019. © by Society for Research in Child Development. Mit freundlicher Genehmigung.)*

kelspannung. Abb. 4.7 zeigt, daß die Kinder, die im Alter von fünfeinhalb Jahren den höchsten Grad an limbischer Erregung zeigten, zwei Jahre später auch die gehemmtesten waren.

Erziehungsbedingungen haben einen Einfluß darauf, inwieweit eine Tendenz zu Hemmungen zum Vorschein kommt. Säuglinge und Kleinkinder mit dieser Tendenz, die in einer außergewöhnlich wohlwollenden Umwelt aufwachsen, in der ein außengerichteter Bewältigungsstil behutsam gefördert wird, sind im Schulalter nicht schüchtern und ängstlich. Umgekehrt kann eine übermäßig belastende Umwelt auch bei solchen Kindern zu ängstlichem Verhalten führen, deren angeborenes Temperament spontanes, freundliches Verhalten begünstigt. Deshalb ist auch die Wahrscheinlichkeit relativ gering, daß aus Säuglingen mit der angeborenen Veranlagung zu eher ängstlichem Verhalten ängstliche Dreijährige werden. Die biologische Veranlagung zu schüchternem Verhalten garantiert nicht, daß das Kind auch schüchtern wird (vgl. Kasten 4.2).

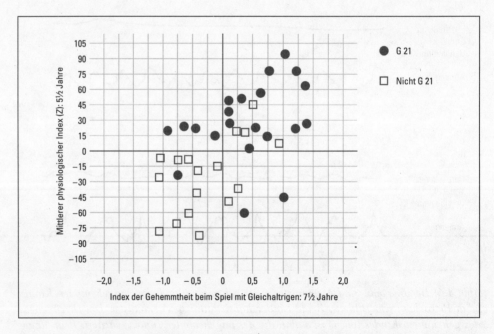

Abb. 4.7: Kinder, die im Alter von 21 Monaten extrem gehemmt waren (● = schüchtern) zeigten im Vergleich zu ungehemmten Kindern (□) mit 5½ Jahren höhere körperliche Erregung und waren mit 7½ Jahren in einer Gruppe fremder Gleichaltriger schüchterner und stiller (J. Kagan, unveröffentlicht).

Kasten 4.2

Temperament und frühe Erfahrung

Untersuchungen über das Verhältnis von Belastung durch die Umwelt und Temperament der Kinder müssen sich mit der wichtigen Frage beschäftigen, ob eine Temperamentsveranlagung bei der Geburt unabhängig von der Umwelt beim Kind eine bestimmte Qualität des Verhaltens mit sich bringt. Gegenwärtig kann man am ehesten davon ausgehen, daß bestimmte Umwelterfahrungen mit dem Temperament des Kindes interagieren müssen, damit ein bestimmtes Verhaltensprofil entsteht. Kinder, die zum Beispiel mit einem Temperament geboren werden, das Reizbarkeit und Schlaflosigkeit im ersten Lebensjahr und Schüchternheit und Ängstlichkeit im zweiten und dritten Lebensjahr begünstigt, entwickeln die letztgenannten Eigenschaften nur, wenn sie im ersten Lebensjahr chronischen Streß durch ihre Umwelt erleben.

Zu den möglichen Streßfaktoren gehören längere Hospitalisierung, Tod eines Elternteils, Streit zwischen den Eltern und psychische Krankheit eines Familienmitglieds. Allerdings sind diese Streßfaktoren nicht sehr häufig. Eine weiter verbreitete Ursache für Belastungen dagegen stellen ältere Geschwister dar, die unerwartet Spielzeug wegnehmen oder einen temperamentsbedingt schüchternen und ängstlichen Säugling anschreien oder ärgern. Es hat sich herausgestellt, daß zwei Drittel der gehemmten Kinder ältere Geschwister haben, während zwei Drittel der nichtgehemmten und sozial spontanen Kinder Erstgeborene ohne ältere Geschwister sind. Es ist also möglich, daß bei Kindern mit einem Temperament, das schüchternes, ängstliches Verhalten begünstigt, die Gegenwart eines älteren Geschwisters gerade die Belastung darstellt, die als Katalysator für dieses Verhalten wirkt.

Das Prinzip der Gegenseitigkeit

Die Wechselwirkung zwischen Elternverhalten und Temperament des Säuglings bildet die Grundlage für das Prinzip der **Gegenseitigkeit** bei der Entwicklung, demzufolge die Eltern-Kind-Beziehung in zwei Richtungen funktioniert: Eltern beeinflussen die Kinder, Kinder beeinflussen das Verhalten der Eltern. Anders ausgedrückt: Entwicklung ist das Produkt aus den individuellen Merkmalen des Kindes und den individuellen Merkmalen der Menschen, von denen es erzogen wird.

In einer Familie mit zwei Kindern im Altersabstand von etwas mehr als einem Jahr zum Beispiel war das ältere ein Kind, das gern schmuste, viel lächelte und bereitwillig reagierte. Seine Eltern lachten und sprachen viel mit Elliott. Außerdem war er sehr aktiv, konnte mit neun Monaten laufen, und nichts war vor ihm sicher. Man mußte ständig aufpassen, daß ihm nichts passierte. Seine jüngere Schwester Susan war als Baby ruhiger und ernster. Sie sah sich die Menschen intensiv an, lächelte aber selten. Dies führte dazu, daß ihre Eltern seltener mit ihr sprachen als mit Elliott in diesem Alter. Außerdem war Susan sehr viel weniger aktiv; sie saß lange nur zufrieden da und beobachtete andere. Sie bekam weniger Aufmerksamkeit und weniger Übung in sozialer Interaktion, was zu ihrer ruhigen Art beigetragen haben kann.

Elliott und Susan hatten von Anfang an unterschiedliche Verhaltensmuster, was dazu führte, daß sie von ihren Eltern unterschiedlich behandelt wurden. Das Verhalten der Eltern wiederum förderte unterschiedliche soziale Reaktionsmuster bei den beiden Kindern.

Emotionale und soziale Beziehungen zu Erwachsenen

Theoretische Perspektiven

Die Kombination von Temperamentseigenschaften des Säuglings mit Erziehungsmethoden, Einstellungen und Persönlichkeiten der Eltern ruft ein charakteristisches Muster sozialer Interaktion zwischen dem Säugling und den Eltern hervor. Praktisch jede Entwicklungstheorie hat angenommen, daß dieses Interaktionsmuster die psychische Entwicklung des Kindes entscheidend beeinflußt. So gut wie alle Psychologen der letzten hundert Jahre haben in der Beziehung der Kinder zu den Menschen, die sie versorgen, die wesentlichste Grundlage der emotionalen und kognitiven Entwicklung gesehen (Bowlby, 1969; Freud, 1938; Watson, 1928).

Dabei stand bis vor kurzem fast ausschließlich die Mutter im Mittelpunkt der Entwicklungstheorien; sie galt als die Person, deren Liebe, Fürsorge und Aufmerksamkeit den Ausschlag für die Geborgenheits- oder Unsicherheitsgefühle des Säuglings gab. Erst in den letzten zwei Jahrzehnten wurden die Einflüsse von Vätern, Geschwistern und anderen Bezugspersonen auf die Entwicklung untersucht. Ein zweiter Schwerpunkt lag bei der Bedeutung von Lust und Unlust in der Verhaltensentwicklung. Lust zu gewinnen und

Unlust zu vermeiden galt als die Grundmotivation des Menschen, und entsprechend hielt man auch die Aktivitäten der Bezugsperson, die Lust verschaffen, für die wichtigsten. Man glaubte, daß Säuglinge positive Gefühle und enge Bindungen an die Menschen entwickeln, die eine Quelle der Lust sind, sei es, daß sie sie beruhigen und mit ihnen spielen, sei es, daß sie etwas gegen die durch Schmerz, Kälte, Hunger oder psychische Not hervorgerufene Unlust unternehmen.

Die psychoanalytische Theorie: Auf dieser Annahme beruhte auch Sigmund Freuds Konzeption der sozialen und emotionalen Entwicklung. Freud hat angenommen, daß Säuglinge mit biologischen Trieben zur Welt kommen, die nach Befriedigung verlangen. Das Bedürfnis eines Kindes nach Nahrung, Wärme und Abwesenheit von Schmerz steht für das „Streben nach Sinneslust". Freud hat die biologische Grundlage dieses Strebens als eine Art physischer Energie, die *Libido*, beschrieben.

Aus psychoanalytischer Perspektive gibt es phasenspezifische Veränderungen bei den Aktivitäten, Menschen und Objekten, in die Kinder libidinöse Energie investieren. Für Freud waren die Ereignisse rund um das Füttern die wichtigste Quelle der Befriedigung im Säuglingsalter. Beim Füttern und Versorgtwerden konzentrieren die Kinder die aus der Libido entstehende Aufmerksamkeit auf die Person, die die Befriedigung spendet. Aber für den Säugling sind nicht nur die Menschen, die ihn versorgen, libidinös besetzt, sondern auch die Oberfläche von Mund, Zunge und Lippen, und deshalb hat Freud diese Phase der Säuglingszeit die *orale Phase* genannt. Bei übermäßiger oder mangelnder Befriedigung der oralen Bedürfnisse kann sich der psychoanalytischen Theorie zufolge der Schritt zur nächsten Entwicklungsstufe verzögern, das heißt, es kann zu einer *Fixierung* oder Abwehr gegen die Übertragung der libidinösen Energie auf eine neue Gruppe von Objekten und Aktivitäten kommen. Freud hat die Hypothese formuliert, daß eine Fixierung in der oralen Phase durch übertriebene oder unzureichende Befriedigung im Erwachsenenalter zu bestimmten psychischen Symptomen führen kann. Schwere Depression oder Schizophrenie wären demnach die mögliche Folge mangelnder Befriedigung oraler Bedürfnisse, starke Abhängigkeit von anderen dagegen die Folge übermäßiger Befriedigung.

Im zweiten Lebensjahr sah Freud die anale Region und die Aktivitäten, die mit dem Stuhlgang zusammenhängen, als wichtige Quelle libidinöser Befriedigung. In dieser Phase werden Interaktionen mit den Eltern im Bereich der Sauberkeitserziehung besonders wichtig. Freud hat diese Entwicklungsstufe die *anale Phase* genannt. Die Folgen einer Fixierung in dieser Phase sind seiner Meinung nach extreme Sauberkeit, Pedanterie und Besitzstreben bzw. die entgegengesetzten Eigenschaften.

Auch neuere Theorien in der Nachfolge Freuds halten an der Annahme fest, daß die frühe Interaktion von Mutter und Kind eine besondere, für die

Entwicklung des Säuglings notwendige Qualität hat (Ainsworth, Blehar, Waters & Wall, 1978; Bowlby, 1969; Erikson, 1963). Allerdings legen sie ihren Schwerpunkt nicht auf die biologischen Funktionen des Fütterns und der Sauberkeitserziehung, sondern auf die psychischen Konsequenzen zärtlicher, kontinuierlicher, zuverlässiger und liebevoller Zuwendung. So sieht Erik Erikson zum Beispiel das entscheidende Entwicklungsereignis während der Säuglingszeit in der Entstehung des Vertrauens zu einem anderen Menschen. Bei kontinuierlicher und befriedigender Erfahrung von Zuwendung können die Säuglinge dieses Entwicklungsstadium erfolgreich durchlaufen; machen sie diese Erfahrung aber nicht, fehlt ihnen später ein Grundvertrauen zu anderen.

Im zweiten Lebensjahr geht es nach Erikson um die Entwicklung der Autonomie- und Unabhängigkeitsgefühle von den Eltern. Störungen in dieser Phase können langfristig zu verstärkten Schamgefühlen und Zweifeln an der Fähigkeit zu eigenständigem Handeln führen. Erikson übernimmt in seinem Konzept dieser und der späteren Stufen des Lebenszyklus die Freudsche Vorstellung der Fixierung: Fehlende Befriedigung in einer Stufe beeinträchtigt die Entwicklung in den anderen. Aber anders als Freud geht er nicht von *psychosexuellen*, sondern von *psychosozialen* Phasen aus.

Lerntheorie: Ein paralleler theoretischer Ansatz ist der Behaviorismus. Auch die Behavioristen sahen in Hunger, Durst und Schmerz die Grundtriebe, die Säuglinge zur Handlung motivieren. Freuds Konzept der Libido lehnten sie allerdings ab, weil die Libido nicht meßbar ist. Den Anstoß zu psychischer Veränderung liefern ihrer Meinung nach nicht unsichtbare Gefühle, sondern biologische Triebe und andere meßbare Reaktionen. Ereignisse, die die biologischen Bedürfnisse eines Kindes (d. h. einen Trieb) befriedigen, wurden als *Primärverstärker* bezeichnet. Nahrung zum Beispiel ist für ein hungriges Kind ein solcher Primärverstärker. Menschen oder Gegenstände, die bei der Befriedigung eines Triebes anwesend sind, werden durch ihre Verbindung mit dem Primärverstärker zu *Sekundärverstärkern*. Die Mutter, die Nahrung und Trost spendet, ist ein wichtiger Sekundärverstärker. Das Kind sucht deshalb ihre Nähe nicht nur bei Hunger oder Schmerzen, sondern ist in vielen anderen Situationen von ihr abhängig. Das Ausmaß der Abhängigkeit eines Kindes von der Mutter hängt der Lerntheorie zufolge davon ab, wie oft die Mutter mit Lust und mit Verringerung von Schmerz und Unbehagen assoziiert wurde (Sears, Maccoby & Levin, 1957).

Der Gedanke, daß die emotionalen Bindungen von Säuglingen und ihr Annäherungsverhalten an die Mutter auf der Befriedigung biologisch angelegter Triebe basieren, hat die amerikanische Entwicklungspsychologie vom Ersten Weltkrieg bis in die frühen sechziger Jahren stark geprägt. Da der Nahrungsaufnahme eine zentrale Bedeutung beigemessen wurde, beschäftigten sich Wissenschaftler und Eltern ausführlich mit der Frage, ob es bes-

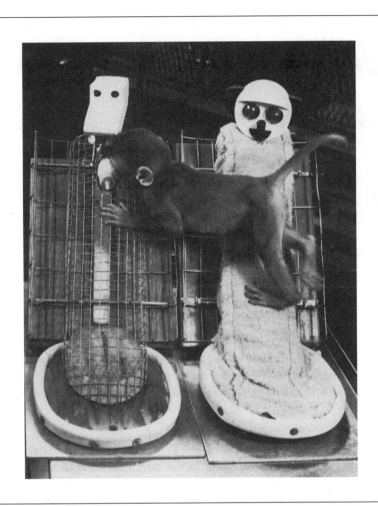

Abb. 4.8: Mutterersatz aus Draht oder Stoff, der bei der Untersuchung der Auswirkungen verschiedener Formen der mütterlichen Versorgung bei Affensäuglingen benutzt wurde. Die Draht-„Mutter" hatte einen Sauger in Brusthöhe, an dem das Affenbaby trinken konnte, die Stoff-„Mutter" war jedoch weich gepolstert. Die Äffchen verbrachten mehr Zeit bei der Stoff-„Mutter" und liefen auch zu ihr, wenn sie Angst hatten. Daraus läßt sich schließen, daß Kontakt-Trost für die Bindung des Säuglings an die Mutter wichtiger ist als Nahrung. (Aus H. F. Harlow & R. R. Zimmerman: Affectional responses in the infant monkey. Science, 1959, 130, 442. Mit freundlicher Genehmigung)

ser sei, ein Kind zu stillen oder mit der Flasche zu ernähren, ob man es zu regelmäßigen Zeiten oder nach seinen Bedürfnissen, d. h. unregelmäßig, füttern, wann und wie man es von der Brust auf die Flasche oder von der

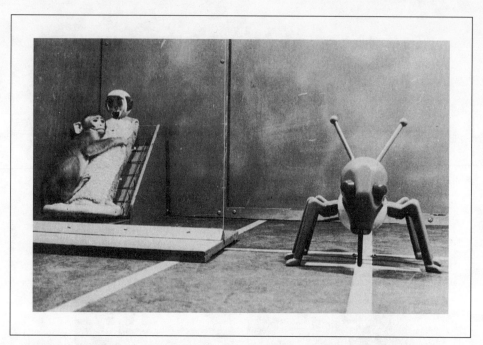

Abb. 4.9: Bei Einführung eines erschreckenden Objekts in einem großen offenen Raum (Open-field-Test) rannten die Affenkinder zur Stoff-„Mutter" und klammerten sich an sie. Diese Reaktion war ein Anzeichen für ihre Bindung an die Stoff- und nicht an die Draht-„Mutter". (Aus Science, 1959, 130, 430. Mit freundlicher Genehmigung.)

Flasche auf die Tasse umstellen sollte. Die ausführliche Untersuchung dieser wichtigen Fragen konnte allerdings keine konsistente Beziehung zwischen den Mustern der Nahrungsaufnahme und der anschließenden sozialen und emotionalen Entwicklung feststellen. Die Ergebnisse dieser Untersuchungen werfen die Frage auf, ob das Konzept der oralen Phase überhaupt sinnvoll ist. Neuere Untersuchungen haben gezeigt, daß für die Bindung eines Kindes an die Eltern kompliziertere Mechanismen verantwortlich sind als die Häufigkeit, mit der Mütter bzw. Väter das Kind füttern, wickeln und versorgen (Ainsworth et al., 1978).

Den entscheidenden Schlag gegen die Theorie der biologischen Triebbefriedigung bildeten aber die Ergebnisse einer Reihe von Experimenten von Harry Harlow und seinen Mitarbeitern. Sie hatten ein neues Element der Mutter-Kind-Bindung gefunden: den *Kontakt-Trost* (contact comfort). Sie hatten junge Affen in einem Käfig mit zwei verschiedenen Arten von unbelebten „Müttern" aufgezogen (Harlow & Harlow, 1966). Die eine „Mutter" war aus Draht und hatte in Brusthöhe einen Sauger, an dem die Äffchen Nahrung trinken konnten (vgl. Abb. 4.8). Die andere „Mutter" war aus weichem Frotteestoff, gab aber keine Nahrung. Im Gegensatz zu den Thesen der Psychoanalyse und des Behaviorismus blieben die Äffchen die meiste Zeit bei der Frottee-„Mutter" und gingen nur dann zu der Draht-„Mutter", wenn sie Hunger hatten. Ein Äffchen, das von einem fremden Gegenstand, zum Beispiel einer großen Spinne aus Holz, erschreckt wurde, lief zu der Stoff-Mutter und klammerte sich so an sie, als ob es sich dort sicherer fühlte als bei der Draht-Mutter (vgl. Abb. 4.9). Zumindest für diese Säugetiere ist die Befriedigung durch die Nahrungsaufnahme also keine Grundlage für die Eltern-Kind-Bindung.

Vergleichende Verhaltensforschung (Ethologie): Ungefähr zur gleichen Zeit, als Harlow seine Experimente mit Affen begann, entwickelte eine Gruppe von europäischen Wissenschaftlern die **vergleichende Verhaltensforschung.** Dabei sind vor allem Konrad Lorenz (1981) und Nikko Tinbergen (1951) zu nennen. Sie hielten es für notwendig, Tiere in ihrer natürli-

Konrad Lorenz (Bild) hat das Phänomen der Prägung entdeckt: Ein festgelegtes Handlungsmuster, das unmittelbar nach der Geburt bei vielen Vogelarten auftritt

chen Umwelt zu untersuchen, und stellten sich damit zum Teil gegen die Behavioristen, für die Konditionierung und eine Forschung unter streng kontrollierten Laborbedingungen im Mittelpunkt standen.

Die Verhaltensforscher gehen davon aus, daß jede Tierart mit einem Satz *fester Verhaltensmuster* geboren wird. Ein festes Verhaltensmuster ist eine stereotype Verhaltenssequenz, die durch einen entsprechenden Umweltreiz, den *angeborenen Auslösermechanismus* in Gang gesetzt wird. Einige dieser festen Verhaltensmuster lassen sich nur in bestimmten, begrenzten Entwicklungsphasen auslösen, den sogenannten *sensiblen Perioden.* Vorher und nachher haben die Auslöser wenig oder gar keine Auswirkungen auf das Verhalten des Tieres.

Ein solches festes Verhaltensmuster, das bei Enten, Gänsen, Hühnern und einigen anderen Tierarten kurz nach dem Schlüpfen auftaucht, ist die *Prägung.* Entenküken sind biologisch so ausgestattet, daß sie nach dem Ausschlüpfen dem ersten beweglichen Objekt folgen, das sie sehen. Handelt es sich dabei um die Entenmutter, lernen sie, ihr zu folgen und sich in Gefahr zu ihr zu flüchten. Sehen sie aber in der sensiblen Periode der Prägung zuerst einen Menschen oder eine Spielzeug-Eisenbahn, dann folgen sie diesem Objekt und nicht der Mutter.

Die Vorstellung, daß menschliche Säuglinge ebenfalls mit festen Verhaltensmustern geboren werden könnten, die weder Ergebnis vorangegangenen Lernens sind noch auf Triebbefriedigung beruhen, erregte das Interesse des jungen britischen Psychiaters John Bowlby, der trotz seiner psychoanalytischen Ausbildung für die neuen Erkenntnisse der Verhaltensforschung empfänglich war. Bowlby hat die These aufgestellt, menschliche Säuglinge seien auf bestimmte Verhaltensweisen programmiert, wie zum Beispiel Weinen, Lächeln, Glucksen, Kriechen in Richtung auf andere, die bei den Menschen der Umwelt fürsorgliches Verhalten hervorrufen und dafür sorgen, daß Erwachsene in ihrer Nähe bleiben. Aus der Perspektive der Evolution sind diese Muster wichtig für die Anpassung, denn sie tragen mit dazu bei, daß Säuglinge die für ihr Überleben notwendige Zuwendung bekommen (Bowlby, 1969).

Bindung an die Bezugspersonen

Ein sehr wichtiges Ergebnis der Mutter-Kind-Beziehung ist für Bowlby die Entwicklung einer sozial-emotionalen Bindung des Säuglings an die Mutter, die die Funktion hat, dem Kind psychische Sicherheit zu vermitteln. **Bindung** wird in diesem Zusammenhang so definiert:

„Der Begriff *Bindungssystem* bezieht sich auf das hypothetische Regulationssystem einer Person... Es zielt darauf, ein Verhalten zu regulieren, das

Nähe und Kontakt zu einer ausgewählten, schützenden Person garantiert, die als Bindungsperson bezeichnet wird. Vom psychischen Standpunkt der gebundenen Person aus betrachtet, ist das Ziel dieses Systems die empfundene Sicherheit." (Bretherton, in Osofsky, 1987, S. 1063)

Es gibt drei Anzeichen für die sozial-emotionale Bindung eines Säuglings an eine Bindungs- oder Bezugsperson: 1. Die Bezugsperson kann das Baby besser beruhigen und zufriedenstellen als andere. 2. Säuglinge wenden sich der Bezugsperson häufiger zu als anderen, wenn sie spielen oder getröstet werden wollen. 3. Säuglinge sind in Anwesenheit der Bezugsperson seltener ängstlich als in ihrer Abwesenheit. Bei einer Untersuchung zum Beispiel besuchte eine Frau, die die Kinder nicht kannten, zwölf Monate alte Säuglinge zu Hause und präsentierte ihnen Gegenstände und Ereignisse, die geeignet waren, Furcht zu erregen (ein großes, erschreckendes Spielzeug oder ein ungewöhnliches Geräusch, das aus einem Stuhl kam). Befand sich die Mutter im Raum, war die Wahrscheinlichkeit, daß die Kinder weinten oder offene Anzeichen von Furcht erkennen ließen, sehr viel geringer als bei Abwesenheit der Mutter.

Das Bindungssystem mit seinen spezifischen Reaktionen wird durch unvertraute Situationen, Gefahr oder Leid aktiviert; es wird beendet, sobald das Kind Sicherheit spürt. Bindungsverhalten, zum Beispiel Hinwendung zur Mutter oder Aufenthalt in ihrer Nähe, zeigen Säuglinge, wenn sie ängstlich, müde, hungrig oder auf andere Weise belastet sind. Der Zweck des Bindungsverhaltens besteht in der Reduzierung unangenehmer Gefühle durch Interaktion mit der Bezugsperson. Man nimmt an, daß Kinder nach dem ersten Geburtstag ein Schema oder inneres Arbeitsmodell vom Selbst und seiner Beziehung zur Bindungsperson konstruieren. Dieses Schema gibt ihnen größere Sicherheit, weil sie wissen, daß die Bezugsperson auch dann potentiell verfügbar ist, wenn sie nicht anwesend ist.

Solange die Bezugsperson anwesend ist, können kleine Kinder sie ignorieren. Häufig spielen sie dann sogar lieber mit Fremden als mit den Eltern. Fühlen sie sich aber bedroht oder unsicher, wenden sie sich sofort an Mutter, Vater oder andere Bezugspersonen, um sich zu informieren, wie sicher oder gefährlich bestimmte Situationen sind. Ein einjähriges Kind zum Beispiel, das auf die flache Seite der visuellen Klippe gesetzt wird, überquert meist die tiefe Seite, wenn die Mutter lächelnd dort steht. Macht sie aber ein ängstliches Gesicht, bleiben die Kinder in der Regel, wo sie sind, und fangen an zu weinen. Entsprechend halten auch Kinder an, die auf ein neues Spielzeug zukrabbeln, und kriechen oder laufen zur Mutter, wenn sie ein ängstliches Gesicht macht oder einen bedeutungslosen Satz in ängstlichem Tonfall sagt. Lächelt sie aber oder sagt sie etwas mit beruhigender Stimme, bewegt sich das Kind weiter auf das Spielzeug zu (Kinnert, Campos, Sorce, Emde & Svejda, 1983). Dieses Phänomen, das *Erkundungsverhalten (social referen-*

cing; vgl. Oerter & Montada, S. 197, 1987; Anm. d. Übers.), zeigt an, daß das Kind eine Bindung zu einem Erwachsenen hergestellt hat.

Fast alle Säuglinge stellen Bindungen her, meist an mehr als eine Person. Viele Psychologen glauben, eine starke Bindung sei die Grundlage für eine gesunde emotionale und soziale Entwicklung in der späteren Kindheit. Man nimmt an, daß Kinder mit starker Bindung sozial extravertiert sind, neugierig auf ihre Umgebung, bereit zu Erkundungen und fähig zur Bewältigung von Streß und daß schwere Störungen im Bindungsprozeß zu ernsten Problemen in der späteren sozialen Entwicklung des Kindes führen.

Messung der Bindung

Wenn man feststellen will, ob ein Kind bestimmte psychische Zustände oder Eigenschaften wie zum Beispiel sichere Bindung an einen Erwachsenen aufweist, hat man zwei Möglichkeiten. Erstens kann man untersuchen, ob die für den Erwerb eines psychischen Zustands notwendigen Umweltbedingungen vorhanden waren. Für eine Untersuchung der Bindungsqualität wären demnach zahlreiche Beobachtungen des Säuglings und seiner Eltern in ihrer gewohnten Umgebung erforderlich. Eine solche Beobachtung ist allerdings schwierig und teuer. Die andere, einfachere und billigere Möglichkeit ist die Messung eines Aspekts des gegenwärtigen Zustands von Kindern, der als Anzeichen für die zugrunde liegende Eigenschaft betrachtet werden kann, die eigentlich gemessen werden soll.

Diese beiden Forschungsstrategien führen nicht immer zu denselben Ergebnissen. Jahrelange Mangelernährung zum Beispiel kann die Ursache für den körperlichen Zustand sein, der „Anfälligkeit für Infektionskrankheiten" genannt wird. Aber es ist schwer zu bestimmen, ob es in der Geschichte eines bestimmten zehnjährigen Kindes Mangelernährung gegeben hat. Deshalb werden Größe und Gewicht des Kindes als Anzeichen für frühere Fehlernährung herangezogen. Wenn ein Zehnjähriger nur so groß ist wie ein Siebenjähriger, nimmt man an, daß er in den frühen Lebensjahren nicht ausreichend ernährt worden ist. Das Problem bei dieser Schlußfolgerung ist aber, daß unterdurchschnittliches Größenwachstum nicht zwangsläufig Folge früherer Mangelernährung ist; bei vielen Kindern spielen andere Gründe eine Rolle, zum Beispiel genetische Faktoren oder ein geringerer Wachstumshormonspiegel. Bei diesen Kindern gibt es trotz ihrer unterdurchschnittlichen Körpergröße keine erhöhte Anfälligkeit für Infektionskrankheiten.

Der Test „Fremde Situation". Die verbreitetste Methode zur Einstufung, wie sicher eine Bindung ist, wurde von Mary Ainsworth entwickelt und wird „Fremde-Situation" genannt. Sie besteht aus einer Reihe von sieben dreiminütigen Episoden, bei denen Säuglinge mit einem Elternteil, danach mit

Tabelle 4.1

Episoden im Test der fremden Situation

Episode	Ereignis, das die Episode einleitet	Anwesende Personen
1	Elternteil und Kinder betreten den Raum	Elternteil und Kind
2	Fremde Person gesellt sich dazu	Elternteil, Kind, fremde Person
3	Elternteil verläßt den Raum	Kind und fremde Person
4	Elternteil kommt zurück; fremde Person geht	Elternteil und Kind
5	Elternteil verläßt den Raum	Kind allein
6	Fremde Person kommt zurück	Kind und fremde Person
7	Elternteil kommt zurück, fremde Person geht	Elternteil und Kind

einem Elternteil und einem Fremden und dann allein beobachtet werden (vgl. Tabelle 4.1).

Die beiden Schlüsselepisoden sind die, bei denen Vater oder Mutter wieder ins Zimmer kommen, nachdem sie den Raum verlassen hatten (4 und 7). Das Verhalten bei der Rückkehr des Elternteils ist der wichtigste Indikator für die Bindung des Säuglings an Vater oder Mutter.

Mit Hilfe dieses Tests wurden im wesentlichen drei Bindungsmuster festgestellt. Kinder, die sich Vater oder Mutter bei ihrer Rückkehr zuwenden und sich von ihnen leicht trösten lassen, werden als Kinder mit *sicherer Bindung* bezeichnet. Typisch dafür ist auch leichter Protest, wenn die Bezugsperson den Raum verläßt. Kinder, die die Eltern bei der Rückkehr ignorieren und zufrieden weiterspielen, werden als Kinder mit *unsicher-vermeidender Bindung* klassifiziert. Sie protestieren meist nicht, wenn die Bezugsperson den

Raum verläßt. Schließlich gibt es die Gruppe der Kinder mit *ambivalent-unsicherer Bindung*: Sie klammern sich nach der Rückkehr abwechselnd an die Bezugsperson und stoßen sie weg. Diese Kinder sind sehr verstört, wenn die Bezugsperson den Raum verläßt. Bei Stichproben mit einjährigen Kindern in den USA sind in der Regel 65 Prozent sicher, 21 Prozent unsicher-vermeidend und 14 Prozent ambivalent-unsicher gebunden (van Ijzendorn & Kroonenberg, 1988).

Dieser Test mag zwar künstlich wirken, aber die daraus gewonnenen Klassifizierungen ermöglichen es, Eigenschaften vorherzusagen, bei denen theoretisch ein Zusammenhang mit der Bindungssicherheit vorhanden sein müßte. Kinder, die im Alter von 12 bis 18 Monaten als sicher oder unsicher gebunden klassifiziert worden waren, wurden in zeitlichen Abständen bis zum fünften Lebensjahr weiter beobachtet. Dabei zeigte sich, daß die sicher gebundenen im Umgang mit Erwachsenen und anderen Kindern sozial extravertierter, ihren Müttern und anderen Erwachsenen gegenüber kooperativer und folgsamer waren, Streß besser bewältigen konnten und mehr Neugier zeigten als die unsicher gebundenen (Arend, Gove & Sroufe, 1979; Londerville & Main, 1981; Pastor, 1981; Waters, Wippman & Sroufe, 1979). Darüber hinaus suchten sicher gebundene Kinder bei Beobachtungen im Elternhaus seltener körperlichen Kontakt zu ihren Müttern als unsicher gebundene (Clare-Stewart & Hevey, 1981).

Die Grenzen des Tests mit einer fremden Situation: Auch wenn diese Ergebnisse den Test mit einer fremden Situation als sensiblen Indikator für die Qualität der Bindung ausweisen, gibt es Anzeichen dafür, daß bei der Interpretation des Verhaltens von Kindern in der Testsituation in Hinblick auf die Bindungsqualität Vorsicht angebracht ist. Erstens verändern sich bei vielen Kindern die Bindungskategorien im Alter von 12 bis 19 Monaten. Das kann mit Veränderungen in der Familie zusammenhängen, die zum Beispiel entstehen, wenn die Mutter wieder berufstätig wird. Allerdings ist die Wahrscheinlichkeit eines Wechsels von unsicherer zu sicherer Bindung unter diesen Umständen genauso groß wie die eines Wechsels in umgekehrter Richtung (Thompson, R. A., Lamb & Estes, 1982).

Zweitens hat eine Langzeituntersuchung ergeben, daß die Häufigkeit der sicheren und unsicheren Bindung bei einjährigen Kindern von gesunden und von geistig oder emotional schwer gestörten Müttern gleich bleibt. Viele emotional gestörte Mütter waren weder so lebendig noch so aufmerksam zu ihren Kindern wie die gesunden, aber es gab keine Anzeichen für eine stärkere Tendenz zu unsicherem Bindungsverhalten (Sameroff, Seifer & Zax, 1982).

Ausschlaggebend für die Klassifizierung der Bindungsqualität ist die Reaktion des Kindes auf die Rückkehr der Bezugsperson. Diese Reaktion hängt aber zum Teil von der Reaktion des Kindes beim Weggang der Bezugsperson ab. Kinder, die beim Weggang der Bezugsperson nicht weinen, weil sie dadurch nicht besonders geängstigt werden, suchen auch nicht unbedingt Trost bei Vater oder Mutter, wenn sie wiederkommen. Sie werden dann in der Regel als Kinder mit unsicher-vermeidender Bindung klassifiziert. Entsprechend sind Kinder, die sich nicht leicht beruhigen lassen (und als ambivalent-unsicher gebunden klassifiziert werden), wahrscheinlich auch die, welche der Weggang der Bezugsperson extrem verstört hat.

Kinder mit einem schüchternen und ängstlichen Temperament neigen angesichts des plötzlichen Weggangs der Bezugsperson zu furchtsamem Erschrecken und lassen sich dann auch in der Testsituation nur schwer wieder beruhigen. Bei der Gruppe der als unsicher gebunden klassifizierten Einjährigen lag denn auch der Anteil der Kinder, die von den ersten Lebenstagen an bis zum Ende des ersten Lebensjahres sehr reizbar, ängstlich und schwer zu versorgen waren, sehr viel höher als bei der Gruppe der sicher gebundenen Kinder (Miyake, 1986; Belsky & Rovine, 1987).

Es gibt Anzeichen dafür, daß das Nervensystem von Kindern, die im Alter von einem Jahr als ambivalent-unsicher gebunden bezeichnet werden, ungewöhnlich stark auf Reizveränderungen reagiert. Einer der Indikatoren für die Sensibilität von Säuglingen ist die Reaktion auf Geschmacksveränderungen. Man hat Neugeborenen einen Sauger in den Mund gesteckt, aus dem zuerst Wasser, 2 Minuten später eine mäßig süße und wieder 2 Minuten später eine sehr süße Flüssigkeit kam. Bei manchen Neugeborenen stieg die Saugfrequenz trotz der Veränderung von Wasser zu süßer Flüssigkeit kaum an, andere Kinder reagierten mit einer beträchtlich erhöhten Saugfrequenz auf die Geschmacksveränderung. Eine Untersuchung derselben Kinder im Alter von anderthalb Jahren hat festgestellt, daß solche Kinder, die sehr sensibel auf die Geschmacksveränderung reagiert hatten, mit größerer Wahrscheinlichkeit in die Gruppe mit ambivalent-unsicherem Bindungsverhalten eingeordnet wurden, während die Kinder mit geringer Sensibilität für Geschmacksveränderung mit größerer Wahrscheinlichkeit als sicher gebunden klassifiziert wurden (Lipsitt & LeGasse, 1989). Das Temperamentsmerkmal *Gehemmtheit* hat also einen beträchtlichen Einfluß auf die Beurteilung der Bindungsqualität im Test der fremden Situation.

Das Verhalten eines Kindes bei diesem Test wird außerdem noch davon beeinflußt, inwieweit Eltern es im ersten Lebensjahr des Kindes fördern, die Furcht beherrschen zu lernen. Kinder mit aufmerksamen und liebevollen Eltern, die Selbstvertrauen und Beherrschung von Furcht fördern, weinen seltener, wenn Mutter oder Vater den Raum verlassen, und gehen bei ihrer Rückkehr auch nicht unbedingt auf sie zu. Damit erhöht sich die Wahrscheinlichkeit, daß sie als unsicher-vermeidend gebunden eingruppiert werden.

Darüber hinaus zeigen kulturell bedingte Unterschiede in den Bindungsmustern, daß kulturelle Werte und Erziehungspraktiken das Verhalten der

Kinder bei fremden Situationen beeinflussen. In Deutschland werden ca. 35 Prozent aller Kinder als unsicher-vermeidend klassifiziert. Die Autoren einer Untersuchung nehmen an, daß die getesteten Einjährigen in der deutschen Kultur einen „starken Anstoß in Richtung affektiver Zurückhaltung" gegenüber Eltern und anderen Erwachsenen bekommen haben müssen (Grossmann, Grossmann, Huber & Wartner, 1981, S. 179). In Japan und Israel dagegen, wo Eltern sich beträchtlich beschützender verhalten, gab es mehr ambivalent-unsicher gebundene Kinder. Selbst bei Stichproben aus denselben Ländern haben sich große Unterschiede gezeigt, die wahrscheinlich durch verschiedene Erziehungsmethoden und unterschiedliche Lebenserfahrung der Kinder bedingt sind (van Ijzendorn & Kroonenberg, 1988).

Man wird wahrscheinlich in einer einzigen Laboruntersuchung wie dem Test der fremden Situation nie klären können, was Temperamentseigenschaften, bisherige Sozialisation und Bindung im einzelnen zum Verhalten des Säuglings beitragen. Daraus ergibt sich für Psychologen ein Dilemma: Sie gehen davon aus, daß Unterschiede in der Bindung eines Säuglings an seine Bezugsperson wichtig sind und eine unsichere Bindung im späteren Leben zu psychischen Problemen führen kann, können sich aber nicht darauf verlassen, daß ihre Methode zur Messung der Bindungsqualität wirklich zuverlässig ist.

Konsequenzen elterlicher Erziehungsmethoden

Säuglinge neigen allem Anschein nach von Geburt an dazu, Bindungen herzustellen, aber welche Bezugsperson sie dazu auswählen und welche Qualität die Bindung bekommt, das hängt zum Teil auch vom Verhalten der Eltern ab. In der letzten Zeit hat man festzustellen versucht, welche Eigenschaften der Eltern für die Bindung wichtig sind. Die Ergebnisse dieser Untersuchungen haben gezeigt, daß die Qualität der Bindung nicht allein von den elterlichen Aktivitäten abhängt, welche die Bedürfnisse des Kindes nach Nahrung, Getränken, Wärme und Befreiung von Schmerz befriedigen, ja nicht einmal davon, mit wem das Kind die meiste Zeit verbringt. Schwedische Kinder zum Beispiel, die eine Zeit lang überwiegend von ihren Vätern versorgt wurden, hatten keine stärkere Bindung an die Väter als Kinder mit voll berufstätigen Vätern (Lamb, Hwang, Frodi & Frodi, 1982). Und Säuglinge, deren Mütter ganztags berufstätig waren, hatten eine genauso starke Bindung an sie wie andere Kinder, die ausschließlich von ihren Müttern versorgt wurden. Hier scheint das alte Sprichwort, demzufolge nicht Quantität, sondern Qualität der Versorgung wichtig ist, seine Gültigkeit zu beweisen. Manche Psychologen sehen in einem unmittelbar nach der Geburt einsetzenden **Bindungsprozeß** den ersten Schritt zur Bindung (vgl. Kasten 4.3).

Kasten 4.3

Früher Bindungsprozeß

In der populärwissenschaftlichen, aber auch in der wissenschaftlichen Literatur ist immer wieder behauptet worden, daß in den ersten Stunden nach der Geburt ein entscheidender „Bindungsprozeß" (bonding) zwischen Mutter und Kind abläuft. Die gängige Klinikpraxis, Säuglinge in eigene Räume zu legen und nur zum Stillen oder Füttern zu den Müttern zu bringen, wurde heftig kritisiert, weil sie die Entstehung einer emotionalen Verbindung zwischen Mutter und Kind in den ersten Stunden nach der Geburt verhindern würde. Dies ist mit ein Grund dafür, daß man heute in den Kliniken Mutter und Kind unmittelbar nach der Geburt eine Zeitlang zusammensein läßt, „Rooming in" fördert (d. h., die Kinder bleiben im Zimmer der Mutter und kommen nicht auf die Neugeborenenstation) und Programme entwickelt hat, um die Eltern an der Versorgung von Frühgeborenen zu beteiligen.

Daraus ergeben sich zwei Fragen: 1. Fördert der frühe Kontakt zwischen Mutter und Kind die Bindung (attachment) oder den Bindungsprozeß (bonding)? 2. Ist er für eine optimale Entwicklung wichtig? Die erste Frage läßt sich zumindest für die erste Zeit mit Einschränkungen bejahen; langfristige Auswirkungen haben sich nur schwer nachweisen lassen. Die zweite Frage dagegen kann verneint werden.

Eine deutsche experimentelle Untersuchung hat sich mit diesen Fragen beschäftigt. Dabei hatte eine Gruppe von Müttern „frühen Kontakt" zu ihren Säuglingen. Die Neugeborenen wurden ihnen noch im Kreißsaal mindestens eine halbe Stunde lang in den Arm gelegt. Bei der anderen Gruppe hielt man sich an die übliche Klinikroutine. Jeweils die Hälfte der Mütter in jeder Gruppe hatte „erweiterten Kontakt", das heißt, die Kinder waren zusätzlich zu den Stillzeiten ungefähr fünf Stunden täglich im Zimmer der Mütter. Die Mütter ohne erweiterten Kontakt hatten ihre Kinder fünfmal täglich zum Stillen ca. eine halbe Stunde lang bei sich. In den ersten fünf Tagen war die Gruppe der Mütter mit frühem Kontakt beim Füttern und Schmusen zärtlicher als die zweite Gruppe. Diese Unterschiede traten jedoch nicht mehr auf, als die Kinder acht bis zehn Tage alt waren. Außerdem zeigten sich Auswirkungen des frühen Kontakts nur bei Müttern mit geplanter Schwangerschaft; man kann also annehmen, daß die Auswirkungen von der Einstellung der Mutter zur Geburt abhängig waren.

Bei den Gruppen mit und ohne erweiterten Kontakt zeigten sich keine Unterschiede (Grossmann, Thane & Grossmann, 1981). Eine andere Untersuchung hat bei einjährigen Kindern, die aufgrund von Krankheit oder Frühgeburt in den ersten Lebenswochen im Krankenhaus waren, dieselben Bindungsmuster festgestellt wie diejenigen, die in anderen Untersuchungen gefunden wurden. Eine frühe Trennung von Mutter und Kind führt anscheinend langfristig nicht zu Problemen (Rode, Chang, Fisch & Sroufe, 1981).

Auch wenn der frühe Mutter-Kind-Kontakt für den emotionalen Bindungsprozeß nicht ausschlaggebend zu sein scheint, ist es für manche Mütter emotional befriedigend und kann den Anfang der Beziehung harmonischer gestalten, wenn man das Kind unmittelbar nach der Geburt bei der Mutter läßt. Aber auch Mütter, die diesen frühen Kontakt nicht haben, müssen deshalb nicht befürchten, ihr Neugeborenes einer wichtigen Erfahrung zu berauben. Viele Mütter sind nach der Geburt oft sehr erschöpft und deshalb erleichtert, wenn jemand da ist, der für sie und das Kind sorgt. Adoptierte Kinder haben den ersten Kontakt zu ihren Adoptivmüttern Tage, Monate oder selbst Jahre nach der Geburt, und können trotzdem starke emotionale Bindungen zu ihnen entwickeln.

Eine der Eigenschaften in der Eltern-Kind-Interaktion, die für die Entwicklung der Bindung sehr wichtig ist, wird als Sensibilität, Synchronismus (Gleichzeitigkeit) oder Reziprozität (Gegenseitigkeit) bezeichnet. Zwei Komponenten spielen dabei eine Rolle: Erstens Sensibilität und die Bereitschaft, auf die Signale des Säuglings zu reagieren, also auf Schreien, Blicke, Lächeln oder auf lautliche Äußerungen. Eltern mit sicher gebundenen Kindern reagieren meist schnell und positiv auf soziale Annäherungsversuche ihrer Kinder und initiieren eine spielerische, freundliche Kommunikation, die der Stimmung und den kognitiven Fähigkeiten des Säuglings entspricht. Dabei ist es entscheidend, in Einklang mit den Signalen und dem Verhalten des Kindes zu agieren (Ainsworth et al., 1978). In den folgenden Beispielen ist die Zuneigung, die in der Interaktion deutlich wird, bei beiden Müttern die gleiche, aber sie unterscheiden sich in ihrer Sensibilität:

„Darcy, ein anderthalbjähriges Mädchen, spielt auf dem Boden mit Klötzen. Ihre Mutter, die gerade eine Arbeit am Tisch beendet hat, wendet sich ihr zu und beobachtet sie. Sie sagt: ‚Das sind schöne Klötze, Darcy. Du baust einen schönen Turm damit.' Darcy lächelt. Die Mutter nimmt ein Buch und fängt an zu lesen. Darcy, die ihren Turm fertig gebaut hat, kommt nach ein paar Minuten mit einem Bilderbuch in der Hand zu ihr, sagt: ‚Buch' und versucht, auf Mutters Schoß zu klettern. Die Mutter nimmt sie auf, legt ihr eigenes Buch weg und sagt: ‚Willst du das Buch lesen?' Darcy sagt ja, und die Mutter liest ihr vor.

Die Mutter der gleichaltrigen Stacy hat ebenfalls gerade eine Arbeit beendet; Stacy spielt auf dem Fußboden des Wohnzimmers. Die Mutter sagt: ‚Stacy, komm her. Ich lese dir dein Bilderbuch vor.' Stacy schaut auf, baut aber weiter an ihrem Turm aus Bauklötzen, der sie ganz in Anspruch nimmt. Die Mutter geht zu ihr und sagt: ‚Komm, wir wollen jetzt lesen'; nimmt sie auf und umarmt sie. Stacy windet sich und jammert. Die Mutter setzt sie ab; Stacy spielt weiter mit ihren Klötzen. Später, als sie ihren Turm fertig gebaut hat, hebt sie das Buch auf und will auf den Schoß der Mutter. Sie sagt: ‚Buch.' Die Mutter erwidert: ‚Nein. Vorhin wollte ich dir vorlesen, aber da wolltest du nicht. Jetzt habe ich zu tun.'"

Beide Mütter widmen ihren Kindern dasselbe Maß an Aufmerksamkeit, aber die erste reagiert sensibler auf das Kind als die zweite.

Die zweite Komponente des Elternverhaltens, die mit sicherer Bindung in Zusammenhang steht, kann man als Wärme, Unterstützung oder Freundlichkeit beschreiben. Eltern von sicher gebundenen Kindern leiten die Kinder mit warmem Tonfall und freundlichen Anweisungen an und unterstützen angemessene Verhaltensweisen mit positiven Bemerkungen (Londerville & Main, 1981; Pastor, 1981).

Verhalten des Vaters: Die meisten Säuglinge entwickeln erkennbar nicht nur an die Mutter, sondern auch an den Vater Bindungen. Deshalb halten es manche Forscher für vorteilhaft, wenn Säuglinge häufig von beiden Elternteilen versorgt werden. Die neuere Forschung untersucht zwei Fragen zur Rolle des Vaters: 1. Besitzen Väter die Fähigkeit, Säuglinge angemessen und sensibel zu versorgen? 2. Was sind die typischen Interaktionen zwischen Vätern und Säuglingen?

Beobachtungen von Vätern in standardisierten Situationen haben deutlich gemacht, daß sie ihre neugeborenen Kinder mit derselben Sensibilität, Zuneigung und Kompetenz füttern und halten wie die Mütter (Parke & Tinsley, 1981). Aber beim Spielen gibt es Unterschiede, jedenfalls in US-amerikanischen Mittelschicht-Familien: hier stimulieren die Väter die Säuglinge beim Spiel meist taktil und physisch, während die Mütter mehr mit den Kindern sprechen. Da in israelischen und schwedischen Familien ähnliche Unterschiede nicht beobachtet wurden (Sagi, Lamb & Gardner, 1985; Lamb et al., 1982), ist es möglich, daß dieses Verhalten auf amerikanische Familien beschränkt ist.

Konsequenzen unterschiedlicher Bindungsqualität

Die Entwicklungspsychologie nimmt an, daß die Sicherheitsgefühle, die durch die Bindung entstehen, davon abhängig sind, wie gleichmäßig und befriedigend die Bindungsbeziehung ist. Bei Säuglingen, deren Interaktionen mit Erwachsenen unregelmäßig, unberechenbar oder unbefriedigend waren, müßten sich daher im Jugend- oder Erwachsenenalter Anzeichen von Angst und eventuell Symptome wie Furcht oder asoziales Verhalten feststellen lassen.

Heime und Umweltdeprivation: Die Versorgung sehr kleiner Kinder in Waisenhäusern oder Heimen für Kinder, die von ihren Eltern nicht versorgt werden können, ist in den Vereinigten Staaten gelegentlich und in ärmeren Ländern häufig notwendig. Unter solchen Umständen ist es entscheidend, wie viele Erwachsene für ein Kind sorgen und wieviel intellektuelle Anregung es bekommt. Manche Kinder, die in Heimen aufgewachsen sind, sind abhängiger, suchen eher die Aufmerksamkeit von Erwachsenen und stören häufiger in der Schule als Kinder, die im Elternhaus aufwachsen (Rutter, 1979). Allerdings ist immer noch nicht eindeutig geklärt, ob das Fehlen einer kontinuierlichen Bindungsperson im Säuglingsalter zwangsläufig langfristige unerwünschte Folgen hat.

Rutter (1987) hat im Heim aufgewachsene Mädchen als Erwachsene untersucht. Bei allen, die mit treuen, liebevollen Männern verheiratet waren, gab es keine offenen Anzeichen von Angst. Aber viele Frauen, die an der Untersuchung teilnahmen, wählten einen Ehemann, der ihren Ansprüchen nicht genügte, und viele waren mit straffällig gewordenen Männern verheiratet. Bei diesen Frauen gab es Anzeichen von Angst; aber ein wichtiger Grund für ihre Angst war eben die unbefriedigende Ehe.

Berufstätige Mütter und Säuglingstagesstätten: In den USA wächst die Zahl der berufstätigen Mütter mit kleinen Kindern. Im Jahr 1990 waren mehr als die Hälfte aller Frauen mit Kindern unter drei Jahren berufstätig, und die Tendenz ist weiter steigend. In den meisten westeuropäischen Ländern gibt es entsprechende Entwicklungen; in den osteuropäischen Ländern und der Sowjetunion war bis zum Zerfall des osteuropäischen Staatensystems Berufstätigkeit von Müttern die Regel, in China ist sie es noch. Da Väter selten die volle Versorgung der Kinder übernehmen, entstand das Bedürfnis nach alternativen Versorgungsmöglichkeiten für Säuglinge und Kinder.

In den USA werden viele Säuglinge in privaten Krabbelstuben oder von Tagesmüttern versorgt, eine kleinere Anzahl in zentralen Kinderkrippen. Das hat zu beträchtlichen Kontroversen über die Auswirkungen nichtelterlicher Versorgung auf die Entwicklung von Säuglingen geführt, die im wesentlichen um zwei Themen kreisen. Beim ersten geht es darum, wie wichtig die Versorgung durch eine primäre Bezugsperson für die emotionale, soziale und/oder kognitive Entwicklung eines Kindes ist. Auf der Basis von Theorien, welche die Bedeutung der Bindung in den Mittelpunkt rücken, nehmen manche Entwicklungspsychologen an, daß die Bindung an die primäre Bezugsperson gestört wird, wenn Säuglinge viele Stunden täglich nicht von der biologischen Mutter, sondern einer anderen Person versorgt werden. Man könnte das die Hypothese von der „einen Mutter" nennen.

Die Auswirkungen außerhäuslicher Ganztagsversorgung auf die Bindung sind trotz vieler Untersuchungen mit dem Test „Fremde Situation" in verschiedenen Tagesstättenmodellen noch nicht eindeutig geklärt. Bei der Mehrzahl dieser Untersuchungen zeigte die Mehrheit der Kinder sichere Bindungsmuster. Bei einigen wenigen Untersuchungen war der prozentuale Anteil von Kindern mit unsicher-vermeidenden Bindungsmustern zu Müttern und Vätern höher als bei Kindern, die nur zu Hause versorgt wurden (Belsky, 1988; Gamble & Zigler, 1986), bei anderen dagegen gab es keinerlei Unterschiede (Roggman, 1988; Weinraub, Jaeger & Hoffman, 1988).

Das zweite, wichtigere Thema ist die Qualität der verfügbaren häuslichen oder außerhäuslichen Versorgung. Eine vom psychologischen Standpunkt vernünftige Tagesversorgung kann genauso gute Bedingungen für gesunde Entwicklung bieten wie manche häusliche Umwelt. Wichtig dabei sind anscheinend herzliche, häufige Interaktionen zwischen Erwachsenen und

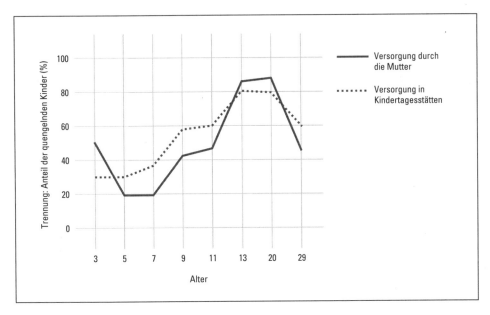

Abb. 4.10: Anteil der in Ganztagskrabbelstuben oder zu Hause von der Mutter versorgten Kinder, die quengelten oder weinten, wenn ihre Mütter unter Laborbedingungen den Raum verließen (in Prozent). Aus den ähnlichen Mustern läßt sich schließen, daß die Trennungsangst auf reife- und entwicklungsbedingten Veränderungen beruht, die bei allen Kindern ähnlich verlaufen, unabhängig von früheren Trennungserfahrungen. (Aus J. Kagan, R.B. Kearsley & P.R. Zelazo: Infancy. Its place in human development. Cambridge, Mass.: Harvard University Press, 1978. Mit freundlicher Genehmigung.)

Kindern, verbale Anregung, Gelegenheiten zur Erkundung, Platz und vielfältige altersgerechte Materialien. Zu den Kriterien, mit denen Eltern die Qualität der Ganztagsversorgung bestimmen können, gehören ein niedriger Betreuerschlüssel (z. B. 1:3), die Gruppengröße (möglichst wenig Kinder), entwicklungspsychologische oder pädagogische Ausbildung der Betreuer und die Größe der Räume, die den Kindern zur Verfügung stehen (Phillips, 1987).

Die langfristigen Auswirkungen einer Ganztagsbetreuung bei Säuglingen sind allem Anschein nach von der Art der Versorgung abhängig. In einer Untersuchung wurden weiße Kinder und amerikanische Kinder chinesischer Abstammung im Alter von dreieinhalb bis 29 Monaten beobachtet. Die Hälfte der Kinder aus beiden ethnischen Gruppen wurde in einer Kindertagesstätte mit hohem Standard erzogen, die andere Hälfte zu Hause; dabei entsprach die zweite Gruppe der ersten in bezug auf Schichtzugehörigkeit und Geschlechterverteilung. Die Entwicklungsmuster in den Bereichen Sprache, kognitive Geschicklichkeit, Bindung an die Mutter und Trennungsangst waren in beiden Gruppen sehr ähnlich. Das Muster der Trennungsangst zeigt Abbildung 4.10.

Bei einigen Kindern kann eine hochqualifizierte Ganztagsbetreuung die kognitive Entwicklung fördern. So wurde zum Beispiel ein Ganztagsprogramm für Säuglinge aus armen Familien mit einem „hohen Risiko" für Entwicklungs- oder Lernstörungen eingerichtet. Follow-up-Untersuchungen zeigten, daß die Kinder, die an diesem Programm teilgenommen hatten, bei Intelligenz-, Sprachentwicklungs- und schulischen Leistungstests besser abschnitten als die entsprechende Kontrollgruppe (Ramey, Yeates & Short, 1984).

Daß das Bild trotzdem nicht nur positiv ist, liegt daran, daß die Ganztagsbetreuung in den Vereinigten Staaten zum großen Teil eben nicht von optimaler Qualität ist. Die Interaktionen zwischen Betreuern und Kindern sind nicht so sensibel wie die typischen Eltern-Kind-Interaktionen. Die meisten Säuglinge werden in Tagesstätten von sehr unterschiedlicher Qualität betreut, und diese Umgebung ist nur schwer zu kontrollieren.

Noch wichtiger ist vielleicht, daß Wechsel der Betreuer und Veränderungen in der Umgebung eher die Regel als die Ausnahme für Säuglinge in der Ganztagsbetreuung sind. Die Bezahlung ist oft sehr gering, und deshalb wechselt das Personal häufig. Auch bei Tagesmüttern und privaten Krabbelstuben kommt es häufig zu Veränderungen, dem Burn-out-Syndrom oder einem Berufswechsel. Viele Säuglinge werden in zwei oder drei verschiedenen Umgebungen versorgt. Sie bleiben zum Beispiel vormittags bei einer Nachbarin und werden dann nachmittags zu Verwandten gebracht. Die häufigen Orts- und Personenveränderungen sind für manche dieser Kinder belastend.

Zusammenfassend kann man feststellen, daß sich die meisten Säuglinge, die regelmäßig außer Haus betreut werden, gesund entwickeln. Wichtig für die soziale und kognitive Entwicklung ist die Qualität der Versorgung, ob zu Hause oder anderswo. Hochqualifizierte Ganztagsbetreuung allerdings ist selten und kostspielig. Im Gegensatz zu vielen anderen Ländern haben die USA kein qualitativ gutes, für viele Eltern bezahlbares Versorgungssystem für Kinder entwickelt. Darüber hinaus reagieren nicht alle Kinder gleich, und manchen fällt die Anpassung an nichtelterliche Versorgung schwer.

In vielen europäischen Ländern gibt es für berufstätige Eltern eine Alternative zur Ganztagsbetreuung von Säuglingen außerhalb des Elternhauses: sechs bis neun Monate Mutter-/Vaterschaftsurlaub bei teilweisem oder fast vollem Lohnausgleich (in Deutschland sind es sechs Wochen vor der Geburt und acht Wochen nach der Geburt; der Arbeitgeber muß der Mutter die Möglichkeit geben, innerhalb von drei Jahren wieder auf den alten oder einen ähnlichen Arbeitsplatz zurückzukehren). In den USA ist bezahlter Mutterschaftsurlaub selten, und selbst unbezahlter Urlaub dauert hier nur vier bis sechs Wochen (Kamerman, Kahn & Kingston, 1983).

Gemeinsamkeiten in den Theorien zur sozialen Entwicklung des Säuglings

In allen Theorien über die soziale und emotionale Entwicklung des Säuglings wird die Bedeutung der Beziehung zu Eltern oder anderen primären Bezugspersonen hervorgehoben, unter anderem deswegen, weil der Bindung an Mutter oder Vater langfristige Konsequenzen zugeschrieben werden und weil sie als Basis für die emotionale Sicherheit des Kindes und für den späteren Einfluß der Eltern auf das Kind gilt. Die heranwachsenden Kinder halten an dem emotionalen Band zu dem Elternteil, an das sie gebunden sind, nach Kräften fest. Das führt zu der Bereitschaft, Verhaltensweisen zu übernehmen, die den Werten der Eltern entsprechen. Da Eltern in der Regel bei ihren Kindern die Verhaltensweisen fördern, die einer positiven Anpassung an die jeweilige Gesellschaft dienen, hat die Bindung meist positive Folgen für das Kind. Wenn allerdings Eltern Verhaltensweisen fördern, die nicht der Anpassung dienen, können die aus der Bindung entstehenden Bemühungen des Kindes, den Wünschen der Eltern zu entsprechen, negative Konsequenzen haben. Ein Mädchen in den USA zum Beispiel, das heute passives, stilles Verhalten und Desinteresse an intellektueller Leistung von seiner Mutter übernimmt, an die es gebunden ist, kann im Jugend- und Erwachsenenalter Anpassungsschwierigkeiten bekommen (vgl. Kap. 15). Dieses Beispiel zeigt, daß auch die Regel, nach der die Bindung an die Eltern generell positive Konsequenzen für Kinder hat, nicht ohne Ausnahme gilt.

Kulturelle Werte und Kindererziehung

Alle Theorien über die soziale Entwicklung des Säuglings und alle Erziehungspraktiken, die mit gesunder Entwicklung verbunden sind, müssen im jeweiligen kulturellen Kontext betrachtet werden. Jede Kultur hat eigene Vorstellungen vom idealen Kind, die bestimmen, wie Eltern ihre Kinder erziehen. Puritanische Eltern im Neuengland der Kolonialzeit glaubten, Säuglinge seien eigensinnig und müßten gebändigt werden. Sie bestraften kleine Kinder sehr streng, und die Kinder waren in aller Regel gehorsam. Eltern in Kalkutta dagegen halten Kinder für unkontrollierbar und verhalten sich entsprechend tolerant, wenn Zweijährige Wutanfälle haben, und ihre Kinder sind sehr viel weniger gehorsam als die Kinder der Puritaner.

Ein anderer Gegensatz zeigt sich im Verhalten japanischer und amerikanischer Mütter. Amerikanische Mütter sehen ihre Aufgabe darin, die Kinder durch Stimulation und Förderung von Selbstvertrauen und sozialen Fähigkeiten zu aktiven, unabhängigen Wesen zu erziehen. Für japanische Mütter dagegen besteht die primäre Aufgabe darin, eine enge Loyalität zur Mutter und zu anderen Familienmitgliedern aufzubauen. Gemäß diesen Werten bekommen Säuglinge in Amerika ein eigenes Zimmer, und ihre Mütter spielen viel mit ihnen, um sie zu Lautbildung, Lächeln und Lachen zu stimulieren. Japanische Mütter dagegen bleiben stets in der Nähe ihrer Kinder; sie beruhigen und trösten sie so schnell wie möglich, wenn sie weinen, stimulieren sie aber sehr viel weniger. Das erklärt, warum amerikanische Säuglinge aktiver, artikulierter und spontaner sind als japanische.

Auch bei uns hat sich in den letzten siebzig Jahren der Umgang von Müttern mit ihren Säuglingen immer wieder grundlegend verändert. Im Jahr 1914 gaben offizielle Broschüren Müttern den Rat, Säuglinge keinesfalls allzu stark zu stimulieren, weil ihr Nervensystem extrem sensibel sei. 1960 dagegen empfahlen solche Broschüren den Müttern ausdrücklich, Säuglingen so viel Stimulation zu bieten, wie sie wollten, weil die Kinder dadurch viel lernen würden. 1914 hieß es von offizieller Seite, Kinder würden verwöhnt, wenn ihre Mütter sie jedesmal füttern oder mit ihnen spielen, wenn sie weinen, während es fünfzig Jahre später hieß, man solle sich weinender Säuglinge sofort annehmen, damit sie Vertrauen und Sicherheitsgefühle entwickeln können.

Heute wird empfohlen, bei einjährigen Kindern die Angst nach Kräften zu reduzieren sowie Wohlgefühl und Sicherheit zu fördern. In diesen Veränderungen schlagen sich Unterschiede in der Lebensauffassung und im kulturellen Konzept vom idealen Kind nieder. Aber trotz aller Unterschiede wachsen in jeder Generation die meisten Kinder zu gut funktionierenden Mitgliedern ihrer jeweiligen Gesellschaft heran, und dies zeigt, daß das Ziel einer sozial angepaßten Entwicklung auf vielen Wegen erreicht werden kann.

Zusammenfassung

In der Umgangssprache bezeichnet der Begriff *Emotion* die bewußte Wahrnehmung einer bestimmten Veränderung des inneren Gleichgewichts, meist in Verbindung mit Gedanken über die Qualität der Emotion und die auslösenden Ereignisse. Eine zweite, wissenschaftliche Bedeutung der *Emotion* bezieht sich auf Veränderungen im Körper und im Gehirn als Folge von Konfrontationen mit Schmerz, Entbehrung, Neuheit, Gefahr usw.

Bei Säuglingen gibt es viele Reaktionen, die auf emotionale Zustände schließen lassen. Zwischen sieben und neun Monaten zum Beispiel kann ein relativ unvertrautes Ereignis einen Zustand von Unsicherheit hervorrufen. Wenn der Säugling kein Verhalten zur Verfügung hat, mit dem er seine Aufmerksamkeit ablenken kann, können Zustände entstehen, die wir Furcht oder Angst nennen. Eine der verbreitetsten Emotionen am Ende des ersten Lebensjahres ist die Furcht vor Fremden. Auch die zeitweilige Trennung von einer vertrauten Bezugsperson löst bei Säuglingen Furcht aus. Solche Ängste hängen anscheinend mit der Verbesserung des Erinnerungsgedächtnisses im Alter von etwa acht Monaten zusammen; sie werden durch vertraute Personen oder Umwelten verringert.

Ebenfalls mit acht Monaten, also genau in dem Alter, in dem der Säugling zu krabbeln beginnt, setzt die Vermeidung der visuellen Klippe ein. Man nimmt an, daß die Fähigkeit zur selbständigen Fortbewegung zu einer Konzentration der kognitiven Fähigkeiten führt, weil sie den Säugling dazu veranlaßt, seiner Umwelt immer mehr Aufmerksamkeit zu widmen.

Säuglinge haben eine Mimik, die auf viele unterschiedliche emotionale Zustände schließen läßt. Die Interpretation des mimischen Ausdrucks ist aber so sehr von der Person des Beobachters abhängig, daß sich aus der reinen Beobachtung des Gesichtsausdrucks nicht unbedingt wissenschaftlich stichhaltige Rückschlüsse über den emotionalen Zustand ziehen lassen.

Beim Neugeborenen ist Lächeln ein Reflex; aber im Alter von zwei Monaten reagieren Säuglinge damit auf menschliche Gesichter und Stimmen. Lächeln oder Lachen tritt auf, wenn ein Säugling ein Ereignis wiedererkennt, das einem vorher entwickelten Schema ähnelt; später auch als Reaktion auf soziale Interaktion, visuelle Überraschungen und Kitzeln. In der Psychologie wird zwischen Lachen als Reaktion auf Kitzeln und Lachen oder Lächeln als Begleiterscheinung der Assimilation eines Schemas oder der Beherrschung einer motorischen Geschicklichkeit unterschieden.

Es sieht so aus, als würden manche Säuglinge mit einer Veranlagung für bestimmte Stimmungen und Reaktionsstile geboren. Diese Veranlagung bezeichnet man als *Temperament*. Bis jetzt sind nur einige Bereiche des Temperaments untersucht worden, unter anderem Aktivität, Erregbarkeit, Furchtsamkeit, Reizempfänglichkeit und Aufmerksamkeit. Die Untersuchungen haben ergeben, daß Eltern von Kindern mit schwierigem Temperament im Lauf der Zeit besondere Reaktionsweisen entwickeln, die langfristige Auswirkungen auf Verhalten und Anpassungsfähigkeit der Kinder haben können.

Untersuchungen des Aktivitätsniveaus haben ergeben, daß es bei Kindern im Alter von acht Monaten noch einen mäßigen genetischen Einfluß gibt, der sich später aber nicht mehr nachweisen läßt. Unterschiede in der Erregbarkeit von Säuglingen dagegen können in den ersten beiden Lebensjahren relativ stabil bleiben. Schüchternheit und Geselligkeit sind die stabilsten Temperamentseigenschaften; sie ließen sich bis in die Jugendzeit nachweisen. Der Grad, in dem diese Neigungen zum Vorschein kommen, läßt sich durch Erziehungsmethoden beeinflussen.

Der wechselseitige Einfluß von Elternverhalten und Temperament des Säuglings ist die Grundlage für das *Prinzip der Gegenseitigkeit*. Dieses Prinzip besagt, daß die Entwicklung von Kindern Ergebnis der Interaktion ihrer eigenen individuellen Merkmale mit den individuellen Merkmalen der Menschen ist, die sie erziehen.

Die meisten Entwicklungspsychologen nehmen an, daß das soziale Interaktionsmuster zwischen Säugling und Bezugsperson die psychische Entwicklung des Kindes entscheidend beeinflußt. Sigmund Freuds Entwicklungstheorie basiert auf der Annahme einer Reihe von psychosexuellen Phasen, die das Kind durchlaufen muß. In jeder Phase steht eine bestimmte Quelle der Befriedigung (z. B. die Nahrungsaufnahme) im Mittelpunkt; zu viel oder zu wenig Befriedigung verzögert den Schritt zur nächsten Phase. In Erik Eriksons Entwicklungstheorie werden nicht psychosexuelle, sondern psychosoziale Entwicklungsstufen angenommen. Ein zur selben Zeit entstandener Ansatz, die Lerntheorie, sieht in der Entwicklung das Ergebnis der Verstärkung gewisser Reaktionen durch die Befriedigung biologischer Triebe. Die Verhaltensforschung oder Ethologie wiederum hat feste Verhaltensmuster bei neugeborenen Tieren untersucht und versucht, vergleichbare Muster beim Menschen zu finden.

Zu den wesentlichsten Ergebnissen der Eltern-Kind-Interaktion zählt die Entwicklung einer emotionalen Bindung des Kindes an die Bezugsperson. Die Bezugsperson kann den Säugling am besten beruhigen, und ihr wendet sich das Kind am häufigsten zu, um zu spielen und sich trösten zu lassen, wenn es durch Neuheit, Gefahr oder Leid erregt ist. Alle gesunden Kinder stellen Bindungen her, und viele Psychologen halten eine starke oder sichere Bindung für eine wichtige Grundlage der gesunden emotionalen und sozialen Entwicklung in der späteren Kindheit.

Bei der Bindung wurden drei Grundmuster gefunden: Kinder, die sich im Test „Fremde Situation" der Bezugsperson zuwenden, wenn sie nach einer kurzen Abwesenheit wieder in den Raum kommt, werden als Kinder mit sicherer Bindung bezeichnet. Kinder, die die Bezugsperson nach der Rückkehr in den Raum ignorieren, werden als Kinder mit unsicher-vermeidender Bindung bezeichnet, und Kinder, die sich abwechselnd an die Bezugsperson klammern und sie wegstoßen, werden als Kinder mit ambivalent-unsicherer Bindung bezeichnet. Sicher gebundene Säuglinge sind mit fünf Jahren sozial extravertierter und kooperativer als unsicher gebundene. Aber auch Temperamentseigenschaften können das Verhalten der Kinder in diesem Kontext beeinflussen.

An welche Bezugsperson sich das Kind bindet und welche Qualität diese Bindung hat, wird zum Teil vom Verhalten der Eltern bestimmt. Nach Meinung von Entwicklungspsychologen kovariieren die durch die Bindung hervorgerufenen Sicherheitsgefühle mit der Regelmäßigkeit der Beziehung und dem Maß an Befriedigung, das sie bietet. Heimkinder sind gelegentlich abhängiger und sprunghafter als andere Kinder, die zu Hause erzogen werden, aber man kann noch nicht mit Sicherheit sagen, daß das Fehlen einer festen Bezugsperson für die Bindung zwangsläufig negative Langzeitfolgen hat. Das gleiche gilt für die Betreuung in Kindergruppen: Auch hier hat die Forschung keine schlüssigen Bestätigungen für die häufig vertretene These gefunden, nach der Erziehung in Gruppen für Säuglinge psychische Nachteile mit sich bringt.

Man geht im allgemeinen davon aus, daß die Bindung an die Bezugsperson die Grundlage für die emotionale Sicherheit des Kindes und den späteren Einfluß der Eltern auf das Kind legt. Wenn Eltern anpassendes Verhalten fördern, ist eine starke Bindung förderlich; andernfalls kann die Bindung Anpassungsprobleme mit sich bringen. Man muß auch berücksichtigen, daß jedes Kind in einem bestimmten kulturellen Umfeld aufwächst und in jeder Generation die meisten Kinder zu gut funktionierenden Mitgliedern ihrer Gesellschaft heranwachsen.

Fragen

1. Welche Bedeutung hat der Begriff *Emotion* in der Umgangssprache, und was bezeichnet er in der Wissenschaft?
2. Welche Bedingungen lassen Furcht oder Angst bei acht Monate alten Kindern entstehen? Wie erklärt die zeitgenössische Psychologie das Auftauchen dieser Emotionen?
3. Beschreiben Sie die visuelle Klippe. Welchen Beitrag hat dieser Test zum Verständnis der kognitiven Entwicklung des Säuglings geleistet?
4. Welche Ereignisse bringen Säuglinge mit zwei, vier und zwölf Monaten zum Lächeln oder Lachen?

5. Was sind Temperamentseigenschaften?
6. Welche Temperamentseigenschaften von Säuglingen haben sich als die stabilsten erwiesen?
7. Erläutern Sie kurz drei theoretische Modelle zur sozialen und emotionalen Entwicklung in der Säuglingszeit.
8. Was ist *Bindung*? Welche Rolle spielt sie bei der sozialen und emotionalen Entwicklung?
9. Wie kann man Bindung messen? Beschreiben Sie kurz die drei wichtigsten bisher bekannten Bindungsmuster.
10. Welche Folgen haben bei Säuglingen Unterschiede in der Bindungsqualität für die spätere Entwicklung?

Glossar

Emotion: Veränderungen im Gehirn und in der Verhaltensdisposition nach Konfrontation mit Schmerz, Neuheit, Gefahr, sinnlicher Befriedigung, Herausforderung, Spiel, sozialer Interaktion oder Trennung von einem vertrauten Menschen.

Temperament: Eine angeborene Neigung zu bestimmten Stimmungen und Reaktionsstilen.

Gegenseitigkeit (bidirectionality): Ein Prinzip, das besagt, daß die Entwicklung von Kindern Ergebnis der Interaktion ihrer eigenen Eigenschaften mit den Eigenschaften der Menschen ist, die sie erziehen.

Vergleichende Verhaltensforschung (Ethologie): Ein Ansatz zur Untersuchung der sozialen Entwicklung, dessen Schwerpunkt auf den festen Aktionsmustern bei neugeborenen Tieren liegt und der versucht, ähnliche Muster beim menschlichen Säugling zu erforschen.

Bindung (attachment): Eine emotionale Beziehung zwischen einem Säugling und einer bestimmten Bezugsperson, die das Kind besser als andere beruhigen kann und auf die das Kind zugeht, um zu spielen und Trost zu finden.

Bindungsprozeß (bonding): Ein Prozeß, der unmittelbar nach der Geburt abläuft und in dem Säugling und Mutter starke emotionale Bindungen zueinander herstellen.

Literaturempfehlungen

Ainsworth, M. D. S., Blehar, M. C., Waters, E. & Wall, S. (1978). *Patterns of attachment.* Hillsdale, New Jersey: Erlbaum. Stellt die Erkenntnisgrundlagen für die Entwicklung und Anwendung des Tests „Fremde Situation" vor, mit der die sichere oder unsichere Bindung von Kindern beurteilt wird.

Averill, J. R. (1982). *Anger and aggression.* New York: Springer. Dieses kenntnisreiche Buch untersucht das vorhandene Wissen über Wut und das damit verbundene aggressive Verhalten.

Bowlby, J. (1969). *Attachment.* Bd. 1. New York: Basic Books. In diesem Standardwerk faßt Bowlby seine Theorien über die Ursprünge und Konsequenzen der Bindung zusammen.

Thomas, A., & Chess, S. (1977). *Temperament and development.* New York: Brunner Mazel. Zusammenfassung der Pionierleistungen von zwei Psychiatern, die das Konzept des Temperaments neu in die Entwicklungsforschung eingeführt haben.

Kagan, J. (1984). *The nature of the child.* New York: Basic Books. Eine Sammlung von Aufsätzen über die Bedeutung der Emotion, die Auswirkungen des Temperaments und die Bedeutung des Bindungskonzepts.

Deutschsprachige Bücher zu diesem Kapitel

Brazelton, T. B. & Cramer, B. G. (1991). *Die frühe Bindung. Die erste Beziehung zwischen dem Baby und seinen Eltern.* Stuttgart: Klett-Cotta.

Eibl-Eibesfeldt, I. (1984). *Die Biologie des menschlichen Verhaltens. Grundriß der Humanethologie.* München: Piper.

Lorenz, K. (1963). *Das sogenannte Böse.* Wien: Borotha-Schöler.

Spitz, R. (1989). *Vom Säugling zum Kleinkind. Naturgeschichte der Mutter-Kind-Beziehungen im ersten Lebensjahr* (9. Auflage). Stuttgart: Klett-Cotta.

Kapitel 5

Der Übergang zur Kindheit: Das zweite und das dritte Lebensjahr 197

Kinder verändern sich sehr stark in den sechs Monaten nach ihrem ersten Geburtstag. Wünsche und Fragen werden nicht mehr nur durch Gestik und Lallen deutlich gemacht, sondern zunehmend durch Sprache. Das Spiel wird spontaner; die Kinder spielen häufig wichtige Erfahrungen und Verhaltensweisen von Eltern, Geschwistern und anderen Kindern nach. Verhalten, das gegen die Wertmaßstäbe der Eltern verstößt, zum Beispiel schlagen, sich schmutzig machen und Eigentum anderer beschädigen, hat Angst oder Scham zur Folge. Kurz: die für die Gattung Mensch charakteristischen Merkmale Sprache, Symbolfunktionen, Nachahmung und Moral sind jetzt Bestandteil der kindlichen Persönlichkeit geworden. Ein paar Monate später verwenden die Kinder ihren Namen und die Personalpronomina ich und mich, was zeigt, daß sie eine Ich-Identität oder ein Bewußtsein ihrer selbst besitzen. In dieser Zeit entsteht auch die Fähigkeit zu Empathie; die Kinder reagieren jetzt mitfühlend und betroffen auf Gefühle anderer, zum Beispiel wenn ein Hund vor Schmerz jault oder die Mutter weint. Dieses Kapitel beschäftigt sich mit dem Erwerb dieser Eigenschaften (mit Ausnahme des Spracherwerbs, der im sechsten Kapitel ausführlich behandelt wird).

Symbolfunktionen

Vor der Vollendung des ersten Lebensjahres erinnern sich Kinder an Vergangenes und können Ereignisse aus dem Gedächtnis abrufen; sie können Ereignisse kategorisieren und Vorstellungen davon entwickeln, was in der unmittelbaren Zukunft geschehen könnte. Der nächste Fortschritt setzt um den ersten Geburtstag ein: Die Fähigkeit, mit einem Objekt so umzugehen, als sei es etwas anderes, als es ist; mit anderen Worten: die Fähigkeit, spielerisch so zu tun als ob. Wahrscheinlich handelt es sich dabei um eine spezifisch menschliche Eigenschaft (Smith, P. K., 1982), denn bei Tieren konnte dieses Verhalten noch nie beobachtet werden, es sei denn nach vorangegangener Dressur.

Wie im dritten Kapitel beschrieben, bilden Kinder nach einer in der Psychologie weithin geteilten Auffassung im ersten Lebensjahr als Reaktion auf neue Ereignisse Schemata, deren Merkmale denen des ursprünglichen Ereignisses entsprechen. Nach dem ersten Geburtstag aber transformieren

Kinder Erfahrungen und passen ihre Handlungen nicht mehr einfach den physischen Eigenschaften des Objekts an, sondern zwingen ihnen ihre eigenen Vorstellungen auf. Für ein zehn Monate altes Kind ist ein Ball ein Gegenstand, den man drücken und werfen kann, und eine Tasse ist dazu da, festgehalten und an den Mund geführt zu werden. Aber um den zweiten Geburtstag erfinden Kinder neue und oft originelle Umgangsweisen mit solchen und anderen Gegenständen. Sie tun so, als sei ein Ball etwas Eßbares; eine Tasse wird zum Hut, ein Teller zur Decke, ein Wollknäuel zum Ballon. Mit anderen Worten: Kinder besitzen jetzt die Fähigkeit zur **Symbolisierung** und können damit beliebige Beziehungen zwischen einem Objekt und einem Gedanken sowohl schaffen als auch akzeptieren.

Das folgende Beispiel macht dies deutlich. Ein sprachlich etwas frühreifes, 24 Monate altes Mädchen spielte mit einer Puppenstube, zu der zwei kleine Püppchen, ein kleines und ein sehr großes Bett gehörten. Nachdem es eins der Püppchen in das kleine Bett gelegt hatte, betrachtete es die verbliebenen Spielzeuge und bemerkte, daß es noch ein weiteres Bett brauchte. Es sah sich das große Bett an, berührte es auch, nahm es aber nicht auf. Nachdem es die verfügbaren Spielsachen fast zwei Minuten lang intensiv untersucht hatte, suchte es sich schließlich eine hölzerne Schüssel von ungefähr 10 Zentimetern Länge aus, legte das zweite Püppchen hinein und stellte die Schüssel neben das andere kleine Bett. Dann sagte es zufrieden: „Mami und Pappi schlafen jetzt."

Die Ablehnung des großen Bettes (eines angemessenen Objekts) zugunsten der Schüssel, die ja, wie das Mädchen wußte, kein Bett war, läßt sich damit erklären, daß es eine Vorstellung von der richtigen Größe der beiden Betten besaß: Sie mußten beide klein sein, so wie die Püppchen. Um sein Verhalten mit dieser Vorstellung zusammenzubringen, verzerrte es die Realität ein wenig und benutzte einen Gegenstand aus einer anderen Kategorie, dessen Größe aber seiner Vorstellung entsprach. Es verwendete die Schüssel als Bett und stellte damit seine Fähigkeit zur Symbolisierung unter Beweis (Kagan, 1981).

Die Fähigkeit zur Symbolbildung entwickelt sich stufenweise. Mit ungefähr zwölf Monaten behandeln Kinder eine Spielzeugtasse wie eine echte Tasse und trinken daraus, oder sie legen ein Püppchen auf ein Stück Holz, als sei die Puppe ein Baby und das Stück Holz ein Bett. Kein sieben Monate altes Kind würde sich so verhalten, obwohl hier das Ausmaß, in dem die Wirklichkeit verdreht wird, nur sehr gering ist. Um die Mitte des zweiten Lebensjahres gehen Kinder einen Schritt weiter und statten Objekte mit neuen Funktionen aus. Sie drehen zum Beispiel eine Puppe um und tun so, als sei sie ein Salzstreuer, oder spielen mit einem Holzklotz, als sei er ein Stuhl. Zweijährige können meist einfache Metaphern bilden und spielen „Mutter und Kind" mit zwei Bällen, die sich nur in der Größe unterscheiden.

Sobald Kinder Ereignissen und den ihnen gemeinsamen Eigenschaften eine symbolische Bedeutung geben können, erweitern sich die Repräsentationen der Erfahrung. Eine Frau mit einer Augenklappe ist mehr als ein körperlicher Eindruck. Sie ist ein Mensch, der Schmerzen hat, ein Mensch, der einem leid tut; und das bandagierte Auge ist ein Ereignis mit einer Ursache, die es zu entdecken gilt. Diese Veränderung in den kognitiven Fähigkeiten läßt sich nicht einfach auf neue Erfahrungen zurückführen. Eltern behandeln ihre Kinder am Ende des ersten Lebensjahres nicht plötzlich anders als früher; sie füttern und waschen sie, sprechen und spielen mit ihnen genauso wie vorher. Auch Bälle, Flaschen und Betten nehmen nicht von selbst neue physikalische Eigenschaften an. Wahrscheinlich sind wie bei der Verbesserung des Gedächtnisses im achten Monat bestimmte Veränderungen im zentralen Nervensystem die Ursache dafür, daß die Symbolfunktionen in dieser Zeit auftauchen.

Symbolisches Spiel

Auch wenn der Begriff **Spiel** allgemein bekannt ist, läßt er sich schwerer definieren als die meisten anderen Konzepte der Entwicklungspsychologie. Catherine Garvey (1977) hat Kriterien zusammengestellt, die fast alle Forscher zur Definition des Spielens benutzen:

1. Spielen ist angenehm und macht Spaß.
2. Spielen hat kein äußeres Ziel. Die Motivation des Kindes dabei ist rein subjektiv und dient keinem praktischen Zweck.
3. Das Spiel ist spontan, freiwillig und selbst gewählt.
4. Zum Spielen gehört das aktive Engagement des Spielenden.

Wie Garvey sehen die meisten anderen Autoren das Spiel ebenfalls als freiwillige, spontane, zweckfreie Aktivität an. Weil es in diesem Kapitel um die Fähigkeit von Kindern geht, mit Symbolen umzugehen, beschäftigen wir uns hier nur mit einer Art des Spiels und einer Gruppe von Verhaltensweisen, die *Symbolhandlungen an Objekten* genannt wird (vgl. auch 7. Kapitel in diesem Band und 13. Kapitel im zweiten Band).

Säuglinge beginnen schon früh, mit Gegenständen (in der Regel kleinen) unabhängig von der Befriedigung biologischer Bedürfnisse wie denen nach Nahrung und Wärme zu hantieren. Im zweiten Lebensjahr wiederholen die Kinder dabei meist Handlungen, die sie bei Erwachsenen beobachtet haben, telefonieren zum Beispiel oder aus einer Tasse trinken. Das sind frühe Beispiele für symbolische Handlungen.

Eine interessante Veränderung findet gegen Ende des zweiten Lebensjah-

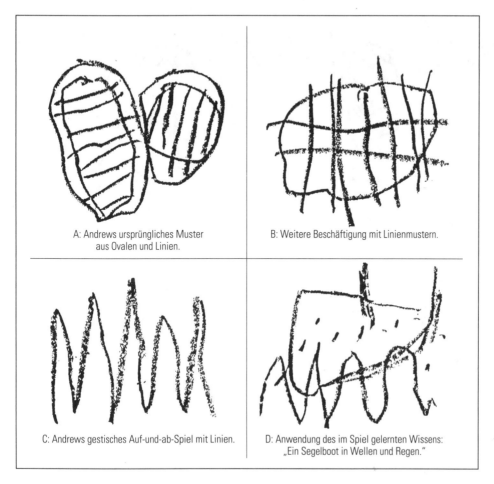

A: Andrews ursprüngliches Muster
aus Ovalen und Linien.

B: Weitere Beschäftigung mit Linienmustern.

C: Andrews gestisches Auf-und-ab-Spiel mit Linien.

D: Anwendung des im Spiel gelernten Wissens:
„Ein Segelboot in Wellen und Regen."

Abb. 5.1: Spontane Bilderfolge eines Dreijährigen. (Aus D. P. Wolf: Repertoire, style, and format. In P. Smith (Hrsg.): Play in animals and humans. Oxford: Basil Blackwell, 1984, S. 175–193. Mit freundlicher Genehmigung.)

res statt: Die Kinder sind nicht länger alleinige Handlungsträger des Spiels, sondern sie übertragen dies auf ein Spielzeug. Sie stecken zum Beispiel die Flasche jetzt ihrer Puppe in den Mund und halten den Hörer eines Spielzeugtelefons ans Ohr eines Tieres. Die Rolle der Spielzeuge hat sich verändert. Sie sind nicht mehr nur Bestandteile der sensumotorischen Schemata, sondern sind zu symbolischen Instanzen in einem Spiel geworden, das das Kind gleichzeitig erfindet und leitet. Diese Veränderung im symbolischen Spiel mit Gegenständen tritt ungefähr zur gleichen Zeit auf bei Kindern in den USA und den Fidschi-Inseln sowie bei Kindern aus vietnamesischen Familien, die gerade erst in die USA eingewandert sind (Kagan, 1981).

Abb. 5.2: Zeichnungen eines „Menschen" von einem Zweijährigen (a) und einem Dreijähri-gen (b). Mit drei Jahren schaffen Kinder symbolische Formen, die aussehen wie die Gegen-stände, die als Vorlage dienen. (Aus J. Kagan: The second year. Cambridge, Mass.: Harvard University Press, 1981.)

Über Ursache und Zweck des Spiels gibt es kontroverse Meinungen in der Psychologie. Als sinnvoll hat sich aber die Unterscheidung zwischen *Informa-tions- oder Explorationsspiel* (z. B. eine Rassel schütteln) und *Konstruktions-spiel* erwiesen (z. B. einen Turm aus Bauklötzen bauen), auch wenn Spielse-quenzen oft beide Elemente enthalten. Der dreijährige Andrew zum Beispiel malte zunächst fast zehn Minuten lang ein für ihn kompliziertes Muster aus Ovalen mit sich kreuzenden Linien und Umrandungen (vgl. Abb. 5.1 A). Da-nach spielte er mit einem dicken roten Filzstift und einem Stoß buntem Pa-pier. Die nächste Zeichnung bestand aus einem Oval, das er mit eng neben-einanderliegenden horizontalen und vertikalen Linien füllte (vgl. Abb. 5.1 B). In einer Gruppe von vier weiteren Bildern vereinfachte er dieses Muster; eins der Bilder zeigte nichts weiter als die schnelle Auf- und Abbewegung, mit der er vorher die vertikalen Streifen des Ovals geschaffen hatte (die zackige, wel-lenähnliche Linie in Abb. 5.1 C). Im Abschlußbild verwandte Andrew dieses Muster wieder und malte eine weitere Wellenlinie; dann fügte er noch eine eckige Form und ein paar Punkte hinzu und verkündete, er hätte ein „Segel-boot in Wellen und Regen" gemalt (vgl. Abb. 5.1 D; Wolf, 1984).

Im zweiten und dritten Lebensjahr werden Kinderzeichnungen symbo-lischer, aber auch komplexer und differenzierter. Irgendwann im zweiten Lebensjahr fangen Kinder an zu kritzeln, zeichnen aber selten vertraute Gegenstände. Wenn man sie aber auffordert, ihren Bildern einen Namen

Abb. 5.3: Gesicht, das ein erwachsener Forscher auf ein Blatt Papier gemalt und kleinen Kindern gezeigt hat. (Aus J. Kagan: The second year. Cambridge, Mass.: Harvard University Press, 1981.)

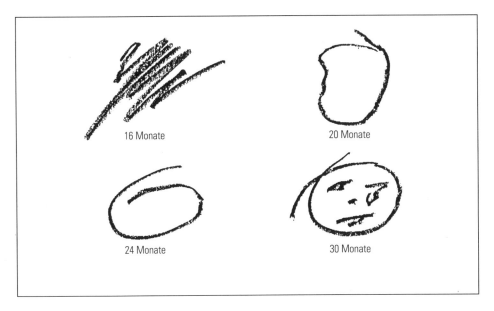

Abb. 5.4: Zeichnungen von Kindern vier verschiedener Altersgruppen, die das in Abbildung 5.3 gezeigte Bild abmalen sollten. Mit 16 Monaten kritzelten die Kinder parallele Linien; ältere Kinder kopierten den Kreis, und die ältesten Kinder in diesem Test setzten Innenelemente ein, die Teile des Gesichts repräsentierten. (Aus J. Kagan: The second year. Cambridge, Mass.: Harvard University Press, 1981.)

zu geben, sagen sie zum Beispiel, es sei ein Hund, eine Katze oder ein Mensch, obwohl die Zeichnungen keine spezifischen Gegenstände abbilden. Dreijährige dagegen malen symbolische Formen, die wie Tiere oder Menschen aussehen (vgl. Abb. 5.2).

Bei einer Untersuchung zeichnete die Forscherin die schematische Darstellung eines Gesichts auf ein weißes Blatt Papier (vgl. Abb. 5.3) und forderte die Kinder auf, es abzuzeichnen. Dabei zeigte sich bei Kindern aus verschiedenen Kulturen ein sehr ähnlicher Entwicklungsverlauf. Im Alter von 16 Monaten bestand das Ergebnis des ersten Versuchs, das Gesicht abzuzeichnen, meist in gekritzelten parallelen Linien. Die nächste Phase setzte ungefähr mit 20 Monaten ein; jetzt malten die Kinder einen groben Kreis, setzten aber keine Innenelemente für Augen, Nase oder Mund ein. Mit zwei Jahren konnten die meisten amerikanischen Mittelschichtkinder einen Kreis malen, und mit 30 Monaten versuchten die meisten Kinder, ein paar Punkte oder Striche einzufügen, die Teile des Gesichts darstellen sollten (Kagan, 1981; vgl. Abb. 5.4).

Bei der dritten Art des symbolischen Spiels übernehmen die Kinder die Rolle eines anderen, meist von Mutter oder Vater (McCall, Parke & Kavanaugh, 1977). So verbot zum Beispiel die Mutter einem 20 Monate alten Jungen, der sich an der Stirn verletzt hatte und ein Pflaster trug, sich einen Fahrradhelm aufzusetzen, weil sie befürchtete, die Wunde könnte wieder anfangen zu bluten. Weil der Junge sich aber über das Pflaster beschwerte, klebte sie seiner Puppe ebenfalls ein Pflaster auf, um ihn zu beruhigen. Im weiteren Verlauf des Tages zeigte er auf die Puppe mit dem Pflaster und wiederholte, was seine Mutter zu ihm gesagt hatte: „Aua, tut weh. Ist bald besser. Armes Kind." (Rubin, S. & Wolf, 1979, S. 21)

Manche kleinen Kinder ziehen szenische Spiele mit Spielzeug vor, bei denen sie die Rolle einer anderen Person übernehmen. Sie werden als *Schauspieler* bezeichnet. Andere, die sogenannten *Anordner* (engl. patterners) beschäftigen sich seltener mit Rollenspielen, sondern ordnen ihr Spielzeug nach bestimmten Mustern. Gibt man diesen beiden Gruppen von Kindern dieselben Puppen und Puppenstuben zum Spielen, dann stellen die Anordner die Puppen in einer geraden Reihe auf, während die Schauspieler eine Familienszene nachspielen (Wolf, D. & Grollman, 1982).

Funktionen des Spiels

Manche Entwicklungspsychologen sehen in dieser Art Rollenspiele den Versuch, Angst und Konflikte zu bewältigen. Beim „Mutter und Kind"-Spiel mit einer Puppe zum Beispiel gibt es verschiedene Interaktionsmöglichkeiten. Manche Kinder gehen sehr liebevoll mit der Puppe um, weil sie sich selbst

Rollenspiele ermöglichen es den Kindern, verschiedene Formen von Interaktionen auszuprobieren (Foto: Sibylle Rauch)

nicht richtig geliebt fühlen, oder sie schimpfen mit der Puppe und bestrafen sie, weil sie versuchen, den Druck zu verarbeiten, unter dem sie selbst stehen. Die meisten Spiele lassen sich aber nicht mit dem Ausagieren psychischer Konflikte erklären, auch wenn solche Konflikte einer der Gründe für Spielverhalten sein können.

Für andere Forscher dagegen ist Spiel notwendige Vorbedingung für die Entwicklung späterer Fähigkeiten. Jerome Bruner zum Beispiel hält das Spielen für einen entscheidenden Faktor bei der Entwicklung intellektueller Fähigkeiten (Bruner, Jolly & Sylva, 1976). Beim Spiel können Kinder ungestört experimentieren und dadurch komplexe Fähigkeiten entwickeln. Das Spiel mit Stiften und Papier fördert das Zeichentalent; durch den Umgang mit Bauklötzen lernen Kinder einiges über Mechanik; spielerischer Umgang mit Gegenständen fördert die Fähigkeit, neue Verwendungsmöglichkeiten für sie zu finden. Eine „Aufgabe", bei der zwei Stöcke zusammengeklammert werden mußten, um ein Stück Kreide aus einer Schachtel zu holen, lösten zum Beispiel Kinder, die mit Stöcken und farbigen Kreiden gespielt hat-

Kasten 5.1

Fördert das Spiel die kognitive Entwicklung?

Eine populäre Hypothese der Entwicklungspsychologie besagt, daß Spielen die intellektuelle Entwicklung fördert. Belegt wird diese These mit Untersuchungsergebnissen, nach denen Kinder, die wenig Spielzeug besitzen und selten mit anderen Kindern spielen können, hinter dem kognitiven Entwicklungsstand ihrer Altersgenossen zurückbleiben. Außerdem spielen Kinder aus unterprivilegierten Elternhäusern im Kindergarten seltener Rollen- und Phantasiespiele als Kinder aus der Mittelschicht. Manche Psychologen führen deshalb Lernschwierigkeiten bei Unterschichtskindern unter anderem auch auf ihre geringere, weniger komplexe und zu gleichförmige Spielerfahrung zurück.

Andererseits haben Anthropologen festgestellt, daß in manchen Kulturen Phantasiespiele unbekannt sind, auch wenn symbolische Spiele in fast allen Gesellschaften vorkommen. Bei den Hopi-Indianern spielen die Kinder Kaninchenjagden nach und imitieren spielerisch die Keramikarbeiten ihrer Eltern. Israelische Kinder aus nahöstlichen Einwandererfamilien spielen seltener Phantasiespiele als Kinder aus Familien, die aus Europa stammen. Es gibt also wichtige kulturelle und schichtspezifische Unterschiede beim Spiel.

Wenn das Spiel bei der intellektuellen Entwicklung wirklich eine so wichtige Rolle spielt, dann müßte man die kognitive Entwicklung fördern können, wenn man Spiele einführt und stimuliert. Phyllis Levenstein hat ein Programm entwickelt, das unterprivilegierte Kinder mit Spielzeug versorgt. Den Müttern wird gezeigt, wie sie das Spielzeug beim Spiel mit ihren Kindern einsetzen können. Damit dient das Spielzeug dazu, eine angenehme, anregende Mutter-Kind-Interaktion zu fördern. Da verbale Stimulierung und liebevolle Interaktion erwiesenermaßen die kognitive Entwicklung von Kindern vorantreibt, sind die positiven Auswirkungen des Programms möglicherweise darauf und nicht so sehr auf das Spielzeug selbst zurückzuführen.

Geeignetes Spielzeug fördert bei etwas größeren Kindern in der Vorschulzeit positives soziales Verhalten. In einem staatlichen Förderprogramm (Head-Start) bekamen unterprivilegierte Kinder Fernsehfilme zu sehen, die positives Verhalten wie Hilfsbereitschaft, Teilen und Kooperation propagierten. Einige Klassenzimmer waren mit Marionetten, Schallplatten und Puppen ausgestattet, die zu den Charakteren und Themen des Fernsehprogramms paßten; in anderen Räumen hatte das Spielzeug keinen Bezug zu den Filmen. Kinder, die mit dem Spielzeug aus dem Fernsehprogramm spielten, übernahmen einige der gezeigten Verhaltensweisen; anscheinend half ihnen das Spielzeug, dieses Verhalten einzuüben.

Diese und andere Untersuchungen zeigen, daß Spielzeug dann effektiv zur Förderung der Entwicklung eingesetzt werden kann, wenn es durch Eltern- und Lehrerverhalten oder durch Fernsehprogramme unterstützt wird. Es gibt aber keine Belege dafür, daß Spielzeug allein einen Beitrag zur kognitiven oder sozialen Entwicklung von unterprivilegierten Kindern leisten könnte.

ten, genauso schnell und effizient wie andere, die zugeschaut hatten, wie jemand die Aufgabe löste (Sylva, Bruner & Genova, 1976). Wie sich das Spiel auf die kognitive Entwicklung auswirkt, erläutert Kasten 5.1.

Spiel mit anderen Kindern

Je häufiger das symbolische Spiel mit Gegenständen vorkommt, desto stärker verändert sich auch die Reaktion auf andere Kinder. Vor dem ersten Geburtstag ist eine bedeutungsvolle Interaktion zwischen zwei Kindern selten. Zehn Monate alte Kinder behandeln andere Kinder wie lebloses Spielzeug: Sie ziehen sie an den Haaren, greifen ihnen in die Augen und plappern drauflos. Aber mit achtzehn bis zwanzig Monaten sind sie fähig, zu kooperieren und sich mit einem Spielkameraden abzuwechseln. Außerdem initiieren sie jetzt auch gemeinsame Spiele und streiten sich häufiger und intensiver.

Um die Mitte des zweiten Lebensjahres gibt es eine kurze Phase, in der die Kinder fremden Kindern gegenüber zunächst schüchtern sind. Diese Phase unterscheidet sich deutlich von dem spontanen Verhalten zehn Monate alter Kinder, wie ein Experiment gezeigt hat. Dabei spielte jedes Kind zunächst zwanzig Minuten lang in einem freundlichen Raum, während die Mutter in der Nähe saß. Anschließend kam ein fremdes Kind im gleichen Alter und vom gleichen Geschlecht mit seiner Mutter ins Zimmer. Kinder unter einem Jahr spielten zufrieden weiter, wenn das fremde Kind ins Zimmer kam, und zogen sich nicht zur Mutter zurück. Gelegentlich krabbelten sie auch zu dem fremden Kind hin und beschäftigten sich mit seinen Haaren, seinem Gesicht oder seiner Kleidung. Ein paar Monate nach dem ersten Geburtstag dagegen zeigten die Kinder Anzeichen einer Hemmung. Sie unterbrachen ihr Spiel, liefen zur Mutter und klammerten sich an sie, während sie das neue Kind anstarrten, weinten allerdings nur selten. Mit zwei bis zweieinhalb Jahren nahm diese Hemmung allmählich ab (Kagan, 1981).

Diese kurze Phase, in der die Gegenwart eines fremden Kindes Furcht auslöst, kann als Gegenstück zur Fremdenangst betrachtet werden, die acht Monate alte Kinder bei der Begegnung mit fremden Erwachsenen zeigen. Die Frage, warum sie fünf Monate später auftaucht, ist für kognitiv orientierte Entwicklungspsychologen vor allem deshalb interessant, weil eine Verbindung zu der Entwicklung von Schemata und Erwartungen bei Säuglingen besteht. Da die meisten Säuglinge von Erwachsenen versorgt werden und mit ihnen am meisten interagieren, kann man annehmen, daß sie schon früh im ersten Lebensjahr klare Schemata von Erwachsenen, Erwartungen über ihr Verhalten und ein Repertoire angemessener Reaktionen entwickelt haben. In der Regel haben Säuglinge nicht so viel Kontakt mit anderen Säuglingen und besitzen deshalb mit acht Monaten noch keine so ausgeprägten Schemata dafür. Mit dreizehn Monaten aber ist das Kind anscheinend reif genug, um sich bei der Begegnung mit einem fremden Kind etwa zu fragen: „Was soll ich mit ihm machen?" „Was tut es mir?" „Nimmt es mir mein Spielzeug weg?" Wenn ein Kind auf solche selbstgestellten Fragen keine klaren Antworten findet, wird es ängstlich, hört auf zu spielen und zieht sich zur Mutter zurück. Nach dem zweiten Geburtstag zerstreuen sich diese Befürchtungen und Unsicherheiten, unter anderem auch deshalb, weil das Kind gelernt hat, wie sich andere Kinder verhalten und wie es sich selbst anderen Kindern gegenüber verhalten muß. Zu diesem Zeitpunkt ist es fähig, gemeinsam mit einem anderen Kind zu spielen und es als Modell zu benutzen.

Häufiger Kontakt mit anderen Säuglingen verhindert die Ängstlichkeit bei der ersten Begegnung mit einem fremden Kind nicht. Bei israelischen Kindern, die im Kinderhaus eines Kibbuz aufgewachsen sind, war die Furcht bei der Begegnung mit einem fremden Kind zu Beginn des zweiten Lebensjahres genauso groß wie bei israelischen Kindern, die zu Hause aufwuchsen. Mit 29 Monaten allerdings waren die im Kibbuz erzogenen Kinder bei der Begegnung mit einem fremden Kind nicht mehr so ängstlich wie die zu Hause erzogenen Kinder; die alltägliche Interaktion mit anderen Kindern hat dazu geführt, daß die Hemmung stark abnimmt (vgl. Abb. 5.5).

Zweijährige spielen gemeinsam mit einer Puppenstube oder einem Telefon und imitieren sich gegenseitig, wenn sie zum Beispiel von der Couch springen. Aber sie spielen keine Spiele, bei denen Regeln erforderlich sind, und die Spielepisoden dauern immer nur ein paar Minuten. Trotzdem fördern interaktive Erfahrungen mit anderen Kindern das spätere kooperative Spiel (Kagan, 1981; Mueller & Brenner, 1977).

Auch wenn Mädchen und Jungen im Grunde sehr ähnlich spielen, gibt es bei Jungen eine größere Tendenz zu Spielen mit Balgereien und lebhaftem,

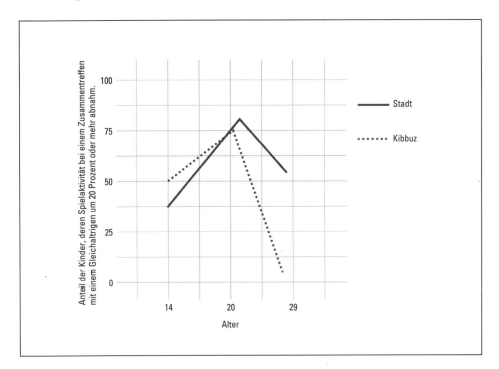

Abb. 5.5: Veränderungen bei sozial gehemmtem Verhalten im Kontakt mit fremden Gleich-altrigen. Bei ungefähr 20 Monate alten Kindern ging die Spielaktivität zurück (was anzeigt, daß die Anwesenheit eines fremden Kindes im Spielzimmer Hemmungen auslöst). Die Ten-denz zu gehemmtem Verhalten in diesem Kontext verschwindet bei Kibbuz-Kindern, die mit Gruppen viel Erfahrung haben, früher als bei Kindern, die zu Hause aufwachsen. (Aus M. Zaslow: Comparison of kibbutz and home-reared children. Unveröffentlichte Dissertation, Harvard University, 1978. Mit freundlicher Genehmigung.)

aggressivem Verhalten, während Mädchen tendenziell im Spiel eher soziale Themen ausagieren, bei denen es nicht so lebhaft und körperlich aktiv zu-geht. Man muß dabei aber berücksichtigen, daß es sich bei diesen Tenden-zen um Durchschnittswerte für die Geschlechter handelt; es gibt viele Mädchen, die gerne lebhaft und aktiv spielen, und viele Jungen beschäftigen sich gerne mit sozialen Themen (Maccoby & Jacklin, 1974).

▬ Nachahmung

In einer ganz normalen Familie spielt der Vater mit seinem drei Monate alten Kind. Das Kind sitzt in einer Kinderwippe, der Vater ihm gegenüber. Er streckt die Zunge heraus, das Kind ebenfalls. Der Vater lächelt, das Kind lächelt zurück. Dann erzählt der Vater begeistert seinem Freund, der zugesehen hat, daß seine Tochter alles nachmacht, was er ihr vormacht. Aber stimmt es wirklich, daß das Baby den Vater imitiert?

Zwei Merkmale bestimmen den Begriff der **Nachahmung** oder **Imitation**: Erstens muß das Verhalten des Modells kopiert werden; zweitens muß die Nachahmung selektiv sein, das heißt, sie muß nach einem bestimmten Verhalten des Modells auftreten, nicht einfach als Teil einer großen Zahl anderer Reize. Wenn das oben beschriebene Kind zum Beispiel auch dann lächelt, wenn der Vater spricht oder den Kopf schüttelt, dann ist seine Reaktion auf das Lächeln nicht selektiv.

Manche Entwicklungspsychologen behaupten, daß Neugeborene und Säuglinge im ersten Lebensmonat die Mimik von Erwachsenen (zum Beispiel den Mund auf- und zumachen) nachahmen. Es ist nicht eindeutig geklärt, ob es sich bei solchen Reaktionen um selektive Nachahmung handelt (Kaitz, Meschulach-Safarty, Auerbach & Edelman, 1988; Meltzoff & Moore, 1977). Wenn zwei Monate alte Säuglinge beobachten, wie jemand die Zunge herausstreckt, tun sie das ebenfalls. Das wirkt zwar wie Nachahmung, aber Kinder in diesem Alter strecken die Zunge auch dann heraus, wenn ein Erwachsener einen dünnen Gegenstand, zum Beispiel einen Bleistift, auf ihren Mund zubewegt (Jacobson, 1979) oder wenn sie durch den Anblick eines interessanten Mobiles oder durch ein neues Geräusch erregt sind. Daß Neugeborene ihre Zunge herausstrecken, wenn ein Erwachsener es ihnen vormacht, ist deshalb also nicht als Nachahmung zu verstehen, sondern als Begleiterscheinung der Erregung, die der Erwachsene mit seinen Handlungen auslöst.

Die Entwicklung der Nachahmung

Selektive Nachahmung tritt mit sieben oder acht Monaten auf und wird in den nächsten Jahren häufiger und komplexer. Einjährige imitieren neue Gesten, Geräusche und andere Verhaltensweisen, die sie sehen oder hören. Tendenziell imitieren sie allerdings eher Verhaltensweisen, die sie bei sich selbst beobachten können (zum Beispiel Handbewegungen), als Handlungen, die sie bei sich selbst nicht sehen können (zum Beispiel die Zunge herausstrecken).

Schon vor dem ersten Geburtstag sind Verzögerungen bei der Nachahmung möglich. Bei einem Experiment sahen neun Monate alte Kinder, wie ein Erwachsener zwei einfache Handbewegungen ausführte: Er drückte auf einen schwarzen Knopf an einer Dose, worauf ein Geräusch erklang, und schüttelte einen eiförmigen Gegenstand, in dem ein kleiner metallener Gegenstand klapperte. Als die Säuglinge einen Tag später wieder ins Labor gebracht wurden, imitierten viele die Handlungen, die sie am Tag vorher beobachtet hatten. Bei Kindern, die am Tag vorher nicht anwesend waren, bestand eine sehr viel geringere Wahrscheinlichkeit für Nachahmung (Meltzoff, 1988).

Nach dem ersten Geburtstag werden Verzögerungen bei der Nachahmung immer häufiger. Ein fünfzehn Monate altes Mädchen beobachtet wortlos, wie ihre Mutter eine Telefonnummer wählt. Nach ein paar Minuten, Stunden, ja vielleicht nach Wochen wiederholt es die wesentlichen Bestandteile dieser Handlung. Die motorische Koordination, die zum Wählen einer Telefonnummer nötig ist, hat das Kind bereits lange vor dem Nachahmungsakt erworben. Bei einem Experiment beobachtete ein 20 Monate altes Kind, wie ein Forscher einen Holzblock auf ein kleines Brettchen legte und dabei sagte: „Diese Puppe ist sehr müde, und wir müssen sie jetzt ins Bett legen. Heia, Heia, Püppchen." Das Kind imitierte in den nächsten zwanzig Minuten diese Sequenz nicht, auch keine einzelnen Elemente dieser Abfolge. Aber als es einen Monat später in denselben Raum kam und dasselbe Spielzeug sah, legte es sofort den Klotz auf das Brettchen und sagte: „Heia, heia."

Zwischen dem ersten und dritten Lebensjahr nimmt das Nachahmungsverhalten ständig zu, wobei vor allem das Verhalten der Eltern imitiert wird. Welche Reaktionen von Kindern nachgeahmt werden, hängt aber von der Art des Verhaltens ab. Elternverhalten wie den Boden fegen und jüngere Geschwister versorgen wird häufig imitiert, während bei emotionalem Ausdruck oder Verhalten die Wahrscheinlichkeit einer Nachahmung geringer ist.

Selbst in Laborsituationen gehen die Kinder bei der Nachahmung sehr selektiv vor. Bei einem Experiment sollten Kinder im Alter von einem bis drei Jahren verschiedene motorische (ein Erwachsener schob zum Beispiel einen rechteckigen Block über den Tisch) und soziale Handlungen imitieren (eine Frau hielt sich eine Blende vors Gesicht und lugte zweimal zur Seite heraus). Eine dritte Handlung erforderte die Koordination zweier Einzelhandlungen in einer motorischen Sequenz (der Erwachsene hob eine kleine Messingschüssel an einer Schnur hoch und schlug dreimal mit einem metallenen Klöppel dagegen). Abbildung 5.6 zeigt, wie häufig diese drei Handlungstypen nachgeahmt wurden. Das motorische Verhalten wurde am häufigsten imitiert; ungefähr 80 Prozent aller Zweijährigen machten die Handlungen des Modells nach. Die sozialen Handlungen lagen an zweiter

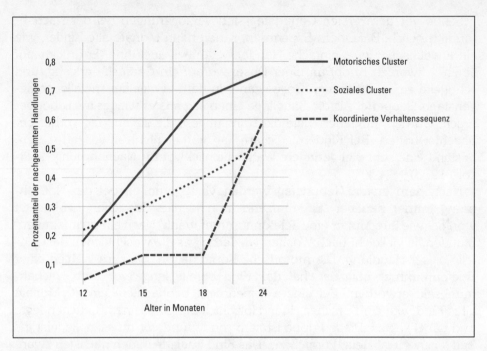

Abb. 5.6: Handlungen, die von 12 bis 24 Monate alten Kindern imitiert wurden (in Prozent). Die Handlungen wurden in motorisches, soziales und koordiniertes Verhalten eingeteilt. Motorisches Verhalten wurde am frühesten und am häufigsten imitiert, dann folgte soziales Verhalten. Koordinierte Handlungssequenzen wurden kaum vor dem Alter von 24 Monaten nachgeahmt. (Aus R.B. McCall, R.D. Parke & R.D. Kavanaugh: Imitation of live and televised models by children one to three years of age. Monographs of the Society for Research in Child Development, 1977, 42, no. 5. © by The Society for Research in Child Development, Inc. Mit freundlicher Genehmigung.)

Stelle. Nachahmung der koordinierten Handlungssequenz war bei Kindern unter 18 Monaten selten, nahm aber bei Kindern zwischen anderthalb und zwei Jahren zu.

Kinder imitieren das Verhalten der Eltern häufiger als das Verhalten von Geschwistern oder von Charakteren, die sie regelmäßig im Fernsehen beobachten. Eine Untersuchung, die sich auf Aufzeichnungen von Müttern stützt, hat ergeben, daß bei 71 Prozent aller Nachahmungshandlungen von Zweijährigen Handlungen der Mutter imitiert wurden (Kuczynski, Zahn-Waxler & Radke-Yarrow, 1987). Dabei lagen in den meisten Fällen Stunden, Tage oder Wochen zwischen Beobachtung und Nachahmung, vor allem wenn es sich bei dem nachgeahmten Verhalten um Bestrafungen handelte (vgl. Abb. 5.7).

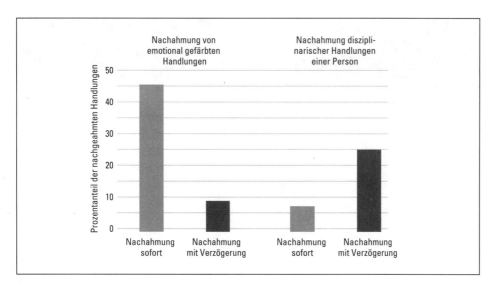

Abb. 5.7: Zweijährige imitieren emotional gefärbte Handlungen häufiger sofort als nach einer Verzögerung; disziplinarische Handlungen dagegen werden häufiger nach einer Verzögerung nachgeahmt. (Aus L. Kuczynski, C. Zahn-Waxler & M. Radke-Yarrow: Development and content of imitation in the second and third year of life. Developmental Psychology, 1987, 23, 276–282. © by the American Psychological Association. Mit freundlicher Genehmigung.)

Gründe für Nachahmung

Die Fähigkeit, eine andere Person zu imitieren, ist ein wesentlicher Grund für die Fortschritte bei der intellektuellen und bei der technologischen Entwicklung der Menschheit, weil ungewohnte Handlungen durch Nachahmung perfektioniert werden können. Aus dem Nachahmungsverhalten kleiner Kinder ergeben sich für die Forschung zwei Fragen. Erstens: Warum ahmen Kinder überhaupt nach? Die moderne Entwicklungspsychologie geht davon aus, daß es sich bei der Nachahmung um ein universelles Reifephänomen handelt, um „eine Fähigkeit, die dem Menschen innewohnt" (Yando, Seitz & Zigler, 1978, S. 4). Das Nachahmungsverhalten bei Kindern entspricht dem Schwimmen bei Fischen und dem Fliegen bei Vögeln, Grundfähigkeiten, die sehr früh in der Entwicklung auftauchen.

Zweitens stellt sich die Frage, warum Kinder manche Modelle und Verhaltensweisen häufiger imitieren als andere. Schließlich besitzen Kinder eine viel größere Anzahl von Schemata für das Verhalten anderer Menschen, als sie in ihren eigenen Handlungen je imitieren. Warum imitieren sie nur eine

Ein wichtiger Schritt in der Entwicklung besteht in der Nachahmung Erwachsener
(Foto: Sibylle Rauch)

kleine Anzahl der vielen Handlungen, die sie beobachtet haben? Es gibt
zahlreiche Hypothesen darüber, welche Faktoren für die Nachahmung ausschlaggebend sind. Unumstritten ist, daß verschiedene Prozesse dabei eine
Rolle spielen und daß Nachahmung bei Säuglingen, Kleinkindern und älteren Kindern unterschiedliche Funktionen besitzt. Aus diesem Grund sind bei
Zweijährigen andere Faktoren für die Nachahmung maßgeblich als bei
Zehn- oder Zwanzigjährigen.

Wenn Ein- bis Zweijährige sich nur leicht unsicher sind, ob sie eine beobachtete Handlung durchführen können, dann imitieren sie diese. Sind sie
sehr unsicher, treten Alarmsignale auf. Bei einer Reihe von Beobachtungen
zeigte sich, daß viele Zweijährige zu spielen aufhörten, protestierten, sich an
ihre Mütter klammerten und auch weinten, als ihnen ein Forscher Handlungen zeigte, die ein wenig zu schwierig waren, um sie assimilieren oder gut
erinnern zu können (Kagan, 1981). Diese Alarmzeichen traten nicht auf,
wenn die vorgeführten Handlungen leicht nachzuahmen waren oder die
Fähigkeiten der Kinder weit überstiegen (vgl. Abb. 5.8). Dies bedeutet, daß

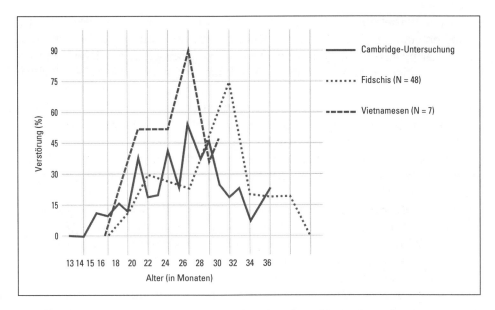

Abb. 5.8: Verstörte Reaktionen bei Kindern verschiedener Altersstufen auf Verhaltensweisen eines Modells, dessen Nachahmung für sie mäßig schwierig war (in Prozent). In drei verschiedenen Kulturen zeigten Kinder um zwei Jahre beträchtliche Verstörung, was darauf verweist, daß sie erkannten, welchen Maßstäben sie noch nicht gerecht werden konnten, weil sie nicht fähig waren, das Modell erfolgreich zu imitieren. (Aus J. Kagan: The second year. Cambridge, Mass.: Harvard University Press, 1981.)

Zweijährige sich in gewissem Maße bewußt sind, ob sie eine Handlung nachahmen können, und daß Unsicherheit in diesem Punkt Angst auslöst. Handlungen, die zu schwer für sie sind, lösen keine Unsicherheit aus und führen deshalb auch nicht zu Tränen; die Kinder unternehmen gar keinen Versuch, sie zu imitieren.

Nachahmung fördert soziale Interaktion: Wenn ein Säugling Vater oder Mutter nachahmt, löst das bei ihnen ein Lächeln aus; sie sagen ihm, wie phantastisch und intelligent er sei, und ahmen ihn ihrerseits nach. Die Reaktionsbereitschaft der Eltern verstärkt das Nachahmungsverhalten des Kindes. Die soziale Verstärkung fördert die Nachahmungstendenz des Kindes und beeinflußt gleichzeitig die Auswahl der Verhaltensweisen, die nachgeahmt werden. Kinder imitieren in der Regel eher ein Verhalten, für das sie gelobt worden sind (zum Beispiel mit dem Löffel essen), als ein Verhalten, das ignoriert wurde (zum Beispiel zwei Gabeln gegeneinanderschlagen).

Nachahmung steigert Ähnlichkeit mit anderen: Mit dem dritten Lebensjahr imitiert das Kind zunehmend häufiger bestimmte Personen anstelle bestimmter Verhaltensweisen. Damit ist eine andere Grundlage der Nachahmung entstanden. Mit zwei Jahren sind sich die meisten Kinder bewußt, daß sie durch bestimmte Eigenschaften manchen Menschen ähnlicher sind als anderen. Jungen erkennen, daß sie dem Vater und anderen Männern ähnlich sind (z. B. durch kurze Haare, Hosen und männliche Genitalien), und ordnen sich deshalb der Kategorie „Mann" zu. Entsprechend nehmen Mädchen an, daß sie zur Kategorie „Frau" gehören. Diese Einsicht treibt die Kinder, aktiv nach zusätzlichen Ähnlichkeiten mit anderen zu suchen, um ihre klare Zugehörigkeit zu der jeweiligen Kategorie zu bestätigen, und sie tun das, indem sie Handlungen entsprechender Personen nachahmen (vgl. 10. Kapitel im zweiten Band).

Emotionale Erregung als Grundlage der Nachahmung: Kinder imitieren ihre Eltern häufiger als andere Erwachsene, was auch daran liegen kann, daß die Eltern eine kontinuierlichere Quelle emotionaler Erregung (im positiven wie im negativen Sinne) sind als die meisten anderen Menschen. Personen, die bei einem Kind Emotionen erregen, gleich ob Freude, Unsicherheit, Wut oder Furcht, fesseln seine Aufmerksamkeit, und ihre Handlungen werden von ihm gründlicher beobachtet als die von Personen, die weniger Aufmerksamkeit erregen. Ähnliches gilt, wenn Kinder zusammen spielen. Beim gemeinsamen Spiel von zwei Zweijährigen, die sich vorher nicht kannten, imitiert häufig das passivere, ruhigere Kind das dominante, aktivere und redseligere. Schüchterne Kinder fürchten anscheinend, daß ihnen ein Spielzeug weggenommen wird, und beobachten das dominantere Kind genau. Führt dieses Kind dann eine Handlung durch, die das passivere Kind auch meistern könnte (z. B. von einem Tisch springen), ist die Wahrscheinlichkeit groß, daß es dieses Verhalten in den nächsten Minuten imitiert.

Nachahmung zur Erreichung eines Ziels: Nachahmungsverhalten kann auch bewußt dazu eingesetzt werden, Befriedigung, Macht und Eigentum zu erlangen oder andere angestrebte Ziele zu erreichen. Ein Kind zum Beispiel, das mit Bauklötzen ein Haus zu bauen versucht, sieht sich genau an, wie ein anderes Kind oder ein Erwachsener eine ähnliche Konstruktion aufbaut, und imitiert dann diese Handlung. Dreijährige imitieren aggressives Verhalten anderer Kinder, weil sie erlebt haben, daß man auf diese Weise anderen Kindern das Spielzeug wegnehmen kann. Diese Grundlage des Nachahmungsverhaltens taucht in der Regel nach dem zweiten Geburtstag auf. In diesem Alter kann man von einer Motivation zur Nachahmung sprechen, weil die Kinder jetzt eine Vorstellung von einem Ziel besitzen, das sich durch die imitierte Handlung erreichen läßt.

Zusammenfassend läßt sich feststellen, daß die Gründe für das Nachahmungsverhalten Reaktionsunsicherheit, soziale Verstärkung, das Streben nach Ähnlichkeit mit einer anderen Person und nach einem bestimmten Ziel das Nachahmungsverhalten sind. Welche Verhaltensweisen in den ersten drei Lebensjahren imitiert werden, hängt zum Teil vom kognitiven Entwicklungsstand des Kindes ab, der darüber entscheidet, was ein Kind als Herausforderung und was es als unmöglich wahrnimmt. Welche Personen das Kind nachahmt, hängt von seinem Wunsch nach Ähnlichkeit und dem Grad an emotionaler Erregung ab, den die Person auslöst; welches Verhalten nachgeahmt wird, hängt von seiner Motivation ab, bestimmte Ziele zu erreichen.

Wertmaßstäbe und Moral

In der zweiten Hälfte des zweiten Lebensjahres schaffen sich die Kinder idealisierte Repräsentationen von Objekten, Ereignissen und Verhaltensweisen. Spielzeug darf nicht beschädigt sein, an Hemden darf kein Knopf fehlen, und ein Riß in der Kleidung wird nicht mehr akzeptiert. Diese Repräsentationen werden **Wertmaßstäbe** genannt. Im gleichen Zeitraum erwerben die Kinder auch Wertmaßstäbe für richtiges und falsches Verhalten in bestimmten Situationen, meist in den Bereichen Sauberkeit, Aggressionsbeherrschung und Gehorsam gegenüber den Eltern. Mit diesen Werten beginnt das Verständnis für Recht und Unrecht, Gut und Böse, mit anderen Worten, die Entwicklung eines Moralgefühls.

Wenn Ereignisse den Maßstäben der Kinder entsprechen, lächeln sie; wird ein Wertmaßstab verletzt, können Angst oder Alarmzeichen auftreten. Sie weisen zum Beispiel mit betroffener Stimme und besorgtem Gesichtsausdruck auf einen zerbrochenen Gegenstand, zerrissene Kleidung, fehlende Knöpfe und ähnliches. Wenn sie einen Riß in einem Plastikspielzeug entdecken, sagen sie: „Oh-oh" oder „Kaputt". Bei einem Experiment waren 14 und 19 Monate alte Kinder im Spielzimmer eines Labors mit ausgesprochen viel Spielzeug konfrontiert, das zum Teil absichtlich beschädigt worden war (das Gesicht einer Puppe war mit schwarzem Stift bemalt, bei einer anderen Puppe war die Kleidung zerrissen, und bei einem Plüschtier fehlte der Kopf). Keines der 14 Monate alten Kinder widmete dem beschädigten Spielzeug besondere Aufmerksamkeit; aber mit 19 Monaten beschäftigte sich über die Hälfte der Kinder intensiv damit. Sie brachten es zur Mutter, zeigten auf die beschädigten Teile, steckten ihren Finger in das Loch, wo der Kopf des Plüschtiers gesessen hatte, und zeigten, wenn sie schon sprechen konnten, durch Wörter wie „heil machen" oder „kaputt", daß etwas nicht in Ordnung war.

Eltern sagen häufig, daß für ihre Kinder wenige Monate vor dem zweiten Geburtstag schmutzige Hände, zerrissene Kleidung und zerbrochenes Geschirr plötzlich zum Problem werden. Da Eltern aber nicht von einem Tag auf den anderen anfangen, ihre Kinder für zerbrochene Gegenstände oder schmutzige Hände zu bestrafen, sobald sie 18 Monate alt geworden sind, muß man sich fragen, warum die Kinder gerade in diesem Alter anfangen, sich damit zu beschäftigen. Anscheinend beginnen Kinder in diesem Alter zu erkennen, daß Ereignisse Ursachen haben müssen (selbst wenn sie die Ursachen nicht sehen). Wenn zum Beispiel ein 21 Monate altes Kind einen schreienden Säugling sieht, nimmt es sofort an, er habe Hunger oder sei verletzt. Kinder, die emotional auf ein zerbrochenes Spielzeug oder ein Hemd ohne Knopf reagieren, sind davon überzeugt, daß der Fehler nicht Bestandteil des Gegenstandes, sondern durch etwas oder jemanden verursacht worden ist. Zwei- und dreijährige Kinder aus den USA und gleichaltrige Maya-Kinder von der Halbinsel Yucatan haben zum Beispiel Abbildungen von verzerrten Gesichtern länger betrachtet als solche mit normalen Gesichtern. Verbalisierungen wie: „Was ist mit seiner Nase passiert?" oder: „Wer hat ihn auf die Nase gehauen?" verrieten deutlich, daß sie sich Gedanken über die Ursache der Schädigung machten und daraus auf die möglichen Ereignisse schlossen, die zu der Verzerrung geführt haben könnten. Diese Beobachtungen zeigen, daß Kinder um den zweiten Geburtstag in der Lage sind, sich über Ereignisse Gedanken zu machen, die gegen ihre Wertmaßstäbe verstoßen, und äußere Ereignisse für die Ursache halten (Kagan, 1981).

Kinder erkennen aber nicht nur, ob Gegenstände beschädigt sind; es verstört sie oft auch. Daran wird deutlich, daß es sich bei ihren Wertmaßstäben um ideale innere Repräsentationen des „richtigen" oder „korrekten" Zustands von Objekten handelt. In einigen Fällen haben sie wahrscheinlich gelernt, daß Eltern das Beschädigen von Spielzeug mißbilligen oder bestrafen. Stirnrunzeln, Schimpfen, ein Klaps auf den Po und andere Anzeichen elterlicher Mißbilligung lassen einen unangenehmen Zustand entstehen, der Ähnlichkeit mit dem Zustand der Angst hat. Dieser Zustand kann mit der inneren Repräsentation von Handlungen, bei denen Spielzeug beschädigt oder Knöpfe vom Hemd abgerissen werden, in Verbindung gebracht werden. Wenn ein Kind dann zu dem Schluß kommt, die beschädigte Puppe auf dem Teppich sei Ergebnis des Verhaltens anderer, ruft das eine emotionale Reaktion hervor. In vielen Fällen allerdings sind die Kinder angesichts beschädigten Spielzeugs oder fehlender Knöpfe betroffen, auch wenn sie vorher keine Erfahrungen mit der Mißbilligung der Eltern gemacht haben. Diese Betroffenheit ist anscheinend ein notwendiger Bestandteil bei der Entwicklung von Wertmaßstäben.

Verhaltensregeln

Um den zweiten Geburtstag reagieren Kinder auch alarmiert, wenn sie Verhaltensregeln, die andere ihnen vorgeben, nicht befolgen können. In dem bereits beschriebenen Experiment, bei dem die Forscherin Kindern aus unterschiedlichen Kulturen schwer nachzuahmende und zu erinnernde Handlungen vormachte, verrieten die Reaktionen der Kinder starke Beunruhigung. Sie weinten, warfen ihr Spielzeug durchs Zimmer und wollten nach Hause. Wie schon gesagt, lassen sich diese bestürzten Reaktionen darauf zurückführen, daß die Kinder ihre Unfähigkeit erkennen, den im Verhalten des Modells repräsentierten Verhaltensregeln zu entsprechen.

Daraus ergibt sich aber die Frage, warum diese Zweijährigen glaubten, sie müßten das Modell imitieren. Es ist möglich, daß Kinder in diesem Alter aufgrund früherer Erfahrungen, bei denen sie von den Eltern wegen Regelverstößen im Bereich Aggression oder Sauberkeit bestraft wurden, fähig sind, sich zu fragen, was der Erwachsene von ihnen will, und dann folgern, er wolle von ihnen nachgeahmt werden. Bei einer Untersuchung beobachteten Kinder im Alter von 16 und 24 Monaten eine Frau bei einer Pantomime, bei der sie vorgab zu telefonieren und aus einer Tasse zu trinken, ohne die entsprechenden Gegenstände zu benutzen. Nachdem sie den Raum verlassen hatte, ahmten einige der Zweijährigen, aber keins der 16 Monate alten Kinder dieses Verhalten nach, obwohl diese Reaktionsweisen durchaus Bestandteil ihres Repertoires waren und sie sie imitierten, wenn das Modell Spielzeug benutzte. Aber wahrscheinlich besaßen sie noch nicht die nötige Reife, um ableiten zu können, daß sie dieses Verhalten imitieren sollten. Folglich taten sie es auch nicht, wenn sie das entsprechende Spielzeug nicht vorfanden.

Eine weitere Bestätigung der Annahme, daß Kinder Maßstäbe für korrekte und nicht korrekte Leistungen besitzen, ist ihr Lächeln, wenn sie einem selbst gesetzten Leistungsmaßstab, der eine Anstrengung erfordert, gerecht geworden sind. Kinder, die fünf Minuten brauchen, um ein Puzzle aus sechs Teilen zusammenzusetzen, lächeln oft, wenn sie die Aufgabe beendet haben. Dabei sehen sie nicht die Mutter an; das Lächeln ist eher eine private Reaktion auf die Erkenntnis, daß sie einem eigenen Maßstab gerecht geworden sind.

Kinder lächeln auch dann, wenn sie dabei sind, Regeln zu verletzen, zum Beispiel wenn sie die Hand in die Toilette stecken oder damit drohen, Milch auf den Boden zu schütten (Dunn, 1988). Das zeigt der Dialog zwischen zwei Zweijährigen, die die Rollen von Mutter und Kind spielen:

A (legt sich auf den Rücken): Mach mir eine neue Windel, Laura. Eine neue Windel. Eine neue Windel.

B: Ja (zieht die Hose aus). Das stinkt! (lacht)

A: Du stinkst.

B: Stinkt! Stinkt! (lacht)

A: Zieh ihr die Hose an, Laura. Laura, zieh ihr die Hose an.

B: Pipi.

Regelverstöße

Mit zunehmendem Alter amüsieren sich Kinder auch immer mehr über Verstöße gegen die Regeln von Erwachsenen und über Ereignisse, die bei anderen Ekel oder Ablehnung hervorrufen. Zweijährige untersuchen in Anwesenheit von Geschwistern und Eltern alle möglichen und unmöglichen Variationen akzeptablen Verhaltens, um gemeinsam mit ihnen darüber lachen zu können. Sie mögen Scherze, bei denen gegen Regeln über Beziehungen verstoßen wird (z.B.: „Ich mag dich nicht, Mami!"), über geschlechtsspezifisches Verhalten, Gehorsam, Ehrlichkeit, die Fehler anderer und Abweichungen von der Alltagsroutine (z.B. im Bademantel essen, wenn das in ihrer Familie nicht üblich ist; vgl. Dunn, 1988).

Die Fähigkeit zur Beurteilung von richtigem und falschem Verhalten entwickelt sich bei Kindern aus ganz verschiedenen Kulturen und Umwelten praktisch im selben Alter. Ein Forscher hat vier Kinder vom 13. bis zum 23. Monat alle zwei Wochen zu Hause aufgesucht und ihr Verhalten aufgezeichnet. Zwischen dem 15. und dem 17. Monat reagierten alle vier Kinder plötzlich deutlich betroffener, wenn sie mit zerbrochenen oder schmutzigen Gegenständen zu tun hatten oder mit Regelverstößen von Erwachsenen konfrontiert waren, und bei allen wurde ein Lächeln beobachtet, wenn sie eine Aufgabe gelöst hatten. Obwohl die Kinder nicht in derselben Familie aufwuchsen, war das Alter, in dem diese Reaktionen auftauchten, bemerkenswert ähnlich (vgl. Abbildung 5.9).

Man kann also festhalten, daß Kinder mit zwei Jahren beginnen, Handlungen und Ereignisse als gut oder böse zu bewerten und alarmiert zu reagieren, wenn Ereignisse gegen ihre Wertmaßstäbe verstoßen. Diese Fähigkeiten lassen sich bei Kindern aus verschiedenen Kulturen nachweisen, wahrscheinlich weil sie auf Veränderungen in der kognitiven Entwicklung zurückgehen, die um den Beginn des zweiten Lebensjahres stattfinden. Die Verwendung von Maßstäben zur Bewertung von Ereignissen und Verhalten ist der Anfang der Entwicklung eines moralischen Gefühls für Recht und Unrecht (vgl. auch 9. Kap. im ersten und 10. Kap. im zweiten Band). Die Frage, ob Moralempfinden angeboren ist, wird in Kasten 5.2 (S. 222) behandelt.

Ich-Identität

Über die eigenen Gedanken und Gefühle nachzudenken, zu beurteilen, ob man ein bestimmtes Problem lösen kann, und eine zielgerichtete Verhaltenssequenz einzuleiten oder zu unterdrücken, mit anderen Worten: sich seiner eigenen Persönlichkeitseigenschaften und seines eigenen Handlungs-

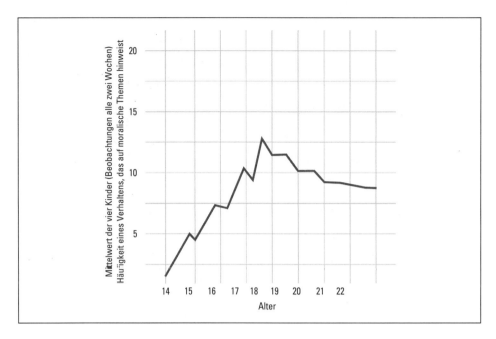

Abb. 5.9. Die Häufigkeiten für moralisch bedeutsames Verhalten zu Hause, bei vier Kindern im Alter zwischen 14 und 22 Monaten beobachtet. (Übernommen und adaptiert von S. Lamb, A study of moral development. Unveröffentlichte Doktorarbeit. Harvard University, 1988. Mit freundlicher Genehmigung.)

potentials bewußt zu sein, das ist alltäglicher Bestandteil menschlicher Erfahrung.

Die zweite Hälfte des zweiten Lebensjahres ist die Zeit, in der sich Kinder der eigenen Persönlichkeitseigenschaften, Befindlichkeiten und Fähigkeiten bewußt werden. Kulturvergleichende Untersuchungen haben einen Satz von Verhaltensweisen nachgewiesen, der die Bezeichnung Ich-Identität verdient. Neurophysiologen hoffen, nach und nach belegen zu können, daß es sich bei der Ich-Identität, deren Quelle und Art in der Philosophie seit langer Zeit umstritten ist, um ein Produkt komplexer Muster neuronaler Entladungen im Zentralnervensystem handelt.

Einflußnahme auf Verhalten anderer

Mit zwei Jahren beginnen Kinder, auf Verhaltensweisen anderer Einfluß zu nehmen. Sie halten zum Beispiel ein Spielzeugtelefon ans Ohr der Mutter, machen ihr klar, daß sie sich auf einen anderen Stuhl setzen soll, verlangen

███ Kasten 5.2

Gibt es ein angeborenes Moralempfinden bei Kindern?

Müssen Kinder Moralempfinden lernen, oder sind sie von Geburt an sensibel für das, was richtig und was falsch ist? In vielen verschiedenen Kulturen nehmen Mütter ab dem zweiten oder dritten Geburtstag ihrer Kinder an, daß sie für ihre Handlungen verantwortlich sind. Für Mütter von den Fidschi-Inseln zum Beispiel sind die Kinder ganz selbstverständlich nach dem zweiten Geburtstag für sich selbst stärker verantwortlich. In dieser Zeit erwerben die Kinder das Gefühl für Recht und Unrecht, das die Fidschis *vakayalo* nennen.

Ende des neunzehnten Jahrhunderts schrieb James Sully, das Kind besitze eine „angeborene Achtung für das, was üblich ist und den Anschein einer Lebensregel hätte", und dazu eine „angeborene Neigung, Beispielen und Regeln zu folgen, die der Erziehung vorangeht" (1896, S. 280 f.). Wie die meisten Forscher im neunzehnten Jahrhundert war auch Sully der Meinung, selbst Kinder wüßten, daß es falsch und unmoralisch ist, einem anderem ein Leid zuzufügen. Kinder müssen nicht erst lernen, daß man andere nicht verletzen darf; diese Einsicht ist Bestandteil der Entwicklung. Wie läßt sich diese Beobachtung erklären?

Kinder entwickeln anscheinend schon früh Wertmaßstäbe für aggressives Verhalten. Viele Zwei- und Dreijährige zum Beispiel sind eifersüchtig und böse auf ihre jüngeren Geschwister, fügen ihnen aber nur selten wirklichen Schaden zu. Auch heute noch ist eine schwere Verletzung von Bruder oder Schwester außergewöhnlich genug, um Schlagzeilen zu machen. Fast alle Kinder sind sich also mit zwei Jahren auf irgendeiner Ebene darüber im klaren, daß gewalttätiges Verhalten falsch ist.

Heute setzen Theorien über Entwicklungsveränderungen im zweiten und dritten Lebensjahr voraus, daß Kinder zahlreiche intellektuelle Fähigkeiten entwickeln, die sie sensibel und aufnahmebereit für die grundlegenden moralischen Wertmaßstäbe ihrer Gesellschaft machen. In diesem Alter beginnen Kinder zu verstehen, daß Ereignisse Ursachen haben, selbst wenn sie diese Ursachen nicht unmittelbar beobachten können, sie können einen Gedanken oder einen Handlungsplan über einen längeren Zeitraum festhalten, entwickeln recht häufig ein Gefühl für Verhaltensmaßstäbe und fangen an, sie anzuwenden.

Selbstverständlich übernehmen die Kinder die moralischen Wertmaßstäbe ihrer Umwelt. Es ist sogar möglich, anfängliche Aggressionshemmungen abzubauen, wenn das Kind lernt, daß Aggresssion akzeptiert wird. Trotzdem unterscheiden schon Drei- und Vierjährige zwischen „moralisch" falschem Verhalten, das Verletzungen anderer zur Folge hat, und Regelverletzungen, bei denen es nur um eine soziale Konvention geht (z. B. mit dem Löffel essen). Die ursprüngliche Bereitschaft, diese Wertmaßstäbe zu erwerben, und die Sensibilität für Übertretungen, bei denen andere verletzt oder Gegenstände zerstört werden, entstehen zum Teil durch reifebedingte kognitive Veränderungen.

ihre Hilfe bei der Lösung eines Problems oder fordern sie auf, ein komisches Geräusch zu machen. Bei diesen Anweisungen geht es nicht darum, ein bestimmtes materielles Objekt zu bekommen; die Kinder wollen kein Plätzchen oder Spielzeug. Ihr Ziel liegt darin, das Verhalten des Erwachsenen zu beeinflussen. Weil Kinder keine Befehle aussprechen würden, wenn sie nicht erwarten könnten, daß die Eltern gehorchen, kann man zu Recht annehmen, daß sie sich ihrer Fähigkeit bewußt sind, andere Menschen zu beeinflussen.

Beschreibung des eigenen Verhaltens

Wenn Kinder anfangen, Drei- oder Vier-Wort-Sätze mit Prädikaten zu bilden, beschreiben sie häufig ihre Handlungen, während sie sie ausführen. Ein Zweijähriger sagt: „Hochsteigen", wenn er auf einen Stuhl klettert; „Ganz machen", wenn er versucht, einen umgefallenen Bauklotz-Turm wieder aufzubauen, oder: „Will Keks", wenn er in die Küche geht. Da Kinder häufiger ihr eigenes Verhalten beschreiben als das Verhalten anderer, kann man annehmen, daß sie mit ihren eigenen Aktivitäten beschäftigt sind. Zu Beginn des Spracherwerbs werden am häufigsten die Namen von Objekten ausgesprochen, deren Bedeutung sie gerade kennenlernen. Es scheint für sie spannend zu sein, zu erfahren, wie etwas heißt. In dieser Stufe gewinnen Kinder neue Einsichten, eine neue Bewußtheit davon, daß sie handeln, andere beeinflussen und eigenen Maßstäben gerecht werden können. Solche Konzepte, zum Beispiel das Erlebnis, einen Gegenstand benennen zu können, sind aufregend, und deshalb beschreiben Kinder ihre Handlungen, während sie sie ausführen (vgl. Tabelle 5.1).

▰▰▰ Tabelle 5.1

Beispiele für Verhalten, in dem sich Ich-Identität ausdrückt

Verhalten, das andere beeinflußt	Aussagen, die das Verhalten des Kindes beschreiben
Das Kind gibt der Mutter eine Puppe und eine Flasche und bedeutet ihr, daß sie die Puppe füttern soll.	„Mein Buch." „Ich sitzen."
Das Kind fordert die Mutter auf, die Füße vom Sofa zu nehmen und sie auf den Boden zu stellen. Es sagt: „Schuhe an."	„Tina essen." „Ich heilmachen."
Das Kind will, daß der Forscher zur anderen Seite der Couch geht, und zeigt auf den Ort, wo er sitzen soll.	„Auf Stuhl." „Ich gehen." „Ich machen."
Das Kind will, daß Forscher und Mutter einen Teddy umarmen, wie es das selbst vor ein paar Augenblicken getan hat.	„Ich spielen."
Das Kind will, daß die Mutter ein Spielzeug- tier beißt.	

Das eigene Bild wiedererkennen

Daß im zweiten Lebensjahr die Ich-Identität, das Bewußtsein der eigenen Person, entsteht, zeigt sich auch darin, daß sich die Kinder jetzt im Spiegel erkennen (Lewis & Brooks-Gunn, 1979). Kasten 5.3 beschreibt die Forschungsmethoden, mit deren Hilfe untersucht wird, wie Kinder sich selbst erkennen und ihrer selbst bewußt sind.

Ich-Identität: Mit zwei Jahren beginnen Kinder, eine Vorstellung vom Selbst zu entwickeln; sie erkennen sich jetzt im Spiegel (Foto: Sibylle Rauch)

■■■ Kasten 5.3

Das Selbstverständnis von Zweijährigen

Mit zwei Jahren fangen Kinder an, eine Vorstellung vom *Selbst* zu entwickeln. Ein einfaches Experiment von Michael Lewis und Jeanne Brooks-Gunn (1979) hat eine Facette der Ich-Identität im zweiten Lebensjahr gezeigt. Neun bis 24 Monate alte Kinder durften zunächst in einen Spiegel sehen. Danach markierten die Mütter die Nasen der Kinder heimlich mit Rouge; anschließend konnten sie sich wieder im Spiegel betrachten. Kinder unter etwa 18 oder 21 Monaten berührten Nase oder Gesicht nicht, wenn sie das Rouge auf ihrem Spiegelbild sahen, aber mit 24 Monaten hoben zwei Drittel der Kinder den Finger an die Nase.

Kurz nachdem Kinder auf ihre rouge-gefärbten Nasen zeigen, beginnen sie, die Personalpronomina *ich* und *du* zu verwenden, was zeigt, daß sie jetzt klar zwischen Selbst und anderen unterscheiden können. Seymour Epstein (1973) beschreibt eine aufschlußreiche Episode:

„Die zweijährige Donna saß am Tisch mit Verwandten, die zu Besuch gekommen waren. Sie wurde aufgefordert, auf ihre Tante Alice zu zeigen, und machte es richtig. Daraus wurde ein Spiel, bei dem sie auf verschiedene Personen zeigen sollte. Schließlich sagte jemand: ‚Zeig auf Donna.‘ Das Kind war verwirrt und zeigte zunächst willkürlich auf andere Personen. Dann sagte ihre Mutter: ‚Du weißt, wer Donna ist. Zeig auf das kleine Mädchen, das alle Donna nennen.‘ Jetzt hatte Donna eine wichtige Einsicht und zeigte ohne Zögern auf sich selbst.“ (S. 412 f.)

Dreijährige können bereits einen Begriff von einem privaten, denkenden Selbst haben, das für einen äußeren Beobachter nicht sichtbar ist, wie das folgende Gespräch zwischen einem Erwachsenen und einem dreijährigen Kind zeigt:

„Der Forscher fragt: ‚Kann ich sehen, wie du denkst?‘ Das Kind erwidert: ‚Nein.‘ Der Forscher: ‚Und wenn ich dir in die Augen sehe, kann ich dich dann denken sehen?‘ Das Kind sagt: ‚Nein.‘ ‚Warum nicht?‘, fragt der Forscher. Das Kind: ‚Weil ich keine großen Löcher habe.‘ Der Forscher sagt: ‚Du meinst, es müßte ein großes Loch geben, damit ich dich denken sehen könnte?‘ Das Kind nickt.“ (Flavell, 1978, S. 16)

Ein wichtiges Argument für den Zusammenhang zwischen Reife und der Entstehung des Selbstgefühls findet sich in der Langzeitbeobachtung eines tauben Kindes (dessen Eltern ebenfalls taub waren), das die Zeichensprache erlernte, um sich mitzuteilen. In der Mitte des zweiten Lebensjahres, also im selben Zeitraum, in dem nichtbehinderte Kinder ihre Handlungen zu beschreiben beginnen, während sie sie ausführen, benutzte auch das taube Kind Zeichen, mit denen es auf sich selbst Bezug nahm (Petitto, 1983).

Besitzdenken

In den sozialen Interaktionen zwischen Kindern werden weitere Anzeichen von Ich-Identität deutlich, wie das folgende Beispiel zeigt: Jack und Bill, zwei Dreijährige, die sich nicht kannten, spielten in Anwesenheit ihrer Mütter in entgegengesetzten Ecken eines fremden Raums. In den ersten zwanzig Minuten nahm Jack Bill viermal ein Spielzeug weg. Bill wehrte sich nicht, sondern ließ es sich ohne Protest, Tränen oder Jammern gefallen, schlug nicht zurück und wandte sich auch nicht an seine Mutter. Aber nach dem vierten Mal ließ er sein Spielzeug liegen, ging in Jacks Ecke, nahm sich ein Spielzeug, mit dem Jack vorher gespielt hatte, und ging damit in seine eigene Ecke zurück. Ein paar Minuten später, als er mit einem Wagen spielte, versuchte Jack, ihn wegzunehmen. Dieses Mal hielt Bill ihn fest und widersetzte sich erfolgreich Jacks diebischen Anwandlungen.

Die Frage lautet, warum sich Bill beim fünften Mal gegen etwas wehrte, das er sich viermal gefallen ließ. Einer der Gründe könnte darin bestehen, daß durch die kontinuierliche Erfahrung, Spielzeug zu verlieren, bei Bill ein Begriff von persönlichem Eigentum entstanden ist, obwohl er mit diesen Gegenständen zum erstenmal spielte. Kinder, die Gegenstände verloren haben oder denen sie weggenommen wurden, versuchen häufig, ihr Gefühl für Besitz wiederherzustellen, indem sie sich wehren oder Spielzeug anderer Kinder nehmen. Grundlage für diese theoretischen Argumente ist die Annahme, daß das Kind eine Vorstellung von einem „Selbst" hat, das zu Besitz, auch zeitlich begrenztem, fähig ist und die Herrschaft über diese Gegenstände behält.

Bei Zweijährigen, deren Ich-Identität sich etwas früher als üblich entwickelt, ist in der Regel auch das Besitzgefühl stärker ausgeprägt. Bei einer Untersuchung mit zweijährigen Jungen wurde zunächst mit Hilfe des Spiegeltests (vgl. Kasten 5.3) die Ich-Identität der Kinder bestimmt. Weiter wurde das Verständnis der Personalpronomina ich und du und die Fähigkeit eingestuft, die Perspektive eines anderen zu übernehmen. Danach wurden die Jungen paarweise beim freien Spiel beobachtet. Kinder mit einer stärker ausgeprägten Ich-Identität waren im Umgang mit ihrem Spielzeug sehr viel besitzergreifender und brüllten häufiger „mein Ball", wenn das andere Kind auf sie zukam (Levine, 1983).

Aus diesen Ergebnissen kann man schließen, daß mit zunehmender Reife und Ich-Identität das Gefühl für Besitz und die wachsende Bereitschaft zu Auseinandersetzungen einhergehen. Es mag sein, daß die Menschheit damit für die Gabe der Ich-Identität bezahlen muß. Die Werte der Gesellschaft, in der ein Kind aufwächst, können diesen natürlichen Besitztrieb allerdings verstärken oder dämpfen. Wenn Erwachsene solche Verhaltensweisen entmutigen, wie das in israelischen Kibbuzim oder chinesischen Kommunen geschieht, gehen die Kinder nicht so besitzorientiert mit Gegenständen um wie in den meisten US-amerikanischen Familien, in denen Privateigentum eine außerordentlich wichtige Rolle spielt.

Empathie

Mit der Entstehung der Ich-Identität entsteht auch **Empathie**: die Fähigkeit, Wahrnehmung und Gefühle anderer mit einzubeziehen. Bei einer Untersuchung wurden Kinder im Alter von 18, 27 und 36 Monaten zu Hause aufgesucht und bekamen eine Skibrille zum Spielen, die entweder durchsichtig oder undurchsichtig war. Einen Tag später kamen die Kinder einzeln ins Labor und beobachteten, wie die Mutter eine undurchsichtige Skibrille aufsetzte. Die zwei und drei Jahre alten Kinder, die vorher mit der undurchsichtigen Brille gespielt hatten, verhielten sich so, als ob die Mutter nicht sehen könne. Sie versuchten, ihr die Brille abzunehmen, und machten keine Gesten in ihre Richtung. Diese Verhaltensweisen deuten auf die Einsicht hin, daß die Mutter im Moment dasselbe erlebte, was sie vorher erlebt hatten (Novey, 1975).

Die Fähigkeit, auf den emotionalen Zustand eines anderen Menschen zu schließen, wird im Verhalten von Kindern gegenüber einem verletzten oder leidenden Menschen deutlich. In den Aufzeichnungen von Müttern über das Verhalten ihrer Kinder hat sich gezeigt, daß sich in der zweiten Hälfte des zweiten Lebensjahres eine wichtige Veränderung vollzieht. In dieser Zeit neigen Kinder stärker dazu, einen in irgendeiner Form leidenden Menschen zu umarmen und zu küssen oder ihm Spielzeug oder Essen zu geben. Dieses prosoziale oder helfende Verhalten ist in der ersten Hälfte des zweiten Lebensjahres relativ selten (Radke-Yarrow, Zahn-Waxler & Chapman, 1983).

Der im folgenden beschriebene Vorfall ereignete sich, als der 15 Monate alte Len mit seinem Bruder im Garten spielte. Len war ein stämmiger kleiner Junge, der mit seinen Eltern oft ein Spiel spielte, um sie zum Lachen zu bringen. Dabei ging er mit komischen Bewegungen auf sie zu, zog sein Hemdchen hoch und streckte ihnen seinen Bauch entgegen. An diesem Tag fiel sein Bruder beim Spiel im Garten hin und fing an zu schreien. Len beobachtete ihn zunächst, ging dann auf ihn zu, zog sein Hemd hoch, zeigte seinen Bauch und sprach mit ihm. Er hat also versucht, ihn zum Lachen bringen und dadurch sein Leid zu lindern (Dunn & Kendrick, 1982).

Die Tatsache, daß die meisten Kinder den psychischen und emotionalen Zustand eines anderen erschließen können, setzt voraus, daß sie sich an eigene emotionale Erfahrungen aus der Vergangenheit erinnern und auf der Basis dieser Erinnerungen handeln. Man kann also annehmen, daß die Kinder sich jetzt ihrer eigenen Erfahrungen bewußt sind.

Familiäre Interaktionen im zweiten und dritten Lebensjahr

Viele Fähigkeiten des zweiten Lebensjahres, also Symbolisierung, Nachahmung, Wert- und Verhaltensmaßstäbe sowie Ich-Identität, entwickeln sich bei allen Kindern, in deren Umwelt es Menschen und Gegenstände gibt. Die weitere Entwicklung dieser Fähigkeiten allerdings hängt von der individuellen Erfahrung ab. Kleine Kinder machen ihre wichtigsten Erfahrungen in der Familie. Man muß also untersuchen, um welche Erfahrungen es sich handelt und inwieweit sie das Wachstum dieser Kompetenzen fördern oder behindern.

In vielen Gesprächen über Kindererziehung hat man den Eindruck, Eltern hätten es mit absolut formbaren Wesen zu tun und seien deshalb auch entscheidend für Verhalten und Persönlichkeit der Kinder verantwortlich. Für manche Eltern aber entspricht Erziehung eher dem Bemühen, ein lebhaftes junges Tier zu steuern, das im Wald herumspringt; sie versuchen zwar, die Geschwindigkeit und Richtung zu lenken, wissen aber, daß sich ein Teil der Entwicklung ihres Kindes ihrem Einfluß entzieht. Diese Auffassung entspricht den momentanen entwicklungspsychologischen Annahmen, denenzufolge Kinder eine aktive Rolle bei ihrer Entwicklung spielen (vgl. 1. Kap.) und Eltern und Kind sich gegenseitig beeinflussen (vgl. 4. Kap.).

Jede Entwicklungsstufe führt zu Veränderungen im Oberflächenverhalten. Eltern stehen deshalb entsprechend den verschiedenen Altersstufen immer wieder vor anderen Problemen. Im ersten Lebensjahr nehmen Reizbarkeit, Schlaflosigkeit und Probleme beim Füttern die Aufmerksamkeit der Eltern in Anspruch. Im zweiten Lebensjahr rückt dank zunehmender Beweglichkeit und sich entwickelnder Ich-Identität die Möglichkeit von Verletzungen, Zerstörungen und Aggression in den Vordergrund, und im dritten Jahr führen Ungehorsam, Widerstand gegen alltägliche Abläufe, mangelnde soziale Fähigkeiten und die langsame Entwicklung der Sprachfähigkeit die Liste elterlicher Sorgen an. Da jede entwicklungsbedingte Änderung im Verhalten des

Kindes ein entsprechend korrektives Handlungsmuster auf seiten der Eltern hervorruft, kann man sagen, daß die Veränderungen im Verhaltensprofil der Eltern zum Teil vom Kind bestimmt werden.

Welche Erziehungsmethoden Eltern anwenden, hängt auch davon ab, wie sie Entwicklung verstehen und welche Eigenschaften Kinder ihrer Meinung nach haben sollten. Zum Idealbild des dreijährigen Kindes gehören in den USA kognitive Fähigkeiten, Geselligkeit, emotionale Sicherheit, Selbstvertrauen, Gehorsam und Aggressionskontrolle. Bei etwas älteren Kindern wünschen sich Eltern mehr Unabhängigkeit, Autonomie, Leistungsmotivation, die Fähigkeit, sich alleine zu beschäftigen, Konkurrenzbereitschaft sowie Verteidigung gegen Angriffe und Fremdbeherrschung.

Die möglichst frühzeitige Entwicklung solcher Eigenschaften, so glauben die Eltern, hilft ihren Kindern, sich den sozialen und kognitiven Herausforderungen anzupassen, mit denen sie als Jugendliche und junge Erwachsene konfrontiert werden. Deshalb greifen sie ein, wenn das Verhalten eines zweijährigen Kindes gegen ihre Maßstäbe für dieses Alter verstößt. Mütter von Dreijährigen, die sich anderen Kindern gegenüber zu schüchtern verhalten, organisieren zum Beispiel Spielgruppen oder melden ihre Kinder im Kindergarten an. Mütter, die ihre Kinder für allzu abhängig halten, ermutigen sie, allein zu spielen.

Es gibt also zwei Grundlagen für die Erziehungsmethoden der Eltern, die sich gegenseitig ergänzen: zum einen das sich verändernde Verhaltensprofil des Kindes, zum anderen die ideale Vorstellung der Eltern vom altersgerechten Verhalten, die wiederum zum Teil von den Zukunftshoffnungen der Eltern bestimmt wird.

Der Sozialisationsprozeß

Sozialisation wird der Prozeß genannt, in dem Kinder die Maßstäbe, Werte und Verhaltenserwartungen ihrer Kultur und Gesellschaft erlernen. In den Kleinkindjahren sind die Eltern die hauptsächlichen *Sozialisationsinstanzen*. Eltern sozialisieren ihre Kinder, indem sie als Modell für Verhaltensweisen agieren, Akzeptanz und Wärme vermitteln, Grenzen setzen, Freiheiten gewähren und nicht akzeptables Verhalten bestrafen.

Beobachtung von Rollenmodellen: Wie bereits beschrieben, fangen Kinder im zweiten Lebensjahr an, Erwachsene zu imitieren. Damit wird Beobachtung zum Sozialisationsinstrument. Viele Erwachsene nehmen an, daß Kinder bereits durch bloßes Beobachten korrektes Verhalten lernen und einüben können. In manchen Bereichen trifft das auch zu, in anderen allerdings reicht Beobachtung allein nicht aus; hier müssen Eltern zusätzlich Zustimmung oder Mißbilligung signalisieren. Man kann zum Beispiel nur durch Beobachtung kaum lernen, daß Ehrlichkeit, Durchhaltevermögen und Festhalten an eigenen Überzeugungen erwünschte Werte darstellen.

Beobachtung ist dann am wirksamsten, wenn das erwünschte Verhalten ständig vorgeführt wird. Ein Kind, das von seinen Eltern willkürlich und inkonsequent körperlich bestraft wird, wird Aggressionsbeherrschung kaum als korrektes Verhalten akzeptieren, weil es erlebt, wie wirksam Aggression bei der Herrschaft über andere ist. Ein Kind, daß zu Hause keine körperliche Aggression erlebt, lernt dagegen, daß nichtaggressiver Umgang mit Frustration ein positiver Wert ist. Allerdings beobachten die Kinder natürlich körperliche Aggression auch außerhalb des Elternhauses, zum Beispiel bei Spielkameraden oder im Fernsehen. In Gesellschaften wie der unsrigen, in denen es so starke Verhaltensunterschiede gibt, kann die Beobachtung der Eltern allein den Einfluß anderer Sozialisationsinstanzen nicht immer aufheben. Eltern versuchen dieses Problem zu lösen, indem sie ihre Modellfunktion durch andere Methoden ergänzen und zum Beispiel deutlich machen, daß sie bestimmte Verhaltensweisen des Kindes billigen oder ablehnen (vgl. 12. Kapitel im zweiten Band dieses Buches).

Liebe und Akzeptanz: Die Bindungsbeziehung, die im ersten Lebensjahr beginnt (vgl. 4. Kap.), ist in den Kleinkindjahren eine wichtige Grundlage für die Sozialisation. Wie bereits ausgeführt, fördert ein sensibles Verhalten, das auf die Bedürfnisse des Kindes eingeht sowie von Liebe und Akzeptanz bestimmt ist, eine starke Eltern-Kind-Bindung. Es gibt viele Möglichkeiten, wie Eltern ihre Überzeugung von Wert und Fähigkeiten des Kindes vermitteln können. Bei uns zählen in der Regel körperliche Zärtlichkeiten, Freude über die Leistungen des Kindes und spielerische Interaktionen dazu; andere Kulturen gehen andere Wege, um dieselbe Botschaft zu vermitteln.

Die Botschaft, daß die Eltern das Kind akzeptieren, ist besonders wichtig für das Selbstbild, das das Kind in der ersten Stufe der Entwicklung der Ich-Identität ausbildet. Kinder, die sich geachtet und geliebt fühlen, entwickeln meist ein positives Selbstbild und setzen mehr Vertrauen in ihre sich entwickelnden Fähigkeiten.

Grenzensetzen kontra Laissez-faire: Viele Eltern stehen in der Kleinkindzeit ihrer Kinder zum erstenmal vor dem Problem, wie sie deren Handlungen Grenzen setzen sollen. Sobald sich die Kinder selbständig bewegen können, laufen sie los, klettern hoch, stecken die Finger in alle erreichbaren Öffnungen, verstreuen Gegenstände, holen sie aus Schränken und Schubladen, stecken praktisch alles in den Mund, was sie finden usw. Solche Aktivitäten sind für die Kinder oft gefährlich und haben zur Folge, daß Gegenstände zerstört werden. Die Eltern müssen deshalb einen Weg finden, dieses Verhalten zu steuern. Gleichzeitig entwickeln sich aber auch rudimentäre Ansätze von Maßstäben und Empathie; viele Eltern erwarten oder fordern deshalb, daß die Kinder lernen, ihr Verhalten zu steuern. In der

Kleinkindzeit entsteht bei den Eltern oft das Muster dafür, wie sehr das Verhalten, das sie von ihrem Kind erwarten, gelenkt werden soll.

Das Thema Grenzensetzen oder Lenkung stellt für viele Eltern in unserer Kultur ein Dilemma dar, weil sie befürchten, die Kinder könnten durch allzu strenge Grenzen Angst vor ihnen und vor Autoritäten allgemein bekommen. Es ist ihnen wichtig, daß das Kind seinen Willen ausprobieren und gelegentlich auch rebellieren kann, aber es soll ihnen gleichzeitig auch gehorchen. Dieser Zwiespalt führt oft zu inkonsequenten Reaktionen auf Ungehorsam und Aggression, was solches Verhalten letztlich fördert.

Diese Problematik läßt sich zum Teil auf den hohen Stellenwert der individuellen Freiheit in der westlichen Kultur zurückführen. In der letzten Hälfte des neunzehnten Jahrhunderts drängten amerikanische und europäische Wissenschaftler die Eltern, ihren Kindern in gewissem Rahmen die Freiheit zu geben, ungehorsam zu sein und sich unabhängig von ihrer Familie zu entwickeln. James Sully erinnerte am Ende des Jahrhunderts seine Leser an die Bemerkung von John Locke: „Kinder lieben die Freiheit und sollten deshalb dazu erzogen werden, die Dinge zu tun, die sie tun können, ohne sich eingeschränkt zu fühlen." Sully erklärte, Kinder lehnten Einschränkungen ihrer Triebe ab, und viele Eltern nahmen sich diese Ratschläge zu Herzen.

Wie sich Verbote bei sehr kleinen Kindern auswirken, hängt davon ab, in welchem Kontext sie ausgesprochen werden und welche Verhaltensbereiche sie betreffen. Die meisten Eltern setzen nur bestimmten und nicht allen Verhaltensweisen Grenzen, zum Beispiel Aggression, Zerstörung von Gegenständen, Herummanschen beim Essen, mangelnde Kontrolle der Ausscheidung, sexuelle Gewohnheiten wie Masturbation, Erkunden neuer Orte ohne angemessene Aufsicht und mangelnde Sauberkeit. Die meisten Eltern stellen für einige dieser Bereiche Regeln auf und setzen sie auch durch; es kommt selten vor, daß Eltern für alle Bereiche strikte Vorschriften machen. Welches Verhalten verboten oder eingeschränkt wird, hängt meist davon ab, welches Verhalten den Eltern wichtig ist oder gegen ihre Idealvorstellung von kindlichem Verhalten verstößt. Manche Eltern zum Beispiel sind recht streng, wenn es um körperliche Gefahren geht, tolerieren aber sexuelles und aggressives Verhalten. Anstatt von strengen Eltern zu sprechen, wäre es also sinnvoller, zu untersuchen, in welchen Bereichen Eltern Grenzen setzen und in welchen nicht.

Die Auswirkungen von Verboten und Grenzen sind von anderen Elementen der Eltern-Kind-Beziehung abhängig, wobei besonders das Ausmaß von Akzeptanz und Zuneigung wichtig ist. Wie im vierten Kapitel beschrieben, motiviert die Bindung, die durch eine liebevolle Eltern-Kind-Beziehung entsteht, Kinder in starkem Maß dazu, diese Bindung durch Gehorsam aufrechtzuerhalten. Kinder mit starker Elternbindung befolgen deshalb selbst in der Kleinkindzeit elterliche Gebote ohne großen Widerstand. In den Erinnerungen von Japanern, die in außerordentlich strengen Familien mit starken Bindungen und Loyalitäten aufgewachsen sind, wird deutlich, wie sich Einschränkungen, die in einem liebevollen Kontext auferlegt werden, langfristig auswirken können. So erinnert sich der Präsident eines japanischen Automobilkonzerns an seine Gefühle seinem Vater gegenüber: „Sobald sein Zorn vorüber war, schimpfte oder klagte er nicht mehr, aber wenn er zornig war, hatte ich wirklich Angst vor ihm. Sein Schimpfen war wie ein Gewitter. … Ich habe von meinem Vater gelernt, unabhängig zu leben, alles selbst zu tun. Er war das wichtigste Vorbild meines Lebens." (Wagatsuma, 1977, S. 190)

Kindern Grenzen zu setzen ist nicht gleichbedeutend mit Strafen. Mit Geduld, Konsequenz und einem freundlichen „Nein" kann man ein kleines Kind davon abhalten, den Kühlschrank zu öffnen oder den Finger in die Steckdose zu stecken. Zwar können Ein- und Zweijährige ausführliche Erklärungen meist noch nicht begreifen, aber kurze verbale Argumente sind oft hilfreich (z. B.: „Es tut Mama weh, wenn du sie schlägst"). Oft lernen Kinder aus diesen sanften „Strafen" genausogut oder besser als durch Anschreien oder Schläge.

Strafen: Schwere Strafen haben Konsequenzen, die über das Grenzensetzen hinausgehen, und sie sind kein geeignetes Mittel, um dem Kind Verhaltenssteuerung beizubringen. Manche Verhaltensweisen, die Eltern in der Kleinkindphase Sorgen machen, verschwinden oft von selbst, wenn man sie ignoriert. Ein- bis dreijährige Kinder bekommen häufig Wutanfälle, bei denen sie sich auf den Boden werfen, auf Gegenstände einschlagen usw. Wenn Erwachsene dieses Verhalten ignorieren, hören die Kinder meist von selbst damit auf. Werden sie aber streng dafür bestraft, führt das in der Regel zu einer Eskalation dieses Verhaltens.

Auch wenn strenge Strafen potentiell negative Auswirkungen auf Kinder haben und als Erziehungsmittel nicht empfehlenswert sind, müssen sie nicht zwangsläufig zu Feindseligkeit oder Unsicherheitsgefühlen führen. Mit zunehmendem Alter der Kinder spielen ihre Interpretation der Strafe und das soziale Umfeld bei der Reaktion auf strafende Eltern eine Rolle. Eltern aus der Arbeiterschicht wirken zum Beispiel oft strenger als Eltern aus der Mittelschicht, wenn sie mit ihren Kindern schimpfen, aber in ihrem sozialen Umfeld kann dieses Verhalten durchaus als angemessen gelten. Die Robustheit mancher Kinder, die von ihren Eltern sehr streng bestraft wurden, wurde bei Interviews mit Erwachsenen deutlich, die als Kinder an einer wissenschaftlichen Untersuchung teilgenommen hatten. Die Forscher, die die Untersuchung durchgeführt hatten, beschrieben einige Eltern dieser Kinder als übermäßig streng; die Eltern hatten ihre Kinder oft geschlagen und bei relativ kleinen Vergehen recht strenge Strafen verhängt. Zwanzig Jahre später waren aus diesen Kindern produktive, glücklich verheiratete, symptom-

freie Erwachsene geworden, die der Meinung waren, die Erziehungsmethoden der Eltern seien zu ihrem Besten gewesen (Kagan & Moss, 1962).

Zusammenfassend läßt sich sagen, daß konsequentes Vorbildverhalten
und der Aufbau einer warmen, liebevollen Eltern-Kind-Beziehung in den ersten beiden Lebensjahren die effektivste und günstigste Erziehungsmethode
für Kleinkinder darstellt. Eltern, die Verhaltensweisen ihrer Kinder verändern
möchten, sollten sich gründlich überlegen, zu welchem Verhalten sie ihre
Kinder erziehen wollen. Dann können sie ihrer Mißbilligung verbal Ausdruck
verleihen und ihre Verbote begründen. Körperliche Strafen sind meist weniger effektiv als konsequente Ermahnungen und sanfte Eingriffe, zum Beispiel wenn man die Hand des Kindes vom heißen Herd wegzieht. Welche
Auswirkungen die einzelnen Erziehungsmethoden haben, ist aber immer
vom sozialen Umfeld abhängig.

Der Geschwisterkontext

Einer der wichtigsten sozialen Kontexte im Elternhaus wird durch die Anzahl
der Geschwister bestimmt. Zwei- oder Dreijährige ohne Geschwister haben
wenig Gelegenheit zu streiten und können von den Eltern dafür auch nicht
bestraft werden. Ein Dreijähriger mit einem jüngeren Bruder oder einer jüngeren Schwester dagegen macht wegen seiner Auseinandersetzungen mit
dem jüngeren Kind öfter die Erfahrung von Verboten und Strafen (Kendrick
& Dunn, 1983). Einzelkinder bekommen außerdem die ungeteilte Zuwendung der Eltern und müssen sie nicht teilen, so wie es nach der Geburt
eines zweiten Kindes notwendig wird. Nach der Geburt eines weiteren Kindes nehmen die Interaktionen der Eltern mit dem älteren Kind deutlich ab
(Dunn, 1983). Deshalb neigen viele Erstgeborene, vor allem männliche,
nach der Geburt kleinerer Geschwister zu Schlafstörungen und Wutanfällen,
wobei natürlich auch das Temperament des Kindes eine Rolle spielt: Kinder,
die reizbar und wenig belastbar sind, regt die Geburt kleinerer Geschwister
stärker auf als Kinder mit ruhigem Temperament.

Bei gleichgeschlechtlichen Geschwistern gibt es meist eine stärkere Konkurrenz; nachgeborene Brüder sind eifersüchtiger auf ältere Brüder als auf
ältere Schwestern. Jüngere Geschwister neigen dazu, die älteren nachzuahmen. Jungen mit älteren Schwestern sind weniger aggressiv und übernehmen mit höherer Wahrscheinlichkeit traditionell weibliche Verhaltensweisen als Jungen mit älteren Brüdern (Brim, 1958; Koch, 1960). Kinder mit
älteren Geschwistern sind Angriffen des stärkeren, älteren Kindes ausgesetzt
und werden in bezug auf Reife, Verantwortung und Fähigkeiten ständig mit
ihm verglichen. Jüngere Geschwister fühlen sich daher ein wenig häufiger
vom Leben ungerecht behandelt und sind öfter der Meinung, die Autorität

älterer Menschen, repräsentiert durch Eltern und ältere Geschwister, sei nicht unbedingt wohlwollend und verdiene deshalb auch keinen fraglosen Gehorsam und keine unbedingte Loyalität.

Zusammenfassung

Zu Beginn des zweiten Lebensjahres entsteht die Fähigkeit, Gegenstände nicht nur als das zu behandeln, was sie sind; die Kinder sind jetzt zur Symbolbildung fähig. Sobald sie diese Kompetenz erreicht haben, erweitern sich ihre Repräsentationen der Erfahrung.

Wichtige Anzeichen für die Entwicklung der Symbolbildung zeigen sich im Spiel mit Gegenständen. Im zweiten Lebensjahr beginnen Kinder, im Umgang mit Objekten Handlungen zu wiederholen, die sie bei Erwachsenen beobachtet haben. Die Kinder sind nicht länger alleinige Handlungsträger im Spiel, sondern übertragen dies auf ein Spielzeug, und sie spielen gelegentlich auch die Rolle eines anderen. Auch bei den Zeichnungen der Kinder im zweiten und dritten Jahr wird die Symbolfunktion deutlich. Manche Wissenschaftler sehen im Spiel eine notwendige Vorbedingung für die Entwicklung anderer Fähigkeiten, aber diese Vorstellung ist umstritten.

Mit dem symbolischen Spiel verändern sich auch die Reaktionen auf andere Kinder. Im Alter von ungefähr eineinhalb Jahren reagieren Kinder auf andere Kinder mit Hemmungen; im Alter von zwei Jahren verschwindet diese Reaktion allmählich. Drei Jahre alte Kinder spielen miteinander und nehmen sich andere Kinder als Rollenmodelle.

Nachahmung ist die selektive Nachbildung des Verhaltens eines Modells. Nachahmungsverhalten setzt mit sieben oder acht Monaten ein und wird dann immer häufiger und komplexer. Verzögerte Nachahmung tritt schon vor dem ersten Geburtstag auf und ist im zweiten Lebensjahr häufig. Verhaltensweisen, die instrumentelle Ziele haben, werden häufiger imitiert als emotionaler Ausdruck, Eltern häufiger als andere Personen.

Nachahmung ist ein Phänomen der Reife und tritt bei allen Kindern auf. Es gibt verschiedene Hypothesen darüber, welche Faktoren für die Nachahmung entscheidend sind. Eine Hypothese besagt, daß Kinder am liebsten Personen imitieren, die sie emotional erregen, und daß das Ziel des Nachahmungsverhaltens darin besteht, soziale Interaktion zu fördern und anderen ähnlicher zu werden. Nachahmung kann aber außerdem der selbstbewußte Versuch sein, Lust, Macht, Eigentum oder andere erwünschte Ziele zu erreichen.

Während der letzten sechs Monate des zweiten Lebensjahres schaffen sich Kinder ihre ersten Wertmaßstäbe, das heißt idealisierte Repräsentationen von Objekten, Ereignissen und Verhaltensweisen. Ereignisse, die gegen diese Maßstäbe verstoßen, können zu Angst oder Belastungen führen. Möglicherweise hängt diese Reaktion mit der neu entstandenen Erkenntnis zusammen, daß Ereignisse Ursachen haben müssen, selbst wenn diese Ursachen nicht beobachtet werden konnten. Daß Kinder so betroffen reagieren, wenn ihre Maßstäbe verletzt werden, weist darauf hin, daß sie ideale Repräsentationen davon besitzen, was als „richtig" oder als „korrekt" gelten sollte.

Zu Beginn des dritten Lebensjahres zeigen Kinder Alarmsymptome, wenn sie den Verhaltensmaßstäben anderer nicht gerecht werden können, und sie freuen sich offensichtlich, wenn sie ihren eigenen Maßstäben entsprechen; sie amüsieren sich aber auch, wenn Regeln der Erwachsenen verletzt werden oder Ereignisse auftreten, die Ekel und Mißbilligung bei anderen aufkommen lassen. Dieses Bewußtsein von dem, was richtig und was falsch ist, setzt bei Kindern aus verschiedenen Kulturen und Familien praktisch im selben Alter ein.

Während der zweiten Hälfte des zweiten Lebensjahres werden sich die Kinder allmählich ihrer Eigenschaften, Befindlichkeiten und Fähigkeiten bewußt. Anzeichen für Ich-Identität sind die Steuerung des Verhaltens anderer, die Beschreibung des eigenen Verhaltens, während es ausgeführt wird, das Erkennen des Spiegelbildes und die Bekräftigung von Besitzansprüchen. Mit dem Auftauchen der Ich-Identität verbessert sich auch die Fähigkeit, die Wahrnehmungen und Gefühle anderer nachzuvollziehen.

Die Entwicklung von Symbolbildung, Nachahmung, Wertmaßstäben und Ich-Identität ist abhängig von den Erfahrungen, die die Kinder mit anderen Menschen machen. Kinder haben ihre wichtigsten Erfahrungen in der Familie, und diese Erfahrungen sind abhängig von den Vorstellungen der Eltern über die Eigenschaften, die Kinder besitzen oder erwerben sollten. Der Prozeß, in dem Kinder die Maßstäbe, Werte und Verhaltenserwartungen ihrer jeweiligen Kultur lernen, heißt *Sozialisation*. Eltern sozialisieren oder erziehen ihre Kinder, indem sie ihnen als Verhaltensmodell dienen, Akzeptanz und Wärme vermitteln, ihrer Freiheit Grenzen setzen und nicht akzeptables Verhalten bestrafen.

Das Thema Verbote stellt Eltern in der westlichen Kultur vor Probleme, weil sie zwar wollen, daß die Kinder gehorchen, aber andererseits die Freiheit des Kindes respektieren möchten, seinem eigenen Willen zu folgen. Das führt zu Inkonsequenzen bei der Reaktion auf bestimmte Verhaltensweisen.

Der soziale Kontext der Familie wird entscheidend durch die Anzahl der Kinder definiert. Einzelkinder haben weniger Gelegenheit zu Streitereien und genießen die ungeteilte Aufmerksamkeit ihrer Eltern. Kleinere Kinder neigen außerdem dazu, ihre älteren Geschwister nachzuahmen, und werden häufig mit ihnen verglichen.

Fragen

1. Was sind Symbolfunktionen, und wann entstehen sie?
2. Auf welche Weise trägt das Spiel zur Entwicklung der Symbolfunktionen bei?
3. Beschreiben Sie, wie Kinder in den ersten beiden Lebensjahren aufeinander reagieren und miteinander interagieren.
4. Durch welche Merkmale ist die Nachahmung definiert?
5. Warum imitieren Kinder manche Modelle und Verhaltensweisen häufiger als andere?
6. Was sind Maßstäbe? Wie zeigen Kinder, daß sie anfangen, Ereignisse und Verhalten anhand von Maßstäben zu bewerten?
7. Woran läßt sich erkennen, daß Kinder sich ihrer Eigenschaften, Befindlichkeiten und Fähigkeiten bewußt sind?
8. In welchem Zusammenhang stehen Ich-Identität und die Entwicklung von Empathie?
9. Was sind die wesentlichsten Sozialisationsinstanzen in der Kleinkindzeit? Beschreiben Sie die wichtigsten Sozialisationsprozesse.
10. Wie wirken sich Geschwister (oder deren Fehlen) auf die Entwicklung aus, und welchen Einfluß hat die Geschwisterreihenfolge?

Glossar

Symbolfunktion: Fähigkeit, eine willkürliche Beziehung zwischen einem Gegenstand sowie einem Gedanken herzustellen und zu akzeptieren.

Spiel: Freiwillige, spontane Handlung, bei der kein Ziel erkennbar ist, das von der realen Welt vorgegeben wird.

Nachahmungsverhalten: Verhalten, bei dem das Verhalten eines Modells kopiert wird.

Wertmaßstäbe: Idealisierte Repräsentationen von Objekten, Ereignissen und Verhaltensweisen, die als gut oder schlecht bewertet werden.

Ich-Identität: Bewußtheit der eigenen Eigenschaften, Befindlichkeiten und Fähigkeiten.

Empathie: Fähigkeit, die Wahrnehmungen und Gefühle anderer einzubeziehen.

Sozialisation: Prozeß, in dem Kinder die Maßstäbe, Werte und Verhaltenserwartungen ihrer Kultur und Gesellschaft erlernen.

▬ Literaturempfehlungen

Dunn, J. (1988). *The beginnings of social understanding*. Cambridge, Mass.: Harvard University Press. Stellt Erkenntnisse aus der Beobachtung von Kindern im zweiten Lebensjahr in ihrer häuslichen Umwelt vor und zeigt, wie sich soziale Interaktion auf empathisches Verhalten gegenüber anderen auswirkt.

Garvey, C. (1977). *Play*. Cambridge, Mass.: Harvard University Press. Beschäftigt sich mit der Bedeutung des Spiels, mit Spielformen und der Rolle des Spiels im Leben eines Kindes.

Kagan, J. (1981). *The second year*. Cambridge, Mass.: Harvard University Press. Zusammenfassung einer Längsschnittuntersuchung von Kindern im zweiten Lebensjahr, die sich mit der Entstehung des Moralempfindens und der ersten Anzeichen für die Ich-Identität beschäftigt.

Kagan, J. & Lamb, S. (Hrsg.) (1988). *The emergence of morality in young children*. Chicago: University of Chicago Press. Aufsatzsammlung von führenden Wissenschaftlern über die Entstehung von Wertmaßstäben und die Bedeutung der kulturellen Umwelt, der Biologie und der Erfahrung in der Familie für die Entwicklung des Moralempfindens.

Lewis, M. & Brooks-Gunn, J. (1979). *Social cognition and the acquisition of self*. New York: Plenum. Behandelt die Entstehung eines Selbstkonzepts bei kleinen Kindern und belegt anhand von ausgewähltem Material, daß die Ich-Identität im zweiten Lebensjahr entsteht.

Deutschsprachige Bücher zu diesem Kapitel

Bischof-Köhler, D. (1989). *Spiegelbild und Empathie*. Bern: Huber.

Colby, A. & Kohlberg, L. (1978). Das moralische Urteil: Der kognitionszentrierte entwickungspsychologische Ansatz. In G. Steiner (Hrsg.), *Die Psychologie des 20. Jahrhunderts* (Band VII, *Piaget und die Folgen*, S. 348–365). Zürich: Kindler.

Eckensberger, L. & Silbereisen, R. (Hrsg.) (1980). *Entwicklung sozialer Kognitionen*. Stuttgart: Klett-Cotta.

Edelstein, W., Nunner-Winkler, G. & Gil, N. (Hrsg.) (1993). *Moral und Person*. Frankfurt: Suhrkamp.

Kohlberg, L. (1974). *Zur kognitiven Entwicklung des Kindes*. Frankfurt: Suhrkamp.

Mönks, F.J. & Lehwald, G. (Hrsg.) (1991). *Neugier, Begabung und Erkundung bei Kleinkindern*. München: Reinhardt.

Oser, F. & Althof, W. (1992). *Moralische Selbstbestimmung*. Stuttgart: Klett-Cotta.

Teil 3

Kindheit:
Sprache und kognitive Entwicklung

Sprache und Kommunikation 241

Alle Säugetierarten besitzen einige wenige spezielle Fähigkeiten, die für Reproduktion und Überleben nicht unbedingt notwendig sind. Bei Vögeln zum Beispiel sind das die Fähigkeiten zu singen und zu fliegen, bei Menschen das Moralempfinden und die Sprache, also die Fähigkeit, durch Wörter und Sätze mit anderen zu kommunizieren. Die Sprache ist eine außerordentlich starke Komponente im biologischen Erbe des Menschen, und das ist wahrscheinlich ein Grund dafür, daß Kinder sie so schnell lernen.

Nur zweieinhalb oder drei Jahre, nachdem Kinder ihr erstes Wort gesprochen haben, können sie bereits grammatisch korrekte Sätze sprechen. Die Sprachentwicklung der kleinen Eva, die R. Brown genau verfolgt hat, macht das deutlich:

Mit 18 Monaten konnte Eva Zwei-Wort-Sätze sprechen, zum Beispiel:

„Ganz runter."
„Mama lesen."
„Guck, Puppa."

Nur neun Monate später, mit 27 Monaten, konnte sie sich mit sehr viel vollständigeren und komplexeren Sätzen ausdrücken, z. B.:

„Ich hol einen Stift zum Schreiben."
„Wir machen ein blaues Haus."
„Wie wär's mit Milchreis statt Käsebrot?" (R. Brown, 1973).

Die Unterschiede zwischen Evas Äußerungen mit 18 Monaten und den Sätzen, die sie mit 27 Monaten spricht, machen deutlich, in welcher Geschwindigkeit sprachliche Fertigkeiten erworben und verbessert werden. Dieses Kapitel bringt noch sehr viel mehr Beispiele für die bemerkenswerten Fortschritte von Kindern beim Sprechen und Kommunizieren (vgl. Tabelle 6.1).

▰▰▰ Tabelle 6.1

Ein kurzer Überblick über die Sprachentwicklung

Alter	Sprachliches Merkmal	Beispiele
4–8 Monate	Lallen	Baba; Dada; Gagaga
ungefähr 12 Monate	erste verständliche Wörter	Mama; Hund haben; Ja
18 Monate	Zwei-Wort-Verbindungen	Mama Suppe[a]; mein Stift; Saft trinken
24–30 Monate	Längere, komplexere Äußerungen mit Elaboration verschiedener Satzteile	Darum hat Jackie geweint[a] Hab meinen Stift da rein getan Was ist da auf dem Tisch?
	Kinder unterhalten sich; sie sprechen in einfachen Sätzen miteinander und wechseln sich ab, reagieren aber nicht immer direkt aufeinander.	Gespräch zwischen Susie, 35 Monate alt, und Jackie, 38 Monate; sie spielen mit Knetmasse:[b]

(Jackie summt.)

Susie: Ganz böse, Jackie, du bist ganz böse.

Jackie: Mein Singen ist nicht böse!

Susie: Nein, *du* bist böse.

Jackie: Ich?

Susie: Mh-hmmm. *(Stellt ihre Dose neben die von Jackie).* Wir haben dieselben Sachen.

Jackie: Mh-hmm. *(nimmt Susies Dose.)*

Susie: Nein! Meins!

Jackie: *(gibt die Dose zurück.)* Guck mal, wie komisch. *(Greift nach der Dose.)*

Susie: Du bist komisch.

Jackie: Ich bin komisch.

Tabelle 6.1 (Fortsetzung)

Alter	Sprachliches Merkmal	Beispiele
4 Jahre	Längere und komplexere Äußerungen; Gespräche, in denen die Äußerungen aufeinander bezogen sind und erwachsener wirken	*(Jane und Kate spielen „Kaffeeklatsch")*[b] Jane: Das spielen wir, wenn Mami weg ist. Kate: Oh, gut. Aber ich bin nicht der Chef hier … das ist meine Mutter. Wir tun so, als wären wir die Chefs. Jane: Ja. Kate: Wir Kinder sind nicht die Chefs. Jane: Wenn ich groß bin und wenn du groß bist, dann sind wir die Chefs. Hoah! Kate: Mm-hmm. Aber wir wissen dann vielleicht nicht, wie man sie bestrafen muß. Jane: Ich schon. Kate: Wie? Jane: Ich haue sie. Das macht meine Mama auch. Kate: Meine Mami macht das auch manchmal.

[a] Sprachmuster von Eve, einem der Kinder, die Brown (1973) im Alter von 18 und 27 Monaten beobachtet hat.

[b] Die Gespräche von Drei- und Vierjährigen sind Ausschnitte aus Video-Aufzeichnungen von Interaktionen Gleichaltriger (mit freundlicher Genehmigung von Susan Ervin-Tripp und Nancy Budwig).

Die Funktionen der Sprache

Die offensichtlichste Funktion der Sprache ist die Kommunikation über Gedanken. Sprache hat aber noch vier weitere Funktionen: Sie vermittelt ein Verständnis für die eigene Gesellschaft und Kultur, hilft bei der Herstellung und Aufrechterhaltung sozialer Beziehungen, ermöglicht die Einordnung von Ereignissen nach sprachlichen Kategorien und hilft beim Denken.

Kommunikation

Kinder benutzen die Sprache, um ihre Bedürfnisse, inneren Zustände und Einstellungen mitzuteilen. Ungefähr mit einem Jahr sprechen sie einfache Worte wie Milch oder Keks, wenn sie hungrig sind. Nach der Rückkehr aus einer Kindertagesstätte berichten sie ihren Eltern, was am Tag passiert ist; sie erklären, warum sie noch nicht ins Bett oder keine Bohnen zum Mittagessen wollen. Säugetiere beeinflussen das Verhalten anderer mit mimischem und gestischem Ausdruck, Schreien und Rufen. Ein Kind aber kann die Eltern dazu bringen, ihm zu helfen, wenn es einfach sagt: „Tut weh."

Einsicht in Gesellschaft und Kultur

Mit Hilfe der Sprache begreifen Kinder auch die Gesellschaft und Kultur, in der sie aufwachsen. Bevor es Schulen, Bücher oder Zeitungen gab, haben sich Kinder das nötige Wissen über ihre Umwelt und die für sie wichtigen moralischen Regeln erworben, indem sie Erwachsenen und Gleichaltrigen zuhörten. Junge Paviane können nur durch bittere Erfahrung lernen, wo sie Nahrung finden und daß sie Auseinandersetzungen mit älteren Tieren vermeiden müssen. Bei Menschen wird ein großer Teil solcher Informationen durch die Sprache vermittelt. In unserem Jahrhundert, in dem beruflicher Erfolg zunehmend stärker von technischem Wissen abhängt, ist die Fähigkeit, mit gedruckter Sprache umzugehen, zum wichtigen Bestandteil der Realitätsbewältigung geworden.

Soziale Beziehungen

Sprache hilft Kindern, Beziehungen zu anderen aufzubauen und aufrechtzuerhalten. Gespräche am Eßtisch, zwischen Freunden und Kollegen und natürlich zwischen Liebespaaren entsprechen den Tänzen, mit denen sich

Flamingos auf die Paarung vorbereiten, oder dem Lausen bei Schimpansen. Jede Art besitzt bestimmte rituelle Interaktionen, die die Mitglieder einer Gruppe aneinander binden. Beim Menschen erfüllt das Gespräch diese Funktion.

Symbolische Kategorien

Wie im 3. Kapitel beschrieben, repräsentieren Tiere und Menschen die Umwelt in Form von Wahrnehmungsstrukturen, die Schemata genannt werden. Durch Sprache werden aber in stärkerem Maße symbolische und abstrakte Möglichkeiten zur Repräsentation der Außenwelt möglich. Bei einem Waldspaziergang im Frühjahr nimmt man eine große Anzahl von Bäumen, Sträuchern und Blumen mit ganz verschiedenen Farben, Formen und Düften wahr. Die Szene, die der Spaziergänger erlebt, ist reichhaltig und komplex. Trotzdem kann die einfache Wortverbindung: „Ein Wald im Frühling" alle Elemente dieser Szenerie symbolisch ausdrücken.

Mit Hilfe der Sprache lassen sich Objekte in symbolische linguistische Kategorien einordnen, die effektive Repräsentationsweisen darstellen. Das Wort „Baum" faßt die Vielfalt der Formen zusammen, aus denen diese Pflanzenart besteht; und das Wort „Aggression" deckt sehr verschiedene Handlungen ab. Damit ermöglicht es die Sprache, unterschiedliche Ereignisse in Kategorien zu fassen, die gemeinsame Merkmale besitzen.

Schlußfolgerndes Denken

Die Einordnung von Erfahrungen in unterschiedliche Kategorien steht in Beziehung zu einer weiteren Funktion der Sprache: der Unterstützung bei Schlußfolgerungen oder Deduktion, die die Essenz des menschlichen Denkens bilden. Wenn eine Vierjährige lernt, daß ihre Katze auch als „Haustier" bezeichnet werden kann, und dann feststellt, daß der Hund ihres Vetters genauso bezeichnet wird, versucht sie zu klären, warum eine Katze und ein Hund dieselbe Bezeichnung haben. Die Erschließung der richtigen Bedeutung des Wortes „Haustier" führt sie dann zu dem neuen Gedanken, daß Kinder Beziehungen zu sehr vielen verschiedenen Tieren haben können. Auf die Beziehung zwischen Gedanken und Wörtern werden wir am Ende dieses Kapitels näher eingehen.

Die einzelnen Bestandteile der Sprache ▪▪

Psycholinguisten und Entwicklungspsychologen haben sich sehr viel mehr mit dem kommunikativen Aspekt der Sprache von Kindern beschäftigt als mit den anderen vier Funktionen. Deshalb beschäftigen wir uns zuerst damit, wie das Kind lernt, Wörter und Sätze zu sprechen, um Wünsche, Wissen und Gefühle mitzuteilen.

Nach dem ersten Geburtstag besteht ein Großteil der Kommunikation von Kindern aus Sätzen oder Teilsätzen. Deshalb sehen Linguisten im Satz die Haupteinheit der Kommunikation. Sätze werden wiederum in drei kleinere Einheiten unterteilt: Wörter, Morpheme und Phoneme, die die kleinste Einheit bilden.

Phoneme

Phoneme sind Grundlaute, die zu Wörtern zusammengesetzt werden. Die meisten Sprachen besitzen ungefähr 30 Phoneme. Im Deutschen entsprechen die Phoneme im wesentlichen dem Klang der Buchstaben des Alphabets. (Es gibt zwischen der deutschen und der englischen Sprache in dieser Hinsicht wichtige Unterschiede: Während im Deutschen eine enge Beziehung zwischen den Phonemen und den Buchstaben des Alphabets besteht, kann im Englischen sehr häufig nicht aus der Schreibweise eines Wortes auf seine Aussprache geschlossen werden; Anm. zur Übersetzung.) Ein Phonem im Englischen ist zum Beispiel der Laut t, wie er in *tap, step* oder *later* ausgesprochen wird. Obwohl der Laut *t* in diesen drei Wörtern sich leicht unterscheidet, gilt *t* im englischen Sprachraum als ein Phonem. Einige Phoneme im Englischen sind in anderen Sprachen selten, zum Beispiel der Laut *th* wie in *this*. Manche afrikanischen Sprachen dagegen besitzen spezielle Phoneme in Form von Schnalzlauten. In anderen Sprachen, wie im Chinesischen, bestehen Phoneme auch aus Tonhöhenunterschieden bei der Aussprache einzelner Wörter.

Jede Sprache besitzt Regeln für die Kombination von Phonemen zu Wörtern, die bestimmte Verbindungen erlauben und andere ausschließen. Im Deutschen und Englischen etwa gibt es keine Wörter, die mit Lautkombinationen wie ng, zb oder tn anfangen; in anderen Sprachen dagegen können diese Kombinationen am Anfang von Wörtern stehen. Kinder lernen problemlos, daß bestimmte Phoneme gleich bleiben, obwohl sie von Erwachsenen regional unterschiedlich ausgesprochen werden. So wird der Laut *a* im englischen Wort *Baby* jedesmal etwas anders ausgesprochen, aber trotz aller dialektbedingten Unterschiede in der Aussprache immer erkannt.

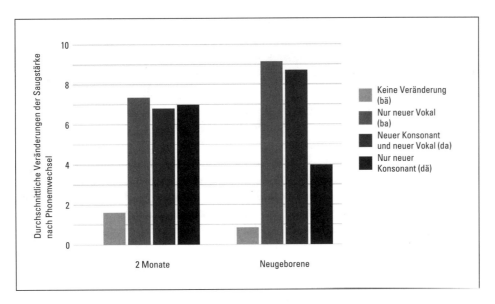

Abb. 6.1: Experimentelle Ergebnisse, die zeigen, daß Säuglingen zwischen Phonemen unterscheiden können. Vor und nach einem Phonemwechsel wurde die Saugstärke der Kinder gemessen. Veränderungen beim Saugen nach einem Phonemwechsel zeigen Unterscheidung an. (Aus J. Bertoncini, B. Bijelac-Babic, P. W. Jusczyk, L. J. Kennedy & J. Mahler: An investigation of young infants' perceptual representations of speech sounds. Journal of Experimental Psychology: General, 1988, 117, 21–33. © by the American Psychological Association. Mit freundlicher Genehmigung.)

Wahrnehmung von Phonemen: Bereits ein paar Tage nach der Geburt können Säuglinge zwischen ähnlichen Phonemen unterscheiden, zum Beispiel zwischen *bä* und *ba* oder *dä* (Eimas, 1975; Bertoncini et al., 1988). Diese Fähigkeit wurde mit Hilfe der Habituierungsmethode nachgewiesen, die im 3. Kapitel beschrieben ist. Die Säuglinge bekommen einen Schnuller, und sobald sie mit einer bestimmten Stärke daran saugen, kommt aus einem Lautsprecher ein bestimmter Laut, zum Beispiel *bä*. Wenn die Saugstärke abnimmt, weil sie sich an den Laut gewöhnt haben, wird die Silbe durch einen Wechsel der Bandspur verändert. Abbildung 6.1 zeigt, daß die Saugstärke nicht zunimmt, wenn die Säuglinge dieselbe Silbe wieder hören, wohl aber bei einer neuen Silbe – *ba, da* oder *dä*. Das zeigt an, daß sie den Unterschied zwischen der ursprünglichen Silbe und einer der drei neuen Silben wahrnehmen.

Säuglinge können sehr viel mehr Phoneme unterscheiden, als in der jeweiligen Sprache verwendet werden, verlieren jedoch im Lauf der Zeit die Fähigkeit zu phonemischen Unterscheidungen, die kein Bestandteil ihres Sprachraums sind (Werker & Tees, 1984). Alle Säuglinge können zum Beispiel die Phoneme *ra* und *la* unterscheiden. Da diese Unterscheidung im Japanischen unbekannt ist, fällt sie erwachsenen Japanern sehr schwer.

Artikulieren von Phonemen: Säuglinge können zwar schon im ersten Monat Phoneme unterscheiden, aber sie können sie noch nicht artikulieren. Neugeborene schreien, glucksen, husten und niesen, aber weder die Sprachzentren im Gehirn noch deren Verbindung zu den Stimmbändern sind für die Artikulation von Phonemen reif genug. Erst ab dem dritten Monat fangen sie an, zu gurren und Vokallaute zu bilden, wenn sie allein oder mit anderen spielen. Diese Laute stellen die ersten Phoneme beim Säugling dar. Mit fünf oder sechs Monaten setzt bei allen Säuglingen spontanes Plappern ein, bei dem Vokal- und Konsonantlaute zu Silbenketten verbunden werden, die wie *ba-ba-ba* oder *da-da-da* klingen. Veränderungen in der Tonhöhe lassen diese lallenden Geräusche oft wie wirkliche Sprache klingen. Da dieses Phänomen universell ist, kann man annehmen, daß die Ursache dafür in der Reifung des Gehirns und in der Entwicklung des Sprechapparats zu suchen ist. Lallen hat keine symbolische Bedeutung; es hält bis zum Ende des ersten Lebensjahres an, wenn die Kinder ihre ersten bedeutungsvollen Worte sprechen. Danach verschwindet es allmählich.

Die Häufigkeit, mit der Kinder lallen, eignet sich bei gesunden Kindern weder zu Vorhersagen über den Zeitpunkt, zu dem sie Wörter sprechen, noch über den Umfang ihres Vokabulars beim Schuleintritt, sondern ist ein Zeichen für ihre Erregbarkeit und eine Tendenz, Erregung in stimmlichen Lauten auszudrücken. Das wird auch durch die Tatsache deutlich, daß taube Kinder ebenfalls und auf dieselbe Weise wie gesunde mit ungefähr sechs Monaten zu lallen beginnen, obwohl sie ihre eigene Stimme und die Stimmen anderer nicht hören können. Bei tauben Kindern hört die lautliche Artikulation aber schon nach ungefähr einem Monat wieder auf, und man kann deshalb annehmen, daß Kinder sich selbst hören können müssen und auch eine Rückmeldung von anderen brauchen, um das Lallen fortzusetzen.

Laute mit Bedeutung – Morpheme und Wörter

Mit ungefähr einem Jahr artikulieren Kinder ihre ersten Laute mit Bedeutung, in der Regel in Form einzelner Wörter, die Morpheme genannt werden. Ein **Morphem** ist die kleinste bedeutungstragende Einheit einer Sprache; das heißt, es kann nicht weiter unterteilt werden, ohne seine Bedeutung zu verlieren. In der Linguistik wird zwischen **lexikalischen Wörtern** und zwei verschiedenen Arten von Morphemen unterschieden. Ein **freies Morphem** ist ein Wort, das allein stehen kann. Die Wörter *cat, milk* und *risk* bestehen aus je einem freien Morphem. Andere, die **gebundenen Morpheme**, können

nicht allein stehen und sind immer Teil eines Wortes. Präfixe, Suffixe, Plural-
und Genitivendungen sind gebundene Morpheme, die an andere Morpheme
bzw. an den Wortstamm gekoppelt sind. Auf diese Weise produziert das gebundene Morphem -*lich* in Verbindung mit dem freien Morphem *Glück* das
Wort *glücklich*; das gebundene Morphem -*e* nach dem freien Morphem
Hund wird zum Wort **Hunde**. Gebundene Morpheme deuten auch auf die
Zeit bei einem Verb und den Genitiv bei einem Substantiv hin.

Wörter können also aus einem oder vielen Morphemen bestehen. Das
Wort *Katze* zum Beispiel besteht aus einem Morphem, das Wort *Katzen* aus
zweien. Das Wort *Wiederholung* dagegen besteht aus drei Morphemen:
Wieder + hol + ung.

Die einzelnen Wörter, die Kinder während des zweiten Lebensjahres
meist verwenden, repräsentieren Gegenstände – Strümpfe, Schuhe, Milch –
oder Menschen – *Mama, Papa, Baby.* Gelegentlich verwenden Kinder auch
Wörter für Handlungen, wie *winke-winke, gehen und sitzen.* Sehr schnell
werden Namen von Spielzeug, vertrauten Gegenständen im Haus, Klei-
dungsstücken, Tieren und Körperteilen sowie Wörter wie *hoch, runter,
offen, mehr* und *nein* gelernt, die den Eltern vermitteln, was sie möchten.
Bei den ersten gelernten Wörtern handelt es sich in der Regel um Namen
von Menschen, mit denen das Kind interagiert, und von Gegenständen, die
sich verändern oder mit denen das Kind oft spielt. Die Namen von Objekten, die sich bewegen (z. B. Tiere oder Fahrzeuge), werden häufiger benutzt
als Bezeichnungen für unbewegliche Objekte (z. B. Räume oder Pflanzen).
Wörter für Lebensmittel, Spielzeug und Kleidungsstücke, die von Kindern
relativ problemlos von einem Ort zum anderen transportiert werden können (z. B. *Saft, Keks, Ball, Strumpf*), sind im frühen Vokabular von Kindern
verbreitet; seltener sind Wörter für unbewegliche Gegenstände und für Objekte, die sich nicht leicht manipulieren lassen (z. B. *Wand, Tisch, Fenster,
Handschuh*).

Um genau zu verstehen, was Zweijährige meinen, wenn sie ein einzelnes
Wort sagen, muß der Kontext eindeutig sein. Ein Kind, das in seinem Stühl-
chen sitzt und *Milch* sagt, kann damit ausdrücken: „Ich sehe die Milch", „Ich
will die Milch", „Ich will ein Glas" oder (wenn es beobachtet, wie die Mutter
ein Glas Milch trinkt) „Ich sehe, daß du Milch trinkst." Kinder, die das korrekte Wort für ein neues Ereignis nicht kennen, raten außerdem in aller
Regel die mögliche Bezeichnung dafür. Kennt ein Kind zum Beispiel das
Wort *Hund*, aber nicht das Wort *Kuh*, bezeichnet es unter Umständen die
Kuh als *Hund.* Das bedeutet nicht, daß dem Kind der Unterschied zwischen
einer Kuh und einem Hund nicht klar wäre. Das Wort *Hund* ist einfach das
einzige Wort in seinem Vokabular, das sich zur Bezeichnung des neuen Tieres eignet.

Kinder verstehen sehr viel mehr Wörter, als sie tatsächlich sprechen können (Bates, Bretherton & Snyder, 1988). (Psychologen sprechen in diesem Zusammenhang davon, daß der passive Wortschatz der Kinder erheblich größer als der aktive ist.) Säuglinge reagieren häufig mit angemessenen Handlungen auf Fragen wie: „Wo ist deine Flasche?" oder „Streichle den Hund", noch bevor sie ein Wort sprechen können. Das ergab auch ein Experiment, bei dem eine Gruppe von einjährigen Kindern, von denen viele noch kein Wort sprechen konnten, auf dem Schoß ihrer Mütter Dias im Labor ansahen, auf denen zum Beispiel ein Hund und ein Frosch nebeneinander zu sehen waren. Wenn die Mütter fragten: „Wo ist der Hund?", blickten die Kinder häufig auf das richtige Bild und ließen dadurch erkennen, daß sie das Wort Hund kannten (Reznick, 1987).

Zwischen dem ersten und dem dritten Lebensjahr verstehen Kinder ungefähr fünfmal mehr Wörter, als sie im Alltag verwenden. Mit sechs Jahren haben sie einen passiven Wortschatz von ungefähr 13 000 verschiedenen Wörtern gelernt (Benedict, 1979; Kagan, 1981).

Semantik: Die Bedeutung der Wörter

Sprache als Medium der Kommunikation hat drei miteinander verbundene Aspekte: Semantik, Syntax und Pragmatik. **Semantik** bezieht sich auf die Bedeutung von Wörtern und Sätzen; **Syntax** auf die grammatischen Regeln für die Verbindung von Wörtern zu Sätzen und **Pragmatik** auf das Verhältnis zwischen der Bedeutung einer Äußerung und ihrem Kontext.

Sobald Kinder die ersten Laute äußern, die Wörtern ähneln, reagieren viele Eltern mit komplexen „Benennungsritualen", mit deren Hilfe die Kinder viele neue Wörter erwerben (Ninio & Bruner, 1976). Sie zeigen auf Gegenstände, nennen ihren Namen und verbessern die Kinder bei ihren Versuchen, die Bezeichnungen nachzusprechen. Die Kinder selbst entwickeln ebenfalls wirkungsvolle Rituale, um ihre Eltern zur Benennung von Gegenständen anzuregen, zum Beispiel die wiederholte Frage: „Was ist das?" Um die Bedeutung eines Wortes zu begreifen und es in ihr Vokabular aufzunehmen, reicht es häufig schon, daß sie den Namen eines Objekts wenige Male gehört haben (Carey, 1977; Leonard, 1976).

Erwachsene Sprecher haben bei der Bezeichnung von Objekten verschiedene Verallgemeinerungsebenen zur Verfügung. Für ein Haustier zum Beispiel treffen die Bezeichnungen „Prinz" (als Name), Dalmatiner, Hund, Säugetier und Tier zu. Der überwiegende Teil der Bezugssysteme, die kleine Kinder lernen, liegt im mittleren Bereich der Verallgemeinerung. Bis zum Alter von ungefähr vier Jahren bezeichnen Kinder einen Beagle wahrscheinlich als Hund, statt (spezifischer) als *Beagle* oder (allgemeiner) als *Tier*.

Überprüfung von Hypothesen

Im kindlichen Vokabular kann sich ein und dasselbe Wort auf einen Gegenstand und auf eine Handlung beziehen. Manche Kinder sagen „Tür", wenn sich eine Tür öffnet oder schließt, während andere für dieses Geschehen „auf" sagen. Wenn Kinder ein neues Wort hören, stellen sie eine vorläufige Hypothese über seine Bedeutung auf und überprüfen sie durch Benutzung dieses Wortes. Wenn nötig, verändern sie ihre ursprünglichen Vorstellungen über die Bedeutung des Wortes so lange, bis sie mit der der Erwachsenen übereinstimmt (Clark & Anderson, 1979).

Ältere Kinder können unter geeigneten Bedingungen die Bedeutung eines Wortes oft selbst finden. Bei einem Experiment wurden Kinder von zwei bis vier Jahren gebeten, der Forscherin zu helfen und eines von zwei Objekten von einem Stuhl in der Ecke des Raums zu holen. Die Objektpaare waren so angeordnet, daß die Kinder nur eines davon kannten und auch benennen konnten, während sie für das andere, fremde Objekt kein Wort hatten. Sollten die Kinder zum Beispiel eine neue Farbbezeichnung lernen, sagte sie etwa: „Du könntest mir einen Gefallen tun. Siehst du die beiden Bücher da auf dem Stuhl? Bring mir bitte das *hellgrüne*. Nicht das rote, das hellgrüne." Es kam oft vor, daß die Kinder das richtige Buch holten. Sollte eine neue Formenbezeichnung gelernt werden, wurde die Frage ungefähr so formuliert: „Bringst du mir bitte das viereckige, nicht das runde?" Oder bei Bezeichnungen für Oberflächenbeschaffenheit: „Bringst du mir den wolligen Kasten, nicht den glatten?"

Nach 10 Minuten wurde getestet, ob Kinder ein paar Minuten nach nur einer Konfrontation mit dem neuen Wort spontan die neuen Farben, Formen oder Oberflächen benennen würden. Man zeigte den Kindern, die die neue Formbezeichnung gelernt hatten, eine Reihe von verschieden geformten Gegenständen und fragte sie etwa: „Jetzt stelle ich dir ein paar Fragen über diese Tabletts auf dem Tisch. Siehst du das Tablett? Was ist das? Wie sieht das aus?" Die Wörter für Formen und Farben lernten die Kinder relativ leicht; Wörter für Oberflächenbeschaffenheit wurden seltener erlernt. Allerdings benutzten die Kinder die neuen Wörter selten spontan (Heibeck & Mark, 1987).

Bedeutungserweiterung und Bedeutungsverengung

Kinder geben Wörtern häufig andere Bedeutungen, als die Erwachsenensprache vorschreibt. Dabei kann es sich um eine *Erweiterung* der Wortbedeutung handeln; mit *Hund* zum Beispiel werden dann auch Katzen, Kühe, Pferde, Kaninchen und andere Vierbeiner bezeichnet. Männer werden (was

Mütter immer wieder in peinliche Situationen bringt) mit *Papa* angesprochen; *Mond* oder *Ball* werden zur Bezeichnung von anderen runden Gegenständen verwendet, zum Beispiel für Kuchen, Apfelsinen und den Buchstaben O. Die Grundlage für die Bedeutungserweiterung liefern in der Regel wahrnehmbare Ähnlichkeiten in Form, Größe, Klang, Oberfläche oder Bewegung (Bowerman, 1976; E. Clark, 1973) und gelegentlich auch in der Funktion (K. Nelson, 1975). Wenn ein Kind mit dem Wort *Mond* nicht nur den wirklichen Mond in all seinen Phasen bezeichnet, sondern auch eine Zitronenscheibe oder ein glänzendes Blatt, dann zeigt es damit, daß es alles, was klein oder gelb ist, unter das Wort *Mond* subsumiert. Und wenn es den Backofen „Mund" nennt, wird deutlich, daß es die Gemeinsamkeit zwischen einem menschlichen Mund und dem Backofen erkannt hat, die ja beide Nahrungsmittel aufnehmen.

Auch die Bedeutung von Wörtern, die sich nicht auf Gegenstände beziehen und sich nicht auf der Basis wahrnehmbarer oder funktionaler Ähnlichkeiten verallgemeinern lassen, wird von Kindern erweitert, zum Beispiel *mehr, weg, aus, da.* Sie benutzen diese Wörter in sehr vielen verschiedenen Kontexten und beziehen sie auf viele verschiedene Objekte und Aktivitäten. Ein Mädchen zum Beispiel benutzte die Wörter *an* und *aus,* wenn es seine Strümpfe an- und auszog, auf sein Schaukelpferd kletterte und wieder herunterstieg, Perlen auseinanderzog und zusammensteckte, eine Zeitung aufschlug, seiner Mutter das Haar aus dem Gesicht strich, Kästen mit Deckeln auf- und zumachte und Deckel auf Marmeladengläser oder Flaschen schraubte. Es hatte also die Bedeutung dieser Präpositionen so erweitert, daß sie auf alle Handlungen bezogen werden konnten, bei denen Gegenstände oder Teile von Gegenständen getrennt bzw. zusammengebracht wurden.

Bei einigen Wörtern wird die Bedeutung verengt; sie werden in einem zu eingeschränkten Sinn verwendet. Ein neun Monate altes Kind zum Beispiel benutzte das Wort *Auto* nur für fahrende, nicht für parkende Autos oder für Bilder von Fahrzeugen (Bloom, 1973). Manche Kinder reservieren das Wort *Katze* zunächst nur für die Familienkatze. Später bezeichnen sie dann auch andere Katzen damit oder erweitern die Bedeutung des Wortes so weit, daß es auch Hunde und Kühe einschließt (E. Clark, 1973; Kessel, 1970). Auf die Frage „Wo sind die Schuhe?" krabbelte ein acht Monate alter Junge zum Schrank seiner Mutter und spielte mit ihren Schuhen, aber *nur damit* und auch nur dann, wenn die Schuhe im Schrank waren. Er kroch auch dann zum Schrank, wenn die Schuhe der Mutter an einem anderen Ort standen oder wenn er die Schuhe seines Vaters unmittelbar vor sich hatte. Die Bedeutung des Wortes *Schuhe* war für diesen kleinen Jungen also auf die Schuhe im Schrank der Mutter beschränkt (Reich, 1977).

Bedeutungserweiterungen sind beim Sprechen häufiger als beim Verstehen. Ein Kind zum Beispiel, das mit dem Wort *Apfel* auch Bälle, Tomaten und andere runde Gegenstände bezeichnete, fand auf einer Abbildung mit vielen runden Gegenständen ohne Schwierigkeiten den Apfel heraus (Gruendel, 1976; Thompson & Chapman, 1975). Bedeutungserweiterungen verschwinden oft nach kurzer Zeit, wenn das Kind neue Wörter in sein Vokabular aufgenommen hat. Wenn Kinder das Wort *Kuh* lernen und begreifen, daß Muhen und Hörner zu den Eigenschaften dieses Tieres gehören, bekommt *Kuh* eine andere Bedeutung als *Hund* (E. Clark, 1973).

Übertragene Bedeutung

Etwa bis zu ihrem dritten Geburtstag verwenden Kinder die Sprache zur Bezeichnung realer Ereignisse und Gegenstände, also im wörtlichen Sinne, und gehen davon aus, daß auch andere das, was sie sagen, wörtlich meinen. Aber im folgenden Jahr begreifen sie allmählich die nicht wörtliche oder übertragene Bedeutung von Sätzen wie: „Meine Kleider sind Freunde" oder „Wolken sind wie Eiskugeln". Die Fähigkeit, die übertragene Bedeutung solcher nicht wörtlich gemeinter Wendungen und später auch Metaphern zu verstehen, erweitert sich im Vorschulalter. Manche Sechsjährige begreifen Metaphern und Vergleiche überraschend gut. In diesem Alter wächst auch das Verständnis von Ironie (Winner, 1988). Jetzt verstehen die Kinder, was die Eltern meinen, wenn sie an einem verregneten Tag feststellen: „Junge, ist das ein wunderschöner Morgen."

Ein Fünfjähriger, der einen Erwachsenen etwas sagen hört, was, wörtlich verstanden, offensichtlich falsch ist, nimmt an, daß eine nichtwörtliche Bedeutung beabsichtigt ist. Wenn eine Mutter zu zwei müden Fünfjährigen im Sandkasten sagt: „Jetzt habt ihr aber keinen Pfeffer mehr", wissen die Kinder, daß die Metapher sich auf ihre Müdigkeit bezieht, denn in der Umgebung des Sandkastens gibt es ja keine Gewürze. Sagt aber der Vater, der im Restaurant eine überwürzte Suppe ißt, daß da der Pfeffer fehlt, verwirrt das Fünfjährige, weil es in diesem Kontext auch wörtlich gemeint sein könnte. Sie begreifen nicht, daß die Bemerkung des Vaters ironisch gemeint war.

Ironie setzt eine fortgeschrittene kognitive Entwicklung voraus; vor allem muß die Fähigkeit vorhanden sein, zu erkennen, wann jemand das Gegenteil von dem sagt, was er meint. (Die Fähigkeit, Rückschlüsse auf die Gedanken anderer zu ziehen, spielt eine wichtige Rolle bei konkreten Operationen, mit denen sich das 7. Kapitel beschäftigt.) Im Umgang mit Metaphern und Ironie zeigen Kinder die grundlegende menschliche Fähigkeit, über Gegebenes hinauszudenken und ihm in manchen Fällen sogar zu widersprechen. Kinder sind mit ungefähr sieben Jahren in der Lage, zu erkennen, daß eine Aussage auf einer Ebene falsch, aber auf einer tieferen richtig sein kann. Sie begreifen dann, daß Handlungen oder eine Nebenbemerkung zwei Seiten haben können, daß die handelnde Person eine Absicht verfolgen kann, die dem Augenschein widerspricht. Entsprechend wird in diesem Alter das Konzept der Aufrichtigkeit für die Kinder wichtig.

Syntax: Aus Wörtern werden Sätze

Die ersten Sätze

Um die Mitte des zweiten Lebensjahres, wenn der aktive Wortschatz etwa 50 Wörter umfaßt, beginnen Kinder, zwei Wörter zusammenzusetzen und ihre ersten Sätze zu formulieren. Typische Zwei-Wort-Sätze sind: „Guck, Hund", „Papa wo?", „Alles weg", „Ball werfen" und „Mehr Auto". Der letzte Satz kann sowohl die Aufforderung darstellen, noch eine Runde um den Block zu fahren, als auch ausdrücken, daß das Kind einen Stau gesehen hat.

Ein paar Monate vor dem zweiten Geburtstag erweitern sich das Vokabular und die Anzahl der Zwei- und Dreiwort-Kombinationen. Ein kleiner Junge zum Beispiel sprach seinen ersten Zweiwort-Satz mit 19 Monaten. Einen Monat lang benutzte er vierzehn verschiedene Zweiwort-Kombinationen. In den nächsten sechs Monaten erhöhte sich dann die Anzahl der Zweiwort-Kombinationen, die er benutzte, drastisch; insgesamt betrug die Anzahl pro Monat 24, 54, 89, 250, 1400 und über 2500 (Braine, 1963).

Die ersten Zweiwort-Sätze von Kindern erinnern an Telegramme oder verkürzte Versionen der Sätze Erwachsener, weil sie hauptsächlich aus einem Substantiv oder Verb und einem Adjektiv bestehen. Ähnlich wie bei einem Telegramm enthält jeder Satz nur die wesentlichsten Wörter; Präpositionen (in, an, durch), Konjunktionen (und, aber, oder) und Artikel fehlen. Auch Hilfsverben (haben, können), Morpheme für Pluralendungen und Zeitformen bei Verben werden bei diesen kurzen Sätzen ausgelassen. Kinder benutzen diesen Telegrammstil auch dann, wenn sie einen längeren Satz nachsprechen sollen. Ein Dreijähriger, der den Satz nachsprechen soll: „Ich kann einen Keks essen", sagt wahrscheinlich: „Keks essen." Tabelle 6.2 führt einige wichtige Satzformen bei solchen Zweiwort-Äußerungen auf. Diese Formen tauchen in sämtlichen Sprachen auf, und man kann deshalb annehmen, daß die ihnen zugrundeliegenden Vorstellungen durch kognitive Reifung erworben werden.

Tabelle 6.2 ▬

Bedeutungen, die im Telegrammstil ausgedrückt werden

Ort, Name:	Guck, Hund. Buch da.
Forderung, Bedürfnis:	Mehr Milch. Will Bonbon.
Nichtexistenz:	Milch weg.
Negation:	Nicht Katze.
Besitz:	Mein Bonbon.
Eigenschaft:	Auto groß.
Handlungsträger:	Mama geh.
Handlungsobjekt:	Hau dich.
Objektträger:	Mama Buch.
Handlung/Ort:	Sitz Stuhl.
Handlungsempfänger:	Gib Papa.
Handlungsinstrument:	Messer schneiden.
Frage:	Ball wo?

(Quelle: Slobin, 1972)

Erlernen syntaktischer Regeln

Kinder verwenden in der Regel die in ihrer Sprache als korrekt geltende Wortfolge. Ein Kind, das den Satz nachspricht: „Ich kann einen Keks essen", sagt: „Keks essen" und nicht „essen Keks". Fast alle Zweiwort-Sätze von Kindern sind richtig angeordnet, das heißt: Kinder halten sich beim Sprechen an die grammatischen und syntaktischen Regeln.

Kinder brauchen sehr wenig eindeutige Vorschriften oder Anleitungen, um syntaktische Regeln zu lernen. Die meisten Eltern bringen ihren Kindern zwar viele neue Wörter bei und korrigieren Fehler bei der Wortbedeutung, aber grammatische Unterweisung ist selten, und grammatische Fehler werden ebenfalls selten korrigiert. Die Genauigkeit der Bemerkungen ihrer Kinder ist den Eltern meist wichtiger als die grammatische Form.

Die heutigen Kenntnisse über die Entwicklung der Syntax beruhen überwiegend auf der Auswertung von Tonbandaufzeichnungen kindlicher Sprache beim Spiel oder bei sozialen Interaktionen. Mit zunehmendem Alter bilden Kinder längere Sätze, und zumindest für den Zeitraum zwischen

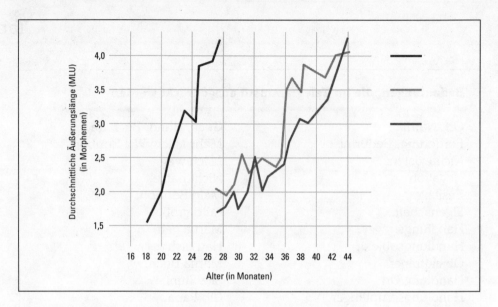

Abb. 6.2: Durchschnittliche Äußerungslänge (MLU) und Lebensalter dreier Kinder. (Aus R. Brown: A first language. Cambridge, Mass.: Harvard University Press, 1973. Mit freundlicher Genehmigung.)

eineinhalb und vier Jahren ist die Länge eines Satzes ein wichtiger Indikator für den Grad der syntaktischen Entwicklung. Psychologen berechnen die Durchschnittslänge von 50 bis 100 Äußerungen eines Kinder, die als *durchschnittliche Äußerungslänge* oder MLU (= mean length of utterance) bezeichnet wird. Die MLU basiert auf der durchschnittlichen Anzahl von Morphemen in einer Äußerungsgruppe, nicht auf der Anzahl der Wörter. Wie bereits gesagt, sind nicht nur einzelne Wörter wie *Katze* und *Hund,* sondern auch Präfixe, Suffixe, Pluralendungen, Zeitformen und Genitivendungen Morpheme. Der Satz „Die Hunde rennen" enthält also fünf Morpheme, während der Satz: „Der Hund rennt" nur vier enthält. Grundlage der Berechnung der MLU bei einem gesunden Kind ist die Tonbandaufzeichnung eines etwa halbstündigen Gesprächs. Abbildung 6.2 zeigt den Anstieg der MLU bei drei Kindern im Alter von 18 bis 44 Monaten.

Wie die Abbildung zeigt, gibt es bei Kindern im Alter zwischen zwei und vier Jahren große Unterschiede bei der MLU. Eine Forschergruppe, die Kinder von 10 bis 28 Monaten untersucht hat, hat festgestellt, daß die Kinder, die mit einem Jahr viele Substantive und mit zwei Jahren viele Verben verwendet hatten, mit 28 Monaten die höchsten MLU-Werte aufwiesen. Dies heißt, daß Vorhersagen über die Sprachfähigkeit von Vorschulkindern möglich sind und daß bei einjährigen Kindern die Verwendung von Substantiven

Tabelle 6.3

Typische Abfolge des Erwerbs von grammatischen Morphemen bei drei englischsprachigen Kindern, die R. Brown (1973) untersucht hat

1. Verlaufsform des Präsens
2./3. Präpositionen in/auf (in/on)
4. Plural
5. Unregelmäßige Vergangenheitsformen
6. Genitiv
7. Nichtzusammengezogene Bindewörter
8. Artikel
9. Regelmäßige Vergangenheitsform
10. Regelmäßige Formen der dritten Person
11. Unregelmäßige Formen der dritten Person
12. Nichtzusammengezogene Hilfsverben
13. Zusammengezogene Bindewörter
14. Zusammengezogene Hilfsverben

zur Bezeichnung von Objekten eher auf einen hohen sprachlichen Entwicklungsstand hindeutet als Wörter wie *winke-winke* oder Befehle (Bates, Bretherton & Snyder, 1988).

Grammatische Morpheme

Kinder lernen die grammatischen Morpheme ihrer Sprache in einer feststehenden Reihenfolge. Roger Brown von der Harvard University hat diese Reihenfolge für die englische Sprache durch die Untersuchung von drei Kindern, Adam, Eve und Sarah, zum erstenmal beschrieben. Tabelle 6.3 zeigt die Reihenfolge, in der diese Kinder 14 grammatische Morpheme der englischen Sprache beherrschen lernten.

Die meisten englischsprachigen Kinder lernen zunächst die Verlaufsform des Präsens mit der Endung *-ing* (wie in *walking, eating, singing*; diese Form gibt es im Deutschen nicht), dann den korrekten Gebrauch der Präpositionen *in* und *on*, den Plural, die unregelmäßige Vergangenheitsform, den Genitiv, den richtigen Gebrauch von *are* und *is*, Artikeln und die regelmäßigen Vergangenheitsformen. Dann folgen die regelmäßigen und anschließend die unregelmäßigen Formen der dritten Person, Hilfsverben, die nicht zusammengezogen werden (*I am walking, she is singing*), die zusammengezogene Form des Verbs *to be* (*that's a book*) und schließlich die zusammengezogene Form von Hilfsverben (*I'm walking*).

Bei den am frühesten beherrschten Morphemen der englischen Sprache, z. B. der Endung -ing bei Verben oder dem Plural-s bei Substantiven, handelt es sich um akustisch unterscheidbare Laute. Deshalb ist die Reihenfolge, in der die einzelnen Elemente einer Sprache erworben werden, nicht immer die gleiche. Bei den Sprachen, die keine akustisch unterscheidbare Pluralform besitzen, bilden Kinder den Plural später. (Kasten 6.1 beschreibt eine psychologische Methode, mit der bestimmt werden kann, welche grammatischen Morpheme ein Kind begreift.)

Kinder lernen in geringerem Maße spezifische Wortendungen als vielmehr allgemeine Regeln für syntaktische Morpheme. So sagt ein Kind korrekt: „Ich gehte", wenn es die Vergangenheitsform benutzen will, weil es die Regel gelernt hat, daß man -te anhängen muß, wenn man anzeigen will, daß ein Ereignis in der Vergangenheit geschehen ist. Entsprechendes gilt für die Pluralbildung.

Komplexe Sätze

Sobald Kinder einfache Sätze, die ungefähr vier Wörter enthalten, häufiger verwenden und grammatische Beugungen wie Plural und Genitiv beherrschen (meist zwischen zwei und drei Jahren), tauchen allmählich auch komplexe Sätze spontan auf. Dabei kann es sich um zwei oder mehrere einfache Sätze handeln, die mit der Konjunktion „und" verbunden sind (z. B.: „Du rufst und er kommt") oder in denen ein Gedanke in einen anderen eingebettet wird (z. B.: „Ich hoffe, ich tue ihm nicht weh"). Einige dieser komplexen Sätze enthalten W-Sätze (Sätze, die mit *was, wer, wo* oder *wenn* beginnen), zum Beispiel: „Ich weiß, wo das ist", oder: „Wenn ich groß bin, kann ich dich hochheben."

Um komplexe Sätze konstruieren zu können, müssen Kinder die Regeln für die Kombination größerer Wortgruppen (Wortverbindungen, Satzteile und ganze Sätze) lernen und Bindewörter benutzen (z. B. *und, aber, weil*). Das erste und am häufigsten benutzte Bindewort im Vokabular eines dreijährigen Kindes ist in der Regel das Wort *und*. Auch *weil, was, wenn* und *deshalb* werden häufig benutzt, *denn, aber, wenn* und *daß* kommen seltener vor (Bloom, Lahey, Hood, Lifter & Fiess, 1980).

In den ersten komplexen Sätzen von Kindern werden verschiedene Bedeutungen ausgedrückt. Die Reihenfolge, in der semantische Beziehungen auftauchen, ist relativ stabil, auch wenn sie bei manchen Kindern früher ein-

Der Wug-Test

Jean Berko hat eine Methode entwickelt, bei der Kindern Zeichnungen von ihnen nicht vertrauten Tieren oder Handlungen gezeigt werden. Die dargestellten Objekte werden mit Nonsens-Namen bezeichnet. Danach wird ein sprachlicher Kontext hergestellt, in dem Plural- oder Genitivformen bzw. Verlaufs- oder Vergangenheitsformen angemessen sind. (Die Abbildung zeigt zwei Beispiele.) Beim Arbeiten mit der Pluralform zeigt die Zeichnung oben ein einzelnes Tier und darunter zwei Tiere. Die Forscherin zeigt auf das Einzeltier und sagt: „Das ist ein Wug." Dann zeigt sie auf die beiden Tiere und sagt: „Guck mal, hier ist noch einer. Es sind zwei. Das sind also zwei ____." Das Kind wird dann aufgefordert, die korrekte Pluralform „Wugs" zu bilden (im Deutschen etwa „Wugse").

Beim zweiten Beispiel schwingt ein Mann einen fremden Gegenstand. Die Forscherin sagt: „Da ist ein Mann, der ricken kann. Er rickt. Gestern hat er das auch getan. Was hat er gestern getan? Gestern hat er ____." Wenn das Kind das Perfekt versteht, müßte es sagen: „Er hat gerickt." (Aus Berko, 1958; vgl. Gleason, 1985, S. 153)

Das ist ein Wug.

Guck mal, hier ist noch einer.
Es sind zwei.
Das sind also zwei ____.

Da ist ein Mann, der ricken kann.
Er rickt.
Gestern hat er das auch getan.
Was hat er gestern getan?
Gestern hat er ____.

Zwei Beispiele aus dem „Wug"-Test, der zeigt, welche Plural- und Verbformen Kinder beherrschen. (Aus J. Berko: The child's learning of English morphology. Word, 1958, 14, 50–177. Mit freundlicher Genehmigung.)

setzt und schneller durchlaufen wird. Als erstes werden additive Beziehungen (z. B.: „Du kannst das tragen, und ich kann das tragen") ausgedrückt; dann folgen temporale und kausale Aussagen („Wenn du nach Hause kommst, mußt du es suchen"; „Sie hat ein Pflaster auf ihren Schuh geklebt, und da ist er wieder ganz geworden"). Gegensätze oder Oppositionen („Ich war müde, aber jetzt bin ich nicht müde"), Objektbestimmungen („Der Mann, der die Tür heil macht") und Ankündigungen („Guck mal, was ich mache") tauchen noch später auf. Die Fortschritte bei der Bildung komplexer Sätze im dritten Lebensjahr verlaufen meist langsam und stetig, es gibt keine plötzlichen Sprünge oder abrupte Wechsel von einer Form zur anderen (Bloom, Lahey, Hood, Lifter & Fiess, 1980).

Fragesätze

Auch Formulierung und Verstehen von Fragesätzen machten Fortschritte beim Spracherwerb deutlich. Zweijährige verstehen *Ja*- oder *Nein*-, aber auch *Warum*-, *Wer*- sowie *Was*-Fragen und können sie in der Regel angemessen beantworten. Solche Fragen beziehen sich auf Menschen, Gegenstände und Orte, also genau auf die Sachverhalte, für die sich Kinder interessieren und über die sie in ihren ersten Sätzen sprechen. Zweijährige verwechseln aber häufig *Wann*-, *Wie*- und *Warum*-Fragen mit Fragen nach dem *Was* oder *Wo* (Frage: Wann ißt du zu Mittag? Antwort: In der Küche. Frage: Warum ißt du das? Antwort: Das ist ein Apfel.) Mit ungefähr drei Jahren reagieren Kinder auf *Warum*-Fragen allmählich angemessener (Ervin-Tripp, 1977), und zwischen drei und fünf Jahren werden alle Arten von W-Fragen zunehmend häufiger richtig beantwortet.

Wenn englischsprachige Kinder komplexere Sätze bilden, setzen sie auch die Hilfsverben an die richtige Stelle („Are you going to help me?"), mit Ausnahme von W-Fragen („Sue, what you have in your mouth?" „Why kitty can't stand up?"). W-Fragen sind im Englischen grammatisch komplexer als Ja-Nein-Fragen, weil dazu zwei Operationen nötig sind: die Einfügung des Frageworts und die Inversion von Verb und Subjekt. Kinder beherrschen in dieser Stufe die beiden Operationen zwar einzeln, können sie aber noch nicht im selben Satz einsetzen.

Hinweisewörter (deiktische Wendungen)

Hinweisewörter sind Wörter wie: *hier, da, dieses, das, mein* und *dein*, die sich alle auf die Position von Objekten im Verhältnis zum Sprecher beziehen. Kinder begreifen und verwenden diese Wörter. Dies zeigt, daß sie fähig sind, den Standpunkt eines anderen einzunehmen. Zweijährige, die die Wörter *hier* und *dort* interpretieren, begreifen eindeutig die Perspektive des Sprechers. Sagt die Mutter zum Beispiel zu einem Kind, das sich in der anderen Ecke des Zimmers befindet: „Dein Spielzeug ist hier", geht das Kind zur Mutter, um es zu holen. Bereits im zweiten Lebensjahr benutzen Kinder *dies, das* und *dort* korrekt. Allerdings wird die Bedeutung dieser Begriffe erst mehrere Jahre nach der Aufnahme ins Vokabular des Kindes wirklich begriffen, wie Laboruntersuchungen gezeigt haben; in diesem Bereich geht die Anwendung dem Verständnis voraus (de Villiers & de Villiers, 1978).

Bei einem Experiment saß je ein Kind zwischen zwei und fünf Jahren dem Forscher an einem Tisch gegenüber, der durch eine niedrige Wand geteilt war. Beide hatten eine umgedrehte Tasse vor sich stehen. Das Kind wurde aufgefordert, die Augen zu schließen, während der Erwachsene ein Bonbon unter einer der Tassen versteckte. Danach gab er dem Kind Hinweise wie: „Das Bonbon ist auf *dieser* Seite der Wand" (oder „unter der Tasse", „hier", „vor der Wand"). Um das Bonbon zu finden, mußte das Kind die Perspektive des Forschers in seine eigene übersetzen: *„Hier"* (die Tischseite des Untersuchenden) war vom Standort des Kindes „dort". Alle Kinder konnten problemlos zwischen *mein* und *dein* unterscheiden, aber Zweijährige hatten Schwierigkeiten, sobald ein Perspektivenwechsel erforderlich wurde. Dreijährige konnten die Perspektive des Sprechers einnehmen; sie interpretierten *dies* und *das, hier* und *dort, vor* und *hinter* korrekt (de Villiers & de Villiers, 1974).

Passivsätze

Kinder unter vier Jahren benutzen selten Passivsätze (z.B.: „Das Fenster ist vom Hund kaputt gemacht worden"); das Passiv wird erst danach allmählich erlernt. Fünfjährige gebrauchen Passivsätze beim Rollenspiel mit Spielzeug, etwa: „Der Junge wird vom Mädchen geküßt" oder „Der Laster wird vom Auto angefahren". Aber schon Vierjährige können Passivsätze in der Regel verstehen, wenn der Kontext außergewöhnlich ist. So ist es zum Beispiel ein ungewöhnliches und auffallendes Ereignis, wenn ein Tier einen Menschen angreift, und Schulkinder, die das miterleben, verfallen deshalb spontan ins Passiv, wenn sie sagen: „Er wird von einem Hund gebissen." (Lempert, 1984)

Verneinung

Auch die Fähigkeit, die grammatisch korrekte Verneinung im Englischen zu bilden, entwickelt sich in einer festen Abfolge. Zunächst setzen Kinder das

Wort „no" an den Anfang des Satzes: „No sit down." „No go to bed." Etwas später rückt das Wort „no" in die Mitte des Satzes: „I no like it." „I no want bed." Schließlich erlernen die Kinder die korrekte Form: „I do not like it" (Gleason, 1985). Die zahlreichen Veränderungen in der Sprachentwicklung der ersten vier Jahre zeigt Tabelle 6.1 (vgl. S. 245).

Sprache bei gehörlosen Kindern

Gehörlose Kinder, deren Eltern ebenfalls gehörlos sind und die eine Zeichensprache lernen, drücken in ihren Zeichen dieselben Begriffe aus und entwickeln ihre Sprachfähigkeiten im gleichen Tempo wie gesunde Kinder. Die ersten Zeichen gehörloser Kinder beziehen sich auf Gegenstände, später kommen Zeichen für Vorstellungen wie „Mama essen" oder „Papa Mantel" dazu (wenn sie versuchen, den Vater zu überreden, den Mantel auszuziehen). Gehörlose Kinder machen die ersten Zeichen meist mit acht oder neun Monaten, ein paar Monate bevor gesunde Kinder ihre ersten Worte sprechen. Äußerungen, die sich aus zwei Zeichen zusammensetzen, beginnen mit ungefähr 17 oder 18 Monaten, im selben Alter, in denen gesunde Kinder die ersten Zweiwort-Sätze bilden.

   Ein Grund dafür, daß gehörlose Kinder eher solche Zeichen beherrschen als Wörter, liegt möglicherweise darin, daß sich die motorischen Fertigkeiten, die für die Zeichensprache nötig sind, früher entwickeln als die Hirnzentren, die für die Sprachproduktion zuständig sind. Es ist deshalb unter Umständen leichter, symbolische Vorstellungen durch Handbewegungen als mit Hilfe der Stimmbänder auszudrücken. Diese Erklärung setzt voraus, daß sich gehörlose und hörende Kinder nur im Ausdruck unterscheiden, nicht aber im Begreifen.

Metasprachliche Bewußtheit

In der Sprache von vier- und fünfjährigen Kindern zeigt sich eine bemerkenswerte Beherrschung komplexer grammatischer und semantischer Regeln. Die Frage ist, wie weit sich Kinder dieser Regeln bewußt sind, mit anderen Worten: Besitzen sie eine **metasprachliche Bewußtheit**? Metasprachliche Bewußtheit bedeutet, daß die Kinder über das Phänomen der Sprache nachdenken, darüber sprechen und versuchen, es zu begreifen.

   Vorschulkinder unterscheiden zwischen Wörtern und Lauten, die keine Wörter sind. *Apfel* zum Beispiel gilt als Wort, Ahp dagegen nicht. Sie begreifen aber noch nicht, daß die Zuordnung von Wörtern zu Objekten willkürlich ist, das heißt, daß die Bezeichnung durch Übereinkunft festgelegt wird.

Wenn man ein Vorschulkind fragt: „Könntest du einen *Hund* auch *Kuh* und eine *Kuh* auch *Hund* nennen?", dann antwortet es wahrscheinlich: „Nein. Hunde bellen und Kühe geben Milch." Es nimmt also an, daß die Attribute des Objekts feste Bestandteile des Wortes sind (Vygotsky, 1962).

Zweijährige können manche grammatisch inkorrekten Sätze erkennen. Wenn man ihnen eine Reihe von Sätzen vorliest, zum Beispiel: „Iß den Kuchen" und „Schließe das Draußen", können sie zwischen richtig und fehlerhaft gebildeten Sätzen unterscheiden, wenn auch nicht perfekt (Gleitman, Gleitman & Shipley, 1972). Fordert man sie auf, einen falsch gebildeten Satz zu korrigieren, ändern sie meistens die Bedeutung und nicht die Grammatik: „Haus einen Bau" zum Beispiel wird zu „Lebe in einem Haus." Mit zunehmender sprachlicher Reife kehrt sich dieses Verhältnis um, und sie verbessern die Wortfolge und nicht die Satzbedeutung (de Villiers & de Villiers, 1974).

Auch „spontane Verbesserungen", das heißt Fälle, in denen das Kind einen eigenen sprachlichen Fehler erkennt und spontan korrigiert, sind ein Anzeichen dafür, daß Kinder über grammatische Regeln nachdenken. So sagte eine Dreijährige: „Sie – er gab ihr kein Essen." Sie hatte ihren Satz mit dem falschen Wort angefangen, das heißt, die Handlung dem Objekt zugeschrieben, und sich dann verbessert (E. Clark & Anderson, 1979).

Mit steigender metasprachlicher Bewußtheit begreifen Kinder auch Mehrdeutigkeit und lernen, daß bestimmte Wörter, Satzteile oder Sätze in verschiedenen Kontexten unterschiedliche Bedeutung haben können. Mehrdeutigkeit und unterschiedliche Wortbedeutung bilden die Grundlage für die Fähigkeit, Metaphern zu bilden und Witze zu machen (vgl. Kasten 6.2).

Pragmatik: Sprache im Kontext

Effektive Kommunikation erfordert mehr als die Kenntnis von Wörtern und grammatischen Regeln. Kinder müssen auch lernen, eine Beziehung zwischen der Sprache und dem physischen und sozialen Kontext herzustellen, in dem sie benutzt wird. Das ist der pragmatische Aspekt der Sprache. Wenn beim Baseballspiel der Spieler, der wirft, zu dem, der den Ball fängt, sagt: „Los geht's", ist etwas anderes gemeint, als wenn der Sprecher mit einem Stein in der Hand auf eine Fensterscheibe zielt.

Selbst kleine Kinder verfolgen mit ihren Einwort-Äußerungen ganz verschiedene pragmatische Ziele. Mit einzelnen Wörtern können sie um etwas bitten, etwas benennen oder ein Ereignis beschreiben. Die Mutter, deren Kind „Milch" sagt, muß Kontext, Tonfall und Gesichtsausdruck berücksichtigen, um entscheiden zu können, ob das Kind Milch trinken will, eine

Kasten 6.2

Humor

Mit wachsender metasprachlicher Bewußtheit denken Kinder über Wörter und Sprachformen nach, sprechen darüber und „spielen" damit. Sinn für Humor beruht zu einem großen Teil auf dem Verständnis sprachlicher Mehrdeutigkeit und dem Wissen, daß Wörter mehr als eine Bedeutung besitzen und auf verschiedene Weise benutzt werden können.

Kinder unter sieben oder acht Jahren gehen meist davon aus, daß ein Wort nur eine Bedeutung hat, und finden deshalb Wortwitze auch nicht komisch. Bei einer Untersuchung wurden Kinder aus der ersten und zweite Klasse gefragt, welche Antwort auf eine Rätselfrage komischer ist: eine scherzhafte oder eine ernstgemeinte. Bei der Frage: „Warum schlich der alte Mann auf Zehenspitzen am Arzneischrank vorbei?", wäre die komische Antwort: „Weil er die Schlaftabletten nicht wecken wollte." Eine ernsthafte Antwort wäre zum Beispiel: „Weil er ein Glas fallen gelassen hat und sich nicht an den Scherben schneiden will." Erstkläßler fanden die ernsthafte Antwort genauso häufig komisch wie die scherzhafte; Zweitkläßler dagegen fanden die scherzhafte Antwort witziger (McGhee, 1974).

Komik bei Rätseln und Witzen entsteht durch verschiedene Formen sprachlicher Vieldeutigkeit. Etwa ab sechs oder sieben Jahren lachen Kinder zuerst über Witze und Rätsel auf der Basis **phonologischer Mehrdeutigkeit**, das heißt, derselbe Laut kann unterschiedlich interpretiert werden:

Waiter, what's this?
That's bean soup, Ma'am.
I'm not interested in what it's been; I'm asking what it is now.[1]

Etwas später lachen Kinder auch über Witze, die auf lexikalischer Doppeldeutigkeit beruhen. Die meisten Sieben- bis Achtjährigen lieben Witze wie diesen:

Order! Order in the court!
Ham and cheese on rye, please, Your Honor.[2]

Erst mit elf oder zwölf Jahren verstehen Kinder Witze, die auf grammatikalischen Mehrdeutigkeiten oder unterschiedlichen semantischen Interpretationen beruhen, zum Beispiel:

I saw a man-eating shark in the aquarium.
That's nothing. I saw a man eating herring in a restaurant.[3]

Call me a cab.
You're a cab.[4] (McGhee, 1979; Schultz & Horibe, 1974)

Im folgenden sollen noch einige deutschsprachige Beispiele für Witze angeführt werden, über die Kinder lachen:

„Wer kann mir einen Satz mit ‚immerhin' sagen?"
„Wir haben eine Videothek an der Ecke…"
„???"
„… da geh ich nachmittags immer hin."

„Ich kann meine Mutter nicht finden."
„Sollen wir sie suchen gehen?"
„Das lohnt sich nicht, da werf ich die Schraube lieber auch noch weg."

„Kennst du ein gutes Abführmittel?"
„Handschellen."

---

[1] Der Witz hier beruht auf derselben Aussprache von „bean" – Bohnen und „been" – gewesen: die Fragerin versteht also nicht „Das ist Bohnensuppe", sondern: „Das ist Suppe gewesen".

[2] „Order" kann einmal „Ruhe" (Order in the court – Ich bitte um Ruhe im Gerichtssaal) und einmal „Bestellen" (Order – Geben Sie Ihre Bestellung auf) bedeuten. Dementsprechend versteht der „Angeklagte" den Ordnungsruf falsch und bestellt „ein Schinkensandwich, Euer Ehren".

[3] Hier liegt der Witz in den zwei möglichen Bedeutungen von „man-eating": einmal „menschenfressend" und einmal „ein Mann ißt".

[4] „Call me" kann sowohl „Rufe mir" als auch „Nenn mich" bedeuten. „Ruf mir ein Taxi" wird dann zu „Nenn mich Taxi".

Milchflasche gesehen und bezeichnet oder Milch verschüttet hat. Dieselbe Äußerung kann mindestens drei verschiedene Bedeutungen haben.

Auch das Wissen um den sozialen Kontext gehört zu den pragmatischen Fähigkeiten. Höflichkeitsfloskeln zum Beispiel sind ein Bestandteil von Pragmatik. Ein Kind, das im Hause eines anderen Kindes zum Abendessen eingeladen ist, sagt: „Bitte reich mir die Kartoffeln" oder „Kann ich bitte die Kartoffeln haben?" Beim Mittagessen in der Schule dagegen ist die Formulierung „Gib mir die Kartoffeln" meist angemessener. Kinder, die etwas von ihren Eltern haben wollen, sich aber der Reaktion nicht sicher sind, benutzen oft einen bestimmten Tonfall und ein bestimmtes Sprechtempo. Die Unterschiede in Tonfall und Vokabular bei Gesprächen mit Gleichaltrigen, jüngeren Geschwistern und Eltern zeigen, wie gut Kinder wissen, daß es kontextabhängige soziale und kulturelle Regeln für Art und Inhalt von Sprache gibt.

Theorien des Spracherwerbs

Woran liegt es, daß Kinder komplizierte grammatische Strukturen und Regeln so schnell lernen und anwenden? Spielen angeborene Mechanismen dabei eine Rolle, und wenn ja, welche? Steuern Kinder den Prozeß des Spracherwerbs aktiv durch die Suche nach Regeln und Regelmäßigkeiten sowie die Formulierung und Überprüfung von Hypothesen über Grammatik und Bedeutung? Welche Bedeutung haben Verstärkung und Modelle? Hängt sprachlicher Fortschritt mit der Entwicklung kognitiver Fähigkeiten zusammen? Beeinflußt die Interaktion zwischen Kindern und Eltern oder anderen Menschen den Verlauf der Sprachentwicklung?

Wirklich befriedigende Antworten auf diese entscheidenden Fragen gibt es im Augenblick noch nicht, aber es gibt verschiedene umfassende (und kontroverse) Theorien dazu. Keine dieser Theorien kann für sich genommen ausreichende und angemessene Erklärungen für alle am Spracherwerb beteiligten Prozesse liefern; jede geht das Thema von einem anderen Ansatz aus an und beschäftigt sich im Grunde genommen mit einem anderen Aspekt der Sprachentwicklung.

Lerntheorie

In der ersten Hälfte des zwanzigsten Jahrhunderts hat in Amerika die Lerntheorie maßgeblich die psychologische Forschung und das psychologische Denken bestimmt. Für die Lerntheorie sind Verstärkung (Belohnung) und Nachahmung von Modellen die wesentlichsten Mechanismen für den Erwerb und die Veränderung so gut wie allen Verhaltens, einschließlich der Sprache. Entsprechend sieht sie die Entwicklung überwiegend als Ergebnis von *Umwelt-*, nicht von *Anlage*faktoren. Unter anderem deshalb konzentriert sie sich auch stärker auf die Erklärung der Sprach*performanz* (Sprachproduktion) als auf die Kompetenzen, auf denen das Sprach*verständnis* beruht. Die Lerntheorie sieht die Ursache für den Schritt vom Lallen zum Sprechen von Wörtern darin, daß Eltern und andere die Kinder für die Produktion von Lauten, die Wörtern ähneln, selektiv belohnen, was dazu führt, daß Wörter im Repertoire der Lautäußerungen eine Vorrangstellung bekommen. Dasselbe gilt dann für grammatisch korrektes Sprechen; korrekte

Sätze werden verstärkt, inkorrekte nicht. Die Lerntheorie nimmt also an, daß die Sprache von Kindern sich vor allem deshalb der Sprache der Erwachsenen immer mehr annähert, weil die Umwelt dieses Verhalten verstärkt und fördert.

Die Lerntheorie rückt die Bedeutung von Beobachtung, Modellbildung und Nachahmung beim Spracherwerb in den Mittelpunkt. Kinder imitieren zweifellos, was sie ihre Eltern (die Modelle) sagen hören, und nehmen dadurch neue Wörter und neue Wortverbindungen in ihr sprachliches Repertoire auf. Ohne die Konfrontation mit Modellen könnten Kinder Vokabular und grammatische Strukturen ihres Sprachraums nicht erwerben; Kinder in den Vereinigten Staaten lernen Englisch, Kinder in China lernen Chinesisch. Sie sammeln Informationen über ihre Sprache, indem sie zuhören, wie andere sie sprechen.

Auch für das Erlernen komplexer grammatischer Formen, zum Beispiel der richtigen Plural- und Verbformen und der richtigen Wortfolge in Sätzen, sind Modelle unbedingt erforderlich. In experimentellen Untersuchungen über diesen Aspekt des Lernens durch Nachahmung hat man Kindern beigebracht, schwierige Konstruktionen wie Passivsätze, Präpositionalgefüge, Adverbialkonstruktionen, korrekte Zeitfolgen und Konjunktionen zu benutzen (Sherman, 1971). Nach der Beobachtung eines Modells produzierten die Kinder ähnliche, aber nicht deckungsgleiche Reaktionen; das heißt, sie haben die Reaktionen, die durch Beobachtung erworben wurden, verallgemeinert und neue sprachliche Reaktionen entwickelt.

Kritik der Lerntheorie: Psycholinguisten weisen darauf hin, daß die Lerntheorie die grundlegenden Fähigkeiten weder beschreiben noch erklären kann, mit deren Hilfe Kinder ihr sprachliches Wissen und ihre sprachlichen Fähigkeiten erwerben. Verstärkung allein kann die erstaunliche Geschwindigkeit der Sprachentwicklung bei kleinen Kindern nicht erklären; die Anzahl der Äußerungen, die verstärkt werden müßten, wäre ungeheuer groß. Auch Erwerb und Anwendung der Regeln und Prinzipien grammatisch korrekter Sprache lassen sich ihrer Meinung nach durch Verstärkung allein nicht ausreichend erklären. Die fehlende Verstärkung einer Äußerung informiert ein Kind nicht darüber, was es falsch gemacht hat, und hilft ihm auch nicht, den Irrtum zu korrigieren. Wird eine Äußerung aber verstärkt, weiß das Kind noch nicht, was daran richtig war. Folglich, so argumentieren die Psycholinguisten, müsse man untersuchen, wie Kinder die Prinzipien begreifen, nach denen Wortfolge und Wortteile geordnet werden müssen, um einen Sinn zu ergeben (Slobin, 1971).

Darüber hinaus haben beobachtende Untersuchungen die Behauptung, Eltern und andere Erwachsene verstärkten grammatisch korrekte Aussagen, sehr stark relativiert. Eltern sind sehr daran interessiert, daß die Äußerungen ihrer Kinder wahr, intelligent oder angemessen sind; die grammatische

Richtigkeit spielt für sie eine untergeordnete Rolle. So wurde in einer Untersuchung festgestellt, daß die Äußerung „sie Haare drehen" auf Zustimmung stieß (Belohnung), weil die Mutter dem kleinen Mädchen dabei Locken ins Haar drehte. Aber die grammatisch absolut korrekte Äußerung eines anderen Kindes: „Da ist das Tierhaus" wurde mißbilligt (bestraft), weil es dabei auf einen Leuchtturm zeigte.

Nach Meinung von Psycholinguisten läßt sich der Spracherwerb durch Beobachtung und Nachahmung allein nicht restlos erklären. Denn zum einen handelt es sich bei manchen der ersten Zweiwort-Äußerungen um individuelle und kreative Wortkombinationen, die Erwachsene kaum benutzen würden (z. B. „weg – winke-winke"). Selbst wenn Kinder Regeln generalisieren (z. B. „Die Mäuse gehten"), verwenden sie Sprachformen, die sie kaum von Erwachsenen gehört haben können. Bei Beobachtungen von Kindern im Elternhaus wurde festgestellt, daß manche Kinder die Äußerungen Erwachsener gar nicht und andere Kinder sie häufig imitieren und daß Imitationshäufigkeit und Fortschritte beim Spracherwerb nicht korrelieren (Bloom, Hood & Lightbown, 1974). Nachahmung und Beobachtung anderer spielen bei der Sprachproduktion zweifellos eine Rolle, können aber nicht der allein entscheidende Faktor beim Spracherwerb sein (vgl. Abbildung 6.3).

Die nativistische Theorie

Die nativistische Theorie des Spracherwerbs betont die angeborenen biologischen Determinanten der Sprache, also den Einfluß der *Anlage*, nicht der *Umwelt*. Diese Theorie beschäftigt sich mit der Kompetenz oder Fähigkeit zum Verstehen und Anwenden der Sprache, weniger mit der *Performanz* (d. h. wie und wann Kinder sprechen). Bei Psycholinguisten ist die Auffassung verbreitet, daß kleinen Kindern die Grammatik nicht beigebracht wird, sondern daß sie aus den Wörtern und Sätzen, die sie hören, grammatische Regeln ableiten. Diese komplexe Aufgabe wäre unlösbar, wenn der Verstand der Kindes nicht für die Verarbeitung linguistischer Eingaben und die Ableitung grammatischer Regeln prädisponiert oder „voreingestellt" wäre.

Noam Chomsky, der führende Vertreter dieser Auffassung, behauptet, Menschen besäßen einen angeborenen Spracherwerbsmechanismus, den er *Language Acquisition Device* (LAD) nannte (Chomsky, 1957, 1959). Als Beleg dafür führt er unter anderem die Universalität und Regelmäßigkeit von Entwicklungen bei der Lautproduktion von Kindern an, die wir bereits an anderem Ort behandelt haben. Beim Spracherwerb gibt es eine universell gültige Reihenfolge, die unabhängig von der erlernten Sprache ist: Alle Kinder lallen zunächst, sprechen mit ungefähr einem Jahr ihr erstes Wort,

Abb. 6.3: Blinde Kinder, die die Handlungen anderer ja nicht beobachten können, lernen trotzdem die Bedeutung von Sätzen, die sich auf Handlungen beziehen. Das blinde Kind in der Abbildung hebt die Hände, wenn es aufgefordert wird: „Sieh nach oben." (Aus R. Landau & L. R. Gleitman: Language and experience. Cambridge, Mass.: Harvard University Press, 1985, S. 57–58.)

benutzen in der zweiten Hälfte des zweiten Lebensjahres Zweiwort-Kombinationen und beherrschen mit vier oder fünf Jahren den Großteil der grammatischen Regeln ihrer Sprache. Die grundlegenden semantischen Beziehungen, die in den ersten Wörtern und Sätzen ausgedrückt werden, sind in allen Sprachen dieselben.

Manche Vertreter der nativistischen Theorie gehen von einer speziellen „Bereitschaft" des Gehirns für den Spracherwerb zwischen dem 18. Monat und der Pubertät aus, mit anderen Worten von einer *sensiblen Phase.* „Innerhalb dieser Phase wird ein normaler Fortschritt beim Spracherwerb erwartet; aber außerhalb dieser Phase ist Spracherwerb schwierig, wenn nicht

███ Kasten 6.3

Genie: Spracherwerb nach der Pubertät

Genie war 13½ Jahre alt und hatte die Pubertät schon hinter sich, als sie von den Behörden gefunden wurde, wog aber nur 54 Pfund und machte den Eindruck einer Sechsjährigen. Sie war nicht in der Lage, zu sprechen, ihre Ausscheidungsfunktionen zu beherrschen und zu stehen. Ihre Lebensgeschichte klingt unglaublich: Ihr tyrannischer Vater hielt sie für zurückgeblieben, weil sie (aufgrund eines Hüftleidens) nur langsam laufen lernte. Als sie 20 Monate alt war, schloß er sie in einen winzigen Raum ein; dort blieb sie auf einem Kinderstühlchen angebunden oder in einem Kinderbett, das mit einem Drahtnetz von oben abgesichert war, bis sie fast 12 Jahre später gefunden wurde. Von der Mutter, die fast blind war, wurde sie täglich nur einige Minuten versorgt. Niemand sprach mit ihr, und sie hörte auch kaum andere Geräusche (nur von Zeit zu Zeit ihren Vater und ihren älteren Bruder, die sie wie Hunde anbellten). Wenn sie Lärm machte oder Laute von sich gab, wurde sie von ihrem Vater geschlagen.

Nach ihrer Befreiung lebte Genie bei einer Pflegefamilie, in der sie normale Sprache hörte, erhielt aber zunächst kein spezielles Sprachtraining. Nach sehr kurzer Zeit begann sie, Wörter zu imitieren und Namen zu lernen, zunächst nur in monotonem Tonfall oder im Flüsterton. Allmählich wurde ihre Stimme lauter und ihr Tonfall variabler. Ihre Sprachentwicklung verlief in vieler Hinsicht ähnlich wie die von Kleinkindern; in manchen Bereichen machte sie schnellere Fortschritte. Fünf Monate nach ihrer Unterbringung in der Pflegefamilie sprach sie spontan einzelne Wörter, drei Monate später Zweiwort-Sätze. Ihre frühesten Zweiwort-Verbindungen zeigten dieselben Beziehungen wie bei Kleinkindern, zum Beispiel Handlungsträger, Handlungsobjekt, Genitiv und Ortsbestimmungen. Nach und nach sprach sie auch längere Sätze.

Die begriffliche Entwicklung war fortgeschrittener als die sprachliche. Von Anfang an konnte sie Wörter für spezifische Gegenstände richtig verallgemeinern (zum Beispiel das Wort *Hund* von der ausschließlichen Bezeichnung für den Haushund zur Bezeichnung aller Hunde), und bei ihren frühen Wörtern gab es weder Bedeutungserweiterung noch -verengung. Wörter für Farben und Zahlen, die bei normaler Sprachentwicklung meist relativ spät auftauchen, waren bei Genie Bestandteil des frühen Vokabulars.

Aber in vieler Hinsicht blieb Genies Sprache defizitär. Fünf Jahre nach Beginn des Spracherwerbs und nach umfangreichem Sprachtraining sprach sie immer noch überwiegend im Telegrammstil. Negative Hilfsverben (wie haven't, isn't, hadn't) beherrschte sie gar nicht, und Vergangenheitsformen (sie benutzte ed-Endungen) konnte sie nur schwer bilden, sie stellte keine spontanen Fragen (wohl aber Fragen, die man ihr beibrachte), war nicht fähig, mehrere Gedanken in einem Satz zu verbinden, und verwechselte entgegengesetzte Wörter wie über und unter. Bei Tests zum Wortverständnis schnitt sie schlecht ab (Curtiss, 1977).

Genie konnte nach der Pubertät, also nach dem Ende der sogenannten „sensiblen Phase" für den Spracherwerb, eine Grundsprache erwerben. Wichtige grammatikalische Formen lernte sie allerdings nicht, und „ihre Entwicklung (war) mühsam und unvollständig; allerdings wiegen die Ähnlichkeiten mit normalem Spracherwerb die Unterschiede auf" (de Villiers & de Villiers, 1977; S. 219).

unmöglich" (Elliott, 1981, S. 23). Zu den informellen Belegen für diese These zählt die Beobachtung, daß erwachsene Immigranten die Sprache des Einwanderungslandes in der Regel nur mit Schwierigkeiten erwerben und fast immer den Akzent ihrer Herkunftssprache beibehalten. Ihre präpubertären Kinder dagegen lernen die neue Sprache schnell, machen wenig Fehler und sprechen akzentfrei (Labov, 1970).

Um die Hypothese einer sensiblen Phase für den Spracherwerb direkt zu prüfen, müßte man feststellen, ob ein Mensch, der vor der Pubertät keine Sprache erlernt hat, das später nachholen kann. Nun ist es aber praktisch unmöglich, einen solchen Menschen zu finden, es sei denn, es handele sich um Fälle extremer geistiger Behinderung. Im Jahre 1970 jedoch wurde in Los Angeles die 13jährige Genie entdeckt, die von klein an von ihren Eltern eingesperrt worden war und kaum sprechen konnte. Kasten 6.3 beschreibt ihre Sprachentwicklung. Der Fall dieses Mädchens belegt zum Teil die Hypothese der sensiblen Phase: Einerseits verlief ihre Sprachentwicklung anders als bei Vorschulkindern, andererseits zeigen ihre Fortschritte aber auch, daß ein Spracherwerb nach der Pubertät zumindest in Teilen möglich ist.

Die kognitive Theorie

Viele Wissenschaftler, die nicht davon überzeugt sind, daß es einen angeborenen Spracherwerbsmechanismus gibt, vertreten eine andere nativistische Auffassung: die Abhängigkeit des Spracherwerbs von angeborenen kognitiven, informationsverarbeitenden und motivationalen Prädispositionen. Sie betrachten Kinder als von Geburt an aktive und konstruktive Wesen und glauben, daß innere Kräfte und nicht die Umwelt zu Kreativität, Problemlösen, zur Überprüfung von Hypothesen und zum Bemühen von Kindern führen, Regelmäßigkeiten in der Sprache zu erkennen, die sie hören.

Dan Slobin hat die These aufgestellt, daß alle Kinder mit bestimmten Fähigkeiten oder Strategien zur Informationsverarbeitung ausgestattet sind, die sie beim Spracherwerb einsetzen. Seine kulturvergleichenden Untersuchungen des Spracherwerbs haben ihn davon überzeugt, daß Kinder einige praktische Prinzipien formulieren, an die sie sich halten. Ein Prinzip lautet: „Achte auf die Endung von Wörtern." Für Kinder sind die Endungen von Wörtern auffälliger als Wortanfang oder -mitte, was mit Aufmerksamkeit und Gedächtnis zusammenhängen kann. Nachgestellte Orts- und Zeitbestimmungen, zum Beispiel Suffixe, sind für Kinder leichter zu lernen als Bestimmungen, die dem Substantiv vorangehen. Im Türkischen zum Beispiel wird der Ort durch ein Suffix bestimmt (also etwa: Topf Herd auf), während im Englischen und Deutschen die Präposition vor dem Objekt steht (Topf auf dem Herd). Türkisch sprechende Kinder lernen diese Ortsbestimmungen früher als deutsche (Slobin, 1979).

Ein anderes Prinzip lautet: „Achte auf die Wortfolge." Die Wortfolge in der frühen Sprache von Kindern spiegelt die Wortfolge der Sprache, die die Kinder hören. Kinder haben anscheinend auch eine ausgeprägte Vorliebe für stabile und regelmäßige Systeme; das dritte Prinzip lautet dementsprechend: „Vermeide Ausnahmen." Deshalb ist die frühe Sprache von Kindern von erweiterter Regelbildung gekennzeichnet (z. B. *bringte, gehte, Häusers*).

Slobin weist darauf hin, daß „diese praktischen Prinzipien natürlich nur ein Entwurf für eine mögliche Theorie des Spracherwerbs sind" (1979, S. 110). Das Wichtige ist, daß Säuglinge dem Anschein nach Strategien besitzen, mit denen sie Umweltereignisse, einschließlich der Sprache, analysieren und interpretieren. Mit Hilfe dieser Strategien erwerben sie Kenntnisse über die Sprachstruktur, die sie für den Prozeß des Sprechen- und Verstehenlernens einsetzen.

Aus der Perspektive Piagets und seiner Schüler steuert die kognitive Entwicklung den Spracherwerb, das heißt, die Entwicklung der Sprache beruht auf der Entwicklung des Denkens, nicht umgekehrt (Piaget, 1967). Als Beleg führen sie an, daß sich bei Säuglingen sensumotorische Intelligenz vor dem Auftauchen von Sprache zeigt (Sinclair, 1971). Der Spracherwerb beginnt erst, wenn sich eine Anzahl wichtiger kognitiver Fähigkeiten, wie zum Beispiel Objektpermanenz, entwickelt hat. Und bevor ein Kind das erste Wort spricht, interpretiert es seine Umwelt, bildet psychische Repräsentationen und kategorisiert Objekte und Ereignisse. Säuglinge identifizieren Regelmäßigkeiten in der Umwelt und konstruieren ein Bedeutungssystem, bevor sie produktive Sprache erworben haben (Bowerman, 1981).

Die frühesten Äußerungen von Kindern beziehen sich im großen und ganzen auf Dinge, die sie bereits verstehen. Kinder sprechen über das, was sie interessiert und ihre Aufmerksamkeit fesselt (Greenfield, 1979) und was sie von Menschen, Gegenständen, Ereignissen und Beziehungen wissen (R. Brown, 1973). Mit anderen Worten: Kognitionen, d. h. Gedanken, Wahrnehmungen und Interaktionsweisen, entwickeln sich zuerst. „Bei großen Bereichen der Sprachentwicklung geht es darum, zu lernen, wie das, was man bereits weiß, in der Muttersprache ausgedrückt wird" (Flavell, 1977, S. 38). „Die Bedeutung, die sich in den frühesten Wortkombinationen von Kindern ausdrückt, und die Regeln für die Kombination von Wörtern müssen aus dem Wissen erklärt werden, das Kinder über reale Objekte erworben haben, das heißt aus dem Wissen, daß Objekte existieren, aufhören zu existieren, wieder auftauchen, bearbeitet werden können und mit Aktivitäten von Menschen in Zusammenhang stehen" (Rice, 1983, S. 9). In dieser Argumentation wird Sprache den vorhandenen kognitiven Kategorien und dem kognitiven Wissen eines Kindes „aufgesetzt".

Die Theorie der sozialen Interaktion

Bei den Theorien über den Spracherwerb kann man zwei Richtungen unterscheiden: Die einen legen den Schwerpunkt auf Fähigkeiten, die mit der Reifung des Gehirns zusammenhängen, die anderen auf Fähigkeiten, die überwiegend durch soziale Interaktion entstehen. Einen Kompromiß zwischen diesen beiden Extremen will die Theorie der sozialen Interaktion herstellen. Dieser Ansatz integriert Argumente aus beiden Lagern. Er geht davon aus, daß biologische Faktoren den Verlauf der Sprachentwicklung beeinflussen, beharrt aber darauf, daß Interaktion zwischen Kindern und Erwachsenen für die Entwicklung sprachlicher Fähigkeiten unabdingbar ist.

Für die Vertreter dieser Theorie hat sich die Struktur der menschlichen Sprache deshalb entwickelt, weil Sprache eine so wichtige Rolle in der sozialen Interaktion des Menschen spielt. Die Signale der Kinder lösen bei den Eltern Reaktionen aus, die ihnen die nötigen sprachlichen Erfahrungen liefern. Aus dieser Perspektive ist die Dyade von Erwachsenem und Kind ein dynamisches System, in dem beide Beteiligten aufeinander angewiesen sind.

Die sozialen Interaktionen beim Spielen tragen wesentlich zu einer differenzierteren Sprache bei (Foto: Sibylle Rauch)

Bei Schlußfolgerungen aus der Sprache eines Kindes hält sich die Theorie der sozialen Interaktion bemerkenswert zurück. Im Gegensatz zu den Nativisten, die Kindern schon abstrakte sprachliche Kompetenz zuschreiben, wenn sie kaum angefangen haben, Ein- oder Zweiwort-Sätze zu sprechen, legen sie mehr Gewicht auf die Art, in der Eltern mit ihren Kindern sprechen. Dabei achten sie vor allem auf Tendenzen wie die Betonung der wesentlichen Wörter im Satz, die Sprachgeschwindigkeit, die Bereitschaft zur Wiederholung, wenn das Kind etwas nicht verstanden hat, und zusätzliche nonverbale Information (auf etwas zeigen zum Beispiel oder Stirnrunzeln), damit das Kind verstehen kann, was sie sagen. Für manche Linguisten liefern die Eltern dem Kind das Gerüst, auf das es sich beim Erlernen der Sprache stützen kann.

Generell akzeptieren die Vertreter der Theorie der sozialen Interaktion sowohl die Rolle der Erfahrung als auch die Rolle der Biologie, behaupten aber, daß die spezifischen Umwelterfahrungen eines Kindes berücksichtigt werden müssen, wenn man die Entstehung der Sprache begreifen will. Mit angeborenen Mechanismen allein läßt sich die Sprachbeherrschung von Kindern nicht erklären, und es gehört auch mehr dazu als Konditionierung und Imitation. Abwechselndes Sprechen und Zuhören, gemeinsame Konzentration und sozialer Kontext sind notwendige Bestandteile des Spracherwerbs. Dementsprechend schreiben die Anhänger dieser Richtung auch der Mutter-Kind-Interaktion eine zentrale Rolle zu und grenzen sie von der Interaktion des Kindes mit andern Kindern und Erwachsenen ab.

Die hier beschriebenen Theorien über den Spracherwerb vertreten in zwei wichtigen Bereichen unterschiedliche Positionen. Der erste Bereich betrifft die Beziehung zwischen Sprache und anderen kognitiven Prozessen wie Denken, Konzeptbildung, Erinnern und Problemlösen, der zweite den Einfluß der Umwelt auf die Sprache. Diese beiden Bereiche werden in den folgenden Abschnitten behandelt.

Sprache und Kognition

Die meisten Theorien gehen davon aus, daß es zwischen Sprache und kognitiven Prozessen bedeutsame Bindeglieder gibt. Wichtig ist hier aber die Priorität: Sind Fortschritte beim Spracherwerb die Ursache für kognitive Leistungen, oder sind kognitive Leistungen die Vorbedingung für wachsende Sprachkompetenz? Es ist zweifellos richtig, daß Wörter und Sätze beim Argumentieren, Lösen von Problemen, Kodieren und Speichern von Wissen im Alltag eine wichtige Rolle spielen. Andererseits war Einsteins wissenschaftliches Denken stark von visuellen Bildern und mathematischen Symbolen geprägt; Komponisten denken in Noten und Hörbildern und Maler in abstrakten visuellen Modi.

Kognition geht der Sprache voraus

Piaget und andere kognitive Psychologen behaupten, daß die Sprachentwicklung nur ein Aspekt der kognitiven Entwicklung sei und von daher eher einen Spiegel als den Motor des kognitiven Fortschritts darstelle (Sinclair, 1971). Sprache ist für sie kein notwendiger Vorläufer der kognitiven Entwicklung; sie sehen umgekehrt in der kognitiven Entwicklung die Kraft, die den Spracherwerb steuert.

Ein kleines Kind zum Beispiel kann die Bedeutung des Wortes „gegangen" nicht erfassen, wenn es nicht zunächst das Konzept der Objektpermanenz und ein nichtsprachliches Wissen um das Verschwinden von Objekten erworben hat. Beides ist mit ungefähr einem Jahr möglich. Dasselbe gilt für die Pluralbildung: Bevor man die entsprechenden Morpheme lernen kann, muß man das Konzept „größer als eins" verstanden haben. Und vergangene Ereignisse lassen sich erst dann sprachlich ausdrücken, wenn Kinder verstehen, daß etwas in der Vergangenheit geschehen sein kann.

Sprache beeinflußt die Kognition

Auch wenn sprachlicher Fortschritt in der Regel von der kognitiven Entwicklung abhängt, kommt es gelegentlich vor, daß die Sprache die Kognition unterstützt. Die Form einer verbalen Instruktion kann zum Beispiel die Kategorisierung von Objekten oder Bildern beeinflussen. Dreijährige haben oft Schwierigkeiten, aus verschiedenen Untergruppen eine übergeordnete Kategorie zu bilden. Es fällt ihnen zum Beispiel schwer zu erkennen, daß Katzen, Kühe und Pferde zur Kategorie *Tiere* oder Schuhe, Hosen und Hüte zur Kategorie *Kleidung* gehören. Selbst wenn Forscher den Kindern Hinweise geben und ihnen typische Beispiele für eine Kategorie zeigen (z. B. einen Hund, ein Pferd und eine Ente als Vertreter der Kategorie *Tier*), ordnen die Kinder nicht alle Tiere in diese Kategorie ein. Sagt aber der Forscher ein Nonsens-Wort, während er auf die verschiedenen Untergruppen einer Kategorie deutet, zum Beispiel: „Das sind *Dobutsus*", steigt die Wahrscheinlichkeit stark an, daß alle Tiere einer Kategorie zugeordnet werden.

Die Verwendung von Substantiven wie *Dobutsu* hilft dem Kind bei der Bildung der übergeordneten Kategorie, obwohl es sich um ein unvertrautes Wort handelt. Die Verwendung von Adjektiven dagegen unterstützt die Bildung von Untergruppen. Wenn der Forscher auf verschiedene Hunde zeigt und sagt: „Das sind die dobischen", ordnen die Kinder die Collies in eine Gruppe und die Terrier in eine andere ein. Kinder bekommen also aus der Sprache, die Erwachsene ihnen gegenüber benutzen, Informationen über die richtige Kategorisierung von Ereignissen. In diesem Sinne besteht eine Wechselbeziehung zwischen Sprache und Kognition (Waxman, 1987).

Gedächtnis und Problemlösen

Erfahrungen werden psychisch oft in Wörtern und Sätzen repräsentiert und lassen sich durch sprachliche Hinweisreize aus dem Gedächtnis abrufen. Das hat ein klassisches Experiment gezeigt, bei dem den Probanden eine Figur gezeigt wurde, die einmal als *Bienenstock* und einmal als *Hut* bezeichnet wurde. Als sie die Figur später aus dem Gedächtnis zeichnen sollten, stellte sich heraus, daß die Gruppe, die die Figur als *Bienenstock* kodiert hatte, sie so verzerrte, bis sie einem Bienenstock ähnelte, während die

Gruppe, der man die Figur als *Hut* bezeichnet hatte, sie auch als Hut zeichnete. Die Erinnerung der Teilnehmer an das Bild war stark von dem Wort oder dem Etikett geprägt, das ihm zugeschrieben worden war. Allem Anschein nach hatten die Probanden das verbale Etikett erinnert (gespeichert und abgerufen), und sie strukturierten die Figur so um, daß sie zu dem Etikett paßte (Carmichael, Hogan & Walter, 1932).

Komplexe Probleme lassen sich leichter lösen, wenn das Kind die Bestandteile etikettiert und diese Etiketten zur Handlungssteuerung verwendet. In einer russischen Untersuchung hat man Kindern zunächst Bilder von Schmetterlingsflügeln gezeigt und sie dann aufgefordert, auf einer Abbildung mit vielen ähnlichen Bildern die passenden herauszusuchen. Vergleichsgrundlage waren die Muster auf den Flügeln. Zunächst war diese Aufgabe für die Kinder verwirrend, weil sie Schwierigkeiten hatten, zwischen der Farbe und dem Muster der Flügel zu trennen. Die Experimentalgruppe lernte dann Bezeichnungen (die Wörter *Flecken* und *Streifen*), mit denen sich die verschiedenen Muster beschreiben ließen, die Kontrollgruppe dagegen nicht. Danach entsprachen die Bilder, die die Kinder in der Experimentalgruppe heraussuchten, der Vorlage sehr viel genauer als beim ersten Mal; die Leistungen jüngerer Teilnehmer der Experimentalgruppe waren sogar besser als die älterer Kinder aus der Kontrollgruppe (Llublinskaya, 1957). Durch die Namen, die den Reizen zugeordnet wurden, wurden sie besser unterscheidbar, und das erleichterte den Vergleich.

Der Einfluß der Umwelt auf die Sprache

Jede der wichtigsten Theorien zur Sprachentwicklung beurteilt die Bedeutung von Umwelteinflüssen auf die sprachliche Entwicklung von Kindern anders. Der Lerntheorie zufolge müßten Verstärkung und Beobachtung von Modellen die entscheidenden Faktoren für die Sprachentwicklung sein. Die nativistischen und die kognitiven Entwicklungstheorien halten die Möglichkeit, gesprochene Sprache zu hören und die Umwelt aktiv zu explorieren und kennenzulernen, zwar für wichtig, glauben aber nicht, daß spezifische Verstärkungen oder Training essentiell für den Spracherwerb sind, während die Theorie der sozialen Interaktion die Bedeutung der Mutter-Kind-Interaktion unterstreicht. Die Forschung, die sich mit Umwelteinflüssen beschäftigt, hat untersucht, wie Eltern mit kleinen Kindern sprechen und auf sie reagieren, aber auch schichtspezifische und ethnische Unterschiede erforscht.

Lehren und Lernen von Sprache

Kinder erlernen die Sprache in sozialen Situationen, das heißt, durch die Kommunikation mit anderen. Das sind normalerweise Mutter, Vater, Geschwister und andere erwachsene Betreuer. Für viele Wissenschaftler ist es die Mutter, die die frühe sprachliche Umgebung des Kindes entscheidend prägt. Die Frage, ob die Sprache der Mutter die Sprachentwicklung des Kindes beeinflußt, ist für die Theorie deshalb so wichtig, weil sie sich auf die Wirkung von Umwelteinflüssen auf die Sprachentwicklung bezieht.

Die Anhänger der Theorie der sozialen Interaktion haben festgestellt, daß Mütter, wenn sie mit ihren Säuglingen sprechen, eine andere Sprache benutzen als im Gespräch mit Erwachsenen. Diese „Ammensprache", die im Englischen auch als „motherese" bezeichnet wird, besitzt ein eigenes Vokabular (zu dem Wörter wie *Ham-Ham* und *Puff-Puff* gehören) und andere klar unterscheidbare Merkmale: höhere Stimmlage, übertrieben deutliche Intonation, kurze, einfache und grammatisch korrekte Sätze mit wenig Verben, näheren Bestimmungen, Funktionswörtern, Nebensätzen und Einfügungen, Häufung von Fragen, Imperativen und Wiederholungen, flüssige und verständliche Sprache (Newport, 1977; Snow, 1974; Vorster, 1974).

Eine Anzahl von Untersuchungen zeigt, daß „motherese" die frühe Sprachentwicklung fördern kann. Bei einer Untersuchung wurde die Sprache von Mutter-Kind-Paaren in ihrer häuslichen Umwelt zweimal aufgezeichnet. Beim ersten Mal waren die Kinder 18 Monate (Einwort-Stufe), beim zweiten Mal 27 Monate alt und konnten Sätze sprechen. 27 Monate alte Kinder, deren Mütter bei der ersten Beobachtung eine relativ einfache Sprache benutzt hatten (mit vielen Ja-Nein-Fragen und einem im Verhältnis zu den Pronomina relativ hohen Anteil an Substantiven), erreichten mit großer Wahrscheinlichkeit eine hohe Stufe sprachlicher Kompetenz (längere Sätze und häufigerer Gebrauch von Verben, Substantivverbindungen und Hilfsverben). Bei den Kindern dagegen, deren Mütter bei der ersten Aufzeichnung längere und komplexere Sätze benutzt hatten, verlief der sprachliche Fortschritt langsamer. Deshalb sahen die Forscher in „motherese" eine effektive Möglichkeit, ganz kleinen Kindern die Sprache beizubringen (Furrow, Nelson & Benedict, 1979).

Eine andere Untersuchung hat die Sprache von Müttern mit sprachlich fortgeschrittenen und sprachlich normal entwickelten Kindern verglichen. Dabei ergaben sich keine Unterschiede in Länge und Aufbau der Sätze, aber die Sprache der Mütter mit sprachlich weiter fortgeschrittenen Kindern war deutlicher und enthielt nicht so viele mehrdeutige oder unverständliche Aussagen. Außerdem überließen sie ihren Kindern die Gesprächsführung und reagierten auf ihre Äußerungen mit entsprechenden Beiträgen. Sie paßten ihre Äußerungen den Äußerungen des Kindes an und wiederholten oder erweiterten häufig seine Aussagen. Wenn Sally z. B. einen Ball fallen läßt und sagt „Ball gefallt", dann antwortet die Mutter mit dem richtigen erweiterten Satz: „Der Ball ist runtergefallen." Und wenn Sally korrekt sagt „Der Ball ist runtergefallen", sagt ihre Mutter: „Ja, der Ball ist runtergefallen, weil du ihn fallen gelassen hast." (Penner, 1987)

Es wird nicht in Frage gestellt, daß die verschiedenen mütterlichen Sprachstile je nach Alter und Sprachfähigkeit der Kinder unterschiedliche Auswirkungen haben. Trotzdem zeigen solche Ergebnisse, daß die Sensibilität der Mutter für Sprachfähigkeit, Absichten und Bedeutungsvariationen beim Kind (und die Fähigkeit, ihre Reaktionen darauf einzustellen) den sprachlichen Fortschritt des Kindes fördern kann.

Mütter sprechen mit ihrem ersten Kind anders als mit den anderen. Sie stellen ihm häufiger Fragen wie etwa: „Was sind das für Farben?" und machen öfter Bemerkungen wie: „Sag hallo", oder: „Ist das ein Pferd oder ein Hund?" Das ist wahrscheinlich einer der Gründe, weshalb Erstgeborene schnellere sprachliche Fortschritte machen als ihre jüngeren Geschwister (Jones & Adamson, 1987).

Eine gut kontrollierte experimentelle Untersuchung zeigt, daß ein bestimmtes Training die Fähigkeit zur Anwendung komplexer grammatischer Formen fördern kann (Nelson, 1975). Vor Beginn des Experiments benutzten die 28 Monate alten, englischsprachigen Kinder spontan weder Frageanhängsel (z. B. „I found it, didn't I?") und negative Fragen („Doesn't it hurt?") noch Futur und Konjunktiv („He will eat it." „He could find it."). Eine Gruppe von Kindern nahm an fünf Sitzungen teil, bei denen die Frageform geübt wurde, die andere Gruppe übte in ebenfalls fünf Sitzungen die Verbformen. Beim Training wurden die Sätze der Kinder in der entsprechenden Form neu strukturiert oder formuliert. Sagte ein Kind zum Beispiel in der Fragetrainingsgruppe: „You can't have it", antwortete der Forscher: „Oh I can't have it, can I!" In der Gruppe für die Prädikatsformen beantwortete der Forscher Fragen wie: „Where it go?" mit „It will go there."

Das Training war ausgesprochen effektiv. Alle Kinder, die mit Frageanhängseln und negativen Fragen konfrontiert waren, erwarben die Fähigkeit, solche Fragen zu formulieren und zu produzieren, machten aber keinerlei Fortschritt im Gebrauch von Futur oder Konjunktiv. Entsprechend produzierten alle Kinder aus der Verbgruppe die neuen Verbformen, aber weder Frageanhängsel noch negative Fragen. Bei Messungen anderer Aspekte der Sprachentwicklung, zum Beispiel Äußerungslänge und Anzahl der benutzten Wörter, gab es keine Unterschiede zwischen den beiden Gruppen. Das Training mit Hilfe von Neuformulierung oder Neustrukturierung von Sätzen hatte offensichtlich eine recht spezifische, selektive Wirkung (Nelson, 1975).

Die Ergebnisse dieser Untersuchungen unterstützen zum Teil die Annahme der Lerntheorie und der Theorie der sozialen Interaktion, daß Informationen aus der Umwelt für die Sprachentwicklung wichtig sind. Aber diese Untersuchungen haben sich fast ausschließlich mit der *Förderung* der Sprachentwicklung bei Kindern beschäftigt, die bereits grundlegende Sprachfertigkeiten besaßen. Man kann aus den Untersuchungen nicht auf die *Notwendigkeit* spezieller Umweltinformationen (wie „motherese" und Training) für die Sprachentwicklung schließen, und sie liefern auch kein Material, das im Widerspruch zu der nativistischen Annahme steht, nach der die Grundlage der Sprachentwicklung eine biologische ist.

Schichtspezifische Unterschiede in der Sprache

Kinder aus gebildeten Mittelschichtfamilien erreichen im allgemeinen bei Tests sämtlicher Bereiche der Sprachfähigkeit, also Vokabular, Satzstruktur, Lautunterscheidung und Artikulation, höhere Werte als Kinder von Eltern ohne High-School-Abschluß (Templin, 1957). Das kann an den schichtspezifischen Sprachstilen der Mütter liegen. Ein englischer Bildungssoziologe, der sich schon früh mit diesem Thema beschäftigte, hat zwei Muster verbaler Interaktion beschrieben (Bernstein, 1970). Der *restringierte Kode* wird in der Regel von Müttern aus der Unterschicht benutzt. Diese Mütter reden mit ihren Kindern in kurzen, einfachen und leicht verständlichen Sätzen, die sich überwiegend auf Hier-und-jetzt-Ereignisse beziehen. Mittelschichtsmütter dagegen benutzen einen *elaborierten Kode* bei der Erziehung ihrer Kinder; sie bringen ihnen moralische Werte bei und sprechen mit ihnen über Gefühle. Die einfachen Kodes sind zwar für kleine Kinder sinnvoll, aber bei älteren Kindern fördern die komplexeren Kodes von Mittelschichtsfrauen vermutlich die Neigung zu Abstraktionen.

Kommunikation und Gespräch

Eine der wichtigsten Funktionen der Sprache ist die Kommunikation. Zur Kommunikation reicht die Kenntnis der grammatischen Regeln (Syntax) und der Bedeutung von Wörtern (Semantik) nicht aus; sie erfordert auch die „Fähigkeit, zum richtigen Zeitpunkt, am richtigen Ort und zum richtigen Hörer das Richtige über das richtige Thema" zu sagen (Dore, 1979, S. 337). In diesem Abschnitt geht es um die Erweiterung der bisher behandelten pragmatischen Aspekte der Sprache, um festzustellen, auf welche Weise Kinder lernen, Sprache im sozialen Kontext von Kommunikation und Gespräch anzuwenden.

Wir haben bereits darauf hingewiesen, daß Säuglinge sich mitteilen, bevor sie sprechen können: Handlungen und Gesten werden zum Ausdruck des emotionalen Zustands und als Aufforderung zur Bedürfnisbefriedigung eingesetzt. Säuglinge greifen zum Beispiel nach einem Gegenstand, den sie haben wollen, geben ein mechanisches Spielzeug einem Erwachsenen, damit er es ihnen aufzieht, und schütteln den Kopf oder machen stoßende Bewegungen, um Ablehnung deutlich zu machen (Pea, 1980). Frühe willkürliche Lautäußerungen begleiten solche Gesten. Andere frühe kommunikative Laute lenken die Aufmerksamkeit auf Objekte oder sind Bestandteil von rituellen Spielen, z. B. Winke-winke oder Guck-guck. Diese Handlungen und Vokalisierungen lassen sich als Vorläufer der sprachlichen Kommunikation betrachten (Bruner, 1975).

Mit Wörtern und Sätzen werden Kommunikation und Gespräch sehr viel wirksamer. Gesprächskompetenz erfordert Fertigkeiten im Bereich des Sprechens und Zuhörens, aber auch soziale Kompetenzen: Man muß abwechselnd sprechen und zuhören, wissen, wann man selber mit dem Sprechen an der Reihe ist, Kompetenz, Wissen, Interessen und Bedürfnisse des Zuhörers berücksichtigen, die eigene Dominanz bei der Interaktion in Grenzen halten und darauf achten, seine Gesprächspartner nicht zu unterbrechen, erkennen, wenn eine Mitteilung nicht verstanden wird, und mehrdeutige Aussagen erklären, mit nonverbalen Mitteln wie Blickkontakt anzeigen, daß man aufmerksam ist und die Interaktion fortsetzen will, usw. (Dore, 1979).

Die Frage ist, ob kleine Kinder die kognitiven Fähigkeiten besitzen, die zur Entwicklung dieser Kommunikationsfertigkeiten nötig sind. Piaget schloß aus seinen Beobachtungen, daß sie diese Fertigkeiten nicht besitzen; für ihn war die frühe Sprache von Kindern im wesentlichen nichtkommunikativ oder *egozentrisch* (Piaget, 1926). In diesem Alter wissen seiner Meinung nach Kinder noch nicht, daß der Zuhörer eine andere Perspektive einnehmen kann als sie selbst. Ihr Sprechen ist wie lautes Denken; sie beschreiben ihre eigenen Handlungen und halten „kollektive Monologe", bei denen zwei Kinder jeweils eigene Gesprächsfäden verfolgen und kaum Anhaltspunkte erkennen lassen, daß sie auf die Kommentare des anderen reagieren. (Sarah: „Da fährt mein Zug." Sally: „Das Pferd ist krank." Sara: „Jetzt fährt er schneller.") Erst mit sechs oder sieben Jahren wird egozentrische Sprache durch „sozialisierte" Sprache ersetzt, die den Standpunkt des Hörers berücksichtigt und dadurch einen wirklichen Dialog möglich macht (Piaget, 1926).

Früher verbaler Austausch

Heute ist man allgemein der Auffassung, daß Piaget die Kommunikationskompetenz kleiner Kinder stark unterschätzt hat. Zweijährige sprechen direkt miteinander und mit Erwachsenen, normalerweise in abgehackten Äußerungen, die sich auf vertraute Objekte in der unmittelbaren Umgebung beziehen. Die meisten dieser Botschaften führen zu adäquaten Reaktionen; andernfalls ist die Wahrscheinlichkeit groß, daß der Sprecher seine Botschaft wiederholt. Kurze Äußerungen sind die Regel, aber in manchen Spielsituationen gibt es auch längere, elaboriertere Kommunikation, zum Beispiel wenn Kinder gemeinsam ein Möbelstück umstellen.

Wenn Gespräche von Erwachsenen initiiert werden, wiederholen Zweijährige oft nur das, was der Erwachsene sagt. Dreijährige wechseln sich mit erwachsenen Gesprächspartnern ab; sie reagieren ungefähr zu 50 Prozent mit neuer und für die Aussagen des anderen relevanter Information. Allerdings sind diese Gespräche kurz und enthalten selten mehr als zweimalige Rede und Gegenrede (Bloom, Rocissano & Hood, 1976). Bei Gesprächen mit Gleichaltrigen sind die Wechselreden zwischen Dreijährigen manchmal sehr viel länger. Zwei dreijährige Mädchen zum Beispiel brachten es auf 21 Wechselreden; sie stellten und beantworteten Fragen über einen Campingurlaub (Garvey, 1975, 1977).

Mit vier Jahren sind Kinder in der Lage, ihre Gesprächsstrategie vollständig zu verändern, wenn ihre Zuhörer das erforderlich machen. Bei einer Untersuchung wurden die Gespräche verfolgt, die Vierjährige mit Zweijährigen, mit Gleichaltrigen und Erwachsenen führten. Einmal war der Anlaß spontanes Spiel, das andere Mal erklärten sie den Gesprächspartnern, wie ein Spielzeug funktioniert. Im Gespräch mit den Zweijährigen benutzten sie einfachere, kürzere Sätze und mehr aufmerksamkeitserregende Wörter wie *Hey* und *Guck mal* als im Gespräch mit Erwachsenen oder anderen Vierjährigen. Die Sätze, die sie an Erwachsene und Gleichaltrige richteten, waren länger und komplexer und enthielten mehr Attribute und Nebensätze (Shatz & Gelman, 1973).

Fragen und Forderungen

Mit ungefähr drei Jahren tauchen *Kontingenzfragen* in der spontanen Unterhaltung von Kindern auf, d. h. Fragen über das, was ein anderes Kind gesagt oder getan hat. Diese Fragen sind häufig Aufforderungen zu Erläuterung, Klärung oder Erklärung. Die häufigste Frage ist „Was?" oder das Synonym „Hä?"

Lenny: Guck mal, wir haben einen Papagei im Haus gefunden.
Phil: Was?
Lenny: Einen Papagei. Einen Vogel.
Phil: Toll!

In diesem Gespräch – einer typischen Interaktion zwischen Dreijährigen – war die Frage „Was?" (mit steigender Intonation ausgesprochen) eindeutig eine Aufforderung zur Wiederholung. Der Hörer gab dem Sprecher anschließend Zeit zu antworten, und der Sprecher reagierte wie erwartet und setzte noch eine zusätzliche Erweiterung hinzu. Dann reagierte der Hörer und zeigte, daß er die ursprüngliche Aussage des Sprechers klar verstanden hatte (Garvey, 1975).

Bei Untersuchungen über die Kommunikation von Kindern läßt man oft je zwei Kinder ein Spiel spielen, das einen Informationsaustausch erforderlich macht. Bei einer dieser Untersuchungen saßen die Kinder an einem Tisch einander gegenüber, der durch eine Wand getrennt war, so daß keiner den anderen sehen konnte. Jedes Kind hatte einen Ständer und einen Stapel Bauklötze vor sich, die in dem Ständer aufgestapelt werden konnten. Die Klötze waren mit klar unterscheidbaren, aber schwer zu beschreibenden Bildern bemalt (vgl. Abbildung 6.4). Eins der Kinder, der Sprecher, sollte sich einen Klotz aussuchen, die Zeichnung darauf beschreiben und ihn dann in den Ständer stecken. Die Aufgabe des Hörers bestand darin, den Klotz zu finden, den der Sprecher beschrieben hatte, und ihn dann in seinen Ständer zu stecken, so daß am Schluß die Klötze beider Kinder in derselben Reihenfolge in den Ständern steckten.

Bei dieser Untersuchung spielten alle Teilnehmer das Spiel achtmal. Beim ersten Mal waren die Ergebnisse durchgängig schlecht, verbesserten sich aber bei den älteren Kinder schnell. Sie waren beim achten Durchgang feh-

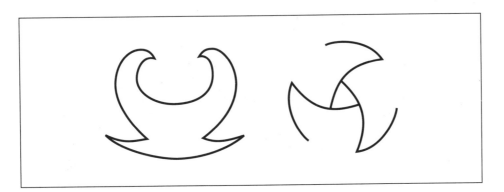

Abb. 6.4: Zeichnungen aus einer Untersuchung, bei der ein Kind einem anderen Kind ein Bild beschreiben mußte, das es nicht sehen konnte. Mit sieben und acht Jahren konnten Kinder die Zeichnungen so klar und genau beschreiben, daß die Hörer das Gegenstück aus einer Reihe anderer Zeichnungen herausfanden. (Aus S. Glucksberg & R. M. Krauss: What do people say after they have learned how to talk? Merrill-Palmer Quarterly, 1967, 13, 309–316. Mit freundlicher Genehmigung der Wayne State University Press. © 1967 by The Merrill-Palmer Institute of Human Development and Family Life.)

lerlos. Kinder im Kindergartenalter machten bei allen acht Spielen Fehler. In den Beschreibungen kleiner Kinder wurde oft ein geringes Bewußtsein über die Art der Information deutlich, die für den anderen Spieler Bedeutung haben könnte. Sie beschrieben zum Beispiel die Zeichnung auf den Klötzen mit den Worten: „Mamis Kleid" oder „Papas Hemd". Wenn der Hörer mehr Informationen verlangte, wiederholten sie entweder die Information oder blieben stumm. Ältere Sprecher lieferten umfassendere, informativere Beschreibungen und reagierten auch angemessener auf die Rückmeldungen des Hörers. Wenn der Hörer sagte „Ich weiß nicht, welchen du meinst", war bei älteren Sprechern die Wahrscheinlichkeit groß, daß sie eine Beschreibung anboten oder weitere Einzelheiten nannten (Glucksberg & Krauss, 1967; Krauss & Glucksberg, 1969).

Verglichen mit Vorschulkindern denken ältere Kinder eher über die Aussagen des Sprechers nach und können eher einschätzen, ob sie sie verstehen, das heißt, ob die Aussagen des Sprechers angemessen, informativ oder mehrdeutig sind. Sie stellen auch bessere Informationsfragen, um Mehrdeutigkeit oder Unsicherheit zu verringern. Diese Fähigkeit wird schon gefördert, wenn man Kindern sagt, sie sollten immer fragen, sobald ihnen eine Botschaft nicht völlig klar ist (Patterson, Massad & Cosgrove, 1978).

Zusammenfassung

Sprache hat fünf grundlegende Funktionen: Sie ermöglicht es, über Gedanken zu kommunizieren, bietet dem Verwender die Möglichkeit zum Verständnis der eigenen Gesellschaft und Kultur, hilft dabei, soziale Beziehungen aufzubauen und aufrechtzuerhalten, ermöglicht es, Ereignisse in sprachliche Kategorien einzuordnen, und unterstützt das logische Denken.

Phoneme sind Grundlaute, die zu Wörtern zusammengesetzt werden. Im Deutschen entsprechen die Phoneme überwiegend den Lauten der Buchstaben des Alphabets. Jede Sprache besitzt Regeln dafür, wie zwei oder mehr Phoneme zu Wörtern kombiniert werden können.

Bereits wenige Tage nach der Geburt können Säuglinge zwischen ähnlichen Phonemen unterscheiden, und das in einem sehr viel größeren Ausmaß, als es die jeweilige Sprache verlangt. Sie können aber noch keine Phoneme bilden. Mit fünf oder sechs Monaten fangen alle Säuglinge spontan an zu lallen, indem sie Vokal- und Konsonantlaute zu Silbenketten verbinden. Dieses Lallen hat keine symbolische Bedeutung.

Um den ersten Geburtstag fangen Kinder an, erste bedeutungstragende Laute zu bilden, normalerweise in Form einzelner Wörter oder Morpheme. (Ein *Morphem* ist die kleinste bedeutungstragende Einheit einer Sprache.)

Die meisten Wörter, die Kinder im zweiten Lebensjahr benutzen, stehen für Gegenstände oder Personen. Kinder verstehen sehr viel mehr Wörter, als sie tatsächlich sprechen. Viele neue Wörter erlernen sie durch „Bezeichnungsrituale", die Eltern mit ihren Kindern von dem Moment an durchspielen, in denen sie zum erstenmal wortähnliche Äußerung machen.

Nach Clark bilden Kinder, die ein neues Wort hören, eine Hypothese über seine Bedeutung und prüfen diese Hypothese bei der Verwendung des Wortes, wobei sie ihre ursprünglichen Vorstellungen allmählich verändern. Unter geeigneten Bedingungen können ältere Kinder die Bedeutung eines Wortes häufig selbst finden.

Kinder schreiben Wörtern oft eine andere Bedeutung zu als Erwachsene. Dabei erweitern sie manchmal die Bedeutung, das heißt, sie bezeichnen damit Objekte, die der eigentlichen Wortbedeutung ähnlich sind, oder sie verengen sie, das heißt, sie schränken die Bedeutung zu stark ein. Zwischen drei und vier Jahren begreifen Kinder allmählich auch übertragene oder nichtwörtliche Bedeutungen von Wörtern und Sätzen. Mit ungefähr sechs Jahren können sie erkennen, daß eine Aussage, die auf einer Ebene falsch ist, auf einer tieferen Ebene wahr sein kann; mit anderen Worten, sie begreifen Ironie.

Ungefähr mit 18 Monaten setzen Kinder zwei Wörter zusammen und sprechen ihre ersten Sätze. Die Bandbreite der Zwei- und Drei-Wort-Kombinationen steigt beträchtlich, je näher der zweite Geburtstag rückt. In der Regel benutzen Kinder die in ihrer jeweiligen Muttersprache korrekte Wortfolge.

Mit zunehmendem Alter werden die Sätze der Kinder länger. Die mittlere Äußerungslänge (MLU) steigt zwischen zwei und vier Jahren stark an. Gleichzeitig meistern sie die grammatikalischen Morpheme ihrer Sprache: die Verlaufsform -ing (im Englischen), die korrekte Verwendung von auf und in, den Plural usw. Sie fangen jetzt auch an, komplexe Sätze zu sprechen, die aus zwei oder mehr einfachen, mit *und* verbundenen Sätzen bestehen oder bei denen ein Gedanke im anderen eingebettet ist. Um solche Sätze konstruieren zu können, müssen Kinder die Regeln für die Kombination größerer Wortgruppen lernen und Bindewörter benutzen. Auf diese Weise können sie auch Fragen formulieren, Hinweisewörter wie *hier, da, dies, jenes* einsetzen, Passivsätze und Verneinungen konstruieren.

Mit zunehmender kognitiver Kompetenz erweitert sich die metasprachliche Bewußtheit der Kinder; das heißt, die Sprache selbst wird zum Thema, über das ein Kind nachdenkt, das es begreifen will und über das es spricht. Zweijährige können manche grammatikalisch falschen Sätze erkennen und nehmen manchmal „spontane Korrekturen" vor. Mit größerer metasprachlicher Bewußtheit wächst auch die Vorliebe für Mehrdeutigkeiten und die Fähigkeit, Metaphern zu bilden und Witze zu machen.

Für eine erfolgreiche Kommunikation ist mehr erforderlich, als nur Wortbedeutungen und grammatikalische Regeln zu kennen. Die Kinder müssen lernen, die Sprache auf den physischen und sozialen Kontext zu beziehen, in dem sie sie verwenden. Das ist der pragmatische Aspekt der Sprache. Selbst sehr kleine Kinder, die in Ein-Wort-Äußerungen sprechen, verfolgen damit pragmatische Ziele. Die pragmatischen Fähigkeiten nehmen im Verlauf der Kindheit mit steigender Bewußtheit für den sozialen Kontext der Sprache zu.

Es gibt viele Theorien über den Spracherwerb. Die Lerntheorie hält Verstärkung (Belohnung) und Imitation von Modellen für die entscheidenden Mechanismen beim Spracherwerb. Kinder imitieren natürlich, was sie andere sagen hören, und ohne Modelle können sie weder das Vokabular noch die grammatikalischen Strukturen ihrer Sprache erlernen. Aber Beobachtung und Imitation allein können den Spracherwerb nicht vollständig erklären. Die nativistische Theorie geht von angeborenen biologischen Faktoren aus. So hat Chomsky behauptet, daß es beim Menschen einen angeborenen Spracherwerbsmechanismus gibt. Eine ähnliche Auffassung nimmt an, daß die Sprachentwicklung von kognitiven, informationsverarbeitenden und motivationalen Prädispositionen abhängig ist.

Die Theorie der sozialen Interaktion versucht, einen Kompromiß zwischen dem lerntheoretischen und dem nativistischen Ansatz zu finden. Sie geht davon aus, daß biologische Faktoren den Verlauf des Spracherwerbs beeinflussen, hält aber gleichzeitig die Interaktion zwischen Erwachsenen und Kindern für unabdingbar zur Entwicklung sprachlicher Fertigkeiten.

Umstritten ist auch die Frage, ob kognitive Leistungen die Vorbedingung für Sprachkompetenz sind oder ob umgekehrt Sprachkompetenz für kognitive Leistungen notwendig ist. Piaget und andere kognitive Psychologen behaupten, daß die Sprachentwicklung kognitive Prozesse nicht so sehr steuert als vielmehr spiegelt. Es kommt aber auch vor, daß die Sprache die Kognition unterstützt. Aus der Sprache, die Erwachsene Kindern gegenüber benutzen, bekommen sie Informationen über die richtige Kategorisierung von Ereignissen. Von daher ist eine Wechselbeziehung zwischen Sprache und Kognition wahrscheinlich.

Kommunikation ist eine der wichtigsten Funktionen von Sprache. Säuglinge teilen sich mit, bevor sie sprechen können, und die ersten absichtlichen lautlichen Mitteilungen werden oft von nonverbalen Gesten begleitet. Piaget betrachtete das frühe Sprechen von Kindern als nichtkommunikativ oder egozentrisch. Heute dagegen ist man allgemein der Auffassung, daß er die kommunikative Kompetenz von Kindern unterschätzt hat. Bei Dreijährigen tauchen Fragen und Forderungen in der spontanen Konversation von Kindern auf, Vierjährige können bereits wichtige Änderungen in ihren Gesprächsstrategien vornehmen, wenn das Publikum es verlangt.

Fragen

1. Was sind die fünf wesentlichsten Funktionen der Sprache?
2. Was sind Phoneme? Erläutern Sie kurz die Fähigkeit des Säuglings, Phoneme wahrzunehmen und zu produzieren.
3. Was versteht man unter gebundenen und ungebundenen Phonemen?
4. Wie lernen Kinder die Bedeutung neuer Wörter?
5. In welchem Alter beginnen Kinder, Sprache im übertragenen Sinne zu benutzen und Ironie zu verstehen?
6. Beschreiben Sie mit wenigen Worten den Prozeß, in dem Kinder lernen, Wörter zu einfachen und komplexen Sätzen zusammenzusetzen.
7. Was versteht man unter metasprachlicher Bewußtheit?
8. Was bedeutet sprachliche Pragmatik?
9. Erläutern Sie die drei wichtigsten Theorien zum Spracherwerb.
10. In welcher Beziehung stehen Sprache und Kognition?

Glossar

Phoneme: Grundlaute, die zusammengesetzt Wörter ergeben.

Morphem: Die kleinste bedeutungtragende Einheit einer Sprache.

Wort: Ein Morphem oder eine Kombination von Morphemen.

Ungebundenes Morphem: Ein Morphem, das allein stehen kann.

Gebundenes Morphem: Ein Morphem, das nicht allein stehen kann und immer Teil eines Wortes ist.

Semantik: Bedeutung sprachlicher Zeichen.

Syntax: System der grammatischen Regeln für die Kombination von Wörtern zu Sätzen.

Pragmatik: Beziehung zwischen der Bedeutung einer Äußerung und dem Kontext, in dem sie gemacht wird.

Metasprachliche Bewußtheit: Das Wissen, daß Sprache selbst ein Thema ist, über das man nachdenken, das man begreifen und über das man sprechen kann.

Literaturempfehlungen

de Villiers, J. G. & de Villiers, P. A. (1978). *Language acquisition*. Cambridge, Mass.: Harvard University Press. Stellt in leicht verständlicher Form die grundlegenden Prinzipien und Fakten über die Sprachentwicklung vor.

Gleason, J. B. (1985). *The development of language.* Columbus, Ohio: Charles E. Merrill. Eine ausgezeichnete Zusammenfassung der phonemischen, semantischen und syntaktischen Sprachentwicklung. Einzelne Kapitel beschäftigen sich außerdem mit den individuellen Unterschieden beim Spracherwerb und der gesellschaftlichen Bedeutung von Sprache.

Labov, W. (1972). *Sociolinguistic patterns.* Philadelphia: University of Pennsylvania Press. Beschäftigt sich mit den schichtspezifischen und ethnischen Unterschieden im sprachlichen Ausdruck und in der sprachlichen Entwicklung.

Winner, E. (1988). *The point of words.* Cambridge, Mass.: Harvard University Press. Dieser Aufsatz beschreibt detailliert, wie kleine Kinder Metaphern und Ironie begreifen.

Deutschsprachige Bücher zu diesem Kapitel

Bühler, K. (1934). *Sprachtheorie.* Jena: Fischer.

Claar, A. (1990). *Die Entwicklung ökonomischer Begriffe im Jugendalter.* Berlin, Heidelberg: Springer.

Clahsen, H. (1982). *Die formale Natur der Sprache. Eine Untersuchung zur Entwicklung der Syntax bei Kleinkindern.* Tübingen: Narr.

Grimm, H. (1982). Sprachentwicklung: Voraussetzungen, Phasen und theoretische Interpretationen. In R. Oerter & L. Montada, *Entwicklungspsychologie* (Kap. 7, S. 506–566). München: Psychologie Verlags Union.

Grimm, H. (1982). Sprachentwicklung: Voraussetzungen, Phasen und theoretische Interpretationen. In R. Oerter & L. Montada, *Entwicklungspsychologie* (Kap. 12, S. 578–736). München: Psychologie Verlags Union.

Stern, C. & Stern, W. (1987). *Die Kindersprache. Eine psychologische und sprachtheoretische Untersuchung* (Nachdruck der 4. neubearbeiteten Auflage von 1928). Darmstadt: Wissenschaftliche Buchgesellschaft.

Szagun, G. (1991). *Sprachentwicklung beim Kind. Eine Einführung* (4. Auflage). München: Psychologie Verlags Union.

Wygotski, L. (1964). *Denken und Sprechen.* Berlin: Akademie-Verlag (Original erschienen 1934).

Zimmer, D.E. (1988). *So kommt der Mensch zur Sprache.* Zürich: Haffmanns.

Die kognitive Entwicklung: Piaget und danach

Die Fortschritte beim Denken und Verstehen in den ersten Lebensjahren sind bemerkenswert. Zu den Denk- und Erkenntnisprozessen, der sogenannten **Kognition**, gehören Aufmerksamkeit, Wahrnehmung, Interpretation, Einordnung und Erinnerung von Information, Beurteilung von Gedanken, Ableitung von Prinzipien und Regeln, Vorstellung von Möglichkeiten, Entwicklung von Strategien und Phantasie. Ein sechsjähriger Junge, den wir zufällig im Flugzeug trafen, sah sich im Flugzeug um (Aufmerksamkeit), fragte, wo Sitzgurte und Ausgang seien (Wahrnehmung), las dann die Zeichen, auf denen „Gang", „Mitte" und „Fenster" stand (Wiedererkennen). Dann erzählte er von seiner Reise nach Florida und berichtete, wo er überall gewesen war, was er gesehen hatte und an welchem Tag er zurückgekommen war (Erinnern). Er beschrieb seine Familie – Mutter, Stiefvater, Vater, Stiefmutter, Stiefgroßmutter, zwei Brüder, keine Schwestern – und verstand anscheinend die Beziehungen zwischen den Familienmitgliedern (Einordnung). Er erzählte von einem Vorfall, bei dem sein einjähriger Bruder der Mutter spontan eine Decke für den neugeborenen Bruder gebracht hatte, und sagte: „Das war eine große Hilfe, nicht wahr?" (Interpretation). Er erblickte vom Flugzeug aus einen Fluß, den er für den Mississippi hielt. Als man ihn darauf aufmerksam machte, daß es der Missouri war, fragte er: „Woher weißt du das?" (Beurteilung von Information).

In der Entwicklungspsychologie geht es darum, altersspezifische Veränderungen der kognitiven Funktionen zu beschreiben und festzustellen, welche reife- und umweltbedingten Faktoren hier ihren Einfluß ausüben. Dafür sind Methoden zur Beobachtung und Messung der kognitiven Prozesse nötig. In diesem Kapitel werden wir deshalb zunächst die drei Grundprobleme beschreiben, mit denen jeder Forscher konfrontiert ist, der kognitive Prozesse messen und begrifflich fassen will, und werden anschließend den gegenwärtigen Erkenntnisstand über die kognitive Entwicklung von Kindern vorstellen.

Probleme bei der Untersuchung der kognitiven Entwicklung

Kann man aus dem Verhalten auf das Denken schließen?

Denkprozesse kann man nicht beobachten. Beobachten kann man nur äußeres Verhalten oder die Leistung bei der Lösung einer Aufgabe. Aus diesem Grund gibt es in der Forschung Meinungsverschiedenheiten darüber, ob oder wie weit nicht beobachtbares Denken aus offenem Verhalten abgeleitet werden kann.

In dieser Auseinandersetzung vertreten die strengen Behavioristen, die sich überwiegend an B. F. Skinner orientieren, das eine Extrem (Bijou & Baer, 1961; Skinner, 1938): Für sie ist beobachtbares Verhalten das einzig legitime Forschungsgebiet der Psychologie. Diese radikale Richtung des Behaviorismus hat zwar in den letzten zwanzig oder dreißig Jahren an Einfluß verloren, aber die Mahnung, sich nicht allzu ausschließlich auf Schlußfolgerungen zu stützen, hat weiterhin Gültigkeit.

Das andere Extrem vertreten die Forscher, die die nicht beobachtbaren Denkprozesse von Kindern mit Hilfe von Theorien zu beschreiben und erklären versuchen. Zu dieser Gruppe gehören auch Piaget und seine Schüler. Die meisten Etnwicklungspsychologen allerdings bewegen sich zwischen diesen Extremen. Sie haben keine Bedenken, Rückschlüsse auf Kognitionen zu ziehen, untermauern ihre Schlußfolgerungen aber mit genauen Verhaltensbeobachtungen. Sie entwickeln ihre Gedanken ständig weiter und überprüfen sie anhand von möglichst exakten Prognosen über bestimmte Verhaltensweisen.

Ein Beispiel: Es soll untersucht werden, wie aufmerksam Kinder fernsehen. Die einfachste und am häufigsten angewandte Methode zur Messung der Aufmerksamkeit besteht in der Beobachtung der Blickrichtung. Schauen sie auf den Bildschirm, dann sind sie „aufmerksam" – oder? Schließlich kann man auch auf einen Bildschirm starren und in Gedanken ganz woanders sein. Blicken die Kinder nicht direkt auf den Bildschirm, gelten sie als „unaufmerksam". Ein Fernsehprogramm läßt sich aber auch durch Zuhören verfolgen. Man kann die These, daß die visuelle Fixierung auf den Bildschirm ein Zeichen für Aufmerksamkeit ist, zum Beispiel durch zusätzliche Messungen physiologischer Prozesse oder durch Fragen zum Inhalt des Programms überprüfen. Wenn die physiologischen Meßergebnisse und die Blickrichtung übereinstimmen oder die Kinder Programmteile, bei denen sie den Bildschirm im Auge hatten, besser nacherzählen können als die Teile, bei denen sie weggesehen haben, kann der Forscher davon ausgehen, daß visuelle Fixierung ein guter Indikator für Aufmerksamkeit ist. Bei der Überprüfung von Theorien ist beobachtbares Verhalten (einschließlich verbaler Äußerungen) das Hauptkriterium.

Kompetenz und Leistung

Ein zweites, verwandtes Thema beschäftigt sich damit, wie man zwischen der **Kompetenz**, das heißt dem Wissen und den Fähigkeiten eines Kindes, und seiner **Leistung** (Performanz), das heißt dem Einsatz der Kompetenz zur beobachtbaren Problemlösung, unterscheiden kann. Kinder wenden ihr vorhandenes Wissen nicht immer an, auch dann nicht, wenn eine Situation es erfordert. Wenn jemand sich zum Beispiel in einer bestimmten Situation nicht an den Namen eines alten Freundes erinnern kann, würde wohl niemand daraus den Schluß ziehen, daß er oder sie den Namen nicht kennt oder nicht die Fähigkeit besitzt, sich an Namen zu erinnern.

Ein Beispiel soll das Problem verdeutlichen: Ein zweijähriges Mädchen spielte mit braunen, roten und orangefarbenen Plastikstäben. Eine Freundin der Mutter kam dazu und fragte das Mädchen, welche Farben die Stäbe hätten. Es sah ein wenig verständnislos drein und sagte dann: „Gelb, Blau." Ein paar Minuten später kam ein anderer Erwachsener dazu, und das Kind sagte spontan: „Guck mal, was ich habe. Das ist ein brauner, und das ist ein roter, und der ist orange."

Man kann also nicht einfach auf fehlendes Wissen (das heißt fehlende Kompetenz in einem bestimmten Bereich) schließen, nur weil ein Kind sein Wissen nicht demonstriert (Leistung). Wenn ein Kind eine Fähigkeit vorführt oder demonstriert, kann man mit einiger Sicherheit davon ausgehen, daß es die entsprechende Kompetenz besitzt. Die umgekehrte Schlußfolgerung aber ist unzulässig: Wenn eine Fähigkeit nicht demonstriert wird, sagt das nichts darüber aus, ob die entsprechende Kompetenz vorhanden ist oder nicht. Wer bei einer Prüfung fast alle Fragen richtig beantwortet, hat bewiesen, daß er den Stoff kennt. Aber wenn jemand bei einer Prüfung durchfällt, kann kein Außenstehender mit Sicherheit sagen, ob er den Stoff nicht gelernt hat oder aus Müdigkeit, Angst oder anderen Gründen vorhandenes Wissen nicht gezeigt hat.

Die Leistung der Kinder spiegelt unter anderem deshalb nicht immer ihre tatsächliche Kompetenz, weil sie manche Aufgaben mißverstehen. Ein Großteil des heutigen Wissens über die kognitive Entwicklung basiert auf den Antworten, die Kinder auf Fragen von Erwachsenen gegeben haben. Aber diese Fragen werden von den Kindern manchmal in einer Art interpretiert, die für den Fragenden nicht vorhersehbar war. Eine Antwort, die in den Augen der Forscher falsch ist, kann aus der Perspektive des Kindes durchaus richtig sein, wie das folgende Beispiel zeigt:

Einem vierjährigen Kind wurde bei einem Experiment eine Gruppe von vier Spielzeuggaragen gezeigt. In drei der Garagen stand ein Auto, die vierte war leer. Der Forscher fragte: „Sind alle Autos in der Garage?" Das Kind sagte: „Nein." Daraus zog der Forscher den Schluß, daß das Kind die Bedeutung des Konzepts „alle" nicht verstanden hatte. Andererseits hatte es aber sämtliche vorangegangenen Fragen, die nur drei Autos betrafen, richtig beantwortet. Das Kind hatte ursprünglich angenommen, wo vier Garagen sind, müßten auch vier Autos sein, weil ihm eine Garage ohne Auto sinnlos vorkam, und den Schluß gezogen, daß das vierte Auto noch nicht da war. Es kannte die Bedeutung des Wortes „alle" durchaus, hatte aber eine zusätzliche Annahme eingebracht, die der Forscher bei diesem Problem nicht erwartet hatte.

Eine andere Form von Kompetenz ist die Fähigkeit, neue Fertigkeiten oder Einheiten des Wissens zu erwerben. Diese Fähigkeit wird als **Eignung** oder **potentielle Kompetenz** bezeichnet. Eine Gruppe von Fünfjährigen zum Beispiel kennt die Bedeutung von Wörtern wie *Kunsthandwerker, Dufthauch* und *Viola* nicht, das heißt, sie besitzt eine bestimmte Kompetenz nicht. Kann sie diese Wörter lernen? Wenn ja, spricht man davon, daß sie eine Eignung oder potentielle Kompetenz zum Begreifen dieser Wörter besitzt. Man kann die Eignung prüfen, indem man ihnen die Wörter beibringt und ihr Wissen anschließend überprüft. Bestehen sie die Prüfung der Wortbedeutung (Leistung), erlaubt das den Schluß, daß sie die potentielle Kompetenz dafür besitzen. Versagen sie aber bei diesem Test, ist das noch kein Beweis für das Fehlen einer potentiellen Kompetenz. Vielleicht war der Unterricht nicht gut oder lang genug, vielleicht war auch der Test nicht für die Beurteilung der tatsächlichen Leistung geeignet.

Breite oder enge Kompetenz

Wenn die Fünfjährigen bei der Prüfung der neuen Wörter erfolgreich waren, fragt sich, wie breit oder eng man diese Kompetenz dann definieren kann. Es scheint ein bißchen übertrieben, daraus auf eine generelle Eignung für das Erlernen von Sprache zu schließen, und es wäre untertrieben, die Kompetenz auf das Erlernen der Wörter *Viola, Dufthauch* und *Kunsthandwerker* zu begrenzen. Zwischen diesen beiden Extremen gibt es eine Vielfalt von Möglichkeiten zur Definition der potentiellen oder tatsächlichen Kompetenz.

Die meisten Entwicklungspsychologen bevorzugen relativ enge Definitionen von Kompetenzen, zum Teil deswegen, weil dadurch präzisere Vergleiche zwischen verschiedenen Gruppen von Kindern möglich werden. Achtjährige Kinder aus einem abgelegenen Maya-Dorf im nordwestlichen Hochland von Guatemala konnten sich nur mit großen Schwierigkeiten an eine Liste von acht Wörtern und die Reihenfolge von acht nebeneinanderliegenden Bildern erinnern. Achtjährige aus den USA dagegen hatten mit beidem kaum Schwierigkeiten. Daraus könnte man jetzt folgern, daß den Maya-Kindern die potentielle Kompetenz zum Erinnern von Informationen fehlt. Aber dieselben Kinder erinnerten sich nach nur wenigen Versuchen an die individuellen Beziehungen zwischen 20 Paaren geometrischer Muster und bedeutungsvollen Begriffen, die sie sich merken sollten (Kagan, Klein, Finley, Rogoff & Nolan, 1979). Offensichtlich fiel ihnen diese Gedächtnisaufgabe leichter als das Erinnern einer Liste von acht Wörtern, die keinen Bezug zueinander hatten. Von daher scheint es sinnvoll, die Kompetenz eines Kindes als *bereichsspezifisch* zu definieren, das heißt, Kompetenz bezieht sich eher auf eingegrenzte als auf sehr breit angelegte Inhaltsbereiche (Brown, Bransford, Ferrera & Campione, 1983).

Piagets Theorie

Zwei theoretische Ansätze bestimmten die Untersuchung der kognitiven Entwicklung. Der erste Ansatz geht von einer Beziehung zwischen kognitiver Entwicklung und Reifung aus und wird am eindeutigsten von Piagets Theorie vertreten. Der zweite wird als Informationsverarbeitungsansatz bezeichnet. Piagets Theorie und verwandte Ansätze zur kognitiven Entwicklung werden in diesem Kapitel, der Ansatz der Informationsverarbeitung im nächsten Kapitel behandelt.

Beim Wettbewerb um den Titel „einflußreichster Entwicklungstheoretiker des zwanzigsten Jahrhunderts" ist Piaget, laut Elkind (1981) der „Gigant des Kinderzimmers", neben Freud der aussichtsreichste Kandidat. Er begann seine entwicklungspsychologischen Forschungen aus der Perspektive des Naturwissenschaftlers und Biologen, der natürlich vorkommende Wachstums- und Veränderungsprozesse beschreiben wollte. Er war ein außerordentlich exakter und systematischer Beobachter. Die Aufzeichnungen über die Entwicklung seiner drei Kinder, die die Grundlage für viele Bestandteile seiner Theorie bildete, haben nichts mit der Freizeitbeschäftigung eines hingebungsvollen Vaters zu tun, sondern beschreiben systematisch und detailliert das spontane Verhalten von Kindern. Das folgende Zitat beschreibt das frühe Symbolspiel seiner Tochter:

„Mit 21 Monaten sah Jacqueline eine Muschel und sagte ‚Tasse'. Danach nahm sie sie auf und tat so, als würde sie daraus trinken. … Am nächsten Tag sagte sie ‚Glas', dann ‚Tasse', dann ‚Hut' und schließlich ‚Boot im Wasser', als sie die Muschel wieder sah. Drei Tage später nahm sie eine leere Schachtel, bewegte sie hin und her und sagte: ‚Auto' … Mit 24 Monaten und 22 Tagen ließ sie ihre Finger auf dem Tisch spazieren und sagte: ‚Finger laufen … Pferd traben.'" (Piaget, 1962, S. 124)

Kasten 7.1 skizziert Piagets wissenschaftlichen Werdegang.

Kasten 7.1

Kurzbiographie von Jean Piaget

Jean Piaget wurde im Jahr 1896 in Neuchâtel (Schweiz) geboren. Schon als Kind faszinierte ihn die Biologie: er sammelte Vögel, Fossilien und Muscheln. Mit zehn Jahren veröffentlichte der frühreife Junge einen kurzen wissenschaftlichen Text über einen Albino-Spatzen, den er in einem Park beobachtet hatte. Als Jugendlicher arbeitete er ehrenamtlich als Laborassistent im örtlichen naturwissenschaftlichen Museum. Er spezialisierte sich auf Weichtiere und veröffentlichte noch vor seinem 22. Lebensjahr darüber mehrere Aufsätze. Dieses früh erwachte Interesse an der Biologie ist in seinen psychologischen Arbeiten immer spürbar geblieben. Begriffe wie Organisation, Anpassung und Äquilibration gehen zum großen Teil auf biologische Begriffe zurück.

Im Jahr 1918 promovierte Piaget in den Naturwissenschaften. Aber er befaßte sich auch mit Philosophie, Religion, Biologie, Soziologie und Psychologie. Für kurze Zeit arbeitete er in verschiedenen europäischen psychologischen Labors und Kliniken.

Zu Beginn seiner wissenschaftlichen Laufbahn gab es zwei Ereignisse, die ihn stark und nachhaltig beeindruckten. Bei seinen psychologischen Studien arbeitete er im Pariser Labor von Binet, dem Begründer des Intelligenztests, und führte Tests mit Grundschulkindern durch. Zunächst langweilte er sich dabei, aber dann begann er, darauf zu achten, welche Prozesse sich im Kopf der Kinder bei der Beantwortung der Fragen abspielten. Er interessierte sich bald mehr für ihre Begründung falscher Antworten als für die Frage, warum sie etwas richtig beantworten konnten. Er fing an, die kleinen Testpersonen nach ihrem Denken zu fragen, und entwickelte auf der Grundlage der dadurch gewonnenen Erkenntnisse die „klinische Methode", die zum Markenzeichen seiner späteren Untersuchungen mit Kindern wurde.

Das zweite wichtige Ereignis seiner frühen beruflichen Laufbahn war eine Untersuchungsreihe mit seinen eigenen Kindern, die er zusammen mit seiner Frau Valentine Chatenay durchführte. Ihre Beobachtungen von Lucienne, Jacqueline und Laurent waren detailliert, exakt und originell, und man merkt ihnen Piagets naturwissenschaftliche Ausbildung an. Sie sind auch heute noch eine lohnende und anregende Lektüre.

Nach seiner Rückkehr in die Schweiz entwarf Piaget ein Programm zur Untersuchung von Kindern am Institut Jean-Jacques Rousseau in

Genf und lehrte bis zum Ende seiner beruflichen Laufbahn an der Universität von Neuchâtel. Er führte eine nicht mehr zählbare Menge empirischer Untersuchungen über Denken, Sprache, Wahrnehmung und Erinnerung bei Kindern durch. Neben dieser Grundlagenforschung beschäftigte er sich damit, die Entwicklungstheorie in die pädagogische Praxis umzusetzen (Flavell, 1963).

Bei seinem Tode im Jahre 1980 hinterließ er ein vielfältiges und lebendiges Vermächtnis. Auch heute noch regen seine Vorstellungen bahnbrechende entwicklungspsychologische Arbeiten auf der ganzen Welt an.

Grundlegende Entwicklungsbereiche

Piagets erste Arbeiten datieren aus den zwanziger Jahren. Seine Wiederentdeckung in den frühen sechziger Jahren hat die Richtung der amerikanischen Entwicklungspsychologie radikal verändert. Im Jahr 1960 standen die Umwelteinflüsse im Mittelpunkt der Forschung, die überwiegend auf der Lerntheorie aufbaute; Reifung und Vererbung wurde nur eine geringe Bedeutung zugeschrieben. Kinder galten als passive Empfänger von Umweltreizen; entwicklungsbedingte Veränderungen wurden, wenn überhaupt, als allmählich und kontinuierlich beschrieben, und man nahm an, daß Lernen sich auf bestimmte Aufgaben oder Situationen bezog. In dieser Situation waren Piagets Thesen mehr als nur eine weitere neue Theorie; sie stellten die vorherrschenden Auffassungen in sämtlichen Entwicklungsbereichen in Frage, die wir im ersten Kapitel beschrieben haben.

Reifung und Erfahrung: Als Naturwissenschaftler ging Piaget davon aus, daß die biologischen Merkmale des Kindes der Reihenfolge und Geschwindigkeit Grenzen setzen müssen, in der bestimmte kognitive Kompetenzen entstehen. Gleichzeitig war er überzeugt, daß aktive Erfahrung mit der Umwelt entscheidend für kognitives Wachstum ist, mit anderen Worten, er legte seinen Schwerpunkt auf die Interaktion (vgl. 1. Kapitel). Die Bedeutung, die Reifung und Erfahrung in der Entwicklung zukommt, läßt sich nicht trennen, denn beides muß vorausgesetzt werden. Säuglinge begreifen zum Beispiel das Konzept der Objektpermanenz, weil ihr Nervensystem reifer wird *und* weil sie Erfahrungen mit Objekten gemacht haben (vgl. 3. Kapitel). Durch Reifung allein kann dieses Wissen nicht erworben werden, und Kinder können aus ihren Erfahrungen nur dann lernen, wenn die entsprechenden Nervenstrukturen entwickelt sind.

Piaget beharrte auf der Universalität bestimmter kognitiver Vorstellungen, Operationen und Strukturen, nicht weil sie ererbt sind, sondern weil die alltäglichen Erfahrungen aller Kinder mit Objekten und Menschen sie zwangsläufig zu den gleichen Schlußfolgerungen führen müssen. Er nahm an, daß alle Kinder nach und nach lernen, Kategorien wie zum Beispiel *Hund* zu abstrakteren Kategorien wie *Haustiere* oder *Säugetiere* zusammenzufassen. Alle Kinder erkennen, daß Kategorien sich immer in mindestens zwei kleinere Einheiten teilen lassen. Die Kategorie *Tiere* zum Beispiel läßt sich unterteilen in Hunde und Tiere, die keine Hunde sind. Entsprechend erkennen auch alle Kinder, daß Ereignisse sich nach der Größe ordnen lassen, vom kleinsten zum größten oder vom leichtesten zum schwersten. Diese Regeln und viele andere entwickeln sich nach Piagets Auffassung als Ergebnis der alltäglichen Interaktion zwischen Kindern und anderen Menschen und zwischen Kindern und Objekten.

Das aktive, konstruktive Kind: Piagets Hauptthese lautet, daß der Mensch das ganze Leben hindurch aktiv, neugierig und erfindungsreich ist. Darüber hinaus wird erwartet, daß Wissen ein bestimmtes Ziel hat, nämlich dem einzelnen bei der Anpassung an die Umwelt zu helfen. Menschen suchen spontan Kontakt und Interaktion mit der Umwelt, und sie suchen aktiv nach Herausforderungen. Kinder, die man sich selbst überläßt, forschen, lernen und entdecken.

Für Piaget *konstruieren* Kinder ihre Welt, indem sie das Rohmaterial aus Anblicken, Geräuschen und Gerüchen ordnen. Es ist ein wichtiges Anliegen seiner Theorie, zu begreifen, wie Menschen die durch die Sinne empfangenen Informationen interpretieren und verwandeln. „Nicht die Ereignisse selbst, ihre Interpretation beeinflußt das Verhalten" (Ginsburg & Opper, 1979, S. 67). Erwachsene und Kinder konstruieren und rekonstruieren permanent ihr Wissen von der Welt, versuchen, ihrer Erfahrung einen Sinn zu geben und ihr Wissen effektiver und zusammenhängender zu strukturieren, wie eine der Beobachtungen von Piaget zeigt:

„Mit 25 Monaten und 13 Tagen wollte Jacqueline einen buckligen Nachbarjungen besuchen, den sie auf ihren Spaziergängen oft traf. Ein paar Tage vorher hat sie gefragt, warum er einen Buckel hat, und als ich es ihr erklärt hatte, sagte sie: ‚Armer Junge, er ist krank, er hat einen Buckel.' Am Tag vorher wollte sie ihn auch schon besuchen, aber er hatte Grippe, was Jacqueline ‚Krank im Bett' nannte. Wir gingen nach draußen, um unseren Spaziergang zu machen. Auf dem Weg sagte sie: *‚Ist er immer noch krank im Bett?'* ‚Nein. Ich habe ihn heute morgen gesehen, er ist jetzt nicht im Bett.' *‚Er hat jetzt keinen großen Buckel mehr.'*" (Piaget, 1962; S. 231)

Die Annahme, daß Kinder ihre Umwelt aktiv konstruieren, hat wichtige Konsequenzen für die Pädagogik, vor allem in der frühen Kindheit. Piagets Schüler nehmen an, daß die kognitive Entwicklung am besten gefördert wird, wenn die Kinder ihre Umwelt aktiv explorieren können. Manche glauben sogar, daß die Unterweisung in bestimmten Fertigkeiten Kindern die Möglichkeit nimmt, ihr eigenes Wissen zu erfinden.

„Ein Kind, das Kieselsteine zählt und sie zufällig in eine Reihe legt, kann die verblüffende Entdeckung machen, daß es dieselbe Zahl erhält, wenn es von rechts nach links und von links nach rechts zählt, und wieder dieselbe Zahl, wenn es die Kiesel kreisförmig anordnet usw. Es hat somit experimentell entdeckt, daß die Summe nicht abhängig von der Reihenfolge ist. Aber dabei handelt es sich um ein logisch-mathematisches Experiment und nicht um ein physikalisches, denn weder die Ordnung noch die Summe war in den Kieselsteinen, bevor es sie in einer bestimmten Reihenfolge arrangiert (d. h. geordnet) und zu einem Ganzen zusammengefügt hatte (Piaget, 1970, S. 721)."

Organisation und Anpassung

Die zwei Grundprinzipien der menschlichen Entwicklung sind laut Piaget Organisation und Anpassung. Die beiden Zeichnungen in Abbildung 7.1 machen deutlich, worum es bei der Fähigkeit zur Organisation geht. Im linken Bild sehen viele Menschen eine Vase oder ein Gefäß, aber man kann auch zwei menschliche Profile darin erkennen. Das rechte Bild zeigt ein Kind mit einer Spielzeugente, aber wenn man darauf aufmerksam gemacht wird, kann man im Kleid des Kindes dasselbe Dreieck wiederfinden, das über seinem Kopf abgebildet ist. Was man sieht, hängt davon ab, wie man den Reiz organisiert. Für Piaget war die Neigung zur Ordnung ein wesentliches Merkmal des Menschen. Im Verlauf der Entwicklung bilden Kinder kognitive „Strukturen", die Ergebnis der Interaktion von Reifung und Erfahrung sind.

Kognitive Strukturen: Wie im dritten Kapitel beschrieben, bilden die sensumotorischen Schemata, die in der Säuglingszeit entstehen, die ursprünglichen organisierenden Strukturen des Kindes. Aber mit etwa zwei Jahren sind die kognitiven Strukturen des Kindes innere oder geistige Strukturen. Die meisten Zweijährigen besitzen zum Beispiel Begriffe (Strukturen) für Hund, Katze, Junge, Mädchen, um nur einige zu nennen. Im Verlauf der Entwicklung werden diese Strukturen in Hierarchien organisiert: Die Kinder lernen, daß sowohl Katzen als auch Hunde einen Pelz haben, Jungen wie Mädchen Menschen sind und alle zu den Lebewesen gehören.

Ein wichtiges Element der Piagetschen Theorie ist die Operation, das heißt eine Handlung, die das Kind geistig durchführt und die umkehrbar ist (Ginsburg & Opper, 1979). Eine **Operation** ist eine umkehrbare Manipulation von Gedanken, die es möglich macht, im Geiste an den Anfang der Gedankenfolge zurückzukehren. Die Planung einer Reihe von Zügen beim

Abb. 7.1: Die beiden Abbildungen können unterschiedlich wahrgenommen werden. Die linke Abbildung läßt sich als Vase oder als zwei einander zugewandte Profile interpretieren. (Aus D. Hothersall: History of Psychology. Philadelphia: Temple University Press, 1984, S. 168.) In der rechten Abbildung kann man das Dreieck über dem Kopf des Mädchens im Bild des Kindes wiederfinden. (Preschool Embedded Figures Test von Susan Coates. © Consulting Psychologists Press, Inc., Palo Alto, Cal., 1972. Mit freundlicher Genehmigung)

Dame- oder Schachspiel, die man dann im Kopf schrittweise bis zum Anfang zurückverfolgt, ist eine Operation. Wenn man das Quadrat der Zahl 2 bildet und 4 erhält oder die Wurzel aus 4 zieht und 2 erhält, sind das Operationen. Entsprechend kann man acht Steine in verschieden große Untergruppen teilen, zum Beispiel 4 + 4, 7 + 1, 6 + 2, und wieder zu einer Gruppe zusammenfassen.

Assimilation und Akkommodation: Für Piaget war Kognition eine spezifische Form der biologischen Anpassung, die Anpassung eines komplexen Organismus an eine komplexe Umwelt (Flavell, 1985). Menschen interagieren permanent mit der Umwelt, ordnen ihre Erfahrungen und reagieren auf neue Erfahrungen durch die Entwicklung neuer Organisationsstrukturen. Dieser Anpassungsprozeß geschieht mit Hilfe zweier einander ergänzender Prozesse: Assimilation und Akkommodation.

Assimilation bezieht sich auf die „Bemühungen (des einzelnen), mit der Umwelt umzugehen und diese in die bereits existierenden Strukturen des Organismus aufzunehmen, indem man sie sich einverleibt" (Donaldson, 1978, S. 140). Man versteht neue Objekte oder Gedanken, indem man bereits erworbene Gedanken oder Begriffe interpretiert. Wenn eine Fünfjährige Vögel als Lebewesen verstanden hat, die fliegen können und Schnäbel und Flügel besitzen, nimmt sie den Vogel Strauß, den sie im Zoo sieht, zunächst in ihren Begriff „Vogel" auf. Sie ist aber damit nicht ganz zufrieden, weil der Strauß so groß ist (größer, als ihr Begriff „Vogel" suggeriert) und weil sie erfährt, daß er nicht fliegen kann. Sie kann nicht genau festlegen, ob der Strauß ein Vogel ist oder nicht, und das führt zu einem Zustand *gestörten Gleichgewichts.*

Akkommodation ist das Gegenstück zur Assimilation und setzt ein, wenn die Eigenschaften der Umwelt nicht richtig zu vorhandenen Konzepten passen. Mit Hilfe der Akkommodation werden Begriffe nach den Erfordernissen von Umweltereignissen verändert. Der Akkommodationsprozeß dieser Fünfjährigen, der durch die neue Information über den Strauß notwendig wird, kann dazu führen, daß sie ihren Begriff für „Vogel" verändert und beschließt: nicht alle Vögel fliegen. Sie kann aber auch einen neuen Begriff „Strauß" entwickeln, der sich vom Begriff „Vogel" unterscheidet.

Die Akkommodation verschafft ihr vorübergend einen Zustand des *Gleichgewichts* oder der kognitiven Balance, bei der Begriffe und Erfahrung einigermaßen in Einklang sind. Piaget hat angenommen, daß jeder Organismus ein Gleichgewicht anstrebt. Wird das kognitive Gleichgewicht gestört, zum Beispiel durch die Begegnung mit etwas Neuem, stellen die Prozesse von Assimilation und Akkommodation es wieder her. Dieses erneute Herstellen des Gleichgewichts wird auch *Äquilibration* genannt.

Assimilation und Akkommodation kommen fast immer gemeinsam vor. Kinder versuchen, eine neue Erfahrung zunächst mit Hilfe vorhandener Gedanken und Lösungen zu begreifen (Assimilation). Wenn das nicht funktioniert, müssen sie ihre Struktur oder ihr Verständnis ändern (Akkommodation).

Jedes adaptive Verhalten enthält Elemente von Assimilation und Akkommodation, wobei deren jeweiliger Anteil entsprechend der Aktivität variiert. Das *So-tun-als-ob-Spiel* kleiner Kinder ist ein Beispiel für Verhalten, das fast vollständig assimilativ ist, weil die Kinder sich um die objektiven Merkmale ihres Spielzeug nicht kümmern. Ein Stück Holz kann eine Puppe, ein Schiff oder eine Mauer sein, je nachdem, welches Spiel gespielt wird. Bei der *Nachahmung* dagegen ist überwiegend Akkommodation im Spiel; hier passen die Kinder ihre Aktionen denen eines Umweltmodells an.

Die Prozesse der Äquilibration und Anpassung sind das ganze Leben hindurch wirksam, sobald man sein Verhalten an sich verändernde Umstände anpaßt. Studenten zum Beispiel, die Spanisch lernen, assimilieren im allgemeinen die Wörter und Regeln des Spanischen an die Wörter und Regeln der Muttersprache. Anders ausgedrückt, sie übersetzen. Im Spanischen gibt es aber zwei Wörter für „sein": *ser* und *estar,* die auf unterschiedliche Weise benutzt werden. Die Regeln für diese Wörter werden durch Akkommodation erlernt.

Extremes Ungleichgewicht wird im Verlauf der Zeit immer seltener, weil zunehmend mehr Begriffe und Strukturen zur Verfügung stehen und völlig neue Situationen seltener auftreten. So kommt es selten vor, daß Erwachsene im Zoo ein Tier sehen, das in keine der ihnen bereits bekannten Kategorien paßt. Ein fremdes Tier hat immer Ähnlichkeiten mit einem Tier, das sie schon kennen, und deshalb sind nur geringe Veränderungen an den bestehenden Kategorien nötig.

Entwicklungsstufen

Piaget war der Meinung, daß die Entwicklung *diskontinuierlich* (vgl. 1. Kapitel) in vier qualitativ verschiedenen Stufen verläuft: die sensumotorische Stufe (0 bis 18 Monate), die Stufe des präoperatorischen (18 Monate – 7 Jahre), konkret-operatorischen (7 bis 12 Jahre) und formal-operatorischen Denkens (ab 12 Jahren). Beim Übergang von einer Stufe zur anderen kommt es zur grundlegenden Neuorganisation der bisherigen Konstruktion (oder Rekonstruktion) und Interpretation der Welt. Das heißt, Kinder erwerben beim Übergang von einer Stufe zur anderen qualitativ neue Möglichkeiten, die Welt zu begreifen. Ein Säugling in der sensumotorischen Stufe zum Beispiel besitzt ein Schema für Bälle: runde Objekte, die man halten und werfen kann und die hüpfen. Ein Kind von fünf oder sechs Jahren kann Bälle als Teil eines Spiels begreifen, zum Beispiel Völkerball, oder so tun, als sei der Ball ein ganz anderes Objekt, zum Beispiel ein Flugzeug. Und es kann sechs Bälle nach Größe und Farbe ordnen.

Die Abfolge der Stufen ist unveränderlich, das heißt, alle gesunden Kinder durchlaufen sie in derselben Reihenfolge. Kein Kind springt von der präoperatorischen in die formal-operatorische Stufe, ohne die konkret-operatorische Stufe durchlaufen zu haben, weil jede Stufe auf den Leistungen der vorangegangenen aufbaut und sich daraus ableitet. In jeder Stufe kommen neue, adaptivere kognitive Fähigkeiten zu den bisher erworbenen hinzu.

Die Reihenfolge der Stufen ist also immer dieselbe, aber bei der Geschwindigkeit, in der sie durchlaufen werden, gibt es recht große individuelle Unterschiede. Von daher sind die Altersangaben für die unterschiedlichen Stufen nur Annäherungs- oder Durchschnittswerte. Manche Kinder erreichen eine bestimmte Stufe sehr früh, andere sehr spät.

Die sensumotorische Stufe: Kognitives Wachstum in der sensumotorischen Stufe beruht hauptsächlich auf sinnlicher Erfahrung und motorischen Handlungen. Ausgehend von hauptsächlich reflexhaften Handlungen durchläuft der Säugling sechs Phasen, in denen das Verhalten zunehmend flexibler und zielorientierter wird. Die sensumotorische Stufe ist ausführlich im dritten Kapitel beschrieben worden (und sollte noch einmal nachgelesen werden).

Die präoperatorische Stufe: Zwischen 18 Monaten und 2 Jahren wird der Übergang von der sensumotorischen zur präoperatorischen Stufe vollzogen. Das Hauptkennzeichen dieser Stufe ist die geistige Repräsentation. Das Kind erwirbt die Fähigkeit, über Ereignisse und Objekte nachzudenken, die in seiner unmittelbaren Umgebung nicht vorhanden sind; es repräsentiert sie in geistigen Bildern, Klängen, Vorstellungen, Wörtern usw. Die neue Fähigkeit ermöglicht es den Kindern, über das Hier und Jetzt hinauszugehen und zum Beispiel wirklich zu begreifen, daß Objekte auch dann existieren, wenn man sie nicht sehen kann.

In der verzögerten Nachahmung zeigt sich die neu erworbene Repräsentationsfähigkeit des präoperatorischen Kindes. Piaget hat beschrieben, wie seine Tochter Jacqueline fasziniert den Wutanfall eines kleinen Jungen beobachtete, der bei ihnen zu Besuch war, und laut brüllte, mit den Füßen stampfte sowie am Gitter des Laufstalls rüttelte. Am nächsten Tag brüllte, stampfte und rüttelte auch Jacqueline, die nicht zu Wutausbrüchen neigte. Ein Kind in der sensumotorischen Stufe hätte den Jungen sofort imitiert; die verzögerte Nachahmung zeigte, daß Jacqueline eine Repräsentation des Verhaltens des Jungen gespeichert hatte, das sie imitieren konnte (Piaget, 1951).

Auch eine verzögerte Suche nach Gegenständen wird durch geistige Repräsentation möglich. Eine Zweijährige zum Beispiel wurde gefragt, wo ihre Schuhe seien. Daraufhin lief sie die Treppe hinauf, ging direkt ins Zimmer der Eltern und kam mit den Schuhen zurück, die sie am Tag zuvor dort ausgezogen hatte. Ein jüngeres Kind hätte an den Orten gesucht, wo die Schuhe normalerweise aufbewahrt wurden; um sie an einem Ort finden zu können, an dem sie in der Regel nicht waren, war irgendeine Form geistiger Repräsentation erforderlich. Das Verhalten dieses Kindes macht deutlich, daß Kinder geistige Repräsentationen bilden und benutzen können. (Wie viele Eltern aus Erfahrung wissen, entspricht die Leistung von Kindern aber nicht immer ihrer Kompetenz zur Bildung geistiger Repräsentationen, wenn es darum geht, verlorene Gegenstände wiederzufinden.)

Ein weiteres Kennzeichen der präoperatorischen Stufe ist auch die beginnende Fähigkeit, Symbole zu benutzen und zu manipulieren. Die Kinder begreifen jetzt, daß ein geistiges Bild oder ein Gedanke Symbol für ein Objekt oder eine Erfahrung sein kann. Die Fähigkeit zur Symbolbildung zeigt sich in Spielen, bei denen ein Objekt ein anderes symbolisiert. Eine Schachtel zum Beispiel kann als Bett, Tisch, Stuhl, Auto, Flugzeug oder Kinderwagen benutzt werden. Spielzeuge symbolisieren jetzt auch Personen und können Rollen im Rollenspiel übernehmen. Das folgende Gespräch zweier vierjähriger Jungen zeigt diesen symbolischen Gebrauch von Wörtern und Gegenständen:

Joe (stellt einen leeren Koffer auf sein Bett): Das ist jetzt der Zug.
Al: Kann ich damit fahren?
Joe: Ja. Du fährst damit. Setz dich dahin (zeigt auf das eine Ende des Koffers). Ich bin der Fahrer und sitze hier (setzt sich ans andere Ende des Koffers).
Al (sitzt auf der Seite, die Joe ihm angewiesen hat): Gut. Jetzt fahren wir zu meiner Oma nach Milwaukee.

Wörter sind natürlich eine wichtige Form der symbolischen Repräsentation. Wie im 6. Kapitel schon erwähnt, war Piaget aber der Auffassung, daß Kinder das Verständnis eines Begriffs oder eines Gedankens häufig auf nichtsprachlicher Ebene erwerben und dann erst eine Verbindung zur Sprache herstellen. Piaget hat der Sprache als Mittel zum Erwerb grundlegender Begriffe in den frühen Jahren relativ wenig Bedeutung beigemessen. Kinder, denen man zum Beispiel die Bedeutung der Wörter *mehr, weniger, eins, zwei* usw. beibringt, lernen dadurch nicht schneller zählen. Hat das Kind aber die Grundprinzipien des Zählens erfaßt, kann es die entsprechenden Wörter damit verbinden.

Trotz dieser wichtigen Leistungen fehlen den präoperatorischen Kindern laut Piaget wesentliche Formen des logischen Denkens. Denken und Sprache sind oft *egozentrisch*. Egozentrische Subjektivität heißt nicht, daß kleine Kinder egoistisch sind, sondern daß sie noch nicht verstehen, daß die Perspektive oder der Standpunkt anderer Menschen sich von ihrem eigenen unterscheiden kann. Das Experiment der „Drei Berge" zeigt eine Form dieser egozentrischen Subjektivität. Dabei wurde den Kindern ein dreidimensionales, maßstabsgerechtes Modell von drei verschieden geformten Bergen vorgelegt. Dann wurden sie gefragt, wie die Berge für Betrachter an anderen Seiten des Tisches aussehen. Kleine Kinder (unter sechs Jahren) glaubten, die anderen müßten dasselbe sehen wie sie. Sie verstanden offensichtlich nicht, daß eine Szene anders aussehen kann, wenn man sie von einem anderen Ort aus betrachtet.

Die konkret-operatorische Stufe: Zwischen sechs und acht Jahren vollzieht sich der Übergang zur konkret-operatorischen Stufe. Wie bereits beschrieben, ist eine Operation eine grundlegende kognitive Struktur, mit deren Hilfe Information verwandelt bzw. mit ihr „operiert" wird. Eine der Leistungen, die diese Stufe kennzeichnen, ist die Fähigkeit, flexible und vollständig *umkehrbare* (reversible) geistige Operationen durchzuführen. Zum Beispiel begreifen die Kinder jetzt, daß der Prozeß, bei dem einige Pfennige aus einem Glas voller Pfennigstücke genommen werden, umgekehrt werden kann, wenn man dieselbe Anzahl Pfennigstücke wieder hineinlegt. Zu jeder Operation (z. B. Addition) gibt es eine Umkehroperation (in diesem Fall die Subtraktion), die den ursprünglichen Zustand wiederherstellt.

Zweitens sind Kinder in der konkret-operatorischen Stufe zur **Dezentrierung** fähig, daß heißt, sie können ihre Aufmerksamkeit jetzt gleichzeitig auf mehrere Merkmale eines Objekts oder Ereignisses richten und die Beziehung zwischen den verschiedenen Dimensionen oder Merkmalen verstehen. Sie begreifen, daß Objekte mehr als eine Dimension besitzen (zum Beispiel Größe und Gewicht) und daß diese Dimensionen voneinander getrennt werden können. Ein Kieselstein ist klein *und* leicht, ein Bowlingball ist klein *und* schwer, Luftballons sind groß *und* leicht, Autos sind groß *und* schwer.

Drittens verlassen sich die Kinder nicht mehr nur auf perzeptive Information, sondern nehmen logische Prinzipien zu Hilfe. Dazu gehört vor allem das *Identitätsprinzip;* es besagt, daß sich die grundlegenden Eigenschaften eines Objekts nicht verändern. Wenn ein Baukasten 32 Klötze enthält, muß ein Haus, das mit allen Klötzen des Baukastens gebaut wird, ebenfalls 32 Klötze enthalten. Dem Identitätsprinzip eng verwandt ist das *Äquivalenzprinzip:* Wenn irgendeine Eigenschaft von A mit irgendeiner Eigenschaft von B identisch ist (z. B. Länge) und wenn B gleich C ist, muß A = C sein. Kinder in der konkret-operatorischen Stufe können Fragen wie die folgende richtig beantworten: Wenn Mary dieselbe Schuhgröße hat wie Denise und Denise dieselbe Schuhgröße wie Valerie, kann Mary dann Valeries Schuhe tragen?

In beiden Gläsern ist die gleiche Menge Orangensaft. Kinder in der präoperatorischen Stufe sagen meist, daß das höhere, schmalere Glas mehr Flüssigkeit enthält (Foto: Sibylle Rauch)

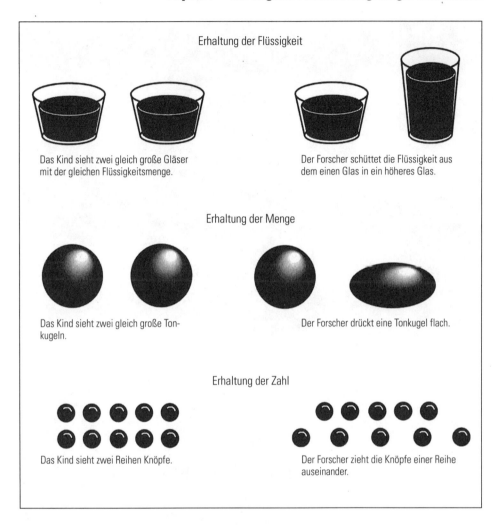

Erhaltung der Flüssigkeit

Das Kind sieht zwei gleich große Gläser mit der gleichen Flüssigkeitsmenge.

Der Forscher schüttet die Flüssigkeit aus dem einen Glas in ein höheres Glas.

Erhaltung der Menge

Das Kind sieht zwei gleich große Tonkugeln.

Der Forscher drückt eine Tonkugel flach.

Erhaltung der Zahl

Das Kind sieht zwei Reihen Knöpfe.

Der Forscher zieht die Knöpfe einer Reihe auseinander.

Abb. 7.2: Illustration dreier Erhaltungsprobleme zur Messung konkret-operatorischen Denkens.

Erhaltung: Piagets berühmte Experimente zur Erhaltung demonstrieren drei Merkmale des konkret-operatorischen Denkens: Reversibilität geistiger Operationen, Dezentrierung und der Schritt von perzeptiven zu logischen Urteilen. Bei der in Abbildung 7.2 dargestellten Gruppe von Experimenten wurden den Kindern zwei gleiche Gläser gezeigt, die beide die gleiche Menge einer farbigen Flüssigkeit enthielten. Hatte das Kind festgestellt, daß beide Gläser dieselbe Flüssigkeitsmenge enthielten, schüttete der Forscher den Inhalt des einen Glases in ein höheres, schmaleres Glas und fragte: „Enthält

Problem der Mengen-
erhaltung:
Wenn Kinder die Flüs-
sigkeit des höheren,
schmaleren Glases in
ein Glas schütten kön-
nen, das genauso groß
ist wie das andere,
fangen sie an nachzu-
denken
(Fotos: Sibylle Rauch)

dieses Glas (das höhere) die gleiche Menge, mehr oder weniger Flüssigkeit als dieses (das niedrigere)?" Kinder in der präoperatorischen Stufe sagen oft, daß das größere, schmalere Glas mehr enthält. Kinder in der konkret-operatorischen Stufe begreifen, daß sich die Menge der Flüssigkeit trotz der Veränderung im Aussehen nicht verändert hat.

Ein wichtiger Bestandteil des Experiments ist die Frage, *warum* die Menge dieselbe oder eine andere ist. In der konkret-operatorischen Stufe sagen die Kinder zum Beispiel: „Wenn du das in das erste Glas zurückschüttest, sieht (ist) es wieder genauso aus" (Reversibilität). „Das zweite Glas ist größer, aber auch schmaler" (Dezentrierung, Beziehungen zwischen Dimensionen). „Du hast nichts weggeschüttet, also muß es dieselbe Menge sein" (logische Identitätsregel).

Die Experimente mit Flüssigkeit und Ton, die in Abbildung 7.2 dargestellt sind, zeigen die **Erhaltung der Substanz** (das heißt die Kinder begreifen, daß sich die Menge einer Substanz nicht verändert, wenn ihre Gestalt oder Konfiguration verändert wird) und die **Erhaltung der Zahl**. Bei einem typischen Zahlenexperiment wurden Kindern zwei gleiche Reihen von Knöpfen gezeigt. Wenn die Kinder bestätigt hatten, daß die beiden Reihen aus derselben Anzahl von Knöpfen bestanden, vergrößerte der Forscher in einer der beiden Reihen die Abstände zwischen den Knöpfen. Präoperatorische Kinder sagten meist, die längere Reihe habe mehr Knöpfe, weil sie sich auf eine Dimension (Länge) konzentrierten und eher perzeptive als logische Prinzipien anwandten. Kinder in der konkret-operatorischen Stufe konnten die Operation geistig umkehren (die Knöpfe in die ursprünglichen Positionen zurückführen), dezentrieren (sowohl Länge als auch Dichte berücksichtigen) und das Identitätsprinzip anwenden. Deshalb kamen sie zu dem Schluß, daß sich durch die neue Lage die Anzahl der Knöpfe in einer Reihe nicht verändert.

Reihenbildung: Ein anderes Merkmal der konkret-operatorischen Stufe ist die Fähigkeit, Gegenstände nach quantifizierbaren Dimensionen wie Gewicht oder Größe zu ordnen. Diese Fähigkeit wird **Reihenbildung** genannt. Ein Achtjähriger kann acht unterschiedlich lange Stöcke nach ihrer Größe ordnen, vom kürzesten bis zum längsten. Reihenbildung zeigt, daß Kinder ein anderes wichtiges logisches Prinzip, das *Transitivitätsprinzip,* begreifen, das heißt die Behauptung, daß es zwischen den Eigenschaften von Objekten bestimmte, festgelegte Beziehungen gibt. Ist A länger als B und B länger als C, dann muß A länger als C sein. Kinder in der konkret-operatorischen Stufe begreifen die Gültigkeit dieser Regel, selbst wenn sie die Gegenstände A, B und C nie gesehen haben.

Reihenbildung zeigt sich auch in einem Kartenspiel, das Kinder in den frühen Jahren der konkret-operatorischen Stufe begeistert spielen. Bei diesem Spiel macht die jeweils höherwertige Karte den Stich. Die Kinder müs-

▬ Kasten 7.2

Kinder „erfinden" die Arithmetik

In einigen Fällen hat die Übertragung von Piagets Theorie in die pädagogische Praxis der USA die bislang üblichen pädagogischen Methoden in Schulen radikal verändert. Die Entwicklungspsychologin Constance Kamii hat zusammen mit der Grundschullehrerin Georgia DeClark auf der Basis von Piagets Theorie einen Lehrplan für das Rechnen entwickelt (Kamii, 1985). Dabei gingen sie von drei Annahmen aus: 1. Das Rechnen basiert auf den grundlegenden Prinzipien logischen Denkens, die Kinder in ihren Alltagsaktivitäten erwerben. 2. Alle Kinder *konstruieren* mathematisches Wissen: sie „erfinden" die Addition, Subtraktion usw. Mit anderen Worten: Dieses Wissen läßt sich nicht von außen aufzwingen. 3. Soziale Interaktion ist für das Denken und die Wissenskonstruktion der Kinder außerordentlich wichtig. Die Didaktik sollte der Gruppeninteraktion den Vorrang vor Einzelübungen geben.

Kamii und DeClark nahmen alle traditionellen Übungsmittel (vor allem Arbeitsblätter) aus ihrem Lehrplan für das erste Schuljahr heraus und ersetzten sie durch zwei Arten von Aktivitäten: Alltagssituationen und Gruppenspiele. Kinder aus mehreren Lesegruppen sollten zum Beispiel über einen Namen für ihre Gruppe abstimmen. Dabei mußten sie die Zahl der Stimmen berücksichtigen und darüber diskutieren, wie viele Stimmen erforderlich waren, um die Abstimmung zu gewinnen. Ein anderes Beispiel: Ein Kind verteilte Briefe aus dem Schulsekretariat, die die Kinder mit nach Hause nehmen sollten. Drei Briefe blieben übrig. Die Lehrerin fragte, wie viele Briefe das Sekretariat insgesamt abgegeben hätte. Die Kinder konnten entweder addieren (Anzahl der Schüler plus drei) oder zählen.

Zu den Gruppenspielen gehörten Kartenspiele und Brettspiele. Bei einem der Brettspiele, Benji, gibt es Regeln wie „Schicke einen Spieler auf 18 vor oder zurück". Die Kinder stritten oft, ob sie dabei auch selbst „ein Spieler" sein konnten. Das Feld „18" auf dem Brett zeigte nur ein Bild, das heißt, die Kinder mußten aus den Zahlen der umliegenden Felder schließen, welches Feld die „18" ist.

Für Piaget war das Ziel jeder Erziehung die Förderung der moralischen und intellektuellen Autonomie. Deshalb sind Auseinandersetzungen und Meinungsaustausch in diesem Lehrplan wichtige Lernerfahrungen. Selbständiges Denken wird stärker gefördert als auswendig gelernte richtige Antworten. Bei der praktischen Erprobung des Lehrplans machten die Kinder allmählich von der Möglichkeit zur Autonomie Gebrauch; sie engagierten sich bei den Spielen und Aktivitäten und suchten sich spontan Materialien aus, die ihrer Kompetenzebene entsprachen. Viele, aber nicht alle, erzielten bei konventionellen Additionstests gute Ergebnisse.

Eine Grundschullehrerin hat einmal gesagt: „Mathematik ist für die Kinder nur Arbeit. Man kann Mathematik nicht so unterrichten, daß es Spaß macht." Die Methoden dieses Curriculums, das den Ansätzen von Piaget folgt, liefern den Gegenbeweis. Dennoch bleiben einige Fragen offen. Kann ein solches Curriculum verhindern, daß Kinder später Mathematik fürchten und ablehnen? Was ist wichtiger: Kindern zu zeigen, daß Mathematik Spaß macht und integraler Bestandteil ihres Alltagslebens ist, oder ihnen die Grundrechenarten beizubringen? Diese und andere Fragen geben Anlaß zu weiteren Untersuchungen über die Folgerungen aus der Piagetschen Theorie.

sen die Reihenfolge der Zahlen 2 bis 10 kennen und lernen, daß ein König mehr wert ist als Bube oder Dame. Reihenbildung entscheidet über das Verständnis der Beziehungen zwischen Zahlen und ist deshalb die notwendige Voraussetzung für das Erlernen der Arithmetik. Bei einem arithmetischen Lehrprogramm, das auf der Grundlage von Piagets Theorie entwickelt wurde, wurde in den ersten Klassen mit diesem Kartenspiel gearbeitet (vgl. Kasten 7.2).

Relationales Denken: In der konkret-operatorischen Stufe erfaßt das Kind, daß viele Begriffe, zum Beispiel *größer, kürzer* und *dunkler* Beziehungen ausdrücken, und nicht absolute Eigenschaften. Kleinere Kinder neigen dazu, in absoluten Begriffen zu denken, und interpretieren zum Beispiel *dunkler* als „sehr dunkel" und nicht als „dunkler als ein anderes Objekt". Wenn sie aus zwei relativ hellen Gegenständen, von denen einer etwas dunkler ist als der andere, den dunkleren heraussuchen sollen, geben sie häufig keine Antwort oder sagen, keiner der Gegenstände sei dunkler. Relationales Denken erfordert einen Vergleich von zwei oder mehr Gegenständen und zeigt damit die Fähigkeit, gleichzeitig mehr als ein Attribut zu berücksichtigen.

Inklusion von Klassen: Das Verständnis für die Inklusion von Klassen illustriert das logische Prinzip, nach dem es zwischen Kategorien **hierarchische Beziehungen** gibt. Die meisten Achtjährigen, denen man acht gelbe und vier braune Bonbons zeigt und dann fragt „Liegen da mehr gelbe Bonbons oder mehr Bonbons?", sagen: „Mehr Bonbons." Fünfjährige dagegen antworten in derselben Situation wahrscheinlich: „Mehr gelbe Bonbons." Sie können zwar die Bonbons zählen und verstehen die Bedeutung von „gelbe Bonbons" und „alle Bonbons", aber nach Piaget spiegeln ihre Schwierigkeiten in dieser Situation ein fehlendes Verständnis hierarchischer Beziehungen sowie die Unfähigkeit, einen Teil und das Ganze gleichzeitig zu berücksichtigen.

Kinder in der konkret-operatorischen Stufe begreifen, daß manche Kategoriengruppen Bestandteile anderer Gruppen sind. Apfelsinen zum Beispiel gehören in die Kategorie *Obst*, Obst gehört in die größere Kategorie *Nahrungsmittel*, und Nahrungsmittel gehören in die übergreifende Kategorie *Eßbares*. Darüber hinaus können die Kinder jetzt eine Operation durchführen und jede Objektkategorie geistig zerlegen und wieder zusammensetzen. Die Klasse der Lebensmittel besteht entsprechend aus der Gesamtheit aller eßbaren Dinge, die Obst sind, und der Gesamtheit aller eßbaren Dinge, die kein Obst sind.

Zweitens erkennen Kinder in dieser Stufe, daß Objekte zu mehr als einer Kategorie gehören und mehr als eine Beziehung gleichzeitig aufweisen können. Dieses Prinzip heißt *Multiplikation von Klassen oder Relationen*. Die Kinder begreifen, daß Bananen gleichzeitig in die Kategorie der natürlichen und in die Kategorie der süßen Lebensmittel, Brot gleichzeitig in die Kategorie verarbeiteter und stärkehaltiger Lebensmittel gehören, daß eine Person sowohl Programmiererin als auch Mutter sein, ein Schneeball sowohl wenig wiegen als auch eine helle Farbe haben und ein Felsstück sowohl schwer als auch dunkel sein kann.

Trotz der großen Fortschritte in den Bereichen Denken, Problemlösen und Logik, die konkret-operatorische Kinder im Vergleich zu präoperatorischen Kindern gemacht haben, ist ein Großteil ihres Denkens noch vom Hier und Jetzt konkreter Objekte und Beziehungen eingeschränkt. In dieser Stufe können Kinder Quantität und Zahlen erhalten und reale Objekte und Dinge ordnen und klassifizieren, aber sie können noch nicht in demselben Maße über Abstraktionen, hypothetische Vorschläge oder vorgestellte Ereignisse nachdenken. Sie können eine Reihe von Schachteln nach der Größe sortieren, haben aber Schwierigkeiten mit der Lösung abstrakter Rätsel wie zum Beispiel: „Edith ist größer als Susan. Lily ist kleiner als Susan. Wer ist die größte?"

Die Stufe der formalen Operationen: In der fortgeschrittensten Stufe der kognitiven Entwicklung, die mit ungefähr zwölf Jahren beginnt und bis zum Lebensende anhält, werden die Grenzen der konkret-operatorischen Stufe überwunden. Die Bandbreite der kognitiven Operationen und Strategien zur Problemlösung wird größer; die Kinder können jetzt sehr gewandt und flexibel denken und argumentieren sowie verschiedene Perspektiven oder Standpunkte einnehmen (Ginsburg & Opper, 1979).

Zu den auffälligsten Merkmalen dieser Stufe gehört die Entwicklung der Fähigkeit, über hypothetische (mögliche) Probleme genauso nachzudenken wie über reale; man muß Möglichkeiten genauso berücksichtigen wie Tatsachen. In der konkret-operatorischen Stufe manipulieren Kinder geistig Objekte und Ereignisse; in der formal-operatorischen Stufe manipulieren sie Gedanken über hypothetische Situationen. Ältere Kinder können die folgende Frage logisch beantworten: „Wenn alle Marsmenschen gelbe Füße haben und diese Kreatur auch gelbe Füße hat, ist sie dann ein Marsmensch?" Ein Siebenjähriger dagegen kann über unwahrscheinliche oder unmögliche Ereignisse nur schwer nachdenken und antwortet vermutlich auf dieselbe Frage: „Ich habe noch nie einen Marsmenschen gesehen" oder „Es gibt keine Sachen mit gelben Füßen."

Ein anderes Merkmal der Problemlösung in der formal-operatorischen Stufe ist die systematische Suche nach Lösungen. Ein Jugendlicher, der mit einem neuen Problem konfrontiert ist, versucht, alle möglichen Mittel zu seiner Lösung zu berücksichtigen sowie ihre Logik und Wirksamkeit zu überprüfen. Wenn Jugendliche an die See fahren wollen, können sie zum Beispiel die möglichen Fahrtrouten geistig überprüfen und systematisch beurteilen, welche die sicherste, kürzeste und schnellste ist (auch wenn sie diese Kompetenz nicht unbedingt einsetzen).

Beim formal-operatorischen Denken werden die geistigen Operationen zu formalen Operationen strukturiert. **Formale Operationen** ermöglichen die Lösung einer ganzen Klasse von Problemen mit Hilfe von abstrakten Regeln. Als Beispiel dafür soll die folgende Aufgabe dienen: „Welche Zahl ergibt sich, wenn man 30 von zweimal derselben Zahl abzieht?" Kinder in der konkret-operatorischen Stufe probieren wahrscheinlich erst eine Zahl aus und dann eine andere und addieren; sie subtrahieren so lange, bis sie schließlich die richtige Lösung finden. Jugendliche kombinieren Addition und Multiplikation zu einer einzigen, komplexeren Operation, die sich in der algebraischen Gleichung $x = 2x - 30$ ausdrücken läßt, und finden dann schnell die Antwort 30.

In der Stufe der formalen Operationen denken Jugendliche über eigene Gedanken nach, beurteilen sie und suchen nach Widersprüchen und falschen Schlußfolgerungen. Vierzehnjährige brüten über Behauptungen wie die beiden folgenden:
1. Gott liebt die Menschheit.
2. Es gibt viele Menschen, die leiden.
Weil diese beiden Behauptungen scheinbar unvereinbar sind, suchen Jugendliche nach Lösungsmöglichkeiten, um die durch die Unvereinbarkeit entstandene Spannung zu lösen.

In Piagets Untersuchungen zu formalen Operationen, die er zusammen mit seiner langjährigen Mitarbeiterin Bärbel Inhelder durchführte, sollten

Kinder eine Vielzahl von logischen und wissenschaftlichen Problemen lösen. Dabei ging es um das Verhalten schwimmender Gegenstände, schwingender Pendel, der Balkenwaage und chemischer Verbindungen. Bei einem der Experimente sollten die Kinder eine Möglichkeit finden, fünf Flaschen mit farbloser Flüssigkeit so zu kombinieren, daß eine gelbe Flüssigkeit entstand. Konkret-operatorische Kinder arbeiten mit der Methode von Versuch und Irrtum; sie probieren verschiedene, meist wenig effektive Lösungen aus. Häufig testen sie die einzelnen Chemikalien mit einer oder zwei der anderen, aber dabei lassen sich nicht alle möglichen Kombinationen berücksichtigen. Jugendliche dagegen verhalten sich eher wie erwachsene Wissenschaftler oder Logiker: Sie berücksichtigen erschöpfend alle möglichen Lösungen, formulieren Hypothesen über Ergebnisse und entwickeln systematisch Methoden, um sie zu überprüfen. Sie probieren alle möglichen Kombinationen der Chemikalien durch und kommen durch Deduktion und Logik zu korrekten Schlußfolgerungen.

Formal-operatorisches Denken läßt sich auch in Ratespielen wie „Zwanzig Fragen" beobachten, bei denen man mit zwanzig Fragen Tiere, Gegenstände oder Personen erraten muß. Kinder in der konkret-operatorischen Stufe, die in diesem Spiel ein bestimmtes Tier erraten sollen, stellen meist Fragen wie „Ist es ein Hund?" In der Stufe des formal-operatorischen Denkens dagegen sind „Eingrenzungsfragen" häufiger, zum Beispiel „Ist es kleiner als eine Ziege?" Solche Fragen liefern Informationen, unabhängig davon, ob sie bejaht oder verneint werden. Während Kinder in der konkret-operatorischen Phase von einer unsystematischen Auswahl konkreter möglicher Antworten ausgehen, berücksichtigen sie in der formal-operatorischen Phase die hypothetische Gesamtheit der möglichen Antworten, teilen sie in ungefähr gleich große Abteilungen und benutzen eine effektive Strategie, um die Zahl der Möglichkeiten zu verringern. Die kognitive Entwicklung in der Adoleszenz wird im 14. Kapitel, also im zweiten Band dieses Buchs, ausführlicher behandelt.

Nach Piaget – empirische Ergebnisse und neue Konzeptionen

Wie die Arbeit aller großen Wissenschaftler hat auch Piagets Theorie zu Korrekturen, Erweiterungen und offenen Kontroversen geführt. Er selbst hat seine Theorie bis zu seinem Tod im Jahre 1980 ständig verbessert und erweitert, und nach seinem Tod führten seine Kollegen in Genf diese Arbeit fort (Bullinger & Chatillon, 1983). Es ist eine der großen Stärken seiner Theorie, daß sie den Anstoß zu immer neuen Forschungen bietet. Am Ende der siebziger Jahre stellten diese Forschungsergebnisse Teile der Theorie in

Frage. Aber obwohl nicht alle Bestandteile seiner Theorie einer Überprüfung standhalten, ist sie doch wichtig, weil sie Untersuchungen anregte, die zu neuen Erkenntnissen über die kognitive Entwicklung von Kindern geführt haben (Case, 1986; Keil, 1979).

Zu Beginn dieses Kapitels haben wir einige Grundannahmen von Piagets Theorie beschrieben. Im folgenden werden Kritik und Korrekturen dieser Behauptungen vorgestellt.

Reifungsbedingte Grenzen und die Rolle der Erfahrung

Vor Jahren hat einer der Autoren dieses Buches in einem Seminar über Piagets Konzept der egozentrischen Subjektivität behauptet, Vorschulkinder seien nicht imstande, die Perspektive eines anderen einzunehmen. Nach dem Seminar kam eine Teilnehmerin zu ihm und sagte, ihre zweijährige Tochter streichele und tröste sie, wenn sie weine. Das sei doch ein Widerspruch zu der Behauptung einer egozentrischen Subjektivität? Aufgrund solcher und ähnlicher Beobachtungen wurden psychologische Untersuchungen durchgeführt, die zeigten, daß Vorschulkinder sehr viel mehr wissen, als Piaget annahm.

Diese neuen Untersuchungen haben Zweifel an Piagets Behauptung geweckt, daß die Reifung die Geschwindigkeit hemmt, mit der Kinder Entwicklungsstufen durchlaufen, und deshalb Bemühungen zum Scheitern verurteilt sind, einem Kind Fähigkeiten beizubringen, bevor es dazu „bereit" ist. Einige Untersuchungsergebnisse widersprechen auch der Behauptung, daß Kinder durch unstrukturierte Erkundung der Umwelt mehr lernen als durch strukturiertes Training, weil sie sich Erfahrungen aussuchen, für die sie bereit sind. Schließlich zeigen neuere Untersuchungen auch, daß Vorschulkinder bei entsprechend angepaßten Aufgaben manche konkrete Operationen (z.B. Reversibilität, Dezentrierung und hierarchische Klassen) einsetzen können.

Übung konkreter Operationen: Laut Piaget ist die Übung grundlegender kognitiver Fähigkeiten wie der Erhaltung kaum erfolgreich, weil ein wirklicher Erwerb dieser Fähigkeiten die „Bereitschaft" des Organismus und angemessene Umweltbedingungen erfordert. Übung war seiner Meinung nach beim Übergang zur Stufe der konkreten Operationen sinnvoll, weil die Entwicklungsfortschritte der Kinder sie dann aufnahmefähig dafür machen. Diese Behauptungen konnten empirisch nicht bestätigt werden. In vielen Untersuchungen wurde mittlerweile belegt, daß präoperatorische Kinder im Bereich der Erhaltung und anderer konkreter Operationen sehr wohl von Übung profitieren. Darüber hinaus hat sich gezeigt, daß Kinder, die aufgrund ihrer Funktionsebene als „bereit" gelten, nicht leichter lernen als Kinder, bei denen diese Bereitschaft noch nicht angenommen werden kann (Brainerd, 1983).

Zählen: Schon sehr kleine Kinder sind zur Erhaltung von Zahlen fähig, wenn die Aufgaben vereinfacht werden. Beim „Zauberspiel" (magic game) zeigte man Kindern zwei Tafeln mit zwei bzw. drei Spielzeugmäusen in Reihen von gleicher Länge. Dann wurde ein Spiel gespielt: Die Tafeln wurden verdeckt, und die Kinder sollten raten, welche Tafel bei einer Reihe von Versuchen Sieger blieb. Die Tafel mit den drei Mäusen gewann immer. Danach veränderte der Forscher heimlich eine der Tafeln: Er fügte Mäuse hinzu bzw. zog welche ab oder verlängerte und verkürzte die Reihen. Selbst zweieinhalb- oder dreijährige Kinder reagierten korrekt auf die Veränderungen bei der Zahl der Mäuse und ignorierten Veränderungen in der Länge der Reihen (Gelman & Baillargeon, 1983). Diese Ergebnisse widersprechen Piagets Vorstellung, daß präoperatorische Kinder Zahlen noch nicht erhalten können, und zeigen außerdem, daß schon sehr kleine Kinder Konzepte für Zahlen besitzen.

Vorschulkinder wenden beim Zählen Regeln an. Dreijährige, die acht Klötze zählen sollen, sagen zum Beispiel: „1, 2, 3, 4, 6, 10, 13, 20." Antworten wie „10, 6, 20, 13" sind sehr selten. Fragt man die Kinder nach der Gesamtzahl, sagen sie wahrscheinlich 20. Dasselbe passiert, wenn sie acht Brötchen zählen sollen. Daraus läßt sich schließen, daß Kinder erstens die Eins-zu-eins-Entsprechung kennen: eine Zahl pro Objekt. Zweitens benutzen sie die Zahlen in einer feststehenden Reihenfolge (größere folgen auf kleinere): das ist das *Ordinalprinzip*. Drittens wissen sie, daß die Schlußzahl die Menge aller Objekte enthält: das ist das *Kardinalprinzip*. Viertens wissen sie, daß Zahlen auf jedes Objekt anwendbar sind: das *Abstraktionsprinzip*. Und fünftens wissen sie, daß die Reihenfolge der Objekte keine Rolle spielt und sie den ersten Block als zweiten und umgekehrt zählen können usw. (Gelman & Gallistel, 1978). Dreijährige besitzen also ein beträchtliches Grundwissen über Zahlen, auch wenn sie eine größere Anzahl von Objekten noch nicht korrekt zählen können.

Klasseninklusion: Bei einer von Piagets Untersuchungen zeigte man Kindern Gruppen von Objekten, zum Beispiel vier rote und zwei weiße Blumen, und fragte sie dann: „Gibt es hier mehr rote Blumen oder mehr Blumen?" Weil präoperatorische Kinder häufig sagen, daß es mehr rote Blumen gibt, nahm Piaget an, daß sie noch nicht dezentrieren bzw. gleichzeitig eine Klasse und eine Untergruppe berücksichtigen können. Neuere Experimente mit Vierjährigen aber haben ergeben, daß sie bei Schlußfolgerungen die Klasseninklusion anwenden. In einer Untersuchung beantworteten die Kinder Fragen wie die folgenden zu 91 Prozent richtig: „Eine Yamwurzel ist eine Art Lebensmittel, aber kein Fleisch. Ist eine Yamwurzel ein Hamburger?" „Eine Papaya ist eine Art Obst, aber keine Banane. Ist eine Papaya ein Lebensmittel?" Die Ergebnisse zeigen eindeutig, daß die Kinder ein gewisses Verständnis von Klassen und Untergruppen besitzen (Gelman & Baillargeon, 1983).

Egozentrische Subjektivität: Im Gegensatz zu Piagets Annahmen sind Vorschulkinder sehr wohl imstande, die Perspektive eines anderen einzunehmen. Bei einer Untersuchung bekamen ein- bis dreijährige Kinder Holzwürfel, bei denen auf einer Seite ein Foto aufgeklebt war. Sie sollten das Bild dem gegenübersitzenden Erwachsenen zeigen. Fast alle zweijährigen und älteren Kinder drehten die Bildseite der Würfel zum Erwachsenen und weg von sich selbst (Lempers, Flavell & Flavell, 1978). Es war ihnen also klar, daß die Erwachsenen etwas anderes sahen als sie.

Etwas ältere Vorschulkinder können auch in komplizierteren Situationen die Perspektive anderer verstehen. Margaret Donaldson (1978) hat Kindern Aufgaben gestellt, wie sie in Abbildung 7.3 gezeigt werden. Zunächst zeigte man ihnen zwei Puppen (einen Polizisten und einen Jungen), die in der Nähe zweier sich kreuzender Mauern standen. Die Polizistenpuppe konnte die Bereiche B und D „sehen", aber nicht A und C. Die Forscherin stellte die Jungenpuppe in den Bereich A und fragte: „Kann der Polizist den kleinen Jungen sehen?" Die Frage wurde für die Bereiche B, C und D wiederholt. Dann wurde eine zweite Polizistenpuppe eingeführt und die beiden Polizisten an verschiedene Orte gestellt. Jetzt sollten die Kinder die Jungenpuppe so verstecken, daß keiner der Polizisten sie sehen konnte. 90 Prozent der

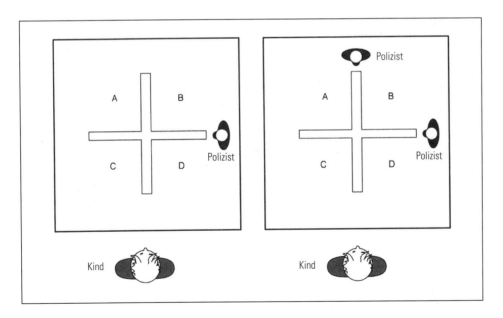

Abb. 7.3: Szenen eines Experiments zur Untersuchung der egozentrischen Subjektivität bei Vorschulkindern. Die Kinder sollten angeben, ob ein Kind, das sich in den Feldern A, B, C oder D befindet, von einem oder beiden Polizisten gesehen werden kann. (Aus M. Donaldson: Children's minds. New York: Norton, 1978, S. 14–15. Mit freundlicher Genehmigung.)

Kinder zwischen 3½ und 5 Jahren plazierten die Puppe richtig und zeigten damit, daß sie die Perspektive eines anderen einnehmen konnten.

Worum geht es bei diesen neuen Untersuchungsergebnissen? Warum kommen Psychologen, die die gleichen Themen untersuchen, zu entgegengesetzten Schlußfolgerungen? Handelt es sich dabei einfach um einen Streit unter Experten oder um das aus Gerichtsprozessen bekannte Phänomen, daß man für jede Position Experten finden kann, die sie bestätigen? Wohl kaum. Sowohl Piagets ursprüngliche Theorie als auch die neuere Forschung, die einigen seiner Thesen widerspricht, haben wichtige Beiträge zum Verständnis des kindlichen Denkens geleistet. Die sorgfältige Untersuchung der Unterschiede zwischen den frühen Untersuchungen von Piaget und den neueren Studien hat ein ganz neues Licht auf die Entwicklungsunterschiede zwischen Vorschulkindern und Kindern in der mittleren Kindheit geworfen.

Bei Piagets Untersuchungen stand erstens das Verständnis abstrakter Sprache im Mittelpunkt, zum Beispiel Wörter wie *mehr, weniger* und *dasselbe.* Solche Wörter stürzen Vorschulkinder aber häufig in Verwirrung. Ein Spiel dagegen, bei dem sie den Sieger ermitteln oder eine einfache Anweisung ausführen und jemandem zum Beispiel ein Bild zeigen sollen, begreifen sie durchaus. In der mittleren Kindheit dagegen verstehen die Kinder nicht nur die Grundprinzipien, sondern können sie auch im Zusammenhang mit abstrakten Lernhilfen anwenden.

Zweitens waren Piagets Aufgaben häufig komplexer als solche, die man Vorschulkindern später stellte, auch wenn für die Lösung dieselben Prinzipien angewandt werden mußten. Bei dem Experiment zum Beispiel, mit dem die Egozentrik von Kindern untersucht wurde, ordnete man auf einem Tisch Klötze an, die sich in Höhe, Form und Breite unterschieden (vgl. Abbildung 7.4). Bei einer geringen Anzahl von Blöcken konnten auch relativ kleine Kinder (Fünfjährige) schon korrekt bestimmen, wie sie für jemanden aussahen, der an der anderen Seite des Tisches saß. Bei einer größeren Anzahl von Klötzen konnten nur noch ältere Kinder die richtige Lösung finden, und bei Arrangements mit sehr vielen Klötzen hatten selbst manche Jugendliche noch Schwierigkeiten mit der Perspektive (Flavell, Botkin, Fry, Wright & Jarvis, 1968). Im Endergebnis begreifen also kleinere und ältere Kinder gleichermaßen das Grundprinzip, daß eine andere Person etwas anderes sieht als sie selbst. Altersabhängig war nur die Komplexität der Aufgabe, bei der Kinder dieses Wissen korrekt anwenden konnten.

Drittens gibt es heute Methoden zur Untersuchung von Vorschulkindern, mit denen sich ihr *implizites* Wissen besser feststellen läßt. Wenn jemand ein Prinzip anwenden, aber nicht erklären kann, spricht man davon, daß sein Wissen *implizit* ist. Vorschulkinder können zum Beispiel die Regel zur Bildung des Imperfekts anwenden, aber sie können die Regel nicht formu-

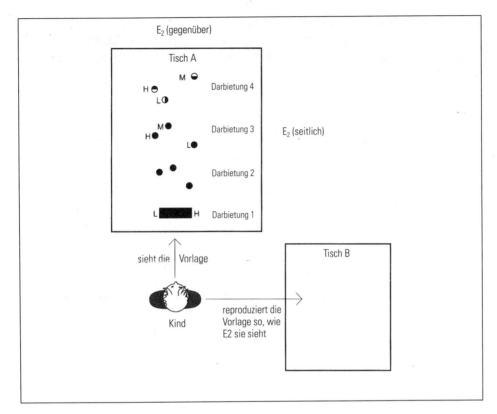

Abb. 7.4: Zusammenstellungen von Klötzen, mit denen gezeigt werden soll, wie sich komplexe Reize auf die Reaktionen von Kindern bei Untersuchungen der Egozentrik auswirken. Die Kinder saßen in der angezeigten Position vor einem oder mehreren Klötzen. Die Klötze auf Tisch B sollten so angeordnet werden, daß sie der Blickrichtung des Betrachters an Tisch A entsprachen, der dem Kind gegenüber oder an einer anderen Tischseite saß. Kleine Kinder (zweite Klasse) hatten mit den einfachen Darbietungen wenig Schwierigkeiten; bei den komplexeren Darbietungen hatten sogar Jugendliche Probleme.

Darbietung 1 bestand aus einem blauen Holzblock von ca. 15 cm Länge und 2,5 cm Breite. An der einen Seite war er ca. 15 cm hoch, an der anderen ca. 10 cm, so daß die Oberfläche eher diagonal als parallel zur Grundfläche lief. Dieser Block wurde immer so hingestellt, daß die höhere Seite (H) auf der rechten Seite des Probanden (P) und die niedrigere Seite (N) auf der linken Seite von P war, wenn er dem Modell gegenübersaß.

Darbietung 2 bestand aus drei gleichen hölzernen blauen Zylindern, ca. 10 cm hoch und 2,5 cm breit, die aufrecht wie in der Abbildung angeordnet waren.

Darbietung 3 bestand ebenfalls aus drei hölzernen blauen Zylindern mit 2,5 cm Durchmesser. Sie waren aber verschieden hoch: 15 cm (H), 10 cm (M) und 5 cm (N).

Darbietung 4 bestand aus drei Zylindern von gleicher Größe wie in Muster 3, aber zweifarbig: halb rot, halb weiß. (Aus J. H. Flavell, P. T. Botkin, C. L. Fry, Jr., J. W. Wright & P. E. Jarvis: The development of role-taking and communication skills in children. New York: Wiley, 1968. Mit freundlicher Genehmigung.)

lieren (vgl. 6. Kapitel). In den neueren Untersuchungen hat man einfallsreiche Möglichkeiten gefunden, das implizite Wissen über Zahlen, Klasseninklusion und andere Prinzipien festzustellen, die nach Meinung Piagets konkrete Operationen erfordern. Was in der mittleren Kindheit dazukommt, ist die Fähigkeit, die Prinzipien zu *erklären,* das heißt, ein *explizites Wissen* über Zahlen, Klassen, Beziehungen und Logik.

Die Rolle der Aktivität beim Lernen

Piagets Auffassung, daß Kinder aktiv nach Wissen suchen und ihre Erfahrung spontan organisieren und konstruieren, wird in der Psychologie heute von niemandem mehr bezweifelt, aber gelegentlich in dem Sinne verstanden, daß Kinder aktiv handeln müssen, um von ihren Interaktionen mit der Umwelt profitieren zu können. Kindergärtnerinnen zum Beispiel meinen häufig, praktische Erfahrung, konkreter Umgang mit Materialien und interaktive Teilnahme seien ausschlaggebend für das Lernen kleiner Kinder.

Es gibt jedoch nicht nur körperliche, sondern auch geistige Aktivitäten. Bei einer Gruppe von Experimenten wurden Vorschulkinder paarweise getestet. Jeweils ein Kind war das aktiv „lernende Modell" und das andere der Beobachter. Das erste Kind spielte mit verschiedenen Spielzeugpaaren, während das andere Kind zuschaute. Dann wurde geprüft, ob die Kinder sich erinnerten, aus welchen Teilen die Spielzeugpaare bestanden hatten. Die Erinnerung des Kindes, das nur zugesehen hatte, war genauso gut wie die des aktiven Kindes, selbst nach einer Verzögerung von einem Tag (Zimmerman, 1984).

Fernsehen ist oft als passive Aktivität kritisiert worden, weil Kinder beim Fernsehen augenscheinlich nichts tun, sondern nach Meinung ihrer Eltern wie hypnotisiert auf den Bildschirm starren. Unter dieser passiven Oberfläche gibt es aber häufig geistige Aktivitäten. Ein Anzeichen für aktive Verarbeitung ist die Tatsache, daß die Aufmerksamkeitsebene sich mit der Verständlichkeit des Inhalts verändert. Bei Sendungen in fremden Sprachen nimmt die Aufmerksamkeit zum Beispiel ab, steigt aber, sobald die Sprache wieder verständlich wird (Anderson, D. R., Lorch, Field & Sanders, 1981).

Auf einer subtileren Ebene nutzen Kinder ihre Kenntnisse über die Regeln der Fernsehproduktion, um über das nötige Maß an Aufmerksamkeit zu entscheiden. In einer Untersuchung zeigte man kleinen Kindern zwei Informationsfilme des öffentlichen Gesundheitswesens über Ernährung, die sich nicht im Inhalt, wohl aber in der Gestaltung unterschieden. Der eine Film war ein Trickfilm, der mit Gestaltungselementen arbeitete, die für Kinderprogramme typisch sind, und der andere Film entsprach dem üblichen Erwachsenenprogramm und arbeitete mit Schauspielern. Die Kinder waren beim ersten Film aufmerksamer *und* lernten mehr aus seinem Inhalt als bei dem Film, dessen Gestaltung ihn als Programm für Erwachsene auswies (Campbell, Wright & Huston, 1987). Es hat sich also gezeigt, daß Kinder beim Fernsehen denken, bewerten und urteilen.

Man sollte aus solchen Ergebnissen aber nicht schließen, daß die Kindergärtnerinnen mit ihrem Schwerpunkt auf konkreter praktischer Erfahrung unrecht haben. Interesse und Aufmerksamkeit kleiner Kinder lassen sich durch den aktiven Umgang mit Materialien oder andere Lernaktivitäten sehr viel leichter fesseln. Andererseits sollte man aktive Teilnahme aber auch nicht für die einzig mögliche Art des Lernens halten. Selbst kleine Kinder können kognitiv aktiv sein, wenn sie körperlich passiv sind.

Ist die kognitive Entwicklung bereichsspezifisch?

In Piagets Theorie decken die kognitiven Entwicklungsstufen breite Bereiche des Denkens ab, und er war der Meinung, daß Kinder zur Lösung verschiedenster Aufgaben dieselben kognitiven Strukturen benutzen. Kinder, die imstande sind, die Gruppe der Lebensmittel hierarchisch zu klassifizieren, müßten solche Hierarchien entsprechend auch zur Klassifizierung von Tieren, Menschen, Autos usw. verwenden können. Mittlerweile sieht es aber so aus, daß kognitive Fähigkeiten bereichsspezifischer sind, als Piaget glaubte. Kinder, die egozentrisch reagieren, wenn sie die Frage beantworten sollen, wie drei Berge aus einer anderen Perspektive aussehen, reagieren nicht unbedingt auch dann egozentrisch, wenn sie gefragt werden, was ihre Geschwister gerne essen möchten.

Daß kognitive Fähigkeiten an Bereiche gebunden sind, liegt unter anderem an der großen Bedeutung der Information für inhaltliche Bereiche. Bei Kindern und Erwachsenen, die viel über einen bestimmten Bereich wissen, liegt die Leistung auf einer „höheren" kognitiven Ebene. Manche Wissenschaftler haben sogar behauptet, daß die meisten altersbedingten Veränderungen hauptsächlich darauf zurückzuführen sind, daß man mit zunehmendem Alter Wissen über viele unterschiedliche Bereiche ansammelt. Diese Behauptung läßt sich durch den Vergleich von Kindern, die in bestimmten Bereichen Experten sind, mit erwachsenen Laien überprüfen. Kinder, die an Schachturnieren teilnehmen, konnten sich besser an die Positionen der Figuren auf dem Schachbrett erinnern und komplexere hypothetische Züge ausführen als Erwachsene, die keine guten Schachspieler waren (Chi, 1978). Da diese Kinder mehr über das Schachspiel wußten, konnten sie komplexere Gedankengänge einsetzen als die Erwachsenen. Aber es ist nicht gesagt, daß sie solche komplexen Gedankengänge auch bei weniger vertrauten Bereichen anwenden.

Die Problemlösestrategien beim Umgang mit vertrautem Material sind andere als beim Umgang mit weniger vertrautem. Multiplizieren Sie zum Beispiel 3 mit 5. Wie lange haben Sie dafür gebraucht? Welche Problemlösestrategien haben Sie angewendet? Wahrscheinlich ging es schnell, und Sie haben auch kaum eine Strategie gebraucht, weil Sie die Antwort schon vor langer Zeit auswendig gelernt haben. Jetzt multiplizieren Sie 347 mit 79. Wahrscheinlich brauchen Sie dazu länger, müssen auf Multiplikationsregeln zurückgreifen sowie Papier und Bleistift benutzen. Vor dem Computerzeitalter konnten Buchhalter solche Rechenoperationen genauso schnell im Kopf durchführen, wie Sie das Ergebnis von 5 x 3 berechnen.

Robert Siegler (1986) hat denselben Prozeß bei Kindern beobachtet, die arithmetische Aufgaben lösen sollten. Vertraute Aufgaben (die sie schon oft gelöst hatten) wurden schnell im Kopf ausgerechnet. Bei neuen Aufgaben benutzten sie offen erkennbare Strategien, z. B. laut an den Fingern abzählen. Je vertrauter die Aufgaben wurden, desto geringer wurde das Bedürfnis nach Problemlösestrategien.

Sind die Entwicklungsstufen universell?

Piaget hielt seine Prinzipien des logischen Denkens für universell, weil sie auf Interaktionen mit der gegenständlichen Welt beruhen. Diese Behauptung kann zwar für die logischen Prinzipien zutreffen, die bei der Erläuterung der Stufen der konkreten Operationen beschrieben wurden, aber sie wird fraglich, sobald die Kinder in die Stufe der formalen Operationen eintreten. Viele Jugendliche und Erwachsene haben Schwierigkeiten bei der Lösung von Problemen, die formale Operationen erfordern; bei Studenten und Erwachsenen liegt hier der Anteil derer, die scheitern, zwischen 40 und 60 Prozent (Neimark, 1975a).

Auch bei den kognitiven Entwicklungsmustern gibt es kulturell bedingte Unterschiede. Die Prinzipien der westlichen Logik sind nicht unbedingt universell. In dieser Logik bedeutet zum Beispiel der Satz: „Der Himmel ist blau" dasselbe wie die doppelte Verneinung: „Es ist nicht wahr, daß der Himmel nicht blau ist." In einer Schule der indischen Philosophie dagegen haben diese Aussagen nicht dieselbe Bedeutung.

Der entscheidende Punkt bei der entwicklungsbedingten Veränderung

Ein zentraler Bestandteil der Piagetschen Theorie sind die Entwicklungsstufen. Der Begriff *Stufe* wird manchmal in recht allgemeinem Sinne gebraucht, so daß er fast alle altersbedingten Veränderungen bezeichnet, aber die meisten Entwicklungstheorien fassen den Begriff sehr viel enger. Entwicklungsstufen werden durch zwei Eigenschaften definiert: 1. Das Denken ist in unterschiedlichen Stufen ein qualitativ anderes. 2. Die Reihenfolge der Stufen ist *unveränderlich;* präoperatorisches Denken zum Beispiel kommt immer vor konkret-operatorischem Denken.

Viele Psychologen sind mittlerweile nicht mehr davon überzeugt, daß Kinder zwischen 18 Monaten und zwei Jahren sowie zwischen vier und sieben Jahren zu einer völlig neuen Art des Denkens wechseln, aber die These, daß es zwischen der Kindergarten- und der Schulzeit qualitative Veränderungen im Denken gibt, ist nach wie vor gültig. Es ist wohl kein Zufall, daß in buchstäblich allen Gesellschaften die formale Ausbildung der Kinder zwischen dem 6. und dem 7. Lebensjahr beginnt.

Es ist gut möglich, daß sich in den Zeiträumen, die Piaget als Übergänge zwischen den Stufen herausgearbeitet hat, qualitative Veränderungen im Gehirn abspielen. In der linken Hirnhälfte zeigt sich im EEG (Elektroenzephalogramm) zwischen dem vierten und dem sechsten Lebensjahr (der Zeit des Übergangs vom präoperatorischen zum konkret-operatorischen Denken) eine Veränderung in der Wellenstabilität; eine weitere Veränderung wurde zwischen 12 und 14 Jahren (dem Übergang zu formalen Operationen) nachgewiesen (vgl. Abbildung 7.5). Diese neurologischen Veränderungen können unter Umständen die Grundlage der Fähigkeit darstellen, qualitativ neue Denkprozesse zu entwickeln (Thatcher, Walker & Giudice, 1987).

Die Ablehnung von Piagets breit gefaßten Entwicklungsstufen bedeutet nicht, daß Entwicklungssequenzen oder regelmäßige Veränderungsmuster für die Forschung nicht mehr von Interesse wären. In vielen Fällen verlaufen solche Veränderungen anscheinend eher allmählich als abrupt und, wie bereits erwähnt, auch abhängig von bestimmten inhaltlichen Bereichen. In jüngster Zeit haben sich die Wissenschaftler bescheidenere Ziele gesetzt als Piaget: Ihnen geht es darum, Entwicklungsabläufe in bestimmten kognitiven Bereichen zu skizzieren. Flavell und seine Kollegen zum Beispiel haben entwicklungsbedingte Veränderungen im kindlichen Verständnis von Schein und Realität festgestellt (1986).

Im 5. Kapitel haben wir das Auftauchen des „So-tun-als-ob"-Spiels beschrieben. Im zweiten Lebensjahr fangen Kinder an, Gegenstände als Symbol für etwas anderes zu benutzen (Ersetzen von Objekten). Die Entwicklung dieses Spielverhaltens wird in Kasten 7.3 beschrieben. Beim „So-tun-als-ob"-Spiel zeigt sich die Fähigkeit, Symbole zu nutzen, und das ist eine wichtige Entwicklung in der frühen Kindheit. In vieler Hinsicht begreifen Kindergartenkinder den Unterschied zwischen der Realität und dem Spiel. Schon ein Zweijähriger weiß, daß sein Teddybär nicht wirklich ißt.

Trotzdem können Drei- und Vierjährige einen grundlegenderen Unter-

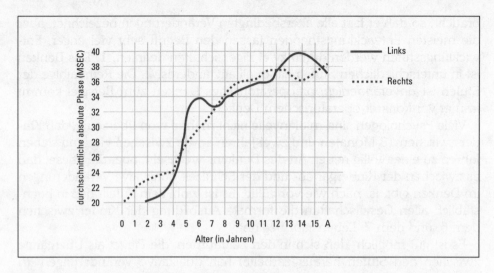

Abb. 7.5: *Entwicklung der durchschnittlichen absoluten Phase des EEG der linken und rechten Stirn-Hinterhauptsbereiche von der Säuglingszeit bis ins Erwachsenenalter. Die gepunktete Linie markiert die rechte Hirnhälfte; sie zeigt ein relativ gleichmäßiges, kontinuierliches Entwicklungsmuster. Die durchgezogene Linie für die linke Hirnhälfte zeigt sprunghafte Entwicklungsveränderungen mit Wachstumsschüben zwischen 4 und 6 sowie 12 und 14 Jahren. Diese Zeiträume korrespondieren mit den Übergängen der Stufen in Piagets Theorie (Aus R. W. Thatcher, R. A. Walker & S. Giudice: Human cerebral hemispheres develop at different rates and ages. Science, 1988, 236, 1110–1113. Mit freundlicher Genehmigung.)*

schied noch nicht richtig begreifen: den Unterschied zwischen Schein und Realität. Man hat einer Reihe von Kindern die sehr realistische Nachbildung eines Steins aus Schaumgummi vorgelegt, die sie anfassen und drücken konnten. Dann wurden sie gefragt: „Ist das *wirklich* und *wahrhaftig* ein Schwamm, oder ist das *wirklich* und *wahrhaftig* ein Stein?" Und: „Wenn du das jetzt anschaust, *sieht es aus wie* ein Stein, oder *sieht es aus wie* ein Schwamm?" Anderen Kindern zeigte man ein weißes Blatt Papier und legte es anschließend hinter einen blauen Filter. Sie wurden nach der wirklichen und der scheinbaren Farbe gefragt. Mit solchen Aufgaben haben John Flavell und seine Mitarbeiter untersucht, ob und wie weit Kinder den Unterschied zwischen Schein und Realität begreifen können. Diese Unterscheidung spielt beim Verständnis von Gesprächen offensichtlich ebenfalls eine große Rolle. Drei- und vierjährige Kinder haben Schwierigkeiten mit diesen Problemen, aber mit sechs oder sieben Jahren können die meisten sie lösen.

Warum bereiten diese Aufgaben Kindern so große Schwierigkeiten? Sie begreifen, daß der „Schaumgummi"-Stein ein „So-tun-als-ob"-Stein ist. Was

Spielen, „So tun als ob" und die kognitive Entwicklung

In allen Gesellschaften spielen Kinder. Psychoanalytiker sehen im Spiel seit langem eine gute Gelegenheit, das Unbewußte des Kindes zu verstehen. Für kognitive Entwicklungspsychologen bietet das Spiel die Möglichkeit, die Funktionsweisen des kindlichen Denkens zu beobachten, sie sehen darin die äußeren Manifestationen kognitiver Prozesse.

Was ist Spielen? Spielen ist spontan und macht Spaß. Es wird normalerweise vom Kind selbst initiiert. Es hat häufig kein erkennbares Ziel; das Ziel ist die Aktivität an sich. Und es bedeutet, so zu tun als ob: Objekte werden zu etwas anderem, bekommen imaginäre Rollen und Identitäten. Diese Art des Spiels beginnt zwischen dem ersten und dem zweiten Lebensjahr (vgl. 5. Kapitel). Vom zweiten bis zum sechsten oder siebten Lebensjahr nehmen Phantasiespiele immer mehr Zeit in Anspruch. Hier ein Beispiel:

Mädchen: Das ist ein Zug (stellt einen Koffer auf das Sofa). Wir essen im Zug zu Abend. Das ist ein Steak, und das ist der Kuchen (zeigt auf einen leeren Teller). Du bist der Schaffner.
Junge: Ich bin der Schaffner. Wo ist deine Fahrkarte?
Mädchen (streckt die Hand mit einer phantasierten Fahrkarte aus).
Junge (tut so, als knipse er die Karte, und zeigt dann auf ihren Stoffhund): Du kannst keinen Hund mitnehmen.
Mädchen: Das ist kein Hund, das ist mein Kind.

Wenn Kinder so tun als ob, verwandeln sie Objekte (das Sofa wird zum Zug) oder greifen sie sozusagen aus der Luft (z.B. die Fahrkarte). Mit zunehmendem Alter befreien sich Kinder von den tatsächlichen Eigenschaften der Objekte, auch wenn sie Spielzeugobjekte häufig auf realistische Weise benutzen. Ein Spielzeugtelefon zum Beispiel wird wie ein „wirkliches" Telefon benutzt.

Kinder übernehmen bei solchen Spielen neue Identitäten und Rollen (z.B. Schaffner). Wenn sie älter werden, steigt auch die Wahrscheinlichkeit, daß die Spielpartner Anweisungen bekommen (z.B.: Du bist der Schaffner) und daß Rollenspiele und Uminterpretation von Objekten kombiniert werden. Ganz kleine Kinder spielen entweder eine Rolle oder interpretieren ein Objekt um, bringen aber nicht beides zusammen.

> Beim Spiel üben die Kinder kognitive Fähigkeiten, Vorstellungsvermögen, soziale Rollen und Sprache. Kinder, die spontan häufig Phantasiespiele spielen, sind sozial kompetenter, selbstbewußter und können besser eine fremde Perspektive übernehmen als Kinder mit vergleichbarer Intelligenz und Geselligkeit, die weniger häufig solche Spiele spielen. Ein altes Sprichwort faßt die Bedeutung des Spiels zusammen: „Das Spiel ist die Arbeit der Kindheit" (Conolly, Doyle & Ceschin, 1983; Garvey, 1977; Rubin, K. H., Fein & Vandenberg, 1983).

sie aber nur schwer verstehen können, ist die Tatsache, daß etwas zwei Identitäten gleichzeitig haben kann, eine scheinbare und eine reale. Wenn Kinder mit einem Gegenstand „So tun als ob" spielen, dann ist er genau das: ein „gespielter" Stein oder Löffel oder Raumfahrer. Sehen sie aber einen Gegenstand, den sie für einen echten Schwamm halten, sagen sie, er sieht aus wie ein Schwamm. Wenn etwas blau aussieht, dann ist es auch blau.

Bewertung von Piagets Theorie

Was ist von Piagets Theorie übriggeblieben? Viele seiner Grundbehauptungen sind heute so breit akzeptiert, daß wir sie für selbstverständlich halten. Die meisten Psychologen stimmen darin überein, daß menschliche Organismen auf der Grundlage allgemeiner Struktur- und Anpassungsprinzipien funktionieren, daß Kinder ihre Welt *aktiv* konstruieren und nicht passiv auf äußere Reize reagieren und daß die kognitive Entwicklung Ergebnis kontinuierlicher Interaktion zwischen dem Kind und der Umwelt ist. Sie weisen auch auf die bahnbrechende Bedeutung von Piagets empirischen Untersuchungen für das Verständnis der kindlichen Entwicklung hin, obwohl Kinder heute als formbarer und weniger abhängig von reifebedingten Einschränkungen gesehen werden, als Piaget annahm.

Andererseits lehnen zahlreiche Wissenschaftler heute Piagets These der diskontinuierlichen und breiten Entwicklungsstufen zugunsten enger definierter Fortschritte in den kognitiven Fähigkeiten ab. Qualitative Veränderungen im Denken lassen sich nachweisen, aber viele Fähigkeiten entwickeln sich allem Anschein nach sehr viel allmählicher und kontinuierlicher, als Piagets Theorie annimmt.

Zusammenfassung

Wissenschaftler, die kognitive Prozesse quantitativ und in Begriffen fassen wollen, sind mit drei grundlegenden Problemen konfrontiert: In welchem Ausmaß läßt sich aus dem Verhalten auf das Denken schließen? Wie kann man zwischen Kompetenz und Leistung unterscheiden? Soll man Kompetenz sehr breit oder sehr eng definieren? Es gibt kontroverse Ansichten in der Psychologie über die Frage, ob und wieweit man nicht beobachtbares Denken aus beobachtbarem Verhalten ableiten kann. Strenge Behavioristen halten das beobachtbare Verhalten für den einzig legitimen Forschungsgegenstand. Andererseits wollen viele Psychologen aber auch wissen, welche Ereignisse in den Köpfen von Kindern ablaufen. Für die meisten Forscher ist beobachtbares Verhalten das wesentliche Kriterium zur Überprüfung von Theorien.

Unter *Kompetenz* versteht man das Wissen und die Fähigkeiten eines Kindes, unter *Leistung* (Performanz) deren Einsatz in beobachtbaren Problemlösesituationen. Kinder wenden vorhandenes Wissen nicht immer an, selbst dann nicht, wenn es angebracht wäre. Gelegentlich entspricht ihre Leistung ihrer tatsächlichen Kompetenz deshalb nicht, weil sie das Problem mißverstehen, das sie lösen sollen. Die meisten Wissenschaftler fassen den Begriff der Kompetenz relativ eng, weil sich dadurch verschiedene Gruppen von Kindern besser vergleichen lassen.

Piaget hat angenommen, daß die biologischen Merkmale des Kindes der Reihenfolge und dem Zeitraum, in dem bestimmte kognitive Kompetenzen auftauchen, gewisse Grenzen setzen. Gleichzeitig war die aktive Erfahrung mit der Umwelt seiner Meinung nach ausschlaggebend für kognitives Wachstum. Seine zentrale These lautet, daß Menschen ihr Leben lang aktiv, neugierig und erfinderisch sind. Kinder *konstruieren* demnach ihre Welt, indem sie die Information ordnen, die sie über die Sinne aufnehmen.

Die beiden Grundprinzipien der menschlichen Entwicklung sind laut Piaget Organisation und Anpassung. Kinder organisieren ihre Erfahrung in kognitiven Strukturen. Eine solche Struktur ist zum Beispiel die *Operation*, die Arbeit an einer Gedankenkette, die sich umkehren läßt. Bei der Interaktion mit der Umwelt passen die Kinder diese Strukturen an neue Erfahrungen an. Der Anpassungsprozeß verläuft über die Prozesse der *Assimilation* (vorhandene Vorstellungen oder Begriffe werden genutzt, um neue zu begreifen) und *Akkommodation* (Abwandlung vorhandener Begriffe entsprechend den Anforderungen der Umwelt). Diese Prozesse lassen einen zeitlich begrenzten Zustand der *Äquilibration* oder des kognitiven Gleichgewichts entstehen.

Piaget hat behauptet, daß Entwicklung diskontinuierlich in vier aufeinanderfolgenden Stufen verläuft. Beim Übergang von einer Stufe zur anderen wird die Art und Weise, in der das Kind seine Welt konstruiert und interpretiert, grundlegend neuorganisiert. Die Reihenfolge der Stufen ist unveränderlich, denn jede Phase baut auf den Leistungen der früheren auf. Es gibt aber individuelle Unterschiede während der einzelnen Stufen.

In der sensumotorischen Stufe stützt sich die kognitive Entwicklung überwiegend auf sinnliche Erfahrung und motorische Handlungen. Der Übergang zur präoperatorischen Stufe findet zwischen 18 Monaten und 2 Jahren statt. Kennzeichen dieses Übergangs ist die *geistige Repräsentation* oder die Fähigkeit, über Objekte und Ereignisse außerhalb der unmittelbaren Umgebung nachzudenken. Kennzeichnend für die präoperatorische Stufe ist auch die beginnende Fähigkeit, mit Symbolen umzugehen. Trotz dieser Leistungen sind Denken und Sprache des Kindes häufig *egozentrisch.*

Zwischen dem sechsten und achten Lebensjahr beginnt die Stufe der konkreten Operationen. Die Kinder können flexible und vollständig umkehrbare (reversible) geistige Operationen durchführen und dezentrieren, das heißt, sie können sich auf mehrere Attribute eines Objekts oder Ereignisses gleichzeitig konzentrieren. Außerdem verlassen sie sich nicht mehr ausschließlich auf perzeptive Information, sondern benutzen *logische Prinzipien* wie das Identitäts- und das Äquivalenzprinzip.

Andere Merkmale der konkret-operatorischen Phase sind die *Reihenbildung,* das heißt die Fähigkeit, Gegenstände nach quantifizierbaren Dimensionen zu ordnen; *relationales Denken,* das heißt das Wissen, daß viele Begriffe sich auf Beziehungen und nicht auf absolute Eigenschaften beziehen, und schließlich die *Klasseninklusion,* das heißt die Erkenntnis, daß manche Kategoriengruppen zueinander gehören und Objekte gleichzeitig zu mehr als einer Kategorie oder Beziehung gehören können.

Kinder, die die formal-operatorische Stufe erreicht haben, verwenden eine größere Bandbreite kognitiver Operationen und Strategien zur Problemlösung, sind sehr gewandt und flexibel im Denken und Argumentieren und können Dinge von verschiedenen Perspektiven aus betrachten. Sie können über hypothetische Situationen nachdenken und systematisch nach Lösungen suchen. Formal-operatorisches Denken organisiert geistige Operationen auf höherem Niveau, das heißt, es ermöglicht die Verwendung abstrakter Regeln zur Lösung einer ganzen Problemgruppe.

Für Piaget hemmt der Reifungsprozeß die Geschwindigkeit, in der Kinder die Entwicklungsstufen durchlaufen; alle Bemühungen, Kindern eine Fertigkeit beizubringen, bevor sie dazu bereit sind, sind zum Scheitern verurteilt. Neuere Untersuchungsergebnisse jedoch haben diese Behauptung erschüttert, genauso wie Piagets These, derzufolge Kinder stärker von unstrukturierter Erkundung ihrer Umwelt als von strukturierter Übung profitieren. Erhaltung und andere konkrete Operationen lassen sich auch bei präoperatorischen Kindern durch Übung erlernen. Wenn die Aufgaben einfach sind, können sie die Erhaltung der Zahlen verstehen und Schlußfolgerungen ziehen mit Hilfe der Klasseninklusion. Es konnte ebenfalls nachgewiesen werden, daß Kinder schon vor der Schulzeit die Perspektive anderer einnehmen können.

Piagets grundlegende These, nach der Kinder aktiv nach Wissen suchen, ist in der Psychologie heute unbestritten. Heutige Entwicklungspsychologen sind aber der Auffassung, daß es nicht nur eine körperliche, sondern auch eine geistige Aktivität gibt. Außerdem geht man mittlerweile davon aus, daß kognitive Fähigkeiten stärker an Inhaltsbereiche gebunden sind, als Piaget annahm. Spezifische Kenntnisse in einem inhaltlichen Bereich sind außerordentlich wichtig, und die Problemlösestrategien sind bei vertrautem Material andere als bei weniger vertrautem. Die Annahme schließlich, daß die Prinzipien des logischen Denkens universell gültig sind, wird ebenfalls fraglich, wenn Kinder die Phase der formalen Operationen erreichen.

Auch wenn viele Psychologen heute die Behauptung nicht mehr akzeptieren, daß das Denken von Kindern an bestimmten Punkten ihrer Entwicklung eine völlig neue Form erhält, nimmt man weiterhin an, daß es bestimmte qualitative Veränderungen im Denken zwischen der Kindergarten- und der Schulzeit gibt. Außerdem glaubt man heute, daß sich entwicklungsbedingte Veränderungen nicht abrupt, sondern allmählich vollziehen und auf bestimmte inhaltliche Bereiche bezogen sind.

Fragen

1. Beschreiben Sie kurz drei grundlegende Probleme bei der Messung und begrifflichen Beschreibung kognitiver Prozesse.
2. Welchen Einfluß haben laut Piaget biologische Reifung und aktive Erfahrung auf die kognitive Entwicklung?
3. Was bedeuten Organisation und Anpassung, Assimilation und Akkommodation?
4. Beschreiben Sie die vier Stufen in Piagets Theorie der kognitiven Entwicklung.
5. Was ist eine Operation?
6. Was bedeutet die Erhaltung von Zahlen und von Substanzen?
7. Was ist Reihenbildung? Was ist relationales Denken?
8. Durch welche Erkenntnisse der neueren Forschung wurde Piagets Behauptung in Frage gestellt, daß die Reifung die Geschwindigkeit hemmt, in der Kinder die Entwicklungsphasen durchlaufen?
9. Müssen Kinder notwendig mit Materialien umgehen und aktiv mit der Umwelt interagieren, um etwas zu lernen?

10. Für zeitgenössische Psychologen sind die kognitiven Fähigkeiten bereichsspezifischer, als Piaget annahm. Warum?

■■ Glossar

Kognition: Die Prozesse des Denkens und Wissens, einschließlich Aufmerksamkeit, Wahrnehmung, Interpretation, Klassifizieren und Erinnern von Information, Evaluierung von Gedanken, Ableitung von Prinzipien und Regeln, Vorstellung von Möglichkeiten, Entwicklung von Strategien und Phantasien.

Kompetenz: Wissen und Fähigkeiten eines Menschen.

Leistung (Performanz): Der Einsatz von Wissen und Fähigkeiten in beobachtbaren Problemlösesituationen.

Eignung (potentielle Kompetenz): Die Fähigkeit, neue Fähigkeiten oder neues Wissen zu erwerben.

Operation: Die Arbeit an einer Gedankenkette, die umkehrbar ist.

Assimilation: Die Bemühungen des Menschen, die Erfahrungen mit der Umwelt so aufzunehmen, daß sie mit den eigenen Strukturen zusammenpassen.

Akkommodation: Der Prozeß, in dem vorhandene Begriffe nach den Anforderungen der Umwelt verändert werden.

Dezentrierung: Fähigkeit, die Aufmerksamkeit auf mehrere Eigenschaften eines Objekts oder Ereignisses gleichzeitig zu konzentrieren und die Beziehung zwischen Dimensionen bzw. Eigenschaften zu begreifen.

Erhaltung von Substanz: Fähigkeit, zu begreifen, daß sich die Menge einer Substanz nicht ändert, wenn sich ihre Form oder Zusammenstellung ändert.

Erhaltung von Zahlen: Fähigkeit, zu begreifen, daß sich die Zahl einer Gruppe von Objekten nicht ändert, wenn die Objekte umgruppiert werden.

Reihenbildung: Fähigkeit, Gegenstände nach einer quantifizierbaren Dimension wie Gewicht oder Größe zu ordnen.

Formale Operation: Anwendung abstrakter Regeln zur Lösung einer Klasse von Problemen.

■■ Literaturempfehlungen

Donaldson, M. (1978). *Children's mind*. New York: Norton. Ein gut lesbarer Bericht über eine innovative Reihe von Untersuchungen, mit denen Piagets Theorie der egozentrischen Subjektivität von Kindern überprüft wurde.

Flavell, J. H. (1985). *Cognitive development* (2. Aufl.). Englewood Cliffs, N.J.: Prentice-Hall. Flavell war maßgeblich an der Übersetzung der Piagetschen Theorie ins Englische beteiligt. Das Buch beschäftigt sich mit vielen Aspekten der kognitiven Entwicklung, vor allem mit dem Gedächtnis.

Gelman, R. & Gallistel, C. R. (1978). *The child's understanding of number.* Cambridge, Mass.: Harvard University Press. Diese bahnbrechende Untersuchung zeigt, daß schon kleine Kinder viele der Prinzipien begreifen, die dem Zählen zugrunde liegen, und einige Prinzipien des konkret-operatorischen Denkens anwenden können.

Ginsburg, H. & Opper, S. (1979). *Piaget's theory of intellectual development* (2. Aufl.). Englewood Cliffs, N.J.: Prentice-Hall. Ein Grundlagenwerk zum Verständnis der Piagetschen Theorie.

Kamii, C. K. (1985). *Young children reinvent arithmetic: Implications of Piaget's theory.* New York: Teachers College Press. Beschreibung eines völlig anderen Lehrplans für den Rechenunterricht in der Grundschule aus dem Blickwinkel des Lehrers und des Wissenschaftlers. Enthält zahlreiche spannende Beispiele und Beobachtungen.

Deutschsprachige Bücher zu diesem Kapitel

Bruner, J. S., Olver, R. R. & Greenfield, P. M. (Hrsg.) (1988). *Studien zur kognitiven Entwicklung* (2. Aufl., englisches Original erschienen 1966). Stuttgart: Klett-Cotta

Buggle, F. (1993). *Die Entwicklungspsychologie Jean Piagets.* 2. Auflage. Stuttgart: Kohlhammer.

Flavell, J. H. (1979). *Kognitive Entwicklung.* Stuttgart: Klett-Cotta.

Furth, H. (1976). *Intelligenz und Erkennen. Die Grundlagen der genetischen Erkenntnistheorie Piagets.* Frankfurt a. M.: Suhrkamp.

Hurrelmann, K. & Ulich (1987/8). *Neues Handbuch der Sozialisationsforschung.* Weinheim: Beltz.

Kubli, F. (1983). *Erkenntnis und Didaktik. Jean Piaget und die Schule.* Basel: Reinhardt.

Piaget, J. (1983). *Jean Piaget: Meine Theorie der geistigen Entwicklung.* Frankfurt a. M.: Fischer Taschenbuch Verlag.

Piaget, J. (1991) *Das Erwachen der Intelligenz beim Kinde* (Gesammelte Werke, Bd. I, 3. Aufl.). Stuttgart: Klett-Cotta (französisches Original erschienen 1959).

Kapitel 8

Kognitive Entwicklung: Lernen und Informationsverarbeitung 333

Die Grundannahme von Piaget und anderen Anhängern einer Stufentheorie besagt, daß kognitive Fähigkeiten und Fertigkeiten sich im Verlauf der Entwicklung durch Reifung neuer Fähigkeiten und aktives Erkunden der Umwelt periodisch neu strukturieren. Entsprechend gehen Forscher dieser entwicklungspsychologischen Richtung bei ihren Untersuchungen über geistige Strukturen und Prozesse von der Voraussetzung aus, daß sich diese Strukturen genau wie Zellen und andere biologische Strukturen dynamisch verändern.

Auf ganz anderen Grundannahmen basiert die Lerntheorie, die die amerikanische Psychologie stark beeinflußt hat. Die Vertreter dieser Schule wollen „einerseits die zunehmenden Fähigkeit des Kindes skizzieren, verschiedene Klassen von Reizen zu unterscheiden und zu enkodieren, und andererseits ihre Zusammenhänge und Verbindungen erschließen… Sie sind sich in der Annahme einig, daß Lernen und Entwicklung im wesentlichen gleichbedeutend sind" (Case, 1986, S. 57). In den letzten Jahren wurde diese Theorie hauptsächlich von den Schülern B. F. Skinners vertreten, die sich selbst als Verhaltensanalytiker bezeichnen. Neben der Grundlagenforschung im Bereich der Lernprozesse beschäftigen sie sich vordringlich damit, lerntheoretische Prinzipien für die Arbeit mit lern- und verhaltensgestörten Kindern nutzbar zu machen.

Die Theorie der Informationsverarbeitung hat Elemente aus beiden Ansätzen aufgenommen. Ihre Vertreter nehmen einerseits an, daß Kinder aktiv mit der Umwelt interagieren sowie daß neurologische und biochemische Veränderungen in der Entwicklung eine wichtige Rolle spielen, lehnen aber andererseits das Konzept diskontinuierlicher Phasen meist ab.

Lerntheorie und Verhaltensforschung

Lerntheoretiker verstehen Lernen als eine Anzahl von Verbindungen zwischen *Reizen* und *Reaktionen.* Lernen vollzieht sich durch den Prozeß der *Konditionierung.* Zwei Arten von Konditionierung haben wir im dritten Kapitel behandelt: *klassisches* Konditionieren und *instrumentelles* oder *operantes* Konditionieren. Wie das 10. Kapitel zeigen wird, ist Lernen auch durch Beobachtung des Verhaltens anderer möglich. B. F. Skinner (1938) hat auf der Basis dieser grundlegenden Lernprinzipien eine vollständig am Verhalten orientierte Psychologie begründet. Auf seiner Arbeit baut die moderne **Verhaltensanalyse** auf.

Experimentelle Verhaltensanalyse

Ein Problem aus der angewandten Forschung soll diesen Ansatz verdeutlichen. Wie kann man der sechsjährigen Sharon die Grundlagen des Zahlverständnisses beibringen? Lernen wird in der Verhaltensanalyse durch Verhalten definiert (vgl. auch die Debatte über Kognition kontra Verhalten und Kompetenz kontra Leistung zu Anfang des siebten Kapitels). Da Verhaltensanalytiker nur das tatsächlich beobachtete Verhalten berücksichtigen, wird Sharons Kompetenz im Umgang mit Zahlen durch ihre beobachtbare Leistung definiert. Der erste Schritt des Trainings besteht deshalb darin, die Verhaltensziele genau zu definieren. Bei diesem Beispiel müßte man also fragen, aus welchem Verhalten Fertigkeiten im Umgang mit Zahlen bestehen. Der Lehrer skizziert die folgenden Ziele: *1.* Auswahl der entsprechenden Anzahl von Objekten aus einer Zusammenstellung von zehn Gegenständen, wenn der Lehrer die Zahl nennt, *2.* laut von 1 bis 10 zählen, *3.* die schriftlichen Ziffern von 1 bis 10 erkennen und *4.* die Zahlen 1 bis 10 schreiben.

Jetzt bekommt Sharon eine Reihe von Lernübungen, deren Schwierigkeitsgrad in sehr kleinen Schritten gesteigert wird. Zuerst zeigt der Lehrer ihr drei Klötze und sagt anschließend: „Gib mir die drei Klötze." Wenn sie die Aufgabe korrekt ausgeführt hat, wird sie gelobt (positive Verstärkung). Dann zeigt man ihr wieder drei Klötze und sagt: „Gib mir einen Klotz." Danach: „Gib mir zwei Klötze." Korrekte Leistung wird gelobt. Sobald Sharons Leistung so gut wie fehlerfrei ist, wird ihr eine größere Anzahl Klötze gezeigt und die Prozedur wiederholt. Die Übungen erstrecken sich jeweils über mehrere Tage, bis das Kind sie nahezu perfekt beherrscht. Täglich wird (meist in einer Graphik) festgehalten, wie oft sie korrekt reagiert hat. Wenn Sharon keine Fortschritte macht, werden leichtere Aufgaben wiederholt oder eine andere Methode ausprobiert. Das Lernziel ist erreicht, wenn das Kind jede beliebige Anzahl von Klötzen (von 1 bis 10) aus einer größeren Auswahl heraussuchen kann. Dann wird geprüft, ob sie bei anderen Reizen dieselbe Leistung erbringt wie bei den Klötzen, das heißt, man prüft die *Verallgemeinerung*. Kann Sharon die gleiche Leistung erbringen, wenn Spielzeugautos, Puppen usw. verwendet werden?

In diesem Beispiel werden zwei wichtige Kennzeichen der Verhaltensanalyse deutlich. Erstens wird ein **verstärkender Reiz** bestimmt, das ist ein Ereignis, das die Wahrscheinlichkeit des Verhaltens erhöht. Das Lob des Lehrers ist eine solche Verstärkung, aber wenn die erwünschte Reaktion dadurch nicht häufiger auftritt, lassen sich auch andere Methoden ausprobieren, um festzustellen, welche Ereignisse für Sharon Verstärker sind, zum Beispiel die Verteilung goldener Sterne oder die Chance, mit einem attraktiven Spielzeug zu spielen. Zweitens entscheiden die Reaktionen des Kindes darüber, welchen Schritt der Lehrer als nächsten wählt. Erst wenn das Kind auf einer Ebene korrekte Leistungen erbringt, legt der Lehrer die nächste Übungsebene fest. Läßt sich keine Leistungsverbesserung feststellen, wird ein anderer Reiz oder eine andere Methode ausprobiert. Es wird also nach dem Prinzip verfahren: „Der Kunde hat immer recht." Nicht das Kind ist schuld, wenn es etwas nicht lernt, sondern die Unterrichtsmethode (Sherman, 1982).

Kognitive Lerntheorie

Manche Wissenschaftler, die mit der Begrifflichkeit der Lerntheorie arbeiten, berücksichtigen nicht nur beobachtbares Verhalten, sondern auch innere, also nicht beobachtbare geistige Prozesse. Denkprozesse stellen ihrer Meinung nach innere Verbindungen von Reizen und Reaktionen dar (z. B. Gagné, 1965). Die Lerntheorien haben drei Grundannahmen gemeinsam, die in Widerspruch zu Piagets Theorie stehen: Erstens sind sie überzeugte Anhänger der Umwelttheorie und messen der Reifung nur wenig Bedeutung bei. Zweitens betrachten sie Kinder als passive Empfänger von Umweltinformationen und nicht als aktive Organisatoren und Initiatoren von Erfahrung. Entsprechend sind die von ihnen entwickelten Unterrichtsmethoden strukturiert und durchorganisiert, im Gegensatz zu den an Piaget orientierten Methoden, die Erkundung und Entdeckung in den Mittelpunkt stellen. Und drittens lehnen sie Entwicklungskonzepte ab, die einen sich entfaltenden Reifeprozeß voraussetzen. Ihr Schwerpunkt liegt vielmehr auf allmählicher, kontinuierlicher Veränderung durch Ansammlung von Erfahrung. Daher halten sie auch das Alter der Kinder nicht für einen wichtigen Faktor. In welchem Tempo Kinder neue Fertigkeiten erwerben können, hängt in ihren Augen überwiegend von ihren Erfahrungen ab und nicht von einem wie auch immer gearteten inneren Zeitplan (Baer, 1970).

Kritik an der Lerntheorie

Die Prinzipien der Lerntheorie sind in zahlreichen Zusammenhängen mit Erfolg eingesetzt worden. Sie sind sehr geeignet, wenn es darum geht, Kindern intellektuelle Fertigkeiten beizubringen, vor allem dann, wenn sie mit konventionellen Unterrichtsmethoden Schwierigkeiten haben. Einige der erfolgreichsten Interventions- und Psychotherapiemethoden basieren auf der Verhaltensanalyse und der kognitiven Lerntheorie. Wolf und seine Kollegen zum Beispiel haben für die Heimerziehung straffällig gewordener Jugendlicher das Modell der Lehrfamilie entwickelt, bei dem jeweils 6 bis 10 Jugendliche mit einem „Elternpaar" zusammenleben. Die Gruppen werden wie demokratische Familien geführt, in denen klar formuliert wird, welches Verhalten man erwartet, und angemessenes Verhalten verstärkt wird (z. B. durch Lob und Privilegien; Braukmann, Ramp, Tigner & Wolf, 1984).

Während die Verhaltensanalyse in vielen Bereichen der angewandten Psychologie eingesetzt wird, hat die Lerntheorie viel von ihrem früheren Stellenwert in der Entwicklungsforschung eingebüßt. Niemand bestreitet die Existenz grundlegender Konditionierungsprozesse, aber diese Prozesse sind erwiesenermaßen nicht ausreichend, um viele der faszinierenden Aspekte der intellektuellen Entwicklung von Kindern zu erklären, zum Beispiel die Sprachentwicklung (vgl. 6. Kapitel). Deshalb haben sich viele Entwicklungspsychologen von der Lerntheorie ab- und der Theorie der Informationsverarbeitung zugewandt.

Informationsverarbeitung

Die Hauptziele der Informationsverarbeitungstheorie decken sich mit denen von Piaget. Erstens will sie die Eigenart des Denkens beschreiben, das heißt, sie will analysieren, wie der menschliche Verstand Information repräsentiert und wie er mit ihr arbeitet. Im Vordergrund steht nicht die genaue Dokumentation des kindlichen Wissens, sondern seine Struktur und seine Verarbeitung. Wenn ein Fünfjähriger über ein Fernsehprogramm lacht, in dem ein Hund muht und eine Kuh bellt, steht nicht die Tatsache im Vordergrund, daß das Kind die Laute von Kühen und Hunden auseinanderhalten kann. Es geht vielmehr um die Frage, durch welche geistigen Strukturen und Prozesse das Kind feststellt, daß die dargestellten Kombinationen unvereinbar sind.

Zweitens beschäftigen sich Psychologen dieser Schule mit der genauen Erschließung alters- und erfahrungsbedingter Veränderungen von kognitiven Prozessen. Zehnjährige, die nach einem verlorengegangenen Baseball-Handschuh suchen, gehen systematischer vor als Vierjährige. Mit zunehmendem Alter können Kinder besser planen, ihre Gedanken und kognitiven Aktivitäten besser steuern, und sie sind sich ihres Wissens und seiner Grenzen bewußter.

Grundannahmen

Die Theorie der Informationsverarbeitung baut ihr Modell vom Verstand in gewissem Sinne auf dem Computermodell auf. Sie arbeitet häufig mit Ablaufdiagrammen, wie sie etwa beim Programmieren benutzt werden.

Die meisten Entwicklungspsychologen dieser Schule gehen von einer *Interaktion zwischen Reifung und Erfahrung* aus. Ihrer Meinung nach setzen biologische Faktoren der Kognition Grenzen, während Erfahrung faktische Information liefert und die Möglichkeit bietet, bestimmte Fähigkeiten zu erwerben. Sie nehmen in der Regel an, daß Kinder die Informationen, die sie aufnehmen, aktiv auswählen, konstruieren und interpretieren. Im Unterschied zu Piaget betonen sie aber nicht das Bedürfnis von Kindern, Begegnungen mit der Umwelt zu initiieren oder Objekte der Umwelt zu manipulieren. Nach der Theorie der Informationsverarbeitung denken und entwickeln sich Kinder, indem sie Objekte und Ereignisse wahrnehmen, erinnern und daraus Schlußfolgerungen ziehen.

Die Frage, ob entwicklungsbedingte Veränderungen kontinuierlich oder diskontinuierlich verlaufen, ist bei diesem Ansatz ein empirisches Problem, kein theoretisches. Entwicklungsbedingte Veränderungen werden im allgemeinen als allmählich und kontinuierlich betrachtet, auch wenn bestimmte qualitative Veränderungen anerkannt werden. Kognitive Bereiche sind meist relativ genau und eng definiert, und eine wichtige Forschungsrichtung beschäftigt sich explizit damit, die Auswirkungen aufgabenspezifischer Bereiche auf die Informationsverarbeitung von Kindern zu bestimmen. Und schließlich überprüfen die Vertreter dieser Schule ihre Hypothesen mit sorgfältig kontrollierten Untersuchungen und Experimenten, wie sie auch die Lerntheorie benutzt.

Kognitive Einheiten: Wie Information repräsentiert wird

Man kann sich die Kognition als eine Gruppe von *Prozessen* vorstellen, mit denen sich unterschiedliche *Einheiten* des Wissens bearbeiten lassen. Vier dieser Einheiten sollen im folgenden beschrieben werden: Schemata, Bilder, Begriffe und Aussagen (Kagan, 1984).

Schemata: Der Begriff des **Schemas**, wie er im dritten Kapitel erläutert wurde, ist ein anderer als der Begriff des *sensumotorischen Schemas,* wie ihn Piaget verwendet. Unter Schema versteht man hier die Gesamtheit der typischen und charakteristischen Merkmale einer Szene oder Ereignisfolge. Was genau damit gemeint ist, wird deutlich, wenn man sich zum Beispiel das eigene Wohnzimmer vorstellt und sich die Möbel, Bilder, Fenster und Türen darin vor Augen führt. Wenn man danach überlegt, was man generell unter dem Begriff „Wohnzimmer" versteht (also woraus sie in der Regel bestehen), kommt man wahrscheinlich zu dem Schluß, daß sich in Wohnzimmern meist Stühle, ein Sofa, ein kleiner Tisch, mindestens eine Tür und mindestens ein Fenster befinden. Es gibt also ein Schema für Wohnzimmer im allgemeinen, das nicht einfach Abbild eines bestimmten Raumes ist, sondern sich aus den typischen und charakteristischen Merkmalen von Wohnzimmern zusammensetzt.

Die Schemata von Kindern für Szenen enthalten Information über die Objekte in einer Szene und ihre Beziehungen. Ein solches Schema kann als Grundlage für gewöhnliches räumliches Wissen dienen. Ein Kind, das keine Schwierigkeiten hat, seinen Schulweg und den Weg zu den Wohnungen seiner Schulfreunde zu finden, hat wahrscheinlich ein Schema für sein Wohnviertel. Es kann sich den Lageplan der Straßen und Häuser visuell vorstellen. Wenn das Kind irgendwohin geht, folgt es nicht einfach einer auswendig gelernten Route zu einem bestimmten Ort, sondern einer „Karte" seines Viertels.

Schemata machen das Gedächtnis effizient, weil sie das Wesentliche einer Szene bewahren, ohne daß man sich alle Einzelheiten ins Gedächtnis rufen muß. Eine Untersuchung der Fähigkeit, sich an einfache und komplexe Bilder zu erinnern, an der Erwachsene und Kinder teilnahmen, hat gezeigt, wie Schemata eingesetzt werden, um sich an etwas zu erinnern (vgl. Abbildung 8.1). Die einfachen Bilder enthielten grundlegende Informationen, die komplexeren Versionen darüber hinaus noch zusätzliche Details und Schattierungen. Den Probanden wurde eine Reihe solcher Bilder gezeigt, die sie sich merken sollten. Ein paar Minuten später zeigte man ihnen zum Teil dieselben, zum Teil veränderte Bilder. Testpersonen, die beim ersten Mal die Zeichnung A aus Abbildung 8.1 gesehen hatten, sahen beim zweiten Mal Version B; war die erste Zeichnung D, sahen sie beim zweiten Mal Zeichnung C. Dabei zeigte sich, daß die Probanden zwar erkannten, wenn die Zeichnung zusätzliche Elemente enthielt (das heißt, sie erkannten, daß B eine andere Version des zuvor betrachteten Bildes A war), aber fehlende Einzelheiten mit geringerer Wahrscheinlichkeit bemerkten (das heißt, sie erkannten nicht, daß Version C nicht die war, die sie vorher gesehen hatten). Weil ihr Gedächtnis ein Schema gespeichert hatte, das die wesentlichen Elemente des Bildes enthielt, fiel es ihnen nicht auf, wenn Einzelheiten fehlten (Pezdek, 1987).

Kinder entwickeln Schemata nicht nur für Szenen, sondern auch für zeitliche Ereignisabläufe. Ein Ereignisschema „läßt sich als zeitlich strukturierte Repräsentation einer Ereignissequenz oder einer Gruppe von Erwartungen über Art und Zeitpunkt des Geschehens in einer gegebenen Situation definieren" (Mandler, 1983, S. 456). Schemata für konkrete Ereignisse werden auch als *Scripts* bezeichnet. Bittet man zum Beispiel zehn Kinder, die Abfolge von Ereignissen beim morgendlichen Aufstehen oder auf dem Schulweg

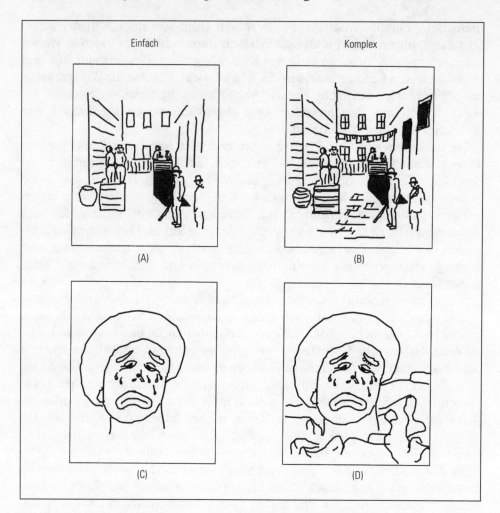

Abb. 8.1: Beispiel für einfache und komplexe Bilder, mit denen man die Auswirkungen von Schemata auf das Gedächtnis untersuchen kann. Die einfachen Bilder enthalten die entscheidende Information; bei den komplexen Versionen wurden zusätzliche Details und Schattierungen hinzugefügt. (Aus K. Pezdek: Memory for pictures: A life-span study of the role of visual detail. Child Development, 1987, 58, 810. Mit freundlicher Genehmigung.)

zu beschreiben, ergeben sich sowohl bei den Ereignissen als auch bei der Reihenfolge, in der sie geschehen, sehr viele Übereinstimmungen. Diese Gemeinsamkeiten bilden das Script für „Aufstehen" oder „Schulweg".

Schon kleine Kinder kennen die Scripts für Ereignisse, mit denen sie ständig zu tun haben. Sie können zum Beispiel das Einkaufen im Supermarkt richtig beschreiben: „Du holst einen Wagen. Dann tust du Salat und Cornflakes in deinen Wagen. Dann stehst du in der Reihe und bezahlst." Kindergartenkinder (vier bis fünf Jahre alt) hatten manchmal Schwierigkeiten bei der Beschreibung dieser Ereignisse, wußten aber, welche Ereignisse zu dem Script passen. Sie verneinten zum Beispiel die Frage, ob man zum Einkaufen Schuhe und Strümpfe ausziehen muß (Adams & Worden, 1986).

Warum sind Schemata und Scripts so wichtig? Viele Psychologen halten sie für die ersten kognitiven Einheiten, weil sie die Zusammenstellung von Objekten und Ereignissen aus der Alltagserfahrung repräsentieren (Mandler, 1983). Tafel, Pulte, Pinnwände und Lehrer zum Beispiel werden nicht deswegen dem Schema „Klassenzimmer" zugeordnet, weil man ihnen abstrakte Ähnlichkeiten zuschreiben könnte, sondern weil sie in der Erfahrung gemeinsam auftreten.

Schemata und Scripts sind für ein effektives Verhalten wichtig, weil sie Vorwegnahme und Vorhersage, mit anderen Worten: Erwartungen möglich machen. Was mit einem Schema übereinstimmt, wird erwartet und wird deshalb wahrscheinlich auch bemerkt. Wenn etwas dagegen nicht zu einem Schema paßt, kann es passieren, daß man es nicht bemerkt oder das Gesehene bzw. die Erinnerung daran so verzerrt, daß Erfahrung und Schema wieder übereinstimmen. Wenn Kinder zum Beispiel aus der Erinnerung einen Raum aus dem Kindergarten beschreiben sollen, dann fällt ihnen die Spielecke und die Matte zum Toben ein, aber an den großen Aktenschrank, der ebenfalls in dem Raum stand, erinnern sie sich meist nur im Zusammenhang mit Spielen, bei denen er eine Rolle gespielt hat.

Bilder: Ein **Bild** ist ein sinnlicher Eindruck, zum Beispiel ein Anblick, ein Geräusch oder ein Geruch, der geistig wieder neu geschaffen wird. Bilder werden oft von Schemata abgeleitet, aber dann bewußt ausgearbeitet. Der Unterschied zwischen Schemata und Bildern entspricht in etwa dem Unterschied zwischen dem Schaltplan für einen Elektromotor und einem Foto des Motors. Wer sich bei dem obigen Beispiel sein Wohnzimmer vorstellte, hat sich ebenfalls ein Bild geschaffen.

Manche Wissenschaftler glauben, daß sich kleine Kinder beim Problemlösen stärker auf Bilder verlassen als ältere Kinder und Erwachsene, auch wenn alle Menschen gelegentlich Bilder benutzen.

Begriffe und Kategorien: Die abstrakten Begriffe, die Kinder mit zunehmendem Alter erwerben, bilden eine dritte Einheit der Kognition. Schemata und Vorstellungen halten sich genau an die gegenständlichen Merkmale der Szenen und Ereignisse, die sie repräsentieren, **Begriffe** nicht. Ein Begriff ist die symbolische Repräsentation einer Gruppe von Objekten oder Ereignissen. Eine grundlegende Form dieser symbolischen Repräsentation ist die Sprache. Es gibt keinerlei physische Entsprechung zwischen Wörtern und den Objekten, die sie repräsentieren; das Wort *Nahrung* zum Beispiel wird willkürlich allen eßbaren Dingen zugeordnet.

Kategorien sind häufig symbolische Begriffe, die die abstrakten Gemeinsamkeiten einer Gruppe von Objekten darstellen. Möhren, Rindfleisch, Milch und Zitronenkuchen fallen in die Kategorie „Nahrungsmittel", weil ihnen die Eigenschaft „eßbar" gemeinsam ist. Genausogut könnte man Möhren, Basketbälle und orangefarbene Autos in eine Kategorie fassen, weil ihnen die Farbe gemeinsam ist.

Kinder beginnen recht früh, Objekte in Kategorien zusammenzufassen. So haben Kinder zwischen 12 und 24 Monaten zum Beispiel schwarze und weiße Klötze spontan nach Farben geordnet. Sie können Kategorien schon erkennen und verwenden, bevor sie ihre Namen kennen; die Kinder in diesem Beispiel kannten wahrscheinlich die Wörter *schwarz, weiß* oder *Farbe* noch nicht. Das verweist erneut auf das implizite Wissen kleiner Kinder, das im siebten Kapitel behandelt wurde.

Symbolische Begriffe erweitern die Fähigkeit, die Welt zu begreifen, weil sich damit begriffliches Wissen auf neue Situationen übertragen läßt. Das heißt, man muß nicht bei jeder Begegnung mit neuen Menschen oder Situationen alles wieder von vorn lernen. Kindergartenkinder zum Beispiel verwenden die Begriffe „Junge" und „Mädchen" problemlos als Kategorien für Menschen; sie übertragen das, was sie über diese Kategorien wissen, auf fremde Jungen und Mädchen, denen sie begegnen. Bei einem Experiment hat man Kindern die Bilder der Abbildung 8.2 gezeigt und ihnen Informationen über die beiden oberen Bilder gegeben, zum Beispiel: „Dieser Junge hat innen kleine Samen; dieses Mädchen hat innen kleine Eier." Dann wurde gefragt: „Das (das untere Bild) ist ein Junge. Hat er innen kleine Eier oder kleine Samen?" Obwohl die untere Figur eher einem Mädchen als einem Jungen ähnelt, benutzten die Kinder den symbolischen Begriff „Junge", um die richtige Antwort zu finden (Gelman, Collman & Maccoby, 1986).

Wie läßt sich feststellen, ob Kinder zur Repräsentation von Informationen Bilder oder symbolische Begriffe verwenden? Eine Methode, die bei Informationsverarbeitungsansätzen häufig zur Anwendung kommt, ist das Messen der *Zeit,* die zur Verarbeitung einer Information erforderlich ist. So sollten sich bei einem Experiment Kinder und Erwachsene verschiedene Tiere vorstellen, zum Beispiel Katzen oder Vögel, und zwar einmal durch visuelle Imagination, das andere Mal ohne. Danach fragte man sie nach kleinen körperlichen Merkmalen des jeweiligen Tieres, etwa „Haben Katzen Krallen?" Fragen Sie sich einmal selber, wie Sie antworten würden, wenn Sie eine reale Katze visualisieren oder nur an eine „Katze" denken. Bei einem Vorstellungsbild muß man das Bild abtasten, um die Antwort zu finden. Ohne ein solches Bild greift man auf sein symbolisches Wissen über Katzen zurück und kann deshalb schneller antworten. Kinder und Erwachsene beantworteten in diesem Experiment bei visueller Imagination die Fragen tatsächlich später (Kosslyn, 1980).

Abb. 8.2: Mit diesen drei Bildern von Jungen und Mädchen wurde getestet, wie Kinder mit Hilfe von Begriffen wie „Mädchen" oder „Junge" Schlußfolgerungen über einzelne Mädchen und Jungen ziehen. (Aus S. Gelman, P. Collman & E. E. Maccoby: Inferring properties from categories versus inferring categories from properties. The case of gender. Child Development, 1986, 57, 398. Mit freundlicher Genehmigung.)

    Mit zunehmendem Alter verändern sich die symbolischen Begriffe von Kindern in drei Punkten. Erstens ähneln die Dimensionen, die den Begriff definieren, immer stärker denen von Erwachsenen. Bei Zweijährigen kann der Begriff „Hund" unter Umständen die Stoffhunde repräsentieren, die sie besitzen. Mit fünf Jahren wissen fast alle Kinder, daß dieser Begriff Tiere umfaßt, die auf Bauernhöfen, in Häusern oder Wohnungen leben, bestimmte Formen und Größen besitzen sowie bellende Geräusche von sich geben.

    Zweitens können symbolische Begriffe besser beim Denken verwendet werden. Dreijährige haben nur ein vages Konzept von „Stunde" oder „Tag", und deshalb haben sie auch noch kein Gefühl dafür, wie lange sie warten müssen, wenn die Mutter ihnen sagt, sie sei in einer Stunde zurück. Ältere Kinder können Zeiteinheiten besser begreifen.

Drittens verbessert sich die Fähigkeit, symbolische Begriffe verbal auszudrücken. Ein Vierjähriger kann nicht viel über den Begriff „Liebe" sagen, auch wenn er weiß, daß es mit einer engen Beziehung zwischen zwei Menschen zu tun hat. Mit 15 Jahren dagegen kann er einen langen Aufsatz darüber schreiben, weil eine Verbindung zwischen den Eigenschaften der Liebe und der Sprache besteht; diese Eigenschaften können jetzt von ähnlichen Begriffen wie Attraktivität, Freundschaft und Loyalität unterschieden werden.

Begriffe sind nicht statisch, sondern dynamisch und verändern sich ständig. Kinder verwandeln ihr begriffliches Wissen andauernd und entdecken ohne bewußte Anstrengungen die gemeinsamen Dimensionen von Gedanken, die ursprünglich getrennt und unverbunden waren. Ein Beispiel findet sich im Tagebuch einer Psychologin, die darin die Fortschritte ihrer Tochter in der Sprachentwicklung aufzeichnete. Mit zwei Jahren verwendete das Mädchen die Wörter „tun" und „geben" korrekt. Ein Jahr später traten gelegentlich Verwechslungen auf; sie sagte „tun" statt „geben" und umgekehrt, zum Beispiel „Du hast mir Brot und Butter getan" und „Gib mir Eis da rein." Anscheinend hatte sich die Bedeutung der beiden Wörter angenähert, und die Erkenntnis, daß ihnen eine gemeinsame Dimension zugrunde lag, war der Grund für die gelegentlichen Verwechslungen. Daß ihr jemand diese gemeinsamen Dimensionen beigebracht hat, ist unwahrscheinlich, und sie war sich dessen auch wohl kaum bewußt. Es ist anzunehmen, daß sie die Gemeinsamkeiten unbewußt durch die kontinuierliche Überarbeitung ihrer Wissensgrundlage entdeckt hat (Bowerman, 1978).

Aussagen: Wenn ein Bezug zwischen zwei oder mehr Begriffen hergestellt wird, entsteht eine **Aussage** (Proposition). Eine solche Aussage lautet zum Beispiel: „Katzen sind Säugetiere." Auch Regeln sind Aussagen, etwa: „Die Geschwindigkeit eines Autos ergibt sich aus der zurückgelegten Entfernung geteilt duch die aufgewandte Zeit." Kinder können, wenn sie älter werden, immer komplexere kognitive Aussagen formulieren und zwei oder mehr Aussagen koordinieren, um ein Problem zu lösen.

Robert Siegler (1983) hat in allen Einzelheiten die altersbedingten Veränderungen der Regeln untersucht, die Kinder bei der Lösung von Problemen anwenden, für die es erforderlich ist, mindestens zwei Bereiche zu berücksichtigen. Ein Beispiel ist die Aufgabe „Balkenwaage" (vgl. Abbildung 8.3). Der Forscher stapelt einzelne Gewichte auf Pflöcke an beiden Seiten des Auflagepunkts; das Kind soll vorhersagen, ob der Balken sich nach rechts oder nach links senkt oder im Gleichgewicht bleibt. (Überlegen Sie, ob Sie die Regel kennen, die für diese „Wippen"-Aufgabe gilt.)

Dabei hat Siegler (1983) eine Entwicklungssequenz mit vier Typen von

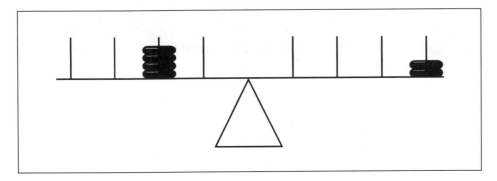

Abb. 8.3: Darstellung der Balkenwaage, mit der der Regelgebrauch bei Kindern untersucht wurde. Auf der reifsten Ebene müssen die Kinder sowohl den Abstand vom Mittelpunkt als auch die Anzahl der Gewichte pro Stab berücksichtigen, um zu entscheiden, ob die Waage nach links oder rechts kippt oder im Gleichgewicht bleibt.

Regeln gefunden. Die erste Regel, die Fünf- bis Sechsjährige anwenden, berücksichtigt nur eine Dimension, meist das Gewicht. Kinder sagen voraus, daß sich die Seite mit der größeren Zahl von Gewichten senkt; ist die Anzahl der Gewichte gleich, lautet die Vorhersage, daß der Balken in der Schwebe bleibt. Die zweite Regel, die etwas ältere Kinder anwenden, berücksichtigt noch eine weitere Dimension, die Entfernung vom Auflagepunkt, allerdings nur dann, wenn die Anzahl der Gewichte gleich ist. In diesem Fall glauben sie, die Seite mit den vom Auflagepunkt weiter entfernten Gewichten müsse sich senken. Bei einer ungleichen Anzahl von Gewichten gehen sie weiterhin davon aus, daß sich die Seite mit mehr Gewichten senkt, unabhängig vom Abstand.

Die dritte Regel stellt einen Übergang dar: Jetzt erkennen die Kinder, daß die früheren, einfachen Regeln bei manchen Problemen nicht funktionieren, kennen aber die korrekte Regel noch nicht und raten. Bei der vierten und letzten Regel spielt das Wissen eine Rolle, daß man die Anzahl der Gewichte mit der Entfernung auf jeder Seite multiplizieren muß, um vorhersagen zu können, welche Seite des Balkens sich senkt. Entsprechende Entwicklungsabläufe sind auch für andere Aufgaben beschrieben worden, bei denen die Beziehung zwischen zwei Dimensionen eine Rolle spielt, zum Beispiel Entfernung als Produkt von Zeit und Geschwindigkeit, Fläche als Produkt von Länge und Breite.

Vergleich mit Piaget: Diese vier Typen kognitiver Einheiten ähneln in mancher Hinsicht den Organisationsstrukturen von Piaget. Schemata und Bilder stehen für die physischen Merkmale von Objekten, genau wie bei Piagets sensumotorischen Schemata. Symbolische Begriffe repräsentieren wie Piagets hierarchische Klassen abstrakte Kategorien. Aussagen ähneln in mancher Hinsicht Piagets Operationen, weil sie für Beziehungen zwischen Objekten stehen. Aber Piagets Operationen sind auch Prozesse, das heißt geistige Manipulationen an Objekten. Im folgenden geht es um die kognitiven Prozesse, wie sie die Vertreter der Informationsverarbeitungstheorie beschreiben.

Kognitive Prozesse

Die Bausteine der Kognition sind die kognitiven *Einheiten*. Kognitive *Prozesse* beschreiben, wie diese Bausteine geschaffen, wie mit ihnen gearbeitet und wie sie transformiert werden. Eine der Möglichkeiten, kognitive Prozesse und ihre wechselseitigen Beziehungen begrifflich zu fassen, ist in Abbildung 8.4 dargestellt. Das Diagramm hat deutliche Ähnlichkeit mit den Ablaufdiagrammen, die beim Programmieren von Computern verwendet werden. Daß solche Diagramme nicht imstande sind, das Gehirn im physiologischen oder anatomischen Sinne darzustellen, liegt auf der Hand, aber

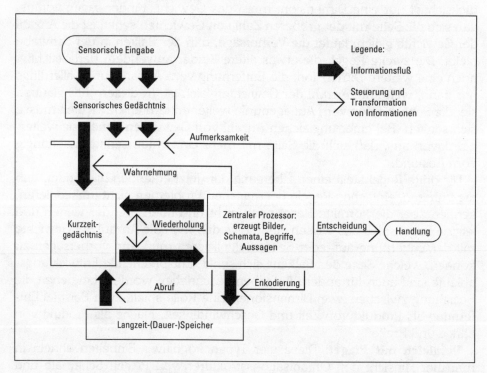

Abb. 8.4: Eine Auswahl kognitiver Prozesse und ihrer Beziehungen. Synthese verschiedener Informationsverarbeitungsmodelle. (Mit freundlicher Genehmigung von John C. Wright, University of Kansas.)

sie machen deutlich, welche Verbindungen zwischen den verschiedenen Funktionen bestehen.

Die in Abbildung 8.4 dargestellten Prozesse lassen sich wie folgt zusammenfassen: Umweltereignisse erreichen den sensorischen Speicher (falls sie Aufmerksamkeit erregen). Die Sinnesempfindungen werden durch die Wahrnehmung transformiert und ins Kurzzeitgedächtnis aufgenommen. Die Kapazität des Kurzzeitgedächtnisses ist begrenzt auf das, was im bewußten oder aktiven Denken festgehalten werden kann. Das Langzeitgedächtnis enthält Wissen und Fähigkeiten, die im bisherigen Leben angesammelt wurden. Die Information wird zentral mit Hilfe von Schemata, Begriffen oder anderen kognitiven Einheiten verarbeitet. Kognitive Prozesse steuern den Informationsfluß, sie strukturieren und transformieren die Information. Im weiteren Verlauf dieses Abschnitts werden die einzelnen Prozesse genauer erläutert.

Wahrnehmung: Sie läßt sich als Entdecken, Erkennen und Interpretieren von Sinnesreizen definieren. Ein Kind schaut aus dem Fenster und erblickt ein Muster aus Dunklem, Hellem und Farben. Aus diesem Empfindungsmosaik entnimmt oder konstruiert das Kind Information: Durch die Wahrnehmung wird das Muster zu Bäumen, Autos und Menschen. Der Unterschied zwischen bloßer Sinnesempfindung und Wahrnehmung wird deutlich, wenn man vergleicht, wie eine Kamera und wie eine Person eine Wiese wahrnimmt. Die Kamera registriert alle Farben, Schatten und Linien auf einer einzigen Ebene; die Person strukturiert die Szene, wählt einige Aspekte aus und ignoriert andere. Sie kann sich zum Beispiel auf die feinen Blüten des Wiesenschaumkrauts vor dem Hintergrund des dunkleren Grases konzentrieren. Ähnliches gilt für Hörgeräte, die alle Geräusche gleichmäßig verstärken. Viele Träger solcher Geräte klagen, daß sie zwar viele Geräusche empfangen, aber trotzdem nicht „hören" können, weil sie mit Hintergrundgeräuschen überschwemmt werden.

Kinder lernen immer besser, sich auf die wirklich informativen Aspekte von Objekten und Szenen zu konzentrieren und die uninformativen Aspekte zu vernachlässigen. Sie lernen zum Beispiel, daß sie die Stimmung der Mutter erkennen können, wenn sie sich auf ihre Augen und ihre Stimme konzentrieren, oder sie suchen neben einer Zahlenreihe nach dem Plus- oder Minuszeichen, damit sie entscheiden können, ob sie addieren oder subtrahieren sollen.

Welche Dimensionen im einzelnen zur Unterscheidung von Ereignissen benutzt werden, hängt davon ab, welche Frage beantwortet werden soll und welche Erwartungen oder geistige Klassen für bestimmte Situationen entwickelt wurden. Ein Junge, der im Wald auf ein Objekt stößt, das sich bewegt, will wissen, ob es sich um einen Bären oder einen Menschen handelt. Deshalb sucht er nach einem eindeutigen Kennzeichen, zum Beispiel Fell bzw. Kleidung. Trifft er dagegen beim Versteckspiel auf ein solches Objekt, sucht er nach Hinweisen darüber, wer diese Person ist (d. h. Haarfarbe oder

Größe), und über die Richtung, in der sie geht. Das spezifische Problem, das das Kind lösen will, erzeugt eine spezifische kognitive Voreinstellung, die ihrerseits das Kind für bestimmte Bereiche sensibilisiert.

Welche Rolle Auswahl und kognitive Voreinstellung bei der Wahrnehmung spielen, läßt sich beispielhaft an einer neurologischen Methode zeigen, dem Gesicht-Hand-Test. Dabei wird das Kind, das die Augen geschlossen hat, gleichzeitig an der rechten bzw. linken Wange und der linken bzw. rechten Hand berührt. Anschließend soll es sagen, wo es berührt wurde. Kinder unter sechs Jahren sagen in der Regel, sie seien an der Wange berührt worden, und erwähnen die Berührung der Hand nicht. Manche Neurologen haben daraus den Schluß gezogen, daß aufgrund der Unreife des Zentralnervensystems Empfindungen des Gesichts Empfindungen der Hand blockieren. Tatsächlich erwähnen aber kleine Kinder die Berührung der Hand deshalb nicht, weil eine kognitive Voreinstellung die Erwartung entstehen läßt, nur an einer Stelle berührt zu werden. Wenn der Forscher sagt: „Ich werde dich jetzt manchmal nur an der Wange und nur an der Hand berühren, aber manchmal versuche ich, dich zu überlisten, und berühre dich an zwei Stellen gleichzeitig", dann reagieren kleine Kinder auch auf die gleichzeitige Berührung richtig.

Wir haben im dritten Kapitel bereits darauf hingewiesen, daß Menschen nicht nur einzelne Bestandteile aus der Menge der wahrgenommenen Sinnesempfindungen auswählen, sondern auch eine Beziehung zwischen der augenblicklichen und der vorangegangenen oder nachfolgenden Wahrnehmung herstellen. Wenn ein Kind sieht, wie ein Hund hinter einem Zaun verschwindet, beobachtet es das andere Ende des Zauns, um zu sehen, wie er wieder auftaucht. Da der Großteil der wichtigsten Wahrnehmungskompetenzen am Ende der Säuglingszeit vollständig entwickelt sind, handelt es sich bei vielen Veränderungen in der Kindheit um Veränderungen in den Aufmerksamkeitsmustern.

Aufmerksamkeit: Man hört häufig Anweisungen wie „Seht euch das Bild an der Wand an" oder „Jeremy, paß auf, was ich sage." Der Begriff der Aufmerksamkeit ist in der Wahrnehmung unausgesprochen enthalten. Die **Aufmerksamkeit** wirkt als eine Art Filter oder Wächter, das heißt, die Wahrnehmungsaktivität richtet sich selektiv auf bestimmte Aspekte und ignoriert andere. Zur Aufmerksamkeit gehört aber mehr als der bloße Blick auf ein bestimmtes Objekt; Aufmerksamkeit ist ein zentraler kognitiver Prozeß, der Information zuläßt oder sich auf Information konzentriert, um sie weiter zu verarbeiten. Meist verlagert sich die Aufmerksamkeit schnell auf neue Informationen, aber je länger man sich auf eine Sache konzentriert, desto größer wird die Wahrscheinlichkeit, daß man die Aufmerksamkeit weiter darauf richtet. Dieses Phänomen, die *Aufmerksamkeitsträgheit*, wird in Kasten 8.1 näher erläutert.

Kasten 8.1

Aufmerksamkeitsträgheit

In der letzten Viertelstunde hat Klaus ferngesehen, ohne die Augen vom Gerät abzuwenden. Sein Bruder Gerd hat im Nebenzimmer 30 Sekunden lang ferngesehen. Bei welchem Jungen ist die Wahrscheinlichkeit am größten, daß er in einer Minute immer noch fernsieht? Die richtige Antwort lautet: Klaus.

Das Fernsehmuster dieser Jungen illustriert ein Phänomen, das *Aufmerksamkeitsträgheit* genannt wird. Dieses Phänomen läßt sich so definieren: „Je länger eine Episode ununterbrochener visueller Aufmerksamkeit bei einem Betrachter andauert, desto größer wird die Wahrscheinlichkeit, daß sich dies so fortsetzen wird" (Anderson, D. R., Choi & Lorch, 1987, S. 798).

Wie kommt es zu dieser Aufmerksamkeitsträgheit? Anderson und seine Kollegen nehmen an, daß sich die Aufmerksamkeit mit der Zeit zunehmend entfaltet. Je länger man etwas betrachtet, desto mehr wird man davon in Anspruch genommen. Ihre Forschungsergebnisse haben auch tatsächlich gezeigt, daß Kinder sich weniger leicht ablenken lassen, wenn sie lange Zeit fernsehen, als wenn sie nur ein paar Sekunden lang auf das Gerät geschaut haben. Wenn Kinder über eine lange Zeit fernsehen, nimmt auch die Wahrscheinlichkeit ab, daß sie bei Szenenwechseln oder Werbeeinblendungen wegsehen. Die Aufmerksamkeitsträgheit überdauert einen inhaltlichen Bruch, der ansonsten zum Wegsehen führen würde.

Aufmerksamkeitsträgheit gibt es aber nicht nur beim Fernsehen. Wenn Kinder ihre Aufmerksamkeit vom Fernseher auf ein Spielzeug lenken, sind sie zunehmend mehr mit ihrem Spiel beschäftigt; die Wahrscheinlichkeit sinkt, daß sie sich wieder dem Gerät zuwenden.

Aufmerksamkeitsträgheit ist ein gutes Beispiel für ein psychisches Phänomen, das den gesunden Menschenverstand Lügen straft. Die meisten Menschen glauben, daß ein einzelner visueller Reiz immer mehr Langeweile auslöst und immer anfälliger für Ablenkungen macht, je länger man ihn betrachtet. Daß der gesunde Menschenverstand nicht immer recht hat, ist eine befriedigende Erkenntnis. Die Aufgabe der Forschung ist es, solche Phänomene zu erklären.

Stellen Sie sich eine Fünfjährige vor, die zum erstenmal einen großen Zirkus mit drei Manegen besucht. Die Vielfalt der farbenprächtigen Kostüme, Darbietungen, Musik, Clowns und Popcorn-Verkäufer ist überwältigend. Ihre Aufmerksamkeit wechselt wahrscheinlich schnell und unsystematisch von einem Gegenstand zum anderen. Sie betrachtet den Clown in der Manege vor ihr, bis sie von der lauten Fanfare angelockt wird, die die Löwennummer in der mittleren Manege ankündigt; dann bemerkt sie die Artisten auf dem Trapez und schaut dorthin. Wenn der Zirkus jedes Jahr in die Stadt kommt, ist sie als Zehnjährige sehr viel vertrauter damit und kann ihre Aufmerksamkeit systematischer lenken, zum Beispiel den Hochseilakt betrachten, den sie besonders mag, die reitenden Hunde ignorieren und sich beim Auftritt der Tanzbären sofort auf diese konzentrieren.

Dieses Beispiel illustriert verschiedene entwicklungsbedingte Veränderungen: 1. Kinder können den Einsatz der Aufmerksamkeit zunehmend besser *steuern,* das heißt sie „entscheiden", auf was sie achten und auf was nicht. 2. Die Aufmerksamkeitsmuster der Kinder *passen* sich immer besser an die Situation *an,* das heißt, sie können etwa verschiedene Bereiche grob über-

Die Aufmerksamkeit wirkt als eine Art Filter, d. h., die Wahrnehmung richtet sich selektiv auf bestimmte Aspekte und ignoriert andere (Foto: Sibylle Rauch)

fliegen oder genau fokussieren, je nachdem, was angebracht ist. 3. Kinder können besser *planen*. Anstatt einfach aus dem Vorhandenen etwas auszuwählen, nehmen sie vorweg, was sie sehen und hören wollen, und suchen entsprechend danach. 4. Die Aufmerksamkeit der Kinder erweitert sich in zunehmendem Maße, und sie läßt sich schließlich auch verteilen, so daß sie zum Beispiel bei einem Monopoly-Spiel gleichzeitig auch auf das Fußballspiel im Fernsehen achten können.

Das oben genannte Beispiel vom Zirkus illustriert noch einen anderen wichtigen Punkt. Der Begriff *entwicklungsbedingte Veränderung* bezeichnet nicht nur reifungs- und altersbedingte Veränderungen, sondern auch Veränderungen, die auf die im Lauf der Zeit angesammelten Erfahrungen zurückzuführen sind. Denn die erwähnte Zehnjährige kann ihre Aufmerksamkeit im Zirkus auch deshalb angemessen und geplant steuern, weil sie bereits erfahren hat, was ein Zirkus ist. Zehnjährige, die noch nie im Zirkus waren, besitzen zwar sicher mehr Fähigkeiten, ihre Aufmerksamkeit zu steuern, als die Fünfjährige aus unserem Beispiel, aber nicht so viel wie Kinder im gleichen Alter, die mehr Erfahrungen haben.

Gedächtnis: Es ist in vieler Hinsicht das Herzstück der Kognition. Ohne Gedächtnis wäre Kognition relativ bedeutungslos, denn sie könnte nichts Dauerhaftes hervorbringen. In der Psychologie unterscheidet man häufig drei Arten von Gedächtnis: sensorischer Speicher oder Ultra-Kurzzeitgedächtnis, Kurzzeit- und Langzeitgedächtnis (vgl. Abbildung 8.4, S. 346).

Sensorisches Gedächtnis: Es speichert Erinnerungen nur für sehr kurze Zeit. Wenn ein Bild oder Geräusch nicht innerhalb einer Sekunde gespeichert oder irgendwie auf vorhandenes Wissen bezogen wird, verschwindet es. Fährt man zum Beispiel auf der Autobahn, werden die Bäume am Straßenrand zwar im sensorischen Speicher registriert, aber nicht aufbewahrt, es sei denn, man denkt über sie nach oder verarbeitet sie auf irgendeine Weise weiter.

Kurzzeitgedächtnis: Es wurde früher auch unter funktionalen Aspekten *Arbeitsgedächtnis* genannt und speichert Informationen für maximal 30 Sekunden. An eine Telefonnummer, die man nachschlägt, erinnert man sich ungefähr 30 Sekunden lang, wenn man sie nicht wiederholt oder sich auf andere Weise bemüht, sie zu behalten.

Langzeitgedächtnis: Im Langzeitgedächtnis gespeichertes Wissen ist potentiell für lange Zeit, eventuell sogar für immer verfügbar. Die Information wird gespeichert, indem sie in bereits vorhandenes Wissen, zum Beispiel Schemata, Bilder oder Begriffe, integriert wird.

Aber durch Speicherung allein wird Information noch nicht nutzbar; man muß sie auch strukturieren, damit sie zugänglich wird. Darin liegt wahrscheinlich auch der Grund, warum die meisten Menschen sich nur an wenige Ereignisse aus ihren ersten Lebensjahren erinnern können. Information wird strukturiert, indem sie durch den Prozeß der *Enkodierung,* das heißt der Interpretation mit Hilfe vorhandener Schemata und Begriffe, vom Kurzzeitgedächtnis in das Langzeitgedächtnis überführt wird. Wenn zum Beispiel die Schülerin Sarah sich über die Einstellung sämtlicher amerikanischer Präsidenten des zwanzigsten Jahrhunderts zu den Gewerkschaften kundig machen soll, dann wird sie sie nicht alle einzeln auswendig lernen, sondern nach Demokraten und Republikanern vorsortieren, weil sie weiß, daß Demokraten den Gewerkschaften im allgemeinen positiver gegenüberstehen als Republikaner.

Strukturierung beeinflußt auch den Prozeß des *Abrufs* oder des Auffindens der im Gedächtnis gespeicherten Information. Wird Sarah zum Beispiel später gefragt, welche Einstellung Roosevelt, Eisenhower, Kennedy und Nixon zu den Gewerkschaften hatten, liefert ihr die Parteizugehörigkeit der Präsidenten den Zugang zu dieser Information.

Bei jeder Überführung von Information aus dem Langzeit- ins Kurzzeitgedächtnis wird die entsprechende Information wiederholt, interpretiert, angereichert und neu enkodiert. Das trägt dazu bei, daß man sich an Informationen besser erinnert, die man oft und ausführlich wiederholt hat. Da sie mehrfach in das System der Schemata und Begriffe integriert sind, gibt es auch viele Wege zu ihrem Abruf.

Das Langzeitgedächtnis entspricht einem riesigen Aktenschrank. Jede Information wird unter verschiedenen Stichworten (Enkodierung) abgelegt. Wenn man nach einer Information sucht, muß man das Stichwort kennen, unter dem es abgelegt wurde (Abruf). Öfter benutzte und erweiterte Information bekommt in der „Ablage" Querverweise. Je strukturierter das „Ablagesystem" und je besser die Querverweise, desto besser läßt sich Information finden, wenn man sie braucht. Das „Ablagesystem" besteht aus den zur Zeit vorhandenen kognitiven Einheiten.

Wiedererkennen und Erinnerung: Es ist jetzt wahrscheinlich deutlich geworden, warum Wiedererkennen normalerweise besser funktioniert als Erinnerung. Es ist leichter, den Namen eines Menschen wiederzuerkennen, als sich an ihn zu erinnern. Bei einem Wiedererkennungstest hat man den Testpersonen eine Gruppe von Bildern oder Gegenständen gezeigt, aus denen sie alle heraussuchen sollten, die sie vorher schon einmal gesehen hatten. Selbst kleine Kinder erzielten dabei gute Ergebnisse. So zeigte man Vierjährigen 60 Bilder aus Illustrierten, ca. 2 Sekunden pro Bild. Am nächsten Tag zeigte man ihnen 120 Bilder (die 60 vom Tag vorher sowie 60 neue) und forderte sie auf, die Bilder vom Vortag herauszusuchen. Dabei lag die Erfolgsquote der Kinder durchschnittlich bei 80 Prozent. Aufgaben wie diese geben Aufschluß über Abrufprozesse. Sie stellen im Grunde genommen die Aufforderung dar, jedes einzelne Bild mit einem bestimmten Schema oder Begriff aus dem Langzeitgedächtnis zu vergleichen.

Bei Untersuchungen über die Erinnerung sollten Kinder Information beschreiben oder reproduzieren, zum Beispiel: „Erzähl mir, welche Bilder du gestern gesehen hast." Bei dieser Aufgabe müssen die Kinder nicht nur die entsprechenden Hinweise für den Abruf auswählen, sondern ihre Erinnerung auch verbal mitteilen können. Es ist schwerer, ein Bild zu beschreiben oder zu zeichnen, als einfach darauf zu zeigen.

Entwicklungsbedingte Veränderungen des Gedächtnisses: In allen Altersstufen funktioniert Wiedererkennen besser als Erinnerung, aber die Kluft ist beim Kleinkind am größten. Mit anderen Worten: Die Erinnerung verbessert sich mit zunehmendem Alter stärker als das Wiedererkennen. Ein Zehnjähriger, der zwölf Bilder gesehen hat, kann sich normalerweise an acht erinnern und alle zwölf wiedererkennen. Vierjährige erkennen alle zwölf Bilder wieder, erinnern sich aber nur an zwei oder drei. Die altersbedingte Verbesserung der Wissensgrundlagen für Enkodierung und Abruf ist ein Grund dafür, daß sich das Gedächtnis bei Kindern mit zunehmendem Alter verbessert. Sie erwerben immer mehr Schemata, generelles Wissen und komplexere sowie strukturiertere Begriffe.

Eine zweite altersbedingte Veränderung sind die zunehmende Verarbeitungsgeschwindigkeit und Kapazität des Kurzzeitgedächtnisses. Wenn Kinder älter werden, können sie ihr Gedächtnis schneller nach Information absuchen. Das hat ein Experiment gezeigt, bei dem die 8- bis 21jährigen Teilnehmer ca. 2 Sekunden lang Zahlenreihen (zum Beispiel 4, 7, 3, 1, 8) auf einem Computerbildschirm sahen und danach eine einzelne Zahl (zum Beispiel 5). Dann sollten sie angeben, ob diese Zahl in der vorangegangenen Serie vorgekommen war. Zur Lösung dieser Aufgabe mußten die Teilnehmer ihr Gedächtnis nach der Zahlenreihe absuchen. Zwar konnten Teilnehmer aller Altersgruppen die Aufgabe lösen, aber die *Geschwindigkeit,* mit der sie sie lösten, stieg mit dem Alter stetig an. Entsprechende Veränderungen in der Geschwindigkeit lassen sich auch für viele andere kognitive Aufgaben nachweisen (Kail, 1988).

Für Pascual-Leone (1970) gibt es auch einen Zuwachs in der Menge der Informationen, die im Kurzzeitgedächtnis oder, wie er es nennt, im Gedächtnisraum (M space) gespeichert wird. Dieser Gedächtnisraum läßt sich als die Anzahl der kognitiven Einheiten (Schemata, Begriffe, Bilder) begreifen, die im Kurzzeitgedächtnis gleichzeitig verarbeitet werden können. Dreijährige können eine Informationseinheit bearbeiten, 15jährige sieben. Pascual-Leone hat zum Beispiel Kindern aus verschiedenen Altersgruppen bestimmte motorische Reaktionen auf visuelle Reize beigebracht. Sie sollten in die Hände klatschen, wenn sie die Farbe Rot sahen, und beim Anblick einer großen Tasse den Mund aufmachen. Als die Kinder diese einfachen Reaktionen beherrschten, zeigte man ihnen zwei oder mehr visuelle Reize gleichzeitig und forderte sie auf, entsprechend zu reagieren (wie bei dem bekannten Spiel, bei dem man mit der einen Hand den Bauch reibt und sich mit der anderen auf den Kopf schlägt). Die Anzahl der gleichzeitig durchgeführten korrekten Reaktionen stieg mit dem Alter der Vorschul- und Schulkinder, was die Hypothese bestätigt, daß der Gedächtnisraum im Verlauf der Entwicklung anwächst.

Wieder eine andere entwicklungsbedingte Veränderung des Gedächtnisses ist die Selektivität. Wenn Kinder älter werden, können sie immer mehr wichtige Punkte zum Abruf aus dem Gedächtnis auswählen, das heißt, sie können zwischen wichtiger und nebensächlicher Information unterscheiden. Oft lernen Kinder (ja sogar Studenten) deshalb nicht gut, weil sie wichtiges Material nicht von unwichtigem unterscheiden können. Die Mehrzahl der Kinder aus einer fünften, sechsten und siebten Klasse zum Beispiel, die eine Zusatzstunde zum Lernen bekamen, las einfach ihre Lehrbücher noch einmal durch. Eine Minderheit unterstrich sich einige Passagen oder machte sich Notizen. Sie wählte nicht nur wichtige Informationen für den Enkodierungsprozeß aus, sondern strukturierte und gruppierte diese Information aktiv und individuell neu. Von daher ist es auch nicht überraschend, daß diese Gruppe beim anschließenden Test besser abschnitt (A. W. Brown, Bransford, Ferrara & Campione, 1983).

Kleine Kinder *können* wichtige Informationen für den Abruf aus dem Gedächtnis auswählen, wenn das Material im Rahmen ihrer kognitiven Kapazität bleibt. Alle Vier-, Fünf- und Sechsjährigen, denen man ein- bis dreiminütige Geschichten aus der *Sesamstraße* gezeigt hatte, erinnerten sich sämtlich besser an die Teile der Geschichten, die für das Thema oder die Handlung wichtig waren, als an die nebensächlichen Textteile (Lorch, Bellack & Augsbach, 1987).

Die Grenzen der Gedächtniskapazität bei kleinen Kindern machen es Erwachsenen schwer, die Erinnerung von Kindern an Ereignisse zu bewerten. Wenn eine Vierjährige ihrem Vater erzählt, daß Stefan böse zu ihr war, weiß der Vater nicht unbedingt, wie er diese Aussage interpretieren soll. Die Frage, wie zuverlässig das Erinnerungsvermögen kleiner Kinder ist, wird besonders dann wichtig, wenn es um gewalttätigen Mißbrauch durch Erwachsene geht. Diese Fragen werden in Kasten 8.2 diskutiert.

Gedächtnisstrategien: Wenn eine Kindergärtnerin, die einer Gruppe von Vierjährigen eine Geschichte vorlesen will, die Kinder vorher ermahnt, besonders gut aufzupassen, weil sie sie anschließend nach Einzelheiten fragen wird, erinnern sich die Kinder mit hoher Wahrscheinlichkeit nicht besser an die Geschichte als eine Kontrollgruppe, die vorher nicht zur Aufmerksamkeit angehalten wurde. Bei Acht- oder Zehnjährigen dagegen kann die Aufforderung, sich zu erinnern, die Leistung beträchtlich steigern. Das liegt unter anderem daran, daß die älteren Kinder *Gedächtnisstrategien* erlernt haben.

Mit zunehmendem Alter erwerben Kinder immer effektivere Strategien für

Augenzeugenberichte von Kindern

In Miami stand vor einigen Jahren ein Ehepaar vor Gericht, das eine Kindertagesstätte für Vorschulkinder betrieb. Die Anklage lautete auf sexuellen Mißbrauch. Mehreren Eltern war ein merkwürdiges Verhalten ihrer Kinder aufgefallen. Eine Mutter informierte schließlich die Behörden und verlangte eine Untersuchung. Die Kinder wurden wiederholt von zwei Entwicklungspsychologen befragt, die oft mit Suggestivfragen arbeiteten. Obwohl die Kinder anfänglich bestritten, an irgendwelchen sexuellen Handlungen beteiligt gewesen zu sein, erzählten sie allmählich von sexuellen Handlungen und führten sie an anatomisch naturgetreuen Puppen auch vor. Die Gutachter der Verteidigung erklärten die Aussage der Kinder für unzulässig, mit der Begründung, sie hätten den sexuellen Mißbrauch nicht spontan beschrieben, sondern erst, als man ihnen Suggestivfragen gestellt hatte.

Wie exakt sind die Erinnerungen von Kindern an solche Ereignisse wie sexuellen Mißbrauch? Sind Kinder zuverlässige Augenzeugen? Für die meisten Geschworenen sind sie es nicht. Wenn Zeugenaussagen von Kindern Widersprüche enthalten, berücksichtigen sie diese meist nicht, obwohl sie Aussagen mit ähnlichen Widersprüchen von Erwachsenen akzeptieren.

Kleine Kinder liefern seltener Informationen durch spontane Erinnerung als Erwachsene. Deshalb muß man ihnen mehr Suggestivfragen stellen, was die Gefahr einer Einflußnahme auf ihre Berichte vergrößert. Wenn kleine Kinder aber auf Fragen reagieren, ist die Wahrscheinlichkeit nicht geringer als bei älteren Kindern und Erwachsenen, daß die Antwort korrekt ist. Bei einer Untersuchung beantworteten sechsjährige Kinder sogar mehr Fragen richtig als Erwachsene (Goodman, Aman & Hirshmani, 1987).

Suggestivfragen bergen immer die Gefahr, daß man Kindern dadurch Dinge nahelegt, die nicht geschehen sind. Aber Kinder nehmen solche Vorschläge in der Regel nicht in die Erinnerung an das Ereignis auf. Vorschulkinder sind insoweit empfänglich für Suggestionen, als sie zustimmen, wenn ein Erwachsener ihnen suggeriert, x oder y sei geschehen. Aber in späteren Berichten tauchen diese Suggestionen in der Regel nicht auf.

Kritiker haben sich Gedanken darüber gemacht, ob traumatische Belastungen die Erinnerungen von Kindern beeinflussen. Es gibt Untersuchungen von Kindern im Anschluß an mittelmäßige Belastungen, zum Beispiel nach einem Zahnarztbesuch oder nach einer Impfung. Dabei wurde festgestellt, daß die Erinnerung der Kinder an diese belastenden Ereignisse nicht ungenauer war als die Erinnerung an nicht belastende Ereignisse.

Manche Entwicklungspsychologen befürworten spezielle Interviewmethoden für kleine Kinder. Erstens hilft die Rekonstruktion von Ereignissen mit Hilfe von Gegenständen wie Puppen und Möbeln den Kindern, genaue Informationen zu liefern. Zweitens haben Kinder, die von wiederholten Ereignissen berichten, wie es beim sexuellen Mißbrauch oft der Fall ist, unter Umständen Scripts dafür entwickelt. Die Erinnerung an Scripts ist manchmal genauer als die Erinnerung an bestimmte Ereignisse. Fragen wie: „Was passiert, wenn dich Papa ins Bett bringt?" sind besser als: „Was hat Papa letzten Dienstag gemacht?" Und schließlich helfen Übungsaufgaben den Kindern, Fragen korrekt zu beantworten. Soll ein Kind zum Beispiel das Bild eines erwachsenen Delinquenten aus einer Reihe von Fotos heraussuchen, ist es sinnvoll, das vorher mit dem Bild des Gutachters zu üben (King & Yuille, 1987).

Die Kinder in Miami hatten recht, denn das Geständnis der angeklagten Ehefrau bestätigte ihre Zeugenaussage. Aber nicht alle Prozesse nehmen einen solch eindeutigen Verlauf. Es kommt oft vor, daß Kinder die einzigen Augenzeugen sind, und in vielen Fällen sind sie auch gute Zeugen, deren Aussage nicht vernachlässigt werden darf (aus Ceci, Toglia & Ross, 1987).

Enkodierung, lautes Denken und Abruf. Diese Strategien lassen sich an entsprechend entwickelten Aufgaben beobachten, ohne daß man auf die verbalen Erklärungsfähigkeiten der Kinder angewiesen wäre. Man hat Kindern zum Beispiel eine Tafel gezeigt, auf der in zwei Reihen je sechs Türen angebracht waren (vgl. Abbildung 8.5). Die Hälfte der Türen trug das Bild eines Käfigs; dahinter verbargen sich Zeichnungen von Tieren. Die andere Hälfte zeigte das Bild eines Hauses und verdeckte Bilder von Haushaltsgegenständen. Die Kinder bekamen zwei Aufgaben: Sie sollten erstens beurteilen, ob die Bilder in der oberen Reihe dieselben oder andere waren als die in der unteren, und sich zweitens alle Tiere (oder Haushaltsgegenstände) merken. Vor jedem Versuch wurden sie aufgefordert, die Türen einzeln zu öffnen und die Bilder dahinter zu betrachten. Bei der ersten Aufgabe bestand die beste Strategie darin, jeweils übereinanderliegende Türen zu öffnen und auf

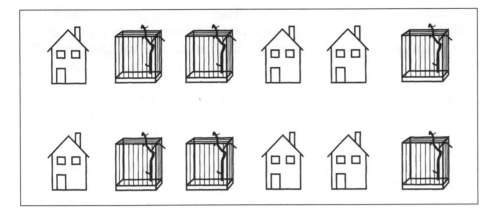

Abb. 8.5: Untersuchung der Gedächtnisstrategien von Kindern. Die Kinder konnten Türen öffnen, auf denen entweder Häuser und Käfige abgebildet waren und hinter denen sich entsprechende Bilder von Haushaltsgegenständen oder Tieren befanden. Wenn danach gefragt wurde, ob die Bilder hinter den Türen in beiden Reihen identisch waren, öffneten die Kinder die Türen in einer anderen Reihenfolge als bei der Aufforderung, sich alle Haushaltsgegenstände zu merken. (Aus P. H. Miller, V. F. Haynes, D. DeMarie-Dreblow & J. Woody-Ramsey: Children's strategies for gathering information in three tasks. Child Development, 1986, 57, 1429–1439.)

diese Weise Bildpaare zu vergleichen. Bei der Gedächtnisaufgabe dagegen ist es am besten, wenn man nur die Türen aus der Kategorie aufmacht, die man sich merken muß. Acht- und Zehnjährige wandten diese Strategien beständiger an als Sechsjährige. Die jüngeren Kinder neigten dazu, entweder alle Türen aufzumachen oder sie in unsystematischer Abfolge zu öffnen (Miller, P. H., Haynes, DeMarie-Dreblow & Woody-Ramsey, 1986).

Mit Hilfe von Abrufstrategien können Kinder systematisch nach etwas suchen. Ein Zwölfjähriger, der seine Jacke nicht finden kann, überlegt systematisch, wann er die Jacke zuletzt getragen hat, und geht dann relativ systematisch alle Orte durch, an denen er seitdem gewesen ist. Ein Sechsjähriger dagegen versucht sich erinnern, wo die Jacke ist, ohne sein Gedächtnis systematisch danach abzusuchen.

Inferenz (Schlußfolgerung): So bezeichnet man den kognitiven Prozeß, mit dem Kinder über das unmittelbar Beobachtbare hinausgehen und Erwartungen über zukünftige oder Hypothesen über vergangene Ereignisse und kausale Beziehungen entwickeln. Der dreijährige Mark zum Beispiel fragt seine Mutter: „Wo geht die Sonne hin, wenn sie nachts in den Boden geht?" Dies heißt, er hat bereits gelernt, daß Objekte, die sich bewegen, einen dauernden oder zeitweiligen Ruheplatz besitzen. Die Sonne bewegt sich in seinen Augen ebenfalls, und er hat entsprechend den Schluß gezogen, daß auch sie sich ausruhen muß (Kagan, 1985). Die perzeptiven Ähnlichkeiten zwischen zwei Ereignissen und die vorhandenen Begriffe bilden die Grundlage für Schlußfolgerungen. Mark hat die Sonne deshalb in die Kategorie „Gegenstände, die sich bewegen" eingeordnet, weil sie Ähnlichkeiten mit anderen Objekten dieser Kategorie hat.

Kleine Kinder können ohne Schwierigkeiten einfache Schlüsse ziehen, meist mit Hilfe von Schemata oder Alltagsereignissen. Bei einer Untersuchung sahen Vierjährige kurze Trickfilme mit Schnitten zwischen den einzelnen Aktionen. Eine Szene zeigte zum Beispiel, wie eine Puppe im Schlafanzug aus dem Bett stieg, dann kam ein Schnitt, und in der nächsten Szene sah man sie in Sportkleidung beim Frühstück. Anschließend sollten die Kinder die Geschichte mit entsprechenden Puppen und anderem Spielzeug nachspielen. Dabei zeigte sich, daß sie regelmäßig die Lücken des Films füllten und zum Beispiel vorführten, wie die Puppe sich umzog und die Treppe herunterging (R. Smith, Anderson & Fischer, 1985). Sie konnten ohne Schwierigkeiten ihr Script für „Morgens aufstehen" heranziehen, um die Auslassungen zu ergänzen.

Schlußfolgerungen auf der Grundlage logischer Regeln sind ebenfalls schon kleinen Kindern möglich, auch wenn sich diese Fähigkeit nach dem sechsten Lebensjahr stark verbessert. Die siebenjährige Clara zum Beispiel geht mit ihren Eltern und Tante Vera ins Restaurant. Tante Vera friert und bittet Clara, ihr einen Pullover aus dem blauen Auto auf dem Parkplatz zu holen. Steht auf diesem Parkplatz nur ein blaues Auto, kann Clara ohne Schwierigkeiten daraus folgern, daß es Tante Vera gehört. Sieht sie aber drei blaue Autos, kann sie nicht entscheiden, welches das richtige ist, und geht zurück, um mehr Informationen zu bekommen. Ein jüngeres Kind hätte eins der blauen Autos ausgewählt, ohne zu erkennen, daß es nicht genügend Informationen besitzt. Mit sechs Jahren können Kinder Schlußfolgerungen dieser Art bilden und feststellen, wann sie zusätzliche Information brauchen (Fabricius, Sophian & Wellman, 1987).

Problemlösen: Wenn Kinder selbst dazu kommen, wie sie mit vorhandenem Material oder Wissen ein Ziel erreichen können, spricht man von Problemlösen. Bei einem Experiment bekamen Kinder verschiedenen Alters ein hohes, zylindrisches Gefäß, das mit ein wenig Wasser gefüllt war, auf dem eine Holzperle schwamm. Neben dem Zylinder befand sich ein Tablett mit Schere, Faden, Klebstoff, Zangen, einem Klotz und einem Glas Wasser. Die Kinder sollten die Perle aus dem Gefäß holen, ohne es umzukippen. Zange und Faden waren aber zu kurz, um die Perle zu erreichen. Die Lösung bestand darin, den Zylinder mit dem Wasser aus dem Glas aufzufüllen und so den Wasserstand für die schwimmende Holzperle zu verändern. Von den Erstkläßlern konnten nur sehr wenige das Problem lösen.

Die Aufgabe ist vor allem dadurch gekennzeichnet, daß man über die offensichtlich schnellste Lösung hinausgehen muß. Zange und Faden mit Klebstoff sind scheinbar geeignete Werkzeuge, um ein Objekt zu entfernen, und die meisten versuchen es auch zuerst damit. Mit zunehmendem Alter sind Kinder immer besser dazu in der Lage, sich einen ungewöhnlichen Umgang mit Materialien auszudenken, wenn die übliche Methode nicht funktioniert.

Nicht nur das Alter, auch die Erfahrung trägt zur Problemlösefähigkeit bei, wie das folgende Experiment zeigt. Dabei sollten die Kinder unter anderem einen Köder erreichen. Die Lösung erforderte es, zwei lange Stöcke zusammenzustecken. Kinder, die mit den Materialien gespielt hatten, bevor sie mit dieser Aufgabe konfrontiert wurden, lösten sie leichter als andere, die keine Erfahrungen mit dem Material gesammelt hatten. Die genaue Analyse des spontanen Spiels ergab, daß manche Kinder viele Stöcke und Verbindungsstücke zu Bauwerken zusammengesetzt hatten. Bei der Lösung der Aufgabe konnten sie auf diese Erfahrung zurückgreifen (Cheyne & Rubin, 1983).

Metakognition

Zwei Kinder, Ali und Manuel, werden von ihren Vätern am ersten Schultag in eine neue Schule gefahren. Alis Vater sagt: „Merk dir die Namen aller Kinder in der Klasse, damit du mir nach der Schule davon erzählen kannst." Manuels Vater sagt: „Sei schön brav", sagt ihm aber nicht, er solle sich Namen merken. Welcher der beiden Jungen kann sich an mehr Namen erinnern? Sind sie jünger als 7 oder 8 Jahre, gibt es wahrscheinlich keinen Unterschied, sind sie aber 11 oder 12, weiß wahrscheinlich Ali mehr Namen.

Kinder, die solchen Anweisungen Folge leisten, tun das mit Hilfe der **Metakognition**, das heißt, sie nutzen das Wissen über die eigenen kognitiven Prozesse und steuern die kognitiven Aktivitäten mit Hilfe exekutiver Prozesse.

Das Wissen um die Kognition: Im Verlauf der Entwicklung erwerben Kinder allmählich ein Wissen über ihre kognitiven Prozesse. Flavell und seine Kollegen (1985) haben nachgewiesen, daß Kinder etwas über ihr Gedächtnis wissen (**Metagedächtnis**). Drittkläßler konnten die Frage, wer die Namen der einheimischen Vögel schneller lernt: ein Kind, das sie ein Jahr zuvor schon einmal gelernt, aber mittlerweile wieder vergessen hat, oder ein Kind, das sie zum erstenmal lernen soll, korrekt beantworten. Das heißt, sie wußten, daß es länger dauert, etwas ganz neu zu erlernen, als bereits Gelerntes wieder zu aktivieren. Bei einer anderen Untersuchung wurden Kinder gefragt: „Du willst deinen Freund anrufen, und jemand sagt dir die Telefonnummer. Macht es einen Unterschied, ob du gleich anrufst oder dir zuerst noch etwas zu trinken holst?" Kinder aus der fünften Klasse wußten, daß sie sich die Nummer nur für kurze Zeit merken können, Kindergartenkinder dagegen nicht.

Metakognitives Wissen kann sich auch auf Personen, Aufgaben und Strategien beziehen (Flavell, 1985). Zum Wissen über Personen gehört die korrekte Einschätzung eigener kognitiver Fähigkeiten bei bestimmten Aufgaben. Wenn Kinder älter werden, bekommen sie ein genaueres Bild ihrer eigenen Fähigkeiten und können auch individuelle Unterschiede bei anderen genauer vorhersagen. Darüber hinaus wissen sie auch, daß manche Aufgaben schwieriger sind als andere (zum Beispiel, daß Wiedererkennen leichter ist als Erinnern). In der späten Kindheit können die Kinder Gedächtnisstrategien benennen. Auf die Frage, wie sie sich Namen oder Telefonnummern merken, antworten sie unter anderem, sie würden sie wiederholen, aufschreiben, mit etwas Bekanntem verbinden usw.

Im allgemeinen geht der Erwerb kognitiver Kompetenzen dem metakognitiven Wissen um diese Prozesse voraus. Anders ausgedrückt: Kinder können etwas tun, bevor sie es erklären können. Bei dem folgenden Experiment zum Beispiel saßen Vier- und Sechsjährige mit der erwachsenen Angelika zusammen. Man zeigte ihnen allen eine Schale, die mit grünen Bällen gefüllt war. Danach wurde die Schale hinter einem Wandschirm verborgen, und der Forscher sagte: „Ich nehme jetzt einen Ball aus der Schale und lege ihn in eine Tasche. Welche Farbe hat der Ball?" Die Kinder folgerten, daß der Ball grün sein mußte, auch wenn sie nicht beobachtet hatten, wie er aus der Schale genommen und in die Tasche getan wurde. Die Vierjährigen waren aber oft der Meinung, daß Angelika die Farbe nicht wissen könnte, weil sie nicht gesehen hatte, wie er in die Tasche getan wurde. Ihr metakognitives Wissen um die Schlußfolgerungen anderer war nicht so ausgebildet wie ihre Fähigkeit, selbst Schlußfolgerungen zu ziehen (Sodian & Wimmer, 1987).

Exekutive Prozesse: Unter Metakognition versteht man auch die Fähigkeit, kognitive Prozesse zu steuern, das heißt Aufmerksamkeit, Gedächtnis und andere kognitive Prozesse zu planen, abzusuchen, zu überwachen und zu steuern. Diese Fähigkeiten werden gelegentlich als **exekutive Prozesse** bezeichnet, um ihre Ähnlichkeit mit den Aktivitäten von Führungskräften hervorzuheben, die die Aktivitäten ihrer Untergebenen anleiten und planen.

Planung ist ein sehr häufig benutzter exekutiver Prozeß. Schon Vorschulkinder sind imstande, ihr Verhalten zu planen, aber bei älteren Kindern ist die Wahrscheinlichkeit größer, daß Aktivitäten vor der Ausführung geplant werden. Wenn zwei Sechsjährige einen Limonadenstand aufbauen, laufen sie immer wieder ins Haus und suchen sich nach und nach zusammen, was sie brauchen. Zwei Zwölfjährige dagegen, die mit dem Waschen von Autos Geld für ihre Pfadfindergruppe sammeln wollen, können vorausschauend planen, was sie dazu brauchen.

Bei der Planung besteht der erste Schritt in der *Formulierung des Pro-*

blems. Das Wichtigste dabei besteht darin, die richtigen Fragen zu stellen. Das zeigt die folgende Anekdote (auch wenn sie nicht unbedingt wahr sein muß): Als die berühmte Schriftstellerin Gertrude Stein im Sterben lag, hatten sich viele Freunde und Bekannte um ihr Sterbebett versammelt. Einer der Anwesenden fragte sie: „Du hast die Geheimnisse des Lebens beschrieben. Bevor du von uns gehst, sag uns, was ist die Antwort?" Gertrude Stein erwiderte: „Was ist die Frage?"

Wenn Kinder älter werden, gelingt es ihnen auch immer besser, ein Problem zu definieren und mögliche Lösungen zu finden. Zwei Vierjährige, die einen Schneemann bauen wollen, geben auf, wenn der Schnee nicht richtig zusammenhält. Zwei Achtjährige dagegen können das Problem (zu pulvriger Schnee) eher erkennen und mögliche Lösungen finden (zum Beispiel Wasser auf den Schnee schütten).

Mit Hilfe von Planung können Kinder Aufgaben systematisch angehen und mögliche Lösungen durchspielen. Ein Kind, das seine Schultasche nicht finden kann, kann entweder jeden Raum des Hauses systematisch danach absuchen oder unsystematisch mal hier und mal da nachsehen und wiederholt Zimmer durchsuchen, die es bereits nach der Tasche durchforstet hat. Je älter das Kind ist, desto systematischer und gründlicher kann es suchen.

Ein weiterer wichtiger exekutiver Prozeß ist die *Aktivierung kognitiver Regeln und Strategien*. Kinder, die Regeln und Strategien kennen, wenden sie nicht immer an, wenn es angebracht wäre. Wir haben bereits darauf hingewiesen, daß die Aufforderung, sich etwas zu merken, bei älteren Kindern mehr Erfolg hat als bei jüngeren. Mit zunehmendem Alter aktivieren Kinder nach solchen Anweisungen ihre Gedächtnisstrategien. Ein Erwachsener zum Beispiel, der bei einem Einstellungsgespräch auch seiner zukünftigen Abteilung vorgestellt wird, arbeitet mit verschiedenen Strategien, um sich die Namen zu merken: Wiederholung (zum Beispiel jeden ein paarmal mit Namen anreden) und Assoziationen schaffen (zum Beispiel, diese Frau heißt Karen und sieht wie deine Schwester Sharon aus) usw.

Steuerung des Lernprozesses ist ebenfalls ein häufig verwendeter exekutiver Prozeß. Die Schülerin Stacey ist in der achten Klasse und arbeitet ein Kapitel aus ihrem Sozialkundebuch durch, um sich auf eine Klassenarbeit vorzubereiten. Nach jedem Abschnitt prüft sie ihr Wissen: Sie schließt die Augen und versucht, sich an den Inhalt zu erinnern, oder beantwortet die Prüfungsfragen am Ende des Abschnitts. Wenn sie sich an bestimmte Informationen nicht mehr erinnert, liest sie den Abschnitt noch einmal und verwendet dabei wahrscheinlich neue Strategien, um sie sich einzuprägen. Begriffe, die sie nicht kennt, schlägt sie nach. Das alles sind Beispiele für gesteuertes Lernen: Man bleibt der eigenen Leistung auf der Spur und paßt seine Lernstrategien entsprechend an.

Kindergartenkinder und Schulanfänger können das Lernen meist noch nicht so gut steuern, was zum Teil daran liegt, daß sie noch nicht wissen, was alles zu guten Leistungen gehört. Bei einem Experiment spielten Vier-, Sechs-, Acht- und Zehnjährige mit einem Forscher ein Kartenspiel. Forscher und Kind saßen sich an einem Tisch mit einer Trennwand gegenüber. Das Kind hatte eine Karte, auf der vier Objekte abgebildet waren, und der Erwachsene beschrieb eines davon. Manchmal reichte die in der Beschreibung enthaltene Information nicht aus, um den beschriebenen Gegenstand zu erkennen. Der Erwachsene sagte zum Beispiel, der Gegenstand sei ein Kaninchen, wenn auf der Karte zwei Kaninchen zu sehen waren. Ältere Kinder bemerkten solche Informationslücken häufiger als jüngere; sie stellten Fragen, um sich für das richtige Objekt entscheiden zu können. Kleinere Kinder entschieden sich häufig, ohne zu erkennen, daß sie noch nicht genügend Information besaßen. Weitere Untersuchungen zeigten aber, daß auch kleinere Kinder durch Übung lernen können, nach weiterer Information zu fragen. Es handelt sich also wieder um einen Fall, bei dem Erfahrung eine Fähigkeit beeinflußt, die sich auch mit dem Alter verändert (Patterson, C. J., Massad & Cosgrove, 1978).

Auch die *Fähigkeit, Ablenkung und Angst zu kontrollieren,* nimmt mit dem Alter zu. Ein kleines Kind, das ein Puzzle zusammensetzt, läßt sich ablenken, wenn jemand ins Zimmer kommt und mit ihm spricht, oder wird verstört und gibt auf, wenn das Puzzle zu schwierig ist. Wenn es älter wird, lernt es, Ablenkungen auszublenden und (manchmal) Furchtreaktionen zu kontrollieren, wenn es scheitert. Man kann aber auch kleinen Kindern beibringen, sich mit Plänen und Strategien vor Ablenkung zu schützen. In einer Untersuchungsreihe sollten die Kinder eine Routineaufgabe erledigen. Während der Arbeit führte ein Clown in einem Kasten Tricks vor und redete. Kinder, die vorher geübt hatten, Ablenkung zu ignorieren, konnten sich besser auf die Aufgabe konzentrieren als Kinder ohne dieses vorherige Training (Mischel & Patterson, 1978).

Mit zunehmendem Alter steuern Kinder aber nicht nur ihre Lernprozesse, sondern entscheiden auch häufiger, wann sie eine Lösung gefunden oder gelernt haben, was sie lernen wollten. Mit anderen Worten: Sie *beurteilen das Ergebnis.* Und sie wollen in zunehmendem Maße „elegante Lösungen" finden. Ein Test, der mit dem Vergleich von Bildern arbeitet, macht dieses Bestreben deutlich. Dabei wird Kindern zunächst ein Bild gezeigt (der Vergleichsstandard), das sie anschließend aus sechs weiteren Bildern heraussuchen sollen (vgl. Abbildung 8.6). Die sechs zusätzlichen Bilder sind dem Vergleichsstandard sehr ähnlich, aber nur eins davon entspricht ihm exakt. Je älter die Kinder werden, desto weniger Fehler machen sie, und sie nehmen sich häufig auch immer mehr Zeit, die sechs Bilder gründlich zu betrachten und zu prüfen, ob sie die richtige Wahl getroffen haben. Allem An-

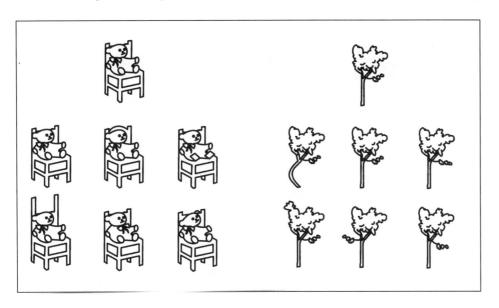

Abb. 8.6: Eine Auswahl aus einem Test, bei dem vertraute Bilder verglichen werden sollten.

schein nach sehen sich ältere Kinder eine Lösung noch einmal gründlicher an, bevor sie sich dafür entscheiden.

Wie nützlich ist die Metakognition? Der Begriff Metakognition wirkt auf den ersten Blick bestechend, weil sich damit einige spezifisch menschliche, exekutive kognitive Prozesse beschreiben lassen. Aber nach der ersten Begeisterung stellt sich doch die Frage, ob dieser Begriff eigentlich sinnvoll ist. In vieler Hinsicht läßt sich diese Frage bejahen, denn schließlich ist es schon ohnehin interessant zu verstehen, was Kinder über ihr Wissen wissen. Darüber hinaus sind viele exekutive Prozesse von zentraler Bedeutung für eine fortgeschrittene kognitive Verarbeitung.

Dennoch gibt es zwei Kritikpunkte, die Beachtung verdienen. Erstens steht zwar fest, daß sich das Wissen von Kindern über Kognition mit dem Alter verändert, aber es steht keineswegs fest, daß dieses Wissen für die fortgeschrittene kognitive Verarbeitung ausschlaggebend ist. Die Korrelation zwischen dem Wissen der Kinder über das Gedächtnis und ihrer Leistung bei Gedächtnisaufgaben zum Beispiel ist relativ gering (Brown et al., 1983). Zweitens haben viele exekutive Prozesse große Ähnlichkeiten mit den „normalen" kognitiven Prozessen, die vorher beschrieben wurden, zum Beispiel Strategien und Problemlösen. Es ist wichtig, solche Prozesse zu erkennen und zu untersuchen, aber es läßt sich nicht immer klar feststellen, ob ein Prozeß „meta" oder „exekutiv" ist.

Kritik an der Informationsverarbeitungstheorie

Die Forschung zum Informationsverarbeitungsansatz hat viele Erkenntnisse über die Funktion der kognitiven Strukturen und Prozesse von Kindern geliefert. Da dieser Ansatz keine einheitliche Theorie verfolgt, lassen sich auch seine Erkenntnisse nicht in der Weise widerlegen, wie es bei Piaget oder der Lerntheorie möglich ist. Trotzdem sind einige Einschränkungen angebracht. Modelle, die sich an Computerterminologie und Ablaufdiagrammen orientieren, laufen Gefahr, auf einer konkreteren Ebene interpretiert zu werden, als sie es verdienen. Mit Hilfe der Kästchen in Abbildung 8.4 kann man psychische Prozesse veranschaulichen, aber sie dürfen nicht als Modelle des Gehirns verstanden werden. Die Pfeile von einem Kästchen zum anderen lassen auf einseitig ausgerichtete Prozesse schließen, aber wir wissen, daß zum menschlichen Denken komplexe Interaktionen zwischen den dargestellten Strukturen und Prozessen gehören. Schließlich hat man noch das Statische an diesen Modellen kritisiert, das heißt die mangelnde Beschreibung der Veränderungen in den kognitiven Einheiten und Prozessen. Entwicklungsbedingte Veränderungen werden zwar oft beschrieben, aber über ihre Entstehung sagen diese Modelle wenig aus.

▬ Was verändert sich mit dem Alter?

Trotz der unterschiedlichen theoretischen Annahmen und Methoden haben sich der Piagetsche Ansatz und der der Informationsverarbeitung in den letzten Jahren einander angenähert. Forscher aus beiden Lagern wollten herausfinden, wie sich das begriffliche Wissen von Kindern in vielen verschiedenen Inhaltsbereichen entwickelt. Ein solcher Bereich, nämlich Begriffe zur Zeugung und Empfängnis, wird in Kasten 8.3 beschrieben.

In der Frage, welche kognitiven Prozesse wichtig und welche Veränderungen entwicklungsbedingt sind, gibt es gewisse Übereinstimmungen. Die folgende Aufzählung faßt einen Teil dieser Veränderungen zusammen. Bei der Lektüre sollte man allerdings wissen, daß Veränderungen auf Reifung, auf Erfahrung oder auf eine Kombination von beidem zurückzuführen sind.

Die Aufzählung orientiert sich an einem Beispiel: Warum kann die 14jährige Lisa ein Gartenhäuschen zum Spielen entwerfen und bauen, der sechsjährige Christoph aber nicht?

– *Wissensbasis* (Faktenwissen und dessen Organisation): Durch ihre Eltern und durch den Kurs „Welt des Bauens", an dem Lisa in der siebten Klasse teilgenommen hat, hat sie Kenntnisse über Baumaterialen und -prinzipien erworben.

Wo kommen die kleinen Kinder her?
Begriffe von Kindern über den Ursprung von Babys

Die Verfechter der Entwicklungspsychologie von Piaget sind sich mit den Anhängern der Informationsverarbeitungstheorie darin einig, daß Kinder ihre begriffliche Wissensgrundlage aktiv konstruieren. Kinder interpretieren alles, was man ihnen sagt und was sie beobachten, im Rahmen ihres bereits vorhandenen Wissens und ihrer Fähigkeiten. Diese konstruktive Qualität des kindlichen Denkens zeigt sich in den altersbedingten Veränderungen der Begriffe, mit denen sich Kinder erklären, woher die Babys kommen.

Anne Bernstein und Philip Cowan (1981) haben Kinder aus drei Altersgruppen untersucht (3–4, 7–8, 11–12) und sie gefragt: „Wie kriegen Leute die Babys?" Dabei fanden sie sechs Ebenen des Denkens. Auf der ersten Ebene, der Ebene der *Geographen*, bezogen sich die Antworten der Kinder auf Orte: „Man geht in den Babyladen und kauft eins" (S. 14). Auf der zweiten Ebene, der der *Handwerker*, hatten die Kinder erkannt, daß die Entstehung von Babys irgendeine Ursache haben mußte, interpretierten den Prozeß aber nach Ereignissen aus ihrer eigenen Erfahrung: „Zuerst macht man die Babys. Man tut Augen rein. Man tut den Kopf drauf, und Haare, manche Haare sind Locken... Na, sie kriegen es, und dann tun sie es in den Bauch, und dann geht es schnell raus" (S. 14). Die meisten Vorschulkinder reagierten auf einer der beiden Ebenen.

Bei der dritten Ebene, dem *Übergang*, erklärten Kinder die Fortpflanzung mit technisch machbaren Prozessen, ließen sich aber manchmal von verbreiteten Metaphern in die Irre führen, zum Beispiel der Metapher vom „Einpflanzen des Samens": „Wie eine Blume, glaube ich, aber man braucht keine Erde dazu" (S. 15). Auf dieser Ebene wußten die Kinder, daß die Fortpflanzung Ergebnis einer sozialen Beziehung zwischen Mann und Frau ist sowie daß Samen und Ei im Geschlechtsverkehr zusammenkommen. Auf der vierten Ebene, der *Berichterstattung*, beschrieben die Kinder den Empfängnisprozeß ohne Rückgriff auf Begriffe aus der Mechanik oder Industrie, wußten aber nicht, daß ein Baby Ergebnis einer Vereinigung von genetischem Material ist. Auf die Frage, warum Samen und Ei zusammenkommen müssen, antwortete ein Mädchen: „Sonst wird das Baby, das Ei nicht richtig ausgebrütet. Der Samen macht, daß das Ei wächst." (S. 16)

Auf der fünften Ebene spekulierten die „Theoretiker" über die beteiligten Prozesse, nahmen aber an, das Baby sei im Samen oder im Ei vorgeformt. „Wahrscheinlich hat das Ei so was wie ein unentwickeltes Embryo, und wenn das Sperma reinkommt, wird es lebendig" (S. 16). Nur einige 11- und 12jährige erreichten Ebene 6; „alles zusammensetzen". Sie hatten begriffen, daß der Embryo Ergebnis der genetischen Kombination von Ei und Samenzelle ist.

Kinder assimilieren diese Information je nach den vorhandenen Verständnisebenen und Verarbeitungskapazitäten. Deshalb durchlaufen sie diese Stufen auch dann, wenn die Eltern ihnen schon früh genaue Informationen über Empfängnis und Geburt zu vermitteln versuchen. Will man Kindern die Funktion von Sex und Empfängnis indirekt vermitteln, kann es zu vielen Mißverständnissen kommen. So wird in Büchern Fortpflanzung häufig mit Bezugnahme auf Tiere erklärt, und entsprechend sagte ein Kind auf die Frage, wie eine Frau ein Baby in ihrem Bauch wachsen lassen könne: „Sie muß sich eine Ente besorgen. Ich habe einmal ein Buch darüber gesehen, und sie nehmen einfach eine Ente oder ein Gans und die wachsen ein bißchen und werden dann zu einem Baby" (S. 24).

Die Begrifflichkeit zur Fortpflanzung verändert sich also im Zuge der kognitiven Entwicklung. Deshalb reicht es auch nicht aus, Kindern das entsprechende Wissen nur einmal beizubringen. Eine Zehnjährige zum Beispiel zeigte einmal einer Freundin ihrer Mutter eine Puppe, bei der man einzelne Teile der weiblichen Anatomie sehen und herausnehmen konnte. Dabei stellte sie viele Fragen über Sex und Fortpflanzung. Die Mutter hörte zu und sagte schließlich: „Sie weiß das alles schon. Ich habe ihr das erklärt." Sie mag ihr „das alles" zwar erklärt haben, aber das Mädchen „wußte" es nicht genau. Kinder nehmen Fragen über ein Thema wieder auf, wenn sich ihre begrifflichen Fähigkeiten verbessern, und erreichen oft neue Verständnisebenen durch neue Arten von Fragen.

- *Zugänglichkeit bereichsübergreifender Fähigkeiten* (Fähigkeit, Fertigkeiten, die man in einem Bereich erworben hat, auf einen anderen zu übertragen): Lisa hat nicht nur bessere mathematische Fertigkeiten als Christoph, sondern kann sie wahrscheinlich auch besser auf eine neue Situation übertragen, zum Beispiel beim Ausrechnen der Maße für das Häuschen.
- *Anwendung von Strategien, die sich für die Aufgabe eignen:* Lisa macht wahrscheinlich eine Skizze vom Haus, bevor sie mit dem Bau beginnt.

Christoph dagegen würde wahrscheinlich einfach anfangen, Bretter zusammenzunageln.

– *Flexibles Herangehen an eine Aufgabe:* Wenn sich herausstellt, daß das Holz, das Lisa verwenden will, für das Haus zu schwer ist, versucht sie, anderes, leichteres Material zu finden.

– *Geschwindigkeit der Informationsverarbeitung:* Lisa kann schneller planen, messen und rechnen als Christoph.

– *Fähigkeit, mit großen Informationsmengen umzugehen:* Lisa kann mit den Entwürfen für verschiedene Teile des Hauses umgehen und weiß, wie sie zusammengehören.

– *Fähigkeit, bei der Entscheidung mehr als einen Bereich zu berücksichtigen:* Lisa kann Höhe (groß genug, um aufrecht darin stehen zu können), Gewicht (leicht genug, damit man es bewegen kann) und Bodenfläche gleichzeitig berücksichtigen, wenn sie über das Endprodukt entscheidet.

– *Fähigkeit, exekutive Beziehungen zu begreifen:* Lisa kann Länge und Breite des Rechtecks berücksichtigen und sie als Einheiten einer dreidimensionalen Struktur begreifen.

– *Vertrauen ins Denken* (Überzeugung, daß es sinnvoll ist, innezuhalten und nachzudenken, wenn es bei der Problemlösung Schwierigkeiten gibt): Paßt das Dach nicht richtig auf das Haus, denkt Lisa noch einmal darüber nach, wie es ursprünglich funktionieren sollte.

– *Wunsch nach einer eleganten Lösung* (Fähigkeit, ein Ergebnis oder Produkt anhand eines Vergleichsstandards zu beurteilen): Wenn das Haus fertig ist, wird Lisa bewerten, wie gut seine Teile zusammenpassen und wie angemessen es seine Aufgabe erfüllt. Wenn es schief ist, ist sie unzufrieden, ist es gerade und fest, ist sie zufrieden.

– *Metakognitives Wissen:* Lisa kann beschreiben, wie sie die Maße ausrechnen muß, und die nötigen Schritte in der richtigen Reihenfolge ausführen.

– *Planungsfähigkeit:* Lisa denkt zunächst über das Endprodukt nach und entscheidet dann, welche Schritte dazu erforderlich sind.

– *Fähigkeit, sich beim Erreichen eines Zieles nicht ablenken zu lassen und Aufmerksamkeit und Konzentration zu steuern:* Wenn Lisa an dem Häuschen baut, ignoriert sie das Fernsehen, ihre Geschwister und die Aufforderung ihrer Mutter, den Abfall hinunterzutragen.

– *Fähigkeit, bei der Problemlösung gründlich und systematisch vorzugehen:* Bevor Lisa mit dem Bau beginnt, überprüft sie noch einmal ihre Pläne, um sicher zu gehen, daß sie alle Teile des Häuschens berücksichtigt hat und daß das ganze erforderliche Material bereitliegt (nach Brown, A. L. et al., 1983; Kagan, 1984; Sternberg, 1985).

Zur kognitiven Entwicklung gehört also viel mehr als nur die schlichte Anhäufung von Informationen. Kinder entwickeln eine außergewöhnliche Breite von Fähigkeiten, mit deren Hilfe sie die zusammengetragenen Informationen für eine große Anzahl sehr unterschiedlicher Zwecke einsetzen und bearbeiten können. Diese bemerkenswerten Leistungen sind das Ergebnis reifungsbedingter Veränderungen, die mit aktiver Auswahl und Verarbeitung von Erfahrung interagieren.

Zusammenfassung

Lerntheorie, Behaviorismus und die Theorie der Informationsverarbeitung sind wichtige Ansätze für die kognitive Entwicklungspsychologie. Für die traditionelle Reiz-Reaktionstheorie ist Lernen eine Kette von Verbindungen zwischen Reizen und Reaktionen, die durch Konditionierung und Beobachtung des Verhaltens anderer entsteht. Diese fundamentalen Lernprinzipien werden in der modernen Verhaltensanalyse angewandt, die mit Hilfe verstärkender Reize die Wahrscheinlichkeit des gewünschten Verhaltens erhöhen will.

Lerntheoretiker betonen den Einfluß der Umwelt, sehen Kinder als passive Empfänger von Umweltinformation und stellen allmähliche und kontinuierliche Veränderung, die überwiegend auf der Ansammlung von Erfahrung beruht, in den Mittelpunkt. Da die Reiz-Reaktionstheorie viele Aspekte der intellektuellen Entwicklung nicht erklären kann, haben sich Psychologen zunehmend dem Ansatz der Informationsverarbeitung zugewandt. Diese Theorie geht von einer Interaktion zwischen Reifung und Erfahrung sowie von der Annahme aus, daß Kinder die Informationen, die sie erhalten, aktiv auswählen, konstruieren und interpretieren.

Schemata, Bilder, Begriffe und Aussagen sind die vier grundlegenden kognitiven Einheiten. Ein *Schema* setzt sich aus den typischen und unterscheidbaren Merkmalen einer Szene oder einer Abfolge von Ereignissen zusammen. Es bewahrt das Wesentliche einer Szene oder einer Sequenz, ohne daß man sich an alle Einzelheiten erinnern muß. Ereignisschemata werden auch als Scripts bezeichnet. Schemata und Scripts tragen zu effektivem Funktionieren bei, weil sie Vorwegnahme und Voraussage ermöglichen.

Ein *Bild* ist ein Sinneseindruck (Bild, Geräusch oder Geruch), der geistig wieder neu geschaffen wird. Bilder entstehen oft aus Schemata, werden aber bewußt angereichert.

Symbolische *Begriffe* stellen abstrakte Eigenschaften von Objekten, Ereignissen oder Vorstellungen dar. Oft handelt es sich dabei um Kategorien, zum Beispiel Form oder Farbe. Sie steigern die Fähigkeit, die Welt zu begreifen, weil begriffliches Wissen auf neue Situationen angewandt werden kann. Wenn Kinder älter werden, nähern sich ihre symbolischen Begriffe denen der Erwachsenen an und können beim Denken besser eingesetzt werden. Mit dem Alter von Kindern nimmt auch die Fähigkeit zu, symbolische Begriffe verbal auszudrücken.

Wenn zwei oder mehr Begriffe aufeinander bezogen werden, entsteht eine *Aussage*. Wenn Kinder älter werden, sind sie zu einem komplexeren kognitiven Umgang mit Aussagen imstande.

Wenn man die kognitiven Einheiten als Bausteine der Kognition bezeichnet, dann beschreiben kognitive Prozesse, wie diese Bausteine geschaffen, bearbeitet und verwandelt werden. Einer dieser Prozesse ist die *Wahrnehmung* oder das Entdecken, Erkennen und Interpretieren von sensorischen Reizen. Heranwachsende Kinder lernen, sich auf die informativsten Aspekte von Objekten und Szenen zu konzentrieren und uninformative Aspekte zu ignorieren.

Da die meisten grundlegenden Wahrnehmungskompetenzen am Ende der Säuglingszeit vollständig ausgebildet sind, handelt es sich bei vielen Veränderungen in der Kindheit überwiegend um Veränderungen der Aufmerksamkeitsmuster. Aufmerksamkeit wirkt wie ein Filter oder Wächter, mit dessen Hilfe die Aufmerksamkeit in der Wahrnehmung selektiv auf bestimmte Eingaben gerichtet werden kann. Je älter die Kinder werden, desto besser können sie ihre Aufmerksamkeit steuern. Ihre Aufmerksamkeitsmuster entsprechen auch immer besser der jeweiligen Situation; die Kinder können besser planen und länger auf mehr Dinge achten.

In der Psychologie unterscheidet man drei Arten des Gedächtnisses. Der *sensorische Speicher* bewahrt Informationen nur für eine sehr kurze Zeitspanne auf, weniger als eine Sekunde, das *Kurzzeitgedächtnis* für maximal 30 Sekunden. Unter dem *Langzeitgedächtnis* versteht man Wissen, daß potentiell über eine lange Zeit hinweg verfügbar ist. Die Information wird im Langzeitgedächtnis durch Integration in bereits vorhandenes Wissen gespeichert. Mit Hilfe des Prozesses der *Enkodierung* wird die Information vom Kurzzeitgedächtnis ins Langzeitgedächtnis übertragen; mit Hilfe von Prozessen des *Abrufs* wird Information aus dem Gedächtnis zugänglich.

Wiedererkennen funktioniert in allen Altersgruppen besser als Erinnerung, aber die Erinnerung verbessert sich mit dem Alter stärker als das Wiedererkennen. Altersbedingt ist auch die Verbesserung der Geschwindigkeit und der Kapazität des Kurzzeitgedächtnisses. Dazu können die Kinder auch immer besser wichtige Punkte für die Erinnerung auswählen, was unter anderem an den Gedächtnisstrategien liegt, die ältere Kinder erworben haben.

Beim Prozeß der *Inferenz (Schlußfolgerung)* geht man unter Einsatz kognitiver Strukturen über das unmittelbar Beobachtbare hinaus und entwickelt Erwartungen oder Hypothesen. Schon kleine Kinder können auf der Grundlage logischer Regeln einige Schlüsse ziehen. Nach dem sechsten Lebensjahr verbessert sich diese Fähigkeit beträchtlich. Auch die Problemlöse-fähigkeiten von Kindern verbessern sich mit dem Alter und der Erfahrung.

Der Begriff der *Metakognition* bezieht sich auf das Wissen über die eigenen kognitiven Prozesse. Das Wissen über die eigene Erinnerung zum Beispiel wird *Metagedächtnis* genannt. Metakognition kann sich auf Menschen, Aufgaben und Strategien beziehen. Im allgemeinen erwerben Kinder die Kompetenzen im Umgang mit kognitiven Prozessen früher als das metakognitive Wissen über die Funktion dieser Prozesse.

Der Begriff Metakognition wird auch für *exekutive Prozesse* verwendet, das heißt für das Planen, Suchen, Überwachen und Steuern der eigenen kognitiven Prozesse. Die wichtigsten exekutiven Prozesse sind Planung, Aktivierung kognitiver Regeln und Strategien, Lernsteuerung, Resistenz gegen Ablenkung und Angst und Beurteilung des Endergebnisses.

Fragen

1. Wie lauten die Grundprinzipien der Lerntheorie?
2. Warum haben sich so viele Wissenschaftler von der Lerntheorie ab- und den Informationsverarbeitungsansätzen zugewandt?
3. Beschreiben Sie kurz die vier grundlegenden kognitiven Einheiten.
4. Welche altersbedingten Veränderungen gibt es bei den symbolischen Begriffen von Kindern?
5. Was ist Wahrnehmung? Was ist Aufmerksamkeit?
6. Unterscheiden Sie die drei Arten des Gedächtnisses. Auf welche Weise verändert sich das Gedächtnis mit dem Alter des Kindes?
7. Wie verändern sich die Fähigkeiten von Kindern, Schlußfolgerungen zu ziehen und Probleme zu lösen, mit dem Alter?
8. Was ist Metakognition?
9. Beschreiben Sie kurz, welche Fähigkeiten als exekutive Prozesse bezeichnet werden.
10. Fassen Sie die entwicklungsbedingten grundlegenden Veränderungen der kognitiven Prozesse zusammen.

Glossar

Verhaltensanalyse: Ansatz, der auf der Theorie von B. F. Skinner aufbaut und Lernen als Verbindung von beobachtbaren Ereignissen (Reizen) und beobachtbaren Reaktionen definiert.

Verstärkender Reiz: Ereignis, das die Wahrscheinlichkeit des Auftretens eines bestimmten Verhaltens erhöht.

Schema: Gesamtheit der typischen und unterscheidbaren Merkmale einer Szene oder eines Ereignisses.

Bilder: Visuelle Eindrücke, Geräusche, Gerüche oder sinnliche Eindrücke, die in der Vorstellung neu geschaffen werden.

Begriff: Symbolische Repräsentation einer Gruppe von Objekten oder Ereignissen.

Kategorie: Symbolischer Begriff, der die gemeinsamen abstrakten Eigenschaften einer Gruppe von Objekten repräsentiert.

Aussage (Proposition): Satz, bei dem zwei oder mehr Begriffe aufeinander bezogen werden.

Wahrnehmung: Entdecken, Erkennen und Interpretieren sensorischer Reize.

Aufmerksamkeit: Prozeß, bei dem die Wahrnehmungsaktivität selektiv auf bestimmte Informationen gerichtet wird und andere ignoriert werden.

Sensorisches Gedächtnis: Gedächtnis, das innerhalb einer Sekunde verschwindet, wenn es nicht im Kurz- oder Langzeitgedächtnis gespeichert wird.

Kurzzeitgedächtnis: Gedächtnis, das Informationen maximal 30 Sekunden bewahrt, wenn keine Anstrengung zu ihrer Speicherung unternommen wird.

Langzeitgedächtnis: Wissen, das potentiell für lange Zeit, unter Umständen für immer, verfügbar ist.

Inferenz (Schlußfolgerung): Prozeß, bei dem mit Hilfe kognitiver Strukturen über das unmittelbar Beobachtbare hinausgegangen wird und Erwartungen und Hypothesen gebildet werden.

Metakognition: Wissen um die eigenen kognitiven Prozesse, einschließlich der exekutiven Prozesse.

Metagedächtnis: Wissen über das Gedächtnis.

Exekutive Prozesse: Prozesse, mit deren Hilfe man die eigenen kognitiven Prozesse plant, absucht, überwacht und steuert.

Literaturempfehlungen

Bryant, J. & Anderson, D. R. (Hrsg.) (1983). *Children's understanding of television. Research on attention and comprehension.* New York: Academic Press. Erklärt die grundlegenden kognitiven Prozesse, vor allem Aufmerksamkeit und Informationsverarbeitung, am konkreten Beispiel einer der Lieblingsbeschäftigungen von Kindern: dem Fernsehen.

Ceci, S. J., Toglia, M. P. & Ross, D. F. (Hrsg.) (1987). *Children's eyewitness memory.* New York: Springer. Eine interessante Aufsatzsammlung über die kindlichen Gedächtnisprozesse in wichtigen Situationen, vor allem in solchen, die starke Emotionen hervorrufen.

Collins, W. A. (Hrsg.) (1984). *Development during middle childhood. The years from six to twelve.* Washington, D.C.: National Academy Press. Stellt unter anderem einen Zusammenhang her zwischen der kognitiven Entwicklung von Kindern in der mittleren Kindheit und ihren Erfahrungen in der Familie, der Schule und der Gleichaltrigengruppe.

Daehler, M. W. & Bukatko, D. (1985). *Cognitive development.* New York: Knopf. Beschäftigt sich ausführlich mit fast allen in diesem Kapitel behandelten Fragen. Wichtig für jeden, der sich mit Themen wie Aufmerksamkeit, Wahrnehmung, Gedächtnis usw. weiter beschäftigen wollen.

Kagan, J. (1984). *The nature of the child.* New York: Basic Books. Die in diesem Band gesammelten Aufsätze beschreiben charakteristische Merkmale des kindlichen Denkens, z. B. Moral, Emotion und Verständnis der äußeren Umgebung.

Deutschsprachige Bücher zu diesem Kapitel

Flammer, A. (1988). *Entwicklungstheorien. Psychologische Theorien der menschlichen Entwicklung.* Bern: Huber.

Foppa, K. & Groner, R. (Hrsg.) (1981). *Kognitive Strukturen und ihre Entwicklung.* Bern: Huber.

Hussy, W. (1986). *Denkpsychologie. Ein Lehrbuch.* Bd. 2. Schlußfolgern, Urteilen, Kreativität, Sprache, Entwicklung. Stuttgart: Kohlhammer.

Kluwe, R. & Spada, H. (Hrsg.) (1981). *Studien zur Denkentwicklung.* Bern: Huber.

Pawlow, I. (1953). *Sämtliche Werke* (Bd. III und IV). Berlin: Akademie der Wissenschaften.

Watson, J. B. (1968). *Behaviorismus.* Köln: Kiepenheuer & Witsch (Original erschienen 1924).

Intelligenz und Leistung

Bei den in den beiden letzten Kapiteln beschriebenen Entwicklungsmustern kognitiver Prozesse lag der Schwerpunkt auf den universell gültigen oder allen Kindern gemeinsamen Merkmalen des Denkens und Lernens. In diesem Kapitel stehen die individuellen Intelligenzunterschiede im Vordergrund. Psychologen und Pädagogen arbeiten schon lange an der Entwicklung von Methoden, mit denen sich vorhersagen läßt, welche Kinder unter normalen schulischen Bedingungen schneller und welche langsamer lernen. Zu Anfang des zwanzigsten Jahrhunderts wurde der Intelligenztest und der Begriff des IQ entwickelt. Heute sind Intelligenztests weit verbreitet, aber die Wissenschaftler streiten sich immer noch über die *Ursache* für die individuellen Intelligenzunterschiede. In welchem Ausmaß ist Intelligenz genetisch bedingt? Welchen Einfluß haben Familie, Schule und Kultur auf den IQ? Wie kommt es, daß es IQ-Unterschiede zwischen verschiedenen gesellschaftlichen Gruppen gibt?

Intelligenz wird vor allem deshalb gemessen, damit man die schulische Leistung vorhersagen kann. Die Schule ist nun einmal eines der wichtigsten Gebiete, auf denen unsere Gesellschaft von Kindern den Einsatz kognitiver Fähigkeiten erwartet. Die schulische Leistung hängt teilweise von der Intelligenz ab, aber auch von der Motivation, den Erfolgserwartungen, den Sozialisationserfahrungen und dem sozialen Kontext im Klassenzimmer. In diesem Kapitel wollen wir den Einfluß dieser Faktoren auf Intelligenz und schulische Leistungen untersuchen. Zunächst aber geht es darum, wie Intelligenz definiert und gemessen wird.

Definition und Begriff der Intelligenz

Es gibt viele Möglichkeiten, den Begriff der **Intelligenz** zu definieren. Die folgende scheint uns am sinnvollsten: Intelligenz ist die Fähigkeit, Fähigkeiten zu erlernen und anzuwenden, die für eine erfolgreiche Anpassung an die Anforderungen von Kultur und Umwelt notwendig sind. Die Anpassung an die jeweilige Kultur kann Fähigkeiten im Bereich sozialer Interaktion, Sprache, Mathematik, Gedächtnis, feinmotorischer Koordination, Sport usw. erfordern. Da verschiedene Kulturen sehr verschiedene Anpassungsfähigkeiten erfordern, haben Menschen, die in einer Kultur als intelligent gelten, andere Begabungen als „intelligente" Menschen einer anderen Kultur. In der Kultur der Vereinigten Staaten sind Sprache, Lesen und Mathematik sehr wichtig, und entsprechend werden Kinder und Erwachsene, die auf diesen Gebieten hervorragende Fähigkeiten besitzen, als intelligent bezeichnet. Für die !Kung San der Kalahari-Wüste im südlichen Afrika dagegen sind geschickte Jäger intelligent, für Inselbewohner aus dem Südpazifik gute Seefahrer.

Welche Begabungen im einzelnen am höchsten bewertet werden, hängt von den Überlebensbedürfnissen der jeweiligen Gesellschaft und den Überzeugungen ihrer Mitglieder ab. Selbst die Gesellschaften, die geistigen Fähigkeiten große Bedeutung beimessen, räumen nicht unbedingt denselben intellektuellen Fähigkeiten den größten Stellenwert ein. So stand im vorrevolutionären China die Beherrschung der Schrift und bei den Sophisten im antiken Athen die Kunst der Rhetorik im Vordergrund, während die Indianer im modernen Guatemala den größten Wert darauf legen, günstige Gelegenheiten zu nutzen. Jahrhundertelang wurden chinesische Künstler gelobt, wenn sie sich getreu an den Stil der alten Meister hielten, während europäische Maler für ihre innovative und imaginative Abweichung von Werken der Vergangenheit Anerkennung bekamen.

Eine einzige Fähigkeit oder viele?

Ursprünglich wurde Intelligenz als eine allgemeine Fähigkeit betrachtet, die sich relativ unabhängig von der Art der Aufgabe manifestiert. Aber dagegen gab es schon früh Widerspruch von Wissenschaftlern, die der Meinung waren, unterschiedliche intellektuelle Fähigkeiten müßten nicht zwangsläufig gemeinsam auftreten. Die Streitfrage, ob Intelligenz eine allgemeine Eigenschaft ist, die sich auf viele Aufgabenbereiche erstreckt oder sich auf eine Gruppe spezifischer kognitiver Fähigkeiten beschränkt, wird seit Jahren diskutiert. Sie ähnelt der im siebten Kapitel behandelten Debatte über die Frage, ob Kompetenz breit oder eng gefaßt werden sollte.

Auch wenn dieses Problem noch nicht restlos geklärt ist, sind die meisten Psychologen doch der Meinung, daß sich die Muster der Fähigkeiten individuell unterscheiden. Manche Kinder sind auf sprachlichem Gebiet besonders begabt, andere auf dem Gebiet des räumlichen Denkens oder der Mathematik. Dieses Prinzip ist über alle Kulturen hinweg gültig. Die Beziehung zwischen der Fähigkeit, sich ein Muster von Bildern einzuprägen, und der Fähigkeit, Wörter oder Sätze zu erinnern, ist bei Kindern aus Peru, die Quechua sprechen, und Maya-Kindern aus Guatemala sehr gering. Das heißt, wenn Kinder bei der Lösung einer dieser Aufgaben besonders tüchtig sind, müssen sie deshalb nicht unbedingt auch die andere Aufgabe gut bewältigen (Kagan et al., 1979; Stevenson, Parker, Wilkinson, Bonnaveaux & Gonzalez, 1978). Wenn man also die Durchschnittsleistungen eines Kindes aus seinen Leistungen in vielen verschiedenen Aufgabenbereichen berechnet, verliert man unter Umständen die individuellen Stärken und Schwächen dieses Kindes aus dem Blick.

Intellektuelle Fähigkeiten sind außerdem an den spezifischen Umwelt*kontext* gebunden, in denen man sie lernt und anwendet. Wenn es darum geht, zu schätzen, wieviel Reis in verschieden großen Schüsseln ist, sind die Leistungen nigerianischer Reisbauern vom Stamm der Kpelle sehr viel besser als die von erwachsenen US-Amerikanern; geht es aber darum, die Länge von Gegenständen zu schätzen, ist es umgekehrt. Die Kpelle-Kultur besitzt ein standardisiertes System zur Messung des Volumens, das beim Kauf und Verkauf von Reis angewandt wird, aber sie besitzen kein standardisiertes System zur Messung der Länge (Laboratory of Comparative Human Cognition, 1983).

Welche Dimensionen hat die Intelligenz?

Die meisten Fachleute sind sich darin einig, daß Intelligenz viele Dimensionen hat und verschiedene Fähigkeiten umfaßt, aber sie sind sich nicht einig, welcher Art diese Fähigkeiten sind. Die einen teilen die Fähigkeiten nach dem *Inhalt* der Aufgaben ein, das heißt, sie unterscheiden zum Beispiel zwischen verbalen, numerischen, räumlichen, sozialen und musikalischen Fähigkeiten (Anastasi, 1987). Andere stellen die im achten Kapitel beschriebenen kognitiven *Prozesse* wie Gedächtnis, schlußfolgerndes Denken und Problemlösen in den Mittelpunkt.

Kristalline und fluide Intelligenz: Eine wichtige Unterscheidung ist die zwischen kristallinen und fluiden Fähigkeiten (Horn, 1968). **Kristalline Fähigkeiten** bezeichnen das Wissen, das ein Mensch im Lauf der Zeit angesammelt hat. Ein Wortschatztest zum Beispiel mißt das angesammelte Wissen über die Bedeutung von Wörtern, das heißt kristalline Fähigkeiten. **Fluide Fähigkeiten** dagegen beziehen sich auf Prozesse, die bei der Problemlösung und im Umgang mit neuer Information benutzt werden. Auch für diese Fähigkeiten ist Wissen erforderlich, aber die fluide Intelligenz beruht vor allem auf Argumentation, Gedächtnis, logischem Denken und dem Erkennen von Verbindungen und Schlußfolgerungen. Analogien wie: „Ein Doktor verhält sich zum Patienten wie ein Anwalt zum ...?" messen fluide Fähigkeiten. Die fluiden Fähigkeiten nehmen mit dem Alter schneller ab als die kristallinen.

Guilfords Strukturmodell der Intelligenz: J. P. Guilford (1979) hat ein anderes Modell entwickelt, um die verschiedenen Arten intellektueller Fähigkeiten zu beschreiben. Aufgrund von Untersuchungen über individuelle Leistungen bei verschiedensten Tests hat er eine Einteilung entwickelt, mit der man intellektuelle Fähigkeiten drei Bereichen zuordnen kann. Der erste Bereich ist der *Inhalt*. Man kann zum Beispiel über Bilder von Spielzeug (figürlicher Inhalt) oder über den Text eines Liedes (symbolischer Inhalt) nachdenken. Den zweiten Bereich bilden die unterschiedlichen Arten der Verarbeitung oder *Operationen*, das heißt Gedächtnis, Bewertung von Informationen und divergente Produktionen. Ein Kind versucht sich zum Beispiel an Spielzeug zu erinnern, das im Ladenregal stand, oder variiert die Verse eines Liedes (divergente Produktion). Der dritte Bereich ist das **Produkt**. Dabei kann es sich um eine Transformation handeln (zum Beispiel die Vorstellung, wie ein Modellflugzeug aussieht, wenn es auf dem Kopf steht), oder um eine Vorhersage über die Farbe, die entsteht, wenn man Rot und Blau mischt.

Wie Abbildung 9.1 zeigt, kreuzen sich in Guilfords Intelligenzstruktur diese drei Dimensionen. Guildford hat Tests entwickelt, mit denen sich die ver-

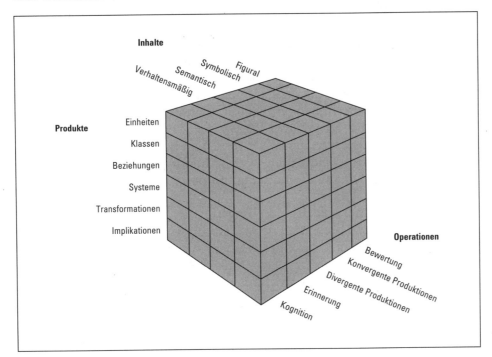

Abb. 9.1: Guilfords Intelligenzstrukturmodell mit den drei Dimensionen zur Unterscheidung intellektueller Aufgaben: Operationen, Inhalte und Produkte. Das Modell wurde entwickelt, um zu zeigen, daß zur Intelligenz vielfältige Fähigkeiten gehören, und um die Möglichkeiten zu ihrer Klassifikation darzustellen. (Aus J. P. Guilfold: Cognitive psychology with a frame of reference. San Diego: Edits Publishers, 1979, S. 22. Mit freundlicher Genehmigung.)

schiedenen Kombinationen von Inhalten, Operationen und Ergebnissen darstellen lassen, die im Diagramm als Würfel auftauchen. Dabei wird zum Beispiel ein Kind gefragt: „Welche Gegenstände kennst du, die gleichzeitig weiß und eßbar sind?" Der Inhalt ist symbolisch, die Operation ist divergente Produktion und die Ergebnisse sind Einheiten von Klassen. Bei manchen dieser Tests läßt die Leistung keine Vorhersagen über die Leistung in anderen Tests zu. Deshalb ist Guilford davon ausgegangen, daß sie verschiedene Facetten der Intelligenz darstellen.

Intelligenz als Anpassung: eine triarchische Theorie. Sternberg (1985; Sternberg & Suben, 1986) hat eine erweiterte Theorie der Intelligenz entwickelt, die kognitive Fähigkeiten umfaßt, aber auch die breiteren Lebenserfahrungen und Anpassungsfertigkeiten des einzelnen einbezieht. Seine *triarchische Theorie* hat drei wesentliche Komponenten.

Die erste Komponente besteht aus *kognitiven Prozessen und Wissen*. Auch die *metakognitiven Prozesse* (vgl. 8. Kapitel) wie Planung, Steuerung und Bewertung der eigenen aufgabenspezifischen Leistung gehören dazu. In einem Multiple-Choice-Test zum Beispiel entscheidet man, ob man sich auf die Details oder die allgemeine Linie konzentriert, plant, wieviel Zeit man für die einzelnen Fragen aufwenden will, und entwickelt Strategien für eine optimale Leistung. Zu dieser Komponente gehören außerdem *Problemlösefähigkeiten*. Denn während eines solchen Tests vergleicht man die möglichen Antworten, um entscheidende Unterschiede zu finden, und sucht nach Hinweisen auf falsche Antworten wie die Wörter „immer" und „nie". Drittens gehört auch der *Erwerb von Wissen* dazu, das heißt die Erweiterung des eigenen Wissensreservoirrs. Wenn man zum Beispiel für einen Multiple-Choice-Test lernt, entscheidet man, welche Informationen aus Lektüre und Unterricht wichtig dafür sind, und bringt sie dann in eine Beziehung zu bereits vorhandenem Wissen.

Die zweite Komponente ist der Umgang mit neuen Erfahrungen, das heißt, wie schnell und leicht man neue Erfahrungen lernen kann. Ein Verhalten kann als intelligent bezeichnet werden, wenn kognitive Prozesse auf neue Situationen angewandt *und* wenn diese Anwendungen relativ schnell automatisiert werden. Wenn ein Kind zum Beispiel in einem Laden ein Schild sieht, das einen 25prozentigen Preisnachlaß auf Tennisschläger ankündigt, muß es erst überlegen, welche mathematischen Operationen zur Berechnung des Preises erforderlich sind, bevor es ihn dann ausrechnen kann. Nach einigen ähnlichen Einkaufserfahrungen weiß es automatisch, daß es vom Preis ein Viertel abziehen muß.

Die dritte Komponente ist die Fähigkeit, sich an das soziale und kulturelle Umfeld anzupassen. *Anpassung* heißt nicht nur Veränderung der eigenen Person und der eigenen Denkweise, sondern auch Veränderung der Umwelt entsprechend den eigenen Bedürfnissen bzw. Auswahl einer neuen

Umwelt. Wenn ein Kind zum Beispiel gelernt hat, dem Lehrer kluge Fragen zu stellen, bekommt es Antworten, die ihm beim Lernen helfen. Damit hat es seine Umwelt verändert. Kommt es aufs Gymnasium, kann es in gewissem Rahmen selbst bestimmen, welche Kurse bei welchen Lehrern es besuchen will, daß heißt, es kann seine eigene Lernumwelt wählen. Intelligenz im weiteren Sinne kann sich in all diesen Möglichkeiten manifestieren, sich mit Hilfe alltäglicher Fertigkeiten an den Kontext der Umwelt anzupassen und ihn zu verändern.

Anders, als man erwarten könnte, wurden Intelligenztests aber nicht immer auf der Grundlage solcher Theorien entwickelt. Historisch betrachtet, ging die Entwicklung von Meßmethoden der Intelligenz der Entwicklung von Intelligenztheorien in vielen Fällen voraus.

Die ersten Intelligenztests

Der Franzose Alfred Binet war der erste, der zu Anfang des zwanzigsten Jahrhunderts Intelligenztests entwickelt hat. Er verfolgte dabei ein praktisches Ziel, nämlich die Vorhersage über Schulerfolg oder Schulversagen von Kindern. Dabei benutzte er eine *empirische* Forschungsstrategie. Die Forscher stellten guten und schlechten Schülern eine Reihe von Fragen. Zu den Fragen, die schließlich für den Intelligenztest ausgesucht wurden, gehörten die, bei denen die Antworten der guten Schüler besser waren als die der schlechten Schüler. Es ging Binet und seinen Mitarbeitern nicht darum, abstrakte, theoretische Eigenschaften zu messen, sondern das Leistungspotential von Kindern in der spezifischen Situation der Schule zu bestimmen.

Der schließlich entwickelte Test wurde als Binetarium und später in den USA als Stanford-Binet-Test bekannt, weil er von Lewis Terman und Maude Merrill von der Stanford-Universität an die US-amerikanischen Verhältnisse angepaßt wurde. Er enthielt zahlreiche verschiedene Aufgaben zur Messung des Wissensstands bei alltäglichen Fragen, der verbalen Fähigkeiten, des Gedächtnisses, der Wahrnehmung und des logischen Denkens. Um den Test zu standardisieren, legte man die Fragen zunächst einer repräsentativen Auswahl von Kindern unterschiedlichen Alters vor und ordnete sie anschließend einzelnen Altersstufen zu. Wenn ein Kind zum Beispiel Aufgaben löste, die die mittleren 50 Prozent der Dreijährigen richtig beantwortet hatten, wurde es der Altersgruppe der Dreijährigen zugeordnet; wenn ein Kind Aufgaben löste, die die mittleren 50 Prozent der Sechsjährigen richtig beantwortet hatten, wurde es der Altersgruppe der Sechsjährigen zugeordnet usw. Der IQ (Intelligenzquotient) wurde berechnet, indem man die Werte des einzelnen Kindes mit den Durchschnittswerten der Kinder der entsprechenden Altersgruppe verglich.

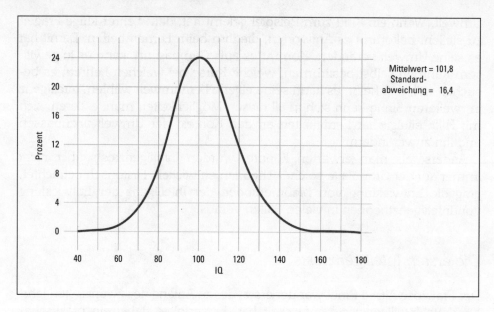

Abb. 9.2: Verteilung der IQ-Werte beim Stanford-Binet-Test in der Terman-Merrill-Standardisierungsgruppe im Jahre 1937. (Aus L. M. Terman & M. A. Merrill: Stanford-Binet Intelligence Scale. Manual for the third revision of Form L-M. Boston: Houghton Mifflin, 1973, S. 18. © 1973 by Houghton Mifflin Company. Mit freundlicher Genehmigung der Riverside Publishing Company.)

Abbildung 9.2 zeigt die Verteilung der IQ-Werte in der Bevölkerung, die bei der Standardisierung des Stanford-Binet-Tests verwendet wurde. Der Test wurde so aufgebaut, daß die Verteilung der Werte weitestmöglich der Normalverteilung entsprach, einer glockenförmigen Kurve, deren Zentrum bzw. Mittelwert bei einem IQ von 100 liegt und bei der höhere oder niedrigere IQ-Werte ungefähr gleich häufig vertreten sind. Tabelle 9.1 zeigt den Prozentsatz für die verschiedenen IQ-Werte und die erklärenden Bezeichnungen für die einzelnen Bereiche.

Der Wechsler-Test

Da die Autoren des frühen Stanford-Binet-Tests Intelligenz als allgemeine Eigenschaft verstanden, lieferte er auch nur einen zusammenfassenden IQ-Wert. Beim heute weit verbreiteten Wechsler-Intelligenztest werden viele Intelligenzbereiche einzeln getestet. Die Fragen wurden ähnlich ausgewählt wie ursprünglich beim Stanford-Binet-Test, sind aber zu Untergruppen zusammengefaßt, die bestimmte Fähigkeiten messen, zum Beispiel Wort-

Tabelle 9.1

Prozentueller Anteil von Kindern auf verschiedenen IQ-Ebenen bei der Standardisierungsguppe des Stanford-Binet-Tests von 1937

IQ	Prozent	Eingruppierung
160–169	0,03	
150–159	0,2	Sehr gut
140–149	1,1	
130–139	3,1	
120–129	8,2	Gut
110–119	18,1	Guter Durchschnitt
100–109	23,5	Normal oder durchschnittlich
90– 99	23,0	
80– 89	14,5	Schlechter Durchschnitt
70– 79	5,6	Grenze zur geistigen Behinderung
60– 69	2,0	
50– 59	0,4	
40– 49	0,2	Geistig behindert
30– 39	0,03	

Quelle: L. M. Terman & M. A. Merrill: Stanford-Binet Intelligence Scale. Manual for the third revision of Form L-M. Boston: Houghton Mifflin, 1973, S. 18. Copyright 1973 by Houghton Mifflin Company. Mit freundlicher Genehmigung der Riverside Publishing Company.

schatz, Feststellung von Ähnlichkeiten und Unterschieden, Zahlengedächtnis und Zusammensetzen von Mustern mit Hilfe farbiger Bauklötze. Die Untergruppen lassen sich einzeln messen, werden aber auch in zwei Werten zusammengefaßt: dem Verbalteil auf der Grundlage von verbalen (z. B. Wortschatz) oder rechnerischen Testfragen und dem Handlungsteil, der aus Untergruppen von Tests errechnet wird, bei denen Sprache keine Rolle spielt (z. B. ein Puzzle zusammensetzen). Der Gesamtwert für den IQ wird aus dem Durchschnitt des Verbal- und Handlungsteils errechnet.

Multidimensionale Tests

Bei anderen Intelligenztests ist die multidimensionale Perspektive noch deutlicher. Dazu gehören der Test für geistige Primärfähigkeiten (Primary Mental Abilities Test), der für Grundschulkinder entwickelt wurde, und der differentielle Eignungstest (Differential Aptitude Test) für ältere Kinder und Jugendliche. Beide Tests messen einzelne Fähigkeiten wie verbales Argumentieren, rechnerische Fähigkeiten, räumliches Denken und Wahrnehmungsgeschwindigkeit. Man errechnet die Einzelergebnisse, aber keinen Durchschnitts- oder Gesamtwert. Auch wenn viele dieser Tests mit dem Stanford-Binet- und dem Wechsler-Intelligenztest korreliert sind, sind multidimensionale Tests sinnvoll, wenn man einige Fähigkeiten abklären möchte, zum Beispiel die Frage, ob ein Kind Schwierigkeiten mit dem räumlichen Denken hat.

Intelligenztests, die kognitive Prozesse berücksichtigen

Die Konstruktion von Intelligenztests und die Theoriebildung über die kognitive Entwicklung sind unabhängig voneinander verlaufen. Die Tests wurden durch einen Prozeß von Versuch und Irrtum auf ein praktisches Ziel hin entwickelt. Für die Psychologen, die die kognitive Entwicklung untersucht haben, standen dagegen Theoriebildung und Ansammlung von Befunden im Vordergrund. Sie waren kaum daran interessiert, ihre Theorien für die Messung individueller Unterschiede nutzbar zu machen. Aber seit kurzem gibt es eine Annäherung zwischen diesen beiden Zweigen der Psychologie: Die Intelligenztheorien haben das Wissen über die kognitiven Prozesse aufgegriffen, und Intelligenztests bauen zunehmend auf diesen Erkenntnissen auf.

Die vierte große Überarbeitung des Stanford-Binet- (Thorndike, Hagen & Sattler, 1986) und des Kaufmann-A-B-C-Tests sind Beispiele für diesen theorieorientierten Ansatz (Anastasi, 1987). Die Autoren des Stanford-Binet-Tests behaupten immer noch, daß manche Aspekte der Intelligenz verallgemeinbar sind. Ihrer Meinung nach umfaßt die allgemeine Intelligenz wahrscheinlich die im achten Kapitel beschriebenen metakognitiven und übergeordneten Prozesse, das heißt die Fähigkeit zu entscheiden, was zur Lösung neuer Probleme erforderlich ist, und die Fähigkeit, die entsprechenden Strategien zu mobilisieren. Dennoch ermöglicht die Zusammenstellung der Fragen die Messung von drei verschiedenen Komponenten der Intelligenz: kristalline Fähigkeiten (z. B. Wortschatz und mathematische Berechnungen), fluid-analytische Fähigkeiten (z. B. Muster aus Blöcken schaffen und fehlende Teile eines Bildes ergänzen) und Kurzzeitgedächtnis (z. B. eine Zahlenreihe erinnern). Zusätzlich zur Gesamtwertung werden Einzelwertungen für diese drei Komponenten errechnet. Die Berechnung der Werte erfolgt wie bei sämtlichen Intelligenztests durch den Vergleich der Leistung des einzelnen mit der Leistung Gleichaltriger in demselben Land, und zwar anhand einer Skala mit einem Durchschnittswert von 100 und einer Standardabweichung von 16 (vgl. Abb. 9.2). Aber dieser Wert wird Standard Age Score (SAS, altersspezifischer Wert) und nicht IQ genannt. Bevor Sie weiterlesen, überlegen Sie doch einmal, warum man diese Veränderung vorgenommen hat.

Grenzen der IQ-Messung

In der Öffentlichkeit und auch in Teilen der Fachwelt wird dem IQ eine fast schon mystisch zu nennende Qualität zugeschrieben. Viele scheinen zu glauben, man könne dabei quasi in den Kopf der Testperson blicken und dort eine Zahl finden, die durch die Vererbung vorbestimmt ist, ein Leben lang unverändert bleibt und vom angeborenen Potential bestimmt wird. Aber keine dieser Vermutungen ist richtig.

Ist der IQ eine „reine" Maßzahl für das angeborene Potential? Nein. Ein Intelligenztest mißt, wieviel man über bestimmte Themen weiß und wie gut manche Fähigkeiten zum Zeitpunkt des Tests entwickelt sind. Der IQ-Wert wird sowohl von vergangenen Erfahrungen und der Kenntnis der im Test enthaltenen Fähigkeiten und Informationen beeinflußt als auch von der genetischen und biologischen Ausstattung. So wie bei einem Lesetest die Leistung zum Teil von der bisherigen Leseerfahrung abhängt, so hängt auch die Leistung beim Intelligenztest davon ab, welche Möglichkeiten man bisher gehabt hat, Wörter, Informationen, die Grundrechenarten, das Gedächtnis und das räumliche Denken zu erlernen und zu gebrauchen. Die genetische Ausstattung spielt eine Rolle bei der Geschwindigkeit, mit der man aus der eigenen Erfahrung lernen kann, aber das gilt für jede kognitive Leistung, nicht nur für den IQ.

Bleibt der IQ das Leben lang konstant? Nein. Auch wenn Intelligenztests zu den stabilsten Messungen in der Psychologie gehören, bleiben die IQ-Werte nicht ein Leben lang gleich. Bereits nach nur ein paar Wochen können Verschiebungen um bis zu 10 Punkte aufgrund von Motivationsveränderungen, Aufmerksamkeitsschwankungen und Müdigkeit auftreten. Nach dem zweiten Lebensjahr gibt es über längere Zeiträume hinweg eine gewisse Stabilität der Werte bei Intelligenztests, das heißt, der Wert in einer Altersstufe erlaubt Vorhersagen über den Wert in einer späteren Altersstufe.

Zwei Längsschnittuntersuchungen, bei denen Kinder vom 2. bis zum 18. Lebensjahr fortlaufend getestet wurden, haben diese Aussage bestätigt (Honzik, Macfarlane & Allen, 1948; Sontag, Baker & Nelson, 1958). Die

Tendenzen, die diese Untersuchungen ergaben, lassen sich in zwei generellen Aussagen zusammenfassen: 1. Mit dem Alter der Kinder erhöht sich die Vorhersagegenauigkeit über die zukünftigen Leistungen. So ist zum Beispiel die IQ-Korrelation zwischen drei und fünf Jahren niedriger als die zwischen acht und zehn Jahren. 2. Je kürzer die Abstände zwischen den Tests, desto höher ist die Korrelation zwischen ihnen, das heißt, desto ähnlicher sind die Werte.

Trotzdem gibt es bei manchen Kindern, wenn sie älter werden, deutliche Veränderungen beim IQ. In einer Längsschnittuntersuchung, bei der Kinder von $2\frac{1}{2}$ bis 17 Jahren begleitet wurden, lagen die Unterschiede zwischen dem höchsten und niedrigsten Wert im Durchschnitt bei 28,5 Punkten (McCall, Appelbaum & Hogarty, 1973). Selbst nach dem sechsten Lebensjahr, also dem Alter, in dem sich die IQ-Werte relativ stabilisiert haben, gab es bei einzelnen Kindern noch große Veränderungen nach oben wie nach unten. Tabelle 9.2 faßt die durchschnittlichen Veränderungen zwischen sechs und 18 Jahren bei zwei Gruppenuntersuchungen an der Universität von Kalifornien zusammen. Bei der Mehrheit der Kinder veränderten sich die Werte um 15 oder mehr Punkte, bei mehr als einem Drittel der Kinder sogar um 20 oder mehr Punkte.

Größere Veränderungen beim IQ sind seltener. Es ist ausgesprochen selten (wenn auch nicht unmöglich), daß der IQ eines Kinder von 70 auf 130 steigt oder von 130 auf 70 fällt. Man kann aus praktischen Gründen davon ausgehen, daß bei Kindern die drastische Verringerung eines hohen IQ bzw. der drastische Anstieg eines niedrigen IQ unwahrscheinlich ist, aber man kann nicht genau vorhersagen, welchen IQ ein Kind in einigen Jahren erreichen wird.

Mißt der IQ Eignung oder Leistung? **Eignung** bezieht sich auf die Fähigkeit, neue Fertigkeiten zu lernen oder in zukünftigen Lernsituationen gut abzuschneiden. Der schulische Eignungstest (Scholastic Aptitude Test) für Schüler der High-School in den USA zum Beispiel wurde entwickelt, um die akademische Leistung im College vorherzusagen. **Leistung** dagegen bezieht sich auf alles, was ein Schüler in einem bestimmten Kurs oder über ein bestimmtes Thema in der Schule gelernt hat. Standardisierte Leistungstests, die in den meisten öffentlichen Schulsystemen benutzt werden, dienen hautpsächlich zur Messung dessen, was die Schüler in Lesen, Mathematik und anderen Fächern gelernt haben. Eignungstests decken oft viele verschiedene Inhaltsbereiche ab, Leistungstests dagegen beziehen sich auf eine bestimmte Art von Informationen oder Fähigkeiten (Anastasi, 1987). Allerdings kann man zwischen Eignung und Leistung nicht eindeutig trennen. Die Leistung bei Intelligenztests hängt davon ab, was man weiß, und aus Leistungstests läßt sich umgekehrt der zukünftige Schulerfolg vorhersagen. So gesehen messen Intelligenztests sowohl Eignung als auch Leistung.

Tabelle 9.2 ▬

Veränderungen des IQ zwischen 6 und 18 Jahren

Veränderung beim IQ (IQ-Punkte)	Experimental-gruppe N = 114 (%)	Kontrollgruppe N = 108 (%)	Insgesamt N = 222 (%)
50 oder mehr	1	–	0,5
30 oder mehr	9	10	9
20 oder mehr	32	42	35
15 oder mehr	58	60	58
10 oder mehr	87	83	85
9 oder weniger	18	17	15

Quelle: M.P. Honzik, J.W. Macfarlane & L. Allen: The stability of mental test performance between two and eighteen years. *Journal of Experimental Education, 1948, 17.* A publication of the Helen Dwight Reid Educational Foundation. Mit freundlicher Genehmigung.

Kann man aus der Leistung auf die Kompetenz schließen? Bei der Interpretation von Testergebnissen muß man stets den Unterschied zwischen Kompetenz und Leistung im Kopf behalten (vgl. 8. Kapitel). Bei guten Testleistungen von Kindern ist die Schlußfolgerung erlaubt, daß sie die Kompetenzen besitzen, die der Test mißt. Man kann aber umgekehrt aus schlechten Leistungen nicht unbedingt auf mangelnde Kompetenz schließen; man kann nur sagen, daß die Kinder diese Kompetenzen nicht gezeigt haben. Man kann nicht einfach behaupten, ein Kind, das keine korrekte Leistung erbringt, besitze die entsprechenden Fähigkeiten nicht.

Wie sollen Intelligenztests angewandt werden?

Die erwähnten Grenzen bei der Bedeutung des IQ werfen die Frage auf, wo und wie Intelligenztests sinnvoll angewandt werden können. Dazu muß man erstens die bereits erwähnte Multidimensionalität der Intelligenz berücksichtigen. Unter diesem Aspekt scheint es sinnvoller, Tests für spezifische Fähigkeiten einzusetzen, als sich ausschließlich auf einen einzigen IQ-Wert zu verlassen. Anstatt von einem „intelligenten Kind" zu sprechen, wäre es besser zu sagen, ein Kind sei gut in Sprachen, Mathematik, räumlichem Denken, kreativem Schreiben oder künstlerischer Gestaltung.

Zweitens sind Intelligenztests, wie gesagt, im Grunde Leistungstests, die eine große Bandbreite kognitiver Bereiche umfassen. Von daher könnte man die Bezeichnung „IQ" durch Begriffe wie „schulische Fähigkeiten", „schulische Eignung" oder „altersspezifischer Wert" ersetzen (Reschly, 1981; Thorndike et al., 1986). Mit Hilfe solcher Bezeichnungen läßt sich der Eindruck vermeiden, daß die Testwerte ein angeborenes Potential angeben oder eine lebenslang unveränderbare Einheit bilden. Sie könnten auch den Nutzen kognitiver Leistungstests für pädagogische Diagnosen vermitteln, gleichzeitig aber die Gefahr verringern, Kinder mit einem Etikett zu stigmatisieren, das ihnen die Unfähigkeit zu lernen bescheinigt.

Selbst wenn man diese Einschränkungen berücksichtigt, muß man sich noch klarmachen, daß der IQ nicht der einzige Faktor ist, der über den Erfolg in der Schule, im Beruf und in anderen Lebenssituationen entscheidet. Intelligenz ist nur eine der Ursachen für individuelle Unterschiede in der schulischen Leistung (Anastasi, 1987). Die existierenden Intelligenztests messen nicht alle Aspekte intelligenten Verhaltens. So messen zum Beispiel die meisten Tests nur einen Teil der Komponenten, die in Sternbergs triarchischer Theorie definiert sind. Die Fähigkeit von Kindern, aus Erfahrung zu lernen oder sich an neue Umwelten anzupassen, werden von Intelligenztests selten erfaßt. Darüber hinaus sind neben der Intelligenz noch andere Eigenschaften für Leistung wichtig. Kurz zusammengefaßt, müssen neben dem IQ Faktoren wie Motivation und Erwartungen berücksichtigt werden.

Motivation und schulische Leistung

Leistung, ob in der Schule oder später im Beruf, ist nicht nur von Fähigkeiten, sondern auch von Motivation, Einstellungen, beruflichen Fertigkeiten und emotionalen Reaktionen auf die Schule und andere Umgebungen abhängig, in denen Leistung gefordert ist. Die Graphik in Abbildung 9.3 zeigt, was Fähigkeiten und motivationale Variablen zur Leistung beitragen.

Leistungsmotivation

Leistungsmotivation ist „die generelle Tendenz, die eigene Leistung an hohen Standards zu messen, nach erfolgreicher Leistung zu streben und sich über erfolgreiche Leistung zu freuen" (Feld, Ruhtland & Gold, 1979, S. 45). Leistungsmotivation bedeutet, in einem bestimmten Bereich (z. B. Fußball

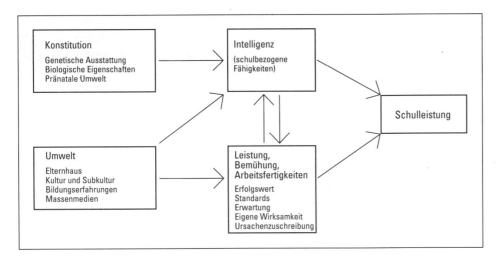

Abb. 9.3: Die wichtigsten Einflußfaktoren für Intelligenz und Schulleistungen.

oder Musik) gute Leistungen zu erbringen, verbunden mit der Tendenz, diese Leistung spontan zu beurteilen. Rückschlüsse auf die Leistungsmotivation bietet das *Leistungsverhalten.* Dazu gehören zum Beispiel Beharrungsvermögen bei schwierigen Aufgaben, intensive Arbeit oder Streben nach Beherrschung des Gegenstandes und die Wahl fordernder, aber nicht unmöglicher Aufgaben, das heißt, die Ausbildung eines mittleren *Anspruchsniveaus.*

Daß solches Leistungsverhalten zum schulischen Erfolg beitragen kann, ist leicht festzustellen, wie das folgende Beispiel bestätigt. Die beiden Schulanfängerinnen Sara und Linda haben beide einen IQ von 100. Sara lernt mit Begeisterung lesen. Sie konzentriert sich auf die Bücher und Arbeitsblätter, die die Lehrerin ihr gibt, und versucht beharrlich, Aufgaben zu lösen, die ihr schwerfallen. Wenn sie in die Stadtbücherei geht, sucht sie sich Bücher aus, in denen neue und schwierige Wörter vorkommen, nicht nur solche, die sie schon kennt. Linda beherrscht zu Anfang dieselben Fertigkeiten wie Sara, läßt sich aber leicht von ihren Aufgaben ablenken, sobald die Lehrerin sich nicht unmittelbar mit ihr beschäftigt. Sie gibt schnell auf, wenn sie auf ein Wort stößt, das sie nicht versteht. In der Stadtbücherei sucht sie Bücher aus, die sie leicht versteht. Man kann annehmen, daß Sara im Laufe der Zeit mehr Lesefertigkeiten erwerben wird als Linda und daß ihre Lehrer lieber mit ihr arbeiten werden.

Bei der Leistungsmotivation und dem Leistungsverhalten gibt es genau wie bei den intellektuellen Fähigkeiten aufgaben- und situationsspezifische Unterschiede. Selbst wenn man sich nur auf den engen Bereich der schulischen Leistungen beschränkt, werden unterschiedliche Motivationsebenen der Kinder für die einzelnen Fächer oder in einzelnen Schuljahren deutlich. Ein Kind, das beharrlich und engagiert an Projekten im Kunstunterricht mitarbeitet, gibt sich in Mathematik überhaupt keine Mühe; ein anderes Kind ist eine Leseratte und sucht sich schwierige Bücher aus, sucht beim Mannschaftssport jedoch Aufgaben, die es nicht besonders fordern. Dabei gibt es natürlich bei den Kindern den meisten Grund zu Besorgnis, wenn ihre Motivation in den Hauptfächern wie Lesen und Mathematik stark zu wünschen übrig läßt.

Einige der Faktoren, die für das Motivationsniveau oder die Bemühungen in einem bestimmten Aufgabengebiet wichtig sind, sind *Erfolgswert* (der Wert, den das Kind dem Erfolg in diesem Bereich beimißt), *Leistungsstandard, Vorstellungen über die eigenen Fähigkeiten* und *Ursachenzuschreibungen* für Erfolg oder Mißerfolg.

Erfolgswert: Die Messung des Erfolgswerts, daß heißt der Bedeutung, die man dem eigenen Erfolg in bestimmten Bereichen zumißt, geschieht mit Fragen wie „Wie wichtig ist es für dich, daß du gut in Musik bist?", „Welche Rolle wird Mathematik deiner Meinung nach in deinem zukünftigen Leben spielen?", „Wie wichtig ist es für dich, eine wichtige Stellung in der Gruppe zu haben und sie auszufüllen?" Der Erfolgswert hat einen Einfluß auf die Leistungsaktivitäten, die Kinder wählen.

Jacquelynne Eccles und ihre Kollegen an der Universität von Michigan haben die mathematischen Leistungen einer Gruppe von 668 Schülern der Klassen 5 bis 12 mit Hilfe eines umfangreichen Fragenkatalogs über Motivation und Einstellungen untersucht. Alle Schüler wurden zweimal jährlich beurteilt, damit der zeitliche Verlauf beobachtet werden konnte. Die Forscher waren an zwei Ergebnissen interessiert: an den Mathematiknoten und an der Entscheidung für Mathematik als Wahlfach. Die Kurswahl war deshalb besonders wichtig, weil Schüler, die in der Junior- und Senior-High-School Mathematik abwählen, von späteren Kursen, die fortgeschrittene Mathematikkenntnisse erfordern, faktisch ausgeschlossen sind. Ein Grund für das bessere Abschneiden männlicher High-School-Schüler und College-Studenten bei Mathematiktests ist darin zu finden, daß mehr Jungen als Mädchen an diesen Mathematikkursen für Fortgeschrittene teilnehmen (Fennema & Peterson, 1985).

Der zuverlässigste Vorhersagefaktor für die Absicht von Schülern, Mathematikleistungskurse zu wählen, war der Erfolgswert, der der Mathematik zugeschrieben wurde. Schülerinnen und Schüler, die Mathematik wichtig fanden und glaubten, sie sei für ihre Zukunft nützlich, wollten auch mit höherer Wahrscheinlichkeit Mathematikleistungskurse wählen. Mädchen waren seltener als Jungen der Auffassung, Mathematik sei für ihre Zukunft wichtig und nützlich. Der höhere Erfolgswert, den Mathematik für Jungen besaß, war ein Hauptgrund dafür, daß die Jungen mehr Leistungskurse belegten als die Mädchen (Eccles, Adler & Meece, 1984).

Bezugsnormen für Leistung: Wenn man Leistung beurteilt, heißt dies, daß man sie mit einem bestimmten Standard vergleicht. Man kann seine Leistung mit früheren Leistungen („Heute bin ich die 5-Kilometer-Strecke schneller gelaufen als gestern"), mit einem selbstgesteckten Ziel („Ich habe mir vorgenommen, diesen Sommer 20 Bücher zu lesen, und das habe ich auch getan") oder mit der Leistung anderer vergleichen („Meine Arbeit war die fünftbeste der Klasse"). Bezugsnormen, die aus selbstgesetzten Zielen oder früheren Leistungen bestehen, werden **individuelle Bezugsnormen** genannt; Standards, die auf Vergleichen mit den Leistungen anderer beruhen, heißen **soziale Bezugsnormen** (Veroff, 1969). Mit ungefähr fünf oder sechs Jahren fangen Kinder allmählich an, ihre Leistungen an sozialen Bezugsnormen zu messen, zum Teil deshalb, weil der Übergang vom präoperatorischen zum konkret-operatorischen Denken in diesem Alter es ihnen ermöglicht, ihre Leistungen mit denen anderer zu vergleichen und eine Bezugsnorm zu berücksichtigen, die auf einem Leistungskontinuum beruht. Das Schwergewicht, das die westliche Gesellschaft auf Konkurrenz und individuelle Leistung legt, trägt dazu bei, daß die soziale Bezugsnorm während der Schulzeit bei der Leistungsbeurteilung immer mehr in den Vordergrund rückt.

Vorstellungen über die eigenen Fähigkeiten: Im Laufe der Schulzeit entwickeln die Kinder Vorstellungen über ihre Fähigkeiten in den verschiedenen Fächern wie Lesen, Mathematik, Musik usw. Sie erwarten bestimmte eigene Leistungen bei bestimmten Aufgaben, zum Beispiel einer Mathematikarbeit. Diese Erwartungen beruhen zum Teil auf *Fähigkeitsselbstkonzepten* im Bereich Mathematik und zum Teil auf bisherigen Leistungen in dem speziellen Unterrichtsgebiet (z. B. Algebra). Aber Erfolgserwartungen sind nicht nur das Ergebnis des bisherigen Erfolgs, sie tragen auch zu weiteren guten Leistungen bei. Kinder, die von ihren mathematischen Fähigkeiten überzeugt sind, entscheiden sich mit größerer Wahrscheinlichkeit für das Wahlfach Mathematik (Eccles, 1983).

Das Konzept eigener Begabung ist ein Beispiel für die **wahrgenommene eigene Wirksamkeit**, ein Merkmal, das Albert Bandura beschrieben hat (1981, 1982). „Bei der wahrgenommenen eigenen Wirksamkeit geht es um die Beurteilung, wie gut man die Handlungsabläufe beherrscht, die im Umgang mit künftigen Situationen benötigt werden" (Bandura, 1982, S. 122). Das Gefühl der Wirksamkeit beeinflußt das Leistungsverhalten, mit anderen Worten, es nimmt Einfluß darauf, welche Aktivitäten mit wieviel Anstrengung und Beharrlichkeit ausprobiert werden (Bandura, 1981).

Aus diesen Erkenntnissen haben manche Wissenschaftler den Schluß gezogen, eine Steigerung des Selbstwertgefühls oder des Gefühls für die eigene

Kinder entwickeln Vorstellungen über ihre Fähigkeiten in den einzelnen Fächern; sie erwarten bestimmte eigene Leistungen bei bestimmten Aufgaben (Foto: Sibylle Rauch)

Wirksamkeit müsse zur Verbesserung schulischer Leistungen führen, und Übungsprogramme entwickelt, die das Selbstwertgefühl von Kindern stärken sollten. Aber diese Übungsprogramme haben die Schulleistungen in der Regel nicht positiv beeinflußt (Scheirer & Kraut, 1979), was unter anderem an der mangelnden Berücksichtigung der Tatsache liegt, daß Selbstkonzepte für bestimmte Bereiche spezifisch sind. Bei einer Gruppe von Fünftkläßlern waren zum Beispiel die Leistungen im Lesen und Rechnen mit hohen schulischen Selbstkonzepten verbunden, aber es gab keinen Bezug zu den Selbstkonzepten in nichtschulischen Bereichen (Marsh, Smith & Barnes, 1985). Mit anderen Worten: In der Regel hat eine Stärkung positiver Selbstkonzepte von Kindern zum Beispiel durch die Betonung ihrer sportlichen Fähigkeiten oder ihres allgemeinen Werts als Menschen kaum Auswirkungen auf ihre Lesefähigkeiten. Größere Erfolgsaussichten haben Interventionen, die sich auf Selbstkonzepte in bestimmten Leistungsbereichen konzentrieren.

Ursachenzuschreibungen von Erfolg und Mißerfolg: Erfolgserwartungen und Fähigkeitskonzepte sind mehr als nur Ergebnisse vergangener Erfolge.

Tabelle 9.3

Beispiele für die Ursachenzuschreibung von Erfolg und Mißerfolg

	Intern	Extern	Auswirkung auf Erwartung
Stabil	*Fähigkeit*	*Schwierigkeits-grad der Aufgabe*	
Erfolg	„Ich bin gut in Mathematik."	„Der Test war leicht."	Erwartet zu-künftigen Erfolg.
Mißerfolg	„Ich bin miserabel in Mathematik."	„Der Test war schwer."	Erwartet zu-künftigen Mißerfolg.
Nicht stabil	*Anstrengung*	*Glück*	
Erfolg	„Ich habe hart gearbeitet."	„Ich habe richtig geraten."	Weiß nicht.
Mißerfolg	„Ich habe nicht genug gearbeitet."	„Ich habe falsch geraten."	Könnte in Zukunft anders werden.

Kinder mit demselben Leistungsniveau nehmen ihre Fähigkeiten oft ganz unterschiedlich wahr und haben auch unterschiedliche Erwartungen über zukünftigen Erfolg (Vollmer, 1986). So haben Jungen zum Beispiel in ganz vielen Leistungsbereichen höhere Erwartungen als Mädchen, auch wenn ihre vergangenen Leistungen gleich gut oder sogar schlechter sind (Crandall, 1969; Eccles, 1983; Stein & Bailey, 1973).

Ein Grund für diese Erwartungsunterschiede ist die unterschiedliche Beurteilung ihrer Erfolge und Mißerfolge, mit anderen Worten: Sie erklären sich die Ursachen ihres Erfolgs bzw. Mißerfolgs anders. **Ursachenzuschreibungen** (Attributionen) sind Schlußfolgerungen über die Ursache eigenen und fremden Verhaltens. Solche Ursachenzuschreibungen laufen bewußt oder unbewußt ständig ab. Mary ist heute schlecht gelaunt, weil sie nicht genug Schlaf bekommen hat. Joe ist ein schlechter Schüler; die Eins in der Klassenarbeit hat er also nur bekommen, weil die Arbeit zu leicht war.

Ursachenzuschreibungen für Erfolg und Mißerfolg beeinflussen das Leistungsverhalten genauso wie die Erwartungen über zukünftige Leistungen (Bar-Tal, 1978; Dweck & Elliot, 1983). Es gibt vier Hauptgründe für Erfolg oder Versagen: 1. Begabung (oder ihr Fehlen), 2. Anstrengung (oder ihr Fehlen), 3. Schwierigkeitsgrad der Aufgabe und 4. Glück (oder Pech). Beispiele dafür finden sich in Tabelle 9.3.

Die vier Ursachenzuschreibungen sind nach den beiden Dimensionen *intern/extern* bzw. *stabil/instabil* eingeteilt. Fähigkeit und Anstrengung sind intern, weil sie ihren Ursprung im einzelnen haben und in gewissem Maße auch seiner Steuerung unterworfen sind. Schwierigkeitsgrad der Aufgabe und Glück bzw. Pech sind externe Ursachen, weil sie außerhalb des einzelnen und meist auch außerhalb seiner Kontrolle liegen. Die Kategorie intern/extern wird auch als **Locus of control** (Lokalisation der Steuerung) bezeichnet.

Die zweite Kategorie ist die Kategorie *stabil/instabil*. Fähigkeit und Schwierigkeitsgrad der Aufgabe sind stabile Merkmale, die sich nicht leicht verändern lassen, während Anstrengung und Glück bzw. Pech instabil sind, das heißt sich schnell verändern können. Eine Erklärung, die Erfolg oder Mißerfolg auf stabile Ursachen zurückführt, beeinflußt zukünftige Erwartungen mit höherer Wahrscheinlichkeit als eine Erklärung mit instabilen Ursachen. Wer zum Beispiel seinen Erfolg beim Tennis auf seine Fähigkeit zurückführt, geht in der Regel davon aus, daß er auch beim nächsten Spiel gut abschneiden wird. Wer aber seinen Sieg auf eine außergewöhnliche Anstrengung oder Glück zurückführt, erwartet keinen Erfolg, wenn er zum nächsten Spiel antritt. Das zeigt das Beispiel der 12jährigen Jennifer, die eine gute Schwimmerin werden will:

„Jennifer zählt täglich, wie viele Bahnen sie schwimmt, und stoppt die Zeit, die sie dafür braucht. Jeder Mensch ist an manchen Tagen besser als an anderen. Wenn sie die Leistung an ihren guten Tagen als Gradmesser für ihre Fähigkeit nimmt und die schlechteren Leistungen als Ergebnis ungenügender Anstrengung betrachtet, kann man annehmen, daß sie sich in diesem Bereich ihrer Fähigkeiten sicher ist. Nach einem Rückschlag oder einer Serie von Mißerfolgen wird sie ihre Anstrengungen verdoppeln. Hält sie aber ihre Leistung an guten Tagen für einen Zufallstreffer oder für das Ergebnis übermenschlicher Anstrengung und wertet die Leistung an ihren schlechteren Tagen als Anzeichen für mangelnde Fähigkeiten, führt das wahrscheinlich zur Demoralisierung."

Eines der Muster fehlangepaßter Ursachenzuschreibung, die Überzeugung, daß die eigenen Erfolge kein Anzeichen von Fähigkeiten sind und die eigenen Mißerfolge nicht durch Anstrengung behoben werden können, wird als **erlernte Hilflosigkeit** bezeichnet (Dweck & Elliot, 1983). Kinder, die sich ihre Mißerfolge mit mangelnden Fähigkeiten, dem Schwierigkeitsgrad der Aufgabe oder einfach mit Pech erklären, also mit Ursachen, auf die sie keinen Einfluß haben und die sie nicht verändern können, fühlen sich hilflos und geben bei Mißerfolgen schnell auf (Diener & Dweck, 1980). Solche Kinder erleben nicht unbedingt mehr Mißerfolge oder Erfolge als andere, aber sie interpretieren sie anders.

Veränderung von Ursachenzuschreibung und Leistungsverhalten

Mit neuen Ursachenzuschreibungen und Bewältigungsstrategien kann man Menschen helfen, die sich durch Mißerfolg leicht entmutigen lassen. Es gibt experimentelle Programme, in denen Erwachsene und Kinder lernen können, Mißerfolge bei der Lösung einer Aufgabe auf unzureichendes Bemühen zurückzuführen. Wenn Kinder zum Beispiel eine Rechenaufgabe nicht lösen konnten, sagte ihnen ein Erwachsener, sie hätten sich mehr anstrengen sollen. Nach diesem „Attributionstraining" schnitten die Kinder bei mathematischen Tests besser ab als die Kontrollgruppe, der man Rechenaufgaben mit so geringem Schwierigkeitsgrad gestellt hatte, daß sie diese auf jeden Fall lösen konnte (Dweck, 1975). Im allgemeinen verändert ein solches Training nicht nur die Ursachenzuschreibung, sondern führt auch zu Verbesserungen bei der Erfolgserwartung, der wahrgenommenen eigenen Wirksamkeit, bei Leistungsbemühungen, Beharrungsvermögen und Leistung *in dem Aufgabenbereich, auf den sich das Training konzentriert* (Forsterling, 1985). Einige Einschränkungen sind allerdings angebracht.

Ein Training, in dem Kindern vermittelt wird, die Ursache ihres Mißerfolgs sei unzureichende Anstrengung, kann negative Auswirkungen haben, wenn die Kinder die entsprechenden Fertigkeiten zur Lösung der Aufgabe nicht besitzen. Wenn sich ein Kind sehr anstrengt und trotzdem scheitert, kann es daraus schließen, daß es die erforderlichen Fähigkeiten nicht besitzt (Covington & Omelich, 1979). Es ist in solchen Fällen sinnvoller, dem Kind Problemlösestrategien beizubringen. Die entscheidenden Verbesserungen in der eigenen Wirksamkeit, in den Leistungsbemühungen und den Leistungen von Kindern haben sich dann ergeben, wenn man ihnen nicht nur „adaptive" Ursachenzuschreibungen, sondern auch Strategien zur Lösung mathematischer Probleme beigebracht hat. Zwei Strategien haben sich dabei als die günstigsten erwiesen: Modellbildung, das heißt, ein Erwachsener sprach vor den Kindern über die Lösung einer Aufgabe, während er sie ausführte, und Übung, das heißt, die Kinder übten, bei der Lösung der Aufgabe die einzelnen Schritte für sich in Worte zu fassen (Schunk & Cox, 1986).

Eine sorgfältige Diagnose der Ursachen des Mißerfolgs ist also wichtig, wenn man über die angemessenen Interventionen entscheiden will. Wenn ein Kind bestimmte Fähigkeiten nicht besitzt, sollte man sie ihm beibringen und ihm vielleicht eine Reihe von Erfolgserlebnissen verschaffen, über die es Erfolgserwartungen und ein Gefühl von der eigenen Wirksamkeit aufbauen kann. Wenn sich das Kind erreichbare Ziele setzt, kann ein solcher Unterricht besonders wirksam sein. Ein Training in Ursachenzuschreibung dagegen ist dann angebracht, wenn ein Kind die erforderlichen Fähigkeiten besitzt, aber angesichts schwieriger Probleme zu schnell aufgibt.

Entwicklungsmuster

Wahrgenommene eigene Wirksamkeit, Ursachenzuschreibung und Erfolgswert entwickeln sich allmählich im Verlauf der Kindheit. Mit zunehmendem Alter können Kinder zunehmend besser und genauer über Bezugsnormen für ihre Leistung nachdenken und Informationen über die Leistung anderer zur Selbstbeurteilung heranziehen (Ruble, Boggiano, Feldman & Loebl, 1980; vgl. 5. Kapitel). Schon bei Vorschulkindern wird Leistungsverhalten deutlich, zum Beispiel Beharrungsvermögen bei Aufgaben und das Bemühen, neue Fertigkeiten zu beherrschen, und darüber hinaus auch eine gewisse Übereinstimmung zwischen Erfolgserwartung und Leistungsbemühung (Crandall, 1978). Verglichen mit Grundschulkindern wählen sie aber häufiger leichte als fordernde Aufgaben (Stein & Bailey, 1973).

In den ersten Schuljahren kommt es zu Veränderungen. Erstens werden die Erwartungen der Kinder realistischer, das heißt, sie entsprechen eher ihrer tatsächlichen Leistung (Ruble, Parsons & Ross, 1976; Nicholls, 1978). Zweitens beurteilen sie ihre Leistungen anhand von sozialen Bezugsnormen (Feld et al., 1979; Ruble, Boggiano, Feldman & Loebl, 1980). Drittens setzen sie das Anspruchsniveau ihrer Leistungen herauf, das heißt, sie wählen schwerere Aufgaben (Feld et al., 1979). Viertens steigt die Angst vor dem Mißerfolg, wie Fragebogenuntersuchungen zur Messung von Prüfungsangst zeigen (Sarason, Hill & Zimbardo, 1964; Rholes, Blackwell, Jordan & Walters, 1980).

Mit zunehmendem Alter differenzieren Kinder die Ursachen von Erfolg und Mißerfolg nach den in Tabelle 9.3 auf S. 391 dargestellten Mustern. Kleinere Kinder können nicht immer klar zwischen Anstrengung, Fähigkeit und Glück unterscheiden. Bei einer Untersuchung konnten fünf und sechs Jahre alte Kinder keinen Unterschied zwischen Aufgaben erkennen, die mit Glück bzw. unter Einsatz von Fähigkeiten lösbar waren. Bei der „Glücksspiel"-Aufgabe sollten sie Bilder ergänzen, die mit der Bildseite nach unten lagen und deshalb nicht sichtbar waren, während sie bei der „Geschicklichkeitsaufgabe" die Bilder sehen konnten. Zu einer klaren Unterscheidung der beiden Aufgaben waren Kinder erst zwischen neun und vierzehn Jahren fähig (Nicholls & Miller, 1985).

Noch schwerer fällt es kleinen Kindern, zwischen Fähigkeit und Anstrengung zu unterscheiden. Kindergartenkinder und Erstkläßler glauben zum Beispiel, daß Menschen, die sich mehr anstrengen, klüger sind, auch wenn sie keinen Erfolg haben. Selbst sieben bis neun Jahre alte Kinder ziehen noch nicht den Schluß, daß ein erfolgreiches, aber faules Kind mehr Fähigkeiten besitzt als ein fleißiges Kind, das keinen Erfolg hat. Erst zwischen zehn und dreizehn Jahren können Kinder eindeutig zwischen Anstrengung und Fähigkeit unterscheiden (Shantz, 1983).

Ob diese altersbedingten Veränderungen auf die kognitive Entwicklung, die Schulerfahrungen oder beides zurückgehen, weiß man nicht. Daß Kinder ihre Leistung mit einer Bezugsnorm vergleichen und verschiedene Arten von Ursachenzuschreibung verstehen können, ist wohl auch durch die kognitive Entwicklung bedingt. Gleichzeitig stellt aber die Grundschule für die meisten Kinder eine Initiation in die Welt der Noten, Beurteilungen, Mißerfolge, Konkurrenz und des direkten Vergleichs mit Gleichaltrigen dar. Vom ersten Schuljahr an werden die Kinder in den meisten Schulen entsprechend ihren „Fähigkeiten" (d.h. ihrem momentanen Fähigkeitsniveau) unterschiedlichen Lese- und Rechengruppen zugeordnet. Sie werden in Zeugnissen beurteilt, ihre Arbeiten werden benotet, und sie werden getestet. Durch diese schulischen Erfahrungen lernen die Kinder, sich selbst zu beurteilen, sich mit Gleichaltrigen zu vergleichen und Ursachenzuschreibungen für Erfolge und Mißerfolge zu finden, aber sie lernen auch, sich vor dem Mißerfolg zu fürchten.

Prüfungsangst

In den USA verlassen sich die Schulen immer mehr auf Tests, zum Beispiel standardisierte Leistungstests, Tests der Minimalkompetenz und Eingangstests, wenn es um Entscheidungen über die pädagogische Beurteilung und die Leistungsbeurteilung geht. Viele Schüler entwickeln in den ersten Schuljahren ein Muster von Prüfungsangst, das sich störend auf ihre Leistungen auswirkt. Kennedy Hill (1980) hat dafür ein Beispiel geliefert: Vor jedem standardisierten Test wird Mark nervös. Wenn der Lehrer die komplizierten Anweisungen vorliest, kann er sich nur schwer konzentrieren. Die zeitliche Beschränkung macht ihn nervös, denn er hat Schwierigkeiten, zeitlich begrenzte Aufgaben rechtzeitig fertigzustellen. (Niemand hat sich die Mühe gegeben, ihm zu erklären, daß man von Kindern nicht erwartet, standardisierte Tests vollständig zu beantworten.) Er bemerkt, daß einige andere Kinder bei der Lösung der Aufgaben weiter sind als er. Er beeilt sich. Er wird fertig, hat aber nicht so viele Fragen richtig beantwortet wie die anderen. Mark ist ein Kind mit ausgeprägter Prüfungsangst. Er leistet bei Tests weniger, als seine Lehrer erwarten.

In einer Längsschnittuntersuchung wurden 713 Grundschulkinder über vier Jahre hinweg beobachtet. Kinder mit hoher Prüfungsangst schnitten schlechter ab als Kinder mit geringer Prüfungsangst. Die Unterschiede zwischen den Gruppen wurden mit fortschreitendem Alter deutlicher (K. T. Hill & Sarason, 1966). Die Frage lautet, ob die Angst die Ursache für die schlechte Leistung oder ob eine Reihe schlechter Leistungen in der Vergangenheit die Ursache für die Angst ist. Diese Frage läßt sich nicht mit Sicherheit beantworten, aber wahrscheinlich spielt beides eine Rolle.

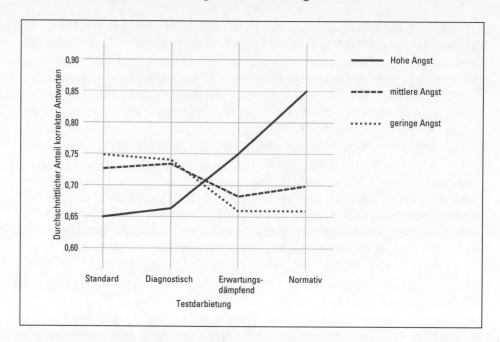

Abb. 9.4: Testleistung von Kindern mit unterschiedlichen Angstniveaus bei vier verschiedenen Testanweisungen. Von den diagnostischen, erwartungsdämpfenden und normativen Anweisungen wurde eine Verringerung der störenden Angst der Kinder erwartet, von den Standardanweisungen eine Verstärkung. (Aus K. T. Hill: Motivation, evaluation, and educational testing policy. In L. J. Fyans (Hrsg.), Achievement motivation: Recent trends in theory and research. New York: Plenum, 1980, S. 65. Mit freundlicher Genehmigung.)

Die Annahme, daß Leistung durch Angst negativ beeinflußt wird, wird zum Teil dadurch bestätigt, daß sich die Leistung sehr ängstlicher Kinder unter veränderten Testbedingungen verbessert. Man hat Kindern Rechenaufgaben unter vier verschiedenen Testbedingungen gestellt: 1. Standardanweisungen; den Kindern wurde mitgeteilt, daß mit den Tests ihre Fähigkeiten beurteilt werden sollen, 2. „diagnostische" Anweisungen; den Kindern wurde mitgeteilt, die Tests sollten zeigen, ob sie Hilfe brauchen, 3. „erwartungsdämpfende" Anweisungen; den Kindern wurde mitgeteilt, niemand könne alle Aufgaben richtig lösen, 4. „normative" Anweisungen; den Kindern wurde gesagt, die Ergebnisse des einzelnen seien unwichtig. Die Leistung von Kindern mit hoher, mittlerer und niedriger Prüfungsangst zeigt Abbildung 9.4. Die Leistungen der Kinder mit hoher Prüfungsangst verbesserten sich beträchtlich, wenn die Schüler gestützt werden und ihnen die Angst vor der individuellen Beurteilung genommen wird (K. T. Hill, 1980).

Kennedy Hill hat an der Universität von Illinois ein Forschungsprogramm entwickelt und geleitet, das die negativen Auswirkungen der Prüfungsangst

in der alltäglichen Schulerfahrung verringern soll. Dabei erklärt man den
Kindern die Frageform im Test, zeigt ihnen, wie man mit Tests umgeht, bei
denen die Zeit gemessen wird, und erklärt ihnen den Sinn der Tests. In den
Zeugnissen gibt es keine Noten, sondern Berichte über Stärken und Schwächen. Im Mittelpunkt stehen die individuellen Leistungen der Kinder; Vergleiche mit anderen treten so selten wie möglich auf. Die Auswertungen zeigen, daß dieser Ansatz für Kinder mit hoher Prüfungsangst ausgesprochen
hilfreich ist (K. T. Hill, 1980).

Zusammenfassung

Die schulischen Leistungen von Kindern hängen nicht nur von intellektuellen Fähigkeiten ab, sondern auch von Motivation und Interpretation der
Leistungssituation. Leistungsverhalten wie Beharrungsvermögen bei Aufgaben und die Entwicklung eines mittleren Anspruchsniveaus fördert das Lernen. Erfolgswert, realistische Leistungsstandards, Erfolgserwartung, positive
Fähigkeitsselbstkonzepte und angemessene Ursachenzuschreibung von Erfolg oder Mißerfolg sind Faktoren, die die Auswahl der Leistungsaktivitäten
und den Grad an Anstrengung beeinflussen, die die Kinder bei solchen Aktivitäten aufbringen. Angst vor dem Versagen kann sich störend auf die Leistung auswirken, aber diese Auswirkungen lassen sich durch Übung und
durch Verringerung situationsbedingter Angstauslöser mildern.

Auch bei dieser Forschung klingt ein bereits vertrautes Motiv an: der Zusammenhang von Fähigkeiten, Motivation und Leistungsüberzeugungen
mit spezifischen Aufgabensituationen. In der Regel ist es nicht sinnvoll, von
einer allgemeinen Leistungsmotivation oder einem allgemeinen Selbstkonzept zu sprechen, um nur zwei Beispiele zu nennen. Vielmehr ist es notwendig, Selbstkonzept und Motivation eines Kindes in den Bereichen
Lesen, Rechnen, Fußball, Korbflechten usw. zu untersuchen, wenn man
sein Verhalten in einem dieser Bereiche vorhersagen will.

Kultur- und Umwelteinflüsse

Auf diesem Hintergrund können wir jetzt fragen, welche Ursachen die individuellen Unterschiede in der Intelligenz und im Leistungsverhalten haben.
Die Darstellung in Abbildung 9.3 auf S. 387 gibt einen Überblick über die
verschiedenen Einflußmöglichkeiten. Wie im zweiten Kapitel beschrieben,
ist Intelligenz auch Ergebnis genetischer und erblich bedingter Einflüsse. In
diesem Kapitel geht es um Fähigkeits- und Leistungsunterschiede in ver-

schiedenen gesellschaftlichen Gruppen und ihre Beziehung zu Umwelteinflüssen aus Kultur und Subkultur, häuslicher Umwelt und geplanten Lernerfahrungen.

Geschlechtsunterschiede

Bei der intellektuellen und schulischen Leistung von Kindern gibt es konsistente Geschlechtsunterschiede. Als der Stanford-Binet-Test und andere Intelligenztests entwickelt wurden, hat man die Fragen aussortiert, bei denen es Unterschiede in der Durchschnittsleistung von Mädchen und Jungen gab. Das heißt, man hat bei der Entwicklung der Tests bestimmte Inhaltstypen und Fertigkeiten vermieden, in denen sich die Leistung von Mädchen und Jungen unterschied. Dennoch ist der IQ bei den Mädchen in den frühen Lebensjahren etwas höher als der IQ der Jungen (Broman, Nichols & Kennedy, 1975); auch die Schulnoten der Mädchen sind durchgängig besser. In der weiterführenden Schule und auf der Universität werden die Unterschiede dann geringer.

Im Durchschnitt haben Männer und Frauen in verschiedenen intellektuellen Bereichen unterschiedliche Leistungsmuster. Mädchen erzielen in der Kindheit bei standardisierten Tests der verbalen Fähigkeiten wie Lesen, Sprachfluß und Sprachverständnis etwas bessere Ergebnisse. Die Leistungen in Mathematik sind in der Grundschule bei beiden Geschlechtern in etwa gleich; in der weiterführenden Schule werden die Leistungen der Jungen besser als die der Mädchen, und auf der Universität sind die Jungen eindeutig überlegen. Die Jungen zeigen im Durchschnitt auch bessere Leistungen bei Aufgaben, die visuell-räumliches Denken erfordern. Sie können sich zum Beispiel besser vorstellen, wie ein Würfel aus schwarzen und weißen Blöcken von der anderen Seite aussieht, und sind auch beim Interpretieren einer Landkarte überlegen (Halpern, 1986; Huston, A. C., 1983; Maccoby & Jacklin, 1974).

Natürlich treffen diese Durchschnittswerte nicht auf jedes Mädchen und jeden Jungen zu; viele Jungen haben bei Sprachtests hervorragende Leistungen, und viele Mädchen zeichnen sich in Mathematik und räumlichem Verständnis durch gute Leistungen aus. Trotzdem werden die Ursachen für diese Durchschnittsunterschiede in der Psychologie intensiv diskutiert.

Die männlichen und weiblichen Leistungsmuster decken sich mit den kulturellen Klischees über männliches und weibliches Rollenverhalten. Kinder aus den Vereinigten Staaten lernen schon früh, daß Lesen, Kunst und sprachliche Fähigkeiten als weiblich gelten, während mechanische, sportliche und mathematische Fähigkeiten sozial als männlich definiert sind (Stein & Bailey, 1973). Außerdem lernen die Kinder geschlechtsrollenspezi-

fische Ursachenzuschreibungen. Bei Männern sind adaptive Ursachenzuschreibungen verbreiteter, das heißt, sie erklären Erfolge mit größerer Wahrscheinlichkeit durch die eigenen Fähigkeiten, während Mißerfolge auf Pech
zurückgeführt werden. Frauen dagegen schreiben ihre Mißerfolge häufiger
mangelnden Fähigkeiten zu, das heißt, sie benutzen ein nicht angepaßtes
Muster (Hansen & O'Leary, 1986).

Die Sozialisation durch Familie, Schule, Gleichaltrigengruppen und Massenmedien trägt zu den unterschiedlichen Mustern intellektueller Entwicklung und letztlich der beruflichen Leistung von Männern und Frauen bei.
Obwohl es genetisch bedingte neuronale Unterschiede zwischen den Geschlechtern gibt, hat bis heute noch niemand nachweisen können, daß
Geschlechtsunterschiede beim visuell-räumlichen Denken, bei mathematischen oder sprachlichen Fähigkeiten eine physiologische Grundlage haben
(Halpern, 1986; Wittig & Petersen, 1979).

Nationale, schichtspezifische und ethnische Unterschiede

Manche Kulturen betonen die intellektuelle Leistung in der Sozialisation von
Kindern stärker als andere. Eine breit angelegte vergleichende Untersu-
chung von Kindern aus Japan, Taiwan und den Vereinigten Staaten zum
Beispiel wird in Kasten 9.1 beschrieben.

Die soziale Schicht und die ethnische Gruppe, zu der die Familie eines
Kindes gehört, bestimmt viele der wichtigsten Umweltfaktoren, die den IQ
und die Leistung von Kindern beeinflussen. Die soziale Schicht ist in der
Regel mit IQ und Schulleistung korreliert (die Korrelation beträgt durchschnittlich 0,50). Bei einer Untersuchung, bei der 26760 Kinder von der
Schwangerschaft bis zum vierten Lebensjahr beobachtet wurden, hat sich
gezeigt, daß Bildungsstand und sozialer Status der Mutter die besten Vorhersagevariablen für den IQ im Alter von vier Jahren waren, genauer als die
vorgeburtliche und Geburtsgeschichte oder die Leistungen des Kindes bei
einem Intelligenztest für Säuglinge (Broman et al., 1975).

Kinder aus wirtschaftlich benachteiligten, meist farbigen Minderheiten-
gruppen in den Vereinigten Staaten und in Europa erzielen niedrigere IQ-
Werte und schlechtere Schulleistungen als der Durchschnitt der Kinder aus
den Mehrheitsgruppen im selben Land (Scarr, Caparulo, Ferdman, Tower &
Caplan, 1983). Die durchschnittlichen IQ-Werte von schwarzen Kindern in
den USA, die oft aus armen Elternhäusern kommen, liegen um 10 bis 15
Punkte unter dem Durchschnitt weißer Kinder (Broman et al., 1975; Hall &
Kaye, 1980).

Im Verlauf des zwanzigsten Jahrhunderts ist immer wieder von Wissenschaftlern behauptet worden, die IQ-Unterschiede zwischen Schwarzen und

Kasten 9.1

Warum leisten Japaner mehr?

Vor 30 Jahren waren die meisten Amerikaner davon überzeugt, daß ein in den USA hergestelltes Produkt von überragender Qualität sei, und betrachteten ausländische Produkte mit Mißtrauen. Heute dagegen haben amerikanische Technik und amerikanische Produkte einen schlechten Ruf, während japanische in hohem Ansehen stehen. Viele Pädagogen führen die Überlegenheit japanischer Produkte und Technologie auf das bessere Ausbildungssystem in Japan zurück.

Leisten japanische Kinder in der Schule tatsächlich mehr als amerikanische? Sind sie intelligenter? Eine sorgfältig entwickelte, vergleichende Untersuchung des Leistungsniveaus und der kognitiven Entwicklung japanischer, taiwanesischer und US-amerikanischer Kinder aus der ersten und fünften Klasse sollte diese Fragen beantworten. Die Untersuchung hat ergeben, daß die chinesischen und japanischen Kinder in der fünften Klasse ein höheres Leistungsniveau in Mathematik und bestimmten Bereichen des Lesens hatten als die amerikanischen. Bei verschiedenen Tests der generellen intellektuellen Fähigkeiten in den drei Gruppen zeigten sich keine Unterscheide, was belegt, daß der Leistungsunterschied nicht auf genetische oder konstitutionelle Unterschiede in den einzelnen Staaten zurückgeht.

Die Unterschiede sind anscheinend durch Unterschiede im Schulsystem und in den Erziehungsmethoden der Eltern bedingt. Kinder in Japan und Taiwan verbringen mehr Zeit in der Schule als Kinder in den Vereinigten Staaten, ihr Schultag und ihr Schuljahr sind länger. Sie bekommen mehr Mathematikunterricht, und diese zusätzliche Zeit wird mit geringerer Wahrscheinlichkeit mit irrelevanten, aufgabenfremden Aktivitäten verbracht. Japanische und taiwanesische Lehrer widmen dem Gruppenunterricht mehr Zeit als amerikanische, sind engagierter und in Mathematik besser ausgebildet. Innerhalb der drei Länder gibt es eine Korrelation zwischen den Merkmalen der Schule und den mathematischen Leistungen der Schüler (Stigler, Lee & Stevenson, 1987). Ein zusätzlicher wichtiger Faktor für die besseren Leistungen der chinesischen und der japanischen Kinder besteht darin, daß die Eltern und andere Angehörige dieser Gesellschaften der Leistung einen großen Stellenwert einräumen (Stevenson et al., 1985).

Die Vereinigten Staaten können natürlich nicht einfach das Bildungssystem und die kulturellen Werte einer anderen Nation übernehmen. Wohl aber können sie bei der Verbesserung der Schulbildung amerikanischer Kinder von den Erfahrungen anderer Nationen profitieren.

Weißen seien auf genetische Faktoren zurückzuführen (z. B. Jensen, 1969). Wie viele andere Psychologen können auch wir dem nicht zustimmen. Das vorhandene Material erlaubt keineswegs den Schluß, eine ethnische Gruppe sei einer anderen genetisch unterlegen, sondern verweist darauf, daß der niedrigere Durchschnitts-IQ schwarzer Kinder auf ihre Erfahrungen in Familie, Wohnumfeld und Schule sowie auf Ereignisse im Zusammenhang mit wirtschaftlicher Benachteiligung und Rassendiskriminierung zurückzuführen ist (Scarr, 1981).

Wie groß der Einfluß der familiären Umwelt ist, haben Untersuchungen schwarzer Kinder deutlich gemacht, die von weißen oder schwarzen Mittelschichtfamilien adoptiert wurden. Die IQ-Werte adoptierter schwarzer Kinder liegen über dem Durchschnitt und entsprechen denen adoptierter weißer Kinder. Der durchschnittliche IQ von Kindern, die im Säuglingsalter adoptiert wurden, ist höher als der von Kindern, die bei der Adoption älter als ein Jahr waren. In einer der ersten Untersuchungen erzielten die adoptierten Kinder mit einem schwarzen und einem weißen Elternteil bessere IQ-Werte als adoptierte Kinder von schwarzen Eltern, wahrscheinlich weil sie früher adoptiert wurden (Scarr & Weinberg, 1976). Bei einer neueren Untersuchung mit Kindern aus den beiden Gruppen, die im selben Alter adoptiert wurden, konnten keine Unterschiede festgestellt werden (Moore,

Es gibt eine Fülle von Untersuchungen zu der Frage, warum Kinder aus manchen ethnischen Gruppen in der Schule schlechtere Leistungen zeigen als andere (Foto: Sibylle Rauch)

1986). Die IQ-Werte von schwarzen Kindern mit weißen Adoptiveltern waren allerdings besser als die von Kindern mit schwarzen Adoptiveltern.

Beobachtungen zum Verhalten der Mütter haben gezeigt, daß die weißen Adoptiveltern den Kindern häufiger Strategien und Fähigkeiten beibrachten, die für gute Testleistungen erforderlich sind (Moore, 1986). Neuere Forschungsergebnisse untermauern die Schlußfolgerung, daß „die soziale Umwelt bei der Festlegung des durchschnittlichen IQ von schwarzen Kindern eine entscheidende Rolle spielt und sowohl soziale als auch genetische Variablen zur individuellen Variation beitragen" (Scarr & Weinberg, 1976).

Genetische Erklärungen sind auch für schichtspezifische Unterschiede beim Durchschnitts-IQ angeboten worden, und sie lassen sich mit ähnlichen Argumenten entkräften. Kinder aus Unterschichtfamilien in Frankreich, die von Familien der oberen Mittelschicht adoptiert wurden, erreichten einen durchschnittlichen IQ von 110, 18 Punkte über dem IQ ihrer Geschwister, die in der Ursprungsfamilie geblieben waren. Der Anteil der Schulversager betrug bei den adoptierten Kindern 12 Prozent, bei ihren nicht adoptierten Geschwistern 70 Prozent (Schiff et al., 1978). Bei einer zweiten französischen Stichprobe wurde festgestellt, daß der Anteil der Schulversager bei den adoptierten Kindern dem Anteil der Schulversager aus der sozialen Schicht ihrer Adoptivfamilie entsprach, nicht dem Anteil aus der Schicht der Ursprungsfamilie (vgl. Abbildung 9.5; Duyme, 1988).

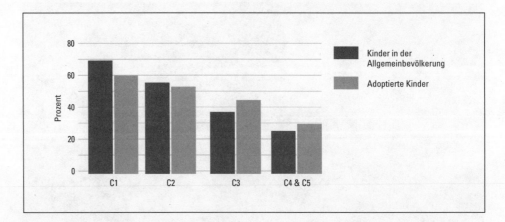

Abb. 9.5 Prozentuale Verteilung des Schulerfolgs in den einzelnen sozialen Schichten. (C1 = Akademiker, gehobenes Management; C2 = mittleres Management; C3 = Handwerk, Einzelhandel, unteres Management; C4 und C5 = gelernte und ungelernte Arbeiter. Die Gesamtanzahl für die soziale Schicht (hellere Säulen) beträgt: C1 = 1764; C2 = 2463, C3 = 1859, C4 und C5 = 8865. Die Gesamtanazhl für die soziale Schicht der Adoptivkinder (dunkle Säule) wie folgt: C1 = 25, C2 = 13, C3 = 14, C4 und C5 = 35; aus M. Duyme: School success and social class. An adoption study. Developmental Psychology, 1988, 24, 203–209. © 1988 by the American Psychological Association. Mit freundlicher Genehmigung.

Deshalb lassen sich schichtspezifische und ethnische Unterschiede bei schulischen und testspezifischen Leistungen nicht primär auf genetische Faktoren zurückführen.

Unterschied kontra Defizit

Die soziale Erfahrung trägt also entscheidend zu ethnischen und schichtspezifischen IQ-Unterschieden bei. Es wäre aber ein Fehler, daraus abzuleiten, daß Kinder aus Minderheitengruppen und der Unterschicht Intelligenzdefizite hätten, vorausgesetzt, man definiert Intelligenz so breit, wie wir es zu Anfang des Kapitels getan haben. Ein solcher Ansatz wird auch als *Defizit*-Modell bezeichnet.

Präziser ausgedrückt: Schwarze Kinder und Kinder aus der Unterschicht lernen häufig *andere* Fähigkeiten. Was ihnen gelegentlich fehlt, sind die schulspezifischen Fähigkeiten, denen die weiße Mittelschichtsgesellschaft einen so hohen Stellenwert einräumt (Boykin, 1983). Sie lernen aber das, was der Anpassung an ihre Subkultur dient. Das zeigt das Beispiel der Kinder aus Trackton, einer schwarzen Unterschichtgemeinde in den Bergen von Carolina. Indirekte Aufforderungen ihrer Lehrer, zum Beispiel Sätze wie: „So, jetzt wird es Zeit, daß ihr alle die Bleistifte wegpackt", verstehen sie nicht, weil sie in ihrer häuslichen Erfahrung nicht vorkommen. Sie können sogar oft genug Fragen nach ihrem Namen nicht beantworten, weil sie an Spitznamen wie „Frosch" und „Kleine Rote" gewöhnt sind, die von den Lehrern nicht akzeptiert werden (Sternberg & Suben, 1986).

Mittelschichteltern stellen ihren Kindern oft Fragen, deren Antwort diese bereits kennen, zum Beispiel: „Was ist auf diesem Bild, Jennifer?" Es gibt Subkulturen, in denen Kinder an solche Fragen nicht gewöhnt sind. Bei einer Untersuchung über die Sprache schwarzer Kinder aus Oakland fragte die Psychologin ein Kind: „Wo wohnst du? Wie kommst du von hier aus dahin?" Das Kind gab ihr nur eine vage Antwort. Als aber ihr Mann dem Kind etwas später dieselbe Frage stellte, sagte es: „Sie gehen die Treppe herunter, dann links, dann laufen Sie drei Blocks weiter…" Der Grund für dieses Verhalten war einfach: Die Psychologin hatte das Kind zu Hause abgeholt, ihr Mann dagegen war nie dort gewesen (Ervin-Tripp, 1972, S. 145).

Wenn man geeignete Beurteilungskriterien benutzt, wird deutlich, daß Kinder aus verschiedenen ethnischen Gruppen und sozialen Schichten ihre kognitiven Fähigkeiten auf der Grundlage gemeinsamer Erfahrungen erwerben. Bei einer Untersuchung wurde das Verständnis mathematischer Begriffe, die durch die Erfahrung mit Alltagsobjekten erworben werden können, bei männlichen Vorschul- und Kindergartenkindern aus schwarzen und weißen Mittel- und Unterschichtfamilien überprüft. Gemessen wurde das

Verständnis des Begriffs „mehr", der Addition und Subtraktion, der Grundlagen des Zählens und der Mengenerhaltung. Die Leistungsunterschiede zwischen den verschiedenen ethnischen Gruppen und Schichten waren dabei sehr gering (Ginsburg & Russell, 1981).

Systematische Fehler durch Tests: Das „Unterschiedsmodell" legt unter anderem den Schluß nahe, daß Intelligenztests Kinder aus der Unterschicht und aus sozialen oder ethnischen Minderheiten systematisch falsch einschätzen, das heißt, daß die Tests Fähigkeiten und Informationen messen, die zur Kultur der Mittelschicht gehören, und nicht die Fähigkeiten und Informationen, die Kinder aus Minderheitengruppen lernen. Dieses Problem ist seit Jahren bekannt, tauchte aber verschärft in den siebziger und achtziger Jahren auf, unter anderem deswegen, weil Eltern vor Gericht gegen die Einweisung ihrer Kinder in Sonderschulen geklagt hatten, die mit den Leistungen bei Intelligenztests begründet worden war. Das Thema wird in Kasten 9.2 ausführlicher erläutert.

Der Inhalt der meisten Intelligenztests zur Messung des IQ ist weißen Mittelschichtkindern wahrscheinlich vertrauter als Kindern aus sozialen Randgruppen. Ein weißes Mittelschichtkind kennt zum Beispiel das Wort „Lektion" eher als ein schwarzes Unterschichtkind. Aber obwohl es zweifellos solche inhaltlichen Diskriminierungen gibt, ist das Problem nicht so einfach, wie es aussieht. Als angelsächsische, schwarze und lateinamerikanische Studenten auf dem College die Fragen eines Intelligenztests auf systematische Verfälschungstendenzen hin untersuchen sollten, gab es unter den verschiedenen Gruppen nur sehr wenig Übereinstimmung darüber, welche Fragen verfälschend waren. Noch verblüffender war die Tatsache, daß Kinder aus sozialen Randgruppen bei den Fragen, die Erwachsene für verfälschend hielten, keineswegs schlechter abschnitten (Sandoval & Millie, 1980).

Es sind wahrscheinlich allgemeinere Unterschiede in der Lebenserfahrung, die Intelligenztests für solche Kinder so schwierig machen. Für viele ethnische Minderheiten in den USA ist Englisch die zweite Sprache und deshalb weniger vertraut als die Sprache, die zu Hause und in der Nachbarschaft gesprochen wird. Außerdem haben Kinder aus solchen Gruppen weniger Gelegenheit, testspezifische Fertigkeiten zu erwerben oder mit dem Testvorgang vertraut zu werden. Und schließlich sind Angst vor dem Versagen (Prüfungsangst) und Geringschätzung der eigenen Fähigkeiten bei Kindern aus der Unterschicht und aus ethnischen Minderheiten anscheinend besonders ausgeprägt.

Eine Forschungsgruppe hat sich mit der Entwicklung von Testbedingungen beschäftigt, welche die Versagensängste der Kinder verringern und ihnen helfen, die Testsituation mit Selbstvertrauen und ohne Angst zu erleben. Unter diesen „optimalen" Testbedingungen war der durchschnittliche

Sind Intelligenztests für Kinder von Minderheiten geeignet?

Im Schuljahr 1979/80 wurden zwei entgegengesetzte Urteile in zwei Prozessen gesprochen, in denen es um die Anwendung von Intelligenztests ging. Ein kalifornischer Richter urteilte, standardisierte Tests seien kein geeignetes Kriterium, um schwarze Kinder in Sonderschulen einzuweisen. Ein Richter aus Illinois dagegen urteilte, es sei keine Diskriminierung schwarzer Kinder, wenn man Intelligenztests als Kriterium für die Einweisung in Sonderschulen benutze (Bersoff, 1981).

Soll man pädagogische Entscheidungen mit Hilfe von Intelligenztests treffen, vor allem bei Kindern aus ethnischen Minderheiten? Einerseits wird argumentiert, daß Intelligenztests die Fähigkeiten messen, die in der Schule gebraucht werden, selbst wenn dabei Mittelschichtkinder im Vorteil sind. Mit anderen Worten: Ein Intelligenztest kann zeigen, was ein Kind aus einer ethnischen Minderheit über die Leistungsanforderungen der Mittelschichtsgesellschaft gelernt hat, wie sie die Schule repräsentiert. Bei College-Studenten sind die Testwerte zuverlässige Vorhersagevariablen für die Prüfungsleistung, bei Angehörigen von Minderheiten genauso wie bei Angehörigen der gesellschaftlichen Mehrheit (Cleary, Humphreys, Kendrick & Wesman, 1975; Cole, 1981). Dazu bietet ein „objektiver" Test die Gelegenheit, begabte Schüler in den Minderheitsgruppen herauszufinden, selbst wenn einzelne Lehrer aufgrund von Vorurteilen ihre Fähigkeiten nicht erkennen.

Auf der anderen Seite gibt es die große Gefahr, daß ein Kind mit niedrigen IQ-Werten von Lehrern und Eltern als dumm und lernunfähig stigmatisiert wird. Dies gilt besonders für schwarze oder lateinamerikanische Kinder. Das weitverbreitete Mißverständnis, demzufolge der IQ eines Menschen angeboren und unveränderlich ist, läßt sich nur schwer richtigstellen. Manche Lehrer zeigen einem Kind mit niedrigem IQ, daß sie von ihm nicht viel erwarten, und geben sich auch nicht genügend Mühe, es zu fördern. Wenn ein Kind erst einmal in der Sonderschule ist, geht die Stigmatisierung weiter und verringert zusätzlich die Chance, daß es normale schulische Fortschritte macht.

IQ ungefähr sechs Punkte höher als bei der Vergleichsgruppe, die unter standardisierten Bedingungen getestet wurde (Zigler, Abelson & Seitz, 1973; Zigler, Abelson, Trickett & Seitz, 1982). Es gibt also Gründe für die Annahme, daß Intelligenztests die kognitiven Kompetenzen von Kindern aus der Unterschicht und ethnischen Minderheiten nicht so umfassend messen wie die von weißen Mittelschichtkindern.

Individuelle Intelligenz- und Leistungsunterschiede

Die individuellen Unterschiede innerhalb der nationalen und kulturellen Gruppen sind natürlich außerordentlich groß. Zumindest einige dieser Unterschiede lassen sich mit Erfahrungen im Elternhaus und in der Schule erklären (vgl. Abbildung 9.3 auf S. 387).

Häusliche Umwelt

Welche Elemente der häuslichen Umwelt können Intelligenz und Leistung fördern? Diese Frage kann man beantworten, wenn man die Umwelt von Kindern mit verschiedenen Leistungsniveaus untersucht und feststellt, welche Faktoren mit der Leistung korrelieren. Bei dieser Methode gibt es allerdings ein Problem, das sich in dem Satz zusammenfassen läßt, den jeder Psychologiestudent im ersten Semester lernt: Korrelation allein sagt nichts über die Ursache aus. Die Feststellung, daß die Eltern intelligenter Kinder sich anders verhalten als die Eltern weniger intelligenter Kinder, läßt die Frage offen, ob das Verhalten der Eltern die Intelligenz des Kindes angeregt hat oder ob die Eltern auf bestimmte Merkmale des Kindes reagieren. In den USA zum Beispiel wurde eine negative Korrelation zwischen der Zeit, die Eltern aufwenden, um ihren Kindern bei den Hausaufgaben zu helfen, und den Schulleistungen der Kinder festgestellt. Das heißt, schlechtere Schüler bekommen mehr Hilfe. Daraus kann man aber wohl kaum schließen, daß die Hilfe der Eltern sich störend auf die Schulleistung auswirkt; es ist wahrscheinlicher, daß schlechte Schüler häufiger Hilfe brauchen oder fordern. Auf dem Hintergrund dieser Einschränkungen sollen jetzt die vorliegenden Befunde untersucht werden.

Manche Studien über Umwelteinflüsse haben die Korrelation zwischen dem IQ von Adoptiveltern und -kindern untersucht. Aber obwohl das Leistungsniveau adoptierter Kinder insgesamt dasselbe ist wie bei nicht adoptierten Kindern aus derselben Schicht, gibt es kaum meßbare Verbindungen zwischen dem IQ einzelner Eltern und Kinder. Das heißt, der IQ von Kindern hochintelligenter Adoptiveltern ist nur wenig höher als der IQ von Kindern, deren Adoptiveltern weniger intelligent sind (Horn, 1983). Der IQ der Eltern ist anscheinend kein guter Indikator für die umweltbedingte Anregung, die bei der intellektuellen Entwicklung von Kindern eine Rolle spielt, wie zum Beispiel durch Bücher, Zeitschriften, anregendes Spielzeug und elterliches Engagement.

Physische und soziale Aspekte der häuslichen Umwelt: Eine Methode zur systematischen Beurteilung physischer und sozialer Qualitäten der häuslichen Umwelt anhand von sechs Merkmalen stellt die Home Observation for Measurement of the Environment (HOME) dar: 1. Emotionale und verbale Reaktionen der Mutter, 2. Akzeptiertwerden durch die Mutter, 3. Engagement oder Interesse der Mutter, 4. Strukturiertheit des Haushalts, das heißt, feste Zeiten für Mahlzeiten, feste Schlafenszeiten usw., 5. Zugang zu angemessenem Spielmaterial, 6. Abwechslung bei der alltäglichen Anregung, das heißt wechselnde Aktivitäten, Orte usw.

Die HOME-Kategorien wurden in mehreren Untersuchungen über arme, meist schwarze Familien angewandt. Aus den Merkmalen der häuslichen Umwelt von Zweijährigen ließen sich die Leistungen beim Stanford-Binet-Test mit drei Jahren und die schulischen Leistungen einige Jahre später vorhersagen (Bradley & Caldwell, 1984; Bradley, Caldwell & Elardo, 1977; Van Doorninck, Caldwell, Wright & Frankenburg, 1981). Die Mütter der Kinder mit hohem IQ und hohem Leistungsniveau hatten sich engagiert mit ihnen beschäftigt, waren zärtlich, hatten viel mit ihnen gesprochen und kaum Verbote und Strafen verhängt. Dazu gab es eine vorhersagbare häusliche Routine, zum Beispiel feste Zeiten für Mittagsschlaf und Mahlzeiten, aber auch gewisse Abwechslungen in den Alltagsaktivitäten. Angemessenes Spielmaterial war besonders wichtig.

Lärm und Desorganisation sind Umweltmerkmale, die sich störend auf die Intelligenz auswirken können. Bei einer Gruppe vom 39 Kindern zwischen 12 und 24 Monaten wurde zum Beispiel eine konsistente Beziehung zwischen Lärm (durch Fernsehgeräte, andere Kinder, Verkehr oder Maschinen) und einem relativ schlechten Abschneiden bei Intelligenztests festgestellt (Wachs, 1979).

Zuneigung und Engagement im Umgang mit Kindern: Die Eltern von Kindern mit sehr guten Leistungen sind in der Regel zumindest etwas zärtlich und engagiert. In einer Studie über die „Zuneigungsqualität" wurde die Reaktion von Müttern auf die Aktivität ihrer Kinder untersucht. Es wurde erhoben, wie flexibel sie waren (ob sie z. B. den Kindern erlaubten, Aktivitäten zu verändern), wie weit sie die Gefühle der Kinder berücksichtigten (z. B. durch die Frage, warum das Kind etwas nicht will) und in welchem Maße sie die Kinder akzeptierten (z. B.: „Ich hab sie das in ihrem eigenen Tempo machen lassen"). Aus der Zuneigungsqualität im Alter von vier Jahren ließen sich die Schulreife der Kinder im Alter von fünf oder sechs Jahren, der IQ mit sechs Jahren und die Schulleistung mit zwölf Jahren vorhersagen (Estrada, Arsenio, Hess & Holloway, 1987).

Eine positive Eltern-Kind-Beziehung kann die Leistung von Kindern beeinflussen, weil sie eine Grundlage bildet, auf der Kinder die Erwartungen und Forderungen der Eltern akzeptieren können. Wenn Eltern keine Leistungen erwarten und die Abhängigkeit des Kindes fördern, führt Zuneigung nicht zu größeren Leistungsanstrengungen (Stein & Bailey, 1973). Die Zuneigungsqualität kann auch die soziale Kompetenz und die Erkundungs- und Risikobereitschaft von Kindern steigern. Ablehnung dagegen führt zu einer Vielzahl antisozialer, aggressiver oder fehlangepaßter Verhaltensweisen, die im Widerspruch zu Leistung stehen (Huesmann & Eron, 1986).

Elterliche Überzeugungen, Erwartungen und Werte: Die Leistungsbemühungen von Kindern werden von ihren Erfolgswerten, Erfolgserwartungen, Fähigkeitskonzepten und Ursachenzuschreibungen beeinflußt. Teilweise übernehmen sie diese Überzeugungen und Werte von ihren Eltern. Bei der Untersuchung der Mathematik-Leistung, die die Universität von Michigan durchgeführt hat, wurde festgestellt, daß der Stellenwert, den bestimmte Leistungsbereiche für die Eltern hatten, die Werte der Kinder beeinflußte. Mathematik war in den Augen der Eltern für die Zukunft ihrer Söhne wichtiger als für die Zukunft ihrer Töchter. Die Erfolgswerte der Kinder spiegelten diese Prioritäten wider.

Die Art, wie Eltern die Fähigkeiten ihrer Kinder wahrnehmen, beeinflußt anscheinend direkt das Gefühl für die eigene Wirksamkeit und die Erfolgserwartung der Kinder. Eine Untersuchung bei Drittkläßlern mit guten Schulleistungen, aber niedrigen intellektuellen Selbstkonzepten („Illusion von Inkompetenz") kam zu dem Schluß, daß diese Selbstkonzepte wahrscheinlich auf die Geringschätzung der kindlichen Fähigkeiten durch die Eltern zurückzuführen war (Phillips, 1987). Die Untersuchung der Universität von Michigan hat ergeben, daß die Erfolgserwartungen der Schüler weniger mit ihren tatsächlichen Leistungen verbunden sind als mit den Erwartungen ihrer Eltern (Parsons, Adler & Kaczala, 1982).

Erziehungsstile und Strafmaßnahmen der Eltern: Eltern vermitteln ihr Vertrauen in die Fähigkeiten der Kinder unter anderem durch hoch gesteckte Ziele und die Forderung nach reifem Verhalten. Dadurch bekommen die Kinder die Botschaft: „Ich weiß, daß du das kannst."

Leistung und Beharrungsvermögen bei Aufgaben sind mit einem Erziehungsstil verbunden, der meist als **autoritativ** bezeichnet wird (Baumrind, 1973). Autoritative Eltern sind mäßig zärtlich, haben aber klare Ziele und erwarten ein reifes Verhalten von ihren Kindern. Natürlich müssen diese Erwartungen dem Entwicklungsniveau des Kindes entsprechen. Von einem zweijährigen Kind können Eltern erwarten, daß es mit dem Löffel ißt, daß es zu erkennen gibt, wenn es auf die Toilette muß, und daß es Farben sowie einfache Formen unterscheiden kann. Von Fünfjährigen könnten anspruchsvolle Eltern zum Beispiel erwarten, manierlich zu essen, zu fragen, bevor sie jemanden unterbrechen, und Lesefertigkeiten zu erwerben.

Autoritative Eltern setzen ihre Regeln mit fester Hand durch, auch mit Strafen, aber sie erklären den Kindern die Gründe für die Regeln und beteiligen sie an der Entscheidung über Regeln. Eine autoritative Mutter würde zum Beispiel ihr Kind, das immer wieder auf die Straße läuft, jedesmal festhalten und ihm erklären, warum es das nicht darf. Tut das Kind es dennoch, schickt sie es in sein Zimmer. Autoritative Eltern sind relativ streng, ermutigen aber ihre Kinder zu „Widerworten", das heißt, sie fördern verbalen Austausch und Kommunikation.

Eltern mit einem **autoritären** Erziehungsstil sind ebenfalls streng, stellen aber widerspruchslosen Gehorsam und Respekt vor ihrer Autorität in den Mittelpunkt. Sie entmutigen Widerworte und verbalen Austausch und sind auch nicht besonders zärtlich. Eltern mit einem **permissiven** Erziehungsstil strafen selten, verlangen aber auch kaum Gehorsam oder reifes Verhalten. Sie stellen nur wenige Regeln auf und erlauben ihren Kindern, nach ihren eigenen Regeln zu handeln. Diese Erziehungsstile von Eltern werden im 12. und 14. Kapitel (im zweiten Band des Buchs) näher behandelt.

Querschnitt- und Längsschnittuntersuchungen bei Kindern haben gezeigt, daß es eine Verbindung zwischen guten Schulleistungen und autoritativem Erziehungsstil gibt. Bei einer großen Stichprobe hatten High-School-Schüler mit autoritativen Eltern die besten und Schüler mit autoritären Eltern die schlechtesten Noten (Dornbusch, Ritter, Leiderman, Roberts & Fraleigh, 1987).

Bei einer anderen Studie wurde das Verhalten der Mütter von Vorschulkindern beobachtet und Nachfolgeuntersuchungen im Kindergarten und in der sechsten Klasse durchgeführt. Die Mütter der guten Schüler hatten hohe Erwartungen an reifes Verhalten und Leistung, kommunizierten in wirksamer Weise mit ihren Kindern und waren zärtlich zu ihnen (Hess, Holloway, Dickson & Price, 1984). Sie steuerten das Verhalten der Kinder, indem sie ihnen Gründe und Konsequenzen erklärten. Wenn die Kinder zum Beispiel das Essen verweigerten, sagten sie etwa: „Wenn du nicht ißt, wirst du krank und wächst nicht" (Hess & McDevitt, 1984, S. 2020). Mütter von schlechten Schülern wandten häufiger autoritäre Methoden an und drohten zum Beispiel mit Schlägen, wenn ihre Kinder nicht essen wollten.

Pädagogisches Verhalten von Eltern: Beim Spiel mit kleinen Kindern können Eltern ihnen gleichzeitig etwas beibringen. Die direkte Beobachtung der Interaktion von Eltern und kleinen Kindern bei Problemlöseaufgaben macht deutlich, was die Eltern tun und wie verschiedene Lehrmethoden Fähigkeiten und die Motivation von Kindern beeinflussen.

Mütter von guten Schülern loben die Bemühungen des Kindes (z. B.: „Das ist ein interessanter Gedanke"), anstatt sie zu kritisieren (z. B.: „Du siehst doch, daß das nicht richtig ist"; Moore, E. G. J., 1986). Sie fordern das Kind auf, verschiedene mögliche Lösungen zu finden. Sie machen Vorschläge, die Problemlösestrategien anregen (z. B.: „Warum versuchst du nicht mal, die Teile herumzudrehen? Vielleicht passen sie dann"), anstatt dem Kind die Lösung zu sagen (z. B.: „Versuch dieses Stück"; Hess & McDevitt, 1984). Die Strategievorschläge der Mütter geben Anregungen, ohne dem Kind die Lösung des Problems abzunehmen. Frühere Untersuchungen von holländischen und amerikanischen Familien haben ergeben, daß Eltern ihren Töchtern die Lösung häufiger sagen, während sie ihre Söhne meist ermutigen, die Lösung selber zu finden (Block, 1984; Hermans, Ter Laak & Maes, 1972).

Schlußfolgerungen: Sowohl die häusliche Umwelt als auch das Elternverhalten beeinflussen die intellektuellen Fähigkeiten, Schulleistungen und Leistungsbemühungen von Kindern. Einige der bisher behandelten ethnischen und schichtspezifischen Unterschiede können wahrscheinlich auf solche Umweltunterschiede zurückgeführt werden (Hess et al., 1984; Moore, E. G. J., 1986). So waren zum Beispiel die Umweltvariablen, die mit dem HOME-Index in Familien mit niedrigem Einkommen gemessen wurden, vor allem bei schwarzen Familien ein besserer Vorhersagefaktor für den IQ der Kinder als der soziale Status der Familie (Bradley, Caldwell & Elardo, 1977).

Die häusliche Umwelt scheint vor allem in den Vorschuljahren wichtig zu sein. Aus dem Elternverhalten ließ sich die Schulreife der Kinder vorhersagen, und die Unterschiede bei der Schulreife erklären spätere Leistungsunterschiede (Hess et al., 1984). Fertigkeiten und Fähigkeiten von Kindern verändern sich in den ersten Lebensjahren leichter als in der mittleren Kindheit und Jugend. Außerdem ist die häusliche Umwelt in diesen Jahren wohl auch deshalb so wichtig, weil sie für viele Kinder die einzige Erziehungserfahrung darstellt, während nach dem sechsten Lebensjahr die Schule großen Einfluß hat und die Kinder mehr Zeit außerhalb des Elternhauses mit Gleichaltrigen und Erwachsenen verbringen.

Frühförderung

Förderungsprogramme (Head Start): In den sechziger Jahren wurden in den USA zahlreiche Interventionsprogramme zur Förderung der intellektuellen Leistung im Kindergarten und in der Grundschule eingerichtet. Das bekannteste dieser Programme ist das „Project Head Start". Die ersten Head-Start-Programme wurden im Sommer 1965 für 500 000 Kinder eingerichtet. Eines der Ziele bestand darin, Kindern aus wirtschaftlich schwachen Familien die Fertigkeiten zu vermitteln, die sie beim Schulanfang brauchen. Obwohl das Programm auch die körperliche, soziale, emotionale und kognitive Entwicklung fördern sollte, konzentrierten sich fast alle Auswertungen des Projekts auf die schulischen Fähigkeiten, vor allem auf den IQ (Zigler & Valentine, 1979).

In den Anfangsjahren des Programms wurden ausführliche Evaluationen vorgenommen. Pädagogen und Gesetzgeber bewerteten die Ergebnisse, um herauszufinden, ob die Vorteile des Programms eine weitere Unterstützung durch die Bundesregierung rechtfertigten. Dabei zeigte sich immer wieder, daß die Kinder, die an den Head-Start-Programmen teilnahmen, signifikante Fortschritte im Bereich IQ, Wortschatz und Schulreifefähigkeiten wie beim Auffassen von Buchstaben, Zahlen und Begriffen machten. Besonders bei Kindern mit ursprünglich niedrigem IQ wurden die Leistungen des Programms deutlich (Horowitz & Paden, 1973; Zigler & Valentine, 1979).

Ein paar Jahre später allerdings waren die Evaluationen weniger optimistisch. Allem Anschein nach verschwanden die kurzfristigen Vorteile der ersten Schuljahre allmählich. In vielen Fällen konnte das allerdings auf die Evaluation selbst zurückgeführt werden, in der sämtliche Head-Start-Programme zusammengenommen wurden, ohne die Qualität regionaler Programme, die Fähigkeiten der Lehrer usw. zu berücksichtigen. Wichtiger aber war, daß es keine angemessene Kontrollgruppe gab, mit der man die Head-Start-Kinder hätte vergleichen können. Die Kontrollgruppe wurde meist aus anderen Kindern aus den Wohnvierteln oder der Schule zusammengestellt. Wir wissen heute, daß die Benachteiligung der Kinder, die für die Head-Start-Programme ausgewählt wurden, signifikant stärker war als die anderer Kindern aus ihrer Nachbarschaft. Das heißt, zu Beginn des Programms hatten sie geringere Fähigkeiten und niedrigere Testwerte. Anders als Kinder, die andere Vorschuleinrichtungen besuchten oder ganz zu Hause erzogen wurden, kamen diese Kinder häufiger aus schwarzen Familien mit geringerem Bildungsstand der Eltern, lebten in engeren und überfüllten Wohnungen mit einer größeren Anzahl von Familienmitgliedern, und ihre Väter waren häufiger nicht anwesend. Außerdem lasen ihre Mütter ihnen seltener vor (Lee, Brooks-Gunn & Schnur, 1988). Nachfolgeuntersuchungen mit geeigneten Kontrollgruppen haben gezeigt, daß die Schulleistungen der Head-Start-Kinder besser und Intelligenzprobleme seltener sind als bei vergleichbaren Kindern, die nicht von Head-Start gefördert wurden, und das noch mehrere Jahre nach Schulbeginn (Zigler & Valentine, 1979).

Gut kontrollierte Untersuchungen von Vorschulprogrammen belegen, daß sie langfristige Auswirkungen haben. Kinder aus 14 experimentellen Vorschulprogrammen wurden in der Grundschule und in der weiterführenden Schule getestet. Bei den Kindern, die an Vorschulprogrammen teilgenommen hatten, war die Zahl der Schulversager geringer. Sie schlossen die weiterführende Schule auch häufiger mit Erfolg ab als Kinder aus der Kontrollgruppe. Die Ergebnisse dieser Untersuchungen werden in Kasten 9.3 vorgestellt.

Die langfristigen Auswirkungen der Frühförderung verweisen nicht nur auf Veränderungen bei den Kindern, sondern auch auf dauerhafte Veränderungen der häuslichen Umwelt. Eltern, deren Kinder an solchen Programmen teilnehmen, lernen anscheinend neue Möglichkeiten, ihren Kindern Fähigkeiten und Ermutigung zu vermitteln. In der Nachfolgeuntersuchung, die in Kasten 9.3 beschrieben wird, hat sich gezeigt, daß die Mütter, deren Kinder an Frühförderungsprogrammen teilgenommen hatten, höhere Erwartungen an sie stellten und eine positivere Einstellung zu ihren Schulleistungen hatten als die Mütter der Kontrollgruppe. Die Nachfolgeuntersuchungen zu einem Programm, bei dem Müttern Möglichkeiten zur kognitiven Anregung ihrer Kinder gezeigt wurden, ergaben auch bei den jüngeren Geschwistern der Kinder Fortschritte, wenn sie keine Vorschule besucht hatten, was vermutlich auf die neuen Fähigkeiten der Mütter zurückzuführen ist (Klaus & Gray, 1968).

Ein zweiter Grund für die möglichen langfristigen Auswirkungen eines „Vorsprungs" ist der, daß Kinder, die beim Schulanfang über relativ gute schulische Fähigkeiten verfügen, sich konzentrieren können und zum Lernen motiviert sind, auch von ihren Lehrern wohlwollend und mit größeren Erwartungen behandelt werden. Solche frühen Vorteile in der Schule können zu Leistungssteigerungen führen, die dann wieder das Selbstvertrauen stärken und positivere Schulerfahrungen ermöglichen. Vergleichen Sie einmal diesen Zirkel mit dem eines Kindes, das beim Schuleintritt das Alphabet nicht kennt, nur schwer still sitzen kann und Anweisungen nicht beachtet. Die Teilnahme an Frühförderungsprogrammen trägt also dazu bei, daß sich Kinder eine andere Schulumwelt „schaffen".

Säuglingsförderung: Obwohl Vorschulprogramme die Leistungschancen unterprivilegierter Kinder verbessern, bleibt ihre intellektuelle Leistung oft unter dem Durchschnitt. Eine intensivere Förderung, die schon im Säuglingsalter beginnt, kann bei Kindern mit hohem Risiko zu durchschnittlichen IQ-Werten führen. Das Carolina Abecedarian Project bietet zum Beispiel eine pädagogische Ganztagsbetreuung vom dritten Monat bis zum Schulbeginn an. Der Schwerpunkt der Säuglingsförderung liegt bei der verbalen Anregung. Die Erzieher sprechen mit den Säuglingen und spielen mit ihnen, so wie es Mittelschichtmütter mit ihren Kindern zu Hause tun (vgl. 6. Kapitel). Nach dem dritten Lebensjahr stehen Rechnen, Musik, die Anfänge der Naturwissenschaften und die Anfänge der Lesefertigkeiten im Mittelpunkt.

Kinder aus diesen pädagogischen Einrichtungen wurden mit Kindern einer Kontrollgruppe verglichen. Beide Gruppen hatten zusätzliche Nahrungsmittel erhalten und wurden medizinisch betreut. Abbildung 9.6 zeigt

Wie lange hält ein „Vorsprung" vor?

Kinder aus wirtschaftlich benachteiligten Familien können auf Dauer von sorgfältig ausgearbeiteten Programmen zur pädagogischen Früh- förderung in den Vorschuljahren profitieren. 1976 haben elf Forscher aus verschiedenen Teilen der USA, die in den sechziger Jahren experi- mentelle Frühförderungsprogramme entwickelt hatten (die Grundlage für das spätere „Project Head Start"), eine Forschungsgruppe gebildet und Nachfolgeuntersuchungen mit den mittlerweile zwischen 10 und 17 Jahre alten Teilnehmern durchgeführt. Die Programme wurden deshalb für die Nachfolgeuntersuchung ausgewählt, weil sie bereits bei der ursprünglichen Auswertung mit geeigneten Kontrollgruppen gearbeitet hatten. (Die meisten anderen Head-Start-Auswertungen waren deshalb so schwer zu interpretieren, weil entsprechende Kon- trollgruppen fehlten.) Alle Kinder kamen aus Familien mit niedrigem Einkommen, und über 90 Prozent aus schwarzen Familien. Die For- scher sammelten Informationen über Klassenstufe, Beurteilung in der Klasse, Leistungstests und Intelligenz.

Im Jahr 1976 wurden die Kinder aus den Experimentalgruppen (die an den Vorschulprogrammen teilgenommen hatten) den Leistungs- anforderungen ihrer Schule häufiger gerecht als die Kinder der ent- sprechenden Kontrollgruppen. Weniger Kinder mußten eine Klasse wiederholen und sie kamen auch seltener in spezielle Klassen für Lernbehinderte. Sie schnitten in der Grundschulzeit bei Leistungstests in Lesen und Mathematik meist besser ab, genauso wie bei Intelli- genztests, die drei oder vier Jahre nach der Vorschulzeit durchgeführt wurden.

Bei einigen Programmen gab es Nachfolgeuntersuchungen in der weiterführenden Schule. Schüler, die an Vorschulprogrammen teilge- nommen hatten, machten häufiger den qualifizierenden Abschluß und fanden mit höherer Wahrscheinlichkeit eine Anstellung. Die Wahr- scheinlichkeit, vor Ende der Schulzeit schwanger zu werden, war bei Schülerinnen aus der Experimentalgruppe genauso groß wie bei Schülerinnen aus der Kontrollgruppe, aber sie gingen nach der Geburt der Kinder häufiger wieder auf die Schule zurück. 25 Prozent der Ex- perimentalgruppe schrieben sich nach der weiterführenden Schule in Ausbildungskurse ein; bei der Kontrollgruppe waren es 3 Prozent (Lazar & Darlington, 1982).

> Diese Ergebnisse widersprechen früheren Untersuchungen, nach denen Head-Start-Programme keine langfristigen Auswirkungen auf die intellektuelle Entwicklung von Kindern hatten. Sie legen den Schluß nahe, daß sorgfältig entwickelte Frühförderungsprogramme anhaltende Vorteile für wirtschaftlich benachteiligte Kinder haben können.

die Ergebnisse der Intelligenztests in den ersten vier Jahren. In der Säuglingszeit lagen die Werte bei beiden Gruppen im Durchschnittsbereich, aber danach nahmen die Werte für die Kontrollgruppe ab. Die Säuglings- und Frühförderung kann demnach das Absinken der intellektuellen Leistung umkehren, das für Kinder aus intellektuell und materiell verarmten Umgebungen typisch ist (Ramey, Yeates & Short, 1984).

Die Ergebnisse der Experimente im Bereich der Frühförderung lassen sich so zusammenfassen:

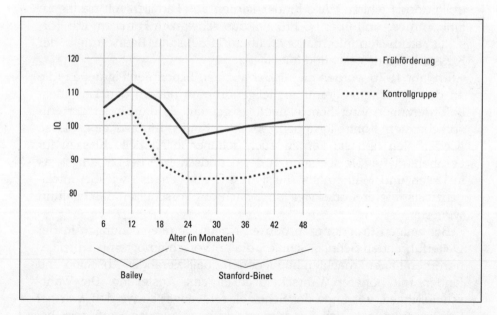

Abb. 9.6: Testleistungen von Kindern, die von der frühen Säuglingszeit bis zum vierten Lebensjahr ganztägig pädagogisch betreut wurden (Frühförderung), und einer Kontrollgruppe, die nicht betreut wurde. Die abrupte Veränderung mit 24 Monaten in beiden Gruppen ist wahrscheinlich auf eine Veränderung der verwendeten Tests zurückzuführen. (Aus C.T. Ramey, K.O. Yeates & E.J. Short: The plasticity of intellectual development. Insights from preventive intervention. Child Development, 1984, 55, 1913–1925. Mit freundlicher Genehmigung.)

1. Frühe pädagogische Förderung kann schulbezogene intellektuelle Fähigkeiten, IQ und Wortschatz steigern. Kinder, die an Frühförderungsprogrammen teilnehmen, besitzen zu Beginn der Schulzeit ausgeprägtere Fähigkeiten, als sie normalerweise hätten.

2. Manche positiven Auswirkungen gutgeplanter Programme können jahrelang anhalten. Eine frühe Intervention kann dem Abrutschen bei der schulischen Leistung teilweise entgegenwirken, der bei Kindern aus armen Familien so häufig ist.

3. Intensive Frühförderung kann bei Kindern aus verarmten Elternhäusern die Tendenz zurückdrängen, in den Vorschuljahren den Anschluß zu verlieren.

Förderung durch Fernsehen: In den späten sechziger Jahren gab es auch Bemühungen, das Fernsehen für die Förderung unterprivilegierter Kinder zu nutzen. Eine Gruppe von Pädagogen, Psychologen, Drehbuchautoren und Produzenten tat sich zusammen und entwickelte Sendereihen wie „Sesamstraße" und „The Electric Company". Mit Hilfe von Methoden aus Werbung und Trickfilm wurden Informationen über Lesen, kognitive Fertigkeiten, Selbstwertgefühl und prosoziales Verhalten vermittelt. Mittlerweile hat man pädagogische Programme für Naturwissenschaften („3-2-1 Contact") und Mathematik („Square One") entwickelt. Diese Programme erreichen eine große Zahl von Kindern aus vielen sozialen Schichten. Die Auswertungen haben gezeigt, daß diese Programme den Kindern tatsächlich kognitive Fertigkeiten zum Beispiel im Umgang mit Buchstaben und Zahlen vermitteln können.

Die Sendung „Sesamstraße" wurde in verschiedenen Teilen der USA in den ersten beiden Jahren ausgewertet. Beim ersten Mal verglich man Kinder, die die Sendung häufig sahen, mit Kindern, die sie selten sahen. Bei der zweiten Untersuchung wurden Methoden der Feldforschung benutzt. Nach dem Zufallsprinzip wurden Kinder ausgewählt, die die Sendung zu Hause ansehen sollten. Die Experimentalgruppe bekam Kabelanschlüsse oder UHF-Zusatzgeräte für den Empfang der Sendung. Die Mütter sollten die Kinder ermutigen, sich das Programm anzusehen. Die Kontrollgruppe erhielt keine Zusatzgeräte zum Empfang des Programms und wurde auch nicht dazu angehalten, die Sendung zu sehen. Beide Gruppen wurden vor Beginn und nach Ende des Experiments (das etwa sechs Monate dauerte) auf ihre kognitiven Fertigkeiten getestet. Abbildung 9.7 zeigt die Ergebnisse der beiden Untersuchungen. Wie man sieht, haben die kognitiven Fertigkeiten der Kinder, welche die Sendung am häufigsten sahen, deutlich stärker zugenommen als die der Kinder, welche die Sendung unregelmäßig sahen. Der Lernerfolg durch die Sendung ist am größten, wenn die Eltern die Kinder ermutigen und zusammen mit ihnen fernsehen. Aber auch Kinder, die ohne äußere Unterstützung zuschauen, lernen Wörter, Buchstaben, Zahlen, Be-

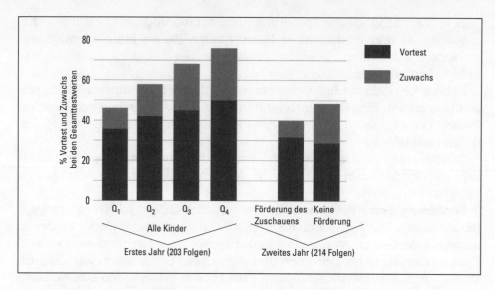

Abb. 9.7: Vortestwerte und Zuwachs beim Test zur Messung von Fertigkeiten, die in der „Sesamstraße" gelehrt werden. Im ersten Jahr wurden Gruppen verglichen, die die Sendung unterschiedlich oft sahen. Die Quartile für das Zuschauen wurden wie folgt definiert: Q1 = einmal wöchentlich oder häufiger, Q2 = zwei- oder dreimal pro Woche, Q3 = drei- oder viermal pro Woche, Q4 = viermal pro Woche und mehr. Im zweiten Jahr wurde die Experimentalgruppe der Kinder, bei denen das Zuschauen gefördert wurde, mit einer Kontrollgruppe verglichen, bei der das Zuschauen nicht gefördert wurde. (Aus S. Ball & G. A. Bogatz: The first year of „Sesame Street". An evaluation. Princeton, N.J.: Educational Testing Service, 1970; G. A. Bogatz & S. Ball: The second year of Sesame Street". A continuing evaluation. Princeton, N.J.: Educational Testing Service, 1971. © Children's Television Workshop.)

griffe und Informationen über ihre Umwelt (Bogatz & Ball, 1971; Cook et al., 1975; Rice, Huston, Wright & Truglio, 1988).

Interaktion zwischen Anlage und Umwelt

In Abbildung 9.3 wird deutlich, daß Anlage (also genetische und biologische Merkmale) und Umwelt die beiden wesentlichsten Einflußfaktoren für die intellektuelle Entwicklung sind. Die meisten Entwicklungspsychologen glauben, daß sowohl Anlage als auch Umwelt wichtig sind und zu den intellektuellen Fähigkeiten und schulischen Leistungen eines Kindes beitragen.

Der Begriff der *Interaktion zwischen Anlage und Umwelt* wird häufig allzu oberflächlich benutzt. Er bedeutet nicht einfach, daß beide Bereiche „einen Beitrag leisten". Interaktion zwischen Anlage und Umwelt heißt, daß die

Umwelt bestimmt, wie sich die Anlage eines Kindes auswirkt, und daß umgekehrt die Anlage darüber entscheidet, welche Auswirkungen die Umwelt hat. Das folgende Beispiel soll das deutlich machen. Bei dem bereits erwähnten Carolina Abecedarian Project wurde anhand der Werte auf der Apgar-Skala bei der Geburt festgestellt, ob es sich um Risikokinder handelte. Wie im zweiten Kapitel beschrieben, zeigt der Apgar-Wert die grundlegende neurobiologische Reaktionsbereitschaft des Kindes bei der Geburt an. Ein niedriger Wert deutet auf konstitutionelle Gefährdung hin. Die Kinder wurden bei dieser Untersuchung nach dem Zufallsprinzip zwei verschiedenen Umweltbedingungen zugeordnet: Die Experimentalgruppe nahm an einem pädagogischen Projekt mit Ganztagsbetreuung teil, die Kontrollgruppe nicht.

Abbildung 9.8 zeigt die IQ-Werte von Kindern mit zwei verschiedenen Konstitutionstypen in zwei verschiedenen Umwelten. Die Leistungen der Kinder aus der pädagogischen Ganztagsbetreuung waren unabhängig von ihren Apgar-Werten gut, was zeigt, daß konstitutionelle Risiken in einer anregenden Umwelt kaum eine Rolle spielen. In der Kontrollgruppe dagegen waren die Leistungen der Kinder mit guten Apgar-Werten besser als die der Kinder mit schlechten Apgar-Werten. In der Umwelt der Kontrollgruppe spielten konstitutionelle Risiken also doch eine Rolle. Man kann aus den Zahlen in Abbildung 9.8 auch schließen, daß Kinder mit optimalen konstitu-

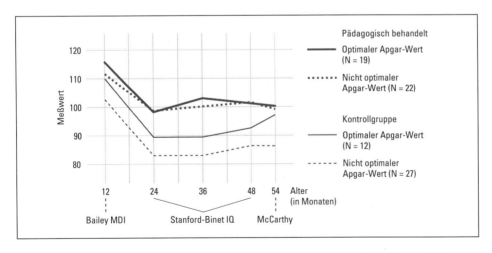

Abb. 9.8 : Testleistung bei Kindern mit hohem Risiko in den ersten 4¹/₂ Jahren in Abhängigkeit von der Erziehungsgeschichte (Umwelt) und dem Apgar-Status (Konstitution). (Aus B. J. Breitmayer & C. T. Ramey: Biological nonoptimality and quality of postnatal environment as codeterminants of intellectual development. Child Development, 1986, 57, 1151–1165. Mit freundlicher Genehmigung.)

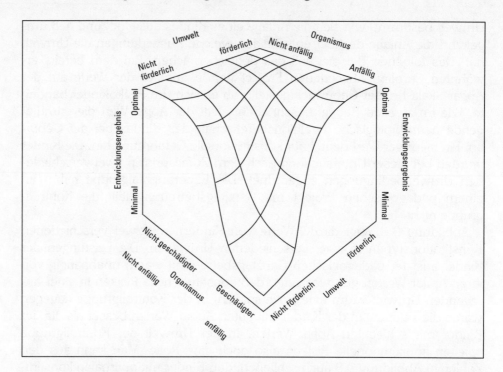

Abb. 9.9: Das strukturelle Verhaltensmodell für Entwicklungsergebnisse veranschaulicht die Wechselwirkung zwischen Anlage und Umwelt. (Aus F. D. Horowitz: Exploring development theories. Toward a structural/behavioral model of development. Hillsdale, N.J.: Erlbaum, 1987. Mit freundlicher Genehmigung.)

tionellen Eigenschaften von einer anregungsarmen Umwelt weniger beeinflußt werden als Kinder mit Anzeichen konstitutioneller Schwäche.

Abbildung 9.9 zeigt ein Modell, das eine Art der Wechselwirkung zwischen Organismus und Umwelt veranschaulicht (F. D. Horowitz, 1987). Dieses Modell ordnet die Organismen einem Kontinuum von konstitutionell anfällig bis konstitutionell robust und die Umwelten einem Kontinuum von förderlich bis nichtförderlich zu. Bei Kindern in einer förderlichen Umwelt kann man eine normale Entwicklung selbst dann erwarten, wenn ihre Konstitution schwach ist. Das soll nicht heißen, daß es Kinder gibt, die gegen Umwelteinflüsse immun sind; eine wirklich negative Umwelt wird selbst Kinder mit sehr starker Konstitution beeinflussen. Das Modell will vielmehr zeigen, daß das Risiko für die Kinder am größten ist, die konstitutionell anfällig sind *und* unter nicht förderlichen Umweltbedingungen aufwachsen.

Man kann dieses allgemeine Modell anwenden, um spezielle Aspekte der intellektuellen Entwicklung von Kindern zu verstehen. Kinder mit geringem Geburtsgewicht oder neurologischen Störungen in der Säuglingszeit haben ein erhöhtes Risiko, schwache kognitive und schulische Fähigkeiten zu entwickeln (vgl. 2. Kapitel). Wachsen solche konstitutionell schwachen Kinder aber in einer unterstützenden, anregenden Umwelt auf, entwickeln sie in der Regel keine Leistungsschwächen in der Schule. Eine Gruppe von Psychologen hat alle Kinder, die in einem Jahr auf der Hawaii-Insel Kauai geboren wurden, von der Schwangerschaft bis zum Erwachsenenalter beobachtet. In stabilen, fördernden Mittelschichtfamilien erbrachten Kinder, die als Säuglinge an neurologischen Störungen gelitten hatten, mit zehn Jahren dieselbe Schulleistung wie die Kinder, die in der Säuglingszeit keinerlei Anfälligkeit hatten erkennen lassen. Umgekehrt verschärften sich frühe biologisch bedingte Probleme bei Kindern, die in instabilen, armen Elternhäusern mit wenig gebildeten Eltern aufwuchsen (Werner & Smith, 1982). In den Vereinigten Staaten haben Kinder aus armen Familien ein höheres Risiko, biologische Störungen (z. B. niedriges Körpergewicht bei der Geburt) aufzuweisen und in nichtförderlichen Umweltbedingungen aufzuwachsen als Kinder aus wohlhabenden Familien.

Zusammenfassung

Intelligenz ist die Fähigkeit, Fähigkeiten zu lernen und anzuwenden, die für die erfolgreiche Anpassung an die Anforderungen der Kultur und die Umwelt erforderlich sind. Ursprünglich wurde Intelligenz als generelle Kompetenz definiert, aber heute sind die meisten Psychologen der Ansicht, daß es individuell unterschiedliche Fähigkeitsmuster gibt. Intellektuelle Fähigkeiten sind auch abhängig von den spezifischen Umweltkontexten, in denen sie erlernt und angewandt werden.

Obwohl viele Experten der Meinung sind, daß die Intelligenz viele Fähigkeiten umfaßt, gibt es Kontroversen darüber, wie diese Fähigkeiten beschaffen sind. Eine Theorie unterscheidet zwischen *kristallinen Fähigkeiten* (das angesammelte Wissen eines Menschen) und *fluiden Fähigkeiten* (die Prozesse, die man zur Problemlösung und im Umgang mit neuer Information benutzt). Ein anderer Ansatz, das *Intelligenzstruktur-Modell,* ordnet die intellektuellen Fähigkeiten drei Bereichen zu: Aufgabeninhalt, Operationen und Produkten intellektueller Aktivität. Ein weiterer Ansatz ist die *triarchische Theorie* mit drei wesentlichen Komponenten: kognitiven Prozessen und Wissen, der Fähigkeit, mit neuen Erfahrungen umzugehen, und der Anpassung an die Umwelt.

Die ersten Intelligenztests wurden zu Beginn des zwanzigsten Jahrhunderts entwickelt, um den schulischen Erfolg oder Mißerfolg von Kindern vorherzusagen. Sie lieferten nur einen zusammenfassenden IQ-Wert. Der

Wechsler-Intelligenztest, der auch heute noch weit verbreitet ist, enthält Tests für verschiedene Bereiche der Intelligenz. Diese Tests können einzeln ausgewertet werden, werden aber auch zu Gesamtwerten in den Bereichen Verbalteil und Handlungsteil zuammengefaßt. Andere Intelligenztests messen einzelne Fähigkeiten, die keinen Durchnitts- oder Gesamtwert ergeben. Die Theorien über die kognitive Entwicklung werden heute zunehmend als Entwicklungsgrundlage für Tests benutzt.

Weit verbreitete Annahmen über den IQ und den Wert von Intelligenztests sind meist irrig. Der IQ ist kein reiner Maßstab für ein angeborenes Potential und bleibt auch nicht das ganze Leben lang konstant. Intelligenztests messen sowohl die Eignung wie die Leistung, aber die Leistung beim IQ-Test spiegelt nicht notwendigerweise die Kompetenz wider. Viele Experten glauben, daß es sinnvoller ist, spezifische Fähigkeiten zu testen, als sich auf einen einzigen IQ-Wert zu verlassen.

Unter *Leistungsmotivation* versteht man die generelle Tendenz, die eigene Leistung an Gütemaßstäben zu messen, nach erfolgreicher Leistung zu streben und sich über erfolgreiche Leistung zu freuen. Die Leistungsmotivation wird im Leistungsverhalten erkennbar, zum Beispiel in der Ausdauer bei schwierigen Aufgaben oder in der Entwicklung eines mittleren Anspruchsniveaus. Zu den Faktoren, die das Motivationsniveau eines Kindes bestimmen, gehören Erfolgswert (der Wert, den das Kind dem Erfolg zumißt), Leistungsmaßstäbe, Erwartungen über die eigenen Fähigkeiten (ein Aspekt der wahrgenommenen eigenen Wirksamkeit) und Ursachenzuschreibungen für Erfolg und Mißerfolg.

Das Gefühl von eigener Wirksamkeit, die Ursachenzuschreibung und der Erfolgswert entwickeln sich allmählich im Verlauf der Kindheit. In den ersten Schuljahren werden die Erwartungen der Kinder allmählich realistischer, sie beurteilen ihre Leistungen zunehmend durch soziale Vergleiche, setzen ihr Anspruchsniveau herauf und zeigen mehr Angst vor dem Versagen. Bei vielen Kindern entsteht ein Muster von Ängsten vor Tests und Prüfungen, das sich störend auf ihre Leistungen auswirkt.

Es gibt durchgängige Geschlechtsunterschiede in der intellektuellen und schulischen Leistung von Kindern. Die durchschnittlichen Leistungsmuster von Männern und Frauen unterscheiden sich in verschiedenen intellektuellen Bereichen. Diese Unterschiede entsprechen den kulturellen Klischees über das angemessene Geschlechtsrollenverhalten. Unterschiede in der intellektuellen Leistung gibt es auch zwischen kulturellen und ethnischen Gruppen sowie sozialen Schichten. Die Behauptung, IQ-Unterschiede zwischen Schwarzen und Weißen seien Ergebnis genetischer Faktoren, kann mit dem vorhandenen Material nicht belegt werden.

Soziale Erfahrungen spielen eine wichtige Rolle bei den ethnischen und schichtspezifischen IQ-Unterschieden, aber dies heißt nicht, daß Kinder aus

ethnischen Minderheiten oder aus der Unterschicht Intelligenzdefizite aufwiesen. Es wäre genauer, zu sagen, daß schwarze und Unterschichtkinder
andere Fähigkeiten erlernen als weiße Mittelschichtkinder. Aus dem „Unterschiedsmodell" läßt sich unter anderem folgern, daß Intelligenztests bei
Kindern aus der Unterschicht und ethnischen Minderheiten systematisch
verfälschende Ergebnisse hervorbringen. Es ist wahrscheinlich richtig, daß
Intelligenztests für diese Kinder deshalb so schwierig sind, weil sie andere
Lebenserfahrungen machen als Mittelschichtkinder. In den USA sind sie
zum Beispiel weniger vertraut mit der englischen Sprache, haben seltener
Gelegenheit, die im Test geforderten Fähigkeiten zu erlernen, und sind besonders anfällig für die Angst, zu versagen; sie haben ein geringes Selbstkonzept ihrer eigenen Fähigkeiten.

Verschiedene Aspekte der häuslichen Umwelt tragen zu individuellen In-
telligenz- und Leistungsunterschieden bei. Dazu gehören Merkmale der
physischen und sozialen Umwelt, zum Beispiel Zärtlichkeit und verbale Reaktionsbereitschaft der Eltern, und das Ausmaß von Lärm und Desorganisation im Elternhaus. Eine positive Eltern-Kind-Beziehung kann die Leistung beeinflussen, weil sie die Grundlage bildet, auf der das Kind die
Erwartungen und Anforderungen der Eltern akzeptieren kann. Überzeugungen, Erwartungen und Werte, Erziehungsstile, Strafen und pädagogisches
Verhalten der Eltern beeinflussen die Leistungsanstrengungen von Kindern.
Diese Unterschiede in der häuslichen Umwelt sind wahrscheinlich zum Teil
die Ursache für die IQ-Unterschiede zwischen ethnischen Gruppen und
Schichten.

Programme zur Förderung der intellektuellen Leistung von Vorschul- und
Grundschulkindern wurden in den sechziger Jahren entwickelt und sind
unter dem Namen „Head-Start" („Vorsprung") bekannt geworden. Gutkon-
trollierte Evaluationsuntersuchungen haben gezeigt, daß solche Programme
positive und langfristige Auswirkungen haben, die wahrscheinlich die Veränderungen in der Umwelt der Kinder genauso widerspiegeln wie die Veränderungen bei den Kindern selbst. Eine breitere Förderung, die schon in der
Säuglingszeit beginnt, kann bei Kindern mit hohem Risiko zu durchschnittlichen IQ-Werten führen.

In den sechziger Jahren wurden auch Fernsehprogramme wie etwa die
„Sesamstraße" entwickelt, mit denen man benachteiligte Kinder unterrichten wollte. Diese Programme wirken sich erwiesenermaßen günstig auf die
schulischen Fähigkeiten von Kindern aus.

Psychologen sprechen oft von der Wechselwirkung zwischen Anlage und
Umwelt. Damit ist gemeint, daß die Auswirkungen der Anlage von der Umwelt abhängen und die Auswirkungen der Umwelt von der Anlage. In einer
anregenden Umwelt hat konstituitonelle Anfälligkeit wenig Konsequenzen;
umgekehrt werden Kinder mit optimaler Anlage von schlechten Umwelt-

bedingungen weniger beeinflußt als anfälligere Kinder. Dieses allgemeine Modell läßt sich auf einzelne Aspekte der intellektuellen Entwicklung übertragen.

▬ Fragen

1. Was ist Intelligenz?
2. Beschreiben Sie drei Theorien über die Dimensionen der Intelligenz.
3. Wann wurden die ersten Intelligenztests entwickelt? Wie haben sich die Intelligenztests seitdem verändert?
4. Nennen Sie einige der Begrenztheiten bei der Messung des IQ.
5. Was versteht man unter Leistungsmotivation? Welche Faktoren bestimmen das Motivationsniveau eines Kindes für einen bestimmten Aufgabenbereich?
6. Beschreiben Sie die Muster bei der Entwicklung der Leistungsmotivation.
7. Wie unterscheiden sich die Muster intellektueller Leistung bei Männern und Frauen?
8. Vergleichen Sie das „Defizitmodell" und das „Unterschiedsmodell" zur Erklärung der ethnischen und schichtspezifischen IQ-Unterschiede.
9. Welche Elemente der häuslichen Umwelt sind bei der Förderung von Intelligenz und Leistung wichtig?
10. Wie wirken sich Programme zur Förderung der intellektuellen Leistung von Vorschul- und Grundschulkindern aus?

▬ Glossar

Intelligenz: Fähigkeit, die Fähigkeiten zu lernen und anzuwenden, die für eine erfolgreiche Anpassung an die Anforderungen der Gesellschaft und an die Umwelt notwendig sind.

Kristalline Fähigkeiten: Das Wissen, das eine Person angesammelt hat.

Fluide Fähigkeiten: Die Prozesse, die bei der Problemlösung und beim Umgang mit neuer Information angewandt werden.

Eignung: Die Fähigkeit, eine neue Fähigkeit zu lernen oder zukünftige Lernsituationen erfolgreich zu bewältigen.

Leistung: Die Menge dessen, was eine Person in einem bestimmten Kurs oder Schulfach gelernt hat.

Leistungsmotivation: Die allgemeine Tendenz, die eigene Leistung an Maßstäben zu messen, nach erfolgreicher Leistung zu streben und sich über erfolgreiche Leistung zu freuen.

Individuelle Bezugsnorm: Bezugsnorm, die auf Vergleichen mit der eigenen Leistung der Vergangenheit beruhen.

Soziale Bezugsnorm: Bezugsnorm, die auf Vergleichen mit der Leistung anderer beruhen.

Wahrgenommene eigene Wirksamkeit: Beurteilung, wie gut man die Handlungsabläufe beherrscht, die im Umgang mit künftigen Situationen benötigt werden

Ursachenzuschreibung (Attribution): Schlußfolgerungen über die Ursachen eigenen oder fremden Verhaltens.

Erlernte Hilflosigkeit: Die Überzeugung, daß eigene Erfolge nicht die eigenen Fähigkeiten widerspiegeln und eigene Mißerfolge sich durch Anstrengung nicht umkehren lassen.

Autoritativer Erziehungsstil. Erziehungsstil, der von mäßiger Zärtlichkeit, klaren Maßstäben und der Erwartung geprägt ist, daß die Kinder reifes Verhalten zeigen.

Autoritärer Erziehungsstil: Erziehungsstil, der von Strenge, widerspruchslosem Gehorsam und Respekt vor der Autorität der Eltern geprägt ist.

Permissiver Erziehungsstil: Erziehungsstil, bei dem Eltern wenig strafen, aber auch wenig Anforderungen an Gehorsam und reifes Verhalten des Kindes stellen.

Literaturempfehlungen

Gould, S. J. (1981). *The mismeasure of man.* New York: Norton. Gesellschaftskritische Analyse der diversen Tests zur Messung geistiger Leistungen oder Intelligenz.

Howe, M. J. A. (Hrsg.). *Learning from television. Psychological and educational research.* New York: Academic Press. Aufsatzsammlung, die beschreibt, wie Kinder und Erwachsene aus pädagogischen Fernsehprogrammen lernen.

Scarr, S. (1981). *Race, social class, and individual differences in IQ.* Hillsdale, N.J.: Erlbaum. Aufsätze eines der bekanntesten Forscher über die genetischen und umweltbedingten Einflüsse auf die Intelligenz.

Spence, J. T. (Hrsg.) (1983). *Achievement and achievement motives. Psychological and sociological approaches.* San Francisco: W. H. Freeman. Das Buch enthält Aufsätze verschiedener Autoren, die sich mit der Leistungsmotivation beschäftigt haben, und deckt die wichtigsten Aspekte dieses Themas ab.

Werner, E. E. & Smith, R. S. (1982). *Vulnerable, but invincible. A longitudinal study of resilient children and youth.* New York: McGraw-Hill. Berichtet von einer Längsschnittuntersuchung, bei der Kinder von der Hawaii-Insel Kauai von der Geburt bis ins Erwachsenenalter beobachtet wurden.

Deutschsprachige Bücher zu diesem Kapitel

Heckhausen, H. (1980). *Motivation und Handeln.* Berlin: Springer (2. Aufl. 1989).
Hussy, W. (1986). *Denkpsychologie. Ein Lehrbuch.* Bd. 1. Geschichte, Begriffs- und Problemlöseforschung, Intelligenz. Stuttgart: Kohlhammer.
Klauer, K. J. (1993). *Kognitives Training.* Göttingen: Hogrefe.
Köhler, W. (1917). *Intelligenzprüfungen an Menschenaffen.* Berlin: Verlag der königlichen Akademie der Wissenschaften.
Trudewind, C. (1975). *Häusliche Umwelt und Motiventwicklung. Ökologische Faktoren in der Entwicklung des Leistungsmotivs.* Göttingen: Hogrefe.
Weiner, B. (1988). *Motivationspsychologie* (2. Auflage). München: Psychologie Verlags Union.
Weinert, F. E. & Kluwe, R. (Hrsg.) (1984). *Metakognition, Motivation und Lernen.* Stuttgart: Kohlhammer.

Ohne Autor. (1981). *Teenage Pregnancy: The problem that hasn't gone away.* New York: The Alan Guttmacher Institute.

Abel, E. L. (1980). Fetal alcohol syndrome: Behavioral teratology. *Psychological Bulletin, 87,* 29–50.

Achenbach, T. M. & Edelbrock, C. S. (1981). Behavioral problems and competencies reported by parents of normal and disturbed children aged four through sixteen. *Monographs of the Society for Research in Child Development, 46,* Reihennr. 188.

Ackerman, B. P. (1986). Children's sensitivity to comprehension failure in interpreting a non-literal use of an utterance. *Child Development, 57,* 485–497.

Adams, G. R., Abraham, K. G. & Markstrom, C. A. (1987). The relations among identity development, self-consciousness, and self-focusing during middle and late adolescence. *Developmental Psychology, 23,* 292–297.

Adams, G. R. & Gullota, T. (1983). *Adolescent life experiences.* Monterey, Kalifornien: Brooks/Cole.

Adams, G. R. & Munro, G. (1979). Portrait of the North American runaway: A critical review. *Journal of Youth and Adolescence, 8,* 359 373.

Adams, L. T. & Worden, P. E. (1986). Script development and memory organization in preschool and elementary school children. *Discourse Processes, 9,* 149–166.

Adamson, L. B., Bakeman, R., Smith, K. B. & Walters, A. S. (1987). Adults' interpretations of infants' acts. *Developmental Psychology, 23,* 383–387.

Adamsons, K. (1987). The effects of drugs and other substances on the fetus. In R. A. Hekelman, S. Blatman, S. B. Friedman, N. M. Nelson & H. M. Seidel (Hrsg.), *Primary pediatric care* (S. 437–447). St. Louis: C. V. Mosby.

Adelson, J. (1971). The political imagination of the young adolescent. *Daedalus, 100,* 1013–1050.

Adelson, J. (1982, Sommer). Rites of passage: How children learn the principles of community. *American Educator, 6* ff.

Ahlstrom, W. M. & Havighurst, R. J. (1971). *400 losers.* San Francisco: Jossey-Bass.

Ainsworth, M. D. S., Blehar, M. C., Waters, E. & Wall, S. (1978). *Patterns of attachment: A psychological study of the strange situation.* Hillsdale, New Jersey: Erlbaum.

Albarran, L. (1987). *Recognition memory in infants.* Unveröffentlichtes Manuskript.

Alejandro-Wright, M. N. (1985). The child's conception of racial classification: A socio-cognitive developmental model. In M. B. Spencer, G. K. Brookins & W. R. Allen (Hrsg.), *Beginnings: The social and affective development of black children* (S. 185–200). Hillsdale, New Jersey: Erlbaum.

Allen, M. C. (1984). Developmental outcome and follow up of the small for gestational age infant. *Seminars in Perinatology, 8,* 123–133.

Allport, G. (1937). *Personality: A psychological interpretation.* New York: Holt, Rinehart and Winston (dt. Persönlichkeit. Meisenheim, Glan: Hain, 1959).

Almquist, E. M. & Angrist, S. S. (1971). Role model influences on college women's career aspirations. *Merrill-Palmer Quarterly, 71,* 263–279.

Almy, M., Monighan, P., Scales, B. & Van Hoorn, J. (1983). Recent research on playing: The perspective of the teacher. In L. Katz (Hrsg.), *Current topics in early childhood education* (Bd. 5). Norwood, New Jersey: Ablex.

Alwitt, L. F., Anderson, D. R., Lorch, E. P. & Levin, S. R. (1980). Preschool children's visual attention to attributes of television. *Human Communication Research, 7,* 52–67.

American Psychiatric Association (1987). *DSM III R: Diagnostic and statistical manual of mental disorders* (3. rev. Aufl.). Washington, DC: The Association (dt. DSM III-R: Diagnostisches und statistisches Manual psychischer Störungen. Weinheim: Beltz).

American Psychological Association, Committee on Ethical Standards in Psychological Research (Mai, 1972). Ethical standards for research with human subjects. *APA Monitor,* I–XIX.

Ames, L. B. (1937). The sequential patterning of prone progression in the human infant. *Genetic Psychology Monographs*, 19, 409–460.

Anastasi, A. (1987). Psychological testing (6. Aufl.). New York: Macmillan.

Anderson, C. W., Nagel, R. J, Robert, W. A. & Smith, J. W. (1981). Attachment to substitute caregivers as a function of center quality and caregiver involvement. *Child Development, 52,* 53–61.

Anderson, D. R., Choi, H. P. & Lorch, E. P. (1987). Attentional inertia reduces distractibility during young children's television viewing. *Child Development, 58,* 798–806.

Anderson, D. R. & Collins, P. A. (1988). *The impact on children's education: Television's influence on cognitive development.* Washington DC: U.S. Department of Education.

Anderson, D. R. & Field, D. E. (1983). Children's attention to television: Implications for production. In M. Meyer (Hrsg.), *Children and the formal features of television.* München: K. G. Saur. (dt. Die Aufmerksamkeit des Kindes beim Fernsehen: Folgerungen für die Programmproduktion. In M. Meyer (Hrsg.), *Wie verstehen Kinder Fernsehprogramme? Forschungsergebnisse zur Wirkung formaler Gestaltungselemente des Fernsehens.* München: K. G. Saur, 1984, S. 52–92)

Anderson, D. R. & Lorch, E. P. (1983). Looking at television: Action or reaction? In J. Bryant & D. R. Anderson (Hrsg.), *Children's understanding of television: Research on attention and comprehension.* New York: Academic Press.

Anderson, D. R., Lorch, E. P., Field, D. E. & Sanders, J. (1981). The effects of TV program comprehensibility on preschool children's visual attention to television. *Child Development, 52,* 151–157.

Anglin, J. M. (1977). *Word, object, and conceptual development.* New York: Norton.

Apgar, V. & Beck, J. (1974). *Is my baby all right?* New York: Pocket Books.

Applegate, J. L., Burke, J. A., Burleson, B. R., Delia, J. G. & Kline, S. L. (1983). Reflection-enhancing parental communication. In I. E. Sigel (Hrsg.), *Parental belief systems: The psychological consequences for children.* Hillsdale, New Jersey: Erlbaum.

Arbuthnot, J., Gordon, D. A. & Jurkovic, G. J. (1987). Personality. In H. C. Quay (Hrsg.), *Handbook of Juvenile Delinquency* (S. 139–183). New York: Wiley.

Arend, R., Gove, F. L. & Stroufe, L. A. (1979). Continuity of individual adaptation from infancy to kindergarten: A predictive study of ego resiliency and curiosity in preschoolers. *Child Development, 50,* 950–959.

Areshansel, C. S. & Rosen, B. C. (1980). Domestic roles and sex differences in occupational expectations. *Journal of Marriage and the Family, 42,* 121–131.

Armstrong, J. S. (1980). The relationship of sex-role identification, self-esteem, and aggression in delinquent males. *Dissertation Abstracts International, 40(b),* 3900.

Aronfreed, J. (1968). *Conduct and conscience: The socialization of internalized control over behavior.* New York: Academic Press.

Aronson, E., Blaney, N., Stephen, C., Sikes, J. & Snapp, M. (1978). *The jigsaw classroom.* Beverly Hills, Kalifornien: Sage.

Asher, S. R. (1978). Referential communication. In G. J. Whitehurst & B. J. Zimmerman (Hrsg.), *The functions of language and cognition.* New York: Academic Press.

Asher, S. R. & Hymel, S. (1981). Children's social competence in peer relations: Sociometric and behavioral assessment. In J. D. Wine & M. D. Smys (Hrsg.), *Social competence.* New York: Guilford.

Asher, S. R. & Renshaw, P. D. (1981). Children without friends: Social knowledge and social skill training. In S. R. Asher & J. M. Gottman (Hrsg.), *The development of children's friendships.* New York: Cambridge University Press.

Asher, S. R., Singleton, L. C. & Taylor, A. R. (1982). *Acceptance versus friendship: A longitudinal study of racial integration.* Vortrag gehalten auf der Jahrestagung der American Educational Research Association, New York.

Astin, A. W., Green, K. C. & Korn, W. S. (1987). *The American freshman: Twenty year trends.* Los Angeles: Higher Education Research Institute, University of California at Los Angeles.

Astin, A. W., Green, K. C., Korn, W. S. & Schalit, M. (1986). *The American freshman: National norms for fall 1986.* Los Angeles: American Council on Education and Graduate School of Education, University of California at Los Angeles.

Avery, A. W. (1982). Escaping loneliness in adolescence: The case for androgyny. *Journal of Youth and Adolescence, 11,* 451–459.

Babson, S. G., Pernoll, M. L. & Benda, G. I. (1980). *Diagnosis and management of the fetus and neonate at risk.* St. Louis: Mosby.

Bacas, H. (1986, August). Where are the teenagers? *Nation's Business,* S. 18–25.

Bachman, J. G. (1970). *Youth in transition (Bd. 2): The impact of family background and intelligence on tenth-grade boys.* Ann Arbor, Michigan: Institute for Social Research, University of Michigan.

Bachman, J. G. & Johnston, L. D. (1979). *Fewer rebels, fewer causes: A profile of today's college freshmen.* Ann Arbor, Michigan: Survey Research Center, Institute for Social Research, University of Michigan.

Bachman, J. G., Johnston. L. D. & O'Malley, P. M. (1987). *Monitoring the future: Questionnaire responses from the nation's high school seniors: 1986.* Ann Arbor, Michigan: Institute for Social Research, University of Michigan.

Bachman, J. G., Johnston. L. D., O'Malley, P. M. & Humphrey, R. H. (1988). Differentiating the effects of perceived risks, disapproval, and general life style factors. *Journal of Health and Social Behavior, 29,* 92–112.

Bacon, M. K. & Ashmore, R. D. (1986). A consideration of the cognitive activities of parents and their role in the socialization process. In R. D. Ashmore & D. M. Brodzinsky (Hrsg.), *Thinking about the family: Views of parents and children.* Hillsdale, New Jersey: Erlbaum.

Baer, D. M. (1970). An age-irrelevant concept of development. *Merrill Palmer Quarterly, 16,* 238–245.

Banducci, R. (1967). The effect of mother's employment on the achievement aspirations, and expectations of the child. *Personnel and Guidance Journal, 46,* 263–267.

Bandura, A. (1969). *Principles of behavior modification.* New York: Holt, Rinehart and Winston.

Bandura, A. (1977). *Social learning theory.* Englewood Cliffs, New Jersey: Prentice-Hall (dt. Sozial-kognitive Lerntheorie. Stuttgart: Klett-Cotta, 1979).

Bandura, A. (1981). Self-referent thought: A developmental analysis of self-efficacy. In J. H. Flavell & L. Ross (Hrsg.), *Social cognitive development: Frontiers and possible futures.* New York: Cambridge University Press.

Bandura, A. (1982). Self-efficacy mechanism in human agency. *American Psychologist, 37,* 122–147,

Bandura, A. & Huston, A. C. (1961). Identification as a process of incidental learning. *Journal of Abnormal and Social Psychology, 63,* 311–318.

Bandura, A., Grusec, J. E. & Menlove, F. L. (1967). Vicarious extinction of avoidance behavior. *Journal of Personality and Social Psychology, 5,* 16–23.

Bandura, A. & Mischel, W. (1965). Modification of self-imposed delay of reward through exposure to live and symbolic models. *Journal of Personality and Social Psychology, 2,* 698–705.

Bane, M. J. (1986). Household composition and poverty. In S. H. Danziger & D. H. Weinberg (Hrsg.), *Fighting poverty: What works and what doesn't* (S. 209–231). Cambridge, Massachusetts: Harvard University Press.

Bank, S. & Kahn, M. D. (1975). Sisterhood-brotherhood is powerful: Sibling subsystems and family therapy. *Family Process, 14,* 311–337

Barnes, G. M. (1984). Adolescent alcohol abuse and other problem behaviors: Their relationships and common parental influences. *Journal of Adolescence and Youth, 13,* 329–348.

Barnes, H. & Olson, D. H. (1985). Parent-child communication and the circumplex model. *Child Development, 56,* 438–447.

Barnes, K. E. (1971). Preschool play norms: A replication. *Developmental Psychology, 5,* 99–103.

Barnett, M. A. (1987). Empathy and related responses in children. In N. Eisenberg & J. Strayer (Hrsg.), *Empathy and its development.* New York: Cambridge University Press.

Bar-Tal, D. (1978). Attributional analysis of achievement-related behavior. *Review of Educational Research, 48,* 259–271.

Bar-Tal, D. & Raviv, A. (1979). Consistency of helping-behavior measures. *Child Development,* 50, 1235–1238.

Baruch, G. K. (1972). Maternal influences upon college women's attitudes toward women and work. *Developmental Psychology, 6,* 32–37.

Baruch, G. K. & Barnett, R. C. (1986). Fathers' participation in family work and children's sex-role attitudes. *Child Development, 57,* 1210–1223.

Bates, E., Benigni, L., Bretherton, I., Camaioni, L. & Volterra, V. (1979). *The emergence of symbols: Cognition and communication in infancy.* New York: Academic Press.

Bates, E., Bretherton, I. & Snyder, L. (1988). *From first words to grammar.* New York: Cambridge University Press.

Bates, J. E. (1982). *Temperament as part of social relationships: Implications of perceived infant difficultness.* Vortrag gehalten auf der International Conference on Infant Studies, Austin, Texas.

Bates, J. E. & Petit, G. S. (1981). Adult individual differences as moderators of child effects. *Journal of Abnormal Child Psychology, 9,* 329–340.

Battaglia, F. C. & Simmons, A. (1978). The low-birth-weight infant. In F. Falkner & J. Tanner (Hrsg.), *Human growth (Bd. 2): Postnatal growth* (S. 507–556). New York: Plenum.

Baumrind, D. (1967). Child care practices anteceding three patterns of preschool behavior. *Genetic Psychology Monographs, 75,* 43–88.

Baumrind, D. (1968). Authoritarian vs. authoritative control. *Adolescence,* 3, 255–272.

Baumrind, D. (1971). Note: Harmonious parents and their preschool children. *Developmental Psychology, 4,* 99–102.

Baumrind, D. (1973). The development of instrumental competence through socialization. In A. D. Pick (Hrsg.), *Minnesota symposia on child psychology* (Bd. 7). Minneapolis: University of Minnesota Press.

Baumrind, D. (1975). Early socialization and adolescent competence. In S. E. Dragastin & G. H. Elder, Jr. (Hrsg.), *Adolescence in the life cycle: Psychological change and social context.* New York: Wiley.

Baumrind, D. (1978). A dialectical materialist's perspective on knowing social reality. In W. Damon (Hrsg.), *New directions in child development: Moral development.* San Francisco: Jossey-Bass.

Baumrind, D. (1988). *Familial antecedents of social competence in middle childhood.* Unveröffentlichtes Manuskript.

Behrman, R. E. & Vaughn, V. C. (1987). *Nelson textbook of pediatrics.* Philadelphia: Saunders.

Bell, A. P. (1969). Role modeling of fathers in adolescence and young adulthood. *Journal of Counseling Psychology, 16,* 30–35

Bell, A. P. & Weinberg, M. S. (1978). *Homosexualities: A study of diversity among men and women.* New York: Simon & Schuster.

Bell, A. P., Weinberg, M. S. & Hammersmith, S. K. (1981). *Sexual preference: Its development in men and women.* Bloomington: Indiana University Press.

Bell, R. (1980). *Changing bodies, changing lives: A book for teens on sex and relationships.* New York: Random House.

Bell, R. & Wildflower, L. Z. (1983). *Talking with your teenager.* New York: Random House.

Bell, R. Q. (1979). Parent, child, and reciprocal influences. *American Psychologist, 34,* 821–826.

Bell, R. Q. & Harper, L. V. (1977). *The effect of children on parents.* Hillsdale, New Jersey: Erlbaum.

Belsky, J. (1984). The determinants of parenting: A process model. *Child Development, 55,* 83–96.

Belsky, J., Lerner, R. M. & Spanier, G. B. (1984). *The child in the family.* Reading, Massachusetts: Addison-Wesley.

Belsky, J. & Rovine, M. (1987). Temperament and attachment security in the Strange Situation. *Child Development, 50,* 787–792.

Bem, S. L. (1974). The measurement of psychological androgyny. *Journal of Consulting and Clinical Psychology, 42,* 155–162.

Bem, S. L. (1981). Gender schema theory: A cognitive account of sex typing. *Psychological Review, 88,* 352–364.

Bem, S. L. (1989). Genital knowledge and gender constancy in preschool children. *Child Development, 60,* 649–662.

Bender, B. G., Linden, M. G. & Robinson, A. (1987). Environmental and developmental risk in children with sex chromosome abnormalities. *Journal of the American Academy of Child and Adolescent Psychiatry, 26,* 499–503.

Benedict, H. (1979). Early lexical development: Comprehension and production. *Journal of Child Language, 6,* 183–200.

Berndt, T. J. (1979). Developmental changes in conformity to peers and parents. *Developmental Psychology, 15,* 606–616.

Berndt, T. (1982). The features and effects of friendship in early adolescence. *Child Development, 53,* 1447–1460.

Berndt, T. J. & Bulleit, T. N. (1985). Effects of sibling relationships on preschoolers' behavior at home and at school. *Developmental Psychology, 21,* 761–767.

Berndt, T. J., Hawkins, J. A. & Hoyle, S. G. (1986). Changes in friendship during a school year: Effects on children's and adolescents' impressions of friendship and sharing with friends. *Child Development, 57,* 1284–1297.

Bernstein, A. C. & Cowen, P. A. (1981). Children's conceptions of birth and sexuality. In R. Bibace & M. E. Walsh (Hrsg.), *New directions for child development: Bd. 14. Children's conception of health, illness, and bodily functions.* San Francisco: Jossey-Bass.

Bernstein, B. (1970). A sociolinguistic approach to socialization: With some reference to educability. In F. Williams (Hrsg.), *Language and poverty: Perspectives on a theme.* Chicago: Markham.

Berry, G. & Mitchell-Kernan, C. (Hrsg.) (1982). *Television and the socialization of the minority child.* New York: Academic Press.

Bersoff, D. N. (1981). Testing and the law. *American Psychologist, 36,* 1047–1056.

Bertenthal, B. I., Proffitt, D. R. & Cutting, J. E. (1984). Infant sensitivity to figural coherence and biomechanical motions. *Journal of Experimental Child Psychology, 37,* 213–230.

Bertenthal, B. I., Proffitt, D. R., Kramer, S. J. & Spetner, M. B. (1987). Infants' coding of kinetic displays varying relative coherence. *Developmental Psychology, 23,* 171–178.

Bertoncini, J., Bijelac-Babic, B., Jusczyk, P. W., Kennedy, L. J. & Mahler, J. (1988). An investigation of young infants' perceptual representations of speech sounds. *Journal of Experimental Psychology: General, 117,* 21–33.

Bhatia, V. P., Katiyar, G. P. & Apaswol, K. N. (1979). Effect of intrauterine nutritional deprivation on neuromotor behaviour of the newborn. *Acta Paedriatrica Scandinavica, 68,* 561–573.

Bigner, J. J. (1974). Second born's discrimination of sibling role concepts. *Developmental Psychology, 10,* 564–573.

Bijou, S. & Baer, D. (1961). *Child Development 1: A systematic and empirical theory.* Englewood Cliffs, New Jersey: Prentice-Hall.

Biller, H. D. (1971). *Father, child, and sex role.* Lexington, Massachusetts: Heath.

Bishop, J. E. (18. November 1986). Genetic omen: Chromosome impairment linked to mental impairment raises abortion issue. *The Wall Street Journal,* S. 1, 31.

Bixenstine, V. E., DeCorte, M. S. & Bixenstine, B. A. (1976). Conformity to peer-sponsored misconduct at four grade levels. *Developmental Psychology, 12,* 226–236.

Blasi, A. (1980). Bridging moral cognition and moral action: A critical review of the literature. *Psychological Bulletin, 88,* 1–45.

Blasi, A. (1983). Moral cognition and moral action: A theoretical perspective. *Developmental Review, 3,* 178–210.

Blasi, A. (1984). Moral identity: Its role in moral functioning. In W. M. Kurtines & J. L. Gewirtz (Hrsg.), *Moral behavior, and moral development* (S. 128–139). New York: Academic Press.

Blass, E. M., Ganchrow, J. R. & Steiner, J. E. (1984). Classical conditioning in newborn humans 2–48 hours of age. *Infant Behavior and Development, 7,* 223–235.

Bliss, D. C. (1977). The effects of the juvenile justice system on self-concept. *Criminal Justice Abstracts, 10,* 297–298.

Block, J. H. (1984). *Sex role identity and ego development.* San Francisco: Jossey-Bass.

Block, J. H. & Block, J. (1980). The role of ego-control and ego-resiliency in the organization of behavior. In W. A. Collins (Hrsg.), *Minnesota symposium on child psychology: Bd. 13. Development of cognition, affect, and social relations.* Hillsdale, New Jersey: Erlbaum.

Block, J. & Block, J. H. (1973). *Ego development and the provenance of thought: A longitudinal study of ego and cognitive development in young children.* (Progress report for National Institute of Mental Health.)

Bloom, L. M., Hood, L. & Lightbown, P. (1974). Imitation in language development: If, when, and why. *Cognitive Psychology, 6,* 380–420.

Bloom, L., Lahey, L., Hood, L., Lifter, K. & Fiess, K. (1980). Complex sentences: Acquisition of syntactic connectives and the semantic relations they encode. *Journal of Child Language, 7,* 235–261.

Bloom, L., Rocissano, L. & Hood, L. (1976). Adult-child discourse: Developmental interaction between linguistic processing and linguistic knowledge. *Cognitive Psychology, 8,* 521–552.

Blum, R. H., et al. (1972). *Horatio Alger's children.* San Francisco: Jossey-Bass.

Blyth, D., Hill, J. & Thiel, K. (1982). Early adolescents' significant others: Grade and gender differences in perceived relationship with familial and non-familial adults and young people. *Journal of Youth and Adolescence, 11,* 425–440.

Blyth, D. A., Simmons, R. G., Bulcroft, R., Felt, D., VanCleave, E. F. & Bush, D. M. (1981). The effects of physical development on self-image and satisfaction with body-image for early adolescent males. In R. G. Simmons (Hrsg.), *Research in Community and Mental Health, 2,* 43–73.

Bogatz, G. A. & Ball, S. (1971). *The second year of 'Sesame Street': A continuing evaluation* (Bde. 1 und 2). Princeton, New Jersey: Educational Testing Service.

Bohman, M., Sigvardsson, S. & Cloninger, R. (1981). Maternal inheritance of alcohol abuse. *Archives of General Psychiatry, 38,* 965–969.

Borek, E. (1973). *The sculpture of life.* New York: Holt, Rinehart and Winston.

Bornstein, M. H., Kessen, W. & Weiskopf. (1975). The categories of hue in infancy. *Science, 191,* 201–202.

Borow, H. (1976). Career development. In J. F. Adams (Hrsg.), *Understanding adolescence.* Boston: Allyn & Bacon.

Bouchard, T. J., Jr. & McGee, M. G. (1981). Familial studies of intelligence: A review. *Science, 212,* 1055–1059.

Bourne, E. (1978a). The state of research on ego identity: A review and appraisal (Part 1). *Journal of Youth and Adolescence, 7,* 223–251.

Bourne, E. (1978b). The state of research on ego identity: A review and appraisal (Part 2). *Journal of Youth and Adolescence, 7,* 371–392.

Bowerman, M. (1978). Systematizing semantic knowledge. *Child Development, 49,* 977–987.

Bowerman, M. F. (1981). Cross-cultural perspectives on language development. In H. C. Triandis (Hrsg.), *Handbook of Cross-cultural Psychology.* Boston: Allyn & Bacon.

Bowlby, J. (1969). *Attachment and loss.* New York: Basic Books (dt. Bindung: eine Analyse der Mutter-Kind-Beziehung. München: Kindler, 1980).

Boxer, A. M. & Petersen, A. C. (1986). Pubertal change in a family context. In G. K. Leigh & G. W. Peterson (Hrsg.), *Adolescents in families* (S. 73–103). Cincinnati: South-Western Publishing Company.

Brackbill, Y. (1976). Long-term effects of obstetrical anaesthesia on infant autonomic function. *Developmental Psychobiology, 9,* 353–358.

Brackbill, Y. (1979). Obstetrical medication and infant behavior. In J. Osofsky (Hrsg.), *Handbook of Infant Development* (S. 76–125). New York: Wiley.

Bradley, R. H. & Caldwell, B. (1984). The relation of infants' home environments to achievement test performance in first grade: A follow-up study. *Child Development, 55,* 803–809.

Bradley, R. H., Caldwell, B. M. & Elardo, R. (1977). Home environment, social class, and mental test performance. *Journal of Educational Psychology, 69,* 697–701.

Braine, M. D. S. (1963). The ontogeny of English phrase structures: The first phase. *Language, 39*, 1–13.

Brainerd, C. J. (Hrsg.) (1983). *Recent advances in cognitive-developmental theory: Progress in cognitive development research.* New York: Springer-Verlag.

Braithwaite, J. (1981). The myth of social class and criminality reconsidered. *American Sociological Review, 46*, 36–57.

Brand, D. (31. August 1987). The new whiz kids. *Time*, S. 42–51.

Brandt, J. (1978). Growth dynamics of low-birth-weight infants with emphasis on the perinatal period. In F. Falkner & J. Tanner (Hrsg.), *Human growth: Bd. 2. Postnatal growth.* New York: Plenum.

Brannigan, M. A. (2. September 1986). Shortage of youths brings wide changes to labor market. *The Wall Street Journal*, S. 1, 22.

Braukmann, C. J., Ramp, K. K., Tigner, D. N. & Wolf, M. M. (1984). The teaching family approach to training group-home parents. In R. F. Dangel & R. A. Polster (Hrsg.), *Parent training: Foundations of research and practice* (S. 144–161). New York: Guilford.

Bregman, J. D., Dykens, E., Watson, M., Ort, S. J. & Leckman, J. F. (1987). Fragile-X syndrome: Variability of phenotypic expression. *Journal of the Academy of Child and Adolescent Psychiatry, 26*, 463–471.

Brennan, T. (1980). Mapping the diversity of runaways: A descriptive multivariate analysis of selected social psychological background conditions. *Journal of Family Issues, 1*, 189–209.

Brennan, T. (1982). Loneliness at adolescence. In L. A. Peplau & D. Perlman (Hrsg.), *Loneliness: A sourcebook of current theory, research, and therapy.* New York: Wiley.

Brennan, T., Huizinga, D. & Elliott, D. S. (1978). *The social psychology of runaways.* Lexington, Massachusetts: D. C. Heath.

Brent, R. L. & Harris, M. J. (1976). *Prevention of embryonic, fetal, and perinatal disease* (Bd. 3). Fogarty International Center Series on Preventive Medicine.

Bretherton, J. (1987). New perspectives on attachment relations. In J. D. Osofsky (Hrsg.), *Handbook of Infant Development* (2. Aufl., S. 1061–1100). New York: Wiley.

Bretherton, J., Fritz, J., Zahn-Waxler, C. & Ridgeway, D. (1986). Learning to talk about emotions: A functionalist perspective. *Child Development, 57*, 529–548.

Brim, O. G. (1958). Family structure and sex role learning by children. *Sociometry, 21*, 1–16.

Brinkley, J. (1. Oktober 1986). Drug use held mostly stable or lower. *The New York Times*, S. 10.

Brittain, C. V. (1961). Age and sex of siblings and conformity toward parents versus peers in adolescence. *Child Development, 37*, 709–714.

Brittain, C. V. (1969). A comparison of rural and urban adolescents with respect to parent vs. peer compliance. *Adolescence, 13*, 59–68.

Brody, G. H., Pellegrini, A. D. & Sigel, J. E. (1986). Marital quality and mother-child and father-child interactions with school-aged children. *Developmental Psychology, 22*, 291–296.

Broman, S. H., Nichols, P. L. & Kennedy, W. A. (1975). *Preschool IQ: Prenatal and early developmental correlates.* Hillsdale, New Jersey: Erlbaum.

Bronfenbrenner, U. (1970). *Two worlds of childhood: U.S. and U.S.S.R.* New York: Russell Sage (dt. Zwei Welten. Kinder in USA und UdSSR. Stuttgart: Deutsche Verlagsanstalt, 1972).

Bronfenbrenner, U. (1979). *The ecology of human development: Experiments by nature and design.* Cambridge, Massachusetts: Harvard University Press (dt. Die Ökologie der menschlichen Entwicklung. Frankfurt/M.: Fischer, 1989).

Bronfenbrenner, U. (1986). Ecology of family as a context for human development: Research perspectives. *Developmental Psychology, 22*, 723–742.

Bronfenbrenner, U., Alvarez, W. & Henderson, C. R., Jr. (1984). Working and watching: Maternal employment status and parents' perceptions of their three-year-old children. *Child Development, 55*, 1362–1378.

Bronfenbrenner, U. & Crouter, A. (1981). *Work and family through time and space.* Unveröffentlichtes Manuskript, 1981. A report prepared for the Panel on Work, Family and Community, Committee on Child Development Research and Public Policy. National Academy of Sciences, National Research Council.

Bronson, W. (1975). Peer-peer interactions in the second year of life. In M. Lewis & L. A. Rosenblum (Hrsg.), *Friendship and peer relations*. New York: Wiley.

Brook, J. S., Lukoff, J. F. & Whiteman, M. (1980). Initiation into adolescent marijuana use. *Journal of Genetic Psychology, 137*, 133–142.

Brooks-Gunn, J. & Ruble, D. N. (1983). The development of menstrual-related beliefs and behaviors during early adolescence. *Child Development, 53*, 1567–1577.

Brooks-Gunn, J. & Ruble, D. N. (1984). The experience of menarche from a developmental perspective. In J. Brooks-Gunn & A. C. Petersen (Hrsg.), *Girls at puberty: Biological, psychological, and social perspectives*. New York: Plenum.

Brophy, J. (1985). Interactions of male and female students with male and female teachers. In L. C. Wilkinson & C. B. Barett (Hrsg.), *Gender influences in classroom interaction* (S. 115–142). New York: Academic Press.

Brown, A. L. (1975). The development of memory: Knowing, knowing about knowing, and knowing how to know. In H. W. Reese (Hrsg.), *Advances in child development and behavior* (Bd. 10). New York: Academic Press.

Brown, A. L., Bransford, J. D., Ferrara, R. A. & Campione, J. C. (1983). Learning, remembering, and understanding. In P. H. Mussen (Reihenhrsg.), J. H. Flavell & E. M. Markman (Hrsg.), *Handbook of Child Psychology: Bd. 3. Cognitive development* (4. Aufl., S. 77–166). New York: Wiley.

Brown, B. B., Clasen, D. R. & Eicher, S. A. (1986). Perceptions of peer pressure, peer conformity, dispositions, and self-reported behavior among adolescents. *Developmental Psychology, 22*, 521–530.

Brown, G. E., Wheeler, K. J. & Cash, M. (1980). The effects of a laughing versus a nonlaughing model on humor responses in preschool children. *Journal of Experimental Psychology, 29*, 334–339.

Brown, G. W., Harris, T. O. & Bifulco, A. (1986). In M. Rutter, C. E. Izard & P. B. Read (Hrsg.), *Depression in young people: Developmental and clinical perspectives* (S. 251–296). New York: Guilford.

Brown, R. (1958). How shall a thing be called? *Psychological Review, 65*, 14–21.

Brown, R. (1973). *A first language: The early stages*. Cambridge, Massachusetts: Harvard University Press.

Brown, W. T., Jenkins, E. C., Friedman, E., et al. (1982). Autism is associated with the fragile X syndrome. *Journal of Autism and Developmental Disorders, 12*, 303–307.

Bruch, H. (1973). *Eating disorders*. New York: Basic Books (dt. Eßstörungen. Frankfurt/M: Fischer, 1991).

Bruner, J. S. (1975). From communication to language: A psychological perspective. *Cognition, 3*, 255–287.

Bruner, J. S., Jolly, A. & Sylva, K. (1976). *Play: Its role in development and evolution*. London: Kenwood.

Brunnquell, D., Crichton, L. & Egeland, B. (im Druck). Maternal personality and attitude in disturbances of childrearing. *Journal of Orthopsychiatry*.

Brunswick, A. F. & Boyle, J. M. (1979). Patterns of drug involvement: Developmental and secular influences on age of initiation. *Youth and Society, 11*, 139–162.

Brunswick, A. F. & Meseri, P. A. (1984). Origins of cigarette smoking in academic achievement, stress, and social expectations: Does gender make a difference? *Journal of Early Adolescence, 4*, 353–370.

Bryant, B. & Crockenberg, S. (1980). Correlates and discussion of prosocial behavior: A study of female siblings with their mothers. *Child Development, 51*, 529–544.

Bryant, B. J. (1982). Sibling relationships in middle childhood. In M. E. Lamb & B. Sutton-Smith (Hrsg.), *Sibling relationships*. Hillsdale, New Jersey: Erlbaum.

Brynner, J., O'Malley, P. & Bachman, J. (1981). Self-esteem and delinquency revisited. *Journal of Youth and Adolescence, 10*, 407–441.

Bullinger, A. & Chatillon, J. F. (1983). Recent theory and research of the Genevan school. In P. H. Mussen (Reihenhrsg.), J. H. Flavell & E. M. Markman (Hrsg.), *Handbook of Child Psychology. Bd. 3: Cognitive development* (4. Aufl., S. 231–262). New York: Wiley.

Burchard, J. D. & Harig, P. T. (1976). Behavior modification and juvenile delinquency. In H. Leiternberg (Hrsg.), *Handbook of Behavior Modification and Behavior Therapy* (S. 405–452). Englewood Cliffs, New Jersey: Prentice-Hall.

Burgess, R. L. & Conger, R. D. (1978). Family interaction in abusive, neglectful and normal families. *Child Development, 49,* 1163–1173.

Burt, M. R. (1986). Estimating the public costs of teenage childbearing. *Family Planning Perspectives, 18,* 221–226.

Buss, A. H. & Plomin, R. (1984). *Temperament: Early developing personality traits.* Hillsdale, New Jersey: Erlbaum.

Byrne, D. & Griffitt, W. B. (1966). A developmental investigation of the law of attraction. *Journal of Personality and Social Psychology, 4,* 699–702.

Cairns, R. B. (1983). An evolutionary and developmental perspective on aggressive patterns. In C. Zahn-Waxler, E. M. Cummings, R. Iannotti (Hrsg.), *Altruism and aggression.* New York: Cambridge University Press.

Calvert, S. L. & Huston, A. C. (1987). Television and children's gender schemata. In L. Liben & M. Signorella (Hrsg.), *New directions in child development: Bd. 38. Children's gender schemata: Origins and implications* (S. 75–88). San Francisco: Jossey-Bass.

Campbell, A. (1984). *The girls in the gang.* Oxford: Basil Blackwell.

Campbell, S. (1979). Mother-infant interaction as a function of maternal ratings of temperament. *Child Psychiatry and Human Development, 10,* 67–76.

Campbell, S. B. (1983). Developmental perspectives on child psychopathology. In T. H. Ollendick & M. Hersen (Hrsg.), *Handbook of Child Psychopathology* (S. 13–40). New York: Plenum.

Campbell, T. A., Wright, J. C. & Huston, A. C. (1987). Form cues and content difficulty as determinants of children's cognitive processing of televised educational messages. *Journal of Experimental Child Psychology, 43,* 311–327.

Campos, J. J., Barrett, K. C., Lamb, M. E., Goldsmith, H. H. & Stenberg, C. (1983). Socioemotional development. In P. H. Mussen (Reihenhrsg.), M. M. Haith & J. J. Campos (Hrsg.), *Handbook of Child Psychology: Bd. 2. Infancy and developmental psychobiology* (S. 783–916). New York: Wiley.

Campos, J., Hiatt, S., Ramsay, D., Henderson, C. & Svejda, M. (1978). The emergence of fear on the visual cliff. In M. Lewis & L. Rosenblum (Hrsg.), *The origins of affect.* New York: Plenum.

Campos, J. J., Langer, A. & Krawitz, A. (1970). Cardiac responses on the visual cliff in prelocomotor human infants. *Science, 170,* 196–198.

Campos, J., Svejda, M., Bertenthal, B., Benson, N. & Schmid, D. (1981, April). *Self produced locomotion and wariness of heights.* Vortrag gehalten auf dem Biennial Meeting of the Society for Research in Child Development, Boston.

Cancro, R. (1983). History and overview of schizophrenia. In H. J. Kaplan & B. J. Sadock, *Comprehensive textbook of psychiatry* (Bd. I, S. 631–642). Baltimore: Williams and Wilkins.

Cann, A. & Newbern, S. R. (1984). Sex stereotype effects on children's picture recognition. *Child Development, 55,* 1085–1090.

Canter, R. J. (1982). Family correlates of male and female delinquency. *Criminology, 20,* 149–160.

Cantor, J. & Sparks, G. G. (1984). Children's fear responses to mass media: Testing some Piagetian predictions. *Journal of Communication, 34,* 90–103.

Cantor, J. & Wilson, B. J. (1984). Modifying fear responses to mass media in preschool and elementary school children. *Journal of Broadcasting, 28,* 431–443.

Caparulo, B. & Zigler, E. (1983). The effects of mainstreaming on success expectancy and imitation in mildly retarded children. *Peabody Journal of Education, 60,* 85–98.

Caplow, T. & Bahr, H. M. (1979). Half a century of change in adolescent attitudes: Replication of a Middletown survey by the Lynds. *Public Opinion Quarterly,* 1–17.

Carlson, G. A. & Cantwell, D. P. (1980a). A survey of depressive symptoms, syndrome and disorder in a child psychiatric population. *Journal of Child Psychology and Psychiatry, 21,* 19–25.

Carlson, G. A. & Cantwell, D. P. (1980b). Unmasking masked depression in children and adolescents. *American Journal of Psychiatry, 137,* 445–449.

Carmichael, L., Hogan, H. P. & Walter, A. A. (1932). An experimental study of the effect of language on reproduction of visually perceived form. *Journal of Experimental Psychology, 15,* 73–86.

Caro, F. G. (1966). Social class and attitudes of youth relevant for the realization of adult goals. *Social Forces, 44,* 492–498.

Carpenter, C. J. (1983). Activity structure and play: Implications for socialization. In M. B. Liss (Hrsg.), *Social and cognitive skills. Sex roles and children's play.* New York: Academic Press.

Case, R. (1986). The new stage theories in intellectual development: Why we need them; What they assert. In M. Perlmutter (Hrsg.), *Minnesota symposia on child psychology: Bd. 19. Perspectives on intellectual development* (S. 57–96). Hillsdale, New Jersey: Erlbaum.

Catz, C. & Yaffe, S. J. (1978). Developmental pharmacology. In F. Falkner & J. M. Tanner (Hrsg.), *Human growth: Bd. 1. Principles and prenatal growth.* New York: Plenum.

Caudill, W. & Frost, L. A. (1973). A comparison of maternal care and infant behavior in Japanese-American, American, and Japanese families. In W. Lebra (Hrsg.), *Youth, socialization, and mental health.* Honolulu: University Press of Hawaii.

Cavior, N. & Dokecki, P. R. (1973). Physical attractiveness, perceived attitude similarity, and academic achievement as contributors to interpersonal attraction among adolescents. *Developmental Psychology, 9,* 44–54.

CDF Reports, Januar, 1988, 9, Nr. 8, S. 1.

Ceci, S. J., Toglia, M. P. & Ross, D. F. (Hrsg.) (1987). *Children's eyewitness memory.* New York, Heidelberg: Springer-Verlag.

Cerra, F. (11. Mai 1980). Study finds college women still aim for traditional jobs. *The New York Times.*

Challman, R. C. (1932). Factors influencing friendships among preschool children. *Child Development, 3,* 146–158.

Chandler, M. J. (1973). Egocentrism and antisocial behavior: The assessment and training of social perspective-taking skills. *Developmental Psychology, 9,* 326–332.

Chapman, M. (1977). Father absence, stepfathers, and the cognitive performance of college students. *Child Development, 48,* 1152–1154.

Charlesworth, W. (1966). *Development of the object concept.* Vortrag gehalten auf der Tagung der American Psychological Association, New York.

Cheyne, J. A. & Rubin, K. H. (1983). Playful precursors of problem solving in preschoolers. *Developmental Psychology, 19,* 577–584.

Chi, M. R. H. (1978). Knowledge structures and memory development. In R. Siegler (Hrsg.), *Children's thinking: What develops?* Hillsdale, New Jersey: Erlbaum.

Children's Defense Fund (1987). *A children's defense budget.* Washington DC: Children's Defense Fund.

Chilman, C. S. (1983). *Adolescent sexuality in a changing American society: Social and psychological perspectives* (2. Aufl.). Washington, DC: U.S. Government Printing Office.

Ching, W. (1982). The one-child family in China: Need for psychosocial research. *Studies in Family Planning, 13,* 208–312.

Chomsky, N. (1957). *Syntactic structures.* The Hague: Mouton (dt. Strukturen der Syntax. Berlin: Mouton de Gruyter, 1973).

Chomsky, N. (1959). (Rezension des Buches "Verbal behavior" von B. F. Skinner). *Language, 35,* 26–58.

Christensen, H. & Gregg, C. (1970). Changing sex norms in America and Scandinavia. *Journal of Marriage and the Family, 32,* 616–627.

Chudley, A. (1984). Behavior phenotype. In A. Chudley & G. Sutherland (Hrsg.), *Conference Report: International Workshop on the Fragile X Syndrome and X-Linked Mental Retardation.* American Journal of Medical Genetics, 17, 45–53.

Cicirelli, V. G. (1972). The effect of sibling relationship on concept learning of young children taught by child-teachers. *Child Development, 43,* 282–287.

Cicirelli, V. G. (1973). Effects of sibling structure and interaction on children's categorization style. *Developmental Psychology, 9,* 132–139.

Cicirelli, V. G. (1975). Effects of mother and older sibling on the problem-solving behavior of the younger children. *Developmental Psychology, 11,* 749–756.

Clark, E. V. (1973). What's in a word? On the child's acquisition of semantics in his first language. In T. E. Moore (Hrsg.), *Cognitive development and the acquisition of language.* New York: Academic Press.

Clark, E. V. & Anderson, E. S. (1979). *Spontaneous repairs: Awareness in acquiring language.* Vortrag gehalten auf der Tagung der Society for Research in Child Development, San Francisco.

Clarke-Stewart, K. A. & Hevey, C. M. (1981). Longitudinal relations in repeated observations of mother-child interactions from 1 to 2 and one-half years. *Developmental Psychology, 17,* 127–145.

Clary, E. G. & Miller, J. (1986). Socialization and situational influences on sustained altruism. *Child Development, 57,* 1358–1369.

Clasen, D. R. & Brown, B. B. (1985). The multidimensionality of peer pressure in adolescence. *Journal of Youth and Adolescence, 14,* 451–468.

Clausen, J. A. (1975). The social meaning of differential physical and sexual maturation. In S. E. Dragastin & G. H. Elder, Jr. (Hrsg.), *Adolescence in the life cycle: Psychological change and social context.* New York: Wiley.

Cleary, T. A., Humphreys, L. G., Kendrick, S. A. & Wesman, A. (1975). Educational use of tests with disadvantaged students. *American Psychologist, 36,* 15–41.

Clingenpeel, W. G. & Segal, S. (1986). Stepparent-stepchild relationships and the psychological adjustment of children in stepmother and stepfather families. *Child Development, 57,* 474–484.

Cloringer, C. R. (1987). Genetic principles and methods in high-risk studies of schizophrenia. *Schizophrenia Bulletin, 13,* 515–523.

Cloward, R. A. & Ohlin, L. E. (1960). *Delinquency and opportunity: A theory of delinquent gangs.* New York: Free Press.

Clymer, A. (2. September 1986). Public found ready to sacrifice in drug fight. *The New York Times,* S. 1, 16.

Cohen, D. J., Dibble, E. & Grawe, J. M. (1977). Fathers' and mothers' perceptions of children's personality. *Archives of General Psychiatry, 34,* 480–487.

Cohler, B. J. & Boxer, A. M. (1984). Settling into the world: Person, time and context in the middle-adult years. In D. Offer & M. Sabshin (Hrsg.), *Normality and the life cycle.* New York: Basic Books.

Cohn, J. F. & Tronick, E. Z. (1987). Mother-infant face-to-face interaction. *Developmental Psychology, 23,* 68–77.

Coie, J. D. & Dodge, K. A. (1983). Continuities and changes in children's social status: A five-year longitudinal study. *Merrill-Palmer Quarterly, 29,* 261–282.

Colby, A., Kohlberg, L., Gibbs, J. & Lieberman, M. (1983). A longitudinal study of moral judgment. *Monographs of the Society for Research in Child Development, 48* (Reihennr. 200).

Cole, N. S. (1981). Bias in testing. *American Psychologist, 36,* 1067–1077.

Coleman, J. C. (1980). *The nature of adolescence.* London: Methuen.

Colletta, N. D. (1981). *The influence of support systems on the maternal behavior of young mothers.* Vortrag gehalten auf der Tagung der Society for Research in Child Development, Boston.

Colletta, N. D. (1983). At risk for depression: A study of young mothers. *Journal of Genetic Psychology, 142,* 301–310.

Collins, W. A. (1982). Cognitive processing in television viewing. In D. Pearl, L. Bouthilet & J. Lazar (Hrsg.), *Television and behavior: Ten years of scientific progress and implications for the eighties.* Washington, DC: U.S. Government Printing Office.

Colombo, J. (1986). Recent studies in early auditory development. *Annals of Child Development, 3,* 53–96. JAI Press.

Committee to Study the Health-Related Effects of Cannabis and its Derivations (1982). National Academy of Sciences, Institute of Medicine. *Marihuana and health.* Washington, DC: National Academy Press.

Comstock, G. & Cobbey, R. E. (1978). Television and the children of ethnic minorities. *Journal of Communication, 29,* 104–115.

Conger, J. J. (1973). *Adolescence and youth: Psychological development in a changing world.* New York: Harper & Row.

Conger, J. J. (1976). Roots of alienation. In B. Wolman (Hrsg.), *International encyclopedia of neurology, psychiatry, psychoanalysis, and psychology.* New York: McGraw-Hill.

Conger, J. J. (1977a). *Adolescence and youth: Psychological development in a changing world* (2. Aufl.). New York: Harper & Row.

Conger, J. J. (1977b). Parent-child relationships, social change, and adolescent vulnerability. *Journal of Pediatric Psychology, 2,* 93–97 .

Conger, J. J. (1979). *Adolescence: Generation under pressure.* New York: Harper & Row.

Conger, J. J. (1980). A new morality: Sexual attitudes and behavior of contemporary adolescents. In P. H. Mussen, J. J. Conger, J. Kagan (Hrsg.), *Readings in child and adolescent psychology: Contemporary perspectives.* New York: Harper & Row.

Conger, J. J. (1981). Freedom and commitment: Families, youth, and social change. *American Psychologist, 36,* 1475–1484.

Conger, J. J. (1987). Behavioral medicine and health psychology in a changing world. *Child Abuse and Neglect, 11,* 443–453.

Conger, J. J. (1988). Hostages to fortune: Youth, values, and the public interest. *American Psychologist, 43,* 291–300.

Conger, J. J. (im Druck). *Adolescence and youth: Psychological development in a changing world* (4. Aufl.). New York: Harper & Row.

Conger, J. J. & Miller, W. C. (1966). *Personality, social class, and delinquency.* New York: Wiley.

Conger, J. J. & Petersen, A. C. (1984). *Adolescence and youth: Psychological development in a changing world* (3. Aufl.). New York: Harper Row.

Conger, R., Burgess, R. & Barrett, C. (1979). Child abuse related to life change and perceptions of illness: Some preliminary findings. *Family Coordinator, 28,* 73–78.

Congressional Budget Office (1988). *Trends in family income: 1970–1988.* Washington, DC: Congressional Budget Office.

Connolly, J., Doyle, A. B. & Ceschin, F. (1983). Forms and functions of social fantasy play in preschoolers. In M. B. Liss (Hrsg.), *Social and cognitive skills: Sex roles and children's play* (S. 71–92). New York: Academic Press.

Conway, E. & Brackbill, Y. (1970). Delivery medication and infant outcomes: An empirical study. In W. A. Bowes, Y. Brackbill, E. Conway & A. Steinschneider (Hrsg.), The effects of obstetrical medication on fetus and infant. *Monographs of the Society for Research in Child Development, 35(4),* 24–34.

Cook, T., Goldman, J. & Olczak, P. (1978). The relationship between self-esteem and interpersonal attraction in children. *Journal of Genetic Psychology, 132,* 149–150.

Cook, T. D., Appleton, H., Conner, R. F., Shaffer, A., Tabkin, C. & Weber, S. J. (1975). *"Sesame Street" revisited.* New York: Russell Sage.

Cooper, C. R. (1977, März). *Collaboration in children: Dyadic interaction skills in problem solving.* Vortrag gehalten auf dem Biennial Meeting of the Society for Research in Child Development, New Orleans.

Cooper, C. R. & Ayers-Lopez, S. (1985). Family and peer systems in early adolescence: New models of the role of relationships in development. *Journal of Early Adolescence, 5,* 9–21.

Cooper, C. R. & Grotevant, H. D. (1987). Gender issues in the interface of family experience and adolescents' friendship and dating identity. *Journal of Youth and Adolescence, 16,* 247–264.

Cooper, C. R., Grotevant, H. D. & Condon, S. M. (1983). Individuality and connectedness in the family as a context for adolescent identity formation and role-taking skill. In H. D. Grotevant & C. R. Cooper (Hrsg.), *Adolescent development in the family* (S.43–60). San Francisco: Jossey-Bass.

Cooper, H. M. (1979). Pygmalion grows up: A model for teacher expectation communication and performance influence. *Review of Educational Research, 49,* 389–410.

Corah, N. L., Anthony, E. J., Painter, P., Stern, J. A. & Thurston, D. (1965). Effects of perinatal anoxia after 7 years. *Psychological Monographs, 79,* 1–34.

Corby, D. G. (1978). Aspirin in pregnancy: Maternal and fetal effects. *Pediatrics, 62,* 930–937.

Cordua, G. D., McGraw, K. O. & Drabman, R. S. (1979). Doctor or nurse: Children's perceptions of sex-typed occupations. *Child Development, 50,* 590–593.

Corrigan, R. (1978). Language development as related to stage 6 object permanence development. *Child Language,* 5, 173–179.

Corsaro, W. (1981). Friendship in the nursery school: Social organization in a peer environment. In S. R. Asher & J. M. Gottman (Hrsg.), *The development of children's friendships.* Cambridge, Massachusetts: Cambridge University Press.

Costanzo, P. R. (1970). Conformity development as a function of self-blame. *Journal of Personality and Social Psychology, 14,* 366–374.

Costanzo, P. R., Coie, J. D., Grumet, J. F. & Farnill, D. (1973). A reexamination of the effects of intent and consequence on children's moral judgments. *Child Development, 44,* 154–161.

Costanzo, P. R. & Shaw, M. E. (1966). Conformity as a function of age level. *Child Development, 37,* 967–975.

Covington, M. & Omelich, C. (1979). Effort: The double-edged sword in school achievement. *Journal of Educational Psychology, 71,* 169–182.

Crandall, V. C. (1969). Sex differences in expectancy of intellectual and academic reinforcement. In C. P. Smith (Hrsg.), *Achievement related motives in children* (S. 11–45). New York: Russell Sage.

Crandall, V. C. (1978, August). *Expecting sex differences and sex differences in expectancies.* Vortrag gehalten auf der Jahrestagung der American Psychological Association, Toronto.

Cravioto, J. & DeLicardie, E. R. (1978). Nutrition, mental development, and learning. In F. Falkner & M. Tanner (Hrsg.), *Human growth: Bd. 3. Neurobiology and nutrition.* New York: Plenum.

Cressey, D. R. & Ward, D. A. (1969). *Delinquency, crime, and social process.* New York: Harper & Row.

Crockenberg, S. (1981). Infant irritability, mother responsiveness, and social support influences on the security of infant-mother attachment. *Child Development, 52,* 857–865.

Crockett, L. J. & Petersen, A. C. (1987). Pubertal status and psychosocial development: Findings from the early adolescent study. In R. M. Lerner & T. T. Foch (Hrsg.), *Biological and psychosocial interactions in early adolescence: A life-span perspective* (S. 173–188). Hillsdale, New Jersey: Erlbaum.

Cross, W. E., Jr. (1985). Black identity: Rediscovering the distinction between personal identity and reference group orientation. In M. B. Spencer, G. K. Brookins & W. R. Allen (Hrsg.), *Beginnings: The social and affective development of black children* (S. 155–172). Hillsdale, New Jersey: Erlbaum.

Curran, D. K. (1987). *Adolescent suicidal behavior.* Washington, DC: Hemisphere Publishing Corporation.

Curran, J. W., Jaffee, H. W., Hardy, A. M., Morgan, W. M., Selik, R. M., Dondero, T. J. & Fareir, A. S. (1988). Epidemiology of HIV infection and AIDS in the United States. *Science, 239,* 610–616.

Curtiss, S. (1977). *Genie: A psycholinguistic study of a modern-day "wild-child".* New York: Academic Press.

Daehler, M. W. & Bukatko, D. (1985). *Cognitive development.* New York: Knopf.

Dale, P. (1976). *Language development structure and function* (2. Aufl.). New York: Holt, Rinehart and Winston.

Damon, W. (1977). *The social world of the child.* San Francisco: Jossey-Bass (dt. Die soziale Welt des Kindes. Frankfurt/M.: Suhrkamp, 1984).

Damon, W. (1983). *Social and personality development.* New York: Norton.

Damon, W. & Hart, D. (1982). The development of self-understanding from infancy through adolescence. *Child Development, 53,* 841–864.

Daniels, D., Dunn, J., Furstenberg, F. F. & Plomin, R. (1985). Environmental differences with the family and adjustment differences within pairs of siblings. *Child Development, 56,* 764–774.

Darville, D. & Cheyne, J. A. (1981). *Sequential analysis of response to aggression: Age and sex effects.* Vortrag gehalten auf dem Biennial Meeting of the Society for Research in Child Development, Boston.

David, A., DeVault, S. & Talmadge, M. (1961). Anxiety, pregnancy, and childbirth abnormalities. *Journal of Consulting Psychology, 25,* 74–77.

Davis, J. M. & Rovee-Collier, C. K. (1983). Alleviated forgetting of a learned contingency in eight week old infants. *Developmental Psychology, 19,* 353–365.

Davitz, J. R. (1955). Social perception and sociometric choice in children. *Journal of Abnormal and Social Psychology, 50,* 173–176.

Dawson, D. A. (1986). The effects of sex education on adolescent behavior. *Family Planning Perspectives, 18,* 162–170.

Dean, R. A. (1982). Youth: Moonies' target population. *Adolescence, 17,* 567–574.

Deemer, D. (im Druck). *Life experiences and moral judgment development.* Doctoral dissertation. Minneapolis: University of Minnesota.

DeFries, J. C. & Plomin, R. (1978). Behavioral genetics. *Annual Review of Psychology, 29,* 473–515.

de la Cruz, F. (1985). Fragile X syndrome. *American Journal of Medical Genetics, 23,* 573–580.

Detera-Wadeigh, S. D., Berrettin, W. H., Goldin, L. R., Boorman, D., Anderson, S. & Gershon, E. S. (1987). Close linkage of c-Harveyras-1 and the insulin gene to affective psychosis is ruled out in three North American pedigrees. *Nature, 325,* 806–808.

de Villiers, J. A. & de Villiers, P. A. (1978). *Language acquisition.* Cambridge, Massachusetts: Harvard University Press.

Diamond, A. (1985). Development of the ability to use recall to guide action, as indicated by infants' performance, on AB. *Child Development, 56,* 868–883.

Diener, C. J. & Dweck, C. S. (1978). An analysis of learned helplessness: Continuous changes in performance, strategy, and achievement cognitions following failure. *Journal of Personality and Social Psychology, 36,* 451–462.

Diener, C. J. & Dweck, C. S. (1980). An analysis of learned helplessness: II. The processing of success. *Journal of Personality and Social Psychology, 39,* 940–952.

Dietz, W. H., Jr. & Gortmaker, S. L. (1985). Do we fatten our children at the television set? Obesity and television viewing in children and adolescents. *Pediatrics, 75,* 807–812.

Dix, T. H. & Grusec, J. E. (1985). Parent attribution processes in the socialization of children. In J. E. Sigel (Hrsg.), *Parental belief systems: The psychological consequences for children.* Hillsdale, New Jersey: Erlbaum.

Dixson, M. C. & Wright, W. E. (1975). *Juvenile delinquency prevention programs: An evaluation of policy-related research on the effectiveness of prevention programs.* Nashville, Tennessee: Office of Education Services, Peabody College for Teachers.

Dlugokinski, E. L. & Firestone, I. J. (1974). Other centeredness and susceptibility to charitable appeals: Effects of perceived discipline. *Developmental Psychology, 10,* 21–28.

Dobbing, J. (1976). The later development of central nervous system and its vulnerability. In A. V. Davison & J. Dobbing (Hrsg.), *Scientific foundations of Pediatrics.* London: Heinemann.

Dodge, K. A. (1980). Social cognition and children's aggressive behavior. *Child Development, 51,* 162–170.

Dodge, K. A. (1985). A social information processing model of social competence in children. In M. Perlmutter (Hrsg.), *Minnesota symposia on child psychology. Bd. 18. Cognitive perspectives on children's social and behavioral development.* Hillsdale, New Jersey: Erlbaum.

Dodge, K. A. (1986). Social information-processing variables in the development of aggression and altruism in children. In C. Zahn-Waxler, E. M. Cummings & R. Iannotti (Hrsg.), *Altruism and aggression: Biological and social original.* New York: Cambridge University Press.

Dodge, K. A., Murphy, R. R. & Buchsbaum, K. (1984). The assessment of intention-cue detection skills in children: Implications for developmental psychopathology. *Child Development, 55,* 163–173.

Dollard, J., Doob, L. W., Miller, N. E., Mowrer, O. H. & Sears, R. R. (1939). *Frustration and aggression*. New Haven: Yale University Press (dt. Frustration und Aggression. Weinheim, Basel: Beltz, 1970).

Donaldson. M. (1978). *Children's minds*. New York: Norton (dt. Wie Kinder denken. Bern: Huber).

Donaldson, S. K. & Westerman, M. A. (1986). Development of children's understanding of ambivalence and causal theories of emotions. *Developmental Psychology, 22,* 655–662.

Donovan, J. M. (1975). Ego identity status and interpersonal style. *Journal of Youth and Adolescence, 4,* 37–56.

Dore, J. (1979). Conversation and preschool language development. In P. Fletcher & M. Gorman (Hrsg.), *Language acquisition*. Cambridge: Cambridge University Press.

Dornbusch, S. M., Ritter, P. L., Leiderman, P. H., Roberts, D. F. & Fraleigh, M. J. (1987). The relation of parenting style to adolescent school performance. *Child Development, 58,* 1244–1257.

Dorr, A. (1985). Contexts for experience with emotion, with special attention to television. In M. Lewis & C. Saarni (Hrsg.), *The socialization of emotion* (S. 55–85). New York: Plenum.

Dorr, A. (1986). *Television and children: A special medium for a special audience*. Beverly Hills, Kalifornien: Sage.

Douvan, E. & Adelson, J. (1966). *The adolescent experience*. New York: Wiley.

Dudgeon, J. A. (1976). Infective causes of human malformations. *British Medical Bulletin, 32,* 77–83.

Duncan, G. J. (1984). *Years of poverty, years of plenty*. Ann Arbor, Michigan: Survey Research Center, University of Michigan.

Duncan, O. D., Featherman, D. L. & Duncan, B. (1972). *Socioeconomic background and achievement*. New York: Seminar Press.

Dunn, J. (1983). Sibling relationships in early childhood. *Child Development, 54,* 787–811.

Dunn, J. (1988). *The beginning of social understanding*. Cambridge, Massachusetts: Harvard University Press.

Dunn, J. & Kendrick, C. (1979). Interaction between young siblings in the context of family relationships. In M. Lewis & L. A. Rosenblum (Hrsg.), *The child and its family*. New York: Plenum.

Dunn, J. & Kendrick, C. (1980). The rival of a sibling. *Journal of Child Psychology and Psychiatry, 21,* 119–132.

Dunn, J. & Kendrick, C. (1981). Social behavior of young siblings in the family context: Differences between same-sex and different-sex dyads. *Child Development, 52,* 1265–1273.

Dunn, J. & Kendrick, C. (1982). Siblings and their mothers: Developing relationships within the family. In M. C. Lamb & B. Sutton-Smith (Hrsg.), *Sibling relationships*. Hillsdale, New Jersey: Erlbaum.

Dweck, C. S. & Elliot, E. S. (1983). Achievement motivation. In P. H. Mussen (Reihenhrsg.) & E. M. Hetherington (Hrsg.), *Handbook of Child Psychology: Bd. 4. Socialization, personality, and social development* (S. 643–692). New York: Wiley.

Dweck, C. S. (1975). The role of expectations and attributions in the alleviation of learned helplessness. *Journal of Personality and Social Psychology, 31,* 674–685.

Easson, W. M. (1977). Depression in adolescents. In S. Feinstein & P. Giovacchini (Hrsg.), *Adolescent psychiatry (Bd. 5)*. New York: Aronson.

East, B. A. (1976). Cross-age tutoring in the elementary school. *Graduate Research in Education and Related Disciplines, 8,* 88–111.

Eccles, J. (1983). Expectancies, values, and academic behaviors. In J. T. Spence (Hrsg.), *Achievement and achievement motives* (S. 75–146). San Francisco: Freeman.

Eccles, J., Adler, R. & Meece, J. L. (1984). Sex differences in achievement: A test of alternate theories. *Journal of Personality and Social Psychology, 46,* 26–43.

Eckerman, C. O., Whatley, J. L. & Kutz, S. L. (1975). The growth of social play with peers during the second year of life. *Developmental Psychology, 11,* 42–49.

Edelbrock, C. (1980). Running away from home: Incidence and correlates among children and youth referred for mental health services. *Journal of Family Issues, 1, 2,* 210–228.

Edelman, M. W. (1987). *Families in peril: An agenda for social change.* Cambridge, Massachusetts: Harvard University Press.

Edwards, C. P. (1981). The development of moral reasoning in cross-cultural perspective. In R. H. Munroe, R. L. Munroe & B. B. Whiting (Hrsg.), *Handbook of Cross-cultural Human Development.* New York: Garland Press.

Egeland, B., Breitenbucher, M. & Rosenberg, D. (1980). Prospective study of the significance of life stress in the etiology of child abuse. *Journal of Consulting and Clinical Psychology, 48,* 195–205.

Egeland, J. A., Gerhard, D. S., Pauls, D. L., Sussex, J. N., Kidd, K. K., Allen, C. R., Hostetter, A. N. & Housman, D. E. (1987). Bipolar affective disorders linked to DNA markers on chromosome 11. *Nature, 325,* 783–787.

Egeland, B. & Sroufe, L. A. (1981). Attachment and early maltreatment. *Child Development, 52,* 44–52.

Eggers, C. (1978). Course and prognosis of childhood schizophrenia. *Journal of Autism and Childhood Schizophrenia, 8,* 21–36.

Eifermann, R. R. (1970). Cooperativeness and egalitarianism in kibbutz children's games. *Human Relations, 23,* 579–587.

Eimas, P. D. (1975). Developmental studies of speech perception. In L. B. Cohen & P. Salapatek (Hrsg.), *Infant perception.* New York: Academic Press.

Eisenberg, N. & Miller, P. (1987). Empathy, sympathy, and altruism: Empirical and conceptual links. In N. Eisenberg & J. Strayer (Hrsg.), *Empathy and its development.* New York: Cambridge University Press.

Eisenberger, R., Mitchell, M. & Masterson, F. A. (1985). Effort training increases generalized self-control. *Journal of Personality and Social Psychology, 49,* 1294–1301.

Elder, G. H., Jr. (1980). *Family structure and socialization.* New York: Arno Press.

Elder, G. H., Jr. & Caspi, A. (1988). Economic stress in lives: Developmental perspectives. *Journal of Social Issues, 44(4),* 25–46.

Elkind, D. (1968). Cognitive development in adolescence. In J. F. Adams (Hrsg.), *Understanding adolescence.* Boston: Allyn & Bacon.

Elkind, D. (1978). *A sympathetic understanding of the child: Birth to sixteen* (2. Aufl.). Boston: Allyn & Bacon.

Elkind, D. (1981). Giant in the nursery – Jean Piaget. In E. M. Hetherington & R. D. Parke (Hrsg.), *Contemporary readings in child psychology* (2. Aufl.). New York: McGraw-Hill.

Elliot, A. J. (1981). *Child language.* Cambridge: Cambridge University Press.

Elliott, D. S., Ageton, S. S., Huizinga, D., Knowles, B. A. & Canter, R. J. (1983). *The prevalence and incidence of delinquent behavior, 1976–1980.* Boulder, Colorado: Behavioral Research Institute.

Elliott, D. S., Huizinga, D. & Ageton, S. S. (1985). *Explaining delinquency and drug use.* Beverly Hills, Kalifornien: Sage Publications.

Ellis, M. J. (1973). *Why people play.* Englewood Cliffs, New Jersey: Prentice-Hall.

Emde, R., Harmon, R. & Good, W. (1986). Depressive feelings in children: A transactional model of research. In M. Rutter, C. E. Izard & P. B. Read (Hrsg.), *Depression in young people: Developmental and clinical perspectives* (S. 135–162). New York: Guilford.

Emler, N. P. & Rushton, J. P. (1974). Cognitive-developmental factors in children 's generosity. *British Journal of Social and Clinical Psychology, 13,* 277–281.

Emmerich, W. (1966). Continuity and stability in early social development: 11. Teacher's ratings. *Child Development, 37,* 17–27.

Enright, R. D., Lapsley, D. & Shukla, D. (1979). Adolescent egocentrism in early and late adolescence. *Adolescence, 14,* 687–695.

Epstein, S. (1973). The self-concept revisited. *American Psychologist, 38,* 404–416.

Erikson, E. H. (1956). The problem of ego identity. *Journal of the American Psychoanalytic Association, 4,* 56–121.

Erikson, E. H. (1963). *Childhood and society* (2. Aufl.). New York: Norton (dt. Kindheit und Gesellschaft. Stuttgart: Klett, 1974).

Erikson, E. H. (1968). *Identity: Youth and crisis*. New York: Norton (dt. Jugend und Krise. Stuttgart: Klett, 1970).

Erikson, E. H. (1983). Obstacles and pathways in the journey from adolescence to parenthood. In M. Sugar (Hrsg.), *Adolescent psychiatry: Developmental and clinical studies (Bd. XI)*. Chicago: University of Chicago Press.

Ernhart, C. B., Graham, F. K. & Thurston, D. (1960). Relationship of neonatal apnea to development at three years. *Archives of Neurology, 2,* 504–510.

Eron, L. D. (1987). The development of aggressive behavior from the perspective of a developing behaviorism. *American Psychologist, 42,* 435–442.

Eron, L. D. & Huesmann, L. R. (1984). The control of aggressive behavior by changes in attitudes, values and the conditions of learning. In R. J. Blanchard & C. Blanchard (Hrsg.), *Advances in the study of aggression* (Bd. 2). New York: Academic Press.

Eron, L. D., Walder, L. O. & Lefkowitz, M. M. (1971). *Learning of aggression in children*. Boston: Little, Brown.

Ervin-Tripp, S. M. (1972). Children's sociolinguistic competence and dialect diversity. In J. J. Gordon (Hrsg.), Early childhood education. Das 71. Jahrbuch der National Society for the Study of Education. Teil II (S. 123–160). Chicago: University of Chicago Press.

Ervin-Tripp, S. (1976). Speech acts and social learning. In K. H. Basso & H. Selby (Hrsg.), *Meaning in anthropology*. Albuquerque: University of New Mexico Press.

Ervin Tripp, S. (1977). Wait for me, rollerskate. In C. Mitchell-Kernan & S. Ervin-Tripp (Hrsg.), *Child discourse*. New York: Academic Press.

Estrada, P., Arsenio, W. F., Hess, R. D. & Holloway, S. D. (1987). Affective quality of the mother-child relationship: Longitudinal consequences for children's school-relevant cognitive functioning. *Developmental Psychology, 23,* 210–215.

Evans, R. B. (1971, April). Parental relationships and homosexuality. *Medical Aspects of Human Sexuality,* 164–177.

Fabricius, W. V., Sophian, C. & Wellman, H. M. (1987). Young children's sensitivity to logical necessity in their inferential search behavior. *Child Development, 58,* 409–423.

Fagen, J. F., Yengo, L. A., Rovee-Collier, C. K., Enright, M. K. (1981). Reactivation of a visual discrimination in early infancy. *Developmental Psychology, 17,* 266–274.

Fagot, B. J. (1974). Sex differences in toddlers' behavior and parental reaction. *Developmental Psychology, 10,* 554–558.

Fagot, B. J. (1977). Consequences of moderate cross-gender behavior in preschool children. *Child Development, 49,* 902–907.

Fagot, B. J. (1978). Reinforcing contingencies for sex-role behaviors: Effect of experience with children. *Child Development, 49,* 30–36.

Fagot, B. J. (1985). Beyond the reinforcement principle: Another step toward understanding sex role development. *Developmental Psychology, 21,* 1097–1104.

Fagot, B. J. & Hagan, R. (1982). *Hitting in toddler groups: Correlates and continuity*. Vortrag gehalten auf der Jahrestagung der American Psychological Association, Washington, DC.

Falbo, T. & Polit, D. F. (1986). Quantitative review of the only child literature: Research evidence and theory development. *Psychological Bulletin, 100,* 176–189.

Falkner, F. & Tanner, J. M. (Hrsg.) (1978a). *Human growth: Bd. 1 Principles and prenatal growth*. New York: Plenum.

Falkner, F. & Tanner, J. M. (1978b). *Human growth (Bd. 2): Postnatal growth*. New York: Plenum.

Farel, A. M. (1982). *Early adolescence and religion: A status study*. Carrbro, North Carolina: Center for Early Adolescence.

Farmer, H. S. (1985). The role of typical female characteristics in career and achievement motivation. *Youth and Society, 16,* 315–334.

Farrington, D. P. (1981). The prevalence of convictions. *British Journal of Criminology, 21,* 123–135.

Farrington, D. P. (1987). Epidemology. In H. C. Quay (Hrsg.), *Handbook of Juvenile Delinquency* (S. 33–61). New York: Wiley.

Farrington, D. P., Biron, L. & LeBlanc, M. (1982). Personality and delinquency in London and Montreal. In J. C. Gunn & D. P. Farrington (Hrsg.), *Abnormal offenders: Delinquency and the criminal justice system*. New York: Wiley.

Faust, M. S. (1960). Developmental maturity as a determinant in prestige of adolescent girls. *Child Development, 31,* 173–184.

Faust, M. S. (1977). Somatic development of adolescent girls. *Monographs of the Society for Research in Child Development, 42,* Nr. 1, 1–90.

Faust, M. S. (1984). Alternative constructions of adolescence and growth. In J. Brooks-Gunn & A. C. Petersen (Hrsg.), *Girls at puberty: Biological psychological, and social perspectives*. New York: Plenum.

Fein, G. G. (1981). Pretend play: An integrative review. *Child Development, 52,* 1095–1118.

Feinstein, S. C. & Miller, D. (1979). Psychoses of adolescence. In J. D. Noshpitz (Hrsg.), *Basic handbook of child psychiatry, Bd. 11. Disturbances in development* (S. 708–722). New York: Basic Books.

Feld, S., Rutland, D. & Gold, M. (1979). Developmental changes in achievement motivation. *Merrill-Palmer Quarterly, 25,* 43–60.

Fennema, E. & Peterson, P. (1985). Autonomous learning behavior: A possible explanation of gender-related differences in mathematics. In L. C. Wilkinson & C. B. Marrett (Hrsg.), *Gender influences in classroom interaction* (S. 17–36). Orlando: Academic Press.

Fenson, L., Cameron, M. Z. & Kennedy, M. (1988). Role of perceptual and conceptual similarity in category matching at age two years. *Child Development, 59,* 897–907.

Feshbach, N. D. (1978). Studies of empathic behavior in children. In B. A. Maher (Hrsg.), *Progress in experimental personality research (Bd. 8)*. New York: Academic Press.

Feshbach, N. D. & Feshbach, S. (1982). Empathy training and the regulation of aggression: Potentialities and limitations. *Academic Psychology Bulletin, 4,* 399–413.

Feshbach, S. (1970). Aggression. In P. H. Mussen (Hrsg.), *Carmichael's manual of child psychology* (Bd. 2, 3. Aufl., S. 159–259). New York: Wiley.

Fischer, M., Rolf, J. E., Hasazi, J. E. & Cummings, L. (1984). Follow-up of a preschool epidemiological sample: Cross-age continuities and predictions of later adjustment with internalizing and externalizing dimension of behavior. *Child Development, 55,* 137–150.

Fiske, S. T. & Taylor, S. E. (1984). *Social cognition*. Reading, Massachusetts: Addison-Wesley.

Fitts, W. & Hammer, W. (1969). *The self-concept and delinquency*. Nashville: Counselor Recordings and Tests.

Flavell, J. H. (1963). *The developmental psychology of Jean Piaget*. Princeton, New Jersey: Van Nostrand.

Flavell, J. H. (1977). *Cognitive development*. Englewood Cliffs, New Jersey: Prentice-Hall.

Flavell, J. H. (1982). On Cognitive Development, *Child Development, 53,* 1–10.

Flavell, J. H. (1985). *Cognitive development* (2. Aufl.). Englewood Cliffs, New Jersey: Prentice-Hall.

Flavell, J. (1986). The development of children's knowledge about the appearance-reality distinction. *American Psychologist, 41,* 418–425.

Flavell, J. H. & Ross, L. (Hrsg.) (1981). *Social cognitive development*. New York: Cambridge University Press.

Flavell, J. H., Botkin, P. T., Fry, C. L., Wright, J. W. & Jarvis, P. E. (1968). *The development of role-taking and communication skills in children*. New York: Wiley.

Flavell, J. H., Shipstead, S. G. & Croft, K. (1978). *What young children think they see when their eyes are closed*. Unveröffentlichter Bericht. Stanford University.

Flodereus-Myrhed, B., Pedersen, N. & Rasmuson, I. (1980). Assessment of heritability for personality, based on a short form of the Eysenck Personality Inventory: A study of 12 898 twin pairs. *Behavior Genetics, 10,* 153–162.

Flynn, J. R. (1987). Massive IQ gains in 14 nations: What IQ tests really measure. *Psychological Bulletin, 101,* 171–191.

Folger, M. & Leonard, L. (1978). Language and sensorimotor development during the early period of referential speech. *Journal of Speech and Hearing Research, 21,* 519–527.

Forbes, G. B. (1978). Body composition in adolescence. In F. Falkner & M. Tanner (Hrsg.), *Human growth: Bd. 2. Postnatal growth*. New York: Plenum.

Ford, M. E. (1982). Social cognition and social competence in adolescence. *Developmental Psychology, 18*, 323–340.

Foremen, G. E. & Hill, F. (1980). *Constructive play: Applying Piaget in the preschool*. Monterey, Kalifornien: Brooks/Cole.

Forsterling, F. (1985). Attributional retraining: A review. *Psychological Bulletin, 98*, 495–512.

Fowler, J. W. (1981). *Stages of faith: The psychology and human development and the quest for meaning*. New York: Harper & Row (dt. Stufen des Glaubens. Die Psychologie der menschlichen Entwicklung und die Suche nach Sinn. Gütersloh: Gütersloher Verlagshaus Mohn, 1991).

Fraiberg, S. (1975). The development of human attachments in infants blind from birth. *Merrill Palmer Quarterly, 21*, 325–334.

Fraser, F. C. & Nora, J. J. (1986). *Genetics of man*. Philadelphia: Lea & Febiger.

Freedman, R., Adler, L. E., Baker, N., Waldo, M. & Mizner G. (1987). Candidate for inherited neurobiological dysfunction in schizophrenia. *Somatic Cell and Molecular Genetics, 13*, 479–484.

Freeman, R. N. (20. Juli 1986). Cutting black youth unemployment. *The New York Times*.

Freud, A. (1969). Adolescence as a developmental disturbance. In G. Caplan & S. Lebovici (Hrsg.), *Adolescence: Psychosocial perspectives*. New York: Basic Books.

Freud, S. (1964). *An outline of psychoanalysis*. Standard edition of the works of Sigmund Freud, London: Hogarth Press (dt. Abriß der Psychoanalyse. 43. Aufl. Frankfurt/M: Fischer, 1992).

Fuller, J. L. & Clark, L. D. (1968). Genotype and behavioral vulnerability to isolation in dogs. *Journal of Comparative and Physiological Psychology, 66*, 151–156.

Furrow, D., Nelson, K. & Benedict, H. (1979). Mothers' speech to children and syntactic development: Some simple relationships. *Journal of Child Language, 6*, 423–442.

Furstenberg, F. J., Jr., Brooks-Gunn, J. & Morgan, S. P. (1987a). Adolescent fertility: Causes, consequences and remedies. In L. Aiken & D. Mechanic (Hrsg.), *Applications of social science to clinical medicine and health policy*. New Brunswick, New Jersey: Rutgers University Press.

Furstenberg, F. J., Jr., Brooks-Gunn, J. & Morgan, S. P. (1987b). *Adolescent mothers in later life*. New York: Cambridge University Press.

Furstenberg, F. F., Nord, C. W., Peterson, J. L. & Zill, N. (1983). The life course of children of divorce: Marital disruption and parental contact. *American Sociological Review, 48*, 656–668.

Furth, H. G. (1966). *Thinking without language*. New York: Free Press (dt. Denkprozesse ohne Sprache. Düsseldorf: Schwann, 1972).

Gagné, R. M. (1968). *The conditions of learning*. New York: Holt, Rinehart and Winston.

Gagné, R. M. & Smith, E. C. (1964). A study of the effects of verbalization on problem solving. *Journal of Experimental Psychology, 63*, 12–18.

Galanter, M. (1980). Psychological induction into the large group: Findings from a contemporary religious sect. *American Journal of Psychiatry, 137*, 1574–1579.

Gallup, G. (15. Januar 1978). Gallup youth survey. *Denver Post*, p. 50.

Gallup, G. (20. November 1979). Gallup youth survey. *Denver Post*, p. 36.

Gallup, G. & Polling, D. (1980). *The search for America's faith*. New York: Abington.

Garbarino, J. (1986). Can we measure success in preventing child abuse? Issues in policy, programming and research. *Child Abuse and Neglect, 10*, 143–156.

Garbarino, J. & Plantz, M. C. (1986). Child abuse and delinquency: What are the links? In J. Garbarino, C. J. Schellenbach & J. M. Sebes (Hrsg.) *Troubled youth, troubled families: Understanding families at risk for adolescent maltreatment* (S. 27–39). New York: Aldine de Gruyter.

Garbarino, J. & Sherman, D. (1980). High-risk neighborhoods and high-risk families: The human ecology of child maltreatment. *Child Development, 51*, 188–198.

Garbarino, J., Wilson, J. & Garbarino, A. (1986). The adolescent runaway. In J. Garbarino, C. J. Schellenbach & J. M. Sebes (Hrsg.), *Troubled youth, troubled families: Understanding families at risk for adolescent maltreatment*. New York: Aldine de Gruyter.

Garfinkel, J. & McLanahan, S. S. (1986). *Single mothers and their children: A new American dilemma*. Washington DC: The Urban Institutes Press.

Garfinkel, P. E. & Garner, D. M. (1983). *Anorexia nervosa: A multidimensional perspective*. New York: Brunner/Mazel.

Garmezy, N. (1985). Stress-resistant children: The search for protective factors. In J. E. Stevenson (Hrsg.), *Recent research in developmental psychopathology* (S. 213–233). New York: Pergamon.

Garmezy, N. (1986). Developmental aspects of children's responses to the stress of separation and loss. In M. Rutter, C. E. Izard & P. B. Read (Hrsg.), *Depression in young people: Developmental and clinical perspectives* (S. 297–324). New York: Guilford.

Garmezy, N. (12. November 1987). Disadvantaged children: Strategies of their resilience under stress. *Proceedings of the Third Annual Rosalynn Carter Symposium on Mental Health Policy* (S. 22–32). Atlanta, Georgia: Carter Presidential Center.

Garrett, C. J. (1984). *Meta-analysis of the effects of institutional and community residential treatment on adjudicated delinquents*. Unveröffentlichte Doktorarbeit, University of Colorado.

Garrett, C. J. (1985). Effects of residential treatment on adjudicated delinquents: A meta-analysis. *Journal of Research on Crime and Delinquency, 22,* 287–308.

Garvey, C. (1975). Requests and responses in children's speech. *Journal of Child Language, 2,* 41–63.

Garvey, C. (1977). *Play*. Cambridge, Massachusetts: Harvard University Press (dt. Spielen. Stuttgart: Klett-Cotta, 1978).

Gelman, R. & Baillargeon, R. (1983). A review of some Piagetian concepts. In J. H. Flavell & E. M. Markman (Hrsg.), P. H. Mussen (Reihenhrsg.), *Handbook of Child Psychology: Bd. 3. Cognitive development* (S. 167–230). New York: Wiley.

Gelman, R. & Gallistel, C. R. (1978). *The child's understanding of number*. Cambridge, Massachusetts: Harvard University Press.

Gelman, S. A., Collman, P. & Maccoby, E. E. (1986). Inferring properties from categories versus inferring categories from properties: The case of gender. *Child Development, 57,* 396–404.

George, C. & Main, M. (1979). Social interaction of young abused children: Approach, avoidance and aggression. *Child Development, 50,* 306–318.

Gerson, R. P. & Damon, W. (1978). Moral understanding and children's conduct. In W. Damon (Hrsg.), *New directions in child development: Moral development*. San Francisco: Jossey-Bass.

Gesell, A. (1945). The embryology of behavior. New York: Harper & Row.

Gesell, A. & Amatruda, C. S. (1941). *Developmental diagnosis: Normal and abnormal child development*. New York: Hoeber.

Gesell, A., Halverson, H. M., Thompson, H., Ilg, F. L., Costner, B. M. & Amatruda, C. S. (1940). *The first five years of life: A guide to the study of the preschool child*. New York: Harper & Row.

Gewirtz, J. L. (1965). The cause of infant smiling in four child-rearing environments in Israel. In B. M. Foss (Hrsg.), *Determinants of infant behavior* (Bd. 3). London: Methuen.

Gilligan, C. (1982). *In a different voice*. Cambridge, Massachusetts: Harvard University Press (dt. Die andere Stimme. Lebenskonflikte und Moral der Frau. München: Piper, 1984).

Gilligan, C. & Belenky, M. F. (1982). A naturalistic study of abortion decisons. In R. Selman & R. Yando (Hrsg.), *Clinical-developmental psychology*. San Francisco: Jossey-Bass.

Ginsburg, H. P. & Opper, S. (1979). *Piaget's theory of intellectual development* (2. Aufl.). Englewood Cliffs, New Jersey: Prentice-Hall (dt. Piagets Theorie der geistigen Entwicklung. Stuttgart: Klett-Cotta, 1989).

Ginsburg, H. P. & Russell, R. L. (1981). Social class and racial influences on early mathematical thinking. *Monographs of the Society for Research in Child Development, 46* (Reihennr. 193).

Ginzberg, E. (1972). Toward a theory of occupational choice: A restatement. *Vocational Guidance Quarterly, 20,* 169–176.

Glass, D. C., Neulinger, J. & Brim, O. G. (1974). Birth order, verbal intelligence, and educational aspiration. *Child Development, 45,* 807–811.

Gleitman, L. R., Gleitman, H. & Shipley, E. F. (1972). The emergence of the child as grammarian. *Cognition, 1,* 137–164.

Glick, P. C. (1984). Marriage, divorce, and living arrangements: Prospective changes. *Journal of Family Issues, 5,* 7–26.

Glucksberg, S. & Krauss, R. M. (1967). What do people say after they have learned how to talk? *Merrill-Palmer Quarterly, 13,* 309–316.

Gnepp, J. & Hess, D. L. R. (1986). Children's understanding of verbal and facial display rules. *Developmental Psychology, 22,* 103–108.

Gold, D. & Andres, D. (1978a). Comparisons of adolescent children with employed and nonemployed mothers. *Merrill-Palmer Quarterly, 24,* 243–254.

Gold, D. & Andres, D. (1978b). Developmental comparisons between ten-year-old children with employed and nonemployed mothers. *Child Development, 49,* 75–84.

Gold, D. & Andres, D. (1978c). Relations between maternal employment and development of nursery school children. *Canadian Journal of Behavioral Science, 10,* 116–129.

Gold, D., Andres, D. & Glorieux, J. (1979). The development of Francophone nursery-school children with employed and nonemployed mothers. *Canadian Journal of Behavioral Science, 11,* 169–173.

Gold, M. (1978). Scholastic experiences, self-esteem, and delinquent behavior: A theory for alternative schools. *Crime & Delinquency, 24,* 290–308.

Gold, M. (1987). Social ecology. In H. C. Quay (Hrsg.), *Handbook of Juvenile Delinquency* (S. 62–105). New York: Wiley.

Gold, M. & Mann, D. (1972). Delinquency as defense. *American Journal of Orthopsychiatry, 42,* 463–479.

Gold, M. & Petronio, R. J. (1979). Delinquent behavior in adolescence. In J. Adelson (Hrsg.), *Handbook of Adolescent Psychology.* New York: Wiley.

Goldberg, W. A. & Easterbrooks, M. A. (1984). Role of marital quality in toddler development. *Developmental Psychology, 20,* 504–514.

Goldfarb, J. L., Mumford, D. M., Schum, D. A., Smith, P. B., Flowers, C. & Schum, D. (1977). An attempt to detect "pregnancy susceptibility" in indigent adolescent girls. *Journal of Youth and Adolescence, 6,* 127–144.

Goldsen, R., Rosenberg, M., Williams, R. & Suchman, J. (1960). *What college students think.* New York: Van Nostrand.

Goldsmith, H. H. (1983). Genetic influences on personality from infancy to adulthood. *Child Development, 54,* 331–355.

Goldsmith, H. H. (1984). Continuity of personality: A genetic perspective. In R. N. Emde & R. J. Harmon (Hrsg.), *The development of attachment and affiliative systems.* New York: Plenum.

Goldsmith, H. H. & Campos, J. J. (1982). Genetic influence on individual differences in emotionality. *Infant Behavior and Development, 5,* 99.

Goldsmith, H. H. & Gottesman, I. I. (1981). Origins of variation in behavioral style. *Child Development, 52,* 91–103.

Goldsmith, R. & Radin, N. (1987, April). *Objective versus subjective reality: The effects of job loss and financial stress on fathering behaviors.* Vortrag gehalten auf der Tagung der Society for Research in Child Development, Baltimore.

Goldstein, A. (1981). *Psychological skill training.* New York: Pergamon.

Goldstein, K. M., Caputo, D. V. & Taub, H. B. (1976). The effects of perinatal complications on development at one year of age. *Child Development, 47,* 613–621.

Goldstein, M. J. (1987). The UCLA high-risk project, 1962–1986. *Schizophrenia Bulletin, 13,* 505–514.

Goldstein, M. J., Baker, B. L. & Jamison, K. R. (1980). *Abnormal psychology: Experiences, origins, and interventions.* Boston: Little, Brown.

Goodchilds, J. D. & Zellman, G. L. (1984). Sexual signaling and sexual aggression in adolescent relationships. In N. M. Malamuth & E. D. Donnerstein (Hrsg.), *Pornography and sexual aggression*. New York: Academic Press.

Goodman, G. S., Aman, C. & Hirshmani, J. (1987). Child sexual and physical abuse: Children's testimony. In S. I. Ceci, M. P. Toglia, D. F. Ross (Hrsg.), *Children's eyewitness memory* (S. 1–23). New York, Heidelberg: Springer-Verlag.

Goodnow, J. J. (1985). Change and variation in ideas about childhood and parenting. In J. E. Sigel (Hrsg.), *Parental belief systems: The psychological consequences for children*. Hillsdale, New Jersey: Erlbaum.

Gopnik, A. & Meltzoff, A. (1987). The development of categorization in the second year and its relation to other cognitive and linguistic developments. *Child Development, 58,* 1523–1531.

Gottesman, I. I. & Shields, J. (1967). A polygenic theory of schizophrenia. *Proceedings of the National Academy of science, U.S.A., 58,* 199–205.

Gottesman, I. I. & Shields, J. (1982). *Schizophrenia: The enigmatic puzzle.* New York: Cambridge University Press.

Gottman, J. M. (1977). Toward a definition of social isolation in children. *Child Development, 48,* 513–517.

Gottman, J. M. (1983). How children become friends. *Monographs of the Society for Research in Child Development, 48* (Reihennr. 201).

Grace, W. C. & Sweeney, M. E. (1986). Comparison of the P>V sign on the WISC-R and WAIS-R in delinquent males. *Journal of Clinical Psychology, 42,* 173–176.

Graham, F. K., Matarazzo, R. G. & Caldwell, B. M. (1956). Behavioral differences between normal and traumatized newborns. *Psychological Monographs, 70 (5).*

Graham, P. & Rutter, M. (1985). Adolescent disorders. In M. Rutter & L. Hersov, *Child and adolescent psychiatry.* Oxford: Blackwell Scientific Publications.

Graham, S. (1984). Communicating sympathy and anger to black and white children: The cognitive (attributional) consequences of affective cues. *Journal of Personality and Social Psychology, 47,* 40–54.

Green, R. (1974). *Sexual identity conflict in children and adults.* New York: Basic Books.

Green, R. (1980). Homosexuality. In H. I. Kaplan, A. M. Freedman & B. J. Sadock (Hrsg.), *Comprehensive textbook of psychiatry* (Bd. 2, 3. Aufl., S. 1762–1770). Baltimore: Williams and Wilkins.

Green, R. (1987). *The "sissy boy syndrome" and the development of homosexuality.* New Haven, Connecticut: Yale University Press.

Greenberg, B. S. (1972). Children's reactions to TV blacks. *Journalism Quarterly,* 5–14.

Greenberg, B. S. (1986). Minorities and the mass media. In J. Bryant and D. Zillmann (Hrsg.), *Perspectives on mass media effects* (S. 165–188). Hillsdale, New Jersey: Erlbaum.

Greenberger, E. & Steinberg, L. (1986). *When teenagers work: The psychological and social costs of adolescent employment.* New York: Basic Books.

Greenough, W. J., Black, J. E. & Wallace, C. S. (1987). Experience and brain development. *Child Development, 58,* 539–555.

Greif, E. B. & Ulman, K. J. (1982). The psychological impact of menarche on early adolescent females: A review of the literature. *Child Development, 53,* 1413–1430.

Grossman, F. K., Eichler, L. S., Winikoff, S. A. & Associates. (1980). *Pregnancy, birth, and parenthood: Adaptations of mothers, fathers, and infants.* San Francisco: Jossey-Bass.

Grossman, K., Grossman, K. E., Huber, F. & Wartner, Y. (1981). German children 's behavior toward their mothers at 12 months and their fathers at 18 months in the Ainsworth Strange Situation. *International Journal of Behavioral Development, 4,* 157–181.

Grossman, K., Thane, K. & Grossman, K. E. (1981). Maternal tactual contact of the newborn after various post-partum conditions of mother-infant contact. *Developmental Psychology, 17,* 158–169.

Grotevant, H. D. & Cooper, C. R. (Hrsg.) (1983). *Adolescent development in the family.* San Francisco: Jossey-Bass.

Grumbach, M. M. (1978). The central nervous system and the onset of puberty. In F. Falkner & J. M. Tanner (Hrsg.), *Human growth: Bd. 2. Postnatal growth.* New York: Plenum.

Grusec, J. E., Saas-Kortsaak. P. & Simutis, Z. M. (1978). The role of example and moral exhortation in the training of altruism. *Child Development, 49,* 920–923.

Guidubaldi, J., Perry, J. D. & Cleminshaw. H. K. (1983). The legacy of parental divorce: A nationwide study of family status and selected mediating variables on children's academic and social competencies. *School Psychology Review, 2,* 148.

Guilford, J. P. (1979). *Cognitive psychology with a frame of reference.* San *Diego:* Edits Publishers.

Gump, P. V. (1980). The school as a social situation. *Annual Review of Psychology, 31,* 553–582.

Gump, P. V. & Ross, R. (1977). The fit of milieu and programme in school environments. In H. McGurck (Hrsg.), *Ecological factors in human development.* New York: Elsevier North-Holland.

Gunter, N. C. & LaBarba, R. C. (1980). The consequences of adolescent childbearing on postnatal development. *International Journal of Behavioral Development, 3,* 191–214.

Gupta, D., Attanasio, A. & Raaf, S. (1975). Plasma estrogen and androgen concentrations in children during adolescence. *Journal of Clinical Endocrinology and Metabolism, 40,* 636–643.

Guttmacher, A. F. & Kaiser, J. H. (1986). *Pregnancy, birth, and family planning.* New York: New American Library.

Haan, N., Smith, B. & Block J. (1968). Moral reasoning of young adults. *Journal of Personality and Social Psychology, 10,* 183–201.

Haas, A. (1979). *Teenage sexuality: A survey of teenage sexual behavior.* New York: Macmillan.

Hack, M. (1983). The sensorimotor development of the preterm infant. In A. A. Fanaroff, R. J. Martin & J. R. Merkatz (Hrsg.), *Behrman's neonatal-perinatal medicine.* St. Louis: Mosby.

Haith, M. M. (1987). *Expectations and the gratuity of skill acquisition in early infancy.* Unveröffentlichtes Manuskript.

Haith, M. M. (1980). *Rules that babies look by.* Hillsdale, New Jersey: Erlbaum.

Hall, G. S. (1891). The content of children's minds on entering school. *Pedagogical Seminary, 1,* 139–173.

Hall, V. C. & Kaye, D. B. (1980). Early patterns of cognitive development. *Monographs of the Society for Research in Child Development, 45* (Reihennr. 184).

Hallinan, M. T. & Teixeira, R. A. (1987). Opportunities and constraints: Black-white differences in the formation of interracial friend, ships. *Child Development, 58,* 1358–1371.

Halpern, D. F. (1986). *Sex differences in cognitive abilities.* Hillsdale, New Jersey: Erlbaum.

Hamburg, D. A. & Trudeau, M. B. (1981). *Biobehavioral aspects of aggression.* New York: Alan R. Liss.

Hamilton, S. F. & Crouter, A. C. (1980). Work and growth: A review of research on the impact of work experience on adolescent development. *Journal of Youth and Adolescence, 9,* 323–338.

Hansen, R. D. & O'Leary, V. E. (1986). Sex-determined attributions. In V. E. O'Leary, R. K. Unger & B. S. Wallston (Hrsg.), *Women, gender, and social psychology* (S. 67–100). Hillsdale, New Jersey: Erlbaum.

Hanson, J. W. (1977). Unveröffentlichte Arbeit, zitiert in A. Clarke-Stewart & S. Friedman (1982), *Child development: Infancy through adolescence* (p. 127). New York: Wiley.

Harkness, S. & Super, C. M. (1985). Child-environment interactions in the socialization of affect. In M. Lewis & C. Saarni (Hrsg.), *The socialization of emotions* (S. 21–36). New York: Plenum.

Harlow, H. F. & Harlow, M. K. (1966). Learning to love. *American Scientist, 54,* 244–272.

Harlow, H. F. & Suomi, S. J. (1970). The nature of love-simplified. *American Psychologist, 25,* 161–168.

Harris, L. (8. Januar 1971). Change, yes – upheaval, no. *Life,* S. 22–27.

Harris, L. (1987). *Inside America.* New York: Vintage.

Harris, P. L. (1985). What children know about the situations that provoke emotion. In M. Lewis & C. Saarni (Hrsg.), *The socialization of emotions* (S. 161–186). New York: Plenum.

Harris, P. L., Donnelly, K., Guz, G. R. & Pitt-Watson, R. (1986). Children's understanding of the distinction between real and apparent emotion. *Child Development, 57*, 895–909.

Harrison, A, Serafica, F. & McAdoo, H. (1984). Ethnic families of color. In R. D. Parke (Hrsg.), *Review of child development research: Bd. 7. The family*. Chicago: University of Chicago Press.

Harter, S. (1982). The perceived competence scale for children. *Child Development, 53*, 87–97.

Harter, S. (1983). Developmental perspectives on the self-system. In P. H. Mussen (Reihenhrsg.) & E. M. Hetherington (Hrsg.), *Handbook of Child Psychology: Bd. 4 Socialization, personality, and social development* (4. Aufl., S. 275–386). New York: Wiley.

Harter, S. (1985). Competence as a dimension of self-evaluation: Toward a comprehensive model of self-worth. In R. Leahy (Hrsg.), *The development of the self*. New York: Academic Press.

Hartup, W. W. (1970). Peer interaction and social organization. In P. H. Mussen (Hrsg.), *Carmichael's manual of child psychology (Bd.* 2). New York: Wiley.

Hartup, W. W. (1974). Aggression in childhood: Developmental perspectives. *American Psychologist, 29*, 336–341.

Hartup, W. W. (1983). Peer relations. In E. M. Hetherington (Hrsg.) & P. H. Mussen (Reihenhrsg.), *Handbook of Child Psychology: Bd. 4. Socialization, personality, and social development* (4. Aufl., S. 103–196). New York: Wiley.

Hartup, W. W., Brady, J. E. & Newcomb, A. F. (1981). *Children's utilization of simultaneous sources of social information: Developmental perspectives*. Unveröffentlichtes Manuskript, University of Minnesota.

Haskins, R. (1985). Public school aggression among children with varying day-care experience. *Child Development, 56*, 689–703.

Hauser, S. T., Book, B. K., Houlihan, J., Powers, S., Weiss-Perry B., Follansbee, D., Jacobson, A. M. & Noam, G. G. (1987). Sex differences within the family: Studies of adolescent and parent family interactions. *Journal of Youth and Adolescence, 16*, 199–220.

Hawkins, R. P. (1977). Behavioral analysis and early childhood education: Engineering children's learning. In H. L. Hom & P. A. Robinson (Hrsg.), *Psychological processes in early education*. New York: Academic Press.

Hay, D. F. (1979). Cooperative interactions and sharing among very young children and their parents. *Developmental Psychology*, 15, 647–653.

Hayes, C. D. (Hrsg.) (1987). *Risking the future: Adolescent sexuality, pregnancy and childbearing (Bd.* I). Washington, DC: National Academy Press.

Hayes, D. S. (1978). Cognitive bases for liking and disliking among preschool children. *Child Development, 49*, 906–909.

Hearold, S. (1986). A synthesis of 1043 effects of television on social behavior. In G. Comstock (Hrsg.), *Public Communication and Behavior* (Bd. 1, S. 66–133). New York: Academic Press.

Heath, D. B. (1977). Some possible effects of occupation on the maturing of professional men. *Journal of Vocational Behavior, 11*, 263–281.

Heibeck, T. H. & Markam, E. M. (1987). Word learning in children: An examination of fast mapping. *Child Development, 58*, 1021–1034.

Hermans, H. J. M., Ter Laak, J. J. & Maes, P. C. (1972). Achievement motivation and fear of failure in family and school. *Developmental Psychology, 6*, 520–528.

Herr, E. L. & Cramer, S. H. (1979). *Career guidance through the life span: Systematic approaches*. Boston: Little, Brown.

Herzog, A. R., Bachman, J. G. & Johnston, L. D. (1979). *Paid work, child care, and housework: A national study of high school seniors' preferences for sharing responsibilities between husband and wife*. Ann Arbor, Michigan: Survey Research Center, Institute for Social Research, University of Michigan.

Herzog, D. P. (1988). Eating disorders. In A. M. Nicholi, Jr. (Hrsg.), *The new Harvard guide to psychiatry* (S. 434–445). Cambridge, Massachusetts: Harvard University Press.

Hess, R. D. (1970). Social class and ethnic influences on socialization. In P. Mussen (Hrsg.), *Carmichael's manual of child psychology* (Bd. 2, 3. Aufl.). New York: Wiley.

Hess, R. D., Holloway, S. D., Dickson, W. P. & Price, G. G. (1984). Maternal variables as predictors of children's school readiness and later achievement in vocabulary and mathematics in sixth grade. *Child Development, 55*, 1902–1912.

Hess, R. D. & McDevitt, T. M. (1984). Some cognitive consequences of maternal intervention techniques: A longitudinal study. *Child Development, 55*, 2017–2030.

Hetherington, E. M. (1967). The effects of familial variables on sex typing, on parent-child similarity, and on imitation in children. In J. P. Hill (Hrsg.), *Minnesota symposia on child psychology* (Bd. 1). Minneapolis: University of Minnesota Press.

Hetherington, E. M. & Camara, K. A. (1984). Families in transition: The processes of dissolution and reconstitution. In R. D. Parke (Hrsg.), *Review of child development research: Bd. 7. The family*. Chicago: University of Chicago Press.

Hetherington, E. M., Camara, K. A & Featherman, D. L. (1983). Achievement and intellectual functioning of children from oneparent households. In J. T. Spence (Hrsg.), *Achievement and achievement motives*. San Francisco: Freeman.

Hetherington, E. M., Cox, M. & Cox, R. (1979). Family interaction and the social, emotional and cognitive development of children following divorce. In V. Vaughan & T. B. Brazelton (Hrsg.), *The family: Setting priorities*. New York: Science and Medicine Publishing.

Hetherington, E. M., Cox, M. & Cox, R. (1982). Effects of divorce on parents and children. In M. Lamb (Hrsg.), *Nontraditional families*. Hillsdale, New Jersey: Erlbaum.

Higgins, A., Power, C. & Kohlberg, L. (1984). The relationship of moral atmosphere to judgments of responsibility. In W. M. Kurtines & J. L. Gewirtz (Hrsg.), *Morality, moral behavior, and moral development*. New York: Wiley.

Hill, J. P. & Holmbeck, G. (1987). Disagreements about rules in families with seventh grade boys and girls. *Journal of Youth and Adolescence, 16*, 221–246.

Hill, J. P. & Palmquist, W. (1978). Social cognition and social relations in early adolescence. *International Journal of Behavioural Development, 1*, 1–36.

Hill, K. T. (1980). Motivation, evaluation, and educational testing policy. In L. J. Fyans (Hrsg.), *Achievement motivation: Recent trends in theory and research*. New York: Plenum.

Hill, K. T. & Sarason, S. B. (1966). The relation of test anxiety and defensiveness to test and school performance over the elementary school years: A further longitudinal study. *Monographs of the Society for Research in Child Development, 31*, Reihennr. 104.

Hilton, J. (1967). Differences in the behavior of mothers toward first and later born children. *Journal of Personality and Social Psychology, 7*, 282–290.

Hinshaw, S. P. (1987). On the distinction between attentional deficits/hyperactivity and conduct problems/aggression in child psychopathology. *Psychological Bulletin, 101*, 443–465.

Hirsch, S. P. (1974). Study at the top: Executive high school internships. *Educational Leadership, 32*, 112–115.

Hirschi, T. (1969). *Causes of delinquency*. Berkeley, Kalifornien: University of California.

Hirschi, T. & Hindelang, M. J. (1977). Intelligence and delinquency: A revisionist review. *American Sociological Review, 42*, 571–587.

Hock, E. (1980). Working and nonworking mothers and their infants: A comparative study of maternal caregiving characteristics and infant social behavior. *Merrill-Palmer Quarterly, 26*, 79–101.

Hock, E. & Clinger, J. B. (1981). Infant coping behaviors: Their relationship to maternal attachment. *Journal of Genetic Psychology, 138*, 231–243.

Hodgkinson, S., Sherrington, H. G., Gurling, H., Marchbanks, S. R., Mallet, J., Petursson, H. & Bynjolfsson, J. (1987). Molecular genetic evidence for heterogeneity in manic depression. *Nature, 325*, 805–806.

Hodgson, J. W. & Fischer, J. L. (1978). Sex differences in identity and intimacy development in college youth. *Journal of Youth and Adolescence, 7*, 333–352.

Hodgson, J. W. & Fischer, J. (1979). Sex differences in identity and intimacy development in adolescence. *Journal of Youth and Adolescence, 8*, 37–50.

Hofferth, S. L., Kahn, J. R. & Baldwin, W. (1987). Premarital sexual activity among U.S. teenage women over the past three decades. *Family Planning Perspectives, 19,* 46–53.

Hoffman, L. W. (1972). Early childhood experiences and women's achievement motives. *Journal of Social Issues, 28,* 129–155.

Hoffman, L. W. (1973). The professional woman as mother. *Annals of the New York Academy of Sciences, 208,* 211–216.

Hoffman, L. W. (1980). The effects of maternal employment on the academic attitudes and performance of school-aged children. *School Psychology Review, 9,* 319–336.

Hoffman, L. W. (1984). Work, family, and the socialization of the child. In R. D. Parke (Hrsg.), *Parent-child interaction and parent-child relations in child development. The Minnesota Symposium on Child Psychology* (Bd. 17, S. 101–128). Hillsdale, New Jersey: Erlbaum.

Hoffman, L. W. (1986). Work, family, and the child. In M. S. Pallak & R. O. Perloff (Hrsg.), *Psychology and work: Productivity, change, and employment.* Washington, DC: American Psychological Association.

Hoffman, L. W. (1989). Maternal employment. *American Psychologist, 34,* 859–865.

Hoffman, L. W. & Nye, F. I. (1974). *Working mothers.* San Francisco: Jossey-Bass.

Hoffman, M. L. (1967). Moral internalization, parental power, and the nature of the parent-child interaction. *Developmental Psychology, 5,* 45–57.

Hoffman, M. L. (1970). Moral development. In P. Mussen (Hrsg.), *Carmichael's Manual of Child Psychology* (Bd. 2., 3. Aufl.). New York: Wiley.

Hoffman, M. L. (1975). Developmental synthesis of affect and cognition and its implications for altruistic motivation. *Developmental Psychology, 11,* 607–622.

Hoffman, M. L. (1980). Moral development in adolescence. In J. Adelson (Hrsg.), *Handbook of Adolescent Psychology.* New York: Wiley.

Hoffman, M. L. (1981). Development of the motive to help others. In J. P. Rushton & R. M. Sorrentino (Hrsg.), *Altruism and helping.* Hillsdale, New Jersey: Erlbaum.

Hoffman, M. L. (1983). Affective and cognitive processes in moral internalization. In E. T. Higgins, D. N. Ruble & W. W. Hartup (Hrsg.), *Social cognition and social behavior: Developmental perspectives.* New York: Cambridge University Press.

Hoffman, M. L. & Saltzstein, H. D. (1967). Parent discipline and the child's moral development. *Journal of Personality and Social Psychology, 5,* 45–47.

Holinger, P. C. (1978). Adolescent suicide: An epidemiological study of recent trends. *American Journal of Psychiatry, 135,* 754–756.

Hollenbeck, A. R. & Slaby, R. G. (1979). Infant visual and vocal responses to television. *Child Development, 50,* 41–45.

Holmes, D. J. (1964). *The adolescent in psychotherapy.* Boston: Little, Brown.

Honzik, M. P., Macfarlane, J. W. & Allen, L. (1948). The stability of mental test performances between two and eighteen years. *Journal of Experimental Education, 17,* 309–324.

Horn, J. M. (1968). Organization of abilities and the development of intelligence. *Psychological Review, 75,* 242–259.

Horn, J. M. (1983). The Texas adoption project: Adopted children and their intellectual resemblance to biological and adoptive parents. *Child Development, 54,* 268–275.

Horn, J. M. (1985). Bias? Indeed! *Child Development, 56,* 779–780.

Hornick, J. P., Doran, L. & Crawford, S. H. (1979). Premarital contraceptive usage among male and female adolescents. *Family Coordinator, 28,* 181–190.

Horowitz, F. D. (1987). *Exploring developmental theories: Toward a structural/behavioral model of development.* Hillsdale, New Jersey: Erlbaum.

Horowitz, F. D. & Paden, L. Y. (1973). The effectiveness of environmental intervention programs. In B. M. Caldwell & H. N Ricciuti (Hrsg.), *Review of child development research (Bd. 3).* Chicago: University of Chicago Press.

Horwitz, R. A. (1979). Psychological effects of the "open classroom". *Review of Educational Research, 49,* 71–86.

House Committee of Education and Labor, Subcommittee of Human Resources, Juvenile Justice, Runaway Youth and Missing Children's Act amendments. 2. Sitzung des 98. Kongresses der Vereinigten Staaten, 7. März 1984, Y4.E8.1:J 98/15.

Householder, J., Hatcher, R., Burns, W. J. & Chasnoff, I. (1982). Infants born to narcotic-addicted mothers. *Psychological Bulletin, 92,* 453–468.

Howes, C. (1988). Relations between early child care and schooling. *Developmental Psychology, 24,* 53–57.

Howes, C. & Stewart, P. (1987). Child's play with adults, toys, and peers: An examination of family and child-care influences. *Developmental Psychology, 23,* 432–430.

Huesmann, L. R. & Eron, L. D. (Hrsg.) (1986). *Television and the aggressive child: A cross-national comparison.* Hillsdale, New Jersey: Erlbaum.

Huesmann, L. R., Eron, L. D., Lefkowitz, M. M. & Walder, L. O. (1984). The stability of aggression over time and generations. *Developmental Psychology, 20,* 1120–1134.

Huesmann, L. R., Lagerspetz, K. & Eron, L. D. (1984). Intervening variables in the television violence-aggression relation: Evidence from two countries. *Developmental Psychology, 20,* 746–775.

Hughes, D., Johnson, K., Rosenbaum, S., Simons, J. & Butler, E. (1987). *The health of America's children: Maternal and child health data book.* Washington, DC: Children's Defense Fund.

Humphrey, L. L. (1984). Children's self-control in relation to perceived social environment. *Journal of Personality and Social Psychology, 46,* 178–188.

Hunt, M. (1974). Sexual behavior in the 1970s. Chicago: Playboy Press.

Huston, A. C. (1983). Sex typing. In E. M. Hetherington (Hrsg.), & P. H. Mussen (Reihenhrsg.), *Handbook of Child Psychology: Bd. 4. Socialization, personality, and social development* (4. Aufl., S. 387–467). New York: Wiley.

Huston, A. C. (1984). *Do adopted children resemble their biological parents more than their adoptive parents? No. A note on the study of behavioral genetics.* Unveröffentlichtes Manuskript, University of Kansas.

Huston, A. C. & Carpenter, C. J. (1985). Gender differences in preschool classrooms: The effects of sex-typed activity choices. In L. C. Wilkinson & C. B. Barett (Hrsg.), *Gender influences in classroom interaction* (S. 143–166). New York: Academic Press.

Huston, A. C., Carpenter, C. J., Atwater, J. B. & Johnson, L. M. (1986). Gender, adult structuring of activities, and social behavior in middle childhood. *Child Development, 57,* 1200–1209.

Huston, A. C. & Wright, J. C. (1983). Children's processing of television: The informative functions of formal features. In J. Bryant & D. R. Anderson (Hrsg.), *Children's understanding of television: Research on attention and comprehension.* New York: Academic Press.

Huston, A. C., Wright, J. C., Rice, M. L., Kerkman, D. & St. Peters, M. (1987, April). *The development of television viewing patterns in early childhood: A longitudinal investigation.* Vortrag gehalten auf der Tagung der Society for Research in Child Development, Baltimore.

Huston, T. & Ashmore, R. D. (1986). Women and men in personal relationships. In R. D. Ashmore & F. K. Del Boca (Hrsg.), *The social psychology of female-male relations.* Orlando: Academic Press.

Huston-Stein, A., Friedrich-Cofer, L. & Susman, E. J. (1977). The relation of classroom structure to social behavior, imaginative play, and self-regulation of economically disadvantaged children. *Child Development, 48,* 908–916.

Hutchings, B. & Mednick, S. A. (1974). Registered criminality in the adoptive and biological parents of registered male adoptees. In S. A. Mednick, F. Schulsinger, J. Higgens & B. Bell (Hrsg.), *Genetics, environment and psychopathology* (S. 215–227). Amsterdam: North-Holland.

Iannotti, R. J. (1985). Naturalistic and structured assessments of prosocial behavior in preschool children: The influence of empathy and perspective taking. *Developmental Psychology, 21,* 46–55.

Ilg, F. L. & Ames, L. B. (1955). *Child Behavior.* New York: Harper & Row.

Illingworth, R. S. (1987). *The development of the infant and young child: Normal and abnormal.* Edinburgh: Churchill Livingstone.

Inamdar, S. C., Siomopoulos, G., Osborn, M. & Bianchi, E. C. (1979). Phenomenology associated with depressed moods in adolescents. *American Journal of Social Psychiatry, 136,* 156–159.

Ipsa, J. (1981). Social interactions among teachers, handicapped children, and nonhandicapped children in a mainstreamed preschool. *Journal of Applied Developmental Psychology, 1,* 231–250.

Izard, C. (1982). *Measuring emotions in infants and children.* New York: Cambridge University Press.

Izard, C. E., Hembree, E. A., Dougherty, L. M. & Spizzirri, C. C. (1983). Changes in two to nineteen month infants' facial expressions following acute pain. *Developmental Psychology, 19,* 418–426.

Jacobs, J. (1971). *Adolescent suicide.* New York: Wiley.

Jacobson, S. (1979). Matching behavior in the young infant. *Child Development, 50,* 425–431.

James, W. (1892/1961). *Psychology: The briefer course.* New York: Harper & Row.

Janus, M. D., McCormack, A., Burgess, A. W. & Hartman, C. (1987). *Adolescent runaways: Causes and consequences.* Lexington, Massachusetts: Lexington Books.

Jensen, A. R. (1969). How much can we boost IQ and scholastic achievement? *Harvard Educational Review, 39,* 449–483.

Jessor, R. (1984). Adolescent development and behavioral health. In J. D. Matarazzo, S. M. Weiss, J. A. Herd, N. E. Miller & S. M. Weiss (Hrsg.), *Behavioral health: A handbook of health enhancement and disease prevention* (S. 69–90). New York: Wiley.

Jessor, R. & Jessor, S. L. (1975). Adolescent development and the onset of drinking: A longitudinal study. *Journal of Youth and Adolescence, 36,* 27–51.

Jessor, R. & Jessor, S. L. (1977). *Problem behavior and psychosocial development: A longitudinal study of youth.* New York: Academic Press.

Jiao, S., Ji, G. & Jing, Q. (1986). Comparative study of behavioral qualities of only children and sibling children. *Child Development, 57,* 357–361.

Joffe, J. M. (1969). *Prenatal determinants of behavior.* Oxford: Pergamon.

Johnson, B. & Moore, H. A. (1968). Injured children and their parents. *Children, 15,* 147–152.

Johnson, C. (1982). Anorexia nervosa and bulimia. In T. J. Coates, A. C. Petersen & C. Perry (Hrsg.), *Adolescent health: Crossing the barriers.* New York: Academic Press.

Johnson, C., Lewis, C. & Hagman, J. (1984). The syndrome of bulimia. *Psychiatric Clinics of North American, 7,* 247–274.

Johnson, R. P. (1977). Social class and grammatical development. *Language and Speech,* 20, 317–324.

Johnson, W. F., Emde, R. N., Pannabecker, R., Stenberg, C. & Davis, M. (1982). Maternal perception of infant emotions from birth through 18 months. *Infant Behavior & Development, 5,* 313–322.

Johnston, F. E. (1978). Somatic growth of the infant and preschool child. In F. Falkner & J. M. Tanner (Hrsg.), *Human growth: Bd. 2. Postnatal growth.* New York: Plenum.

Johnston, J. & Ettema, J. S. (1982). *Positive images: Breaking stereotypes with children's television.* Beverly Hills, Kalifornien: Sage.

Johnston, L. D. (13. Januar 1988). Summary of 1987 drug study results. Press release available from News and Information Service, University of Michigan.

Johnston, L. D., Bachman, J. G. & O'Malley, P. M. (1986). *Monitoring the future: Questionnaire responses from the nation's high school seniors: 1985.* Ann Arbor, Michigan: Survey Research Center, Institute for Social Research, University of Michigan.

Johnston, L. D., Bachman, J. G. & O'Malley, P. M. (im Druck). *National trends in drug use and related factors among American high school students and young adults, 1975–1987.* U.S. Department of Health and Human Services. Washington, DC: National Institute on Drug Abuse.

Johnston, L. D., O'Malley, P. M. (1986). Why do the nation's students use drugs and alcohol? Self-reported reasons from nine national surveys. *The Journal of Drug Issues, 16,* 29–66.

Johnston, L. D., O'Malley, P. M. & Bachman, J. G. (1984). *Highlights from drugs and American high school students, 1975–1983.* (National Institute on Drug Abuse). Washington, DC: U.S. Government Printing Office.

Johnston, L. D., O'Malley, P. M. & Bachman, J. G. (1987). *American high school students and young adults, 1975–1986.* U. S. Department of Health and Human Services. Washington, DC: National Institute on Drug Abuse, DHHS Publication Nr. (ADM) 87–1535.

Jones, C. P. & Adamson, L. B. (1987). Language use and mother-child-sibling interactions. *Child Development, 58,* 356–366.

Jones, E., Forrest, J. D., Goldman, N., Henshaw, S. K., Lincoln, R., Rosof, J. I., Westoff, C. F. & Wulf, D. (1985). Teenage pregnancy in developed countries: Determinants and policy implications. *Family Planninq Perspectives, 17,* 53–63.

Jones. H. E. (1946). Environmental influence on moral development. In L. Carmichael (Hrsg.), *Manual of child psychology.* New York: Wiley.

Jones, H. E. (1954). The environment and mental development. In L. Carmichael (Hrsg.), Manual of child psychology (2. Aufl.). New York: Wiley.

Jones, K. L., Smith, D. W., Ulleland, C. N. & Streissguth, A. P. (1973). Patterns of malformation of offspring of chronic alcoholic mothers. *Lancet, 1,* 1267–1271.

Jones, M. C. (1957). The later careers of boys who were early or late maturing. *Child Development, 28,* 113–128.

Josselyn, I. M. (1968). *Adolescence.* Washington, DC: Joint Commission on Mental Health of Children.

Josselyn, I. M. (1971). *Adolescence.* New York: Harper & Row.

Kacerguis, M. & Adams, G. (1980). Erikson's stage resolution: The relationship between identity and intimacy. *Journal of Youth and Adolescence, 9,* 117–126.

Kagan, J. (1981). *The second year.* Cambridge, Massachusetts: Harvard University Press.

Kagan, J. (1984). *The nature of the child.* New York: Basic Books (dt. Die Natur des Kindes. München, Zürich: Kindler, 1987).

Kagan, J., Hans, S., Markowitz, A., Lopez, D. (1982). Validity of children's self-reports of psychological qualities. In B. A. Maher & W. B. Maher (Hrsg.), *Progress in experimental personality research* (Bd. 11). New York: Academic Press.

Kagan, J., Kearsley, R. & Zelazo, P. (1978). *Infancy: Its place in human development.* Cambridge, Massachusetts: Harvard University Press.

Kagan, J., Klein, R. E., Finley, G. E., Rogoff, B. & Nolan, E. (1979). A cross-cultural study of cognitive development. *Monographs of the Society for Research in Child Development, 33* (4, Reihennr. 120).

Kagan, J. & Moss, H. A. (1962). *Birth to maturity.* New York: Wiley.

Kagan, J., Reznick, J. S., Davies, J., Smith, J., Sigal, J. & Miyake, K. (1986). Selective memory and belief: A methodological suggestion. *International Journal of Behavioral Development, 9,* 205–218.

Kagan, J., Reznick, S. & Snidman, N. (1988). Biological bases of childhood shyness. *Science, 240,* 167–171.

Kail, R. (1988). Developmental functions for speeds of cognitive processes. *Journal of Experimental Child Psychology, 45,* 339–364.

Kaitz, M., Meschulach-Sarfarty, O., Auerbach, J. & Eidelman, A. (1988). A reexamination of newborns' ability to imitate facial expressions. *Developmental Psychology, 19,* 62–70.

Kamerman, S. B., Kahn, A. J. & Kingston, P. (1983). *Maternity policies and working women.* New York: Columbia University Press.

Kamii, C. K. (1985). *Young children reinvent arithmetic: Implications of Piaget's theory.* New York: Teachers College Press.

Kandel, D. B. (1978). Similarity in real-life adolescent friendship pairs. *Journal of Personality and Social Psychology, 36,* 306–312.

Kandel, D. B. (1980). Drug and drinking behavior among youth. *Annual Review of Sociology, 6,* 235–285.

Kantner, J. F. & Zelnik, M. (1973). Contraception and pregnancy: Experience of young unmarried women in the United States. *Family Planning Perspectives, 5,* 21–35.

Kantrowitz, B. (31. März 1986). A mother's choice. *Newsweek,* S. 46–51.

Kaplan, H. & Dove, H. (1987). Infant development among the Ache of Eastern Paraguay. *Developmental Psychology, 23,* 190–198.

Kaplan, H. B. (1980). *Deviant behavior in defense of self.* New York: Academic Press.

Karlsson, J. L. (1981). Genetics of intellectual variation in Iceland. *Hereditas, 95,* 283–288.

Karmiloff-Smith, A. (1979). Language development after five. In P. Fletcher & M. Gorman (Hrsg.), *Language acquisition.* Cambridge: Cambridge University Press.

Karniol, R. (1978). Children's use of intention cues in evaluating behavior. *Psychological Bulletin, 85,* 76–85.

Katchadourian, H. A. (1985). *Fundamentals of human sexuality* (4. Aufl.). New York: Holt, Rinehart & Winston.

Katz, M., Keusch, G. T. & Mata, L. (Hrsg.) (1975). Malnutrition and infection during pregnancy: Determinants of growth and development of the child. *American Journal of Diseases of Children, 29,* 419–463.

Katz, P. A. (1976). The acquisition of racial attitudes in children. In P. A. Katz (Hrsg.), *Towards the elimination of racism.* New York: Pergamon.

Kauffman, J. M. (1985). *Characteristics of children's behavior disorders* (3. Aufl.). Columbus, Ohio: Charles E. Merrill.

Kaufman, I. R. (14. Oktober 1979). Juvenile justice: A plea for reform. *New York Times Magazine,* 42–60.

Keating, D. P. (1975). Precocious cognitive development at the level of formal operations. *Child Development, 46,* 276–280.

Keating, D. P. (1980). Thinking processes in adolescence. In J. Adelson (Hrsg.), *Handbook of Adolescent Psychology.* New York: Wiley.

Keating, M. B., McKenzie, B. E. & Day, R. H. (1986). Spatial localization in infancy: Position constancy in a square and circular room with or without a landmark. *Child Development, 57,* 115–124.

Keil, F. (1979). *Semantic and conceptual development.* Cambridge, Massachusetts: Harvard University Press.

Kelley, K. (1979). Socialization factors in contraceptive attitudes: Roles of affective responses, parental attitudes, and sexual experience. *Journal of Sex Research, 15,* 6–20.

Kempe, R. S. & Kempe, C. H. (1978). *Child abuse.* Cambridge, Massachusetts: Harvard University Press (dt. Kindesmißhandlung. Stuttgart: Klett-Cotta, 1980).

Kendall, P. C., Lerner, R. M. & Craighead, W. E. (1984). Human development and intervention in childhood psychopathology. *Child Development, 55,* 71–82.

Kendler, K. S., Gruenberg, A. M. & Strauss, J. S. (1981). An independent analysis of the Copenhagen sample of the Danish Adoption Study of Schizophrenia. I. The relationship between anxiety disorder and schizophrenia. *Archives of General Psychiatry, 38,* 937–977.

Kendrick, C. & Dunn, J. (1983). Sibling quarrels and maternal responses. *Developmental Psychology, 19,* 62–70.

Keniston, K. (1968). *The uncommitted: Alienated youth in American society.* New York: Harcourt Brace Jovanovich.

Kerman, G. L. (1978). Affective disorders. In A. M. Nicholi, Jr. (Hrsg.), *The Harvard guide to modern psychiatry.* Cambridge, Massachusetts: Harvard University Press.

Kermoian, R. & Campos, J. J. (1987). *Self produced locomotor experience: A facilitator of spatial search performance.* Unveröffentlichtes Manuskript.

Kerr, P. (17. November 1986). Anatomy of an issue: Drugs, the evidence, the reaction. *The New York Times,* S. 1, 12.

Kessel, F. S. (1970). The role of syntax in children 's comprehension from ages six to twelve. *Monographs of the Society for Research in Child Development, 35* (6, Nr. 139).

Kessler, S. S. (1975). Psychiatric genetics. In D. A. Hamburg & K. Brodie (Hrsg.), *American handbook of psychiatry: Bd. VI. New psychiatric frontiers.* New York: Basic Books.

Kessler, S. S. (1980). The genetics of schizophrenia: A review. *Schizophrenia Bulletin, 6,* 404–416.

Kety, S. S., Rosenthal, D., Wender, P. H., Schulsinger, F. & Jacobsen, B. (1975). Mental illness in the biological and adoptive families of adoptive individuals who have become schizophrenic: A preliminary report based on psychiatric interviews. In R. Fieve, D. Rosenthal & H. Brill (Hrsg.), *Genetic research in psychiatry.* Baltimore: Johns Hopkins University Press.

Kety, S. S., Rosenthal, D., Wender, P. H., Schulsinger, F. & Jacobsen, B. (1978). The biological and adoptive families of adopted individuals who became schizophrenic: Prevalence of mental illness and other characteristics. In L. C. Wynne, R. L. Cromwell, S. Matthysse (Hrsg.), *The nature of schizophrenia: New approaches to research and treatment*. New York: Wiley.

Kiell, N. (1967). *The universal experience of adolescence*. Boston: Beacon.

King, L. J. & Pitman, G. D. (1971). A follow-up of 65 adolescent schizophrenic patients. *Diseases of the Nervous System, 32*, 328–334.

King, M. K. & Yuille, J. C. (1987). Suggestibility and the child witness. In S. J. Ceci, M. P. Toglia & D. F. Ross (Hrsg.), *Children's eyewitness memory* (S. 24–35). New York: Springer-Verlag.

Kinnert, M. D., Campos, J., Sorce, J. F., Emde, R. N. & Svejda, M. J. (1983). Social referencing. In R. Plutchik & H. Kellerman (Hrsg.), *The emotions in early development*. New York: Academic Press.

Kinsey, A. C., Pomeroy, W. B. & Martin, C. E. (1948). Sexual behavior in the human male. Philadelphia: Saunders (dt. Das sexuelle Verhalten des Mannes. Berlin, Frankfurt: G. Fischer, 1954).

Kinsey, A. C., Pomeroy, W. B., Martin, C. E. & Gebhard, P. H. (1953). Sexual behavior in the human female. Philadelphia: Saunders (dt. Das Sexuelle Verhalten der Frau. Berlin, Frankfurt: G. Fischer, 1954).

Kirby, D. (1985). *School-based health clinics: An emerging approach to improving adolescent health and addressing teenage pregnancy*. Bericht für das Center for Population Options.

Kirigin, K. A., Wolf, M. M., Braukman, C. J., Fixsen, D. L. & Phillips, E. L. (1979). A preliminary outcome evaluation. In J. S. Stumphauzer (Hrsg.), *Progress in behavior therapy with delinquents* (S. 118–145). Springfield, Illinois: Chas C Thomas.

Klaus, R. A. & Gray, S. W. (1968). The early training project for disadvantaged children: A report after five years. *Monographs of the Society for Research in Child Development*, 33 (4, Reihennr. 120).

Klebanoff, M. A., Gronbard, B. I., Kessel, S. S. & Berendes, H. W. (1984). Low birth weight across generations. *Journal of the American Medical Association, 252*, 2423–2427.

Klein, J. R. & Litt, I. F. (1984). Menarche and dysmenorrhea. In J. Brooks-Gunn & A. C. Petersen (Hrsg.), *Girls at puberty: Biological, psychological, and social perspectives*. New York: Plenum.

Klein, M. W. (1979). Deinstitutionalization and diversion of juvenile offenders: A litany of impediments. In N. Morris & M. Tonry (Hrsg.), *Crime and justice: An annual review of research*, Bd. I (S. 145–201). Chicago: University of Chicago.

Klerman, G. L. (1988). Depression and related disorders of mood (affective disorders). In A. M. Nicholi, Jr. (Hrsg.), *The new Harvard guide to psychiatry* (S. 309–336). Cambridge, Massachusetts: Harvard University Press.

Kliegman, R. M. & King, K. C. (1983). Intrauterine growth retardation: Determinants of aberrant fetal growth. In A. A. Fanaroff, R. J. Martin & J. R. Merkatz (Hrsg.), *Behrman's neonatal-perinatal medicine*. St. Louis: Mosby.

Kligman, D., Smyrl, R. & Emde, R. (1975). A non-intrusive longitudinal study of infant sleep. *Psychosomatic Medicine, 37*, 448–453.

Klinnert, M. D., Campos, J., Source, J. F., Emde, R. N. & Svejda, M. J. (1983). Social referencing. In P. Plutchik and H. Kellerman (Hrsg.), *The emotions in early development*. New York: Academic Press.

Knoblock, H. & Pasamanick, B. (1966). Prospective studies on the epidemiology of reproductive casualty: Methods, findings, and some implications. *Merrill-Palmer Quarterly of Behavior and Development, 12*, 27–43.

Koch, H. L. (1960). The relation of certain formal attributes of siblings to attitudes held toward each other and toward their parents. *Monographs of the Society for Research in Child Development, 25* (4, Nr. 78), 1–134.

Kohlberg, L. (1963). The development of children's orientations toward a moral order: I. Sequence in the development of human thought. *Vita Humana, 6*, 11–33.

Kohlberg, L. (1964). Development of moral character and moral ideology. In M. L. Hoffman & L. W. Hoffman (Hrsg.), *Review of child development research* (Bd. 1). New York: Russell Sage, 1964.

Kohlberg, L. (1969). Stage and sequence: The cognitive-developmental approach to socialization. In D. A. Goslin (Hrsg.), *Handbook of Socialization Theory and Research*. Chicago: Rand McNally.

Kohlberg, L. (1976). Moral stages and moralization: The cognitive-developmental approach. In T. Lickona (Hrsg.), *Moral development and behavior*. New York: Holt, Rinehart and Winston.

Kohlberg, L. (1978). Revisions in the theory and practice of moral development. In W. Damon (Hrsg.), *Moral development: New Directions for Child Development. Nr. 2*. San Francisco: Jossey-Bass.

Kohlberg, L. (1984). *Essays on moral development Bd. II. The psychology of moral development*. New York: Harper & Row.

Kohlberg, L. & Gilligan, C. (1972). The adolescent as a philosopher: The discovery of the self in a postconventional world. In J. Kagan & R. Coles (Hrsg.), *12 to 16: Early adolescence*. New York: Norton.

Kohn, M. L. (1959a). Social class and the exercise of parental authority. *American Sociological Review, 24*, 352–366.

Kohn, M. L. (1959b). Social class and parental values. *American Journal of Sociology*, 64, 337–351.

Kohn, M. L. (1969). *Class and conformity: A study in values*. Homewood, Illinois: Dorsey Press.

Kohn, M. L. & Schooler, C. (1978). The reciprocal effects of the substantive complexity of work and intellectual flexibility: A longitudinal assessment. *American Journal of Sociology, 84*, 24–52.

Kohn, M. L. & Schooler, C. (1982). Job conditions and personality: A longitudinal assessment of their reciprocal effects. *American Journal of Sociology, 87*, 1257–1286.

Kohn, M. L. & Schooler, C. (1983). *Work and personality: An inquiry into social stratification*. Norwood, New Jersey: Ablex.

Konopka, G. (1976). *Young girls: A portrait of adolescence*. Englewood Cliffs, New Jersey: Prentice-Hall.

Koop, C. E. (1986). *Surgeon General's report on acquired immune deficiency syndrome*. Washington, DC: U. S. Department of Health and Human Services.

Kopp, C. B. & Parmelee, A. H. (1979). Prenatal and perinatal influences on infant behavior. In J. Osofsky (Hrsg.), *Handbook of Infant Development*. New York: Wiley.

Korones, S. B. (1986). *High risk newborn infants*. St. Louis: Mosby.

Kosslyn, S. N. (1980). *Image and mind*. Cambridge, Massachusetts: Harvard University Press.

Kotelchuck, M., Schwartz, J., Anderka, M. & Finison, K. (1983). *1980 Massachusetts Special Supplemental Food program for Women Infants, and Children (WIC) evaluation project*. Manuskript vor der Veröffentlichung.

Kovach, J. A. & Glickman, N. W. (1986). Levels and psychosocial correlates of adolescent drug use. *Journal of Youth and Adolescence*, 15, 61–78.

Kovacs, M., Feinberg, T. L., Crouse-Novak, M. A., Paulauskas, S. L. & Finkelstein, R. (1984). Depressive disorders in childhood. I.: A longitudinal prospective study of characteristics and recovery. *Archives of General Psychiatry, 41*, 229–237.

Kozol, J. (1988). *Rachel and her children*. New York: Crown Press.

Krauss, R. M. & Glucksberg, S. (1969). The development of communication: Competence as a function of age. *Child Development, 40*, 255–266.

Krebs D. & Sturrup, B. (1982). Role-taking ability and altruistic behavior in elementary school children. *Journal of Moral Education, 11*, 94–100.

Kreutzer, M. A. & Charlesworth, W. R. (1973). *Infants' reaction to different expressions of emotion*. Vortrag gehalten vor der Society for Research in Child Development, Philadelphia.

Kuchuk, A., Vibbert, M. & Bornsteiin, M. H. (1986). The perception of smiling in its experiential correlates in three month old infants. *Child Development, 57*, 1054–1061.

Kuczynski, L. (1983). Reasoning, prohibitions, and motivations for compliance. *Developmental Psychology, 19,* 126–134.

Kuczynski, L., Zahn-Waxler, C. & Radke-Yarrow, M. (1987). Development and content of imitation in the second and third year of life. *Developmental Psychology, 23,* 276–282.

Kuhl, P. & Meltzoff, A. (1982). The bimodal perception of speech in infancy. *Science, 218,* 1138–1141.

Kunkel, D. & Watkins, B. (1987). Evolution of children's television regulatory policy. *Journal of Broadcasting and Electronic Media,* 31, 367–389.

Kurdek, L. A. (1981). An integrative perspective on children's divorce adjustment. *American Psychologist, 36,* 856–866.

Kurdek, L. A. & Krile, D. (1982). A developmental analysis of the relation between peer acceptance and both interpersonal understanding and perceived social self-competence. *Child Development, 53,* 1485–1491.

Laboratory of Comparative Human Cognition (1983). Culture and cognitive development. In P. H. Mussen (Reihenhrsg.) & W. Kessen (Hrsg.), *Handbook of Child Psychology: Bd. 1. History, theory and methods* (S. 295–358). New York: Wlley.

Labov, W. (1970). The logic of nonstandard English. In F. Williams (Hrsg.), *Language and poverty: Perspectives on a theme.* Chicago: Markham.

Lamar, J V., Jr. (27. September 1986). Rolling out the big guns: The first couple and Congress press the attack on drugs. *The New York Times.*

Lamar, J. V., Jr. (9. Mai 1988). Kids who sell crack. *Time,* S. 20 33.

Lamb, M. E. (1982). Sibling relationships across the lifespan. In M. E. Lamb & B. Sutton-Smith (Hrsg.), *Sibling relationships.* Hillsdale, New Jersey: Erlbaum.

Lamb, M. E., Hwang, C. P., Frodi, A. M. & Frodi, M. (1982). Security of mother and father infant attachment and its relation to sociability with strangers in traditional and nontraditional Swedish families. *Infant Behavior and Development, 5,* 355–368.

Lambert, B. (13. Januar1988). Study finds antibodies for AIDS in 1 in 61 babies in New York City. *The New York Times,* S. 1, 34.

Landau, R. & Gleitman, L. (1985). *Language and experience.* Cambridge, Massachusetts: Harvard University Press.

Langlois, J. H. & Downs, A. C. (1980). Peer relations as a function of physical attractiveness: The eye of the beholder or behavioral reality? *Child Development, 51,* 1237–1247.

Langlois, J. H., Roggman, L. A., Casey, R. J., Ritter, J. M., Rieser-Danner, L. A. & Jenkins, V. Y. (1987). Infant preference for attractive faces: Rudiments of a stereotype. *Developmental Psychology, 23,* 363–369.

Largo, R. H. & Schinzel, A. (1985). Developmental and behavioral disturbances in 13 boys with fragile-X syndrome. *European Journal of Pediatrics, 143,* 269–275.

Larson, L. E. (1972a). The influence of parents and peers during adolescence. *Journal of Marriage and the Family, 34,* 67–74.

Larson, L. E. (1972b). The relative influence of parent-adolescent affect in predicting the salience hierarchy among youth. *Pacific Sociological Review, 15,* 83–102.

Lasch, C. (1979). *The culture of narcissism: American life in an age of diminishing expectations.* New York: Norton (dt. Das Zeitalter des Narzißmus. München: Bertelsmann).

Lavine, L. O. (1982). Parental power as a potential influence on girls' career choice. *Child Development, 53,* 658–661.

LaVoi, J. C. (1973). Punishment and adolescent self-control. *Developmental Psychology, 8,* 16–24.

Lazar, I. & Darlington, R. (1982). Lasting effects of early education: A report from the Consortium of Longitudinal Studies. *Monographs of the Society for Research in Child Development, 33* (Reihennr. 120).

Lee, V. E., Brooks-Gunn, J. & Schnur, E. (1988). Does Head Start work? A 1-year follow-up comparison of disadvantaged children attending Head Start, no preschool, and other preschool programs. *Developmental Psychology, 24,* 210–222.

Lefkowitz, M. M., Eron, L. D., Walder, L. O. & Huesmann, L. R. (1977). *Growing up to be violent.* New York: Pergamon.

Leighton, K. & Peleaux, R. (1984). The effects of temporal predictability on the reactions of one year olds to potentially frightening toys. *Developmental Psychology, 20,* 449–458.

Leiman, B. (1978, August). *Affective empathy and subsequent altruism in kindergartners and first graders.* Vortrag gehalten auf der Tagung der American Psychological Association, Toronto.

Lemann, N. (1986, Juni). The origins of the underclass. *The Atlantic,* S. 31–55.

LeMare, L. J. & Rubin, K. H. (1987). Perspective taking and peer interaction: Structural and developmental analyses. *Child Development, 58,* 306–315.

Lemish, D. & Rice, M. L. (1986). Television as a talking picture book: A prop for language acquisition. *Journal of Child Language, 13,* 25 1–274.

Lempers, J. C., Flavell, E. R. & Flavell, J. H. (1978). The development in very young children of tacit knowledge concerning visual perception. *Genetic Psychology Monographs, 95,* 3–53.

Lempert, H. (1984). Topic: A starting point for syntax. *Monographs of the Society for Research in Child Development, 49* (Reihennr. 208).

Lennon, R., Eisenberg, N. & Carroll, J. (1986). The relation between nonverbal indices of sympathy and preschoolers' prosocial behavior. *Journal of Applied Developmental Psychology, 7,* 219–224.

Leonard, L. B. (1976). *Meaning in child language.* New York: Grune & Stratton.

Lepper, M. R. (1981). Intrinsic and extrinsic motivation in children: Detrimental effects of superfluous social controls. In W. A. Collins (Hrsg.), *Minnesota Symposia on Child Psychology* (Bd. 14). Hillsdale, New Jersey: Erlbaum.

Lepper, M. R. (1983). Social control processes, attributions of motivation, and the internalization of social values. In E. T. Higgins, D. N. Ruble & W. W. Hartup (Hrsg.), *Social cognition and social behavior: Developmental perspectives.* New York: Cambridge University Press.

Lerman, R. I. (1986). Unemployment among low-income and black youth: A review of causes, programs and policies. *Youth and Society, 17,* 237–266.

Lerner, R. M. & Knapp, J. R. (1975). Actual and perceived intrafamilial attitudes of late adolescents and their parents. *Journal of Youth and Adolescence, 4,* 17–36.

Lerner, R. M. & Lerner, J. (1977). Effects of age, sex and physical attractiveness on child-peer relations, academic performance, and elementary school adjustment. *Developmental Psychology, 13,* 585–590.

Lesser, G. S. & Kandel, D. (1969). Parent-adolescent relationships and adolescent independence in the United States and Denmark. *Journal of Marriage and the Family, 31,* 348–358.

Leung, E. H. L. & Rheingold, H. L. (1981). Development of pointing as a social gesture. *Developmental Psychology, 17,* 215–220.

Levine, L. E. (1983). Mine: Self definitions in two year old boys. *Developmental Psychology, 19,* 544–549.

Levy-Shiff, R. (1982). Effects of father absence on young children in mother-headed families. *Child Development, 53,* 1400–1405.

Lewine, R. R. J. (1980). Sex differences in age of symptom onset and first hospitalization in schizophrenia. *American Journal of Orthopsychiatry. 50,* 316–322.

Lewis, C. C. (1981). The effects of parental firm control: A reinterpretation of findings. *Psychological Bulletin, 90,* 547–563.

Lewis, M. & Brooks-Gunn, J. (1979). *Social cognition and the acquisition of self.* New York: Plenum.

Lewis, M. & Saarni, C. (Hrsg.) (1985). *The socialization of emotions.* New York: Plenum.

Liben, L. S. & Signorella, M. L. (Hrsg.). (1987). *New directions in child development: Bd. 38. Children's gender schemata.* San Francisco: Jossey Bass.

Liebert, R. M. & Baron, R. A. (1972). Some immediate effects of televised violence on children's behavior. *Developmental Psychology, 6,* 469–475.

Liebert, R. M. & Sprafkin, J. (1988). *The early window: Effects of television on children and youth* (3. Aufl.). New York: Pergamon.

Lindsay, J. W. (1985). *Teens look at marriage: Rainbows, role, and realities.* Buena Park, Kalifornien: Morning Glory Press.

Linn, M. C. & Petersen, A. C. (1985). Emergence and characterization of sex differences in spatial ability: A meta-analysis. *Child Development, 56,* 1479–1498.

Linn, S., Reznick, J. S., Kagan, J., and Hans, S. (1982). Salience of visual patterns in the human infant. *Developmental Psychology, 18,* 651–657.

Linton, T. (1973). Effects of grade displacement between students tutored and student tutors. *Dissertation Abstracts International, 33,* 4091–4092A.

Lipsitt, L. & LeGasse, L. (1989). Avidity and attachment. In J. S. Reznick (Hrsg.), *Perspectives on behavioral inhibition.* Chicago: University of Chicago Press.

Little, G. A. (1987). The fetus at risk. In R. A. Hekelman, S. Blatman, S. B. Friedman, N. M. Nelson & H. M. Seidel (Hrsg.). *Primary pediatric care* (S. 397–410). St. Louis: Mosby.

Little, J. K. (1967). The occupations of non-college youth. *American Educational Research Journal, 4,* 147–153.

Livesley, W. J. & Bromley, D. B. (1973). *Person perception in childhood and adolescence.* London: Wiley.

Livson, N. & Peskin, H. (1980). Perspectives on adolescence from longitudinal research. In J. Adelson (Hrsg.), *Handbook of Adolescent Psychology* (S. 47–98). New York: Wiley.

Llublinskaya, A. A. (1957). The development of children's speech and thought. In B. Simon (Hrsg.), *Psychology in the Soviet Union.* Stanford, Kalifornien: Stanford University Press.

Loehlin, J. C. & Nichols, R. C. (1976). *Heredity, environment, and personality.* Austin: University of Texas Press.

Londerville, S. & Main, M. (1981). Security of attachment and compliance in maternal training methods in the second year of life. *Developmental Psychology, 17,* 289–299.

London, P. (1970). The rescuers: Motivational hypotheses about Christians who saved Jews from the Nazis. In J. Macaulay & L. Berkowitz (Hrsg.), *Altruism and helping behavior.* New York: Academic Press.

Lorch, E. P., Bellack, D. R. & Augsbach, L. H. (1987). Young children's memory for televised stories: Effects of importance. *Child Development, 58,* 453–463.

Lorenz, K. Z. (1981). *The foundations of ethology.* New York: Springer-Verlag (dt. Vergleichende Verhaltensforschung. Grundlagen der Ethologie. Wien, New York: Springer).

Lorion, R. P., Tolan, P. H. & Wahler, R. G. (1987). Prevention. In H. C. Quay (Hrsg.), *Handbook of Juvenile Delinquency* (S. 383–416). New York: Wiley.

Lubchenco, L. O. (1976). *The high risk of infants.* Philadelphia: Saunders.

Lubchenco, L. O., Searls, D. T. & Brazie, J. F. (1972). Neonatal mortality rate: Relationship to birth weight and gestational age. *Journal of Pediatrics, 81,* 814–822.

Luce, J. (8. November 1970). End of the road. *San Francisco Sunday Examiner and Chronicle,* S. 8–10.

Lutz, C. (1985). Cultural patterns and individual differences in the child's emotional meaning system. In M. Lewis & C. Saarni (Hrsg.), *The socialization of emotions* (S. 37–55). New York: Plenum.

Lyles, M. R., Yancey, A., Grace, C. & Carter, J. H. (1985). Racial identity and self-esteem: Problems peculiar to biracial children. *Journal of the American Academy of Child Psychiatry, 24,* 150–153.

Lynd, H. (1966). *On shame and the search for identity.* New York: Science Editions.

Lytton, H. (1977). Do parents create, or respond to, differences in twins? *Developmental Psychology, 13,* 456–459.

Maccoby, E. E. (1980). *Social development: Psychological growth and the parent-child relationship.* New York: Harcourt Brace Jovanovich.

Maccoby, E. E. (1984). Middle childhood in the context of the family. In W. A. Collins (Hrsg.), *Development during middle childhood – The years from six to twelve.* Washington, DC: National Academy Press.

Maccoby, E. E. & Jacklin, C. N. (1974). *The psychology of sex differences.* Stanford, Kalifornien: Stanford University Press.

Maccoby, E. E. & Jacklin, C. N. (1980). Sex differences in aggression: A rejoinder and reprise. *Child Development, 51,* 964–980.

Maccoby, E. E. & Martin, J. A. (1983). Socialization in the context of the family: Parent-child interaction. In P. H. Mussen (Reihenhrsg.) & E. M. Hetherington (Hrsg.), *Handbook of Child Psychology: Bd. 4. Socialization, personality and social behavior* (4. Aufl., S. 1–102). New York: Wiley.

Maccoby, E. E. & Jacklin, C. N. (im Druck). Gender segregation in childhood. In H. Reese (Hrsg.), *Advances in child behavior and development.* New York: Academic Press.

Maccoby, E. E., Snow, M. E. & Jacklin, C. N. (1984). Children's dispositions and mother-child interactions at 12 and 18 months: A short-term longitudinal study. *Developmental Psychology, 20,* 459–472.

Madden, J., Payne, R. & Miller, S. (1986). Maternal cocaine abuse and effects on the newborn. *Pediatrics, 77,* 209–211.

Madsen, M. C. (1967). Cooperative and competitive motivation of children in three Mexican sub-cultures. *Psychological Reports, 20,* 1307–1320.

Madsen, M. C. & Shapira, A. (1970). Cooperative and competitive behavior of urban Afro-American, Anglo-American, Mexican-American, and Mexican village children. *Developmental Psychology, 3,* 16–20.

Magsud, M. (1979). Resolution of moral dilemmas by Nigerian secondary school pupils. *Journal of Moral Education, 7,* 40–49.

Main, M. & George, C. (1979). Social interaction of young abused children: Approach, avoidance, and aggression. *Child Development, 50,* 306–318.

Main, M. & George, C. (1985). Responses of abused and disadvantaged toddlers to distress in agemates: A study in the daycare setting. *Developmental Psychology, 21,* 407–412.

Main, M., Weston, D. R. & Wakeling, S. (1979). *"Concerned attention" to crying of an adult actor in infancy.* Vortrag gehalten auf der Tagung der Society for Research in Child Development, San Francisco.

Mandler, J. M. (1983). Representation. In J. H. Flavell & E. M. Markman (Hrsg.), P. H. Mussen (Reihenhrsg.), *Handbook of Child Psychology: Bd. 3. Cognitive development* (S. 420–494). New York: Wiley.

Marantz, S. A. & Mansfield, A. F. (1977). Maternal employment and the development of sex-role stereotyping in five- to eleven-year-old girls. *Child Development, 48,* 668–673.

Marcia, J. E. (1980). Identity in adolescence. In J. Adelson (Hrsg.), *Handbook of Adolescent Psychology.* New York: Wiley.

Marcus, J., Hans, S. L., Nagler, S., Auerbach, J. G., Mirsky, A. P. & Aubrey, A. (1987). Review of the NIMH Israel Kibbutz-city study and the Jerusalem infant development study. *Schizophrenia Bulletin, 13,* 425–438.

Marcus, R. F. (1975). The child as elicitor of parental sanctions for independent and dependent behavior: A simulation of parent-child interaction. *Developmental Psychology, 11,* 443–452.

Marini, M. M. (1978). Sex differences in the determination of adolescent aspirations: A review. *Sex Roles, 4,* 723–753.

Marsh, H. W. (1985). Age and sex effects in multiple dimensions of preadolescent self-concept: A replication and extension. *Australian Journal of Psychology, 37,* 167–179.

Marsh, H. W., Smith, I. D. & Barnes, J. (1985). Multidimensional self-concepts: Relations with sex and academic achievement. *Journal of Educational Psychology, 77,* 581–596.

Marshall, W. A. (1978). Puberty. In F. Falkner & J. M. Tanner (Hrsg.), *Human growth: Bd. 2. Postnatal growth.* New York Plenum.

Marshall, W. A. & Tanner, J. M. (1970). Variations in the pattern of pubertal changes in boys. *Archives of Disease in Childhood, 45,* 13.

Marsiglio, W. & Mott, F. L. (1986). The impact of sex education on sexual activity, contraceptive use and premarital pregnancy among American teenagers. *Family Planning Perspectives, 18,* 151–162.

Martin, B. (1975). Parent-child relations. In F. D. Horowitz, E. M. Hetherington, S. Scarr-Salapatek & G. M. Siegel (Hrsg.), *Review of child development research* (Bd. 4). Chicago: University of Chicago Press.

Martin, C. L. & Halverson, C. F., Jr. (1981). A schematic processing model of sex typing and stereotyping in children. *Child Development, 52,* 1119–1134.

Mash, E. J. & Johnson, C. A. (1982). A comparison of the mother-child interactions of younger and older hyperactive and normal children. *Child Development, 53,* 1371–1381.

Mash, E. J., Johnston, J. L. & Kovitz, K. A. (1982). A comparison of the mother-child interactions of physically abused and nonabused children during play and task situations. *Journal of Clinical Child Psychology,* 1982.

Mason, W. A. (1978). Social experience and primate cognitive development. In G. M. Burghardt & M. Bekoff (Hrsg.), *The development of behavior.* New York: Garland Press.

Masters, W. H. & Johnson, V. E. (1970). *Human sexual inadequacy.* Boston: Little, Brown (dt. Impotenz und Anorgasmie. Frankfurt/M: Goverts, 1973).

Masters, W. H., Johnson, V. E. & Kolodny, R. C. (1988). *Human sexuality* (3. Aufl.). Glenview, Illinois: Scott, Foresman.

Matheny, A. P., Jr. (1983). A longitudinal twin study of stability of components from Bayley's Infant Behavior Record. *Child Development, 54,* 356–360.

Matheny, A. P., Jr., Wilson, R. S., Dolan, A. B. & Krantz, J. Z. (1981). Behavior contrasts in twinships: Stability and patterns of differences in childhood. *Child Development, 52,* 579–588.

McCabe, M. P. & Collins, J. K. (1979). Sex role and dating orientation. *Journal of Youth and Adolescence, 8,* 407–425.

McCall, R. B., Appelbaum, M. I. & Hogarty, P. S. (1973). Developmental changes in mental performance. *Monographs of the Society for Research in Child Development, 38* (Reihennr. 150).

McCall, R. B., Parke, R. D. & Kavanaugh, R. D. (1977). Imitation of live and televised models by children one to three years of age. *Monographs of the Society for Research in Child Development, 42 (5).*

McCarthy, D. (1946). Language. In L. Carmichael (Hrsg.), *Manual of child psychology.* New York: Wiley.

McCartney, K., Scarr, S., Phillips, D. & Grajek, S. (1985). Day care as intervention: Comparisons of varying quality programs. *Journal of Applied Developmental Psychology, 6,* 247–260.

McGhee, P. E. (1979). *Humor: Its origin and development.* San Francisco: Freeman.

McGuire, W. J. & McGuire, C. V. (1986). Differences in conceptualizing self versus conceptualizing other people as manifested in contrasting verb types used in natural speech. *Journal of Personality and Social Psychology, 51,* 1035–1043.

McGuire, W. J., McGuire, C. V., Child, P. & Fujioka, T. (1978). Salience of ethnicity in the spontaneous self-concept as a function of one's ethnic distinctiveness in a social environment. *Journal of Personality and Social Psychology, 36,* 511–520.

McLoyd, V. C. (1989). Socialization and development in a changing economy: The effects of paternal job and income loss on children. *American Psychologist, 44,* 293–302.

Mednick, S. A., Parnas, J. & Schulsinger, F. (1987). The Copenhagen high-risk project. *Schizophrenia Bulletin, 13,* 485–495.

Medrich, E. A., Rosen, J., Rubin, V. & Buckley, S. (1982). *The serious business of growing up: A study of children's lives outside of school.* Berkeley, Kalifornien: University of California Press.

Meltzoff, A. N. (1988). Infant imitations and memory: Imitation by nine-month-olds in immediate and deferred tests. *Child Development, 59,* 217–225.

Meltzoff, A. N. & Borton, R. W. (1979). Intermodal matching by human neonates. *Nature, 282,* 403–404.

Meltzoff, A. N. & Moore, M. K. (1977). Imitation of facial and manual gestures by human neonates. *Science, 198,* 75–78.

Menken, J. (1980). The health and demographic consequence of adolescent pregnancy and childbearing. In C. Chilman (Hrsg.), *Adolescent pregnancy and childbearing: Findings from research.* Washington, DC: U.S. Department of Health and Human Services.

Messaris, P. & Hornik, R. C. (1983). Work status, television exposure, and educational outcomes. In C. Hayes & S. B. Kamerman (Hrsg.), *Children of working parents: Experiences and outcomes* (S. 44–72). Washington, DC: National Academy Press.

Metcoff, J. (1978). Association of fetal growth with maternal nutrition. In F. Falkner & J. M. Tanner (Hrsg.), *Human growth: Bd. 1. Principles and prenatal growth.* New York: Plenum.

Michalson, L. & Lewis, M. (1985). What do children know about emotions and when do they know it? In M. Lewis & C. Saarni (Hrsg.), *The socialization of emotions* (S. 117–140). New York: Plenum.

Millar, W. S. & Watson, J. S. (1979). The effect of delayed feedback on infant learning reexamined. *Child Development, 50,* 747–751.

Miller, H. C. (1922). *The new psychology and the parent.* London: Jarrolds.

Miller, M. L., Chiles, J. A. & Barnes, V. E. (1982). Suicide attempters within a delinquent population. *Journal of Consulting and Clinical Psychology, 50,* 490–498.

Miller, P. H., Haynes, V. F., DeMarie-Dreblow, D. & Woody-Ramsey, J. (1986). Children's strategies for gathering information in three tasks. *Child Development, 57,* 1429–1439.

Miller, P. Y. & Simon, W. (1980). The development of sexuality in adolescence. In J. Adelson (Hrsg.), *Handbook of Adolescent Psychology.* New York: Wiley.

Miller, S. M. & Green, M. L. (1985). Coping with stress and frustration: Origins, nature, and development. In M. Lewis & C. Saarni (Hrsg.), *The socialization of emotions* (S. 263–314). New York: Plenum.

Miller, W. B. (1. Mai 1976). Bericht für die Law Enforcement Assistance Administration, Department of Justice.

Minuchin, P. (1985). Families and individual development; Provocations from the field of family therapy. *Child Development, 56,* 289–302.

Minuchin, P. P. & Shapiro, E. K. (1983). The school as a context for social development. In P. H. Mussen (Reihenhrsg.) & E. M. Hetherington (Hrsg.), *Handbook of Child Psychology:* · *Bd. 4. Socialization, personality and social development* (4. Aufl., S. 197–274). New York: Wiley.

Minuchin, S., Rosman, B. L. & Baker, L. (1978). *Psychosomatic families: Anorexia nervosa in context.* Cambridge, Massachusetts: Harvard University Press (dt. Psychosomatische Krankheiten in der Familie. Stuttgart: Klett-Cotta).

Mischel, W. (1966). Theory and research on the antecedents of self-imposed delay of reward. In B. A. Maher (Hrsg.), *Progress in experimental personality research* (Bd. 3). New York: Academic Press.

Mischel, W. (1968). *Personality and assessment.* New York: Wiley.

Mischel, W. (1970). Sex typing and socialization. In P. H. Mussen (Hrsg.), *Carmichael's Manual of Child Psychology* (Bd. 2 , 3. Aufl.). New York: Wiley.

Mischel, W. (1974). Processes in the delay of gratification. In L. Berkowitz (Hrsg.), *Advances in experimental social psychology* (Bd. 7). New York: Academic Press.

Mischel, W. & Ebbesen, E. B. (1970). Attention in delay of gratification. *Journal of Personality and Social Psychology, 16,* 329–337.

Mischel, W. & Metzner, R. (1962). Effects of attention to symbolically presented rewards upon self-control. *Journal of Abnormal and Social Psychology, 64,* 425–431.

Mischel, W. & Patterson, C. J. (1978). Effective plans for self-control in children. In W. A. Collins (Hrsg.), *Minnesota Symposia on Child Psychology* (Bd. 11, S. 199–230). Hillsdale, New Jersey: Erlbaum.

Mishkin, M. & Appenzeller, T. (1987). The anatomy of memory. *Scientific American, 256,* 80–89.

Miyake, K., Chen, S. & Campos, J. J. (1985). Infant temperament, mother's mode of interaction and attachment in Japan: An interim report. In J. Bretherton and E. Waters (Hrsg.), *Monographs of the Society of Research in Child Development,* 50 (Reihennr. 209, Nr. 1–2), 276–297.

Mohr, D.M. (1978). Development of attributes of personal identity. *Developmental Psychology, 14,* 427–428.

Moir, J. (1974). Egocentrism and the emergence of conventional morality in preadolescent girls. *Child Development, 45,* 299–304.

Mondell, S. & Tyler, F. (1981). Parental competence and styles of problem solving/play behavior with children. *Developmental Psychology, 17,* 73–78.

Monighan-Nourot, P., Scales, B., Van Hoorn, J., & Almy, M. (1987). *Looking at children's play: A bridge between theory and practice.* New York: Teachers College Press.

Montemayor, R. (1985). Maternal employment and adolescents' relations with parents, siblings, and peers. *Journal of Youth and Adolescence, 13,* 543–557.

Montemayor, R. & Eisen, M. (1977). The development of self-conceptions from childhood to adolescence. *Developmental Psychology, 13,* 314–319.

Moore, B. S. & Eisenberg, N. (1984). The development of altruism. In G. Whitehurst (Hrsg.), *Annals of child development* (S. 107–174). Greenwich, Connecticut: JAI Press.

Moore, D. & Schultz, N. R., Jr. (1983). Loneliness at adolescence: Correlates, attributions, and coping. *Journal of Youth and Adolescence, 12,* 95–100.

Moore, E. G. J. (1986). Family socialization and the IQ test performance of traditionally and transracially adopted black children. *Developmental Psychology, 22,* 317–326.

Moore, K. L. (1982). *The developing human: Clinically oriented embryology* (3. Aufl.). Philadelphia: Saunders.

Moore, T. W. (1975). Exclusive early mothering and its alternatives. *Scandinavian Journal of Psychology, 16,* 256–272.

Morgan, M. (1982). Television and adolescents' sex role stereotypes: A longitudinal study. *Journal of Personality and Social Psychology, 43,* 947–955.

Morgan, M. & Gross, L. (1982). Television and educational achievement and aspiration. In D. Pearl, J. Bouthilet & J. Lazar (Hrsg.), *Television and behavior: Ten years of scientific progress and implications for the eighties* (Bd. 2). Washington, DC: U.S. Government Printing Office.

Morganthau, T. (17. Marz 1986). Kids and cocaine. *Newsweek,* S. 58–65.

Morrison, D. M. (1985). Adolescent contraceptive behavior: A review. *Psychological Bulletin, 98,* 538–568.

Moss, H. A. & Susman, E. J. (1980). Longitudinal study of personality development. In O. G. Brim & J. Kagan (Hrsg.), *Constancy and change in human development.* Cambridge, Massachusetts: Harvard University Press.

Mueller, E. & Brenner, J. (1977). The origin of social skills in interaction among play group toddlers. *Child Development, 48,* 854–861.

Mueller, E. & Lucas, T. (1975). A developmental analysis of peer interaction among toddlers. In M. Lewis & L. A. Rosenblum (Hrsg.), *Friendship and peer relations.* New York: Wiley.

Mulhern, R. K. & Passman, R. H. (1981). Parental discipline as affected by sex of parent, sex of the child, and the child's apparent responsiveness to discipline. *Developmental Psychology, 17,* 604–613.

Munsinger, H. (1975). Children's resemblance to their biological and adopting parents in two ethnic groups. *Behavior Genetics,* 5, 239–254.

Murphy, L. (1937). *Social behavior and child personality.* New York: Columbia University Press.

Murray, J. P. & Kippax, S. (1978). Children's social behavior in three towns with differing television experience. *Journal of Communication, 28(1),* 19–29.

Mussen, P. H., Conger, J. J. & Kagan, J. (1980). *Essentials of child development and personality* (5. Aufl.). New York: Harper & Row.

Mussen, P. H. & Jones, M. C. (1957). Self-conceptions, motivations, and interpersonal attitudes of late and early maturing boys. *Child Development, 28,* 243–256.

Nash, S. C. (1979). Sex role as a mediator of intellectual functioning. In M. A. Wittig & A. C Petersen (Hrsg.), *Sex-related differences in cognitive functioning.* New York: Academic Press.

National Assessment of Educational Progress (1981). *Reading, thinking, and writing: Results from the 1979–80 national assessment of reading and literature.* Denver: Education Commission of the States.

National Center for Juvenile Justice, Unveröffentlichte Daten, 1975–1979. Pittsburgh, Pennsilvania.

National Commission on Excellence in Education (1983). *A nation at risk: The imperative for educational reform.* Washington, DC: Congressional Budget Office.

Neimark, E. D. (1975a). Intellectual development during adolescence. In F. D. Horowitz (Hrsg.), *Review of Child Development Research* (Bd. 4). Chicago: University of Chicago Press.

Neimark, E. D. (1975b). Longitudinal development of formal operations thought. *Genetic Psychology Monographs, 91,* 171–225.

Nelson, C. A. & Dolgin, K. G. (1985). The generalized discrimination of facial expressions in seven month old infants. *Child Development, 56,* 58–61.

Nelson, C. A. & Salapatek, P. (1986). The electrophysiological correlates of infant recognition memory. *Child Development, 57,* 1483–1497.

Nelson, K. (1975). Individual differences in early semantic and syntax development. In D. Aaronson & R. W. Rieber (Hrsg.), Developmental psycholinguistics and communication disorders. *Annals of the New York Academy of Science, 263,* 132–139.

Nelson, K. (1981). Social cognition in a script framework. In J. Flavell & L. Ross (Hrsg.), *Social cognitive development* (S. 97–118). Cambridge, Massachusetts: Cambridge University Press.

Nemiah, J. C. (1988). Psychoneurotic disorders. In A. M. Nicholi, Jr. (Hrsg.), *The new Harvard guide to psychiatry* (S. 234–258). Cambridge, Massachusetts: Harvard University Press.

Newport, E. L., Gleitman, H. & Gleitman, L. R. (1977). Mother, I'd rather do it myself: Some effects and non-effects of maternal speech style. In C. E. Snow & C. A. Ferguson (Hrsg.), *Talking to children.* Cambridge: Cambridge University Press.

New York Times (14. November 1977), p. 20.

Nicholi, A. M., Jr. (1988). The adolescent. In A. M. Nicholi, Jr. (Hrsg.), *The new Harvard guide to psychiatry* (S. 637–664). Cambridge, Massachusetts: Harvard University Press.

Nicholls, J. G. (1978). The development of the concepts of effort and ability, perception of academic attainment, and the understanding that difficult tasks require more ability. *Child Development, 49,* 800–814.

Nicholls, J. G. & Miller, A. T. (1985). Differentiation of the concepts of luck and skill. *Developmental Psychology, 21,* 76–82.

Nichols, R. C. (1978). Heredity and environment: Major findings from twin studies of ability, personality, and interests. *Homo, 29,* 158–173.

Nilsson, L., Furuhjelm, M., Ingelman-Sundberg, A. & Wirsen, C. (1981). *A child is born.* New York: Dell – Delacorte Press (dt. Ein Kind entsteht. Eine Bilddokumentation über die Entwicklung des Kindes vor der Geburt und praktische Ratschläge für die Schwangerschaft. München: Mosaik-Verlag).

Ninio, A. & Bruner, J. (1976). *The achievement and antecedents of labelling.* Unveröffentlichte Arbeit, Hebrew University, Jerusalem.

Nisan, M. & Kohlberg, L. (1982). Universality and variation in moral judgment: A longitudinal and cross-sectional study in Turkey. *Child Development, 53,* 865–876.

Norback, C. (Hrsg.) (1980). *The complete book of American surveys.* New York: New American Library.

Norman, J. & Harris, M. (1981). *The private life of the American teenager.* New York: Rawson, Wade.

Novey, M. S. (1975). *The development of knowledge of others' ability to see.* Unveröffentlichte Doktorarbeit. Harvard University.

Nucci, L. & Nucci, M. (1982). Children's social interactions in the context of moral and conventional transgressions. *Child Development, 53,* 865–876.

Nucci, L. & Turiel, E. (1978). Social interactions and the development of social concepts in preschool children. *Child Development, 49,* 400–407.

Nurnberger, J. I. & Gershon, E. S. (1981). Genetics of affective disorders. In E. Friedman (Hrsg.), *Depression and antidepressants: Implications for courses and treatment.* New York: Raven.

O'Brien, M. & Huston, A. C. (1985). Development of sex-typed play behavior in toddlers. *Developmental Psychology, 21,* 866–871.

O'Connell, J. C. & Farran, D. C. (1982). Effects of day care experience on the use of intentional communicative behaviors in a sample of socioeconomically depressed infants. *Developmental Psychology, 18,* 22–29.

Oden, S. & Asher, S. F. (1977). Coaching children in social skills for friendship making. *Child Development, 48,* 95–506.

Offer, D. (1975). Adolescent turmoil. In A. H. Esman (Hrsg.), *The psychology of adolescence*. New York: International Universities Press.

Offer, D. & Offer, J. (1975). *From teenage to young manhood*. New York: Basic Books.

Offer, D., Ostrov, E. & Howard, K. (1981). The mental health professionals' concept of the normal adolescent. *Archives of General Psychiatry, 38*, 149–152.

Olweus, D. (1979). Stability of aggressive reaction patterns in males: A review. *Psychological Bulletin, 86*, 852–875.

Olweus, D. (1980). Familial and temperamental determinants of aggressive behavior in adolescent boys: A causal analysis. *Developmental Psychology, 16*, 644–660.

Orlofsky, J. L. (1978). Identity formation, achievement, and fear of success in college men and women. *Journal of Youth and Adolescence, 7*, 49–62.

Orlofsky, J., Marcia, J. & Lesser, I. (1973). Ego identity status and the intimacy versus isolation crisis of young adulthood. *Journal of Personality and Social Psychology, 27*, 211–219.

O'Rourke, D. H., Gottesman, I. I., Suarez, B. K., Rice, J. & Reich, T. (1982). Refutation of the general single-locus model for the etiology of schizophrenia. *American Journal of Human Genetics, 34*, 630–649.

Orvaschel, H., Weissman, M. M. & Kidd, K. K. (1980). Children and depression. *Journal of Affective Disorders, 2*, 1–16.

Osipow, S. H. (1986). Career issues through the life span. In M. S. Pallak & R. O. Perloff (Hrsg.), *Psychology and work: Productivity, change and employment* (S. 141–168). Washington, DC: American Psychological Association.

Osofsky, J. D. & O'Connell, E. J. (1972). Parent-child interactions: Daughter's effects upon mothers' and fathers' behavior. *Developmental Psychology, 7*, 157–168.

Osterrieth, P. A. (1969). Adolescence: Some psychological aspects. In G. Caplan & S. Lebovici (Hrsg.), *Adolescence: Psychosocial perspectives*. New York: Basic Books.

Ostrov, E. & Offer, D. (1978). Loneliness at adolescence: Correlates, attributions, and coping. *Journal of Youth and Adolescence, 12*, 95–100.

Page, D. C., Mosher, R., Simpson, E. M., Fisher, E. M. C., Mardon, G., Pollack, J., McGillivray, B., de la Chapelle, A. & Brown, L. G. (1987). The sex-determining region of the human chromosome encodes a finger protein. *Cell, 51*, 1091–1094.

Page, E. W., Villee, C. A. & Villee, D. B. (1981). *Human reproduction: Essentials of reproductive and perinatal medicine* (3. Aufl.). Philadelphia: Saunders.

Papousek, H. (1967). Experimental studies of appetitional behavior in human newborns and infants. In H. W. Stevenson & H. L. Rheingold (Hrsg.), *Early Behavior*. New York: Wiley.

Parke, R. D. (1977). Punishment in children: Effects, side effects, and alternative strategies. In H. L. Hom & P. A. Robinson (Hrsg.), *Psychological processes in early education*. New York: Academic Press.

Parke, R. D., Berkowitz, L., Leyens, J. P., West, S. & Sebastian, R. J. (1977). Some effects of violent and nonviolent movies on the behavior of juvenile delinquents. In L. Berkowitz (Hrsg.), *Advances in experimental social psychology* (Bd. 10). New York: Academic Press.

Parke, R. D. & Collmer, C. W. (1975). Child abuse: An interdisciplinary analysis. In E. M. Hetherington, J. W. Hagen, R. Kron & A. H. Stein (Hrsg.), *Review of child development research* (Bd. 5). Chicago: University of Chicago Press.

Parke, R. D. & Slaby, R. G. (1983). The development of aggression. In E. M. Hetherington (Hrsg.) & P. H. Mussen (Reihenhrsg.), *Handbook of Child Psychology: Bd. 4. Socialization, personality, and social development* (4. Aufl., S. 547–642). New York: Wiley.

Parke, R. D. & Tinsley, B. R. (1981). The father's role in infancy: Determinants of involvement in caregiving and play. In M. E. Lamb (Hrsg.), *The role of the father in child development*. New York: Wiley.

Parry-Jones, W. L. L. (1985). Adolescent disturbance. In M. Rutter & L. Hersov (Hrsg.), *Child and adolescent psychiatry: Modern approaches* (2. Aufl., S. 584–598). Oxford: Blackwell Scientific Publications.

Parsons, J. E., Adler, T. F. & Kaczala, C. M. (1982). Socialization of achievement attitudes and beliefs: Parental influences. *Child Development, 53*, 310–321.

Parsons, J. E., Kaczala, C. M. & Meece, J. L. (1982). Socialization of achievement attitudes and beliefs: Classroom influences. *Child Development, 53,* 322–339.

Parten, M. (1932). Social participation among pre-school children. *Journal of Abnormal Psychology, 27,* 243–268.

Pascual-Leone, J. (1970). Mathematical model for the transition rule in Piaget's developmental stages. *Acta Psychologica, 63,* 301–345.

Passman, R. H. & Blackwelder, D. E. (1981). Rewarding and punishing by mothers: The influence of progressive changes in the quality of their son's apparent behavior. *Developmental Psychology, 17,* 614–619.

Pastor, D. L. (1981). The quality of mother-infant attachment and its relationship to toddlers' initial sociability with peers. *Developmental Psychology, 17,* 326–335.

Patterson, C. J., Massad, C. M. & Cosgrove, J. M. (1978). Children's referential communication. Components of plans for effective listening. *Developmental Psychology, 14,* 401–406.

Patterson, G. R. (1976). The aggressive child: Victim and architect of a coercive system. In L. A. Hamerlynck, L. C. Handy &; E. J. Mash (Hrsg.), *Behavior modification and families: I. Theory and research.* New York: Brunner/Mazel.

Patterson, G. R. (1979). A performance theory for coercive family interactions. In R. Cairns (Hrsg.), *Social interaction: Methods, analyses, and illustrations* (S. 119–162). Hillsdale, New Jersey: Erlbaum.

Patterson, G. R. (1980). The unacknowledged victims. *Monographs of the Society for Research in Child Development, 45* (5, Reihennr. 18b).

Patterson, G. R. (1981). Some speculations and data relating to children who steal. In T. Hirschi & M. Gottfredson (Hrsg.), *Theory and fact in contemporary criminology.* Beverly Hills, Kalifornien: Sage.

Patterson, G. R. (1982). *Coercive family process.* Eugene, Oregon: Castalia Press.

Patterson, G. R, Littman, R. A., Bricker, W. (1967). Assertive behavior in children: A step toward a theory of aggression. *Monographs of the Society for Research in Child Development, 32* (5, Reihennr. 113).

Payne, F. (1980). Children's prosocial conduct in structured situations and as viewed by others. *Child Development, 51,* 1252–1259.

Pea, R. D. (1980). The development of negation in early child language. In D. R. Olson (Hrsg.), *The social foundations of language and thought: Essays in honor of Jerome S. Bruner.* New York: Norton.

Pearce, J. (1978). The recognition of depressive disorder in children. *Journal of the Royal Society of Medicine, 71,* 494–500.

Pearce, J. (1982). Persönliche Mitteilung, 17. März 1982. (Zitiert in Graham, P. & Rutter, M., Adolescent disorders.) In M. Rutter & L. Hersov (Hrsg.), *Child and adolescent psychiatry: Modern approaches* (S. 351–367). Oxford: Blackwell Scientific Publications.

Peevers, B. H. & Secord, P. F. (1973). Developmental changes in attribution of descriptive concepts to persons. *Journal of Personality and Social Psychology, 27,* 120–128.

Pellegrini, A. D. (1985). Social-cognitive aspects of children's play: The effects of age, gender, and activity centers. *Journal of Applied Developmental Psychology, 6,* 129–140.

Penner, S. G. (1987). Parental responses to grammatical and ungrammatical child utterances. *Child Development, 58,* 376–84.

Pepler, D. J, Abramovitch, R. & Corter, C. (1981). Sibling interaction in the home: A longitudinal study. *Child Development, 52,* 1344–1347.

Peskin, H. (1967). Pubertal onset and ego functioning. *Journal of Abnormal Psychology, 72,* 1–15.

Peskin, H. (1973). Influence of the developmental schedule of puberty on learning and ego functioning. *Journal of Youth and Adolescence, 2,* 273–290.

Petersen, A. C. (1984). Menarche, meaning of measures and measuring meaning. In S. Golub (Hrsg.), *Menarche. An interdisciplinary view.* New York: Springer-Verlag.

Petersen, A. C. (1988). Adolescent development. *Annual Review of Psychology, 39,* 583–608.

Petersen, A. C. & Boxer, A. (1982). Adolescent sexuality. In T. Coates, A. Petersen & C. Perry (Hrsg.), *Adolescent health: Crossing the barriers.* New York: Academic Press.

Petitto, L. (1983). From gesture to symbol. Unveröffentlichte Doktorarbeit, Harvard University.

Petti, T. (1983). Depression and withdrawal in children. In T. H. Ollendick & M. Hersen (Hrsg.). *Handbook of Child Psychopathology* (S. 293–322). New York: Plenum.

Pezdek, K. (1987). Memory for pictures: A life-span study of the role of visual detail. *Child Development, 58,* 807–815.

Phillips, D. A. (1987). Socialization of perceived academic competence among highly competent children. *Child Development, 58,* 1308–1320.

Phillips, D., McCartney, K. & Scarr, S. (1987). Child-care quality and children's social development. *Developmental Psychology, 23,* 537–543.

Piaget, J. (1965, Erstveröffentlichung 1932). *The moral judgment of the child.* New York: Free Press (dt. Das moralische Urteil beim Kinde. Stuttgart: Klett-Cotta, 1983).

Piaget, J. (1926). *The language and thought of the child.* London: Routledge & Kegan Paul (dt. Sprache und Denken des Kindes. Düsseldorf: Schwann, 1982, 5. Aufl.).

Piaget, J. (1951). Play, dreams, and imitation in childhood. New York: Norton (dt.: Nachahmung, Spiel und Traum. Stuttgart: Klett, 1969).

Piaget, J. (1954). The construction of reality in the child. New York: Basic Books (dt. Der Aufbau der Wirklichkeit beim Kinde. Stuttgart: Klett-Cotta, 1975).

Piaget, J. (1967). Language and thought from the genetic point of view. In D. Elkind (Hrsg.), *Six psychological studies.* New York: Random House.

Piaget, J. (1970). Piaget's theory. In P. H. Mussen (Hrsg.), *Carmichael's Manual of Child Psychology* (Bd. 1, 3. Aufl.). New York: Wiley.

Pinard, A. (1985). Metacognition and meta-Piaget. In C. J. Brainerd & V. F. Reyna (Hrsg.), *Developmental psychology* (S. 233–246). Amsterdam: Elsevier Science Publishers.

Pinon, M. F., Huston, A. C. & Wright, J. C. (1989). Family ecology and child characteristics that predict young children's educational television viewing. *Child Development, 60,* 846–856.

Pittel, S. M. & Miller, H. (1976). *Dropping down: The hippie then and now.* Berkeley, Kalifornien: Haight Ashbury Research Project, Wright Institute.

Plato (1953). *The dialogues of Plato (Bd. 4): Laws* (4. Aufl., übersetzt von B. Jewett). Oxford: Clarendon Press (dt. Werke Bd. 8, Teil 1 und 2; 2. Aufl.; Darmstadt: Wiss. Buchgesellschaft).

Plomin, R. (1986). Development, genetics, and psychology. Hillsdale, New Jersey: Erlbaum.

Plomin, R. & DeFries, J. C. (1985). A parent-offspring adoption study of cognitive abilities in early childhood. *Intelligence, 9,* 341–356.

Plomin, R. & Foch, T. T. (1980). A twin study of objectively assessed personality in childhood. *Journal of Personality and Social Psychology,* 39, 680–688.

Plomin, R., Willerman, L. & Loehlin, J. C. (1976). Resemblance in appearance and the equal environments assumption in twin studies of personality. *Behavior Genetics, 6,* 43–52.

Pomeroy, W. B. (1969). *Girls and sex.* New York: Delacorte Press.

Postman, N. (1984). *Das Verschwinden der Kindheit.* Frankfurt: Fischer.

Potts, R. & Collins, W. A. (im Druck). Affect and children's processing of television narrative. In A. Dorr (Hrsg.), *Television and affect.*

Potts, R., Huston, A. C. & Wright, J. C. (1986). The effects of television form and violent content on boys' attention and social behavior. *Journal of Experimental Child Psychology, 41,* 1–17.

Powell, G. J. (1973). *Black Monday's children: A study of the effects of school desegregation on self-concepts of Southern children.* Englewood Cliffs, New Jersey: Prentice-Hall.

Powell, G. J. (1985). Self-concepts among Afro-American students in racially isolated minority schools: Some regional differences. *Journal of the American Academy of Child Psychiatry, 24,* 142–149.

Prescott, P. S. (1981). *The child savers.* New York: Knopf.

Pressley, M. (1979). Increasing children's self-control through cognitive intervention. *Review of Educational Research, 49,* 319–370.

Puig-Antich, J. (1986). Psychobiological markers: Effects of age and puberty. In M. Rutter, C. E. Izard & P. B. Read (Hrsg.), *Depression in young people. Developmental and clinical perspectives* (S. 341–382). New York: Guilford.

Pulkkinen, L. (1983). Finland: The search for alternatives to aggression. In A. P. Goldstein & M. H. Segal (Hrsg.), *Aggression in a global perspective* (S. 104–144). New York: Pergamon.

Putallaz, M. (1987). Maternal behavior and children's sociometric status. *Child Development, 58,* 324–370.

Putallaz, M. & Gottman, J. (1981). Social skills and group acceptance. In S. Asher & J. Gottman (Hrsg.), *The development of friendship: Description and intervention.* New York: Cambridge University Press.

Quay, H. C. (1987a). Intelligence. In H. C. Quay (Hrsg.), *Handbook of Juvenile Delinquency* (S. 106–117). New York: Wiley.

Quay, H, C. (1987b). Patterns of delinquent behavior. In H. C. Quay (Hrsg.), *Handbook of Juvenile Delinquency* (S. 118–138). New York: Wiley.

Quay, H. C. (1987c). Institutional treatment. In H. C. Quay (Hrsg.), *Handbook of Juvenile Delinquency* (S. 244–265). New York: Wiley.

Radke-Yarrow, M. & Zahn-Waxler, C. (1984). Roots, motives, and patterns in children's prosocial behavior. In E. Staub, D. Bar-Tal, J. Karylowski & J. Reykowski (Hrsg.), *Development and maintenance of prosocial behavior: International perspectives on positive development.* New York: Plenum.

Radke-Yarrow, M., Zahn-Waxler, C. & Chapman, M. (1983). Children's prosocial dispositions and behavior. In P. H. Mussen (Reihenhrsg.) & E. M. Hetherington (Hrsg.), *Handbook of Child Psychology: Bd. 4. Socialization, personality and social development.* (4. Aufl., S. 469–546). New York: Wiley.

Rakic, P., Bourgeois, J. P., Eckenhoff, M. F., Zecevic, M. & Goldman-Rakic, P. S. (1986). Concurrent over production of synapses in diverse regions of the primate cerebral cortex. *Science, 232,* 232–235.

Ramey, C. T., Yeates, K. O. & Short, E. J. (1984). The plasticity of intellectual development: Insights from preventive intervention. *Child Development, 55,* 1913–1925.

Reed, E. W. (1975). Genetic anomalies in development. In F. D. Horowitz (Hrsg.), *Review of child development research* (Bd. 4). Chicago: University of Chicago Press.

Renshaw, P. D. & Asher, S. R. (1983). Children's goals and strategies for social interaction. *Merrill-Palmer Quarterly, 29,* 353–374.

Reschly, D. J. (1981). Psychological testing in educational classification and placement. *American Psychologist, 36,* 1094–1102.

Resnick, H. L. P. (1980). Suicide. In H. I. Kaplan, A. M. Freedman & B. J. Sadock (Hrsg.), *Comprehensive textbook of psychiatry (Bd. 2,* S. 2085–2097). Baltimore: Williams & Wilkins.

Rest, J. R. (1983). In J. Flavell & E. Markman (Hrsg.), P. H. Mussen (Reihenhrsg.), *Handbook of Child Psychology: Bd. 3. Cognitive development* (4. Aufl., S. 556–629). New York: Wiley.

Rest, J. R. (1986). *Moral development: Advances in research and theory.* New York: Praeger.

Reznick, J. S. (1982). *The development of perceptual and lexical categories in the human infant.* Unveröffentlichte Doktorarbeit, University of Colorado.

Rheingold, H. L., Hay, D. F. & West, M. J. (1976). Sharing in the second year of life. *Child Development, 47,* 1148–1158.

Rholes, W. S., Blackwell, J., Jordan, C. & Walters, C. (1980). A developmental study of learned helplessness. *Developmental Psychology, 16,* 616–624.

Rice, M. E. & Grusec, J. E. (1975). Saying and doing: Effects on observer performance. *Journal of Personality and Social Psychology, 32,* 584–593.

Rice, M. L. (1980). *Cognition to language.* Baltimore: University Park Press.

Rice, M. L. (1983). Cognitive aspects of communicative disorders. In R. H. Schiefelbusch & J. Picka (Hrsg.), *Communicative competence: Acquisition and integration.* University Park, Md.: University Park Press.

Rice, M. L., Huston, A. C., Wright, J. C. & Truglio, R. (1988). *Words from Sesame Street: Learning vocabulary while viewing.* Unveröffentlichtes Manuskript, Center for Research on the Influences of Television on Children, University of Kansas, Lawrence, KS 66045.

Richman, N., Graham, P. & Stevenson, J. *Preschool to school: A behavioral study.* London: Academic Press.

Richmond, J. B. (29. November 1982). *Health needs of young children.* Vortrag gehalten auf der John D. and Catherine MacArthur Foundation conference on child care: Growth-fostering environments for young children. Chicago.

Riese, M. A. (1987). Temperament stability between the neonatal period and 24 months. *Developmental Psychology, 23*, 216–221.

Rijit-Plooij, V., Hitt, C. & Plooij, F. Z. (1987). Growing independence, conflict, and leaving in mother-infant relations in free-ranging chimpanzees. *Behavior, 101*, 1–86.

Rist, R. C. (1973). *The urban school: A factory for failure*. Cambridge, Massachusetts: MIT Press.

Ritchie, D., Price, V. & Roberts, D. F. (1987). Television, reading, and reading achievement: A reappraisal. *Communication Research, 14*, 292–315.

Robins, L. (1966). *Deviant children grow up: A sociological and psychiatric study of sociopathic personality*. Baltimore: Williams & Wilkins.

Robins, L. (1978). Sturdy childhood predictors of adult antisocial behavior: Replications from longitudinal studies. *Psychological Medicine, 8*, 611–622.

Roche, A. F. (1978). Bone growth and maturation. In F. Falkner & J. M. Tanner (Hrsg.), *Human growth: Bd. 2. Postnatal growth*. New York: Plenum.

Rode, S. S., Chang, P., Fisch, R. O. & Stroufe, L. A. (1981). Attachment patterns of infants separated at birth. *Developmental Psychology, 17*, 188–191.

Rodin, J. (1985). Insulin levels, hunger, and food intake: An example of feedback loops in body weight regulation. *Health Psychology, 4*, 1–24.

Roff, M., Sells, S. & Golden, M. (1972). *Social adjustment and personality development in children*. Minneapolis: University of Minnesota Press.

Roffwarg, H. P., Muzio, J. N & Dement, W. C. (1966). Ontogenetic development of the human sleep dream cycle. *Science, 152*, 604–619.

Rosenberg, M. (1985). Identity: Summary. In M. B. Spencer, G. K. Brookins & W. R. Allen (Hrsg.), *Beginnings: The social and affective development of black children* (S. 231–236). Hillsdale, New Jersey: Erlbaum.

Rosenhan, D. (1969). Some origins of concern for others. In P. Mussen, J. Langer & M. Covington (Hrsg.), *Trends and issues in developmental psychology*. New York: Holt, Rinehart and Winston.

Rosenthal, D. (1970). *Genetic theory and abnormal behavior*. New York: McGraw-Hill.

Rosenthal, D., Wender, P. H., Kety, S. S., Schulsinger, F., Welner, J. & Rieder, R. O. (1975). Parent-child relationships and psychopathological disorder in the child. *Archives of General Psychiatry, 32*, 466–476.

Rosenthal R. (1976). *Experimenter effects in behavioral research* (2. Aufl.). New York: Irvington.

Rosenthal, R. & Jacobson, L. (1968). *Pygmalion in the classroom: Teacher expectation and pupils' intellectual development*. New York: Holt, Rinehart and Winston (dt. Pygmalion im Unterricht. Lehrererwartungen und Intelligenzentwicklung der Schüler. Weinheim, Basel: Beltz, 1971).

Ross, R. J. (1973). Some empirical parameters of formal thinking. *Journal of Youth and Adolescence, 2*, 167–177.

Rothbart, M. K. (1971). Birth order and mother-child interaction in an achievement situation. *Journal of Personality and Social Psychology, 17*, 113–120.

Rothbart, M. K. & Derryberry, D. (1981). Development of individual differences in temperament. In M. E. Lamb & A. L. Brown (Hrsg.), *Advances in developmental psychology* (Bd. 1), Hillsdale, New Jersey: Erlbaum.

Rovee-Collier, C. K., Sullivan, M., Enright, M., Lucas, D. & Fagen, J . (1980). Reactivation of infant memory. *Science, 208*, 1159–1161.

Rubin, K. H., Fein, G. G. & Vandenberg, B. (1983). Play. In P. H. Mussen (Reihenhrsg.) & E. M. Hetherington (Hrsg.), *Handbook of Child Psychology: Bd. 4. Socialization, personality, and social development* (4. Aufl, S. 693–774). New York: Wiley.

Rubin, K. H., Watson, K. S. & Jambor, T. W. (1978). Free-play behaviors in preschool and kindergarten children. *Child Development, 49*, 534–536.

Rubin, S. (1980). *It's not too late for a baby: For women and men over 35*. Englewood Cliffs, New Jersey: Prentice-Hall.

Rubin, S. & Wolf, D. (1979). The development of maybe. *New Directions for Child Development, 6,* 15–28.

Ruble, D. N., Boggiano, A. K., Feldman, N. S. & Loebl, J. H. (1980). Developmental analysis of the role of social comparison in self-evaluation. *Developmental Psychology, 16,* 105–115.

Ruble, D. N. & Brooks-Gunn, J. (1982). The experience of menarche. *Child Development, 53,* 1557–1566.

Ruble, D. N., Parsons, J. E. & Ross, J. (1976). Self-evaluative responses of children in an achievement setting. *Child Development, 47,* 990–997.

Rugh, R. & Shettles, L. B. (1971). *From conception to birth: The drama of life's beginnings.* New York: Harper & Row.

Rushton, J. P. (1975). Generosity in children: Immediate and long term effects of modeling, preaching, and moral judgment. *Journal of Personality and Social Psychology, 31,* 459–466.

Rushton, J. P. & Weiner, J. (1975). Altruism and cognitive development in children. *British Journal of Social and Clinical Psychology, 14,* 341–349.

Russell, G. F. M. (1985). Anorexia and bulimia nervosa. In M. Rutter & L. Hersov (Hrsg.), *Child and adolescent psychiatry: Modern approaches* (S. 625–637). Oxford: Blackwell Scientific Publications.

Russell, J. A. & Bullock, M. (1986). On the dimensions preschoolers use to interpret facial expressions of emotion. *Developmental Psychology, 22,* 97–102.

Rutter, M. (1977). Brain damage syndromes in childhood: Concepts and findings. *Journal of Child Psychology and Psychiatry, 18,* 1–21.

Rutter, M. (1979a). Maternal deprivation, 1972–1978: New findings, new concepts, new approaches. *Child Development, 50,* 283–305.

Rutter, M. (1979b). Protective factors in children's responses to stress and disadvantage. In M. W. Kent & J. Rolf (Hrsg.), *Primary prevention of psychopathology, Bd. 111: Social competence in children* (S. 49–74). Hanover, New Hampshire: University Press of New England.

Rutter, M. (1980). *Changing youth in a changing society: Patterns of adolescent development and disorder.* Cambridge, Massachusetts: Harvard University Press.

Rutter, M. (1981). *Maternal deprivation reassessed* (2. Aufl.). New York: Penguin.

Rutter, M. (1986). The developmental psychopathology of depression. In M. Rutter, C. E. Izard & P. B. Read (Hrsg.) *Depression in young people: Developmental and clinical perspectives* (S. 3–30). New York: Guilford.

Rutter, M. & Garmezy, N. (1983). Developmental psychopathology. In P. H. Mussen (Reihenhrsg.) & E. M. Hetherington (Hrsg.), *Handbook of Child Psychology: Bd. IV. Socialization, personality and social development* (S. 775–911). New York: Wiley.

Rutter, M. & Giller, H. (1984). *Juvenile delinquency: Trends and perspectives.* New York: Guilford.

Rutter, M., Graham, P., Chadwick, O. F. D. & Yule, W. (1976). Adolescent turmoil: Fact or fiction? *Journal of Child Psychology and Psychiatry, 17,* 35–56.

Rutter, M., Izard, C. E. & Read, P. B. (1986). *Depression in young people: Developmental and clinical perspectives.* New York: Guilford Press.

Rutter, M. & Quinton, D. (1984). Long term follow-up of women institutionalized in childhood. *British Journal of Developmental Psychology, 2,* 191–204.

Rutter, M., Tizard, J. & Whitmore, K. (1970/1981). *Education, health and behavior.* Huntington, New York: Krieger. (Erstveröffentlichung 1970, London: Longmans).

Ryan, N. D., Puig-Antich, J. & Ambrasini, P. (1987). The clinical picture of major depression in children and adolescents. *Archives of General Psychiatry, 44,* 854–886.

Sackett, G. P., Ruppenthal, G. C., Fahrenbruch, C. E., Holm, R. A. & Greenough, W. T. (1981). Social isolation rearing effects in monkeys vary with genotype. *Developmental Psychology, 17,* 313.

Sagi, A., Lamb, M. E. & Gardner, W. (1985). Relations between Strange Situation behavior and stranger sociability among infants in Israeli kibbutzim. *Infant Behavior and Development.*

Sagotsky, G., Patterson, C. J. & Lepper, M. R. (1978). Training children's self-control: A field experiment in self-monitoring and goalsetting in the classroom. *Journal of Experimental Psychology, 25,* 242–253.

St. Clair, S. & Day, H. D. (1979). Ego identity status and values among high school females. *Journal of Youth and Adolescence, 8,* 317–326.

Salomon, G. (1977). Effects of encouraging Israeli mothers to co-observe "Sesame Street" with their five-year-olds. *Child Development, 48,* 1146–1151.

Salomon, G. (1979). *Interaction of media, cognition, and learning.* San Francisco: Jossey-Bass.

Salomon, G. (1983). Television watching and mental effort: A social psychological view. In J. Bryant & D. R. Anderson (Hrsg.). *Children's understanding of television: Research on attention and comprehension* (S. 181–198). New York: Academic Press.

Sameroff, A. J., Seifer, F. & Zax, M. (1982). Early development of children at risk for emotional disorder. *Monographs of the Society for Research in Child Development, 47 (7).*

Sameroff, A. M. & Zax, M. (1973). Perinatal characteristics of the offspring of schizophrenic women. *Journal of Nervous and Mental Diseases, 157,* 191–199.

Sampson, E. E. & Hancock, F. T. (1967). An examination of the relationship between ordinal position, personality, and conformity: An extension, replication, and partial verification. *Journal of Marriage and the Family, 36,* 294–301.

Sandoval, J. & Millie, M. P. W. (1980). Accuracy of judgments of WISC-R item difficulty for minority groups. *Journal of Consulting and Clinical Psychology, 48,* 249–253.

Sanson, A., Prior, M., Garino, E., Oberkaid, F. & Sewell, J. (1987). The structure of infant temperament. *Infant Behavior and Development, 10,* 97–104.

Santrock, J. W. (1970). Influence of onset and type of paternal absence on the first four Eriksonian developmental crises. *Developmental Psychology, 6,* 273–274.

Santrock, J. W. (1975). Father absence, perceived maternal behavior, and moral development in boys. *Child Development, 46,* 753–757.

Santrock, J. W. (1984). *Adolescence: An introduction.* Dubuque, Iowa: Wm. C. Brown Publishers.

Santrock, J. W. (1987). *Adolescence: An introduction* (3. Aufl.). Dubuque, Iowa: Wm. C. Brown.

Santrock, J. W. & Warshak, R. A. (1979). Father custody and social development in boys and girls. *Journal of Social Issues, 35(4),* 112–135

Santrock, J. W., Warshak, R., Lindbergh, C. & Meadows, L. (1982). Children's and parents' observed social behavior in stepfather families. *Child Development, 53,* 472–480.

Sarason, I. G. (1978). A cognitive social learning approach to juvenile delinquency. In R. Hare & D. Schalling (Hrsg.), *Psychopathic Behavior: Approaches to Research* (S. 299–317). New York: Wiley.

Sarason, I. G. & Ganzer, V. J. (1973). Modeling and group discussion in the rehabilitation of juvenile delinquents. *Journal of Counseling Psychology, 20,* 442–449.

Sarason, S. B., Hill, K. T. & Zimbardo, P. C. (1964). A longitudinal study of the relation of test anxiety to performance on intelligence and achievement tests. *Monographs of the Society for Research in Child Development, 29* (Nr. 7).

Scaife, M. & Bruner, J. S. (1975). The capacity for joint visual attention in the infant. *Nature,* 253, 265–266.

Scarr, S. (1981). *Race, social class, and individual differences in IQ.* Hillsdale, New Jersey: Erlbaum.

Scarr, S., Caparulo, B. K., Ferdman, B. M., Tower, R. B. & Caplan, J. (1983). Developmental status and school achievements of minority and non-minority children from birth to 18 years in a British Midlands town. *British Journal of Developmental Psychology, 1,* 31–48.

Scarr, S. & Carter-Saltzman, L. (1979). Twin method: Defense of a critical assumption. *Behavior Genetics, 9,* 527–542.

Scarr, S. & Kidd, K. K. (1983). Developmental behavior genetics. In M. Haith & J. Campos (Hrsg.), P. H. Mussen (Reihenhrsg.), *Handbook of Child Psychology: Bd. 2. Infancy and developmental psychobiology* (S. 345–435). New York: Wiley.

Scarr, S. & McCartney, K. (1983). How people make their own environments: A theory of genotype → environment effects. *Child Development, 54,* 424–435.

Scarr, S. & Weinberg, R. A. (1976). IQ test performance of black children adopted by white families. *American Psychologist, 31,* 726–739.

Schacter, F. F. (1981). Toddlers with employed mothers. *Child Development, 52,* 958–964.

Scheintuch, G. & Lewin, G. (1981). Parents' attitudes and children's deprivation: Child rearing attitudes of parents as a key to the advantaged-disadvantaged distinction in preschool children. *International Journal of Behavioral Development, 4,* 125–142.

Scheirer, M. A. & Kraut, R. E. (1979). Increasing educational achievement via self-concept change. *Review of Educational Research, 49,* 131–150.

Schiff, M., Duyme, M., Dumaret, A. & Tomkiewicz, S. (1982). How much could we boost scholastic achievement and IQ scores: A direct answer from a French adoption study. *Cognition, 12,* 165–196.

Schiff, M., Duyne, M., Dumaret, A., Stewart, J., Tomkiewicz, S. & Feingold, J. (1978). Intellectual status of working-class children adopted early into upper-middle-class families. *Science, 200,* 1503–1504.

Schindler, P. J., Moely, B. E. & Frank, A. L. (1987). Time in day care and social participation of young children. *Developmental Psychology, 23,* 255–261.

Schmidt, G. (1975). Male-female differences in sexual arousal and behavior during and after exposure to sexually explicit stimuli. *Archives of Sexual Behavior, 1,* 353–364.

Schomberg, S. F. (1978). Moral judgment development and freshmen year experiences. *Dissertation Abstracts International, 39,* 3482A (University Microfilms Nr. 7823960).

Schorr, L. B. (1988). *Within our reach: Breaking the cycle of disadvantage and despair.* New York: Doubleday/Anchor.

Schultz, T. R. & Horibe, F. (1974). Development of the appreciation of verbal jokes. *Developmental Psychology, 10,* 13–20.

Schunk, D. H. & Cox, P. D. (1986). Strategy training and attributional feedback with learning disabled students. *Journal of Educational Psychology, 78,* 201–209.

Schunk, D. H., Hanson, A. & Cox, P. D. (1987). Peer-model attributes and children's achievement behaviors. *Journal of Educational Psychology, 79,* 54–61.

Schwartz, J. C., Schrager, J. B. & Lyons, A. E. (1983). Delay of gratification by preschoolers: Evidence for the validity of the choice paradigm. *Child Development, 54,* 620–625.

Schweder, R., Turiel, E. & Much, N. (1981). The moral intuitions of the child. In J. H. Flavell & L. Ross (Hrsg.), *Social cognitive development: Frontiers and possible futures.* New York: Cambridge University Press.

Scott, R. M. (1980). Coordinating services for runaway youth: The case of New York City. *Journal of Family Issues, 1,* 308–312.

Sears, R. R. (1975). Your ancients revisited: A history of child development. In E. M. Hetherington (Hrsg.), *Review of child development research* (Bd. 5). Chicago: University of Chicago Press.

Sears, R. R., Maccoby, E. E., Levin, H. (1957). *Patterns of child rearing.* New York: Harper & Row.

Sebald, H. & White, B. (1980). Teenagers divided reference groups: Uneven alignment with parents and peers. *Adolescence, 15,* 579–984.

Sechrest, L. & Rosenblatt, A. (1987). Research methods. In H. C Quay (Hrsg.), *Handbook of Juvenile Delinquency* (S. 417–450). New York: Wiley.

Seeman, M. (1975). Alienation studies. In A. Inkeles, J. Coleman & N. Smelser (Hrsg.), *Annual review of sociology* (Bd. 1). Palo Alto, Kalifornien: Annual Reviews.

Segal, N. L. (1985). Monozygotic and dizygotic twins: A comparative analysis of mental ability profiles. *Child Development, 56,* 1051–1058.

Seligman, M. E. P. & Peterson, C. (1986). A learned helplessness perspective on childhood depression: Theory and research. In M. Rutter, C. E. Izard & P. B. Read (Hrsg.), *Depression in young people: Developmental and clinical perspectives* (S. 223–250). New York: Guilford.

Selman, R. L. (1976). Social cognitive understanding: A guide to educational and clinical practice. In T. Likona (Hrsg.), *Moral development and behavior: Theory research and social issues.* New York: Holt, Rinehart and Winston.

Selman, R. L. (1980). *The growth of interpersonal understanding.* New York: Academic Press.

Selman, R. L. (1981). The child as a friendship philosopher. In S. R. Asher & J. M. Gottman (Hrsg.), *The development of children's friendships.* New York: Cambridge University Press.

Senate Committee of the Judiciary, Subcommittee to Investigate Juvenile Delinquency, Hearings on Protection of Children against Sexual Exploitation, 1. Sitzung des 95. Kongresses der Vereinigten Staaten, 27. Mai 1977.

Senate Committee of the Judiciary, Subcommittee of Juvenile Justice Exploitation of Children, 2. Sitzung des 96. Kongresses, 5. November 1981, Y4.1892:J-97-78, 35.

Serbin, L. A., Connor, J. M. & Citron, C. C. (1981). Sex differentiated free play behavior: Effects of teacher modeling, location, and gender. *Developmental Psychology, 17,* 640–646.

Serbin, L. A., Conner, J. M., Burchardt, C. J. & Citron, C. C. (1979). Effects of peer presence on sex-typing of children's play behavior. *Journal of Experimental Child Psychology, 27,* 303–309.

Serbin, L. A. & Sprafkin, C. (1986). The salience of gender and the process of sex typing in three to seven-year-old children. *Child Development, 57,* 1188–1199.

Serbin, L. A., Tonick, I. J. & Sternglanz, S. H. (1977). Shaping cooperative cross-sex play. *Child Development, 48,* 924–929.

Sex education and sex related behavior (1986). *Family Planning Perspectives, 18,* 150, 192.

Shaffer, D. (1985). Depression, mania, and suicidal acts. In M. Rutter & L. Hersov (Hrsg.), *Child and adolescent psychiatry: Modern approaches* (2. Aufl., S. 698–719). Oxford: Blackwell Scientific Publications.

Shaffer, D. (1986). In M. Rutter, C. E. Izard & P. B. Read (Hrsg.), *Child and adolescent psychiatry: Modern approaches* (S. 283–396). New York: Guilford.

Shah, F. & Zelnik, M. (1981). Parent and peer influence on sexual behavior, contraceptive use, and pregnancy experience of young women. *Journal of Marriage and the Family, 43,* 339–348.

Shannon, L. W. (1981). *Assessing the relationship of adult criminal careers to juvenile careers.* Washington, DC: National Institute of Juvenile Justice and Delinquency Prevention.

Shantz, C. U. (1983). Social cognition. In P. H. Mussen (Reihenhrsg.), J. H. Flavell & E. M. Markman (Hrsg.), *Handbook of Child Psychology: Bd. 3. Cognitive development* (S. 495–555. 4. Aufl.). New York: Wiley.

Shapira, A. & Madsen, M. C. (1974). Between- and within-group cooperation and competition among Kibbutz and non-Kibbutz children. *Developmental Psychology, 10,* 140–145.

Sharabany, R., Gershoni, R. & Hoffman, J. E. (1981). Girlfriend, boyfriend: Age and sex differences in intimate friendship. *Developmental Psychology, 17,* 800–808.

Shatz, M. & Gelman, R. (1973). The development of communication skills: Modifications in the speech of young children as a function of the listener. *Monographs of the Society for Research in Child Development,* 38 (Reihennr. 152).

Sheldrick, C. (1985). Treatment of delinquents. In M. Rutter & L. Hersov (Hrsg.), *Child and adolescent psychiatry: Modern approaches* (S. 743–752). Oxford: Blackwell Scientific Publications.

Sherman, J. (1971). Imitation and language development. In H. W. Reese & L. P. Lipsitt (Hrsg.), *Advances in child development and behavior.* New York: Academic Press.

Shibley-Hyde, J. & Linn, M. C. (1986). *The psychology of gender: Advances through meta-analysis.* Baltimore: John Hopkins University Press.

Shinn, M. (1978). Father absence and children's cognitive development. *Psychological Bulletin, 85,* 295–324.

Shiono, P. H., Klebanoff, M. A., Granbard, B. I., Berendes, H. W. & Rhoads, G. G. (1986). Birth weight among women of different ethnic groups. *Journal of the American Medical Association, 255,* 48–52.

Shweder, R. & Bourne, E. J. (1984). Does the concept of the person vary cross-culturally? In R. A. Shweder & R. A. LeVine (Hrsg.), *Cultural theory: Essays on mind, self and emotion.* Cambridge, Massachusetts: Cambridge University Press.

Siegal, M. & Storey, R. M. (1985). Day care and children's conceptions of moral and social rules. *Child Development, 56,* 1001–1008.

Siegler, R. S. (1983). Information processing approaches to development. In P. H. Mussen (Reihenhrsg.) W. Kessen (Hrsg.), *Handbook of Child Psychology: Bd. 1. History, theory, and methods* (S. 129–212). New York: Wiley.

Siegler, R. S. (1986). Unities across domains in children's strategy choices. In M. Perlmutter (Hrsg.), *Perspectives on intellectual development. The Minnesota symposia on child psychology* (Bd. 19, S. 1–48). Hillsdale, New Jersey: Erlbaum.

Sigel, I. E. (1986). Reflections on the belief-behavior connection: Lessons learned from a research program on parental belief systems and teaching strategies. In R. D. Ashmore & D. M. Brodzinsky (Hrsg.), *Thinking about the family. Views of parents and children*. Hillsdale, New Jersey: Erlbaum.

Signorella, M. L. & Liben, L. S. (1984). Recall and reconstruction of gender-related pictures: Effects of attitude, task difficulty, and age. *Child Development, 55,* 393–405.

Silbert, M. & Pines, A. (1981). *Runaway prostitutes*. Unveröffentlichte Arbeit. San Francisco: Delancey Street Foundation.

Simmons, R. G., Blyth, D. A. & McKinney, K. L. (1983). The social and psychological effects of puberty on white females. In J. Brooks-Gunn & A. C. Petersen (Hrsg.), *Girls at puberty: Biological and psychological perspectives* (S. 229–272). New York: Plenum.

Simmons, R. G., Blyth, D. A., VanCleave, E. & Bush, D. (1979). Entry into early adolescence: The impact of school structure, puberty, and early dating on self-esteem. *American Sociological Review, 44,* 948–967.

Simmons, R. G. & Rosenberg, F. (1975). Sex, sex roles, and self-image. *Journal of Youth and Adolescence, 4,* 229–258.

Simpson, R. L. (1962). Parental influence, anticipatory socialization, and social mobility. *American Sociological Review, 27,* 517–522.

Sinclair, H. (1971). Sensorimotor action patterns as a condition for the acquisition of syntax. In R. Huxley & E. Ingram (Hrsg.), *Language acquisition: Models and methods*. New York: Academic Press.

Singer, J. L. (1973). *The child's world of make believe*. New York: Academic Press.

Singer, J. L. & Singer, D. G. (1980). *Imaginative play in preschoolers: Some research and theoretical implications*. Vortrag gehalten auf der Tagung der American Psychological Association, Montreal.

Singleton, L. C. & Asher, S. R. (1979). Racial integration and children's peer preferences: An investigation of developmental and cohort differences. *Child Development, 50,* 936–941.

Siono, P. H., Klebanoff, M. A., Granbard, B. I., Berendes, H. W. & Rhoads, G. G. (1986). Birth weight among women of different ethnic groups. *Journal of the American Medical Association, 255,* 48–52.

Skinner, B. F. (1938). *The behavior of organisms: An experimental analysis*. New York: Appleton-Century-Crofts.

Skodak, M. & Skeels, H. M. (1949). A final follow-up of one hundred adopted children. *Journal of Genetic Psychology, 75,* 85–125.

Slavin, R. E. (1987). Developmental and motivational perspectives on cooperative learning: A reconciliation. *Child Development, 58,* 1161–1167.

Slobin, D. I. (1971). *Psycholinguistics*. Glenview, Illinois: Scott, Foresman (dt. Einführung in die Psycholinguistik. Frankfurt/M.: Skriptor, 1987).

Smetana, J. (1981). Preschool children's conceptions of moral and social rules. *Child Development, 52,* 1333–1336.

Smith, N. W. (1976). Twin studies and heritability. *Human Development, 9,* 65–68.

Smith, P. K. (1977). Social and fantasy play in young children. In B. Tizard & D. Marvey (Hrsg.), *Biology of play*. London: William Heinemann Medical Books.

Smith, P. K. (1982). Does play matter? *Behavioral and Brain Sciences, 5,* 139–184.

Smith, P. K. & Connolly, K. J. (1980). *The ecology of preschool behavior*. Cambridge: Cambridge University Press.

Smith, R. E. (Hrsg.) (1979). *The subtle revolution: Women at work*. Washington, DC: Urban Institute.

Smith, R., Anderson, D. R. & Fischer, C. (1985). Young children's comprehension of montage. *Child Development, 56,* 962–971.

Smith, S. R. (1975). Religion and the conception of youth in seventeenth-century England. *History of Childhood Quarterly: the Journal of Psychohistory, 2,* 493–516.

Smoking and health: A report of the Surgeon General (1979). (DHEW Veröffentlichungsnr. (PHS) 79-50066, U.S. Department of Health, Education and Welfare.) Washington, DC: U.S. Government Printing Office.

Snow, C. E. (1974). *Mothers speech and research: An overview.* Vortrag gehalten auf der Conference on Language Input and Acquisition, Boston.

Snyder, J. & Patterson, G. (1987). Family interaction and delinquent behavior. In H. C. Quay (Hrsg.), *Handbook of Juvenile Delinquency* (S. 216–243). New York: Wiley.

Society for Research in Child Development (1973). Ethical standards for research with children. SRCD *Newsletter* (Winter), 3–4.

Sodian, B. & Wimmer, H. (1987). Children's understanding of inference as a source of knowledge. *Child Development, 58,* 424–433.

Sontag, L. W. (1944). War and fetal maternal relationship. *Marriage and Family Living, 6,* 1–5.

Sontag, L. W., Baker, C. T. & Nelson, V. L. (1958). Mental growth and personality: A longitudinal study. *Monographs of the Society for Research in Child Development, 23* (Reihennr. 68).

Sorensen, R. C. (1973). *Adolescent sexuality in contemporary America: Personal values and sexual behavior ages 13–19.* New York: Abrams.

Spence, J. T. (1977, Mai). *Traits, roles, and the concept of androgyny.* Vortrag gehalten auf der Conference on Perspectives on the Psychology of Women, Michigan State University.

Spence, J. T. (1985). Gender identity and its implications for concepts of masculinity and femininity. In T. B. Sonderegger (Hrsg.), *Nebraska symposium on motivation: Psychology and gender* (Bd. 32). Lincoln: University of Nebraska Press.

Spence, J. T. & Helmreich, R. L. (1978). *Masculinity and femininity: Their psychological dimensions, correlates, and antecedents.* Austin: University of Texas Press.

Spence, J. T., Helmreich, R. L. & Holahan, C. K. (1979). Negative and positive components of psychological masculinity and femininity and their relationships to self-reports of neurotic and acting-out behaviors. *Journal of Personality and Social Psychology, 37,* 1673–1682.

Spickelmier, J. L. (1983). College experience and moral judgment development. Doctoral dissertation. Minneapolis: University of Minnesota Press.

Sroufe, L. A. & Wunsch, J. P. (1972). The development of laughter in the first year of life. *Child Development, 43,* 1326–1344.

Standley, K. (1979). Persönliche Mitteilung. Zitiert in Y. Brackbill. Obstetrical medication and infant behavior. In J. Osofsky (Hrsg.), *Handbook of Infant Development.* New York: Wiley.

Stein, A. H. & Bailey, M. M. (1973). The socialization of achievement orientation in females. *Psychological Bulletin, 80,* 435–366.

Stein, A. H. & Friedrich, L. K. (1975). Impact of television on children and youth. In E. M. Hetherington (Hrsg.). *Review of child development research: Bd. 5* (S. 183–256). Chicago: University of Chicago Press.

Steinberg, L. D. (1985a). *Adolescence.* New York: Knopf.

Steinberg, L. D. (1985b). Psychotic and other severe disorders in adolescence. In M. Rutter & L. Hersov (Hrsg.), *Child and adolescent psychiatry: Modern approaches* (2. Aufl., S. 567–583). Oxford: Blackwell Scientific Publications.

Steinberg, L. D. (1981). Transformation in family relations at puberty. *Developmental Psychology, 17,* 833–840.

Steinberg, L. D., Catalano, R. & Dooley, D. (1981). Economic antecedents of child abuse and neglect. *Child Development, 52,* 975–985.

Steinberg, L. D. & Hill, J. P. (1978). Patterns of family interaction as a function of age, the onset of puberty, and formal thinking. *Developmental Psychology, 14,* 683–684.

Steinberg, L. D. & Silverberg, S. B. (1986). The vicissitudes of autonomy in early adolescence. *Child Development, 57,* 841–851.

Steinschneider, A. (1975). Implications of the sudden infant death syndrome for the study of sleep in infancy. In A. D. Pick (Hrsg.), *Minnesota Symposia on Child Psychology* (Bd. 9). Minneapolis: University of Minnesota Press.

Stenberg, C. & Campos, J. J. (1983). The development of the expression of anger in human infants. In M. Lewis & C. Saarni (Hrsg.), *The socialization of affect.* New York: Plenum.

Stephenson, S. P. (1979). From school to work: A transition with job-search implications. *Youth and Society, 11,* 114–133.

Stern, W. (1930). *Psychology of early childhood* (6. Aufl.). New York: Henry Holt (dt. Psychologie der frühen Kindheit bis zum 6. Lebensjahr. Leipzig: Quelle und Meyer, 1930).

Sternberg, R. J. (Hrsg.) (1984). *Mechanisms of cognitive development.* New York: W. H. Freeman.

Sternberg, R. J. (1985). *Beyond IQ: A triarchic theory of human intelligence.* Cambridge, Massachusetts: Cambridge University Press.

Sternberg, R. J. & Powell, J. S. (1983). The development of intelligence. In P. H. Mussen (Reihenhrsg.), J. H. Flavell & E. M. Markman (Hrsg.), *Handbook of Child Psychology: Bd. 3. Cognitive development* (S. 341–419, 4. Aufl.). New York: Wiley.

Sternberg, R. J. & Suben, J. G. (1986). The socialization of intelligence. In M. Perlmutter (Hrsg.), *Perspectives on intellectual development. The Minnesota symposia on child psychology* (Bd. 19, S. 201–236). Hillsdale, New Jersey: Erlbaum.

Sternglanz, S. H. & Serbin, L. A. (1974). Sex role stereotyping in children's television programs. *Developmental Psychology, 10,* 710–715.

Stevenson, H. W. & Newman, R. S. (1986). Long-term prediction of achievement and attitudes in mathematics and reading. *Child Development, 37,* 646–659.

Stevenson, H. W., Parker, T., Wilkinson, A., Bonnaveaux, B. & Gonzalez, M. (1978). Schooling environment and cognitive development: A cross cultural study. *Monographs of the Society for Research in Child Development, 43* (Nr. 175).

Stevenson, H. W., Stigler, J. W., Lee, S., Lucker, G. W., Kitamura, S & Hsu, C. (1985). Cognitive performance and academic achievement of Japanese, Chinese, and American children. *Child Development, 56,* 718–734.

Stewart, R. B. (1983). Sibling attachment relationships: Child-infant interactions in the strange situation. *Developmental Psychology, 19,* 191–199.

Stigler, J. W., Lee, S. & Stevenson, H. W. (1987). Mathematics classrooms in Japan, Taiwan, and the United States. *Child Development, 58,* 1272–1285.

Stilwell, R. (1983). *Social relationships in primary school children as seen by children, mothers, and teachers.* Unveröffentlichte Doktorarbeit, University of Cambridge.

Stipek, D. & McCroskey, J. (1989). Investing in children: Government and workplace policies for parents. *American Psychologist, 44,* 434–440.

Stoller, R. J. (1980). Gender identity disorders. In H. I. Kaplan, A. M. Freedman & B. J. Sadock (Hrsg.), *Comprehensive textbook of psychiatry* (Bd. 2, 3. Aufl.). Baltimore: Williams & Wilkins.

Stone, L. J. & Church, J. (1973). *Childhood and adolescence: A psychology of the growing person* (3. Aufl.). New York: Random House (dt. Kindheit und Jugend. Stuttgart: Thieme, 1975).

Stoneman, Z., Cantrell, M. L. & Hoover-Dempsey, K. (1983). The association between play materials and social behavior in a mainstreamed preschool: A naturalistic investigation. *Journal of Applied Developmental Psychology, 4,* 163–174.

Strain, P. S. (1985). Programmatic research on peers as intervention agents for socially isolate classmates. In B. H. Schneider, J. E. Ledingham & K. H. Rubin (Hrsg.), *Children's peer relations: Issues in assessment and intervention.* New York: Springer-Verlag.

Stratton, P. (Hrsg.) (1982). *Psychobiology of the human newborn.* New York: Wiley.

Strayer, F. F., Waring, S. & Rushton, J. P. (1979). Social constraints on naturally occurring preschool altruism. *Ethology and Sociobiology, 1,* 3–11.

Strayer, J. (1986). Children's attributions regarding the situational determinants of emotion in self and others. *Developmental Psychology, 22,* 649–654.

Streissguth, A. P., Barr, H. M. & Martin, D. C. (1983). Maternal alcohol use and neonatal habituation assessed with the Brazelton Scale. *Child Development, 43,* 1109–1118.

Streissguth, A. P., Martin, D. C., Barr, H. M, Sondman, B. M., Kirchner, G L. & Darby, B. L. (1984). Intra-uterine alcohol and nicotine exposure: Attention and reaction time in 4-year-old children. *Developmental Psychology, 20,* 533–541.

Striegel-Moore, R. H., Silberstein, L. R. & Rodin, J. (1986). Toward an understanding of risk factors for bulimia. *American Psychologist, 41,* 246–263.

Stuckey, M. F., McGhee, P. E. & Bell, N. J. (1982). Parent-child interaction: The influence of maternal employment. *Developmental Psychology, 18,* 635–644.

Stunkard, A. J. (1980). Obesity. In H. I. Kaplan, A. M. Freedman & B. J. Sadock (Hrsg.), *Comprehensive textbook of psychiatry* (Bd. 2, 3. Aufl., S. 1872–1882). Baltimore: Williams & Wilkins.

Sulloway, F. (1972). *Family constellations, sibling rivalry, and scientific revolutions.* Unveröffentlichtes Manuskript. Cambridge, Massachusetts: Harvard University.

Sully, (1896). *Studies of childhood.* New York: Appleton.

Super, C. M. (1976). Environmental effects on motor development: The case of African infant precocity. *Developmental Medicine and Child Neurology, 18,* 561–567.

Super, D. E. (1967). *The psychology of careers.* New York: Harper & Row.

Super, D. E. (1980). A life span, life space approach to career development. *Journal of Vocational Behavior, 16,* 282–298.

Sutton-Smith, B. & Rosenberg, B. G. (1968). Sibling consensus on power tactics. *Journal of Genetic Psychology, 112,* 63–72.

Sutton-Smith, B. & Rosenberg, B. G. (1970). *The sibling.* New York: Holt, Rinehart and Winston.

Sutton-Smith, B., Rosenberg, B. G. & Landy, F. (1968). The interaction of father absence and sibling presence on cognitive abilities. *Child Development, 39,* 1213–1221.

Swope, G. W. (1980). Kids and cults: Who joins and why? *Media and Methods, 16,* 18–21.

Sylva, K., Bruner, J. S. & Genova, P. (1976). The role of play in the problem solving of children three to seven years old. In J. S. Bruner, A. Jolly & K. Sylva (Hrsg.), *Play: Its role in development and evolution.* London: Kenwood, 1976.

Tabachnick, N. (1980). The interlocking psychologies of suicide and adolescence. *Adolescent Psychiatry, 9,* 399–410.

Tanner, J. M. (1970). Physical growth. In P. H. Mussen (Hrsg.), *Carmichael's Manual of Child Psychology* (Bd. 2, 3. Aufl.). New York: Wiley.

Tanner, J. M. (1971). Sequence, tempo, and individual variation in the growth and development of boys and girls aged twelve to sixteen. *Daedalus, 100(4),* 907–930.

Tapp, J. L. & Levine, F. J. (1972). Compliance from kindergarten to college: A speculative research note. *Journal of Adolescence and Youth, 1,* 233–249.

Taylor, A. R., Asher, S. R. & Williams, G. A. (1987). The social adaptation of mainstreamed mildly retarded children. *Child Development, 58,* 1321–1334.

Taylor, A., III (18. August 1986). Why women managers are bailing out. *Fortune,* S. 16–23.

Teicher, J. (1973). A solution to the chronic problem of living: Adolescent attempted suicide. In J. C. Schoolar (Hrsg.), *Current issues in adolescent psychiatry.* New York: Brunner/Mazel.

Templin, M. C. (1957). Certain language skills in children. *Institute of Child Welfare Monographs* (Reihennr. 26). Minneapolis: University of Minnesota Press.

Thatcher, R. W., Walker, R. A. & Giudice, S. (1987). Human cerebral hemispheres develop at different rates and ages. *Science, 236,* 1110–1113.

Thomas, A. & Chess, S. (1977). *Temperament and development.* New York: Brunner/Mazel.

Thomas, A., Chess, S. & Birch, H. G. (1968). *Temperament and behavior disorders in children.* New York: New York University Press.

Thomas, N. G. & Berk, L. E. (1981). Effects of school environments on the development of young children's creativity. *Child Development, 52,* 1153–1162.

Thompson, R. A., Lamb, M. E. & Estes, D. (1982). Stability of mother-infant attachment and its relationship to changing life circumstances in an unselected middle-class sample. *Child Development, 53,* 144–148.

Thompson, V. D. (1974). Family size: Implicit policies and assumed psychological outcomes. *Journal of Social Issues, 30,* 93–124.

Thorndike, R. L., Hagen, E. P. & Sattler, J. M. (1986). *The Stanford-Binet Intelligence Scale: Fourth edition. Guide for administering and scoring.* Chicago: Riverside Publishing.

Tienari, P., Sorri, A., Lahti, I., Naarla, M., Wahlberg, J. M., Pohjola, J. & Wynne, L. C. (1987). Genetic and psychosocial factors in schizophrenia: The Finnish adoptive family study. *Schizophrenia Bulletin, 13,* 477–484.

Tinbergen, N. (1951). *The study of instinct.* Oxford: Oxford University Press (dt. Instinktlehre. Berlin, Hamburg: Parey, 1956).

Tittle, C. K. (1980, September). *Life plans and values of high school students.* Vortrag gehalten auf der Jahrestagung der American Psychological Association, Montreal.

Tittle, C. K. (1981). *Careers and family: Sex roles and adolescent life plans.* Beverly Hills, Kalifornien: Sage Publications.

Tobin-Richards, M., Boxer, A. & Petersen, A. C. (1984). The psychological impact of pubertal change: Sex differences in perceptions of self during early adolescence. In J. Brooks-Gunn & A. C. Petersen (Hrsg.), *Girls at puberty: Biological, psychological and social perspectives.* New York: Plenum.

Toder, N. L. & Marcia, J. E. (1973). Ego identity status and response to conformity pressure in college women. *Journal of Personality and Social Psychology, 26,* 287–294.

Tomlinson-Keasy, C. & Keasy, C. B. (1974). The mediating role of cognitive development in moral judgment. *Child Development, 45,* 291–298.

Toner, I. J., Moore, L. P. & Emmons, B. A. (1980). The effect of being labeled on subsequent self-control in children. *Child Development, 51,* 618–621.

Torgersen, A. M. & Kringlen, E. (1978). Genetic aspects of temperamental differences in infants: A study of same-sexed twins. *Journal of the American Academy of Child Psychiatry, 17,* 433–444.

Trasler, G. (1987). Biogenetic factors. In H. C. Quay (Hrsg.), *Handbook of Juvenile Delinquency* (S. 139–183). New York: Wiley.

Trevarthen, C. (1974). Conversations with a two-month-old. *New Scientist, 62,* 230–233.

Trevarthen, C. (1977). Descriptive analyses of infant communicative behavior. In H. R. Schaffer (Hrsg.), *Studies in mother-infant interaction.* London: Academic Press.

Turiel, E. (1983). Interaction and development in social cognition. In E. T. Higgins, D. N. Ruble & W. W. Hartup (Hrsg.), *Social cognition and social development.* New York: Cambridge University Press.

Turiel, E., Edwards, C. P. & Kohlberg, L. (1978). Moral development in Turkish children, adolescents. and young adults. *Journal of Cross-Cultural Psychology, 9,* 75–86.

Turkle, S. (1984). *The second self. Computers and the human spirit.* New York: Simon & Schuster (dt. Die Wunschmaschine. Computer als 2. Ich. Reinbeck: Rowohlt, 1986).

Tyack, D. & Ingram, D. (1977). Children's production and comprehension of questions. *Journal of Child Language, 4,* 211–224.

Ugurel-Semin, R. (1952). Moral behavior and moral judgment of children. *Journal of Abnormal and Social Psychology, 47,* 463–474

U. S. Commission on Civil Rights. (1977). *Window dressing on the set: Women and minorities on television.* Washington, DC: U. S. Government Printing Office.

U.S. Bureau of the Census (1981). *Statistical abstract of the United States: 1981.* Washington, DC (102. Aufl.).

U.S. Bureau of the Census (1986a). *Marital status and living arrangements: March 1985.* Current Population Reports. Washington, DC: U.S. Government Printing Office.

U.S. Bureau of the Census (1986b). *Statistical abstract of the United States: 1987* (107. Aufl.). Washington, DC: U.S. Government Printing Office.

U.S. Bureau of the Census (1987). *Statistical abstract of the United States, 1988.* Washington, DC: U.S. Government Printing Office.

U.S. Department of Labor, Bureau of Labor Statistics (1986, Februar). *Wives and mothers' labor force activity includes those with infants.* Monthly Labor Review.

U.S. Department of Labor, Bureau of Labor Statistics (1986). *Occupational projections and training data.* Washington, DC: U.S. Government Printing Office.

U.S. Department of Labor, Women's Bureau (1984). *Time of change: 1983 handbook on women workers.* Bulletin 298. Washington, DC: U.S. Government Printing Office.

U.S. Federal Bureau of Investigation. *Crime in the United States,* jährlicher Bericht.

Van Doorninck, W. J., Caldwell, B. M., Wright, C. & Frankenburg, W. K. (1981). The relationship between 12-month home stimulation and school achievement. *Child Development, 52,* 1080–1083.

Van Ijzendorn, M. H. & Kroonenberg, P. M. (1988). Cross-cultural patterns of attachment: A meta-analysis of the Strange Situation. *Child Development, 59,* 147–156.

Vandell, D. L. & Corasaniti, M. A. (1988). The relation between third graders' after-school care and social, academic, and emotional functioning. *Child Development, 59,* 868–875.

Vandell, D. L., Henderson, V. K. & Wilson, K. S. (1988). A longitudinal study of children with day-care experiences of varying quality. *Child Development, 59,* 1286–1292.

Vandell, D. L., Wilson, K. S. & Whalen, W. I. (1981). Birth order and social experience differences in infant peer interaction. *Developmental Psychology, 17,* 438–445.

Vandenberg, S. G., Singer, S. M. & Pauls, D. L. (1986). *The heredity of behavior disorders in adults and children.* New York: Plenum.

Vatter, M. (1981). Intelligenz und regionale Herkunft. Eine Längsschnittstudie im Kanton Bern. In A. H. Walter (Hrsg.), *Region und Sozialisation.* (Bd. 1). Stuttgart: Frommann-Holzbook.

Vaughn, C. E., Snyder, K. S., Freeman, W., Jones, S., Falloon, T. R. A. & Libeman, R. P. (1982). Family factors in schizophrenia relapse. *Schizophrenia Bulletin, 8,* 425–428.

Veroff, J. (1969). Social comparison and the development of achievement motivation. In C. P. Smith (Hrsg.), *Achievement-related motives in children.* New York: Russell Sage.

Visher, C. A. & Roth, J. A. (1986). Participation in criminal careers. In A. Blumstein, J. Cohen, J. A. Roth & C. A. Visher (Hrsg.), *Criminal careers and "career criminals"* (Bd. 1, S. 211–291). Washington, DC: National Academy Press.

Vogel, S. R., Broverman, I. K., Broverman, D. M., Clarkson, F. E. & Rosenkrantz, P. S. (1970). Maternal employment and perception of sex roles among college students. *Developmental Psychology, 3,* 384–391.

Vollmer, F. (1986). The relationship between expectancy and academic achievement. How can it be explained? *British Journal of Educational Psychology, 56,* 64–74.

Voorhies, T. M. & Vanucci, R. C. (1984). Perinatal cerebral hypoxia-ischemia: Diagnosis and management. In H. B. Sarnot (Hrsg.), *Topics in neonatal neurology.* New York: Grune & Stratton.

Vorster, J. (1974). Mother's speech to children: Some methodological considerations. *Publications of the Institute for General Linguistics* (Nr. 8). Amsterdam: U.S. Department of Amsterdam.

Vygotsky, L. S. (1962). *Thought and language.* New York: Wiley (dt. Wygotski, L. S.: Denken und Sprechen. Frankfurt/M.: Fischer, 1969).

Wachs, T. D. (1979). Proximal experience and early cognitive intellectual development: The physical environment. *Merrill-Palmer Quarterly, 25,* 3–41.

Wagatsuma, H. (1977). Some aspects of the contemporary Japanese family: Once Confucian, now fatherless. In The Family. *Daedalus, 106,* 181–210.

Wagner, S., Winner, E., Cicchetti, D. & Gardner, H. (1981). Metaphorical mapping in human infants. *Child Development, 52,* 728–731.

Walker, E. & Emory, E. (1985). Commentary: Interpretive bias and behavioral genetic research. *Child Development, 56,* 775–778.

Walker, L. J. (1984). Sex differences in development of moral reasoning: A critical review. *Child Development, 55,* 677–691.

Wallerstein, J. S. & Kelly, J. B. (1980). *Surviving the breakup: How children and parents cope with divorce.* New York: Basic Books.

Wartella, E. & Hunter, L. (1983). Children and the formats of television advertising. In M. Meyer (Hrsg.), *Children and the formal features of television* (S. 144–165). München: K. G. Saur.

Waterman, A. S. (1982). Identity development from adolescence to adulthood: An extension of theory and a review of research. *Developmental Psychology, 18,* 341–358.

Waterman, A. S. (1984). Identity formation: Discovery or creation? *Journal of Early Adolescence, 4,* 329–341.

Waterman, A. S. & Waterman, C. K. (1974). A longitudinal study of changes in ego identity status during the freshman to the senior year in college. *Developmental Psychology, 10,* 387–392.

Waters, E., Wippman, J. & Stroufe, L. A. (1979). Attachment, positive affect, and competence in the peer group. *Child Development, 50,* 821–829.

Watson, J. B. (1928). *Psychological care of infant and child.* New York: Norton (dt. Psychische Erziehung im frühen Kindesalter. Leipzig: Meiner, 1929).

Watson, J. B. (1967, Erstveröffentlichung 1930). *Behaviorism.* Chicago: University of Chicago Press (dt. Behaviorismus. Frankfurt/M.: Fachbuchhandlung f. Psychologie, 1984).

Watson, J. D. & Crick, F. H. C. (1953). Molecular structure of nucleic acids: A structure for desoxyribose nucleic acid. *Nature, 171,* 737–738.

Waxman, S. (1987, April). *Linguistic and conceptual organization in 30-month-old children.* Vortrag gehalten auf der Tagung der Society for Research in Child Development, Baltimore.

Webb, P. A. & Abrahamson, A. A. (1977). Stages of egocentrism in children's use of "this" and "that": A different point of view. *Journal of Child Language, 3,* 349–367.

Webb, T. P., Bundey, S. E., Thake, A. I. & Todd, J. (1986). Population incidence and segregation ratios in the Martin-Bell Syndrome. *American Journal of Medical Genetics, 23,* 573–580.

Weiner, B. & Handel, S. J. (1985). A cognition-emotion-action sequence: anticipated emotional consequences of causal attributions and reported communication strategy. *Developmental Psychology, 21,* 102–107.

Weiner, I. B. (1970). *Psychological disturbance in adolescence.* New York: Wiley.

Weiner, I. B. (1980). Psychopathology in adolescence. In J. Adelson (Hrsg.), *Handbook of Adolescent Psychology* (S. 447–471). New York: Wiley.

Weiner, I. B. & del Gaudio (1976). Psychopathology in adolescence: An epidemiological study. *Archives of General Psychiatry, 33,* 187–193.

Weiner, I. B. & Elkind, D. (1972). *Child development: A core approach.* New York: Wiley.

Weinraub, M. & Wolf, B. M. (1983). Effects of stress and social supports on mother-child interactions in single and two-parent families. *Child Development, 54,* 1297–1311.

Weinstein, C. S. (1979). The physical environment of the school: A review of the research. *Review of Educational Research, 49,* 577–610.

Weisberg, D. K. (1985). *Children of the night. A study of adolescent prostitution.* Lexington, Massachusetts: Heath.

Weiss, R. J. (1982). Understanding moral thought: Effects on moral reasoning and decision-making. *Development Psychology, 18,* 852–861.

Weissman, M. M. & Boyd, J. H. (1983). Affective disorders: Epidemiology. In H. I. Kaplan & B. J. Sadock (Hrsg.), *Comprehensive textbook of psychiatry, Bd. 1.* (S. 764–768). Baltimore: Williams and Wilkins.

Weissman, M. M., Gershon, E. S., Kidd, K. K., Brusoff, B. A., Leckman, J. F., Dibble, E., Hamovit, J., Thompson, W. D., Pauls, D. L. & Guroff, J. J. (1984). Psychiatric disorders in the relatives of probands with affective disorders. *Archives of General Psychiatry, 41,* 13–21.

Wellman, H. M. & Lempers, J. D. (1977). The naturalistic communicative ability of two-year-olds. *Child Development, 43,* 1052–1057.

Werker, J. F. & Tees, R. C. (1984). Cross-language speech perception: Evidence for a perceptual reorganization during the first year of life. *Infant Behavior and Development, 7,* 49–64.

Werner, E. E. (1979). *Cross-cultural child development.* Monterey, Kalifornien: Brooks-Cole.

Werner, E. E., Bierman, J. M. & French, F. E. (1971). *The children of Kauai: A longitudinal study from the prenatal period to age ten.* Honolulu: University of Hawaii Press.

Werner, E. E. & Smith, R. S. (1982). *Vulnerable but invincible.* New York: McGraw-Hill.

Wessel, (22. September 1986). Growing gap: U.S. rich and poor gain in numbers. *The Wall Street Journal,* S. 1, 20.

West, D. J. (1982). *Delinquency: Its roots, careers and prospects.* London: Heinemann Educational.

West, D. J. & Farrington, D. P. (1973). *Who becomes delinquent?* London: Heinemann Educational.

Weston, D. & Turiel, E. (1980). *Act-rule* relations: Children's concepts of social rules. *Developmental Psychology, 16,* 417–424.

Wetzel, R. (1976). Hopelessness, depression, and suicide intent. *Archives of General Psychiatry, 33,* 1069–1073.

Whaley, L. F. (1974). *Understanding inherited disorders.* St. Louis: Mosby.

White, C. B., Bushnell, W. & Regnemer, J. L. (1978). Moral development in Bahamian school children: A three-year examination of Kohlberg's stages of cognitive development. *Developmental Psychology, 14,* 58–65.

Whiting, B. B. & Whiting, J. W. M. (1973). Altruistic and egotistic behavior in six cultures. In L. Nader & T. W. Maretzki (Hrsg.), *Cultural illness and health: Essays in human adaptation.* Washington, DC: American Anthropological Association.

Whiting, B. B. & Whiting, J. W. M. (1975). *Children of six cultures: A psychocultural analysis.* Cambridge, Massachusetts: Harvard University Press.

Wilks, J. (1986). The relative importance of parents and friends in adolescent decision making. *Journal of Youth and Adolescence, 15,* 323–334.

Willerman, L. (1979). Effects of families on intellectual development. *American Psychologist, 34,* 923–929.

William T. Grant Foundation Commission on Work, Family, and Citizenship (1988). *The forgotten half: Non-college youth in America: An interim report on the school-to-work transition.* Washington, DC: The Commission.

Williams, P. A., Haertel, E. H., Walberg, H. J.. & Haertel, G. D. (1982). The impact of leisure-time television on school learning: A research synthesis. *American Educational Research Journal, 19,* 19–50.

Williams, T. M. (Hrsg.) (1986). *The impact of television: A natural experiment involving three towns.* New York: Academic Press.

Wilson, H. (1980). Parental supervision: A neglected aspect of delinquency. *British Journal of Criminology, 20,* 203–235.

Wilson, R. S. (1972). Twins: Early mental development. *Science, 175,* 914–917.

Wilson, R. S. (1975). Twins: Patterns of cognitive development as measured on the Wechsler Preschool and Primary Scale of Intelligence. *Developmental Psychology, 11,* 126–134.

Wilson, R. S. (1977). Twins and siblings: Concordance for school-age mental development. *Child Development, 48,* 21–216.

Wilson, R. S. (1983). The Louisville twin study: Developmental synchronies in behavior. *Child Development, 54,* 298–316.

Wilson, R. S. (1985). Risk and resilience in early mental development. *Developmental Psychology, 21,* 795–805.

Wilson, R. S. & Harpring, E. B. (1972). Mental and motor development in infant twins. *Developmental Psychology, 7,* 277–287.

Winn, M. (1987). *Unplugging the plug-in drug.* New York: Penguin.

Winner, E. (1988). *The point of words.* Cambridge, Massachusetts: Harvard University Press.

Winokur, G. (1975). Heredity in the affective disorders. In E. Anthony & T. Benedek (Hrsg.), *Depression in human existence.* Boston: Little, Brown.

Wittig, M. A. & Petersen, A. C. (Hrsg.) (1979). *Sex-related differences in cognitive functioning.* New York: Academic Press.

Wohlford, P., Santrock, J., Berger, S. & Liberman, D. (1971). Older brothers' influence on sex-typed, aggressive, and dependent behavior in father-absent children. *Developmental Psychology, 4,* 124–134.

Wolensky, R. P. (1977). College students in the fifties: The silent generation revisited. In S. C. Feinstein & P. L. Giovacchini (Hrsg.), *Adolescent psychiatry: Developmental and clinical studies* (Bd. 5). New York: Aronson.

Wolf, D. P. & Grollman, S. H. (1982). Ways of playing. *Contributions to Human Development, 6,* 46–63.

Wolf, D. P. (1984). Repertoire, style and format. In P. Smith (Hrsg.), *Play in animals and humans* (S. 175–193). Oxford: Basil Blackwell.

Wolfe, D. A., Katell, A. & Drabman, R. S. (1982). Parents' and preschool children's choices of disciplinary child-rearing methods. *Journal of Applied Developmental Psychology, 3,* 167–176.

Wolff, P. H. (1987). *The development of behavioral states and the expression of emotions in early infancy.* Chicago: University of Chicago Press.

Wood, W. (1987). Meta-analytic review of sex differences in group performance. *Psychological Bulletin, 102,* 53–71.

Wooden, K. (1976). *Keeping in the playtime of others.* New York: McGraw-Hill.

Wright, J. C. & Huston, A. C. (1983). A matter of form: Potentials of television for young viewers. *American Psychologist, 38,* 835–843.

Wright, P. H. & Keple, T. W. (1981). Friends and parents of a sample of high school juniors: An exploratory study of relationship intensity and interpersonal rewards. *Journal of Marriage and the Family, 43,* 559–570.

Wright, R. (1945). *Black boy: A record of childhood and youth.* New York: Harper & Row.

Wroblewski, R. & Huston, A. C. (1987). Televised occupational stereotypes and their effects on early adolescents: Are they changing? *Journal of Early Adolescence, 7,* 283–298.

Wynne, L. C., Singer, M. T., Bartko, J. J. & Toohey, M. (1976). Schizophrenics and their families: Recent research on parental communication. In J. M. Tanner (Hrsg.), *Psychiatric research: The widening perspective.* New York: International Universities Press.

Yando, R., Seitz, V. & Zigler, E. (1978). *Imitation in developmental perspective.* Hillsdale, New Jersey: Erlbaum.

Yankelovich, D. (1969). *Generations apart.* New York: CBS News.

Yankelovich, D. (1974). *The new morality: A profile of American youth in the 1970s.* New York: McGraw-Hill.

Yankelovich, D. (1981). *New rules: Searching for self-fulfillment in a world turned upside down.* New York: Random House.

Yarrow, M. R. & Waxler, C. Z. (1976). Dimensions and correlates of prosocial behavior in young children. *Child Development, 47,* 118–125.

Yarrow, M. R., Scott, P. M. & Waxler, C. Z. (1973). Learning concern for others. *Developmental Psychology, 8,* 240–260.

Younger, B. A. & Cohen, L. B. (1986). Developmental changes in infants' perception of correlations among attributes. *Child Development, 57,* 803–815.

Youniss, J. (1980). *Parents and peers in social development: A Sullivan-Piaget perspective.* Chicago: University of Chicago Press.

Youniss, J. (1983). Social construction of adolescence by adolescents and parents. In H. D. Grotevant & C. R. Cooper (Hrsg.), *Adolescent development in the family* (S. 93–109). San Francisco: Jossey-Bass.

Youniss, J. & Smollar, J. (1985). *Adolescent relations with mothers, fathers, and friends.* Chicago: University of Chicago Press.

Zabin, L. S., Kantner, J. F. & Zelnik, M. (1979). The risk of adolescent pregnancy in the first months of intercourse. *Family Planning Perspectives, 11,* 215–222.

Zahn-Waxler, C., Radke-Yarrow, M. & King, R. A. (1979). Child rearing and children's pro-social initiation toward victims of distress. *Child Development, 50,* 319–330.

Zelazo, N. A., Zelazo, P. R. & Kolb, S. (1972). *Science, 176,* 314–315.

Zelnik, M. & Kantner, J. F. (1977). Sexual and contraceptive experience of young unmarried women in the United States, 1976 and 1971. *Family Planning Perspectives, 9,* 55–71.

Zelnik, M. & Kantner, J. F. (1980). Sexual activity, contraceptive use, and pregnancy among metropolitan-area teenagers: 1971–1979. *Family Planning Perspectives, 12,* 230–237.

Zigler, E. (1980). Controlling child abuse: Do we have the knowledge and/or the will? In G. Gerbner, C. J. Ross & E. Zigler (Hrsg.), *Child abuse: An agenda for action.* New York: Oxford University Press.

Zigler, E. & Valentine, J. (Hrsg.). (1979). *Project Head Start: A legacy of the war on poverty.* New York: Free Press.

Zigler, E., Abelson, W. D. & Seitz, V. (1973). Motivational factors in the performance of economically disadvantaged children on the Peabody Picture Vocabulary Test. *Child Development, 44,* 294–302.

Zigler, E., Abelson, W. D., Trickett, P. K. & Seitz, V. (1982). Is an intervention program necessary in order to improve economically disadvantaged children's IQ scores? *Child Development, 53,* 340–348.

Zill, N. (1985). *Happy, healthy and insecure.* New York: Doubleday.

Zillman, D., Williams, B. R., Bryant, J., Boynton, K. R. & Wolf, M. A. (1980). Acquisition of information from educational television programs as a function of differentially paced humorous inserts. *Journal of Educational Psychology, 72,* 170–180.

Zimmerman, B. J. (1984). Children's development of associative memory: A social learning view. In C. J. Brainerd & V. F. Rayne (Hrsg.), *Developmental psychology* (S. 259–270). Amsterdam: Elsevier Science Publishers.

Teil 4
Kindheit – personale und soziale Entwicklung

Kapitel 10
Identität und individuelle Entwicklung

Theorien zur individuellen und sozialen Entwicklung
Theorien über die soziale Kognition
Theorien des Sozialverhaltens: Soziales Lernen

Entwicklung der Ich-Identität
Selbstkonzept
Selbstwertgefühl
Identität und Geschlechtsrollendifferenzierung
Entwicklung der Geschlechtsrollendifferenzierung
Wie entsteht Geschlechtsrollendifferenzierung?

Identität und Zugehörigkeit zu ethnischen Gruppen
Kindliche Vorstellungen über ethnische Gruppen
Gruppenidentität und Selbstwertgefühl

Emotion
Komponenten der Emotion
Wie Kinder Emotionen erlernen

Individuelle und soziale Entwicklungsstörungen
Wie verbreitet sind emotionale Probleme?
Arten emotionaler Störungen
Zeitliche Dauer emotionaler Störungen